献给今天与明天的律师、法官和法学家

中青年法学文库

法律推理的理论与方法

（修订版）

张保生　著

中国政法大学出版社

2024·北京

图书在版编目（ＣＩＰ）数据

法律推理的理论与方法/张保生著.—修订本.—北京：中国政法大学出版社，2024.5
ISBN 978-7-5764-1266-6

Ⅰ.①法… Ⅱ.①张… Ⅲ.①法律－推理－研究Ⅳ.①D90-051

中国国家版本馆 CIP 数据核字(2023)第 234604 号

出　版　者	中国政法大学出版社
地　　　址	北京市海淀区西土城路 25 号
邮寄地址	北京 100088 信箱 8034 分箱　邮编 100088
网　　　址	http://www.cuplpress.com (网络实名：中国政法大学出版社)
电　　　话	010-58908285(总编室) 58908433（编辑部）58908334(邮购部)
承　　　印	固安华明印业有限公司
开　　　本	720mm×960mm　1/16
印　　　张	31.5
字　　　数	515 千字
版　　　次	2024 年 5 月第 1 版
印　　　次	2024 年 5 月第 1 次印刷
定　　　价	129.00 元

总　序

　　中华民族具有悠久的学术文化传统。在我们的古典文化中，经学、史学、文学等学术领域都曾有过极为灿烂的成就，成为全人类文化遗产的重要组成部分。但是，正如其他任何国家的文化传统一样，中国古典学术文化的发展并不均衡，也有其缺陷。最突出的是，虽然我们有着漫长的成文法传统，但以法律现象为研究对象的法学却迟迟得不到发育、成长。清末以降，随着社会结构的变化、外来文化的影响以及法律学校的设立，法学才作为一门学科确立其独立的地位。然而一个世纪以来，中国坎坷曲折的历史始终使法学难以走上坦途，经常在模仿域外法学与注释现行法律之间徘徊。到十年"文革"期间更索性彻底停滞。既先天不足，又后天失调，中国法学真可谓命运多舛、路途艰辛。

　　20 世纪 70 年代末开始，改革开放国策的确立、法律教育的恢复以及法律制度的渐次发展为我国法学发展提供了前所未有的良好环境。十多年来，我国的法学研究水准已经有了长足的提高，法律出版物的急剧增多也从一个侧面反映了这样的成绩。不过，至今没有一套由本国学者所撰写的理论法学丛书无疑是一个明显的缺憾。我们认为，法学以及法制的健康发展离不开深层次的理论探索。比起自然科学，法学与生活现实固然有更为紧密的联系，但这并不是说它仅仅是社会生活经验的反光镜，或只是国家实在法的回音壁。法学应当有其超越的一面，它必须在价值层面以及理论分析上给实在法以导引。在注重建设性的同时，它需要有一种批判的性格。就中国特定的学术背景而言，它还要在外来学说与固有传统之间寻找合理的平衡，追求适度的超越，从而不仅为中国的法制现代化建设提供蓝图，而且对世界范围内重大法律课题作出创造性回应。这是当代中国法学家的使命，而为这种使命的完成创造条件乃是法律出版者的职责。

"中青年法学文库"正是这样一套以法学理论新著为发表范围的丛书。我们希望此文库能够成为高层次理论成果得以稳定而持续成长的一方园地，成为较为集中地展示中国法学界具有原创力学术作品的窗口。我们知道，要使这样的构想化为现实，除了出版社方面的努力外，更重要的是海内外法学界的鼎力相助和严谨扎实的工作。"庙廊之才，非一木之枝。"清泉潺潺，端赖源头活水。区区微衷，尚请贤明鉴之。

中国政法大学出版社

内容提要

　　本书是一部关于法律推理的法哲学论著。作者始终把法律推理视为法律思维的核心内容和实现法治的制度实践来进行研究，在广泛借鉴国内外有关研究成果的基础上，从历时和共时、主体和客体、目的和手段、理论和实践、逻辑和经验、中国和外国、法律和社会、真理和价值、事实认定和法律适用等多重角度对研究对象进行了系统分析，在法律推理的理论体系建构方面做了一些尝试。本书采用法学与哲学、经济学、社会学、心理学、逻辑学、历史学等多学科研究方法和分析方法，将法律推理研究从法理学领域拓展到司法学和证据法学领域，打通了法律推理与证据推理、事实认定与法律适用之间的隔膜，不仅可供法学研究和教学人员参考，也值得律师、检察官和法官等法律专业人士一读。

序

FOREWORD

法律推理是人们从一个或几个已知的前提（法律事实或法律规范、法律原则、法律概念、判例等法律资料）得出某种法律结论的思维过程。法律推理是一种创造性的法律实践活动，特别是在法律适用阶段，法律推理几乎成为法官审判活动的全部内容。

在西方，从古希腊、古罗马开始，从事法律职业的专家和思想家们就非常重视法律推理问题，近代以来法律推理一直是法学研究和法学教学中的普遍论题，20世纪70年代以后更成为法哲学的热门论题。20世纪80年代中期到90年代中期的10年间，西方法学界多次召开大型国际会议专题讨论法律推理。在我国，历史上也不乏有关法律推理的思想和经验，进入改革开放新时期以后，随着我国法制建设步伐的加快，法律实践活动内容的丰富和复杂，法律推理闯入了法学家的视野，有关法律推理的论文和著作章节开始出现。但是，总体而言，我国法学界和法律界对法律推理问题关注不够，研究工作刚刚起步。对于如何理解法律推理、法律推理的作用、法律推理的标准，如何处理法律推理中真理与价值的矛盾、法律推理的类型、法律推理的方法，如何处理形式推理与实质推理的关系，如何正确运用演绎推理、归纳推理、类比推理、模糊推理、概率推理、统计推理等逻辑方法，如何正确运用辩证推理、因果关系推理、实践推理等有关法律推理的基本问题，还没有成型的研究成果问世，至于有关法律推理的深层次问题，更谈不上有什么深入研究。

在这样的实践背景和研究基础上，张保生同志选择法律推理作为其博士论文的选题和今后一个时期的研究方向，显示出作者具有巨大的理论勇气和自信。博士论文答辩之后他的论文被专家们一致认定为优秀博士论文，这表明其理论勇气和自信是建立在深厚的学术功底和对这一论题的深刻把握之上的。

在博士论文的基础上，张保生同志撰写了这部学术专著。这是国内公开出版的第一本有关法律推理的法哲学论著。作者凭借自己多年来在哲学领域的深厚学术积累和造诣，以及近年来对法学的不懈钻研，对法律推理这个法哲学问题作了真正意义上的法哲学研究。近年来，学术界在法律推理的研究上存在着两种正好相反的偏差：一种偏差表现为简单地将逻辑学的理论推广延伸到法学中来，没有充分把握法律推理的特殊性和特色，显得哲学气息有余而法学色彩不足；另一种偏差表现为以就事论事的经验主义态度谈论法律推理问题，未能深入挖掘法律推理中的法哲学底蕴，显得经验气味十足而理论提升不够。前一种偏差在许多法理学和法律逻辑学的教材中表现得比较明显，后一种偏差在部门法学的研究中表现得比较明显。这部著作成功地克服了这两种偏差，显示出深厚的法哲学意蕴。

作为本书的第一读者，我认为本书有以下几个特点：

第一，把法律推理视为法律思维学的核心范畴来构筑理论框架并展开深入研究，是本书之法哲学特色的一个突出体现。正如作者在书中所指出的那样，目前法理学教科书通常把法律推理放在法的实现或法律适用部分加以论述，研究内容局限于推理的逻辑方法。这种研究思路实际上没有正确把握法律推理在法律领域或法学领域的重要地位和作用，因而不可能使法律推理的研究走向深入。作者对这种研究思路提出了质疑，并为我们展示了一种崭新的研究思路。作者把法律推理视为法律实践和认识活动中的横断性思维活动，并将其置于法哲学认识论的核心地位，把法律推理当作法律思维学的核心范畴来加以研究。对法律推理的这种理论定位和研究思路，使得本书的研究得以在更高的普遍性层次上和更开阔的视野下进行。

研究法律推理可以有不同的角度和层次，以法律推理活动的外在形式如公理、公式或符号系统等为对象的研究，属于法律逻辑学的任务；研究法律推理的技术方面或具体操作则是诉讼法学的任务。本书对于法律推理的研究不仅在研究思路和具体观点上有许多创新，而且在研究框架上亦有所突破和创造。作者以法律推理主客体之间的认识和实践关系为主线，力图建构法律推理研究的新框架。按照历史与逻辑相统一的观点回答法律推理的概念和本质问题。运用结构分析方法分析法律推理的基本要素。运用矛盾分析方法分析了法律推理过程中规则和原则、逻辑和经验、确定性和非确定性、真理和价值的基本矛盾。每一部分的内容也都有各自严密的逻辑结构。譬如，在法律推理的方法一章，作者打破传统的形式推理与实质推理的二分法，按照逻辑方法、科学方法、哲学方法、实践理性方法的结构来展开法律推理方法的研究。

本书写作目的不是向读者提供一些推理技术，而是重在阐释法律推理的理念，要实现这种意图须将法律推理置于法律思维学的体系之中加以把握。法律思维学是关于法律认识和实践的主客体及其相互关系的学说，它不以法律为研究对象，而是以人如何认识法律为研究对象，是通过反思人们思考法律问题时的所作所为，对思维所担负的角色作深入的研究。法律思维学就是法哲学的认识论，它将法律推理置于其中加以研究，把法律概念和判断的形成、各种推理方法的运用都看作是法律思维的必要环节，但推理性思维则居于核心地位。

第二，坚持主体性原则。从法律思维学或法哲学认识论的角度研究法律推理，着重研究的是法律推理的主体方面，即把法律推理视为主体认识和实践相统一的能动性活动，以推理主客体的认识和实践关系为主线，在其相互作用中把握主体思维的特点，特别是通过对法官和律师推理性思维的重点研究揭示它的本质和规律。这种"目中有人"的主体性研究有助于克服目前国内外法律推理研究中普遍存在的方法论问题上的抽象化、教条化的倾向。

第三，运用矛盾分析法。法律推理研究以主体的推理性思维活动为对象，这个对象没有可以感性地加以把握的具体形象，所以必须运用反思的方法。作为哲学认识论的根本方法，反思方法要求沿着对象由于自身矛盾运动而自己构成自己的道路，研究法律推理本身的建构和发挥认识和实践功能的过程，因此它本质上就是矛盾分析法。矛盾分析法作为辩证唯物主义认识论的根本方法，同黑格尔正反合的方法在逻辑形式上具有一致性，但后者是让历史符合逻辑，而前者则追求逻辑与历史的统一。因此，运用矛盾分析法，要求从法律推理最抽象的概念（正义理念）出发，在抽象向具体的历史演进中，揭示出它们由于内在矛盾的自身运动、自我否定而呈现出自己发展自己的逻辑过程。

第四，主张广义法律推理说。在理论体系的建构方面，作者立意把法律推理视为一种渗透于立法、执法、司法以及各种法律实践和认识活动中的横断性法律思维活动，这同国内现行法理学教科书把法律推理仅仅理解为司法推理因而将其置于法的实现或法律适用的位置有明显区别。实际上，立法、执法、司法、法律服务、法律教育与法学研究中的思维活动，都包含着法律推理，只要人们置身于法律问题的思考，就不能逃避作一些法律推理，即使普通百姓日常生活中的法律思考也不例外。正因为法律推理渗透在人们的各种法律思维活动之中，才为各种具体法律思维活动赋予了理性特征。

第五，强调法律推理实现法治的手段作用。法律推理旨在为立法、执法和司法提供正当理由，因此，它在法的创制活动中已成为民主政治的重要体现。在司法活动中，法律推理增强了判决的一致性和正当性，可以为法律问题提供健全的、经过充分论证的答案，因而成为法治区别于人治的根本标志之一。法律推理是程序正义的体现和实现法治的手段，从这个意义上说，法治要依靠法律推理来实现。我国法律实践长期存在重实体法轻程序法、重判决结论轻判决理由的倾向，许多法官和律师对法律推理的理论和方法基本上不熟悉，这不能不说是建设法治国家的一个操作性障碍。因此，从实践意义上说，对法律推理进行深入研究，可以为各个法律部门的认识和实践活动提供理性基础和思维方法，也是尽快提高立法者、政府官员、警察、法官和律师法律思维素质的一个重要途径。

第六，逻辑分析与价值分析结合。关于法律推理，国内外法学界比较重视的是其形式方面，即注重对法律术语、规则、裁决等进行逻辑分析；而本书作者的研究则属于法律思维学、认识论或价值论的范畴。如同许多法律问题不能只从逻辑上寻求答案一样，对法律推理只作逻辑分析是远远不够的。法律推理必然受到社会、政治和文化等各种价值观念的影响。特定的法律观念和原则通过立法和司法活动、法律学术观点以及法典和法规文献等形式表现出来，它们都体现了一定的价值观。价值分析的方法主要是通过考察不同历史时期、不同法律制度、不同审判结构下，法律推理按何种目的标准建构社会成员之间的权利和义务关系，对不同法律推理活动所蕴含的价值进行认知和评价。

第七，跨学科研究方法。研究方法的多样性是本书的鲜明特色。作者在对法律推理的研究中综合运用了多层次、多学科、多学派的研究方法。研究方法的多层次性表现为，作者既运用了哲学的方法，如系统分析方法、结构分析方法、矛盾分析方法，又运用了一般科学的研究方法。研究方法的多学科性表现为，作者综合运用了法学、经济学、社会学、逻辑学、历史学等学科的研究方法。研究方法的多学派性表现为，作者在马克思主义的指导下融会了分析法学的逻辑分析方法和语义分析方法、自然法学的价值分析方法以及其他学派的一些合理的研究方法。研究方法的科学性、多样性，为本书的研究及其结论的科学性、可靠性奠定了坚实的基础。目前国内外学者主要运用法律实证分析、逻辑分析和语义分析的方法来研究法律推理问题。这些方法虽可使研究工作更加微观，却容易陷入"只见树木、不见森林"的局面。特别要强调的是，法理学和诉讼法学虽然有密切的关系，但这两个学科之间过去很少在研究方法上互相借鉴，本书则在这种结合上作了一些尝试。

第八，体现真理集合论原则。本书始终贯彻真理是一个过程、绝对真理是由相对真理组成的辩证法思想。法律思想史上的每一个学派、每一位学者的学说都有自己的学术地位，都发展了真理的一个方面。尽管这些学说单独抽出来可能有一定的偏颇，但正是这些思想的争论和在交错中自觉不自觉地融合对方的观点，以及对前人观点的综合开辟了真理发展的道路。学术研究是对各种学说所蕴含的思想价值作出选择的过程，对不同法律推理学说的评判、吸收和摈弃，为本书的写作提供了丰富的思想营养，也使它呈现出在已有思想文化成果基础上重新构筑新理论体系的特征。

时际张保生博士这部著作出版之际，谨以上述评论为序。

张文显

2000 年 2 月 6 日

2023 年 6 月 21 日修订

修订版前言
REVISED PREFACE

本书于 2000 年出版后，在受到很多读者热情鼓励的同时，书中的一些观点和内容经过这些年的深入研究和教学实践也暴露出一些问题和不足。本次修订的主要观点及缘由如下：

第一，修订版放弃了 2000 年版秉持的广义法律推理观，接受了法律推理即司法推理的狭义法律推理概念。本书原版从"广义法律推理说"出发，主张"法律推理是一个普遍概念，它包括立法推理、执法推理、司法推理等推理性思维活动。"[1]这种理解，虽然凸显了法律推理的方法特性，却忽视了其作为审判制度的实践特性。这个观点的转变，得益于作者 2000 年 10 月至 2001 年 1 月受中欧高等教育合作项目资助赴英国肯特大学法学院（Law School of Kent University）的访学收获。这次访学的合作研究课题就是法律推理，合作导师是斯蒂芬·毕德格（Stephen Pethick）博士。访学期间，除了旁听毕德格的法理学课程之外，还收集阅读了大量 legal reasoning 的学术论文，并与他围绕法律推理进行了多次讨论。对于我所介绍的本书将法律推理分为立法推理、司法推理和执法推理的观点，毕德格博士明确指出：法律推理（legal reasoning）在英语语境中是一个专指法官推理的概念即司法推理（judicial rea-

---

[1] 这种广义法律推理观在本书 2000 年版引言中的表述还包括："在理论体系的建构方面，本书立意把法律推理视为一种渗透于立法、执法、司法以及各种法律实践和认识活动中的，具有横断性特点的法律思维活动。……正如任何人的思维活动中都包含着推理性思维一样，只要人们置身于法律问题的思考，就都不能逃避作一些法律推理。推理性思维渗透在人们的各种法律思维活动之中，从而才为各种具体的法律思维活动赋予了理性特征。"参见张保生：《法律推理的理论与方法》，中国政法大学出版社 2000 年版，第 70 页。

soning）。他还对这个观点在英国形成的历史原因作了详细解释。这就是大家知道的，法律推理作为一种司法制度实践兴起于英国，它是指以英国为代表的判例法国家自 17 世纪末以来撰写司法判决书的一种判决报告制度或实践。确切地说，普通法系司法程序要求对判决建立详细的推理论证制度。英国麦考密克教授在《法律推理与法律理论》一书中说："至少在过去三个世纪中，在英格兰和威尔士以及在英格兰的最高法院，发展起一种对判决进行报告的实践"，[1]该报告制度的内容包括：（1）对案件事实的详细叙述；（2）控辩双方的主张和辩论的综述；（3）法官对自己判决的正当理由所作陈述的观点报告；（4）对诉讼双方特殊判决的陈述。毕德格博士还告诉我：司法推理就是法庭裁决（decision-making）过程。顾名思义，法律推理就是以"法律"（规则）为大前提的推理。立法推理显然不是这样，而是以道德价值为大前提的推理。瑞典法学家瓦尔格伦把法律推理描述为一个从案件情境到司法裁决的审判活动过程。[2]因此，本书修订版将法律推理的外延限定为司法推理或审判过程，删除了有关立法推理、执法推理等内容。为此，原版"引言：法律实践和法律思维中的推理"，也相应修改为"引言：审判实践中的法律推理"。

第二，修订版纠正了 2000 年版崇尚法律适用中的实质推理、忽视事实认定中证据推理的偏向，打通了事实认定与法律适用或者证据法学与法理学之间的联系。在西方法律语境中，"有关法律问题之论证与有关事实问题之论证的文献和争论几乎是完全区隔的。'法律推理'这个词已经被法学家们霸道地（imperialistically）劫持用于指前者，这些法学家对后者知之甚少或者没那么关注。后者则被冠以各种各样的名称，如'证明的逻辑''证据与推论''事实认定'，等等"。[3]这种将法律问题与事实问题相割裂、用法律适用代替法律推理的"劫持"，不仅对法律推理的理解具有片面性，对事实问题和证据推理的还具有歧视性。因为，法律推理作为法庭决策过程，包括事实认定和法律适用两个阶段，二者缺一不可。艾伦教授对此总结说："权利和义务固然都很重要，但启蒙运动更根本的理念是认识论上的革命，即认为有一个客观上

---

〔1〕 Neil MacCormick, *Legal Reasoning and Legal Theory*, Oxford University Press, with corrections 1994, p. 8.

〔2〕 参见本书第六章：法律推理的过程。

〔3〕 参见［英］威廉·特文宁：《反思证据：开拓性论著》，吴洪淇等译，中国人民大学出版社 2015 年版，第 335 页。

可知的外在于我们思想的世界；然而，对洛克、贝克莱、休谟乃至康德认识论著作中关于这种主张的引用，却非常之少且相去甚远。这就颠倒了事实与权利/义务之间的实际关系。事实先于权利和义务而存在，并且是权利和义务之决定性因素。没有准确的事实认定，权利和义务就会失去意义。"〔1〕因此，应当认真看待事实认定在法律推理中的作用，证据推理旨在为法律推理提供小前提，它不仅直接决定着法律规则大前提的检索，还决定着法律推理结论是否正确。

第三，修订版吸收了法律推理研究生课程教学成果，可满足法学方法论课程教学的需要。作者2005-2015年在中国政法大学研究生院为全校博士研究生"法学前沿"每年讲授一次5学时"法律推理与司法公正"课程。自2013年起，"法律推理的理论与方法"成为中国政法大学证据科学研究院为证据法学、法庭科学专业（2014年扩大到司法文明方向）硕士生和博士生开设的36学时研究生学位公共课；该课程2015年改为研究生学科方法论必修课程，2020年改为"学科方法论与学术论文写作"48学时课程（我和林静副教授联合讲授，其中法律推理的内容占38学时），上述课程均以本书2000年版为指定教材，先后有大约800位研究生系统学习了"法律推理的理论与方法"。该课程采用课堂研讨方式，重在培养学生的批判性思维能力：一是要求学生在课堂上与老师积极互动，特别鼓励发表与老师不同的观点，老师则结合学生的提问对法律推理的理论和方法作进一步的讲解和深入的研究；二是在考试环节，要求学生能够分析本书和老师讲授中的观点和方法的成因、理由和漏洞，运用法律推理理论进行案例分析。上述师生互动确实是一个教学相长的过程，学生的积极思考和批评建议，推动了我对法律推理问题研究的不断深入。因此，在此书修订版付梓之际，我一方面要向这些同学表示衷心的感谢，同时也为新同学能够用上内容更新的教材而感到欣慰。

感谢岳军要、马国洋、李天君、李建锋、贠丹、陈新旺、罗贵月、宋乐超、熊晓彪、樊传明、吴洪淇、张嘉源、何晓丹、曹佳、巩寒冰、陈邦达、卫凯博，在本书修订版付梓前仔细审读书稿，对一些文字错误提出修改意见，并就概率论推理问题定稿进行的深入讨论。

---

〔1〕 ［美］罗纳德·J. 艾伦：《证据法的理论基础和意义》，张保生、张月波译，载《证据科学》2010年第4期。

目　录
CONTENTS

图表目录

Theory and Method of Legal Reasoning
(Revised Edition)

CONTENTS

"不可调和的调和，矛盾的结合，对立的综合——这些就是法律的问题。"[1]

——卡多佐

引 言
审判实践中的法律推理

谈到法律推理，人们头脑中最初的表象也许是公式化的："法律规则+案件事实=判决结论"。的确，法官受理公诉人或原告的控诉，听取被告方律师的辩护，审查各种证据材料，寻找一般法律规定并思考它们与特殊案件事实之间的一致与差别，通过法律解释来权衡有关罪名，看其能否像"帽子"一样戴在被告人"头上"，最后作出适合于该案的判决。这个事实认定和法律适用的过程，反映了法官在审判活动中用得最多的可能是演绎推理。然而，法律推理实践中和理论上的问题远比上述表象要复杂得多。

第一，事实认定难题。由于案件是在法庭之外发生的历史事实，除目击证人之外，法官、检察官、律师、陪审团对其都缺乏亲身知识，疑难案件的事实更是扑朔迷离，由于证据的缺乏或者真伪不明，有时候很难作出准确事实认定。在这种情况下，尽管法官满腹（法律）经纶，却无用武之地。因为，法律推理尽管以演绎推理为基本形式，但其实际步骤却是先通过归纳推理等方法进行事实认定，然后再将事实认定的结果——事实真相作为法律推理小前提，进而才能检索法律规则即查找法律推理大前提，最后才是进行三段论演绎推理。

第二，法律解释难题。由于法律规则具有一般性，即使检索出来的法条

---

[1] ［美］卡多佐：《法律科学的矛盾》，1928 年英文版，第 4 页。转引自沈宗灵：《现代西方法理学》，北京大学出版社 1992 年版，第 450 页。

不是复数，该法律规定也可能是模糊不清的，法官并不总能像穿衣戴帽那样将其套在一个具体案件事实上。在这种情况下，尽管法律授予了法官解释法律的权力，他们常常也会感到即使作了必要的"剪裁"，也很难将一个法律规定严丝合缝地适用于作为法律推理小前提的事实真相。[1]更何况，法官的法律解释具有能动性，这种能动性既是法律推理主体性的体现，又是法官认知偏差产生之源。

第三，法律推理主体系统。法官虽然是法律推理的典型主体，但法律推理却并非只是法官的事情，在当事人主义审判结构中甚至主要是诉讼律师（包括检察官）在唱主角。即使在职权主义审判结构下，律师和检察官一般也比法官更先接触案件，并在案件事实认定及如何适用法律的问题上先于法官形成一套具体的主张。在庭审过程中，控辩双方的推理路线、推理方法和结论可能完全不同，这更是意料之中的事情。因此，美国一些法学家认为，司法审判实际上是一个法庭工作组（Courtroom work group）[2]同时在进行法律推理。在这个过程中，控辩审三方的推理形成一种互动关系，使各自在努力影响他方观点的同时又自觉不自觉地受到他方推理的影响，判决结果可能产生于一种相互作用的合力。

第四，法律推理究竟在多大程度上受到主体认知偏好的影响？这是西方法学家长期争论不休的一个问题。本书修订版第四章对法律推理的主体性考察发现，在主观因素的影响方面，个性偏好对法律推理主体的影响尽管不容忽视，但其影响程度远远不及思维结构。就是说，主观因素或者所谓主体性与司法审判公正性的关系，并不仅仅是一个心理学问题，而主要是一个哲学认识论或法律推理观问题。

第五，法律推理与法系的关系。普通法系与大陆法系在法学方法论上存在不容忽视的差异，法律推理在当事人主义和职权主义审判制度中的运行规则也有很多不同之处，很多普通法学者甚至认为法律推理只是判例法特有的传统。但是，法律推理在判决理由论证的意义上，无论在哪个法系都是程序正义的体现和实现法治的手段。在全面依法治国的大背景下，法律推理的理

---

〔1〕　参见苏力：《纠缠于事实与法律之中》，载《法律科学（西北政法大学学报）》2000年第3期。

〔2〕　参见［美］彼得·G·伦斯特洛姆编：《美国法律辞典》，贺卫方等译，中国政法大学出版社1998年版，第95-97页。

念和方法对于完善我国的司法制度、提高法律人的法治意识和思维素质都具有十分重要的意义。我国法律人才培养模式要实现从知识型向素质型的根本转变，在法学院教育和法律培训中如何加强法律推理的内容也是一个十分迫切的问题。

第六，法律推理是一种不断发展的制度实践。它的发展不仅受到社会法律制度变迁的影响，而且还有其内在的动力。作为一种认识与实践高度统一的理性活动，法律推理内在地包含着诸如规则与原则、逻辑与经验、真理与价值等错综复杂的矛盾。揭示这些矛盾如何形成，又如何作用于具体的司法审判过程以及如何在相互作用中推动法律推理的发展，是理解法律推理的关键所在。

第七，不同学派对法律推理理论的影响。法学理论的不同学派，如分析法学、法律实证主义、新实用主义法学、经济分析法学、批判法学等，对法律推理的看法都受到其一般法律观的影响。这虽然增加了问题的研究难度，但同时也为观察该研究对象提供了多种视角。例如，分析法学把规则看作是法律推理的根据，[1]而德沃金和休斯则把原则和政策看作法律推理的根据，[2]这种争论实际上深化了我们对规则和原则的性质及相互作用的认识。

以上列举的当然不是法律推理的全部问题，但它们确实从不同角度说明法律问题确如卡多佐所说充满了矛盾。因此，就法律推理研究而言，线性思维可能是完全无效的。只有从历时和共时、主体和客体、理论和实践、中国和外国、法律和社会等多向度相结合的视角，对研究对象进行多维系统分析，才能对法律推理的内容和本质作出整体性把握。

法律推理作为法哲学的基本问题之一[3]，从理论源头上甚至可追溯到古

---

〔1〕　例如，参见［奥］凯尔森：《法与国家的一般理论》，沈宗灵译，商务印书馆1996年版；另参见［英］哈特：《法律的概念》，张文显等译，中国大百科全书出版社1995年版。

〔2〕　参见［美］罗纳德·德沃金：《认真对待权利》，信春鹰、吴玉章译，中国大百科全书出版社1998年版，第40—48页。

〔3〕　牛津大学哈特教授的观点，参见 The Encyclopedia of Philosophy, The Macmillan Publishing Company & The Free Press, 1967, p. 567. 美国法学家 F. Shauer 说："哲学的很大一部分，有的哲学家说是最重要的一部分，是对推理的研究。那么，毫不奇怪，法哲学的很大一部分就是对法律推理的研究。" 参见 F. Shauer and W. Sinnoff-Armstrong, The Philosophy of Law, Harcourt Brau College Publishers, 1996, p. 117.

希腊的亚里士多德，但它真正成为西方法理学研究的热点则始于 1960 年代。[1]
又过了两个十年，国际法理学和法哲学会刊《法律与哲学》将法律推理列为
1980 年代法哲学论题之一。1984 年 12 月西方法学家聚会意大利米兰，举行
了有史以来第一次"法律中的推理"（reasoning in law）国际学术研讨会，这
成为法理学从研究客体问题向研究法律推理转变的标志。[2]此后，法律推理
研究在西方法理学界一直经久不衰。

西方法理学从研究客体问题向研究法律推理主体性问题的转变，具有深
刻的社会原因和科学背景。从社会原因来看，当代社会实践（包括法律实践）
的发展，特别是二战后长期和平环境下出现的一系列社会矛盾以及司法实践
中产生的大量问题，使民主与法治在人类社会生活中被提到前所未有的重要
地位，并且越来越深入人心。从学术自身发展的动力来看，瑞典隆德大学
（Lund University）法哲学教授亚历山大·佩策尼克（Aleksander Peczenik）等
人认为，二战以来西方法律推理问题研究热潮出现的原因有以下几个方面：
（1）20 世纪上半叶以来各种法律学派之间界限分明、相互独立，但一系列的
社会和司法实践问题迫使它们开始相互借鉴，力图建构一个整体性的或综合
的法律理论；（2）科学理论（尤其是科学哲学）入侵法哲学的话语领域，尤
其是波普尔和库恩之后，科学理论极大地适用于法律推理之研究；（3）从理
论上说，法律推理理论为圆满实现上述整体性法律理论的假设提供了一个框
架；而从实践上说，通过对法学方法论和法学渊源论的探讨，法律推理增强
了司法判决的一致性和合法性，可为法律问题提供健全而经充分论证的答案，
从而满足时代的要求。[3]

20 世纪 80 年代以来，法律推理研究在英美和欧洲大陆的活跃，同哲学认
识论研究的中心在 20 世纪向主体转移的发展态势是一致的，西方分析哲学在
这种转移中起了推波助澜的作用。科恩说："就分析哲学问题是关于推理的问
题而言，分析元哲学必须特别对哲学推理问题感兴趣。因此，分析哲学不可

---

〔1〕 1960 年 K. 卢埃林出版的《普通法传统——上诉审》，同年 W. Zelermyer 出版的《法律推理：
法律的进化过程》，1964 年 J. 斯通出版的《法律制度和律师推理》，是现代法律推理学说产生的标志
性成果。详见本书第一章。

〔2〕 参见梁庆寅、柯华庆：《论形式推理与实质推理在法治化过程中的定位——兼评张保生〈法
律推理的理论与方法〉》，载《中山大学学报（社会科学版）》2001 年第 4 期。

〔3〕 参见解兴权：《论法律推理》，中国社会科学院 1998 年博士学位论文。

避免对哲学方法论问题的关注，因此，比其他哲学学派更密切、更自觉，这些学派，如马克思主义或存在主义，并不特别关注推理问题。"[1]从这段话中自然可以合乎逻辑地得出结论说，法哲学必须特别关注法律推理问题。但科恩先生的话似乎只说对了一半。他对分析哲学在推理问题研究方面的肯定是中肯的，但他对马克思主义哲学不关心推理问题的批评则不免刻薄。大家都知道，马克思《关于费尔巴哈的提纲》一文开篇便说："从前的一切唯物主义（包括费尔巴哈的唯物主义）的主要缺点是：对对象、现实、感性，只是从客体的或者直观的形式去理解，而不是把它们当作感性的人的活动，当作实践去理解，不是从主体方面去理解。"[2]因此，设想以反对机械论和直观性起家而特别重视主体性的马克思主义哲学不关注推理问题，这是不可思议的。实际上，马克思主义哲学对推理问题的关注并不比分析哲学逊色，而且在与现代法律推理思想合流方面还有独特之处，即它不像分析哲学那样醉心于逻辑和分析技术，而是强调思维的实践内容和推理的价值意义，强调主体实践在认识论中的核心作用。从这个意义上说，马克思主义实践认识论是现代实践理性或实践推理说的理论来源之一。正是在这个意义上，我们可以理解为什么分析哲学往往成为现代法律推理学说的批判对象。

应当看到，从重视本体论研究转向认识论研究，又将认识论研究的中心问题指向主体，是中国哲学自改革开放以来的一种根本性的转变，它不仅是对"文革"十年主体失落的一种哲学反省，也是对马克思主义哲学主体性传统的一次复兴。但是，我国法理学似乎缺乏从本土哲学思想发展中直接汲取营养的机制，因而在研究对象、研究方法等方面都比哲学的转型慢半拍。这表现在，法学理论体系的建构比较局限于制度层面，尚未深入到主体活动特别是主体思维的层面，甚至对法学方法论的研究也具有将其客体化的倾向，[3]而不是把它们当作感性的法律人的活动、当作司法实践去理解，特别是缺乏对法律主体外部行为方式和内部思维结构的认识论分析，对处于法律思维核心

---

〔1〕 ［英］L. 乔纳森·科恩：《理性的对话——分析哲学的分析》，邱仁宗译，社会科学文献出版社1998年版，第66页。

〔2〕 中共中央马克思 恩格斯 列宁 斯大林编译局编：《马克思恩格斯选集》（第1卷），人民出版社2012年版，第133页。

〔3〕 例如，分析实证法学在把法律视为独立的法律时却割断了其与社会基本价值的关系，割裂了法律与社会生活的关系。这就使得法律成了纯逻辑关系，忽视了人与法、法与社会的互动关系的研究。参见陈金钊：《法学的特点与研究的转向》，载《求是学刊》2003年第2期。

的法律推理研究尤其薄弱。国内法学界对主体问题的重视兴起于 20 世纪 80 年代后期法学方法论的研究，然而，为数不少的研究论文给人两个缺憾：一是缺少整体思考，大多数文章都局限于例述法学研究中似乎彼此孤立的具体方法，如哲学或伦理学的方法、历史的方法、比较的方法、分析的方法、社会学的方法等，却未能反映各种方法作为法学方法论体系构成要素的内在联系；二是缺乏分析深度，尚未从司法主体如何形成概念、做出判断、进行推理，即从法律思维的角度来展开研究。实际上，法学方法论的研究如果离开对法律思维的考察，无论如何是难以深入并有所作为的。因为从根本上说，任何所谓方法，归根到底都不过是思维方法而已。进一步说，法律思维中最前沿、最核心的问题是法律推理，许多法律思维的问题如司法主体的思维结构、思维方法、法律解释和价值判断等，都以法律推理为核心而紧紧地缠绕在一起。所以，弄不清法律推理的机制，就无法从根本上解开法律思维和法学方法论研究中的各种困惑。

可喜的是，我国 20 世纪 90 年代出版的法理学教科书已开始关注法律推理问题，有关的研究论文也已出现。[1]这些开创性工作的深远意义，用"坚冰已被打破，航道已经开通"来评价并不过分。本书作者之所以能够开展法律推理研究工作，既借助于前人所开辟的航道，也依赖于已有研究成果所打下的基础，所以无论在时间上还是在逻辑上都是以往这些研究工作一个自然的延续。

但本书在研究思路、研究方法和基本观点上还有如下一些自己的特点：

第一，主张法律推理是逻辑方法和制度实践的统一。法律推理的发展是一个从最初的逻辑方法向制度实践演进的过程，该过程映射出审判制度从人治向法治、法律思维从非理性向理性、法律文化从野蛮向文明的发展轨迹。

---

　　[1]　北京大学沈宗灵教授1990年出版的《法理学研究》（上海人民出版社1990年版），在国内法学著作中第一次辟专章论述了法律推理问题。沈宗灵教授主编、张文显教授副主编《法理学》（高等教育出版社1994年版），张文显教授主编《法理学》（法律出版社1997年版），都辟专章论述了"法律解释与法律推理"。前一部教材将其安排在"法的实施"中，后一部教材则将其与"法的创制""法的实施""法律程序"相并列，安排在"法的运行"编。这种安排反映了法理学对法律推理地位在认识上的前进。中国社会科学院解兴权博士1998年6月完成的《论法律推理》，是国内第一篇关于法律推理研究的博士论文。

按照美国综合法学家霍尔的法理学四分法，[1]法律推理属于形式法律科学范畴，其所注重的是对法律术语、规则、裁决等进行逻辑分析。然而，从逻辑与历史相统一的观点看，尽管设想包公时代的法官在审判中不使用逻辑推理方法似乎是可笑的，但这种自发使用的逻辑方法，与我们今天所说的法律推理审判制度却不可同日而语，因为那时显然没有法律推理作为制度立足的法治土壤。从这个意义上说，法律推理的审判制度是对专断裁判和神明裁判的否定，这呈现出一种从"愚昧-野蛮-文明"的否定之否定螺旋式上升运动，或者，"神治-人治-法治"的"正反合三段式"[2]。法律推理演化为制度实践的意义在于，以法律（规则）为大前提的三段论审判制度，克服了人治社会专断审判的随意性，维护了规则的统治和权威，为法官赋予了法律至上的义务，因而是通向法治之路。

第二，对法律推理的事实认定和法律适用两个阶段进行整合性研究。目前国内外学者对法律推理的研究，主要局限于法律适用或实质推理领域，却忽视事实认定和证据推理的研究。本书则在认真对待事实认定的理念指导下打通了法理学和证据法学的学科隔膜，试图将法哲学认识论与证据法学"法庭认识论"[3]统一起来，这不仅是因为"任何实际的法律论证，不论其内容多么具体和有限，都采用法理学所提供的一种抽象基础"[4]，因而需要"在探究真相的过程中实现正义"[5]；而且还因为"任何法官的意见本身就是法哲学的一个片段，……法理学是判决的一个组成部分"，"在法理学与判案或法律实践的任何其他方面之间，不能划出一条固定不变的界线"[6]，因而将二者统一起来有助于克服法理学抽象空洞、缺乏实证分析的缺陷。

第三，重视法律推理的主体性研究。目前国内外法律推理研究都有一种将方法论问题对象化、教条化的倾向，这正是马克思所批评的"只是从客体

---

〔1〕　霍尔主张法理学分为四个部分：第一，法律价值论；第二，法律社会学；第三，形式法律科学；第四，法律本体论。参见沈宗灵：《现代西方方法理学》，北京大学出版社1992年版，第3页。

〔2〕　[德] 拉德布鲁赫：《法学导论》，米健译，法律出版社2012年版，第141页。

〔3〕　[美] 戴维·伯格兰：《证据法的价值分析》，张保生、郑林涛译，载《证据学论坛》2007年第2期。

〔4〕　[美] 德沃金：《法律帝国》，李常青译，中国大百科全书出版社1996年版，第83页。

〔5〕　[新加坡] 何福来（Ho Hock Lai）：《证据法哲学——在探究真相的过程中实现正义》，樊传明、曹佳、张保生等译，中国人民大学出版社2021年版。

〔6〕　[美] 德沃金：《法律帝国》，李常青译，中国大百科全书出版社1996年版，第83页。

的或者直观的形式去理解"〔1〕法律推理的一种"目中无人"的研究偏向。与此相反，本书则以司法活动主体的认识和实践关系为主线，将法律推理界定为司法主体以法律和事实真相为前提，对判决结论进行法律理由和正当理由论证的思维活动和制度实践。本书第四章法律推理的主体和客体，针对国内外有关法律推理研究多集中于方法方面、将法律推理方法客体化、缺乏主体性论述特别是缺乏关于推理主体思维方式考察的问题，回答了法律推理由谁来推，以及在主客体相互作用中体现出的主体思维结构和特征。在对法律推理主体资格进行静态考察的基础上，重点论述了法律推理主体在动态实践中的主观性、社会性和思维结构；在对法律推理典型主体法官进行分析的同时，对律师、检察官的主体素质、角色与培养等问题做了系统论述，以揭示法律推理在控辩审三方主客体相互作用中的自我发展过程。

第四，法律推理旨在为司法活动提供法律理由和正当理由。"理由是法律的灵魂，法存在的理由变了，法律也就变了。"〔2〕法律推理是实现法治和正义的手段，它可提供健全的、经过充分论证的裁判，因而增强了判决的合法性和正当性。法律推理首先是"在法律论证中运用法律理由的过程"〔3〕，法律理由直接来源于规则，实体法规则、程序法规则和证据法规则共同构成了法庭事实认定和法律适用的理由，三段论推理将法律大前提和事实真相小前提结合在一起，旨在发现适合于案件事实真相的特殊法律理由。法律推理又是一个运用正当理由的过程。"原则和政策没有建立法律的类别，确定法律的后果。但它们为规则提供了正当理由，也为把案件归于规则所定的法律类别中的法律理由提供了正当理由。"〔4〕麦考密克说他的《法律推理和法律理论》一书，试图描述和解释在判决的正当理由上发展起来的法律论证的要素。〔5〕法律论证的目的是说服人，而说服人的功能是靠提出正当理由。法治国家的法庭

---

〔1〕 中共中央马克思 恩格斯 列宁 斯大林编译局编：《马克思恩格斯选集》（第1卷），人民出版社2012年版，第133页。

〔2〕《英汉法律词典》，法律出版社1985年版，第690页（Reason is the soul of law；the reason of law being changed the law is also changed）。

〔3〕 ［美］史蒂文·J. 伯顿：《法律和法律推理导论》，张志铭、解兴权译，中国政法大学出版社1998年版，第110页。

〔4〕 ［美］史蒂文·J. 伯顿：《法律和法律推理导论》，张志铭、解兴权译，中国政法大学出版社1998年版，第116—117页。

〔5〕 See Neil MacCormick, *Legal Reasoning and Legal Theory*, Oxford University Press, 1978, Preface.

是一个论证判决理由的"论坛"（forum），法律推理是由控、辩、审三方平等参与的法庭论证或辩论活动，法官、检察官和律师具有完全平等的地位，只能通过"讲理"的方式来说服人，这与"包公"时代动辄"大刑伺候""不讲理"的审判方式有天壤之别。"在这种理性支配的场合，说明义务被高度地规范化，任何强词夺理以各种借口逃避说明的行为都不能被允许，完全有可能在理想状态下展开自由而理性的对论。"〔1〕正是通过平等对论，才使事实真相越来越清楚、法律解释越来越一致、判决理由越来越凸显。我国司法实践中长期存在重判决结论轻判决理由的倾向，造成这种情况的原因之一，是法官、检察官和律师对法律推理的理论和方法基本上不熟悉。

第五，反思方法的运用贯彻了真理是一个过程的辩证法。"反思以思想的本身为内容，力求思想自觉其为思想。"〔2〕它要求沿着法律推理主体由于自身矛盾运动而自己构成自己的道路，因而在本质上是矛盾分析法。它与黑格尔的正反合方法在逻辑形式上具有一致性，都要求从最抽象的概念出发，在抽象到具体的历史演进中，揭示出事物由于内在矛盾的推动而呈现出的自己发展的否定之否定过程。在本书第三章关于法律推理目的标准、操作标准和评价标准建构的论述中，目的标准从抽象的正义到具体的利益再到二者统一的人权，操作标准的权利、义务和责任，评价标准的正当、合法和秩序，这些概念在内部矛盾推动下一层层地自我否定，就是科学研究从抽象到具体的一个正反合实例。第一章法律推理活动与学说的历史考察也贯彻了这种辩证法思想。法律思想史上每一学派、每位学者的学说都有自己的学术地位，都发展了真理的一个方面。尽管这些学说单独抽出来看可能有一定偏颇，例如，哈奇森关于法官实际上是通过感觉而不是判断、是通过预感而不是推理来判决的思想似乎就存在这种片面性，但正是这些不同思想的争论以及在交锋中自觉不自觉对不同观点的融合，对前人观点的综合，开辟了真理发展的道路。学术研究是对各种学说的思想价值进行选择的过程，对不同法律推理学说的评判、吸收和摈弃，使本书具有了以五色土烧制的砖瓦来构筑新理论体系的特征。

在逻辑结构上，本书内容可分为以下六个部分：

---

〔1〕　〔日〕棚濑孝雄：《纠纷的解决与审判制度》，王亚新译，中国政法大学出版社 1994 年版，第 127—128 页。

〔2〕　〔德〕黑格尔：《小逻辑》，贺麟译，商务印书馆 1980 年版，第 39 页。

　　第一部分由第一、二章组成，主要讨论法律推理活动和学说发展的历史以及法律推理的本质和功能。第一章按照逻辑和历史相统一的观点，沿着法律实践和法律学说发展的两条线索，对法律推理发展的历史作了分期考察，将其分为前法律推理阶段、法律推理方法形成过程、近代和现代法律推理实践及其学说四个阶段。在历史自然演进中追溯法律推理的理念、实践、方法和学说变化发展的轨迹，这为后续各章内容的讨论揭示了一条逻辑主线，即审判制度从专制向法治、法律思维从愚昧向理性、法律文化从野蛮向文明不断演进的否定之否定过程。第二章主要回答"什么是法律推理"的问题，从法律推理概念的语义分析入手，通过活动分析和方法分析，以及学术界对法律推理问题基本观点的考察，提出了新的法律推理定义和论证；对法律推理的证成功能、争端解决功能、社会控制功能和预测功能的论述，则服务于更全面地把握法律推理的本质。

　　第二部分为第三、四章，考察了法律推理的标准和主客体关系。法律推理是司法活动主体运用一定的标准和方法而作用于客体的过程，体现了法律推理各种要素（主客体、标准、方法）在法律实践中的相互作用。第三章法律推理标准的考察是本书的核心，所谓从抽象到具体的研究方法在这里得到充分体现。通过目的标准、操作标准和评价标准的系统建构，揭示了法律推理以目的标准为起点，通过执行操作标准而实现特定价值目标并以其为标准进行反馈评价的"正反合"循环上升过程。正义作为最抽象的法律概念，是包含着法律思维和审判实践未来发展一切矛盾的"胚胎"，因而成为法律推理发生的逻辑起点。正义一旦脱去抽象理想的外衣，就改头换面变成利益。正因为人的行为受利益驱动，法律才可能通过调整人们的利益关系来调整人们的行为。所以，"利益是法的实现的动力和归宿，是法发挥作用的基础。"[1]人权是正义和利益相结合的基本权利。目的标准成为贯穿于权利、义务和责任以及程序正义、程序利益和程序权利等操作标准的灵魂。在评价标准中，正当、合法与秩序，揭示了法律推理来自正义、体现正义又归结于正义的螺旋式运动。第四章关于法律推理主客体的研究，针对目前国内外研究多集中于方法领域、缺乏主体性论述的偏向，强调了法律推理本质上是特定主体的思维活动和制度实践，重点考察了法官、律师等典型推理主体的思维特点，

---

　　〔1〕　孙国华主编：《法理学教程》，中国人民大学出版社 1994 年版，第 92 页。

以及法律推理主客体的相互作用问题。法律推理无论是作为思维方法还是制度实践，其发展都是由法律推理主客体相互作用的基本矛盾所推动的，而其他基本矛盾如规则和原则、经验和逻辑、确定性和非确定性、真理和价值等，都是法律推理主体在认识和改造客体过程中派生的矛盾，是主客体基本矛盾运动的表现形式。

第三部分将原版第五、六、七章压缩为一章，即新的第五章法律推理的一般方法。法律推理方法是推理主体认识和把握客体的思维工具，是联系主客体的"桥梁"或传递其相互作用的手段。鉴于形式推理和实质推理二分法过于笼统，本章在此基础上进一步将法律推理方法分为 4 类（逻辑方法、科学方法、哲学方法和经验方法）、7 属（逻辑方法 2 属：传统逻辑方法和现代逻辑方法；科学方法 2 属：自然科学方法和社会科学方法；哲学方法 2 属：辩证逻辑方法和因果关系方法；经验方法以实践理性方法命名，自成一属。）和 15 种：（1）演绎推理，（2）归纳推理，（3）准演绎推理，（4）溯因推理，属传统逻辑方法；（5）概率论推理和（6）模糊推理，属现代逻辑方法；（7）科学推理，属自然科学方法；（8）经济分析推理，（9）法律解释推理和（10）社会心理推理，属社会科学方法；（11）辩证推理，属辩证逻辑方法；（12）因果推理，属因果关系方法；（13）常识推理，（14）直觉推理和（15）类比推理，属实践理性方法。

第四部分即第六章法律推理的过程。首先按照信息论观点和瓦尔格伦法律推理 7 阶段说，对法律推理的一般过程做了考察。接着考察了审判实践中的法律推理过程，即事实认定和法律适用两个阶段。这是修订版的一个重要变化。事实认定是发现法律推理小前提的操作，它是一个经验推论过程，其动力是控辩审三方的互动。法律适用是将法律规则应用于案件事实的演绎推理过程。事实认定是法律适用的前提，法律适用是法律推理的核心。法律推理具有决策思维的特点，需要完成认定事实和适用法律两项任务。相比之下，法律解释是在法律适用过程中依照一定的标准阐明法律规则和判例具体含义的方法，只涉及法律适用这一环节，仅指向模糊法律规则单一客体，通过澄清法律规范的意义，使其变成清晰可用的裁判大前提而结束自己的任务。因此，法律"解释是法律推理的重要组成部分。"[1]解释推理作为法律推理的

---

[1]　［美］史蒂文·J. 伯顿：《法律和法律推理导论》，张志铭、解兴权译，中国政法大学出版社 1998 年版，第 16-17 页。

方法之一，体现了法律推理和法律解释你中有我、我中有你的关系以及在主体和功能上的同质性。法律解释研究应当"超越"思维范畴，引入实践理性，避免陷入语义学甚至"中国诠释学"的死胡同。提高法官、检察官和律师法治意识的途径，主要不是精通法律解释技术，而在于掌握法律推理的理念和方法。

第五部分讨论了法律推理的两对基本范畴，即法律推理的规则和原则、真理和价值。第七章将规则和原则视为法律推理的一对基本范畴，论述了其贯穿于法律推理全过程的相互作用。第一节从一般规则和法律规则、制定法规则和普通法规则、实体法规则和程序法规则、硬性规则和软性规则的关系等角度对法律规则作了全面分析。第二节讨论了法律原则的一般特征和法律原则体系内部的矛盾。法律原则是法律规则背后的目的，它为法律规则的正当性提供了论证依据，也为法官将法律规则适用于具体案件提供了正当理由。第三节从规则和原则的辩证关系、合法性与正当性、简单案件和疑难案件等方面讨论了法律规则与原则的相互作用。在法律推理中，遵循规则和奉行原则时常表现为两种互相冲突的取向，但它们在本质上具有统一性，其矛盾展开构成了法律认识和实践辩证发展的内在动力。第八章聚焦真理和价值这对基本范畴，第一节围绕有无法律真理的问题，讨论了经验事实对法律真理的基础意义，分析了法学家们对法律判决是否有唯一正确答案的不同看法，展望了从概率真理到似真性理论的发展趋势；第二节讨论了法律推理的价值内容，包括价值的含义、多样性与有序性、价值标准的评价作用；第三节讨论了法律推理中真理与价值的对立统一关系，人们在追求真理的过程中实现价值。

第六部分即第九章讨论了法律推理与人工智能研究相互促进的关系与发展前景。形式主义法律推理学说尽管有僵化和机械论的缺点，但它强调法律推理的形式方面，为人工智能法律系统开发奠定了基础。人工智能研究为法律推理研究提供了思想实验的手段，瓦尔格伦说："人工智能方法的研究可以支持和深化在创造性方法上的法理学反思。这个信仰反映了法理学可以被视为旨在开发法律分析和法律推理之方法的活动。从法理学的观点看，这种研究的最终目标是揭示方法论的潜在作用，从而有助于开展从法理学观点所提出的解决方法的讨论，而不仅仅是探讨与计算机科学和人工智能有关的非常细致的技术方面。"〔1〕法律推理研究对人工智能研究的推动作用在于，法律推理有相对稳定的对象（案件），依据相对明确的大前提（法律规则），遵守严格的程序，而且要求得出具有确定性的结论，从而为人工智能提供了模拟一般人类思维的最佳对象、典型样本和必要条件。法律推理以明确的风格、理性的标准、充分的辩论，为思维模拟提供了类似戏剧化的外部语言描述场景，以及观察思维活动规律的仿真情境。法律推理研究的成果，为人工智能法律系统提供了现成的系统设计方案。法律知识长期的积累、完备的档案，包括庭审笔录、案件报告、论文专著、成文法律和学者评论等，为人工智能模拟知识获得、知识表达和知识应用提供了丰富的法律知识资源。法律的自我意识、自我批评精神，对法律程序和假设进行检验的传统，法学院学者之间生动的争论，为人工智能模拟法律推理的评价过程提供了条件。此外，人工智能法律系统的开发以律师和法官为用户，具有诱人的市场前景。

法律推理研究是一项艰巨的工作。波斯纳说："在法律中有科学推理的蓝图和影子，但没有这样的大厦。"〔2〕本书所追求的绝不是建成这样的大厦，甚至也不奢望构筑一个完整的法律推理理论体系，只不过是想为这座大厦的早日建成准备一些必要的砖瓦。因此，我想借用李德顺先生在其《价值论——一种主体性的研究》一书前言的一段话来表达我同样的心情："在本书里，至多是继续做着这样一些准备性的工作：凭着个人有限的能力，试图清理一下价值论（这里应替换为'法律推理'）这片阔大的场地，把自己认为不属于这里的东西（概念、范畴、方法等）挑出来运走，把应属于这里的东西留下或拾进来，略加分类堆放，以备将来建造大厦时选用。"〔3〕

由于作者学识浅薄，因而在资料运用、理论概括、文字表达等方面可能有许多疏漏之处，甚至贻笑大方的错误。恳请识者指教。

---

〔1〕 P. Wahlgren, "Automation of Legal Reasoning: A Study on Artificial Intelligence and Law", *Computer Law*, Kluwer Law and Taxation Publishers, Deventer Boston, Series 11, 1992, pp. 28-29.

〔2〕 ［美］波斯纳：《法理学问题》，苏力译，中国政法大学出版社1994年版，第89页。

〔3〕 李德顺：《价值论——一种主体性的研究》，中国人民大学出版社1987年版，第8页。

法律推理活动与学说的历史考察

　　恩格斯说："历史从哪里开始，思想进程也应当从哪里开始，而思想进程的进一步发展不过是历史过程在抽象的、理论上前后一贯的形式上的反映。"[1]本章遵循逻辑与历史相统一的思路，依时间顺序，交叉考察法律推理作为一种审判实践活动产生和发展的历史，以及它作为一种法学理论发生和发展的轨迹，由表及里地为下一章讨论法律推理的本质特征作一些基础铺垫。

　　法律推理自身的发展逻辑体现为从最初的逻辑方法向制度实践演进的过程，该过程映射出审判制度从专制向法治、法律思维从愚昧向理性、法律文化从野蛮向文明不断演进的轨迹。从历史角度看，法律推理的理性审判制度是对野蛮审判制度的否定，又是对神明裁判愚昧审判制度的否定之否定。拉德布鲁赫将这个过程描述为"神明裁判—法定证据—自由心证"[2]三个阶段，陈光中教授在此基础上进一步提出了"神明裁判—口供裁判—证据裁判"新三阶段划分理论。[3]

一、前法律推理阶段

　　人类思维发展经历了一个从具体到抽象、从形象思维到抽象思维的发展过程。法律推理是人类抽象思维发展到一定阶段的产物。波斯纳曾以习惯规范和复仇制度为特征，对"前法律"（prelegal）社会作过说明，其突出特点是私人复仇，即"受害者同时作为审判者和执行者"，审判者审判发生在自己

---

　　[1]　中共中央马克思 恩格斯 列宁 斯大林著作编译局编：《马克思恩格斯选集》（第 2 卷），人民出版社 1972 年版，第 122 页。

　　[2]　参见 ［德］拉德布鲁赫：《法学导论》，米健译，法律出版社 2012 年版，第 141-144 页。

　　[3]　参见张保生：《陈光中司法文明三阶段新论的法治意义》，载《证据科学》2020 年第 3 期。

身上的案件。[1] 与人类早期思维水平相适应，也存在一个与"前法律"社会大致匹配的"前法律推理阶段"[2]。

前法律推理阶段的司法，在历史时期上属于部落或奴隶制的裁判方式，在手段上则以神明裁判、共誓涤罪和决斗裁判"魔术般的-机械的"审判方式为特征。

（一）神明裁判的特点

首先，裁判理念信奉神明。裁判不受人的理性支配，而是委诸偶然性或者非人力所能控制之自然现象的"神意"或"天意"。例如，以抽签来决胜负；日耳曼社会盛行火的神明裁判和水的神明裁判。[3] 在古巴比伦尼亚法典中，"有采集证据，宣告判决之法院。但在某种案件中，如不能得可信之证言时，则不得不采用水神审判法。水神审判法者，即将嫌疑犯置于'圣河'之水面，若浮而生者，无罪；沉而溺毙者，有罪。如是，河神已将此种案件以超自然之方法解决矣。"[4] 在中国古代，有火神审判法。火神审判法者，"烧锁令赤，著上捧行七步，有罪者手皆燋烂，无罪者不伤"。[5]

其次，裁判方式拘泥于戏剧化特征。这是由法律当时"几乎是口头的"这一背景所决定的。最早的爱尔兰法用诗歌形式来表达。梅特兰说："只要法律是不成文的，它就必定被戏剧化和表演。正义必须呈现出生动形象的外表，否则人们就看不见她。"[6] 早期人类如同个体发育的婴孩阶段一样，形象思维比较发达，用诗歌等感性形象来表达法律规则，有助于使其铭刻在心中；而用水火及戏剧性仪式来确定上帝的裁判，则是通过混淆敬神者和渎神者，来达到使超自然的力量与人类共同体的舆论和实际需要相一致的目的。

---

〔1〕　参见［美］波斯纳：《法理学问题》，苏力译，中国政法大学出版社1994年版，第6-7页。

〔2〕　这种"匹配"也许在时间上不完全重合。公元前500年左右古希腊城邦国家的出现，标志着前法律社会的结束。然而，按照伯尔曼的观点，前法律推理阶段被取代则始于12世纪。因此，这里的前法律推理阶段，大致是从前法律社会一直延续到法律推理方法作为一种知识体系开始萌芽的公元1-2世纪。

〔3〕　参见［美］哈罗德·J·伯尔曼：《法律与革命——西方法律传统的形成》，贺卫方等译，中国大百科全书出版社1993年版，第67页。

〔4〕　［英］爱德华滋：《汉穆拉比法典》，沈大銈译，中国政法大学出版社2004年版，第84-85页。

〔5〕　《南齐书》卷五十八列传第三十九。该书记载了南朝时期（479-502年）的历史。

〔6〕　转引自［美］哈罗德·J·伯尔曼：《法律与革命——西方法律传统的形成》，贺卫方等译，中国大百科全书出版社1993年版，第67-69页。

最后，裁判方法具有"原始思维"的特点。这表现在三个方面：其一，裁判者主要依据直观材料，缺乏推理能力。"原始思维的经验包含的推理只占极小的比率，然而它却包含了许多直接材料，……我们的经验赖以发展的推理不为他们所需要。"[1]其二，原始思维只有结果没有过程。"原因与结果是以两种并无本质差别的形式呈现出来的。……假如违犯了某种禁忌，就会发生某种灾难，或者反过来，假如发生了什么灾难，这就是因为违犯了什么禁忌。……不管在哪种情形下，原因与结果之间的联系都是直接的，原始思维不容许中间环节。"[2]其三，"它不像我们的思维那样必须避免矛盾。……它往往是以完全不关心的态度来对待矛盾的。"[3]因此，"……没有一种远距离作用是如此奇怪和不可想象以至不能接受的，人可以从山岩里生出来，火可以不燃烧，死的可以是活的。"现代人不会相信妇女可以生出蛇或鳄鱼，死人可以复活，"但对原始思维来说，一切都是奇迹，或者更正确地说，一切又都不是奇迹；因而，一切都是可信的，没有什么东西是不可能或荒谬的。"[4]

需要注意的是，前法律推理阶段的神明裁判，与惠特曼所说的"前现代"即公元 10 世纪前后欧洲中世纪的神明裁判，在时间上是不重合的，在特征上也有很大差别。[5]首先，欧洲中世纪的神明裁判并不是原始思维的产物，而是道德慰藉的产物，即人们借助神明裁判可以把审判的责任推给上帝。"在大约 12 世纪 70 年代之前神明裁判盛行的时代，法官、证人、原告以及被告，均能够逃避相当程度的道德责任担当。潜在的原告无需冒险提出一个指控。证人也无需冒险在宣誓后给出证言。至于被告，他不得被强迫供述，……最后，法官也处于同样有利的道德位置；案件一旦到了由神明裁决的地步，则是由上帝在裁判。这意味着案件不是由法官自行裁决。因此，实际上，任何一位法律角色都未持续地被强迫承担裁判后果的全部责任。"[6]其次，神明裁判并非欧洲中世纪司空见惯的审判方式。"上帝的审判，不论是决斗审还是其

---

[1] ［法］列维–布留尔：《原始思维》，丁由译，商务印书馆 1981 年版，第 376 页。

[2] ［法］列维–布留尔：《原始思维》，丁由译，商务印书馆 1981 年版，第 405–406 页。

[3] ［法］列维–布留尔：《原始思维》，丁由译，商务印书馆 1981 年版，第 71 页。

[4] ［法］列维–布留尔：《原始思维》，丁由译，商务印书馆 1981 年版，第 444 页。

[5] 参见 ［美］詹姆士·Q. 惠特曼：《合理怀疑的起源——刑事审判的神学根基》，侣化强、李伟译，中国政法大学出版社 2012 年版，第 73–75 页。

[6] ［美］詹姆士·Q. 惠特曼：《合理怀疑的起源——刑事审判的神学根基》，侣化强、李伟译，中国政法大学出版社 2012 年版，第 137–138 页。

他低位神明裁判，只是作为程序救济的手段存在的，在穷尽其他决断方式后方可使用。只有在以下四项条件满足的情况下才适用神明裁判：①没有正式的原告；②没有证人作证；③被告人不认罪；④该案不能通过地位尊贵的人的宣誓来解决。"[1]

关于前法律推理阶段结束的原因，按照孟德斯鸠的观点，自然法和制定法的对立根源于人类社会的出现，国与国、个人与个人之间的战争状态使人与人之间的法律关系建立起来。[2]在法律关系建立之初，法律治理的手段比较幼稚。根据有关文献，大致可将这个过渡期划分为两个阶段。

（二）过渡期的两个阶段

第一个阶段乃"大众司法"，"是由首领和国王、也许甚至是一个公众集会，来进行立法和审理；这是一种没有分别的全盘统治。"[3]它与纯粹私人复仇为特征的前法律社会的一个明显区别是：受害者与审判者已发生分离，但审判者还不是职业法官，而是"大众司法"。例如，对苏格拉底的审判由数百人组成的陪审团进行，其中没有职业法官，没有审理，也没有可能上诉。在这个阶段，各种法律工作尚未专门化。这就是庞德所说的"原始法阶段"，即处于尚未从一般社会控制中分化出来或仅仅稍有分化的阶段的法律。它的特征是：（1）被害人得以补偿的标准不是他的损害，而是因损害而引起的复仇的愿望；（2）审讯方式不是理性的而是机械的；（3）法律的范围极为有限，既无原则也无一般观念；（4）法律主体主要是血亲集团而非个人。古希腊法、古罗马《十二铜表法》、古日耳曼法、盎格鲁撒克逊法以及古代巴比伦《汉穆拉比法典》等，都属于原始法。这种法律在法律思想史上的主要贡献是：确立了对社会和平地进行调整的观念。[4]

第二个阶段，职业法官在罗马和希腊的城邦国家已经出现并参与审判，但法律推理无论是作为司法制度还是逻辑方法都还没有出现。这个阶段的审判活动有两个特点：（1）存在着一种与18世纪法官采用的法律推定不同的

---

〔1〕 ［美］詹姆士·Q. 惠特曼：《合理怀疑的起源——刑事审判的神学根基》，侣化强、李伟译，中国政法大学出版社2012年版，第85-86页。

〔2〕 参见［法］孟德斯鸠：《论法的精神》（上册），张雁深译，商务印书馆1961年版，第4-7页。

〔3〕 ［美］波斯纳：《法理学问题》，苏力译，中国政法大学出版社1994年版，第7页。

〔4〕 参见［美］罗斯科·庞德：《法理学》（第1卷），余履雪译，法律出版社2007年版，第366-367页。转引自沈宗灵：《现代西方法理学》，北京大学出版社1992年版，第302页。

"人的推定"方法。例如："按照罗马法，一个丈夫在妻子犯奸淫后仍然留她的话，将受到处罚，除非他是出于惧怕诉讼的后果，或是对自己的耻辱满不在乎；这是人的推定。法官就要推定这个丈夫的行为的动机，对一种暧昧不明的思想情况，他却要做出决定。"[1]人的推定具有很大的随意性，所以，当法官推定时，判决就充满了专断或武断。（2）法官判决不需要任何理由，这从形式上看与神明裁判的"原始思维"并没有什么两样。在审判活动中，"法官们从来不是共同商议的。每个法官用以下三种方式之一发表意见，就是：'我主张免罪'，'我主张定罪'，'我认为案情不明'；因为这是人民在裁判或者人们认为这是人民在裁判。但是人民并非法学者，关于公断的一切限制和方法是他们所不懂的。所以应该只向他们提出一个目标，一个事实，一个单一的事实，让他们只需决定应该定罪、免罪或是延期判决。"[2]这种审判方式，与后来的君主国审判方式即法官们采取公断的共同审议方式，是完全不同的。在后者的审判中，法官们可以互相交换意见，以便和别人的意见趋于一致，在作出判决时采取少数服从多数的公断方式。这已具备了法律推理审判方式的一个形式特征——在公开场合下，通过辩论或论证而进行。

二、法律推理方法形成过程

（一）古希腊哲学家和古罗马法学家的思想

在法律推理方法形成的过程中，古希腊哲学家的方法论思想起了奠基作用。柏拉图在论述可见世界和可知世界的对立时，告诉我们要记住两类东西，一类是可以看见的，一类是可以理解的。在可知世界中，理念"是灵魂用辩证的力量把握的东西。……从一个理念到另一个理念，不用任何感性事物帮助，单凭理念本身，就可以达到结论。它从理念出发，通过理念，最后归结到理念。"[3]理念之所以能够达到结论，是因为人通过推理可以把握事物的灵魂。柏拉图把推理方法称为"科学"真理知识的唯一可靠的方法，他的推理方法主要是"提问和回答"的论辩术。尽管用今人的眼光看，这种方法有其

---

〔1〕 ［法］孟德斯鸠：《论法的精神》（下册），张雁深译，商务印书馆1961年版，第299-300页。

〔2〕 ［法］孟德斯鸠：《论法的精神》（上册），张雁深译，商务印书馆1961年版，第77页。

〔3〕 北京大学哲学系外国哲学史教研室编译：《西方哲学原著选读》（上卷），商务印书馆1981年版，第90-93页。

幼稚之处和历史局限性，但它毕竟起到了开推理方法之先河的作用。亚里士多德对必然推理和辩证推理的论述，[1] 则使其当之无愧地成为人类推理方法论的鼻祖，这在本书第二章和第三章有详细讨论。

就法律推理方法的形成而言，它必须首先从哲学方法的"母体"中挣脱出来，才能成为具有自主性的知识体系。这需要以下条件：（1）拥有相对完整、独立的法律概念体系；（2）拥有一套分析和解释对象的方法；（3）形成一个法律家共同体。前两个条件是法律推理的思维工具，法律家共同体则是法律推理的主体条件。用以上标准衡量，作为一种知识体系的法律推理方法大致萌芽于公元 1-2 世纪。其标志有两个：

第一，罗马法学家 Q. 穆修斯在有关民法的论著中，第一次将辩证推理运用于法律。他做了两件事：其一，用古希腊哲学辩证方法对各部门法的知识进行分类，建立起一个枝干分明的法律体系。在由支配性原则予以定性的种概念和属概念的各种分类之下，法律材料被重新予以整理，使包含在司法判决中的法律规则得到精确阐述。其二，用"辩证式"方法阐释具体法律规则，把一项法律规则视为某种类型案件判决中共同要素的一种概括。例如，他从早期法学家对马匹盗窃罪的论述中，归纳概括出关于盗窃罪的一般特征和法律规则。通过这种分类和概括，为司法判决的合理化奠定了基础，把古希腊的辩证推理"从一种发现技艺变为一种判决技艺"。[2]

上述工作对法律推理方法的形成做了理论和思维工具上的准备，它克服了早期法学家只能用具体概念、直观材料思考法律问题的局限，使司法判决可以建立在以抽象法律规则为工具的理性思维基础之上。不过，穆修斯只是把辩证推理方法运用于法律体系的建设和法律规则的概括方面，他还没有把辩证推理运用于司法判决活动。这后一项工作，是由中世纪西欧法律家来完成的。

第二，从罗马帝国初期到公元 2 世纪，逐步形成了一个职业法律家集团。与此同时，在西方法学中第一次出现了两个对立的法学派别，即普罗库卢斯派和萨宾派。当时，罗马法律家的主要任务，除充任高级官职外，主要是协

---

〔1〕　参见苗力田主编：《亚里士多德全集》（第一卷），中国人民大学出版社 1990 年版，前、后分析篇和论题篇。

〔2〕　参见［美］哈罗德·J·伯尔曼：《法律与革命——西方法律传统的形成》，贺卫方等译，中国大百科全书出版社 1993 年版，第 166-167 页。

助立法、办案、编写法学著作、从事法律教育以及解释法律等。他们不仅创造了法律特别是私法的许多基本概念和原则，而且，还将罗马的公民法和万民法结合起来，在立法和司法的技术和方法论方面对当时罗马法的发展作出了贡献。[1]

处于萌芽阶段的法律推理方法，由于当时法律被认为神圣不可改变，而具有僵硬的形式主义特征，如罗马法学家盖尤斯所讲的，当某人因自家葡萄树被别人砍倒而起诉时，他可能败诉，原因是《十二铜表法》规定的是一般性的"树"被砍倒，而原告起诉的是个别性的"葡萄树"被砍倒。[2]古代人思维逻辑之阙如，司法思维之呆板和僵化，由此可见一斑。

（二）11-13 世纪西欧法律家的贡献

"中世纪"大约自西罗马帝国灭亡（公元 476 年）后算起，一直持续到文艺复兴（公元 1453 年），被称作西欧历史上的"黑暗时代"，传统上认为这是欧洲文明史上发展比较缓慢的时期。在中世纪西欧哲学和科学文化整体上停顿和倒退的大背景下，其法学也不免染上浓厚的神学色彩。然而，这似乎并未阻止中世纪法律家从古希腊哲学和中世纪神学两种思想体系中同时汲取营养，在法律推理实践和研究领域取得进展。这表现在以下几个方面：

1. 奠定了法律的自治地位

西欧法律家包括法官和法学家，与王权、教权进行了长期斗争，维护了法律的自治地位。伯尔曼在概括西方法律传统的特征时提出，西方自 12 世纪起开始形成了法律本身的自治，即法律与政治、道德等相分离。"法律的历史性与法律具有高于政治权威的至高性这一概念相联系。……自 12 世纪起，所有西方国家，甚至在君主专制制度下，在某些重要方面，法律高于政治这种思想一直被广泛讲述和经常得到承认。"[3]在英国，1066 年诺曼征服以后，国王向全国各地派出法官，通过审理案件，将国王的正义送到王国的各个角落。这些法官虽然也兼有行政职能，但司法却是其主要任务。"12 世纪起，独立的法官阶层逐渐出现，他们又发展出普通法体系，并为维护普通法的地

---

[1] 参见 [美] 哈罗德·J·伯尔曼：《法律与革命——西方法律传统的形成》，贺卫方等译，中国大百科全书出版社 1993 年版，第 166-167 页。

[2] 参见沈宗灵：《现代西方法理学》，北京大学出版社 1992 年版，第 303 页。

[3] [美] 哈罗德·J·伯尔曼：《法律与革命——西方法律传统的形成》，贺卫方等译，中国大百科全书出版社 1993 年版，第 11 页。

位和尊严与王权、教权进行了长期的斗争。逐渐地，这样的原则在英国深入人心："国王居于一切人之上，然而却受制于上帝和法律，因为是法律创造了国王。'"〔1〕这种法律高于王权的观念，为法律推理作为一种审判制度的确立奠定了思想基础。

2. 构建起系统的法律知识体系

"11~13 世纪的西欧法学家将希腊的辩证法推向了一个更高的抽象层次。他们试图将法律规则系统化为一个统一的整体——不只是确定具体类别案件中的共同要素，而且还将这些规则综合为原则，又将原则本身综合为完整的制度，即法律的体系或法律大全。"〔2〕在这个以综合为主的构筑法律知识体系的过程中，他们克服了古罗马法学家未能将类比所据以确立的假设与更深刻的理由结合起来的缺陷，使用了一种在论断中将一般与个别相联系而确立一般法律原则的辩证模式。这种辩证模式的特点是：一方面运用归纳推理方法，从特殊案例中推导出法律的一般原则，用法律的各个部分去构筑一个整体；另一方面又运用演绎推理方法，以整体性法律去解释法律整体的每个部分，将辩证推理与必然推理这两种方法结合起来并运用于对法律规范的分析和综合，使古罗马法律规范中的分歧、模糊和矛盾通过诉诸辩证推理而得到圆满的解决。

3. 开发出一种"经院主义技术"

中世纪所谓"经院主义技术"，是一种介于古希腊辩论术和现代法律推理方法之间的方法。它包括两个成分：其一，是对与证据相一致的一般原则的构建，即为了发现和证明隐含在判决、规则、概念以及其他法律材料中的原则，"对一般原则的有效性进行经验的证明"。〔3〕这是一种构筑法律知识体系的法学研究方法，它主要被用于解决法学理论上的争论。这种方法的运用分为几个步骤：首先，提出一个与某一权威文本中矛盾的论述有关的问题；接着，提出赞成其中一种立场的权威与理由的命题；然后，又提出一个表示相反观点的权威与理由的反驳；最后是一个结论，它或者表明反驳中所提出的

---

〔1〕　贺卫方：《司法的理念与制度》，中国政法大学出版社 1998 年版，第 195 页，注〔12〕。

〔2〕　〔美〕哈罗德·J·伯尔曼：《法律与革命——西方法律传统的形成》，贺卫方等译，中国大百科全书出版社 1993 年版，第 167 页。

〔3〕　参见〔美〕哈罗德·J·伯尔曼：《法律与革命——西方法律传统的形成》，贺卫方等译，中国大百科全书出版社 1993 年版，第 179 页。

理由并不真实，或者表明命题必须根据反驳加以限定或放弃。其二，是为了发现和证明诉讼中的事实，而将经过经验证明的原则用于解释证据，并从证据中推出新知的方法。这是一种将辩证方法运用于审判活动之事实认定过程的经验推论方法，它主要被用于审判实践中的证明活动。

4. 教会法、王室法和大学对法律推理方法形成的贡献

在法律推理方法的形成阶段，教会法、王室法和大学都起了重要作用：[1]

（1）教会法院确立的书面的、允许代理的以及宣誓后作证的诉讼程序，奠定了后来法院诉讼程序的基础。这种诉讼程序不仅确定了伪证重罚的原则，而且发展出一门对案件事实进行司法调查的科学，要求法官依据理性和良心对当事人和证人进行询问。

（2）王室法不仅在大多数案件中废除了司法决斗裁判和共誓涤罪程序，由经过专业训练的法官主持司法，从而使司法活动更加专业化；而且，王室司法还削弱了国王的地位，王室法院的"法官们认为忠于法律和上帝甚至要胜过忠于他们的国王"；此外，王室法"强调一致适用法律的必要性"，无论是在法兰西还是在英格兰，王室法院都坚持"对同类的案件作同样的判决"的原则，这虽然不是严格意义上的先例原则，但为先例原则的出现奠定了司法基础。

（3）西方大学在将法律制度概念化、法律系统化方面发挥了重要作用。大学不仅造就了法律推理的方法体系，从而把"法律分析提高到一门科学的水平"；而且，造就了法律推理的主体，"产生出一个职业法律家阶层"。

5. 对抗制审判的萌芽

11世纪司法发展史上的一个重要事件，是对抗制审判开始在英国萌芽。1066年诺曼征服给英格兰带来一个异族政府，这个政府既要建立中央专制，又要尽可能地缓和民族矛盾；虽然具有大陆法系背景，却不能颁布一套可能激化民族矛盾的大陆类型的法典。面对这种窘境，统治者只能通过司法手段来谋求在习惯法基础上的全国法律统一，依托当地习惯来解决纠纷。然而，

---

〔1〕 以下参见［美］哈罗德·J·伯尔曼：《法律与革命——西方法律传统的形成》，贺卫方等译，中国大百科全书出版社1993年版，第303-304页，第579页。有关职业法律家阶层问题的详细论述，参见第198页。

法官谙熟制定法而非习惯法，所以对习惯法的依赖又导入了陪审团的使用。由于熟悉本地习惯的陪审团成员大多是文盲，又排斥了由教会法院所完善的书面诉讼制度的引进，而不得不依赖口头程序的诉讼；由此又导致了对于律师业的强有力的需求。所有这些因素的相互作用，导致了对抗制在英国的形成和逐渐完善。[1]

6. 陪审团的出现

"普通法的陪审团审判，不仅是英格兰的产物，而且是更广阔的基督教世界的产物。"[2]据惠特曼考察，陪审团审判的诞生，是迫于一次伟大的宗教事件强压的产物，即 1215 年第四届拉特兰圣会。此次圣会在第 18 条教规中将神明裁判斥为"血腥判决"。但这个教规在欧洲大部分地区并未立刻见效，甚至晚至 18 世纪在欧洲大陆仍可发现神明裁判的痕迹。但它在英格兰却立竿见影，该圣会四年后的 1219 年，英国新国王发布一道命令，"由于教会已禁止火审与水审"，英国法官应寻求纠纷解决的新方式。因此，英国法官在一年内开始使用陪审团审判，并先于欧洲大陆数十年，成为第一个完全取代热铁审、冷水审的制度。陪审团替代了过去由上帝审判的两类极其重要的案件：一类是涉及流血惩罚的案件，一类是涉及不动产的案件。陪审团不仅是证人可信性的裁判者，还是事实真实性的裁判者。当然，陪审团在行使这些裁判权的同时，也承担了巨大的道德责任。[3]但无论如何，陪审团的出现促成了从"神证"到"人证"的彻底转变。

11~13 世纪西欧法律家们对法律推理方法形成所作的贡献，直接导致了前法律推理阶段的终结，其标志是："12 世纪及此后，早期的那种依靠神明裁判、共誓涤罪裁判和决斗裁判的'魔术般的-机械的'证明方式，终于被抛弃和取代了。亲属的自然以及地方和采邑自行实施的它们的习惯，让步给更为'合理的'程序法准则和实体法准则。"[4]

---

〔1〕　参见贺卫方：《司法的理念与制度》，中国政法大学出版社 1998 年版，第 99-100 页，第 161-162 页。

〔2〕　[美]詹姆士·Q. 惠特曼：《合理怀疑的起源——刑事审判的神学根基》，侣化强、李伟译，中国政法大学出版社 2012 年版，第 187 页。

〔3〕　参见 [美]詹姆士·Q. 惠特曼：《合理怀疑的起源——刑事审判的神学根基》，侣化强、李伟译，中国政法大学出版社 2012 年版，第 187-196 页，第 267 页。

〔4〕　[美]哈罗德·J·伯尔曼：《法律与革命——西方法律传统的形成》，贺卫方等译，中国大百科全书出版社 1993 年版，第 92 页。

（三）10-13世纪中国宋代司法制度的发展

与西欧11~13世纪大致同期，在我国宋代（960~1279年），相当完备的诉讼程序和司法制度已经建立起来。这表现在以下几个方面：

1. 宋代司法制度的特点

我国宋代司法制度，就其完备程度而言，并不比同期西欧国家逊色，在法庭科学技术的应用上则处于世界领先水平。

第一，法典统一。公元963年宋太祖颁行了在《唐律疏议》基础上撰集的《宋建隆重详定刑统》（简称《宋刑统》）。这是我国第一部刊版印行的法典。

第二，审判程序和回避制度配套。轻罪由县衙审判，重罪将犯人和案卷解送到州。州对除死刑外的刑事案件有完整的管辖权，其"司理院"负责初审，传集人证、核实犯罪事实，由州长官委派与被告无利害关系的官吏"引所勘囚人面前录问"[1]。之后的检断阶段，由司法参军检出该案可适用的全部法律条文，以及决定采用某条或不予采用的意见一起提交长官选择。然后，"当直司"（由辅佐知州的判官或推官组成）根据审得的事实和检齐的法规，进一步研究案情，或提审人犯，拟就判稿。最后，由知州或知府决定判词，签发判决书。[2]

第三，定罪量刑程序严密。宋代定罪量刑，由录问、检法到拟判、审核，最后作出定判，其程序规定之严密令人佩服。（1）录问，这是宋代判决前的第一个法定程序，即在案件事实审理结束后、检法议刑前，对徒罪以上大案，再查没有参加过事实审理、依法不合回避的官员，提审录问案犯。凡录问，皆审查案状，读示结款，核实供词，"实则书实，虚则陈冤"。（2）检法，即在议刑定判前，由检法官根据犯罪情节，将有关适用的法条全部检出，供长官定罪量刑使用，这也是判决前的必经程序。关于引法援例顺序的规定："诸司定夺公事，望令明具格敕、律令、条例闻奏"，"并具有无冲改律令及前后宣敕"。如果决事"实无正条者，将前后众例列上，听朝廷裁决"。这真有点儿参照先例的味道，但能行使这种权力的只有皇上，其他司法官员则绝不允许，所以规定：凡"引例破法及择用优例者，徒三年"。（3）定判，即在检

---

〔1〕 参见刘琳等：《宋会要辑稿·刑法三》，上海古籍出版社2014年版。

〔2〕 参见赵晓耕：《宋代法制研究》，中国政法大学出版社1994年版，第196-197页。

法官检出适用法条后，由推官等先草拟初判意见，称拟判；再"经由通判、职官签押"，即由审判法司官员集体审核，签字画押；最后"方得呈知州取押用印行下"，称定判。[1]有学者提出的一个观点值得注意：中国古代的法官并非完全机械刻板地适用法律，个别法官有时候撇开法律，而径直依据情理或其他非成文法渊源判决案件。[2]

第四，审判监督制度严格。朝廷设大理寺、刑部、审刑院、中书省等机构，互相监督并处理重大疑难案件的复审。自1080年元丰改制后，"天下奏按，必断于大理，详议于刑部，然后上之中书，决之人主"[3]。录问或复核之官对原审官吏有驳议之责，对"案有当驳之情"而"不能驳正致罪"或"举驳不当"者，要承担刑事责任。反之，如能及时驳正，则给予相应奖赏。除了审判系统内部上下左右的驳议之外，还有独立于审判系统之外的专门机构对审判实施监督。在判决发生法律效力后，犯人及其家属可依法逐级进行申诉。申诉案件一经受理，原审法官即成被告，须与申诉人一起接受推勘。[4]

第五，重视证据一致性审查。在证据的使用上，要求口供与其他证据材料一致，方可定罪量刑，否则要进行"别推"（换另一法官审理）和"移推"（改由另一司法机关审理）。对于翻供，也采取"别推"和"移推"的办法。[5]

第六，法医学世界领先。南宋宋慈《洗冤集录》刊于1247年，是世界第一部系统的法医学专著。该书1779年由法国人节译、1855年英国医生哈兰英译本在香港出版后，现有英、法、荷、德、韩、日、俄七国语言版本，对世界法医学发展影响深远。该书卷一载条令和总说；卷二为验尸，卷三、卷四、卷五载各种伤、死情况及治疗法。[6]其主要成就包括：尸体现象与死亡时间的关系；缢死的绳套分类；自缢、勒死与死后假作自缢的鉴别；溺死与外物

---

[1] 参见张希清等：《宋朝典制》，吉林文史出版社1997年版，第371—372页。

[2] 参见贺卫方：《中国古代司法判决的风格与精神——以宋代判决为基本依据兼与英国比较》，载《中国社会科学》1990年第6期。

[3] 《宋史·刑法志》卷二〇〇。

[4] 参见赵晓耕：《宋代法制研究》，中国政法大学出版社1994年版，第202—204页。

[5] 参见赵晓耕：《宋代法制研究》，中国政法大学出版社1994年版，第200—202页。

[6] 参见《洗冤集录点校本》，法律出版社1958年版，上海科学技术出版社1981年版贾静涛点校本。载http://www.zwbk.org/zh-cn/Lemma_ Show/134942.aspx#7。最后访问日期：2013年9月4日。

压塞口鼻而死的尸体所见；骨折的生前死后鉴别；各种刃伤的损伤特征；生前死后及自杀、他杀的鉴别；致命伤的确定；焚死与焚尸的区别；各种死亡情况下的现场勘验方法等。宋慈在该书序言说："狱事莫重于大辟，大辟莫重于初情，初情莫重于检验。盖死生出入之权舆，直枉屈伸之机括，于是乎决。"[1]他告诫审案人员不能轻信口供："告状切不可信，须是详细检验，务要从实。"他提出检验诸法，如检验官须亲临现场、尸格必须由其亲自填写的尸体检验等原则。

2. 宋代法律家在法律推理方法上无所建树的原因

我国宋代法律家虽然在审判程序、司法制度和法医学等方面对世界司法文明有重要贡献，但在法律推理的方法上却并无更多建树。究其原因，可能有以下三点：

第一，人治环境遏制了法律推理实践的发展。法律推理实践需要法治土壤。专制社会虽然在一定程度上也需要对国民"讲理"，但更倚重国家暴力。11~13世纪的西欧虽然也是专制社会，但西方法律文化中的神学传统和自然法思想影响深远。上帝是一个象征正义的抽象的神，世俗皇帝对上帝也不得不敬畏。这种神学文化削弱了人治的权威，法官们认为忠于法律和上帝要胜过忠于国王。此外，王室法院通过强调一致适用法律的必要性，削弱了司法判决的任意性，同类案件同样判决的原则为法律推理施展身手提供了制度条件。相比之下，我国各代皇帝是以天子自喻的最高权威，法律对其不过是一种统治工具。宋代虽有法典，但司法活动并不完全依据法典。"敕"作为皇帝的临时决定，也是司法依据。"两宋敕的效力往往高于律，成为断案的依据。""凡律所不载者，一断以敕"，可见，敕已达到足以破律、代律的地步。[2]这种"敕""律"并行甚至以"敕"代"律"及一切重大疑难案件最后都要"决之人主"的做法，反映了宋代司法制度强烈的人治特点。法律推理的实践和理论在这种人治土壤中是不可能产生的。

第二，程朱理学忽视哲学方法论研究。法律推理方法的形成需要一定的哲学基础。古希腊哲学特别是亚里士多德的辩证方法，为西欧11~12世纪法律推理方法的形成提供了哲学方法论指导，在此基础上形成了相对完整独立

[1] 这里"大辟"指死刑，"初情"指犯罪事实。
[2] 参见赵晓耕：《宋代法制研究》，中国政法大学出版社1994年版，第12-13页。

的法学概念体系和分析事实的方法体系。相比之下，我国宋代法律思想主要受程朱理学影响。理学之"理"，其主要功用在于说明"父子君臣，天下之定理"[1]的社会秩序；朱熹主张，天理是道德规范的"三纲五常"，强调"存天理，灭人欲"。胡适认为，宋儒"格物穷理"的方法比汉儒的方法更加接近于归纳法，只是宋儒的目的"并不在今日明日格的这一事"，而是"要想'不役其知'，以求那豁然贯通的最后一步"，探究事物的原理，人的认知却不受外物的牵役，"格物"只为了追求那终极天理，这就失去了它的科学性。[2]所以，程朱理学的纲常名教只适应维护专制统治的需要，但其在认识论和方法论方面的积弱，却无助于法律推理方法的创造。

第三，独立的法律职业群体尚未形成。法律推理需要受过专业训练、掌握法律知识的法律家共同体。中世纪大学课程设置以法学、医学、神学为主，课程内容注重实用性，在造就"职业法律家阶层"方面发挥了重要作用，专门从事法律研究的法学家和专门从事司法审判的法官，则直接推动了法律推理方法的研究和法律推理实践的发展。相比之下，我国宋代法律制度建设则有两个缺陷：一是没有类似西方大学那样的学术机构，书院在宋代虽然很发达，但其主要关注儒家义理之学，课程设置没有西方大学法学、医学分科的专业化特点。"宋代书院的课程内容排斥自然科学知识和技术的训练，偏重于道德的思辨性。"[3]由于没有法学的学科和课程设置，法律制度概念化、法律推理方法系统化以及法律人才培养规范化在书院均未提上议程。二是中国集权化官僚体制在行政与司法上高度合一，不存在独立的法官职业，州县官吏处理案件只是其行使行政职能、治理所辖民众的一种手段。

（四）诉讼制度从专制向现代形态的转变[4]

诉讼制度从中世纪国家的不告不理，到13~17世纪专制国家的纠问程序，又到18世纪现代国家当事人主义的交叉询问程序，体现了一种否定之否定的辩证发展过程。拉德布鲁赫揭示了这种发展过程所呈现的"黑格尔精神发展

---

〔1〕《二程语录·遗书五》。

〔2〕参见胡适：《清代学者的治学方法》，载季羡林主编：《胡适全集》（第1卷），安徽教育出版社2003年版，第366页，第370页。

〔3〕李辉敏：《从现代大学的特征出发比较宋代书院与中世纪大学》，载《职业技术教育》2008年第16期。

〔4〕以下论述，主要参考了［德］拉德布鲁赫：《法学导论》第八章"程序法"，米健译，法律出版社2012年版，第141-146页。

过程的正反合三段式"的辩证法。按照这种理解，法律推理的审判方式，萌芽于中世纪封建国家的诉讼程序，形成于专制国家的纠问程序，而其真正确立或成熟的形式则归功于现代国家当事人主义的交叉询问程序。

中世纪刑事程序法与现代民事程序法的当事人主义审判虽有相似之处，但二者存在本质区别。相似之处表现在，只有受害人起诉（自诉）才能引致程序的开始，被告人的认罪无需审查即被假定为真实（形式的真实），对争执的事实须由当事人提出证明予以确认（当事人举证责任）。本质区别在于："它不是由原告证明罪责，而是被告必须证明其无罪"。"如果受害人没有足够的胆量和力量提出自诉，或作恶者有足够的胆量和朋友，在宣誓保证人的协助下宣誓无罪，罪犯就难以受到惩罚。"大量刑事犯罪不受惩罚这一事实，促使国家权力省悟到追究犯罪不应仅让受害人参与，国家本身也有责任参与。所以，通过1532年《加洛林纳刑法典》，德国引入了纠问程序，它使人们认识到"追究犯罪并非受害人的私事，而是国家的职责"。

纠问程序的第一个特征是，允许在没有人控告的情况下，由法官"依职权"干预。这样，以前在原告、被告和法官三个主体间进行的"不告不理"的诉讼活动，就变成了法官和被告人两个主体间的诉讼活动。这种转变，从国家主动承担起追究犯罪的职责来看是一个历史进步，而在排除原告参与诉讼、置被告人于不受保护之孤立无助地位、取消法庭公开辩论以及人民陪审员听取当事人辩论之后作出判决等方面，则是从中世纪刑事程序法的一个倒退。因此，对纠问程序适用的谚语是："控告人如果成为法官，就需要上帝作为律师。"

纠问程序的第二个特征是，"用现代符合理性的证据，首先是证人证言，取代了旧时建立在信仰和迷信之上的证据"。证人证言在审判中开始发挥重要作用。而且，"被告人无罪举证责任也改为法官对被告人的有罪证明责任"。纠问程序用一种法定证据理论来"防止法官的错误和专断"，即只有嫌疑人认罪或者有两个见证人证明其行为时，才可作出有罪判决。对于未找到两个见证人，又不乐意认罪的嫌疑犯，法庭不得作出有罪判决。但是，另一方面，纠问程序又规定，例如那些在凶杀现场附近被碰见手持血斧并且在其住处发现了死者钱包的人，不得轻易放过，须用刑讯的办法取得其供词。"这样一来，就使法定证据理论中所有的谨慎成为可归咎于刑事程序立法者的最大轻率。……毫无权利的被控人在阴暗的刑讯室里面对毫无恻隐之心的审讯者，毫无能力以其有活力的话触动法官的耳膜；而法官，虽然满腹经纶，却远离人民，只会用毫无生命的刑讯记录和证人记录文件作出判决。"因此，屈打成招也好，正打成招也好，总之，很少有嫌疑人能够摆脱有罪判决的厄运。刑讯逼供作为具有正当性的定罪方法，几乎统治了欧洲从中世纪后期到 18 世纪的整个历史时期，直到 19 世纪初在德国某些邦仍然保留着刑讯的残余。刑讯逼供的盛行是由法定证据制度导致的。法定证据制度，是指法律对各种证据的证明力预先规定，法官必须按法定条件而非自己的判断认定案件事实的证据制度。由于在很多案件中要想找到两个证人一致认定被告人有罪是一件非常困难的事情，而获得被告人的供认便可构成一个完整的证明，这使榨取口供变成了法官的最佳选择。因此，拉德布鲁赫说，"消灭刑讯，意味着同时要抛弃法定证据理论"。

在刑事程序发展过程中，有两个因素起着重要作用：一是针对犯罪分子而增强的国家保护人民的需求，导致中世纪刑事程序向纠问程序转换；二是针对国家而增加的保护无辜者的要求，促使纠问程序大约从 1848 年开始向现代刑事程序转变。"现代的刑事程序吸取了纠问程序中国家、官方对犯罪追诉的原则（职权原则），同时又保留了中世纪的无告诉即无法官原则（自诉原则），并将这两者与国家公诉原则相联结，产生了公诉人的职位：检察官。这一职位与相对应的原则是由法国输入德国的。它提出了与纠问程序法定证据原则对立的自由心证原则。它最终导致重新采用中世纪刑事程序的言词审理和公开性。"

随着法定证据理论的消亡，被告人供述的优先地位也被取消。整个刑事程序的目的曾是获得口供，这在专制国家是通过刑讯逼供来实现的，法庭对被告人的警告是"说真话可免受皮肉之苦"；在专制国家的纠问式审判中，则是通过法官的突袭、智取、疲劳战术等精神折磨的"纠问技巧"，迫使被告人说真话。被告人口供的优先地位被废除，是司法文明发展的一个重要里程碑，法官从此不再仅依据直接证据（供认或见证人证言）作出有罪判决，"他也可以在犯罪行为虽无人见证，却有大量嫌疑事实（间接事实），使无罪认定如此不可能，以致必须将其视为不可能的情况下，宣判那些拒不认罪者有罪"。因此，法官和被告人的关系不再是主客体之间的审问与供认的关系，而是像历史学家一样"也可以在调查具有司法意义的事件时自由评价证据"，并且"产生了对法官认定证据的科学指导方法，……尤其是证言心理学"。同时，"只有通过废除法定证据理论，嫌疑犯才不再仅仅是提供对自己有罪证据的客体，而转变为诉讼当事人、诉讼主体，并有权为自己辩护。"

在上述诉讼制度从专制向现代形态的转变过程中，中世纪的自诉原则是"正"，纠问程序的法定证据原则是"反"，现代诉讼的证据裁判原则是"合"。纠问程序以国家、官方对犯罪追诉的职权原则，否定了中世纪国家对犯罪行为放任的自诉原则；而现代刑事程序由于确立了证据裁判原则，便在黑格尔"仿佛是向出发点的回复"[1]的意义上，否定了纠问程序刑讯逼供的法定证据原则，重新肯定了中世纪无公诉即无法官的自诉原则。这种辩证发展的动力是什么？拉德布鲁赫有一段话发人深省："如果将法律理解为社会生活的形式，那么作为'形式的法律'的程序法，则是这种形式的形式，它如同桅杆顶尖，对船身最轻微的运动也会作出强烈的摆动。在程序法的发展过程中，以极其清晰的对比反衬出社会生活的逐渐变化"。

三、近代法律推理实践及其学说

从实践活动和理论研究两条线索来看，近代形式主义法律推理制度，既是在市场经济土壤上生长起来的制度形态的法律推理形式，又是一种法律推理学说。

（一）法律推理作为一种制度形态的出现

1. 法律推理方法的制度化是对专制审判制度的否定

从历史上看，法律推理最初只是法官不时自发使用的审判方法，但随着社会生活的逐渐变化和程序法的变革，这种审判方法逐步制度化，从而演变为一种对专断审判制度的否定形式。

孟德斯鸠说："专制国家是无所谓法律的。法官本身就是法律。"[2]专制社会的法律以阶级利益为价值取向，以强制性命令为核心，突出地表现为"王权至上""政法合体"，法律在王权面前只具有象征意义。由于没有树立规则的权威，一切重大事项最终都要"决之人主"，致使司法活动走向两个极端：一方面，"专制君主、神化的领袖等对包括当事者在内的社会一般成员享

---

〔1〕 参见中共中央马克思 恩格斯 列宁 斯大林著作编译局编译：《列宁全集》（第38卷），人民出版社1986年版，第389-390页。"回到出发点的运动即辩证运动"。另参见肖前等主编：《辩证唯物主义原理》，人民出版社1981年版，第234-236页。

〔2〕 [法]孟德斯鸠：《论法的精神》（上册），张雁深译，商务印书馆1961年版，第76页。

有绝对权力的第三者如果存在，无论其决定的内容如何当事者都只能无条件地服从"；[1]在这种绝对权力或特权面前，司法机关也只能被动地适应统治者的命令、社会政治环境和各种事变，独立司法的责任义务遭到淡化，法律推理因为无法律依据而无用武之地；另一方面，由于王权独裁的控制力有限，使法官在处理具体问题上拥有无限的自由裁量权，判决具有不确定性、正当化程度低的人治特点，导致了阶级性正义和对特权阶层的保护。

法律规则如果没有权威，审判活动便会摆脱正义的制约，转而追求效率目标。要弄清事实真相，最便捷的手段便是刑讯逼供。在毫无人权保障的专制制度下，运用法律推理来查明真相当然也可偶尔为之，但往往会由于法官嫌其缺乏效率而弃之不用。即使像包公那样被称为"青天"的审判官员，在遇到疑难案件时，最后的杀手锏也不过是"大刑伺候"。刑讯逼供的高效率对审判方式形成一种正反馈，使得审判者运用法律推理方式审案的内在动力日益萎缩。

刑讯逼供作为与法律推理相对立的司法手段，是专制国家的产物。专制司法制度的特征是：（1）把被告人的口供视为"证据之王"，没有被告人供认，一般不能定罪。例如，"《宋刑统》规定，凡审理案件，应先以情审察辞理，反复参验，如果事状疑似，而当事人又不肯实供者，则采取刑讯拷掠以取得口供。"[2]清代以来，口供在审判定罪中的地位进一步得到强化，"断罪必取输服供词"，[3]罪从供定，无供不录案，无供不定罪。这是刑讯逼供经久不衰的制度原因和理论根源。（2）无视人权。为了达到惩罚犯罪的目的，不顾人权保障的目的。（3）有罪推定，疑罪从有。在有罪推定制度下，刑讯逼供成为一种合法的审判手段。（4）重实体法，轻程序法。只要是实现了国家刑罚权，完成了刑法赋予的任务，程序不完善或者违反程序都是无所谓的。

近代启蒙思想家对专制社会严酷的司法制度进行了无情的批判，提出了"天赋人权""主权在民""自由""平等""博爱"的新思想，在司法领域则主张赋予当事人广泛的诉讼权利，反对专制司法制度。欧洲资产阶级革命成功后，各国都用宪法和法律规定了体现"人权""民主"色彩的诉讼代理制

---

〔1〕　[日]棚濑孝雄：《纠纷的解决与审判制度》，王亚新译，中国政法大学出版社1994年版，第14页。

〔2〕　张晋藩：《中华法制文明的演进》（修订版），法律出版社2010年版，第543页。

〔3〕　赵尔巽等：《清史稿》刑法三，中华书局1998年版。

度、辩护制度和律师制度。[1]这些制度所构建的以权利为中心、以规则为依据、以辩护为保障的司法制度，确立了一系列反对司法擅断和刑讯逼供的原则，如无罪推定、证据裁判、不得强迫自证其罪、保障人权等。

法律推理作为一种制度实践，在近代产生和发展的根本原因在于：民主和法治为其制度化提供了必需的空气和土壤。因此，离开制度原因来考察法律推理的技术发生和学术发展，是有严重局限性的。法律推理从人治社会法官的自发活动变为一种法定义务和审判制度，表明它是对专断裁判制度的否定。法律推理作为一种审判制度，以市场经济为基础，民主政治为土壤，法律规则为前提，为判决提供正当理由为目的，因而成为实现法治的手段。

2. 法律推理作为一种司法制度实践兴起于英国的原因

法律推理的制度化，在狭义上是指，以英国为代表的判例法国家自 17 世纪末以来撰写司法判决书的判决报告制度或实践。法律推理作为一种制度实践，之所以在英国首先兴起，与其法律传统有密切关系。确切地说，普通法系的司法程序要求对判决建立详细的推理论证制度。麦考密克说："至少在过去三个世纪中，在英格兰和威尔士以及在英格兰的最高法院，发展起一种对判决进行报告的实践。"[2]这种称为法律推理的报告制度，其内容一般包括：（1）对案件事实的详细叙述；（2）控辩双方的主张和辩论的综述；（3）法官对自己判决的正当理由所作陈述的观点报告；（4）对诉讼双方的特殊判决的陈述。

相比之下，在大多数受罗马法制度影响的大陆法国家，审判规则要求，即使无关紧要的案件也要由合议庭而不是单个职业法官来进行审判。而且，法庭本身只能宣布最后的判决，而不能公开法官们对案件判决的不同意见。这一规则或惯例适用于这种审判制度的各种审级，即使法兰西的上诉法庭，对于民事和刑事上诉案件的最重要的终审判决，也只是公布一个简单裁决。英格兰和苏格兰上诉法院的情况则与之相反，具有一种"开诚布公的裁判风格"。审判必须由三位以上法官组成，他们通常对案件以讨论的方式发表自己的意见和观点，而法院判决则是基于简单多数法官的意见。案件依多数法官

---

〔1〕　参见程荣斌主编：《中国律师制度原理》，中国人民大学出版社 1998 年版，第 19 页。

〔2〕　See Neil MacCormick, *Legal Reasoning and Legal Theory*, Oxford University Press, with corrections 1994, p. 8.

的意见判决之后，他们必须详细说明自己的观点，甚至与判决相反的少数法官的意见和观点。英格兰传统遵循着一种允许每一位法官公开陈述自己观点的实践，法官们奋力进行内部公开辩论。在疑难案件中，每一位法官陈述他认为对一个案件判决方式的最佳理由，同时，这个理由又与相反的理由进行碰撞。[1]这种公开辩论的结果，最后往往是一种具有强有力理由的观点占上风，从而形成多数法官的意见。而在判决书中，法官必须阐述其如此决定的充分理由，并且阐述为什么没有接受其他法官相反意见的理由。这种讨论式的审判风格，比大陆法审判风格具有更加坦率、公开可见的特点，使许多法律问题可以争论，而不是只允许一种观点存在。这种在司法实践中进行辩论的风格，同样受到大陆法系律师的支持和欢迎，因为它超越了关于"对"与"错"的封闭性回答方式，使法庭最终判决显示出对法律相对确定性的坚信。

当然，法律推理作为一种司法制度的确立，受其内部法律传统的影响虽然不应低估，但其昌盛主要还依赖于更大范围的法治社会根本法律制度的建立。在人治社会，刑讯逼供作为主要司法手段对法律推理的制度化起着抑制作用。

（二）形式主义法律推理观

形式主义法律推理制度，是在自由资本主义土壤中生长起来的第一个制度形态的法律推理审判方式。它既是一种对专制社会法律决定随意性、非理性之否定形式的制度实践，同时，又是一种法律推理理论或学说。它具有以下特点：

第一，以法治为基础，第一次确立了法律推理审判制度的自主性。法治社会以法律权威的树立和对公民权利的尊重为前提，程序公正是法的核心。它在观念层面是权利本位的，相应地在行为层面强化了论证和辩护的重要性。因此，形式主义法律推理制度，以个人权利为价值取向，要求严守确定的标准和规则，在事实认定和法律解释方面强调当事人的自我主张，强调判决必须以辩护、论证为基础。在民主法治的土壤中，形式主义法律推理制度逐渐生根，从而获得了其自身独立存在的价值或"自主性"。这种自主性，是与法律的自主性同时获得的："在内容上，法律不是政治或宗教信仰的简单重复；

---

〔1〕　See Neil MacCormick, *Legal Reasoning and Legal Theory*, Oxford University Press, with corrections 1994, pp. 9–10.

在制度上，有专门负责审判的机构；在方法论上，法律推理不同于科学推理或政治、道德推理；在职业上，有自身特定的活动方式、培训方式。"[1]

第二，在法律推理标准上，形式主义法律推理观要求使用内容明确的规则，裁判者根据纠纷各方的是非曲直作出决定，追求形式正义。所谓形式正义，就是要求司法决定按照系统化的法律规则而作出。"法官唯一的使命就是判定公民的行为是否符合成文法律。"[2]美国批判法学家昂格尔认为，"当仅仅乞灵于规则，并从规则推导出结论被认为足以进行每一个权威性的法律选择时，法律推理就是形式主义的。"[3]这种法律推理观产生于形式正义的理想，把一致地适用普遍的规则看作是正义的基石。例如，在合同法中，诚实信用原则要求合同一旦订立双方就必须严格遵守，形式主义的法律推理在执行该原则时，往往对违约行为作不加区分的惩罚。它并不考虑诸如在情势变更的情况下，一方当事人如果继续履约可能会给自己造成巨大利益损失。因此，这种法律推理观的特点是"死守规则"，无视社会现实生活中不同原则和价值的冲突。形式主义法律推理观不仅在成文法传统中顽固地存在，在判例法发展过程中还导致了19世纪后半叶"英国法的遵循先例原则逐渐走向僵化，标志便是司法先例具有强制性约束力实践的开始。依照这样的原则，一个法官在判决与以前本院或上级法院所判类似案件时，即使他确信以前判例明显错误，也不能背离其所确立的法律原则。"[4]

第三，在法律推理方法上，逻辑推理说是18～19世纪在西方占统治地位的机械论法律推理学说。按照逻辑推理说，一切法律问题都可以通过应用明确、不变的规则而作出决定，因此，一切法律问题的答案都在人们意料之中，唯一可用的法律推理方法就是三段论推理。"法官对任何案件都应进行三段论式的逻辑推理。大前提是一般法律，小前提是行为是否符合法律，结论是自由或者刑罚。"[5]英国分析法学创始人奥斯丁主张法律命令说，把确定性视为法律的生命，认为法律规则和司法决定是直接从立法、先例中演绎而来的，

〔1〕 朱景文主编：《对西方法律传统的挑战——美国批判法律研究运动》，中国检察出版社1996年版，第294页。

〔2〕 ［意］贝卡里亚：《论犯罪与刑罚》，黄风译，中国大百科全书出版社1993年版，第13页。

〔3〕 ［美］昂格尔：《现代社会中的法律》，吴玉章、周汉华译，中国政法大学出版社1994年版，第181-182页。

〔4〕 贺卫方：《司法的理念与制度》，中国政法大学出版社1998年版，第199页。

〔5〕 ［意］贝卡里亚：《论犯罪与刑罚》，黄风译，中国大百科全书出版社1993年版，第12页。

法院的司法职能仅仅在于运用逻辑推理将明确规定的法律适用于案件事实。"在这种模式中，白纸黑字的法律规则是大前提，案件事实是小前提，判决则是结论。……法官一般而言仅仅运用演绎推理便可以解决实际问题，法官通常是在'查找和发现法律'。他们认为，这不仅仅是实际观察得出的结论，而且是法治价值要求的结果。"[1]

富勒将这种机械的法律推理观称为"19 世纪的观点"，并指出它所依据的假设基础是："现存的法律是没有缝隙的体系，每一个新的案件都可以从这个法律体系中通过演绎的方法而获得解决方案。"[2]但是，把逻辑仅仅理解为三段论的演绎逻辑，即使在亚里士多德必然推理和辩证推理的意义上也是一种倒退。这种机械推理观没有看到，在实际的审判过程中，白纸黑字的法律条文与具体的案件事实并不总是一一对应的。有时候从一个法律规则可以推出几种不同的结论，它们往往没有明显的对错之分；有时候一个案件面对着几个相似的法律规则，法官不得不从中作出价值选择。所谓疑难案件，就是法律规则和案件之间不存在单一的逻辑对应关系。在这种情况下，法官常常不能有效地使用三段论推理得出正确的结论，而必须对法律规则进行解释，并根据一定的价值判断从中推出具体的结论。

当然，形式主义法律推理观值得肯定之处是，它反映了分析法学要求法官不以个人价值观干扰法律推理活动的主张。在分析法学家看来，"所谓'法治'就是要求结论必须是大前提与小前提逻辑必然结果。"[3]

四、现代法律推理学说

尽管法官和律师们每天都在从事审判活动，但直到 20 世纪初，法学家们还不能令人满意地阐述这一过程的本质，大多数研究都停留在演绎推理的形式方面。二战后，这种情况发生了根本转变。其中一个很重要的原因是，20世纪通俗文化的流行在各方面对理性本身的价值产生了排斥，促使理性机械

---

〔1〕　刘星：《法律是什么?》，广东旅游出版社 1997 年版，第 60 页。

〔2〕　See Fuller, *Introduction to The Jurisprudence of Interests*, in Max Rümelin, Philipp Heck, Paul Oertmann, Henrich Stoll, Julius Binder, Hermann Isay selected writings, M. Magdalena Schoch translated and edited. Harvard University Press, 1948, p. xix

〔3〕　朱景文主编：《对西方法律传统的挑战——美国批判法律研究运动》，中国检察出版社 1996年版，第 292 页。

论在法律领域逐渐丧失地位。法律领域充斥着现代社会模棱两可的规则，人们就事实问题进行的辩论更加常见。在这种情况下，逻辑规则的误用、逻辑学上的机械论和逻辑缺乏灵活性的僵化，使逻辑在法律推理中的地位受到挑战，对道德和价值的考量则越来越受到重视，人们开始重新审视逻辑的有用性和有效性问题，法律推理研究的兴趣也开始从形式推理转向高层次的实质推理。

1949 年，列维发表了《法律推理引论》。他说："我写这篇文章，是要在判例法、制定法解释及宪法解释这三个领域为我的读者勾画出一个法律推理过程的概貌，以揭示那隐蔽在外表之下的内在理路。"〔1〕1960 年，美国现实主义法学家卡尔·卢埃林在《普通法传统：上诉裁决》一书，对上诉法院的法律推理做了深入研究。〔2〕同年，泽勒迈尔《法律推理：法律的进化过程》一文指出，那种认为法律结论在很大程度上依赖于逻辑推理的观点是肤浅的，逻辑进入法律过程仅仅是偶然的，就是说，法律运用逻辑方法和运用任意，实际上常常是一回事。〔3〕

1970 年代以后，西方法学家开始将法律推理视为一种适用于法律领域的特殊的、新的推理形式，并将这种新的思想形式贴上"探究性推理"的标签，向以传统逻辑的基本类型为模型的传统法律推理概念提出挑战。这种挑战来自三个方面并产生了不同的结果：（1）在法律推理主要是归纳推理、类比推理还是演绎推理的问题上产生了许多争论，结果是，三段论演绎推理在法律推理中一统天下的局面被彻底打破，人们几乎一致地认为，是别的某种东西而非可称为经典演绎论证的东西包括在法律推理之中；（2）一些法学家认为，法律推理的结论不一定是从前提中得出的，法官个人偏好对特定结论的得出也有重要作用，结果是，推理主体在法律推理中的作用得到了强调；（3）在法律推理方法上，尽管演绎方法的作用没有遭到完全的排斥，但是，采用非演绎方法的论证在法律推理过程中发挥着极其重要作用，这样一个见解已成

---

〔1〕 ［美］爱德华·H·列维：《法律推理引论》，庄重译，中国政法大学出版社 2002 年版，第 1 页。

〔2〕 See Karl N. Llewellyn, *The Common Law Tradition: Deciding Appeals*, Boston: Little, Brown, 1960.

〔3〕 See L William Zelermyer, *Legal reasoning: The Evolutionary Process of Law*, Englewood Cliffs, N. J., Prentice-Hall, 1960.

为普遍的共识。[1]

自 1980 年代以来，法律推理真正成为西方法理学研究的一个热门课题，但在关于法律推理一般性质的问题上至今仍存在着重大分歧。下面，我们分析几个具有代表性的法律推理学说。

（一）经验（实践）法律推理说

经验（实践）推理说是对逻辑推理说的否定，它是以契约原理为核心、以程序正义为基干的现代法精神在诉讼理论领域的反映，代表了现实主义法学和新实用主义法学的法律观。其发展可分为两个阶段：第一阶段是现实主义法学对逻辑推理说僵化性的批判，其代表人物是弗兰克、霍姆斯；第二阶段是新实用主义法学对逻辑推理说的批判，代表人物是佩雷尔曼、波斯纳。

在西方法学家视野中，法律推理是实践理性一般理论在法律领域的派生物。实践理性的一般理论发源于近代思想家休谟。所以，我们先从休谟的思想谈起。

休谟在《人类理智论》一书中指出，他在严肃地采取一种怀疑论态度，即对我们认识外部世界的能力深感怀疑。这种怀疑的结果表明，我们能够认识的东西并不像笛卡尔所假定的那么多。我们可以信仰这种能力，却不能对此作出任何证明。他说："一切关于事实的推理，似乎都建立在因果关系上面。只要依照这种关系来作推论，我们便能够超出我们的记忆和感官的见证之外。如果你问一个人何以会相信一件不在眼前的事实，例如他的朋友在乡下或在法国，他就会对你说出一个理由来，这个理由是另外一些事实，例如他接到他的朋友的信，或者知道这个朋友先前的决定和预告。……一切关于事实的推理都是这种性质的。"[2] 这里，一个事实的证明需要借助其他事实作为理由，就是运用证据进行证明，知识的获取依于证据。这否定了唯理论关于一切知识都依赖于理性推理的观点。

休谟的经验论对现代法学家的思想产生了极大影响，我们在对现实主义法学、新实用主义法学的理论观点进行考察时，随处都可见到休谟思想的影子。

---

〔1〕　See Kent Sinclair, "Legal Reasoning: in Search of an Adequate Theory of Argument", *California Law Review*, Vol. 59, No. 3. , 1971, pp. 821–858.

〔2〕　［英］休谟：《人类理智研究》，载北京大学哲学系外国哲学史教研室编译：《西方哲学原著选读》（上卷），商务印书馆 1981 年版，第 520 页。

1. 现实主义法学对逻辑推理说僵化性的批判

现实主义法学对逻辑推理说的批判是以经验为武器的。霍姆斯大法官提出"法律的生命并不在于逻辑而在于经验"的格言。[1]这里所谓逻辑，就是指形式主义法律推理的三段论演绎逻辑特征；所谓经验，则包括"可感知的时代必要性、盛行的道德和政治理论、公共政策的直觉知识，甚至法官及其同胞所共有的偏见等"，这些经验的东西"在确定支配人们所应依据的规则时，比演绎推理具有更大的作用"。[2]

现实主义法学看到了分析法学坚持"本本中的法律"所造成的僵化，试图通过分析法律推理主体解决纠纷的具体活动来认识"行动中的法律"，用经验推理说克服逻辑推理说固守法条主义的机械论缺陷，以此发现和确认法律推理主体的主动性和法律推理的灵活性。

在美国现实主义法学家内部，可分为以卢埃林为代表的规则怀疑论者和以弗兰克为代表的事实怀疑论者。前者，怀疑在案件事实确定后，纸面规则能否有效地用来预测法院判决，其注意力主要集中在上诉法院的判决，力图找到能够准确预测上诉法院判决的方法；后者认为，法律的不确定性主要在于审判法院事实认定的不确定性，即对事实的确定性表示怀疑，其主要兴趣在"审判法院"。

以弗兰克为代表的事实怀疑论者认为，不管纸面上的规则如何精确和固定，由于判决所依据的事实是捉摸不定的，要想准确地预测判决，是不可能的。[3]弗兰克《审判法院》[4]一书，集中论述了美国审判法院在确定案件事实方面的问题，表明了自己的事实怀疑论观点。他将美国审判法院的所谓传统观点概括为23条，例如，司法活动中忽视"人的因素"；法律规则对判决占有支配地位；判决是法律规则适用于诉讼事实的产物；对抗制是审判中事

---

〔1〕 参见［美］奥利弗·W. 霍姆斯：《普通法》，转引自［美］E·博登海默：《法理学：法律哲学与法律方法》，邓正来译，中国政法大学出版社 1998 年版，第 517 页。

〔2〕 ［美］E·博登海默：《法理学：法律哲学与法律方法》，邓正来译，中国政法大学出版社 1998 年版，第 159 页。

〔3〕 参见沈宗灵：《现代西方法理学》，北京大学出版社 1992 年版，第 341-342 页。

〔4〕 有中译本将此书译为《初审法院》，参见［美］杰罗姆·弗兰克：《初审法院：美国司法中的神话与现实》，赵承寿译，中国政法大学出版社 2007 年版。但是，在美国系统中实际上并不存在初审和二审的法院结构。审判法院一般是指地方法院，它与上诉法院的区分，除管辖权外，主要在于审判法院既负责事实审也负责法律审，一般有陪审团；上诉法院仅负责法律审，并无陪审团。

实认定的最好方法；遵循先例的方法如果使用得当，就能保证法律的确定性；等等。他认为，实际上，审判法院在确定事实方面恰恰是美国司法制度中问题最多的地方。在审判过程中，有作伪证者，有心怀偏见的证人，有错误了解或回忆事实的证人，有的证人失踪或死亡，有的物证灭失或被毁；有为非作歹和愚蠢透顶的律师；有愚蠢透顶或心不在焉的陪审团成员；有愚蠢、固执或对证言心怀偏见或漫不经心的审判法官；等等。所有这些情况都使案件事实难以确定，使事实认定成为主观的、非理性的活动，因而也就不可能对判决进行预测。正是在这方面，发生了大量的司法不公，因而最需要改革。[1]

但是，现实主义法学在批判逻辑推理说时走向另一个极端，它完全否认具有普遍性的一般法律规则存在，认为法律只是针对具体案件中具体权利义务的"活的"规定，而不是一套规范。它试图用"行动中的法律"概念，完全取代分析法学"本本中的法律"概念。例如，卢埃林说："在我看来，那些司法人员在解决纠纷时的活动就是法律本身。"[2]从一定意义上说，这种矫枉过正，是使法律推理摆脱机械论束缚而走出的必要一步。现实主义法学家为法官在逻辑之外寻找不同的判案指导原则，对法官来说起到了一种思想解放作用，即法官不再被要求过于机械地执行法律。相反，法官个人的主动性和灵活性获得了认可，法律推理不能单纯依靠逻辑的观点逐渐成为法学家的共识。然而，法律如果真像现实主义法学所说的那样仅仅存在于具体判决之中，法律推理如果可以不遵循任何标准或因人而异，那么，受到挑战的就不仅是形式主义法律推理观或逻辑推理说了，它还会殃及法治的根本原则，而且，对法律推理进行任何研究的可能性也会成为问题。

2. 法律怀疑主义与实践推理说

在演绎推理中，当出现竞争性演绎理由时，就出现了如何评价不同理由以支持或反对某种理由的问题。首先提出这个问题的是法律怀疑主义。作为对法律形式主义的一种反动，它主张"应该把法律视为一种政治。那么，法官将依据它们自己的社会正义观来裁判案件，……这种怀疑态度把司法权扩

---

〔1〕　See Raymond Wacks, *Swot Jurisprudence*, Third Edition, Blackstone Press Limited, 1993, pp. 137-138.

〔2〕　See Karl Llwellyn, *The Bramble Bush*, New York：Oceana Publication, 1981, p. 3.

大到了前所未有的范围，并且把法官设想为没有有效法律约束而治理的哲学王。它放弃了法治，寄希望于法官将发现具有广泛基础的可令人接受的社会正义。""对许多法律判决的细致分析表明，它们是基于不确定的事实、模糊的法律规则或者不充分的逻辑作出的。"法律怀疑主义通过比较不同官员在类似情况下所作出的判决，认为"官员的个性、政治因素或各种偏见对判决的影响比法律要大。"[1]

比利时哲学家佩雷尔曼 1968 年提出称为新修辞学（New Rhetoric）的实践理性（practical reasoning）理论。[2]在继承亚里士多德的古代辩证法、修辞学的基础上，他认为，新修辞学可以解释为辩论学，是通过语言文字对听众或读者进行说服的一种活动。对话是辩论过程的形式和灵魂，是一种说服人的手段或提出问题的技术。由于形式逻辑只是根据演绎法或归纳法对问题加以说明或论证的技术，所以它属于手段逻辑；而新修辞学要填补形式逻辑的不足，它是关于目的的辩证逻辑，是推理讨论、辩论或选择根据的逻辑，它不仅可以使人们说明和证明其信念，而且可以论证其决定和选择，因而是进行价值判断的逻辑。新修辞学的一个基本思想是价值判断多元论。佩雷尔曼认为，在西方民主制度下，只要不违反公共秩序的规则，每个人可以自由地采取自己的伦理标准，制定自己的生活规则，选择自己的理想和生活，各种不同意见可以同时是合理的。新修辞学的任务就是要通过对话、辩论来说服听众或读者，使他们相信、同意自己所提观点的价值，在持有不同意见的公众中争取最大限度的支持。

佩雷尔曼认为，新修辞学的许多方法"已被法学家长期在实践中运用。法律推理是研究辩论的最理想的场所。法律推理对修辞学，正如数学之对形式逻辑和论证的学说一样"[3]。他认为，在有关法官判决的司法三段论的法律思想支配下，法学的任务在于将全部法律系统化，为了使法律成为法官手中尽可能完善的工具，就必须对每一种情况都有一条明白无误的法律规则，

---

〔1〕 〔美〕史蒂文·J. 伯顿：《法律和法律推理导论》，张志铭、解兴权译，中国政法大学出版社 1998 年版，第 109 页，第 4 页。

〔2〕 以下关于佩雷尔曼的理论，参见沈宗灵：《现代西方法理学》，北京大学出版社 1992 年版，第 443—446 页。

〔3〕 〔比〕佩雷尔曼：《正义、法律和辩论》，转引自沈宗灵：《现代西方法理学》，北京大学出版社 1992 年版，第 443 页。

消除一切含混不清，使命题相互之间毫无矛盾。这样，明确性、一致性和完备性就成为对法律的三个要求。然而，当一个法律不能满足这三个要求时怎么办呢？法国大革命时代制定的一个法律（1790 年）规定：法官负有义务，必须将法律解释或适用法律中的疑难问题提交立法机关。显然，上述三个要求和这个规定都是无法实现的。因为，要真正实现这个规定，就要设置成千上万的立法机关每天开会来解释法律。而且，这种做法等于让立法机关制定溯及既往的法律，并使它代替法院，从而违反了分权原则。所以，法官必须拥有某种完善、澄清和解释法律的权力。《拿破仑法典》第 4 条规定："审判员借口没有法律或法律不明确不完备而拒绝受理者，得依拒绝审判罪追诉之。"法官要履行这项义务，必须掌握法律逻辑的智力手段。例如，根据形式正义、类似案件同样处理的原则，法官应当了解其他法官在类似案件中如何判决。为此，他们应相互协商并发表判决记录，在一定情况下应援引前例，如果没有理由推翻前例就应使用以前法官所用的准则。又如，法官必须消除法律中的含糊不明，防止不同法律规定的相互冲突，必要时还要由法官填补法律中的空隙。这些智力手段是法律逻辑而不是形式逻辑，后者不能帮助消除法律中的矛盾或填补法律中的空隙。只有法律逻辑包括类推推理、法律理由的辩论等，才能为法官解决法律内容方面的问题提供方法论工具或智力手段。法官必须在某种价值判断的指示下实现自己的任务，这些价值应该是"合理的""可接受的"和"社会上有效公平的"。

佩雷尔曼举例说，一个公园门口贴有"禁止车辆入内"的规章。假定守门人是一个法官。他让一个推童车的人进了公园，理由是：手推童车不是车辆。他又让一个带着电动车的儿童进入公园，理由是："车辆是指汽车或摩托车，即发出噪声、污染空气之类的东西"。在这里，他对"车辆"一词作了解释。接着，公园内有人心脏病发作，他又让一辆救护车驶入园内，理由是："这是人力控制范围以外的情况"。由此可见，这个法官解决的问题已超出解释"车辆"的范围。就是说，他不能以法条的字面意义来判决，而必须考虑法律到底保护什么价值？这个价值与其他价值有什么冲突？哪个价值更为重要？法官不是一台计算机，他必须面对价值问题。他的作用不是简单服从先前已作出的决定，而是必须进行判断即作出决定，而这种决定又必须有法律理由。

与实践推理理论相关，还有一种重视主体作用的"过程分析"理论。

1972 年，日本法学家棚濑孝雄第一次明确提出"从制度分析转向过程分析"。他认为，判决既不是简单的强制性判定，也不是纯粹根据逻辑从法律推导出的具体结论，它的正当性和约束力的基础是交涉性合意。所以，过程分析以"主体"和"合意"作为两个基本价值要素。首先，过程分析把审判视为过程，即程序参加者相互作用的过程。具有各自固有利害关系的当事人，围绕一个审判权如何来实现自己的目的，这是其理解现实审判活动的独特视角。其次，过程分析的方法论，是以"实然"的归纳而不是以"应然"的演绎为出发点。最后，关于现代社会国家权力的扩张导致人的异化问题，从法学角度来看，要改变人民的无力状态有两种主张：一种是非法化主张，表现为共同体主义（communitarianism），强调利益妥协型的合意；另一种是法制民主化的主张，表现为参与决定过程的当事人主义，强调理由论辩型的合意。棚濑孝雄的学说介于两者之间而侧重于后者。[1]

3. 实践理性的法律推理学说

新实用主义法学家波斯纳 1990 年在《法理学问题》一书中，针对逻辑推理说的弊端，系统地阐述了"实践理性"的新经验推理说。[2]

与现实主义法学对逻辑推理说的批判不同，波斯纳并未对其作全盘否定。他认为，演绎逻辑的三段论推理，对于维护法律的确定性和法治原则起着重要作用。然而，逻辑推理的作用有限，它只能解决简单案件的法律问题，对于疑难案件和一些涉及伦理问题的案件，逻辑推理就无能为力了。在法庭辩论等场合，仅凭逻辑演绎不能决定哪一种对立的主张是正确的。所以，应当用实践理性的推理方法对逻辑推理加以补充。实践理性被理解为，当逻辑方法用尽时人们所使用的多种推理方法。在逻辑方法不能有效发挥作用的地方，唯有实践理性比较适于解决法律问题。

什么是实践理性？西方法学家对此有许多晦涩的论述。概括而言，首先，"实践理性"是与逻辑推理的"纯粹理性"相对应的注重行动的方法。"纯粹理性"是决定一个命题真假、一个论点有效或无效的方法。"实践理性"则是人们用以做出实际选择或者伦理选择而采用的方法；它包括一定行为的正当

---

[1] 参见季卫东：《当事人在法院内外的地位和作用》，[日] 棚濑孝雄《纠纷的解决与审判制度》代译序，王亚新译，中国政法大学出版社 1994 年版，第 3—4 页。
[2] 参见 [美] 波斯纳：《法理学问题》，苏力译，中国政法大学出版社 1994 年版，第 91—98 页。

化论证和相对于一定目的之最佳手段的确定，其中起决定作用的因素是经验智慧。其次，所谓实践理性，就是法官、律师在一个个具体案件的法庭审判实践中、在一次次急中生智的法庭辩论中表现出来的经验智慧。最后，实践理性当然应该不同于实践感性或生活感情，但它确实又不是以僵死的法律规范为基础，而是以推理主体对法律条文与法律价值之间内在联系的深刻领悟为基础；它不是以刻板的形式逻辑为手段，而是以灵活的辩证逻辑为手段。因此，实践理性既体现了法律的实践性，又体现了法律推理主体的能动性和创造性。

波斯纳提出实践理性的法律推理学说，并非无的放矢，而是针对所谓"独特的法律的推理方法"所作的一种方法论建构。他确实说过："世界上没有'法律推理'这种东西"[1]但是，若据此而将波斯纳划入一种"极端的法律推理观"[2]，这是值得商榷的。第一，从语境上看，波斯纳说："世界上没有'法律推理'这种东西。律师和法官以实用简单的逻辑和日常思考者所使用的各种实践推理的方法来回答法律问题。"结合上下文，"没有法律推理这种东西"，显然是指，没有"独特的法律的推理方法"[3]。因为下文的意思很清楚，律师和法官们除了运用逻辑推理方法之外，还使用各种实践推理的方法。实践推理本身就是一种法律推理方法。所以，波斯纳不仅没有否定法律推理的存在，而且看到了法律推理与其他推理活动在方法上具有共性的一面。

第二，到底有没有"独特的法律的推理方法"？这确实是一个需要深入研究的问题。法律推理区别于其他推理活动的特殊规定性或独特性，主要在于本质特征方面。方法的独特性固然也是一种规定性，但除此之外，还有主体、客体等方面的独特性。因此，当波斯纳对法律推理方法的"独特性"表示怀疑时，他实际上怀疑的是：形式主义逻辑推理观把演绎逻辑视为法律推理的"唯一"方法，排斥一切非逻辑的方法，而并不表明他否定逻辑推理的作用。因为，他是在承认法律的多数问题"都是以三段论式地解决的"基础上，才

---

〔1〕　［美］波斯纳：《法理学问题》，苏力译，中国政法大学出版社1994年版，第576页。

〔2〕　参见解兴权：《论法律推理》，中国社会科学院1998年博士学位论文。

〔3〕　［美］波斯纳：《法理学问题》，苏力译，中国政法大学出版社1994年版，第135页。

强调"在疑难案件中……无法将决定基于逻辑"[1]。法律推理没有自己独特的方法，也可以这样来理解，即：它综合运用或分享着许多其他推理活动的方法。退一步说，法律推理的方法是主体实践和认识活动的成果，它最能体现主体的能动性、灵活性。设想法官和律师们会呆板地固守某种"独特的"方法，而不会主动灵活地使用非"独特的"方法去进行法律推理，那是荒唐可笑的。

第三，纵观波斯纳《法理学问题》的中心思想，就是反对法律形式主义，特别是反对机械论的法律推理观。为了表明同形式主义推理观的对立，他声称自己是一个实用主义者；并且，针对逻辑推理说之纯粹理性，他提出了"实践理性"的推理方法。尽管他的论述有时候过于实用主义、杂乱无章，没有从理论上概括出实践理性的本质特征和方法论意义；但是，波斯纳把法律视为一种社会实践活动，强调实践经验在法律推理中的作用，强调实践推理的方法意义，这同关于"行动、实践是逻辑的'推理'，逻辑的格"[2]的认识论思想是完全一致的。将这样一位法学家实践论的法律推理思想划入"极端的法律推理观"，是不可思议的。

（二）理性重建的法律推理说

1978年，英国麦考密克教授出版的《法律推理与法律理论》[3]一书，对法律推理的许多重要问题作了系统阐述。

第一，关于法律推理发展的历史原因。他认为，自18世纪以来，法治观念已深入人心，法治要求规则的统治，以维护法律和社会生活的确定性或稳定性。但是，法律规则的相对简单和直接性与某些案件的疑难和复杂性构成了矛盾，因而不能满足解决所有案件和法治的需要。法治观念的合理性有两个方面：一方面，人是自律自治和能够深思熟虑其行为的理性动物，并且是在人们之间的协商讨论中完成其深思熟虑过程的社会动物。对法律推理程序的沉思，在很大程度上揭示了行为的理性原则及其正当理由或判决理由的可

[1] ［美］波斯纳：《法理学问题》，苏力译，中国政法大学出版社1994年版，第54页，第572页。

[2] ［俄］列宁：《哲学笔记》，中共中央马克思 恩格斯 列宁 斯大林著作编译局译，人民出版社1974年版，第233页。

[3] See Neil MacCormick, *Legal Reasoning and Legal Theory*, Oxford University Press, with corrections 1994.

能性。但同时也表明，居于个人主义自治层次上的纯粹理性，不能适应社会共存的观念合意与活动合作。理性要求对我们自己的任性、暴力和不合理的自我偏好进行自我控制。因此，必须以拥有权威的政治机构制定共同的规则并用强力来保证其为人们所遵循。另一方面，个人要求保持受人尊敬的自治代理人价值，要求有适当的机会了解权威机关确定的公共规则，即使它们与自己的偏好或判断相悖，也要按其要求确定自己的选择。由于法律推理满足了法治观念这两个方面的合理性要求，它能够依预先制定的规则以公正、公开的方式解决纠纷，进行裁决，因而成为社会按照理性、秩序、尊重人权的要求而健康发展的保证。

第二，关于法律推理的性质。麦考密克把法律推理当作实践推理（practical reasoning）的一种类型来加以研究。他认为，法律推理是通过理性的实践推理能力的基本原则而证明行为的正当理由。[1]这揭示出，根据规则的演绎推理作为一种提供法律理由的方式，为什么不能是自给自足的，因为它总是浓缩在历史上前后发生的根据原则和价值的推理活动之网中。人们往往通过规则的解释来探求其背后的原则，规则不过是更加抽象的原则的具体表现形式。因此，求助于原则的法律推理削弱了演绎推理的地位。但考虑到运用原则的法律推理依然求助于法治观念，所以，麦考密克仍然将基于规则的推理置于中心地位，并作了详细论述。不过，他也指出了这种推理方法在发生法律争论的大部分案件中具有局限性。他列举了三种不适用演绎推理的情况：[2]一是"相关性"（relevancy）问题，即在什么法律规则同案件相关的问题上发生的争论；二是法律"解释"（interpretation）问题，即法院在法律用语含糊不明而必须在两种不同解释中作出选择的情况；三是事实"分类"（classification）问题。他强调说，基于规则的推理只能带我们走这么远，所以，关于非演绎推理的讨论在他的著作中占主导地位。

第三，他的研究采取了一种尽可能靠近"现象"的方法。所谓现象，在他看来就是法庭上的实际辩论，特别是英格兰和苏格兰法庭的实际辩论。他把自己的研究，定位于探求必然发生的实践推理和人性。因此，他不是对自

---

〔1〕 See Neil MacCormick, *Legal Reasoning and Legal Theory*, Oxford University Press, with corrections 1994, p. xii.

〔2〕 See Neil MacCormick, *Legal Reasoning and Legal Theory*, Oxford University Press, with corrections 1994, pp. 65-72 的有关详细论述，另参见本书第五章法律推理的一般方法。

己的观点作纯理论的阐述，而是通过真实案例来展开和说明自己的观点。他称其为"理性重建"（rational reconstruction）的方法。这种方法不仅仅是描述观察到的事实，而且试图将被讨论的现象展现为与推理有关的所有理论和行为的理性综合系统。这种理论的充分性，是由法官在真实案件的实际推理过程来检验的。麦考密克认为，这种研究方法与哈特《法律的概念》一书的法律实证主义分析是一致的。哈特所信奉的分析实证主义法律理论，是向那种认为对法律推理（特别是审判中的推理）不可能有令人满意的描述之主张的公开挑战。麦考密克继续了这种挑战。他认为，基于规则的推理在他的著作中所处的中心地位，与第一性的规则和第二性的规则之统一，与在哈特法理学的中心地位是相符的。不过，他在 1994 年修订版前言中声称，1978 年后他于许多方面已不再接受哈特的观点，而称自己的理论是一种后现代法律制度理论。他的观点的演变包括：承认自己先前关于规则适用之演绎逻辑的阐述过于简单化，以及预测逻辑（predicate logic）而不是陈述逻辑可以更好地服务于现实的目的，等等。

第四，关于结果论论证（consequentialist argument）。麦考密克认为，除了形式正义的要求外，法律推理还有一致性（consistency）和融贯性（coherence）的要求。一致性要求是指，在确定某个规则是否在法律上有关（即该规则是否为法律的一部分），或者根据不同的法律解释、不同的事实分类在两个规则中选择其中之一时，决不能同这一法律制度中其他任何规则发生矛盾。融贯性的要求是指，即使不发生逻辑上的矛盾，在法律推理中也不应提出一个同该法律制度其他规则不配合、不协调的规则。总之，符合形式正义、一致性和融贯性的要求，都属于他的结果论论证的范畴。它是指，当法律上没有明确规定时，法官就必须考虑自己作出决定的后果。评价这种后果的准则包括：一是校正正义的考虑，即"任何过错都有补救办法"；二是对常识的考虑，即司法推理归根到底必须反映社会上的道德准则；三是对公共政策的考虑。

从一定意义上说，波斯纳也是主张结果论的。他认为，由于法律解释是一个近乎神秘的过程，所以，从过程论的角度来研究解释或推理问题往往是徒劳的。因此他说："我们也许最好抛弃'解释'这个术语而将注意力直接集中在因成文法和宪法规定运用于具体纠纷将产生的后果上。""如果法律只追求一种简单的功能主义或后果主义的话，这种状况也许会改观。假设每一个法律原则和制度的唯一目的就是可行。例如，一个新破产法的目的也许就是减少破产的数量和降低利率。这一法律的运作就将按照这些目的来评价，如果没有履行其目的，该法律就将被撤消。那样的话，法律就将确实是社会工程的一种方法，其结构和设计都将容易受到客观的评价，很像民用工程师的设计项目。这就将是实用主义的一个胜利。"〔1〕

结果论、功利主义、实用主义乃至正义感或合乎情理等，作为法律推理的评价标准，在波斯纳看来是统一的。他认为，结果论在法律推理中作为功利主义的代名词，是指"大多数法官（和律师）认为普通法决定制定的指挥灯应当要么是一种直觉的正义感或者是合乎情理，要么是一种非正式的功利主义。但这些也许是一种东西。而且追问下去普通法法官将可能不得不承认他所称之为功利主义的就是我所说的财富最大化。请想一想是否应当允许一个小偷在审判中为自己辩解说他从所偷的东西中得到的愉快大于物主所遭受的痛苦。回答显然是否定的，但根据财富最大化提出的回答将比根据纯粹的功利主义所提出的回答更确定。"〔2〕因为功利主义只能指出小偷从所偷之物中得到的快乐没有社会立足之地，而财富最大化还指出了偷窃将导致财产保护上巨大的费用，而且财富比功利更容易估测。

结果论论证，本质上是法律推理的目的论问题。如果按照形式主义和逻辑推理说的观点，法官只要不违反演绎推理的规则，他所作出的任何决定都是正确的。法官不必考虑他的决定是否符合实质正义、人类理性和社会发展的需要。因为法官没有向社会负责的义务，他的义务只是向法律负责。至于法律规则是否合理、是否刻板，那是法律制度设计者或立法者的事情。但是，如果按照结果论的观点，法官必须考虑实质正义问题，必须考虑自己决定的社会后果。如果没有可以适用的法律规则，法官就应该根据价值、伦理道德或者财富最大化的功利主义等原则作出决定。

第五，麦考密克承认成文法解释与判例法解释的区别，但他不同意德沃金的作为解释概念的法律理论。他认为，解释仅仅是律师实践推理的一个因素，不应该把解释问题扩大化以致影响全部问题的讨论。就是说，解释是一

---

〔1〕　［美］波斯纳：《法理学问题》，苏力译，中国政法大学出版社 1994 年版，第 575 页，第 157 页。

〔2〕　［美］波斯纳：《法理学问题》，苏力译，中国政法大学出版社 1994 年版，第 575 页，第 490-491 页。

种推理，法律解释是法律推理的一种形式，而不是全部。

第六，麦考密克批评了极端理性主义（ultra-rationalism）。他认为，法律推理是理性与实践的结合。因此，实践理性为法律制度和法律推理提供了正当理由，法律推理又不断地受到实践理性一般原则的影响，从而使理性的、实践的推理能力得到重建。[1]

（三）目的型法律推理说

1978 年，美国法学家诺内特和塞尔兹尼克《转变中的法律与社会》一书，从实然和应然、历时和共时相结合的角度，把法律分为压制型、自治型和回应型三种类型，并从其历史更迭和未来发展的趋势中分析了形式正义与实质正义的结合与实现问题。

他们认为，压制型法体现的是人治、阶级性正义和对特权者的保护，它与政治紧密结合；而以法治为标志的自治型法，却强调法律与政治的分离。自治型法在观念层次上是权利本位的，相应地在行为层次上强化了辩护的重要性——决断必须以辩护为基础；而强调辩护意味着事实认定和法律解释方面强调当事人的自我主张，从而也意味着法律是可以讨论的、权威是可以批评的。"法治诞生于法律机构取得足够独立的权威以对政府权力的行使进行规范约束的时候。……'程序是法律的中心'。法律秩序的首要目的和主要效能是规则性和公平，而非实质正义。"[2]显然，自治型法强调的是手段或程序的正当性，甚至有一种把手段当作目的的倾向。因为实质正义是由程序正义派生的，所以，追求实质正义的目的反而成了无懈可击的程序的一种意料之中的副产品。这只能说明，法治社会并没有反映人类关于美好社会的最高理想，因为实质正义并不是经过人们的直接追求而实现的，而是通过追求次佳的形式正义而间接获得的。为什么会出现这种情况？或许是人性固有的弱点，使人们更愿意相信制度的力量，而不相信人自身的觉悟；或许是人类已经习惯于通过一定手段来达到一定的目的，而渐渐地崇拜起手段的权威性。无论何种原因，诺内特和塞尔兹尼克决心向这种自治型法造成的手段-目的理性挑战了，他们提出以回应型法取代自治型法的主张。

---

〔1〕 See Neil MacCormick, *Legal Reasoning and Legal Theory*, Oxford University Press, with corrections 1994, p. xv-xvi.

〔2〕 ［美］诺内特、塞尔兹尼克：《转变中的法律与社会》，张志铭译，中国政法大学出版社 1994 年版，第 6 页，第 60 页。

在回应型法中，目的之权威性得以加强。按照庞德的社会利益理论，好的法律应该提供的不只是程序正义，它应该既强有力又公平；应该有助于界定公众利益并致力于达到实体正义。"目的为评判既定的做法设立了标准，从而也就开辟了变化的途径。同时，如果认真地对待目的，它们就能控制行政自由裁量权，从而减轻制度屈从的危险。反之，缺少目的既是僵硬的根源，又是机会主义的根源。……回应型法相信，可以使目的具有足以控制适应性规则制定的客观性和权威性。"[1]

（四）形式主义与目的型法律推理观的比较

美国批判法学家昂格尔，对形式主义法律推理观和目的型法律推理观的特点作了如下比较：[2]

第一，在法律推理标准上，前者要求使用内容明确、固定的规则，无视社会现实生活中不同价值观念的冲突，不能适应复杂情况和变化，追求形式正义；后者则要求放松对法律推理依据的标准的严格限制，允许使用无固定内容的抽象标准，迫使人们在不同的价值观念之间做出公开的选择，追求实质正义。

第二，在法律推理的方法上，前者采用逻辑演绎推理，体现了法的"一般性"要求；后者则要求选择最有效的方法来实现法律的目的，根据具体情况采用多种多样的推理方法，因为"不管实质正义如何定义，它只能通过具体问题具体处理的方法才能实现"[3]。当然，这样一来，类似情况类似处理的法治原则将受到严峻挑战。

第三，在法律推理的风格上，前者具有独特性、自主性；后者则由于注重实质正义，并在与推理主体变化需要的相互作用下，而使法律推理自身的特色逐渐消失。这表现在：其一，法律推理"开始接近了政治和经济共同的推论方式"，形成了综合各种推论方法的百宝箱式的法律推理方法。其二，"行政人员和法官有必要追求一种不同集团所共有的实质正义理想，有必要拟

---

〔1〕［美］诺内特、塞尔兹尼克：《转变中的法律与社会》，张志铭译，中国政法大学出版社1994年版，第86页。

〔2〕参见［美］昂格尔：《现代社会中的法律》，吴玉章、周汉华译，中国政法大学出版社1994年版，第180—187页。

〔3〕［美］昂格尔：《现代社会中的法律》，吴玉章、周汉华译，中国政法大学出版社1994年版，第185页。

定出共同的伦理观及占主导地位的传统"。其三，随着"法律在实质和方法两个方面的这些变化也有助于破坏法律机构和法律职业的特质。法院最初公开地类似于行政机关，继而类似于其他政治机构。因此，律师与官僚和其他技术人员的区别开始消失了。"〔1〕其四，在法律推理的结论上，前者具有确定性，有利于维护法治价值；后者具有不确定性，会使法治价值受到削弱。

昂格尔认为，推动"从形式主义向目的性或政策导向的法律推理的转变，从关注形式公正向关心程序或实质公正转变"的根本原因，主要是自由资本主义向福利国家社会形态的转变。福利国家对社会生活干预的增多，使法律推理所涉有关因素变得越来越复杂、琐碎，以至于不允许人们使用明确普遍的规则，而只能诉诸模糊标准。这对法律适用者提出了更高的要求，他们必须把这些标准具体化和个别化，才能在法律推理中加以适用。此外，由于党派利益的斗争和社会价值观念的多元化，"政策导向的法律推理迫使人们在不同的价值观之间做出公开的选择"。最后，"语言的理论解释方面的变化"对这种转变也起了推波助澜的作用，形式主义法律推理盛行时期，在语言学中占统治地位的是语言的明确性理论，而随着新的语言哲学理论的出现，"语言已经不再被记为是固定性的范畴，而且也不再是现实世界的透明体现了"。〔2〕

所谓新的语言哲学理论，其代表人物是维特根斯坦。他看出指称论将语义客观化的毛病，提出了"词义即用法"，这意味着词的意义不能脱离人、人使用词的目的和人的主观思维活动。他提出"只有命题才有意思；只有在命题的前后关系中，名字才有意义。"〔3〕在《哲学研究》一书中，他从动态方面联系语言实践来研究语义问题，认为"一个词的意义就是它在语言中的用法"，从而把语义看作是因人和人的实践活动（对语言的实际用法）而异的灵活的东西。〔4〕维特根斯坦对语义特殊性的强调，对于我们理解法律推理标准的模糊性、实质公正的复杂性有帮助作用。

---

〔1〕 ［美］昂格尔：《现代社会中的法律》，吴玉章、周汉华译，中国政法大学出版社 1994 年版，第 186 页。

〔2〕 参见 ［美］昂格尔：《现代社会中的法律》，吴玉章、周汉华译，中国政法大学出版社 1994 年版，第 181–183 页。

〔3〕 参见 ［奥］维特根斯坦：《逻辑哲学论》，郭英译，商务印书馆 1962 年版，第 32 页。

〔4〕 对这个问题的详细研究，参见陈新夏、郑维川、张保生：《思维学引论》，湖南人民出版社 1988 年版，第 167–180 页。

从形式主义法律推理向目的型法律推理的转变，如果意味着是对自由资本主义"法治"理想的深刻否定，那么，建立在福利国家或后自由资本主义社会基础上的"法治"还能牢固吗？换言之，对法律形式主义的批判是不是走得太远了，会不会动摇现代社会的法治基础？如果是这样，在伯尔曼看来，就到了应该恢复法律传统的时候了。

伯尔曼是从西方法律传统危机的角度来评价对法律形式主义的否定运动的。他不无担忧地谈到"几乎所有西方国家今天都受到了对法律玩世不恭态度的威胁"，并认为正是这种态度导致了各阶层人们对法律的蔑视。他认为，"对法律的这种蔑视和玩世不恭的态度一直是由对当代有时被称为法律形式主义的反叛激起的。这种法律形式主义强调作为法律推理和正义观念中核心要素的一般规则的统一适用。"[1]

伯尔曼虽然无法否定昂格尔关于福利国家和公司国家的发展，正在使法律形式主义让位于对法律推理和正义观念中公共政策的强调的判断。但是，他不同意昂格尔用语言不再具有"范畴的固定性和对世界明确的表现力"这两个特点，来否定法律形式主义在法律推理和正义观念中的积极意义。他更不同意昂格尔主张的对法律形式主义的反叛是不可避免的并且是有益的观点。他认为，第一，这样做，无法防止把自由裁量的审判变成压迫工具，甚至像纳粹德国那样变成实施野蛮和残酷行为的借口。第二，尽管在 19 世纪后期和20 世纪初期，西方许多国家存在着对法律中逻辑一致性的过分关心的片面性，但是，一旦对这种倾向的反对变成了对规则本身的攻击和对规则、先例、政策和平衡这四者间维持平衡的西方法律传统的攻击，这种反对就失去了合理性。第三，如果用强调公共政策来反对形式主义，就会使对"社会正义"和"实质合理"的追求变为实用主义，"公正"就会"失去它的历史和哲学根基而随着阵阵时髦学说之风左右摇摆"。他认为，主张否认西方法律传统的自治性、完整性和不断发展特性的所谓的法律现实主义，也不会克服对法律和无法状态玩世不恭的态度。而作为法律工作者，不能持一种数典忘祖、不顾及后代的不负责任的态度。所以，他特别强调，在危机时代尊重传统的革命意

---

〔1〕　［美〕哈罗德·J·伯尔曼：《法律与革命——西方法律传统的形成》，贺卫方等译，中国大百科全书出版社 1993 年版，第 46—47 页。

义。[1]

伯尔曼的分析是正确的。目的型法的主张虽然是在克服自治型法的缺陷的基础上提出的，但它却不是一张解决其弊病的"良方"。因为自富勒 1860 年代提出"法治的 8 项原则"[2]以来，法治不仅已经成为世界各文明国家的一种意识形态，而且也是各国司法制度的根基。这种所谓直接实现目的之"后法治"理想，试图追求无手段之目的，就像崇尚无目的之手段一样，不过是一种空想。当然，辩证法不崇尚任何东西，用辩证法的观点看，法治和程序正义确实并非尽善尽美。但是，只有通过形式正义之手段才能达到实质正义之目的，大概也是辩证法告诉世人的一个不那么可爱的真理。

---

〔1〕 参见［美］哈罗德·J·伯尔曼：《法律与革命——西方法律传统的形成》，贺卫方等译，中国大百科全书出版社 1993 年版，第 47—48 页。

〔2〕 法治的 8 项原则，即法的一般性、公开性、不溯既往、明确性、没有矛盾、有遵守可能、稳定性、官方行为与法律规定的一致性。参见沈宗灵：《现代西方法理学》，北京大学出版社 1992 年版，第 33 页。

法律推理的本质和功能

本章将从法律推理的概念分析入手，由表及里地深入到法律推理的本质特征，并在此基础上，论述法律推理在法律体系中所处的地位和作用。对法律推理实践和学说的历史考察表明，围绕法律推理方法、作用以及变化发展所进行的争论，最终都直接指向其本质问题。那么，法律推理究竟是什么？它是逻辑推理，还是经验和政策推理？它必须遵守似乎是外部强加的法律规则，还是有自己的内在目的？法律推理从手段-目的理性到寻求直接实现目的，是否会削弱法治社会的基础？这些问题如此尖锐，无怪乎芬兰法学家阿纽尔说："在法理学中大多数目前最激动人心、最直接的争论问题是有关法律推理本质的问题。"[1]

一、法律推理的一般特征

（一）法律推理概念分析

1. 推理概念

要把握法律推理的内涵，首先需要对其属概念"推理"作一番考察。亚里士多德对必然推理和辩证推理的论述，奠定了推理学说的基础。回顾自亚里士多德以来的哲学家对推理概念的发展，可以概括出以下几个要点。

（1）推理是知识创新过程。推理是"由一个或几个已知的判断（前提）推出新判断（结论）的过程"[2]。对于推理之创新性，可从两个方面来

---

[1] A. Aarnio, N. MacCormick ed., "The Foundation of Legal Reasoning", *Legal Reasoning Volume I.*, Dartmouth Publishing Company, 1992, p. 233. 转引自解兴权：《论法律推理》，中国社会科学院大学 1998 年博士学位论文。

[2] 《现代汉语词典》，商务印书馆 1996 年修订本。

理解：

第一，亚里士多德把推理分为两类，一类是必然推理或证明的推理，另一类是辩证推理或修辞推理。第一类推理，既包括三段论也包括归纳。就三段论推理而言，"证明就是从前提中必然推出的结论"，如果结论是包含在前提中并从中必然地引出的，就是证明的推理或必然推理。这种推理对前提的要求非常严格：首先，前提必须是真实和原初的，即"是指那些不因其他而自身就具有可靠性的东西。不应该穷究知识第一原理的原由"；其次，前提必须"是先于结果、比结果更容易了解的，并且是结果的原因"。只有满足了上述两个要求，才能保证"通过证明科学而获得的知识具有必然性"。就归纳推理而言，则是根据每个具体事物的明显性质证明普遍。二者的区别在于，三段论是运用论证，归纳是运用例证。[1]

第二，推理具有发现新知识的特点，这一点仅从语言学意义上是无法获得真正理解的，而必须从哲学认识论上将推理视为是继概念、判断之后的理性思维活动的最高阶段，才能抓住其创新本质。黑格尔把推理视为"概念和判断的统一"。他说："人们通常习于把推论（即三段论式）认作理性思维的形式，但是只认作一种主观的形式，例如理性的原则，理性的行为、理念等之间，不能指出任何一种联系。……但推论不是别的，而是概念的实现或明白的发挥。因此推论乃是一切真理之本质的根据。因此推论常被称为证明判断的过程。……在必然判断里，我们有一个体事物，通过它的特殊性，使它与它的普遍性即概念联系起来。在这里，特殊性表现为个体性与普遍性之间起中介作用的中项。这就是推论的基本形式。"[2]由于特殊性在普遍性和个别性之间充当了中项，保证了从"原初的"前提必然地引出关于个别性的新结论，从而使推理成为"一切真理之本质的根据"，反映了推理性思维追求知识创新的特点。

（2）推理是理性决策的工具。推理与理性这两个概念相通，英语reasoning（推理）的词根是"reason"（理性），《不列颠百科全书》对该词根的解释是："进行逻辑推理的能力和过程。"[3]休谟就是在推理与理性相通的

---

〔1〕 参见苗力田主编：《亚里士多德全集》（第一卷）前、后分析篇和论题篇，中国人民大学出版社 1990 年版。

〔2〕 〔德〕黑格尔：《小逻辑》，贺麟译，商务印书馆 1980 年版，第 355–356 页。

〔3〕 《不列颠百科全书》（第 14 卷），中国大百科全书出版社 2002 年版，第 173 页。

意义上使用这两个概念的。麦考密克在评论休谟的思想时指出："他认为我们人类的理性能力仅在给定前提下才能发挥作用；假定特定的前提之后，我们才可以借助推理得出相应的结论。确实，推理能够在我们对关于事物的判断或者对现有的假定进行证明或者证伪时提供一般的指导。"〔1〕麦考密克这个观点，来源于波普尔的"反归纳主义-证伪主义"思想。按照波普尔的观点，知识是假说，"知识不可能从无——从白板——开始，也不可能从观察开始。知识的进步主要在于对先前知识的修改。"这种修改以假说的形式出现，假说又不断遭到批判，即被证伪。因此，知识增长是以"猜想与反驳"的方式实现的。在知识增长的过程中，"观察、推理甚至直觉和想象的最重要功能，是帮助我们批判考察那些大胆的猜想，我们借这些猜想探索未知。"〔2〕从这个意义上说，人类理性的决策和行为，必然是运用推理对特定问题或假设进行证明后作出的明智选择。

（3）推理包含理由论证。reason 一词作为名词，还有"理由""道理"的含义；作为动词（包括动名词 reasoning），除"推理"的含义外，还有"论证""讲道理"的含义。人是理性动物，所以，"人在做出行为时总是有理由的。"〔3〕科恩说，推理包含着"什么能够成为什么的理由的讨论"。"一个毫无理由说出的表达，是没有意义的表达。"〔4〕理由和论证也是相通的，亚里士多德的辩证推理或修辞推理，〔5〕就是通过论证或论辩，运用论据来证明论题真实性的过程，目的是为所获得的结论提供理由。亚里士多德认为，由必然推理向辩证推理发展的原因在于，"并不是所有知识都是可以证明的"，我们并不总能得到其真实性不容怀疑的必然前提，然而，人类对知识的追求又不甘停顿下来。在不能获得必然前提而不能运用必然推理的情况下，从人们普遍接受的意见（前提）出发进行的推理就是辩证推理。"所谓普遍接受的意见，是指那些被一切人或多数人或贤哲们，即被全体或多数或其中最负盛

---

〔1〕　参见［英］尼尔·麦考密克：《法律推理与法律理论》，姜峰译，法律出版社2005年版，第2页。

〔2〕　［英］卡尔·波普尔：《猜想与反驳——科学知识的增长》，傅季重等译，上海译文出版社1986年版，第40-41页。

〔3〕　参见［英］尼尔·麦考密克：《法律推理与法律理论》，姜峰译，法律出版社2005年版，第6页。

〔4〕　L. Jonathan Cohen, *The Piversity of Meaning*, Methune and Co., 1966, p. 55, p. 127.

〔5〕　以下参见苗力田主编：《亚里士多德全集》（第九卷）修辞篇，中国人民大学出版社1994年版。

名的贤哲们所公认的意见。""很明显，推理论证所依据的事物有一些是必然的，但大多数只是经常发生的。推理论证根据的是或然的事物和表证，……或然的事物是指经常会发生之事"。辩证推理的大前提和结论虽然不一定具有必然性，但其在日常生活中运用的范围可能比必然推理更加广泛。辩证推理具有"辩论、讨论"等公开性论证的特点。正是通过运用论据的公开辩论，人们才能证明论题的真实性或结论的真理性。尤其是在前提的真实性并非不容怀疑的情况下，从人们普遍接受的意见（前提）出发进行的推理就更容易引起争议。在这种情况下，通过公开论证或论辩，才能化解争议、以理（由）服人。

2. 法律推理概念辨析

法律推理一词译自英文 legal reasoning。[1]在该词组中，reasoning 一词除有"推理"的意思外，还有"论证，论据"以及"评理，讲道理"[2]的含义。我们考察一下其与相关概念的关系：

（1）法律推理与理性的法律相连。据意大利都灵大学法学家诺伯托·博比奥考察，legal reasoning 这个概念，是从 law of reason（理性的法律）和 legal reason（法律推理、法律理由）这两个概念一步一步地演化而来的。[3]

首先，这两个概念所强调的侧重点有所不同：在前一个概念中，law 是名词，reason 是所有格结构或形容具有"理性的"资格。"理性的法律"要区别的是作为非理性产品的法律。在后一个概念中，reason 是名词，形容词 legal 起着所有格的作用，它要区别的是各种各样的推理，如数学推理、科学推理、政治推理、道德推理，等等。

其次，reason 在这两个概念中所表达的意思有强弱之分：在前一个概念中，reason 用于强式表达，强调"理性的法律"仅仅适用于能够抓住事物本质的理性动物——人，人具有将整体的各个部分（当然包括行为法则）建立起必然联系的能力。在后一个概念中，reason 用于弱式表达，是指推理能力；法律推理是在规则被立法创制出来之后，将规则适用于实际案件。

（2）法律推理与法律论证（legal argument）相通。这两个概念常常在同

---

〔1〕 参见薛波主编：《元照英美法词典》，法律出版社 2003 年版，第 822 页。

〔2〕 李华驹主编：《21 世纪大英汉词典》，中国人民大学出版社 2003 年版，第 1796 页。

〔3〕 See Norberto Bobbio, "Reason in Law", *Ratio Juris*. Vol. 1, No. 2., 1988, pp. 97–108.

一意义上使用。亚里士多德所说的辩证推理，由于其大前提是"人们普遍接受的"的意见，因而具有"辩论、讨论"等公开性论证的特点。

首先，法律推理包含着论证的要素。"论证（辩论）所描述的是形成理由、得出结论以及将它们应用于一种正在思考的情况的活动或过程。……在诉讼活动中，律师公开一种主张，提出预防性的忠告，申述理由、得出结论、适用法律是劝告的中心内容。而法官也从事着论证（辩论）活动。在寻找最好的规则或判决以及在以一种观点表达和保护规则的过程中，法官为自己所采取的立场进行论证（辩论）。"[1]因此，麦考密克《法律推理与法律理论》一书序言说，他这部书"试图描述和解释在判决的正当理由上发展起来的法律论证的要素。"[2]他认为，法律论证实际上是说服人，而说服的功能主要是靠提出正当理由。因为，论证具有运用论据进行辩论、讨论的特点。实际上，法律推理比其他推理活动更需要通过辩论、证明或论证，以达到弄清事实真相、做出公正判决的目的，并发挥以理服人的教育作用。

其次，在法治国家，法院在争端解决中的作用，主要在于它是一个供人们"讲理"的场所或中立机关。伯顿说："法律推理的首要特征是，它被用于预知或解决高级社会的大量纠纷的过程。""法律和法律推理能使法官得到终局性的、和平的和可证明为正当的纠纷解决结果。"[3]作为现代司法文明的集中体现，法律推理是由控辩审三方平等参与的法庭论证或辩论活动。辩论的平等性表现为，"在进行裁判的法庭上，任何凭借强力和实力并以此对裁判施加影响与干预的情形都不能允许。利用言辞和施展口才而展开的辩论是唯一的武器"[4]因此，法治国家的法庭应当是一个论证判决理由的"论坛"（forum）。它在性质上与学术论坛并无本质区别，法官、检察官和律师像学术论坛的参加人一样具有完全平等的地位，只能通过"讲理"的方式来说服人，这与"包公"时代审判官员居高临下、动辄"大刑伺候"那种"不讲理"的审判方式有天壤之别。"在公开的法庭上，无论当事者各自有什么样的社会属

---

[1]　Kent Sinclair, "Legal Reasoning: in Search of an Adequate Theory of Argument", *California Law Review*, Vol. 59, No. 3., 1971, pp. 821~858.

[2]　Neil MacCormick, *Legal Reasoning and Legal Theory*, Oxford University Press, 1978, Preface.

[3]　[美] 史蒂文·J. 伯顿：《法律和法律推理导论》，张志铭、解兴权译，中国政法大学出版社 1998 年版，第 8 页，第 10 页。

[4]　[日] 松浦好治：《裁判过程与法的推理》，转引自 [日] 井上茂等：《法哲学》，李道军译，育林书院 1982 年版，第 167 页。

性，他们都被视为具有对等的、独立的人格，不受任何非合理力量的支配。在这种理性支配的场合，说明义务被高度地规范化，任何强词夺理以各种借口逃避说明的行为都不能被允许，完全有可能在理想状态下展开自由而理性的对论。"[1]在对论过程中，控辩审三方的推理形成一种互动关系，判决结果则产生于这种相互作用的合力。正是通过平等辩论，才使案件事实真相越来越清楚、法律解释越来越一致、判决理由越来越凸显。

（3）法律推理与司法推理同体。"司法推理"（judicial reasoning），是法律推理的另一种表述。有学者认为，英美法系基于普通法传统的审判制度要求法官对判决写出详细的书面判决理由，所以被认为是进行详细司法推理的法律制度；而欧洲大陆法系的法院不用对判决写出详细的书面判决理由，所以被认为是不作详细的推理，或者只是作一些简洁风格的司法推理。[2]

从实践上看，法律推理作为一种审判制度，发端并发展于司法领域。如第一章所述，法律推理起初只是一种非制度化的审判方法或逻辑方法，法律推理的审判制度萌芽于中世纪封建国家的诉讼程序，形成于专制国家的纠问程序，确立或成熟于现代国家当事人主义的交叉询问程序。从发展阶段看，法律推理的理论与制度实践虽然经历了形式主义、实践理性和目的型等多种形式，但万变不离其宗，本质上都是审判制度变迁的体现。

关于法律推理与司法推理的关系，本书第一版从"广义法律推理说"出发，主张"法律推理是一个普遍概念，它包括立法推理、执法推理、司法推理等推理性思维活动。"[3]这种理解，显然只偏重法律推理的方法特性，忽视了其作为审判制度的实践特性。然而，在法律推理研究的发源地英国，学者们一般认为，法律推理就是指司法推理，即法庭裁决（decision-making in the court）过程。顾名思义，法律推理就是以"法律"（规则）为大前提的推理。立法推理显然不是以法律（规则）为大前提，而是以道德价值为大前提，因

---

〔1〕 ［日］棚濑孝雄：《纠纷的解决与审判制度》，王亚新译，中国政法大学出版社 1994 年版，第 127—128 页。

〔2〕 See Moshe Bar Niv, Zvi Safra, "The Undesirability of Detailed Judicial Reasoning", *European Journal of Law and Economics*, Vol. 7, 1999, pp. 161-175.

〔3〕 张保生：《法律推理的理论与方法》，中国政法大学出版社 2000 年版，第 70 页。

而可称为道德推理。〔1〕这种源于法律实证主义的理解，对于维护法治具有重要意义。瑞典法学家瓦尔格伦则进一步把法律推理描述为从案件情境（situation）开始，到最后作出司法裁决（decision）的审判过程。〔2〕

当然，如果"从形式主义向目的性或政策导向的法律推理的转变，从关注形式公正向关心程序或实质公正转变"〔3〕的观点来看，目的法学主张司法推理也越来越不再使用明确的规则，而更多地诉诸模糊标准了。"政策导向的法律推理迫使人们在不同的价值观之间做出公开的选择"。〔4〕就是说，如果把推理大前提是法律还是价值作为区分法律推理和道德推理的标志，这个标志也开始变得模糊起来了。

3. 法律理由与正当理由

"理由是法律的灵魂，法存在的理由变了，法律也就变了"〔5〕。要理解法律推理概念，关键是要把握法律理由和正当理由这对范畴。

（1）法律理由（legal reasons）。法律推理首先是"在法律论证中运用法律理由的过程"〔6〕。运用法律理由包括两个任务：其一是运用规则，也就是沈宗灵教授说的"法律适用过程"〔7〕。法律理由直接来源于规则，实体法规则、程序法规则和证据法规则共同构成了法庭事实认定和法律适用的理由。其二是将大小前提结合在一起，即"法律理由由事实和法律标准所构成"〔8〕，旨在发现适合于案件事实真相的特殊法律理由。

---

〔1〕　英国肯特大学法学院斯蒂芬·毕德格（Stephen Pethick）博士认为，这种观点在英国法学界具有代表性。

〔2〕　参见本书第六章：法律推理的过程。

〔3〕　[美] 昂格尔：《现代社会中的法律》，吴玉章、周汉华译，中国政法大学出版社 1994 年版，第 181 页。

〔4〕　[美] 昂格尔：《现代社会中的法律》，吴玉章、周汉华译，中国政法大学出版社 1994 年版，第 181-183 页。

〔5〕　《英汉法律词典》，法律出版社 1985 年版，第 690 页（Reason is the soul of law; the reason of law being changed the law is also changed）。

〔6〕　[美] 史蒂文·J. 伯顿：《法律和法律推理导论》，张志铭、解兴权译，中国政法大学出版社 1998 年版，第 110 页。

〔7〕　"法律推理在法律适用过程中是一个必不可少的组成部分，没有法律推理，就没有法律适用。"沈宗灵主编：《法理学研究》，上海人民出版社 1990 年版，第 339 页。

〔8〕　[美] 史蒂文·J. 伯顿：《法律和法律推理导论》，张志铭、解兴权译，中国政法大学出版社 1998 年版，第 96 页。

从历史上看，审判活动由原来依据抽象的原则（如苏格拉底审判[1]），发展到直接依据明确的规则，这是一个巨大的历史进步。它奠定了法治的基础，增强了审判的确定性。因为，"规则是盲目的，不受个人感情的影响；它们能够促进平等待遇，减少偏见和武断的可能性。规则总是和公正联系在一起的，……一旦有了规则，处境相似的人就更可能受到同等的对待。"[2]如本书第一章所述，在这种形式正义理想中，法律逻辑学上的形式推理一旦在法哲学意义上绝对化，就演变为一种形式主义法律推理观。

（2）正当理由（justification）。按照伯顿的观点，"规则和判例确立合法行为的标准"，因而构成法律理由；"原则和政策没有建立法律的类别，确定法律的后果。但它们为规则提供了正当理由，也为把案件归于规则所定的法律类别中的法律理由提供了正当理由。"[3]

在司法实践中，一致地适用规则虽然具有重要的法治意义，但规则的精确性却又成为一种局限，使疑难案件的法律适用不得不常常援引原则来进行解释并指导选择。就是说，判决虽然需要法律理由来彰显合法性，但判决的正当性最终存在于由原则所构成的正当理由之中。所以，麦考密克说，法律推理要研究"在判决的正当理由上发展起来的法律论证的要素"[4]。按照他的观点，规则真正的有效性在于至少不能与更加基本的法律原则相冲突，规则作为"法律"的资格并不依赖于其由权威机关制定颁布，而在于由民众根据正义、利益和人权等原则所作出的"可接受性""公认性"的判断。[5]这

---

〔1〕 公元前399年春，70岁的苏格拉底被人控告不敬神灵和蛊惑青年，最后被判处死刑。当苏氏陷入图圄时，好友克力同前来营救，但被一生实践德性的苏格拉底断然拒绝了。苏氏拒绝出逃的理由是：公民是国家所生，所养，所教，国家即使对公民有不公正之处，个人也要忍受，不能随便反抗。黑格尔说，这一事件的悲剧性在于两种公正的冲突，两种伦理原理的冲突。因为雅典法律代表公共宗教与城邦利益，而苏格拉底则代表了个人伦理和自由的实践。冲突的结局是，以言论自由和民主著称的雅典杀死了实践这一自由的伟大哲学家。参见谢鸿飞：《公民与法律：苏格拉底》，载中国民商法律网：http://old.civillaw.com.cn/article/default.asp? id = 18141&security_ verify_ data = 3830302c363030，最后访问日期：2023 年6 月5 日。

〔2〕 ［美］凯斯．R. 孙斯坦：《法律推理与政治冲突》，金朝武等译，法律出版社2004 年版，第135 页。

〔3〕 ［美］史蒂文·J. 伯顿：《法律和法律推理导论》，张志铭、解兴权译，中国政法大学出版社1998 年版，第116-117 页。

〔4〕 See Neil MacCormick, *Legal Reasoning and Legal Theory*, Oxford University Press, 1978, Preface.

〔5〕 See Neil MacCormick, *Legal Reasoning and Legal Theory*, Oxford University Press, with corrections 1994, Preface, p. 62.

表明，原则等目的性标准构成了法律推理的正当理由。

4. 法律解释是法律推理的一个环节

我国法学界在法律推理与法律解释关系问题上的争论，在很大程度上是由于缺乏概念共识而造成的。例如，对王晨光教授将法律推理"泛化"的批评，[1]就是在法律逻辑学层面来抨击法理学层面的法律推理制度实践。又如，对沈宗灵教授关于实质推理的批评，[2]并未在"论证"和"理由"的法理学领域进行讨论，而是在必然推理或证明推理的逻辑学领域发表议论，这便使所谓的学术争论变成一种"红缨枪打飞机"的"伪争论"。由于不能区分逻辑学和法理学两种语境中的法律推理，必然会对法律推理和法律解释的关系产生误解，例如说："从广义的角度讲，法律发现、法律推理、法律论证都属于法律解释的范畴。"[3]在这个本末倒置的命题里所言的"法律推理"，显然是逻辑学意义上的推理方法，而非法理学意义上的审判制度。

伯顿说："从特征上讲，法律规则需要解释，解释是法律推理的重要组成部分。"[4]棚濑孝雄说："法官在作出判决过程中应该不断地通过解释在结论的衡平性与法律适用的严肃性之间进行反馈，尽可能地获得符合实际并对双方当事者都有说服力的解决已成为一般认识"。[5]这些观点与瓦尔格伦的分析框架是一致的：法律推理从案件情境开始，历经证成、法律检索、法律解释

---

〔1〕　参见陈金钊：《司法过程中的法律方法论》，载《法制与社会发展》2002年第4期。该文批评了王晨光教授的下述观点："法律推理这一概念来自西方国家，它也被称为法律论述、法律论证或司法论证。""法律推理的概念要比法律解释的概念广。这主要是因为：（1）法律推理包括解决法律争议或案件纠纷的整个过程。（2）法律推理包括除法律规范外的诸多其他因素，而法律解释则仅涉及法律规范的因素。"（王晨光：《法律推理》，清华大学当代中国研究中心、中国人民大学法律社会学研究中心印，第13页，第41页。）

〔2〕　参见陈金钊：《司法过程中的法律方法论》，载《法制与社会发展》2002年第4期。该文批评说，还有学者把法律推理与法律解释、漏洞补充放到一起进行研究，把法律推理分为形式推理与实质推理，似乎法律推理可以取代其他的法律方法，如我国著名的法理学教授沈宗灵先生认为实质推理有五种情况。这种用实质推理把法律解释、法律论证、价值衡量等法律方法"一网打尽"的概括方式虽然不无道理，但不利于法律方法的深入研究。该文称，法律解释、法律论证、价值衡量以及漏洞补充，其实只是对法律推理大前提的确认，这里面虽不乏推理的运用，但很难称为法律推理。关于沈宗灵先生实质推理五种情况的论述，参见沈宗灵：《法理学研究》，上海人民出版社1990年版，第346—347页。

〔3〕　陈金钊：《司法过程中的法律方法论》，载《法制与社会发展》2002年第4期。

〔4〕　[美]史蒂文·J.伯顿：《法律和法律推理导论》，张志铭、解兴权译，中国政法大学出版社1998年版，第16-17页。

〔5〕　[日]棚濑孝雄：《纠纷的解决与审判制度》，王亚新译，中国政法大学出版社1994年版，第131页。

等阶段，最后以裁决告终。[1]案件可分为简单和疑难两类：简单案件是法律规定明确、案件事实清楚且二者之间的一致与差别比较容易判定的案件。简单案件的法律推理，是按照"法律规则＋事实真相＝判决结论"的三段论方式进行的，一般无需对规则进行解释便可"对号入座"。三段论推理是公正司法的思维工具，起着维护法治的"过滤器"作用。法治原则要求法官在规则明确时必须用演绎推理方法判案，且不同法官对同一案件的审判应该一致。如果法官将简单案件故意复杂化，在无需法律解释时却故弄玄虚地非要进行解释，在应该运用演绎推理时却偏偏弃之不用或者违反推理规则，那大概就表明他要徇私枉法了！法学家不能"歧视"简单案件，司法实践中的大多数案件是简单案件。如是说，法律解释不仅是法律推理的一个环节，而且，可能还是一个可有可无的环节。就是说，简单案件的法律推理常常可以"绕过"这个环节。

当然，司法实践中确实有很多疑难案件，因为法律规则具有一般性，它不可能对每一特殊案件都作出直接描述。而且，法理学应当主要研究疑难案件中的法律推理，即涉及价值和伦理问题的实质推理需要用原则来解释规则，因此包含解释问题。疑难案件大致有以下三种情况：

其一，当根据所查明的案件事实真相进行法律检索得出的规则是"复数"时，法官和律师就面临一个选择，要决定选择哪个规则作为法律推理的大前提。在这种情况下，要通过法律解释，将案件事实真相与法律规则的直接联系描述出来；然后，才能将解释明确的法律规则作为大前提。

其二，法律检索出的规则即便只有一个，有时候似乎也需要法律解释。这可能有两种情况：一种如哈特所说："法规的一些用语会具有两可的意义，对判例的含义'究竟是'什么也会有对立的解释，法官将不得不在其间做出选择。"[2]这是因为具有"开放结构"的语言在边界上不确定，由此会产生一些争议。[3]在理解过程中，语言的多义性或歧义性会使理解具有很多可能性。"在这种情况下，法官必须借助辩证逻辑，从概念内容和形式的对立统一、灵活性和确定性的统一来确定它们所反映的或应该反映的现实内容，以

---

〔1〕 See P. Wahlgren, "Automation of Legal Reasoning: A Study on Artificial Intelligence and Law", *Compuer Law*, Kluwer Law and Taxation Publishers, Series 11, 1992.

〔2〕 ［英］哈特：《法律的概念》，张文显等译，中国大百科全书出版社1995年版，第13页。

〔3〕 ［英］哈特：《法律的概念》，张文显等译，中国大百科全书出版社1995年版，第127页。

做到正确地理解和适用法律规范。"[1]另一种情况，如德沃金以埃尔默案为例所说的，法庭对抗双方可能对清楚的制定法文本有迥然不同的解释。格雷法官对《遗嘱法》逐字逐句进行严格解释，以"法无明文规定不处罚"原则为依据来思考法律规定是什么，认为该法律文本并未将谋杀排除在遗产继承权之外。厄尔法官则用目的解释来说明，设想立法者制定该法时会有允许谋杀者继承遗产的意图是荒唐的。因为任何法律都遵循"任何人不得从其错误行为中获得利益"的普通法原则，所以应该将其解释为否定谋杀者有权继承遗产。[2]这说明，法律解释是建构性的，解释法律不是为澄清其字面意义，而是为裁决寻找隐藏在法律规则中的正当理由。这是一个对法律规范体系进行反思，并结合了立法目的和价值的"想象性重构"[3]过程。但是，麦考密克指出："我不同意罗纳德·德沃金将法律自身视为一个'解释性概念'的说法，我仍然主张解释问题只不过是法律家们进行实际推理的一个因素"[4]。我们稍后再详细考察麦考密克的这个观点。

其三，孙斯坦还谈到一种"在规则和无规则（rulelessness）之间进行选择"的情况。规则皆有例外，"在每个案件中，法官都面临着一个问题：规则是否得到了最好的解释，是否能够适用到手头的案件中"。比如，一个人驾车超速是为了将患心脏病的朋友早点送到医院，一个警察牵狗进入餐馆是为了检查炸弹。这些例外规则虽无规定，法官却并非束手无策，因为"一项致力于实现法治的制度都允许采用决疑式的、特定的推理形式，其中大部分法律内容都是在适用的过程中确定的"。[5]

以上三种情况说明，法律解释本质上是以正当理由来解释法律理由的过程，是获得法律推理大前提的一种手段，因而是法律推理的一个环节。

问题的复杂性在于，法律解释并不完全是被动的，而是一个创造性的建构过程。波斯纳主张从解读沟通的角度来把握法律解释，解释是向前看的，

[1] 张文显：《二十世纪西方法哲学思潮研究》，法律出版社1996年版，第17页。
[2] 参见［美］德沃金：《法律帝国》，李常青译，中国大百科全书出版社1996年版，第14-19页。
[3] ［美］波斯纳：《法理学问题》，苏力译，中国政法大学出版社1994年版，第136页。
[4] ［英］尼尔·麦考密克：《法律推理与法律理论》，姜峰译，法律出版社2005年版，前言第8页。
[5] ［美］凯斯·R·孙斯坦：《法律推理与政治冲突》，金朝武等译，法律出版社2004年版，第11页，第149页，第24页，第230页。

具有形成政策的功能，是创造性的而不是机械的。解释者"不能只研究平意，他们必须努力懂得立法者所想解决的问题"〔1〕。确实，立法者的预见总有一定历史局限性，今天的法官如果不能根据法律颁布后社会实践的发展来创造性地解释法律条文，而只追求忠实原意，就可能走向反面。因此，沈宗灵和张文显教授认为，应该"从制定某一法律的目的来解释法律。这里讲的目的不仅是指原先制定该法律的目的，也可以指探求该法律在当前的需要，也就是说，原先的目的已不符合当前需要，因而通过法律解释使其符合。"〔2〕在这个意义上，法律解释就与实质推理一样具有了辩证推理的特征。他们正是在这个意义上指出："判例与法律推理都在对法律进行解释"〔3〕。这说明，法律推理与法律解释之间除了具有整体和部分的关系之外，还有交叉和渗透的关系，但无论如何，也不能本末倒置地把法律推理倒挂为法律解释的一个环节。

法律解释方法中的论理解释，是为了澄清法律规则实质内容的含糊性，"这种解释已不是文字解释而是实质内容或价值观的解释，已属于实质推理的范围。"〔4〕用实质推理方法作法律解释，如佩雷尔曼"新修辞学"实践推理理论所主张的那样，可以使法律规定的实质内容以一定价值观的形式凸显出"合理的""可接受的""社会上有效的公平的"特点。例如，法官通过对"禁止车辆入内"规则中"车辆"一词不断作出新的解释，一次次都超出了"车辆"的范围，表明法官不能以法条字面意义来判决，而必须面对价值问题，即法律到底要保护什么价值，此价值与彼价值有何冲突，哪个价值更为重要，等等。〔5〕这些法律解释活动，都是在为法律推理澄清法律规则、为法律决定寻找正当理由。因此，从法律解释到规则适用的循环，虽然有时似乎使人分不清哪个环节是法律解释、哪个环节是法律推理，但这个循环就某一案件的法律推理过程而言只是一个"微循环"，它仍然是法律推理过程的一个环节。

厘清法律推理与法律解释的关系具有重要的法治意义。我国法学界关于

---

〔1〕 ［美］波斯纳：《法理学问题》，苏力译，中国政法大学出版社 1994 年版，第 345 页。

〔2〕 沈宗灵主编：《法理学》，高等教育出版社 1994 年版，第 426-427 页。

〔3〕 沈宗灵主编：《法理学》，高等教育出版社 1994 年版，第 421 页。

〔4〕 沈宗灵主编：《法理学研究》，上海人民出版社 1990 年版，第 346-347 页。

〔5〕 沈宗灵：《现代西方法理学》，北京大学出版社 1992 年版，第 443-446 页。

法学方法论的讨论，有一种偏爱法律解释而忽视法律推理的倾向，譬如，把"法律解释作为法学方法论的核心内容"[1]云云。然而，法学方法论的核心内容应该是法律推理，而非法律解释。一个残酷的事实是，在人治司法制度下，高度能动的法律解释曾经服务于维护人治的目的，并充当过为专断审判辩护的工具。这就让我们思考一个问题，法律解释规则即作为各种解释方法之适用的排序关系往往为学理解释，而非为审判制度所承认的程序规则，那么，用什么才能约束法律解释这种能动的法律思维活动，而使其服务于维护法治的目的？答案显然是：用法律推理制度来约束法律解释，将其纳入法律推理的轨道。

我们前面提到，麦考密克不同意德沃金将法律自身视为一个"解释性概念"，他主张解释问题只不过是实际法律推理的一个因素。这要从德沃金对哈特的批评谈起。哈特把一个法律制度看作由一系列相互关联的基本规则和次级规则组成，基本规则调整一个社会中人们的义务；次级规则包括"承认规则""改变规则"和"裁判规则"，授予个体或者公共组织以权力，因而将全部规则整合为一个完整的法律制度。特别是其中的承认规则，作为一种共享的社会标准，起着甄别何为实际有效的法律制度的规则的作用，它的存在使得它所辨识出的那些规则对所有社会成员都具有效力。对于哈特的上述观点，德沃金认为是根本站不住脚的，因为它必然会误解判决的做出过程：一是它没有为原则在司法活动中的运用留下必要的余地；二是在哈特在核心地带之外的模糊的边缘和开放领域，规则无法提供确定无疑的指导，法官只能通过"准立法"作出他们认为最佳的判决论述，但德沃金认为，实际情况是，法官自由裁量权是有限的。

麦考密克在部分肯定德沃金观点的同时，也提出了如下反驳：[2]第一，哈特的论述尽管不够系统，却是正确的。试问：我们可以抛开承认规则行事吗？回答是"不行"。在解释问题上，规则与原则会产生冲突，但这不一定导致规则无效。原则实为更具一般性的规则，是规则的"合理化"表达。我们之所以知道这类一般性的规则，是因为我们有"承认标准"等依据来发现它

---

〔1〕 车浩：《法教义学与体系解释》，载《中国法律评论》2022 年第 4 期。

〔2〕 参见［英］尼尔·麦考密克：《法律推理与法律理论》，姜峰译，法律出版社 2005 年版，第 221-235 页。

们。如果我们根本无法知道哪些规则是法律规则，那就不如在需要时临时制法了。法官在履行职责时必然会适用某种检验方法，对"法律"规则和"非法律"甚至"自称的法律"进行甄别。这些检验标准或承认标准是一个国家在效力上递减的四条承认规则：①宪法；②立法机关制定的与宪法不相冲突的法律；③与宪法和法律不相冲突的委托立法；④上诉法院创立的与前三者都不相冲突的先例。第二，规则之所以是法律规则，完全是由于它们的"出身"使然；而某些原则之所以是法律原则，是因它们的功能可以使那些规则合理化。然而，对原则的考虑并不是法律制度的首要因素。是什么赋予一项原则以法律性质？那是因为它对法律规则具有实际和潜在的解释和证明功能。法律原则可以同时是政治原则和道德原则，在这个问题上，德沃金对实证主义过于看重单一法律标准和法律规则的批评是中肯的。但是，法律实证主义坚持将对一个法律制度的描述与根据该描述所做的价值评价区分开，这是正确的。因此，推崇原则并不能否定"承认规则"对法律规则之所以成为规则所起的作用。法律既有静态规范又有动态形式，无论承认标准的差异有多大，法官必须在法律规则的适用上保持高度一致，否则将不会有什么法律制度，而只有混乱无序。

法律推理以法律规则为大前提，以为司法结论提供法律理由和正当理由为目的，这维护了法律规则适用的一致性，因而是通向法治之路。法律解释可以弥补静态规范的局限性，发挥补充、完善法律的积极作用，但如果不将法律解释纳入法律推理的轨道，甚至认为法律解释可以代替法律推理，它也可能成为"脱缰的野马"，起到为人治和专断裁判辩护的消极作用。因此，从法学方法论的角度说，法律解释研究应当"超越"思维范畴，引入实践理性，拴上法律推理的"缰绳"，避免陷入语义学甚至"中国诠释学"的死胡同。从促进司法公正的实践意义上说，要提高法官、检察官和律师的法治意识，主要不在于精通法律解释技术，关键在于掌握法律推理的理念和方法。

（二）法律推理活动分析

对法律推理只做概念或语义分析是不够的，因为它不是一个"死"的概念，而是一种"活"的活动。从活动角度来考察，法律推理具有思维与实践、理性与经验相统一的特点。

1. 法律推理活动的实践性

本书第一章曾提到，麦考密克在批评极端理性主义时，提出了"法律推理是理性与实践的结合"〔1〕的思想。法律推理实践无疑是先于法律推理理论或学说而存在的。律师和法官们每天都在从事法律推理实践活动，而关于它的学说不过是对这些实践活动所作的正确或错误的理论概括而已。

我们从经验与知识的关系来分析一下这个问题。培根的名言"知识就是力量"，〔2〕开启了欧洲近代哲学之门。笛卡尔的"我思故我在"，〔3〕则为知识寻找到"天赋观念"这个不证自明的原因，再借此来演绎万事万物的原理。然而，洛克却认为，人心中并没有所谓天赋原则，"我们的一切知识都是建立在经验上的，而且是导源于经验的"。〔4〕然而，经验又从何而来？

休谟说："如果有人问：我们对于事实所作的一切推论的本性是什么？适当的答复似乎是：这些推论是建立在因果关系上。如果再问：我们关于因果关系的一切理论和结论的基础是什么？就可以用一句话来回答：'经验'。但是如果我们再进一步追根到底地问：由经验得来的一切结论的基础是什么？这就包含了一个新问题，这个问题将更难于解决和解释。我说：纵使我们经验了因果的作用之后，我们从那种经验中得到的结论，也不是建立在推论或任何理解过程上的。这样的答复，我们必须努力加以说明和辩护。"〔5〕那么，由经验推论所得出的结论到底建立在什么基础上呢？这个基础显然是证据。因此他认为，一个人会相信一件不在眼前的事实，是因为有诸如接到他朋友的信这样的理由或事实，来证明他的朋友在乡下或在法国。〔6〕这里，一个事实的证明需要借助其他事实作为理由，就是运用证据进行证明。这否定了唯理论关于一切知识都依赖于理性推理而忽视经验证据的观点。

康德认同休谟向理性提出的质问，他从纯粹理性能力的批判入手，认为

---

〔1〕　See Neil MacCormick, *Legal Reasoning and Legal Theory*, Oxford University Press, with corrections 1994，p. xv–xvi.

〔2〕　参见全增嘏主编：《西方哲学史》（上册），上海人民出版社 2000 年版，第 452 页。

〔3〕　转引自贾克防：《笛卡尔论分析方法与"我思故我在"》，载《世界哲学》2014 年第 3 期。

〔4〕　［英］洛克：《人类理解论》（上册），关文运译，商务印书馆 2017 年版，第 74 页。

〔5〕　［英］休谟：《人类理智研究》，载北京大学哲学系外国哲学史教研室编译：《西方哲学原著选读》（上卷），商务印书馆 1981 年版，第 523 页。

〔6〕　参见［英］休谟：《人类理智研究》，载北京大学哲学系外国哲学史教研室编译：《西方哲学原著选读》（上卷），商务印书馆 1981 年版，第 520 页。

"我们的时代要求理性必须对自己进行批判"，这种批判，"是从理性可以不靠任何经验独立取得的一切知识着眼，对一般理性能力进行的批判"。[1]一般理性的纯粹能力包括感性直观、知性和自由的能力。传统哲学如洛克的"白板论"认为直观必须遵照对象的性状，却未回答客体何以将感觉经验"印"在心灵白板上的问题。康德则把"直观必须遵照对象的性状"颠倒过来，认为"对象（作为感官的客体）必须遵照我们的直观能力的性状"，人是通过自身先天的感性直观能力从客体获取感性表象，并将这些经过知性能力整理的表象原理化。

休谟和康德关注的是知识的原因，认为"经验"证据是知识的起点或思维的质料。波斯纳认为，人们从因果关系的经验中所得到的结论，是建立在实践理性基础上的。实践理性有三种用法：[2]一是将它理解为决定干什么的方法，即"选择和达到目标的便利手段"，按照这种用法，法官是一个"行为者"；二是指"大量依据所研究或努力的特殊领域内的传统来获得结论"，按照这种用法，法官是一个思想者；三是既肯定司法推理是一种"沉思性活动"，又强调法官"必须同时行为并提出如此行为的理由"，按照这种用法，法官既是思想者又是行为者。波斯纳欣赏和使用的是第三种用法。正因为法官"边实践、边思考"，从而使其从事的法律推理活动具有理性与经验、认识与实践相统一的特点。

法律推理的实践性不仅表现在过程上，而且表现在功能和结果上。它所具有的决策性思维特点，使其与管理决策活动相似。管理具有组织之活动，目标，资源间之关系，借他助以达目标，决策的特征。[3]"任何实践活动中都存在着管理问题，都需要对实践的要素（主体、手段和对象）进行计划、组织协调、控制。"[4]管理决策横贯所有实践活动之中。同样，法律推理横贯审判活动之中，体现了"政府的社会控制"[5]职能，发挥着对社会资源按正义、

---

〔1〕 ［德］康德：《纯粹理性批判》，第一版序，载北京大学哲学系外国哲学史教研室编译：《西方哲学原著选读》（下卷），商务印书馆 1982 年版，第 237-239 页。

〔2〕 参见 ［美］波斯纳：《法理学问题》，苏力译，中国政法大学出版社 1994 年版，第 91-93 页。

〔3〕 参见 David I. Cleland，William R. King：《系统化的管理》，陈择贤译，中兴管理顾问公司 1979 年版，第 4 页。

〔4〕 肖明、张保生、陈新夏：《管理哲学纲要》，红旗出版社 1987 年版，第 64 页。

〔5〕 ［美］布莱克：《法律的运作行为》，唐越、苏力译，中国政法大学出版社 1994 年版，第 2 页。

利益和人权等目的标准进行重新分配的作用，因而具有了"直接现实性"〔1〕的品格。

2. 法律推理活动的理性特征

从活动角度分析，法律推理的本质主要体现在其理性特征。如果说方法属于法律推理的形式方面，那么，理性则是法律推理实质方面的规定性。人是理性动物，人类社会需要理性的秩序。例如，我与某人有约，就应该遵守这个约定。在这里，"我应该"，是秩序建立的理性基础。人与人之间的这种理性信用关系，是契约精神或合同关系的雏形。

当然，法律的理性特征主要不是表现为个人理性，而是集中体现为社会理性。因此它与"民意"有密切关系。法律要体现的是超越个人利益的整体"民意"或"民族精神"。这种民意亦是天意，故它高于全部个别理性。拉德布鲁赫说："根据生机活动论的观点——有机体不是通过原子粒子力的共同作用，而是通过整体的'生命力'的构造而生存发展——法律也不是产生于个体的个别理性，而是产生于以习惯法形式所体现的，存在于个人或者超越于个人之上的'民族精神'之中。"〔2〕

与形式推理和实质推理的二分法相对应，法律推理的理性也可分为形式方面和实质方面。哈里斯抛开其形式方面，考察了使法律决定具有正当理由的实质理性（substantive reason）问题。他将意图、自然意义、原理和实用称为合理性（rationality）的四种模型。意图是指在拟定规则时，某些机构在立法过程中或某些个别法官在头脑中实际真正提及的那些情况。自然意义是指，一个词在一个规则中具有自然意义的事实，是证明合乎理性的那些案件。原理包括规则、原则、政策、分类等可以证明一个决定合乎理性的东西。实用所包括的情况是，可感知的决定结果是确定的。〔3〕哈里斯关于合理性的这四种模型虽然把法律推理与具有正当理由的其他推理形式区别开了，但他却没有建立起一个综合体系。德沃金则在《法律帝国》中提出了一种整体性法律

---

〔1〕　列宁说："实践高于（理论的）认识，因为它不但有普遍性的品格，而且还有直接现实性的品格。"这是对黑格尔《逻辑学》中一个著名思想的提炼。参见［俄］列宁：《哲学笔记》，中共中央马克思 恩格斯 列宁 斯大林编译局译，人民出版社1974年版，第230页。

〔2〕　［德］拉德布鲁赫：《法学导论》，米健译，法律出版社2012年版，第32页。

〔3〕　See J. W. Harris, *Legal Philosophies*, London Butterworth & Co （Publishers） Ltd, 1980, pp. 199-201.

理论，他认为，法律存在于对我们整个法律实践的最佳运用之中，存在于对这些法律实践做出尽可能最妥善的阐释之中，"法律推理是建设性阐释的一种运用"。[1]

麦考密克在论述大多数案件中运用演绎推理的局限性时提出，当运用演绎推理来证明判决具有正当理由为不可能时，将按照正规审判的要求形成限制，以及按照一致性的要求实现限制。在这些限制中，推理是结果论的；无论意愿如何，只要它是由法律原则新创立或类比推理产生的法律规则，它们就都在没有现成法律规则的情况下成为法律所允许的结果。一致性意味着，一个规则不能和制度中的其他规则相悖，否则便是不能接受的。[2]哈里斯说："一致概念根源于法律的理性目的，而不能把它视为只有诉讼程序才具有的特性。"[3]例如，民法处理邻里关系的原则，使你可以理性地预见自己的职责，即你的不关心或不履行法律责任的行为可能会伤害自己的邻居。

法律推理之理性特征，向强调其权威性而坚持法官是唯一推理主体的学说提出了挑战。有学者运用弗里德曼的"权威论证观"，论证法律推理"是特定法律工作者的权威性证成方法"，因而认为"负有推论责任的特定法律工作者（尤其是法官）是司法判决活动中的主体，只有他们作出的推理才是权威性的。"[4]然而，在理性的法庭上，控辩双方的推理和法官的推理究竟何者具有权威性，并非以身份来划定，而是以其是否具有正当理由即合乎理性而决定。实际上，弗里德曼的"权威论证观"，不仅主要是指英美上诉法院的法律论证的权威性；而且这种权威性在法治社会恰恰是法律推理之理性本质的派生物。所以他认为，在复杂的法律制度中，理性的法律论证是把法律行为与更高权威联系起来的最强有力、最重要的方法。"它的目的是把法官的结论和判决与某些更高原则或具有首要合法性的某机构或制度联系起来。……不管他们做什么，都需要某种联系措施。带有理由的意见提供一个这样的联系。"[5]

---

〔1〕 ［美］德沃金：《法律帝国》，李常青译，中国大百科全书出版社1996年版，第 I 页。

〔2〕 See Neil MacCormick, *Legal Reasoning and Legal Theory*, Oxford University Press, with corrections 1994, p. 106.

〔3〕 See J. W. Harris, *Legal Philosophies*, London Butterworth & Co (Publishers) Ltd, 1980, p. 201.

〔4〕 解兴权：《论法律推理》，中国社会科学院大学1998年博士学位论文。

〔5〕 ［美］弗里德曼：《法律制度》，李琼英、林欣译，中国政法大学出版社1994年版，第274—276页。

在法律推理问题上，职权主义与当事人主义是两种主张，前者强调权威性（权威机关）决定的合法性，主张法官在审判过程中的唯一主体性；后者则强调理性（理由论证）决定的权威性，重视当事人的主体性。即使像棚濑孝雄这样介于职权主义和当事人主义之间的法学家，也主张法院应该放下权威主义的架子，亲近群众，以便人们更积极地以诉讼方式实现自己的权利。他把当事人主体性与现实诉讼程序结合起来，提出了促进对论或辩论、使诉讼程序更符合个人朴素正义感的建设性设想。就程序参加者的关系而言，这种思路把审判重心从当事人和法官之间纵向沟通的相互作用方面，转移到当事人之间横向的相互作用方面。[1]

（三）法律推理方法分析

如前所述，波斯纳通过怀疑法律推理在方法上能与其他推理活动区别开来，即怀疑其方法的独特性而对"法律推理的自主性"表示了怀疑。按照他的理解，在疑难案件中，"尽管其中有些可能通过逻辑、科学或实践理性来解决，却还留下相当一些案件无法使用逻辑和科学，并且实践理性的常常并不非常强有力的锋刃也会崩口。更甚的是，解决疑难案件所必需的实践理性方法也许不是严格意义上的法律的推理方法。"[2]就是说，法律推理由于使用了"别人的"推理方法，而使"自己的"自主性受到挑战。

波斯纳对法律推理方法独特性的苛求，如果是从应该重视方法论的意义上提出的问题，那是极有价值的。因为长期以来，对法律推理的研究远远落后于法律推理实践的发展。在此，我们不想过多追究波斯纳提出方法问题到底出于何种动机，而是想沿着他提出问题的思路，考察一下法律推理活动的自主性与方法独特性之间是否有必然联系。

当然，从理论上说，如果一种实践或认识活动有自己独特的方法体系，无疑可为其自主性提供最好的证明。然而现实中严酷的事实是：并非任何独立的实践或认识活动都拥有自己独特的方法。而且，随着活动形式愈趋复杂，其活动方法愈显庞杂的情况是非常普遍的。一种单纯的游戏可能有一种独特方法，比如，下围棋或下象棋的方法。一门单纯的学科也可能有一种独特方

---

〔1〕　参见季卫东：《当事人在法院内外的地位和作用》，〔日〕棚濑孝雄：《纠纷的解决与审判制度》代译序，王亚新译，中国政法大学出版社1994年版，第8-9页。

〔2〕　〔美〕波斯纳：《法理学问题》，苏力译，中国政法大学出版社1994年版，第100-101页。

法，比如会计学方法。然而，像自然现象、社会现象的研究特别是法律推理这样复杂的认识和实践活动，却要综合运用各种方法。例如，虽然人们一般认为科学发现主要是通过归纳推理方法来获得新知识的，而休谟却对归纳方法获取新知识的作用提出了怀疑；波普尔也通过指出归纳推理存在循环论证问题而对此大泼冷水；[1]爱因斯坦对逻辑方法在科学发现中的作用更是极尽贬抑之词，他认为，科学定律和科学理论不是通过所谓科学逻辑的方法获得的，而是从思维逻辑进程的中断即非逻辑的直觉中得出的。"要通向这些定律，并没有逻辑的道路；只有通过那种以对经验的共鸣的理解为依据的直觉，才能得到这些定律。"[2]

所以，伯尔曼指出，"虽然在近代西方的意义上，科学通常只在方法论的角度上予以定义，但是，越来越多的人承认，它还须根据那些从事科学事业的人的态度、信念以及根本目标来加以定义。"[3]这包括：科学家的客观性、诚实性、创新性或开放观念等。如果连最完美、最独立自主的自然科学都没有独特的方法，法律推理大概也不会因其缺乏独特的方法而失去自主性。换一个角度思考，除了方法之外，从活动主客体、活动标准、活动中的基本矛盾等方面来认识法律推理的自主性，也是可能的。

二、法律推理的定义

（一）若干法律推理定义分析

定义1："推理通常是指人们逻辑思维的一种活动，即从一个或几个已知的判断（前提）得出另一个未知的判断（结论）。这种思维活动在法律领域中的运用就泛称法律推理"。[4]

定义2："法律推理是法律工作者从一个或几个已知的前提（法律事实或法律规范、法律原则、判例等法律资料）得出某种法律结论的思维过程。"[5]

---

〔1〕 参见 K. 波普尔：《科学发现的逻辑》，载《自然科学哲学问题》1981 年第 1 期。

〔2〕 《爱因斯坦文集》（第 1 卷），徐良英等译，商务印书馆 1976 年版，第 102 页。

〔3〕 ［美］哈罗德·J·伯尔曼：《法律与革命——西方法律传统的形成》，贺卫方等译，中国大百科全书出版社 1993 年版，第 188-189 页。

〔4〕 沈宗灵主编：《法理学研究》，上海人民出版社 1990 年版，第 337 页，第 339 页。

〔5〕 张文显：《二十世纪西方法哲学思潮研究》，法律出版社 1996 年版，第 16 页。

定义3："法律推理是一个标记导致作出法律决定的一系列思维过程的集合符号。"它涉及情境识别、解释和事实评价，还包括法律（条文）查找、可适用规则的选择和辩论。"这个过程还包括对可能决定的不断评价以及制定活动。由于法律理由的形成和选择被运用于作出最佳决定的辩论过程中，因此，法律推理是一个十分重要的工作。"[1]

定义4："法律推理……是论证（argument）过程。一般而言，论证所描述的是形成理由、得出结论以及将它们应用于一种正在思考的情况的活动或过程。……在诉讼活动中，律师公开一种主张，提出预防性的忠告，申述理由、得出结论、适用法律是劝告的中心内容。而法官也从事着论证活动。在寻找最好的规则或判决以及在以一种观点表达和保护规则的过程中，法官为自己所采取的立场进行论证。"[2]

定义5："法律推理可视为实践理性的一个分支，后者是人运用自己的理性决定在需要作出选择的情况下怎样合理地行为。……应用规则是法律活动的核心，而对该过程的理性结构进行研究是解释作为实践理性一个分支的法律推理的特征的核心。"[3]

定义6："法律推理可视为在法律论证中运用法律理由的过程。"[4]"对于法官而言尤其是如此，他们只能通过说明理由的推理活动来做出符合法律规定的判决。在法庭上，他们必须审慎思考，以确定在一个案件中当事各方中哪一方的主张更加可取。因为法官必须就他们所做出的判决说明理由，所以他们不能仅仅将结果列出，还必须对支持判决结论的相关理由予以明确阐释。我们正是借助这些判决理由来了解法官的判决的。"[5]

定义7："法律推理是指特定法律工作者利用相关材料构成法律理由，以

〔1〕 See P. Wahlgren, "Automation of Legal Reasoning: A Study on Artificial Intelligence and Law", *Computer Law*, Kluwer Law and Taxation Publishers, Series 11, 1992, pp. 146-147.

〔2〕 See Kent Sinclair, "Legal Reasoning: in Search of an Adequate Theory of Argument", *California Law Review*, Vol. 59, No. 3., 1971, pp. 821-858.

〔3〕 See Neil MacCormick, *Legal Reasoning and Legal Theory*, Oxford University Press, with corrections 1994, p. ix.

〔4〕 ［美］史蒂文·J. 伯顿：《法律和法律推理导论》，张志铭、解兴权译，中国政法大学出版社1998年版，第1页，第110页。

〔5〕 ［英］尼尔·麦考密克：《法律推理与法律理论》，姜峰译，法律出版社2005年版，第17页。

推导和论证司法判决的证成过程或证成方法。"[1]

定义1、2、3、4都指出法律推理的属概念是思维活动或过程，而定义6、7则把这个属概念确定为"运用法律理由的过程"或"证成过程或证成方法"。让我们分析一下定义6。在把握法律推理概念时，法律理由确实一个非常重要的概念。法律理由既存在于规则中，又存在于原则中。这表明法律理由具有层次性，较低的理由（手段）应当服从于更高的理由（目的）。法律理由的强弱之分，使不同的法律理由之间具有一种竞争关系，法官的推理在某种程度上是对不同的法律理由作出权衡，从而得出更具权威性的结论。但是，把法律推理仅仅说成是运用法律理由的过程，似乎忽略了法律推理本身还是一个创造法律理由的过程。实际上，法律推理通过将大前提和小前提结合起来，从而得出一个必然的或可以接受的结论，也就提出了一种新的法律理由。就是说，法律理由虽然存在于作为大前提的法律规则中，也存在于作为小前提的事实真相中，然而，法律推理绝不只是发现这些理由，而是在将大小前提结合起来的理性思维过程中提出适合于具体案件的特殊法律理由。显然，如果不把法律推理理解为一种创造性思维活动，就很难理解它对法律理由的创造，也难以理解判例所具有的法律理由性质。

定义7的问题与定义6相似。"证成"这个概念译自英语 justify（证明是正当的或有理由的行为），汉语里并无可与其确切对应的词，我们只能从其经常出现的语境中推测其具有"正当性证明"和"正当理由论证"的含义。"证成"在定义7中的意思主要还是"论证"或"证明"相关材料与判决具有同一性。所以定义7的"证成过程和方法"与定义6的"运用法律理由的过程"一样，都不是属加种差定义方法。与"推理"最邻近的属概念是"思维"，不用这个属概念就难以反映推理之理性认识的本质。定义6和定义7回避"思维"概念，也许是为了强调法律推理的实践性。如果真是这样，说明作者对思维内在地包含着目的性和现实性，即法律推理之思维与实践相统一的特性缺乏理解。关于法律推理与证成的关系，瓦尔格伦认为，在从情境开始到作出决定的完整的法律推理过程中，包括证成阶段、法律查询和解释阶段、规则适用阶段、评价阶段和制定阶段。证成包括对相互冲突的事实和法

---

[1] 解兴权：《论法律推理》，中国社会科学院大学 1998 年博士学位论文。

律因素相关性的识别、判定，解决缠绕在其中的不确定性问题。[1]因此，以"运用法律理由"或"证成"的过程来定义法律推理，存在着定义过窄的问题。

定义 1 明确指出法律推理的结论是一个从前提中得出的"未知的判断"。与此类似，定义 2"得出某种法律结论"，定义 3"作出最佳决定"，定义 4"形成理由、得出结论以及将它们应用于一种正在思考的情况"，定义 7"推导和论证司法判决"，都揭示了法律推理具有知识创新的共性。

定义 1 对法律推理主体的规定比较宽泛，其他的定义无论明确提出与否，似乎都把法律推理的主体规定为特定的法律工作者。外延宽窄对于把握法律推理的本质会有一定影响。如果外延太窄，就会忽视控辩审三方的互动，只专注法官的作用。例如，定义 7 强调"负有推论责任的特定法律工作者（尤其是法官）是司法审判活动的主体"，而得出"只有他们作出的推理才是权威性的。因而也只有他们所作的推理才具有规范性意义上的价值。正是法律推理的权威性才赋予法官判决的最终性"云云，就夸大了权威机关的权威性在法律推理中的地位。殊不言权威性不是法律推理的本质特征，而且就权威性本身而言，它也主要不是由司法机关的权威性所赋予的，而是正当理由所带来的副产品。而且，在当事人主义审判结构中，律师作为法律推理主体的地位并不比法官逊色。相反，如果外延太宽，就会使法律推理超出司法领域，而使其成为"思维活动在法律领域中的运用"的泛称。定义 1、2 都存在定义宽的问题，包括了司法推理之外的其他推理活动。例如，沈宗灵教授认为，"在法律执行和适用，特别是法官对具体案件作出判决或裁决的过程中，法律推理占有显著地位。"[2]

除了定义 1，其他的定义都没有使用"逻辑"一词，并对法律推理的"前提"作了比较宽泛的规定，这为法律推理概念同时容纳逻辑和经验提供了条件，并且为思维活动和实践活动在法律推理中的融合奠定了基础。

定义 3、4、6、7 都强调了法律推理是运用法律理由的过程，这确实是法律推理区别于神明裁判、专制擅断之人治审判制度的一个突出特点。

---

[1] See P. Wahlgren, "Automation of Legal Reasoning: A Study on Artificial Intelligence and Law", *Computer Law*, Kluwer Law and Taxation Publishers, Deventer Boston, Series 11, 1992, p.149.

[2] 沈宗灵主编：《法理学研究》，上海人民出版社 1990 年版，第 337-338 页。

定义 3、4、6、7 强调了法律推理的"辩论过程""论证过程""证成过程"的性质，表明法律推理不是主体沉思默想的思维活动，而是一种在公开场合进行的有竞争一方或辩论对手的公开性论证活动。

（二）新的法律推理定义

上述法律推理定义都从一个或多个侧面揭示了法律推理的本质特征。在充分吸收上述定义合理因素的基础上，作者尝试提出如下法律推理定义：

法律推理是司法活动主体，以法律和事实真相为前提，对判决结论进行法律理由和正当理由论证的思维活动和制度实践。该定义强调了以下几点：

第一，法律推理是一种理性思维活动。法律推理以"推想"和"思考"为基本特征，担负着知识创新的任务。在这个问题上，经验和实践推理说从法律推理包含着政策思考和价值选择以及不单纯是运用逻辑等情况出发，强调（与逻辑相对应的）经验、直觉在推理中的作用，这种理解在克服法律形式主义偏向方面具有积极意义，但不能因此怀疑法律推理遵循理性思维的一般规律，将其与经验、直觉或行动的东西相混淆，否则，便有可能陷入法律推理本质不可知的泥潭。德沃金认为，"任何实际的法律论证，不论其内容多么具体和有限，都采用法理学所提供的一种抽象基础"，这表明"法理学是判决的一个组成部分"。[1]这应该理解为：第一，法律推理作为一种论证性思维活动，为司法活动中的法律论证提供了法理学的抽象基础，即提供了一般的理性思维方法。第二，推理性思维方法在审判活动中的运用，不仅为审判提供了目的性标准，而且它还直接主导了审判的实际过程，使其成为一种理性的（而非专断、情感的）、辩论的（而非默想的）思维活动。

第二，法律推理是一种制度实践。法律推理的实践品格表现在两个方面：一是这种思维活动体现了理性和经验[2]在实践基础上的高度统一，包含着直接的目的性和现实性，肩负着认定事实和适用法律的双重任务，而且具有组织制度活动的特点[3]；二是其结论所包含的新知识是一种体现了客观尺度和

〔1〕 ［美］德沃金：《法律帝国》，李常青译，中国大百科全书出版社 1996 年版，第 1 页。

〔2〕 休谟说："……一个人，如果没有更多的经验，是决不能对事实运用他的猜测或推理，或者确信任何直接呈现于他的记忆和感觉之前的东西以外的东西的。"［英］休谟：《人类理智研究》，载北京大学哲学系外国哲学史教研室编译：《西方哲学原著选读》（上卷），商务印书馆 1981 年版，第 527 页。

〔3〕 法律推理的运行依赖于国会、执法设施、法院、法学院等社会组织机构。参见 ［美］哈罗德·J. 伯顿：《法律与革命——西方法律传统的形成》，贺卫方等译，中国大百科全书出版社 1993 年版，第 190 页。

内在尺度相统一的"实践观念"[1]。法律推理不同于形而上的哲学"沉思"，而是一种介于"道""器"之间的决策性思维活动。在这个问题上，法律形式主义由于把法律推理概念化、抽象化，从而将规则和原则、确定性和非确定性、逻辑和经验、真理和价值统统对立起来，陷入了绝对化的困境。只有引入实践观念，才能对上述矛盾范畴作出辩证理解，使由此而产生的种种争论在思维和实践相统一的基础上得到解决。

第三，法律推理是司法活动主体的思维活动和制度实践。从静态和抽象的角度说，法律推理主体是一个复杂系统，控辩审三方都是这个系统中的认识主体。在权威性能否成为法律推理本质特征的问题上，如果局限于法官推理说就可能作出肯定性回答，因为法官有来自国家权威机构和法律的权威性；然而，如果把控辩双方律师也视为法律推理主体的重要组成部分，他们的推理就不一定具有这种意义上的权威性；如果考虑到权威性还有法律理由的来源，那么，只要辩护方提供了比检察官、法官更充分的法律理由，其推理就比法官更具有权威性。法律推理的权威性主要是指运用法律理由和正当理由的充分性。这种权威性是律师、检察官和法官都在追求的东西。

第四，法律推理是具有内在逻辑的思维和实践活动。所谓内在逻辑有两个意思。首先，法律推理虽然不等于形式推理，但不能违背形式逻辑，否则其结论的真理性和推理的有效性就会遭到怀疑。在这个问题上，分析法学家和部分法律实证主义者坚持狭义逻辑推理说：前者把法律推理看作单纯的逻辑推演过程；后者则主张"一个法律制度是一个'封闭的逻辑体系'，在这个体系中，正确的判决可以仅用逻辑方法从预先规定的法律规则中推断出来"。[2]这种把法律推理视为逻辑学在法律领域中简单应用的观点，造成了一种简单化、公式化的倾向；而法律实用主义时常流露出来的完全否认存在着法律推理逻辑的观点又走向另一极端。法律推理不等于形式逻辑推理，并不意味着它缺乏逻辑性。在法律推理的逻辑系统中，各种法律推理方法都可视为广义的逻辑方法，包括演绎逻辑、归纳逻辑、类比逻辑、概率逻辑、模糊逻辑、辩证逻辑乃至实践理性的经验逻辑等。沈宗灵教授指出："佩雷尔曼的新修辞学大大地改变了关于逻辑的传统观念。在他看来，逻辑不仅指形式逻辑，而

---

〔1〕　有关实践观念的论述，详见夏甄陶：《认识论引论》，人民出版社 1986 年版，第 419-434 页。

〔2〕　参见［英］哈特：《法律的概念》，张文显等译，中国大百科全书出版社 1995 年版，第 269 页。

主要是指价值判断。这也就是说，逻辑学已不仅是指研究思维规律的科学，不仅是从形式方面去研究概念、判断和推理，而主要是研究它们的实质内容。"〔1〕因此，只有把法律推理的逻辑理解为广义"法律逻辑系统"，认真探索各种非形式逻辑方法在法律推理中的作用，才能全面揭示法律推理的思维过程。在这个问题上，对某些法学家谈论的所谓"非逻辑推理"，只能作"非形式逻辑推理"之意来理解。其次，法律推理的内在逻辑，是指其运行过程具有在自身矛盾推动下自我发展的内在规律。丹尼斯·劳埃德指出，法官所作的选择，"就其从特定前提中用归纳方法推知的意义上来讲，它是不合逻辑的，但它自身具有一种逻辑。这种逻辑是建立在理性考虑基础上的"〔2〕。从"任何科学都是应用逻辑"〔3〕的意义上说，法律推理作为一种理性思维活动，必然包含着严密的逻辑性，必须合乎逻辑。

第五，法律推理是一种创造性的思维活动和制度实践。任何推理都是生产新知识的过程。因此，《辞海》说"由推理得到的知识是间接的、推出的知识"。亚里士多德说："我们无论如何都是通过证明获得知识的"；三段论的证明是从普遍到特殊的发现新知识的过程，归纳则是"从特殊到普遍，从知晓到不知晓"的发现新知识过程。〔4〕法律推理从已知的前提（事实真相和法律规范）出发，通过一系列思维加工过程，目的是要推导出新的法律结论。从这个意义上说，知识创新是法律推理最最本质的特征。"太阳每天都是新的"〔5〕。每个案件及其判决都是新的。"就每个问题案件提出一个新的法律问题而言，每个判决都是创造性的。"〔6〕世界上没有两个完全相同的案件，任何案件都是个别的，所以需要通过法律推理做出独特的判决。

对法律推理的创造性可以从以下两个方面来进一步理解：

---

〔1〕 沈宗灵：《现代西方法理学》，北京大学出版社 1992 年版，第 451 页。

〔2〕 转引自［美］E·博登海默：《法理学——法哲学及其方法》，邓正来、姬敬武译，华夏出版社 1987 年版，第 483 页。

〔3〕 ［俄］列宁：《哲学笔记》，中共中央马克思 恩格斯 列宁 斯大林著作编译局译，人民出版社 1974 年版，第 216 页。

〔4〕 参见苗力田主编：《亚里士多德全集》（第一卷），中国人民大学出版社 1990 年版，第 247 页。

〔5〕 《赫拉克利特著作残篇》，载北京大学哲学系外国哲学史教研室编译：《西方哲学原著选读》（上卷），商务印书馆 1981 年版，第 23 页。

〔6〕 ［美］史蒂文·J. 伯顿：《法律和法律推理导论》，张志铭、解兴权译，中国政法大学出版社 1998 年版，第 132 页。

首先，法律推理的创新性与保守性是一对矛盾。如上所述，法律推理的创新性是指推理结论的知识创新，而不是指法律推理具有创造新法律的功能。法律推理的功能主要是保守性的。在西方法学界，围绕法官是否"造法"的问题，有三种不同的观点：第一种认为法官仅仅发现或寻找法律，而决不创造法律；第二种认为法官始终在创造法律；第三种观点则介于上述两种之间。实际上，法官的责任只是适用而不是创造法律，法官必须维护法律的尊严，否则，立法与司法之间的界限就会消失，法治的原则就会遭到破坏。当然，法律推理的保守性不是绝对的，在社会转型时期或处理疑难案件时（主要是指法律上疑难，如无制定法相应规定，无判例法相应判例时），法院就需要通过法律推理（特别是类推推理、解释推理等），根据原则或政策来加以解释。凯尔森说："一般规范因司法判决的个别化，始终是对那些尚未由一般规范所决定而且也不能完全由它所决定的因素的决定。所以，在判决内容永不能由既存实体法规范所完全决定这一意义上，法官也始终是一个立法者。"[1]法律秩序授权法院自行裁量对案件进行判决，这种授权源自法律秩序有间隙（gap）的虚构。间隙虚构的目的在于："立法者，即由宪法授权创造一般法律规范的机关，认识到他所制定的一般规范在某些场合下可能导致不公正的或不公平的结果，因为立法者不可能预见到所有可能发生的具体情况。他因此就授权适用法律机关在适用立法者所创造的一般规范会有一个不能令人满意的结果时，就不适用立法者所创造的一般规范而创造一个新规范。"[2]法律推理的创造性是法律发展的动力之一。"审判为每个人提供了一条以自己的创造力寻求法律保护和法律变革的道路。"[3]

其次，法律推理是运用和创新法律理由的思维活动和制度实践。法律推理是以正义、利益、人权等目的性标准为逻辑起点，通过适用实体法、程序法和证据法规则等操作性标准，最终实现目的标准的过程。这个过程首先是运用法律理由的过程，法律理由赋予了法律推理的权威性与合法性。在没有

---

〔1〕 〔奥〕凯尔森：《法与国家的一般理论》，沈宗灵译，中国大百科全书出版社1996年版，第165页。

〔2〕 〔奥〕凯尔森：《法与国家的一般理论》，沈宗灵译，中国大百科全书出版社1996年版，第165—167页。

〔3〕 〔美〕史蒂文·J.伯顿：《法律和法律推理导论》，张志铭、解兴权译，中国政法大学出版社1998年版，第203页。

现成法律规则可以遵循时，法律推理主体往往从目的标准中探究更加高级的理由，因为目的标准反映了人类社会生活的最高价值，是法律推理的逻辑前提和法律适用的最终理由。所以定义 4 说法律推理是形成理由、得出结论以及将它们应用于一种正在思考的情况的活动或过程，律师和法官所从事的论证活动都是围绕法律理由而展开的。定义 6 说法律推理就是在法律争辩中、法律论证中运用法律理由的过程。定义 7 说法律推理是特定法律工作者利用相关材料构成法律理由，以推导和论证司法判决的证成过程。无论是运用直接理由还是最终理由，法律推理的结论都要创造出新的法律理由。

三、法律推理的功能

按照哈里斯的观点，法律推理的功能或作用依不同的法律制度、法律推理主体而显现出多重性。普通法与成文法的法律推理、律师与法官的法律推理可能具有不同的功能。本章讨论的是法律推理的一般功能，同时也兼顾某些典型的特殊功能。

（一）法律推理的证成功能

"证成"这个概念译自英文有动词和名词之分，译自动词 justify，具有证明是正当的或有理由的行为，证明合法等意思；译自名词 justification，具有正当理由的意思。因此，证成功能表现在"法律推理的首要作用在于为结论提供正当理由。"[1]法治是法律规则的统治，是对人治的否定。在司法活动中，法律推理是区别法治和人治的标志之一。以人治为原则的司法审判不需要法律推理，即不需要为判决结论提供正当理由。对人为的擅断和刑讯逼供而言，法律推理是多余的、累赘的东西。而对以法治为原则的司法审判来说，法律推理是必须加以运用的手段，在法律前提和结论之间没有任何确证关系则表现了理性的不确定。

法律推理通过对正当理由的探索，"有助于巩固社会组织制度所需的智力内部结构，在此制度内争论表现为论证和反论证，而不是使用暴力的威胁。"[2]通过法律推理，对判决结果给予具有说服力的理由，是法治的一种强制性要

---

〔1〕 参见沈宗灵主编：《法理学》，高等教育出版社 1994 年版，第 439 页。

〔2〕 ［英］L. 乔纳森·科恩：《理性的对话：分析哲学的分析》，邱仁宗译，社会科学文献出版社 1998 年版，第 68 页。

求。法治社会的审判合法性或正义判决的要求，使审判人员在将法律条文、事实真相和判决结论三者结合起来的过程中，负有为判决结论提供正当理由的法律义务和道德义务。司法人员如果逃避这种法律推理的义务，就会导致草菅人权和司法腐败。从这个意义上说，法律推理就是"说理"，法治发展的历史就是用"说理"代替刑讯逼供和擅断的历史。

佩雷尔曼认为，说服性而不是提供正当理由才是法律推理的全部功能。但多数学者不同意这种观点，而主张法律推理的目的是提供正当理由。哈里斯认为，提供正当理由是法律推理的首要功能，预测性和说服性是派生的或次要的功能。[1]麦考密克则认为，说服性功能与为审判提供正当理由并不矛盾，起码从表面上看是如此。当然，法官和陪审团在聆听别人的说服时会产生某种认知偏见，比如说服者漂亮的相貌或阶级背景可能会对裁判者产生一定的影响。但是，裁判者一般总是将各种表面现象和判决的理由综合起来判断的，这可以在一般情况下保证判决的确定性。例如，不会接受麦克塔维什（McTavish）夫人提出的离婚理由，即她离婚只是因为自己长有一只令人销魂的高翘鼻子。因为，在离婚法律制度中，这不是一种可以被接受的好的理由。从另一方面说，律师要想为委托人赢得官司，他们最好是能够提出与法律制度一致的正当理由。[2]在审判实践中，原告律师或检察官要说服法官和陪审团，接受他提出的关于被告违法犯罪的指控；被告律师要说服法官和陪审团拒绝或推翻原告方的指控，而接受自己论证的关于被告无罪的辩护，他们靠什么来说服呢？换言之，什么才最具有说服性呢？无疑只有靠正当理由。因此，说服性产生作用的根据是正当理由。正当理由之所以成为正当理由，就在于它所提供的理由符合人的理性，而理性的作用正在于它能够说服人。

法律推理的证成功能不仅存在于法律适用阶段，在事实认定阶段也发挥着重要作用。何福来教授讨论了"在探究真相的过程中实现正义"的问题。第一，事实认定者要对①"相信什么"，即在考虑控辩双方的论证包括双方"案件理论"及其相互反驳论证的基础上进行证据评价；以及②"认定什

---

〔1〕　See J. W. Harris, *Legal Philosophies*, London Butterworth & Co Ltd, 1980, pp. 193-194.

〔2〕　See Neil MacCormick, *Legal Reasoning and Legal Theory*, Oxford University Press, with corrections 1994, p. 14.

么"，即必须仅对他信以为真的东西作出肯定性认定，从而形成被证成的真信念，这是事实认定之正当理由的来源。第二，法庭认识论的目标要求事实认定者作出的裁决不仅是真实的，还需有正当理由。但盖梯尔认为，在以下三种情形下，一个裁决并未实现其认识论目标：（a）它可能为真，但未得到证成；（b）它可能得到证成，却是错误的；或者（c）它可能为真且得到证成，但其真实性可能是意外或偶然与正当理由有关。[1]因此，事实认定者必须说服自己有足够的正当理由去相信一项主张的真实性时，其作出一项肯定性认定或裁决才是正当的。第三，事实认定旨在得到内在证成且真实的信念。审判就是凭借被证成的对案件事实的信念来寻求真相。仅当符合以下条件时，事实认定者才能认定 p：①如果一个人只考虑被采纳的证据、无视任何他可能接触到的不可采的证据，并避免依赖任何在本案中法律可能禁止的证据推理路径，那么，他会有正当理由充分地相信 p；而且，②如果一个人认定了 p，那么他之所以会认定 p，至少部分是因为，按照条件①一个人会有正当理由相信 p。[2]在这里，是否遵循证据可采性规则，被提升到事实认定是否具有正当理由的高度。

（二）法律推理的争端解决和社会控制功能

人们在社会生活中会发生各种各样的矛盾纠纷，而纠纷之所以能够持续在于各方都认为有坚持自己主张的理由，特别是在民事纠纷中，双方可能都认为真理和正义在自己一边。人们解决纠纷可以有许多种方式，比如，在古代社会，可以通过决斗、祈求神谕、掷硬币或者请德高望重者来裁断。在法律社会，法院是一个专门供人们解决争端的场所或中立机关。依照法律解决纠纷，具有和平、理性与公正的特点。在法庭上，争诉双方你讲你的理，我讲我的理，究竟谁有理，要由作为第三方的法官作出裁决。但是，法官裁决不是任意的、怀有偏见的，他必须依据法律，如果法律规定得不清楚，他就要探求法律之所以如此制定而依据的目的性标准。因此，法律推理具有化解

---

[1] See Michael S. Pardo, "The Gettier Problem and Legal Proof", *Legal Theory*, Vol. 16, No. 1. , 2010, pp. 37-57. 转引自 ［美］戴尔·A. 南希：《裁判认识论中的真相、正当理由和知识》，阳平、张硕译，载张保生、童世骏主编：《事实与证据首届国际研讨会论文集：哲学与法学的对话》，中国政法出版社 2018 年版，第 113 页。

[2] 参见 ［新加坡］何福来（Ho Hock Lai）：《证据法哲学——在探究真相的过程中实现正义》，樊传明等译，中国人民大学出版社 2021 年版，第 24 页，第 69-70 页，第 83 页，第 102 页，第 236 页。

争议、争端的功能，可以解决人们在权利义务上的争端。伯顿认为，"法律推理的首要特征是，它被用于预知或解决高级社会的大量纠纷的过程。""法律和法律推理能使法官得到终局性的、和平的和可证明为正当的纠纷解决结果。"[1]

法律推理不同于其他"讲理"活动的方面，贝勒斯曾以审判与调解、谈判和仲裁在解决争端方面的不同作用来作过如下比较：（1）有一个特定的争执。（2）有特定的当事人，争执不是发生于大范围的、不确定的群体之间，如环境保护主义者与工业界之间。（3）有国家任命的第三方。谈判没有第三方。仲裁虽有第三方，但一般是由当事人私人选择的。（4）审理，提出与争执有关的情况。（5）由第三方以判决的方式"解决"争执。调解中虽然也有第三方参加，但第三方并没有作出判决，而是和谈判一样由当事人达成和解。（6）这一判决以审理时提出的情况为根据，以实体法的原则和规则为准绳。仲裁一般是依据由当事人的私人协议所创立的私人规则，而不是依赖于公共规则而进行的。[2]

法律推理通过解决争执、审判违法犯罪等措施，发挥着对社会资源按正义、利益和人权的目的性标准进行重新分配的作用。庞德指出："法律推理是一种非常重要的工具，运用这种工具，人们可以在日常的执法实践中调和法律的稳定需要和法律的变化需要。也就是说，通过运用这工具，人们可以使旧的法律规则和法律制度满足新的需要，可以在将外部破坏和对既存法律的歪曲限制到最低限度的情形下，使之适应变化的情况。"[3]法律具有稳定性，而社会生活却充满了变动性，这种矛盾虽然总的来说需要法律主动适应社会生活的发展变化而变化来解决，但法律的变化比较缓慢、滞后，新的立法需要很长的时间和复杂的程序，而法律推理恰恰缓解了法律的稳定需要与变化需要的矛盾。

（三）法律推理的预测功能

在人的理性认识中，任何推理都是发现新知识的方法，因而都具有预测

---

〔1〕　［美］史蒂文·J. 伯顿：《法律和法律推理导论》，张志铭、解兴权译，中国政法大学出版社 1998 年版，第 8 页，第 10 页。

〔2〕　参见［美］迈克尔·D. 贝勒斯：《法律的原则——一个规范的分析》，张文显等译，中国大百科全书出版社 1996 年版，第 20 页。

〔3〕　［美］罗科斯·庞德：《法律史解释》，曹玉堂、杨知译，华夏出版社 1989 年版，转引自徐国栋：《民法基本原则解释——成文法局限性之克服》，中国政法大学出版社 1992 年版，第 218 页。

功能。推理之所以能够发现新知识，是因为它通过由此及彼、由表及里的理性思维可以认识事物的本质和规律性，从而能够对事物的未来状态作出预测。

法律推理以作出某种法律决定而告终。"法律决定是法律推理过程的结果，……法律决定和法律推理过程之间由于前者可以或多或少地出现预测性结果而具有密切的关系，因此，对决定的挑战和诱导可以某种方式改变原来可能的决定。"[1]可见，法律推理具有预测功能可以从两个方面来理解，其一，法律推理具有一般推理的预测功能，从而可以使其作出的法律决定具有可预测性。例如，法律推理活动参与者之外的观察者可以通过对各种可能情况的分析推理，预测法院在何种情况下可能会作出何种判决。律师一般不会断然声称法院只会如何判决，他时常预测法院将会如何判决。尽管有时候会出现不同律师可能会作出不同预测的情况，但法律推理的标准及法律理由和正当理由论证过程为法律决定的一般可预测性提供了制度基础和程序保障。其二，法律推理的实际过程可以改变原来的预测结果，使法律决定朝着有利于诉讼某一方的方向转变。

法律推理的预测功能来自各种要素的综合作用，目的标准、操作标准以及评价标准的正当性、公开性、公认性等赋予了法律推理预测性；法律推理的预测功能还来源于逻辑的力量，逻辑性赋予法律推理结果的确定性，从而使预测成为可能；法律推理主体的能动性也是预测功能的重要源泉，上述改变原来预测结果或者使法律决定朝着有利于诉讼一方转变的情况，主要是由法律推理主体或控辩审三方相互作用的合力造成的。

法律推理的预测功能表明它对实践具有重要的指导作用。为了尽快提高法官、检察官和律师的法律思维素质，应该对各级法律工作者提出掌握法律推理方法的要求。法律推理方法作为一种理性思维工具，可以帮助人们正确认识司法的目的、程序和方法，正确认识自己的权利和义务，正确评价司法行为的正当性、合法性和秩序性，弄清审判实践中可能出现的思维误区，使自己的法律活动成为符合法治原则、符合司法规律的自觉的思维和实践活动，从而能够更加理性地认识社会现象和社会发展，实现司法公正，推进司法文明。

---

〔1〕 See P. Wahlgren, "Automation of Legal Reasoning: A Study on Artificial Intelligence and Law", *Computer Law Series* 11, Kluwer Law and Taxation Publishers, 1992, p. 147.

法律推理的标准

　　标准是衡量事物的准则，或可供同类事物比较核对的事物。[1]据此可知，标准具有双重功能，其一，它是活动的目标、依据或理由；其二，它是活动效果的评价尺度。法律推理不是在真空中进行，也不是纯粹的技术操作，而是以一定的法律制度为基础和环境，旨在维护一定的社会秩序。因此，法律推理标准是一种社会标准。它可分为三个层次：目的标准、操作标准和评价标准。一般而言，目的标准是元规则意义上的价值标准，是法律推理的逻辑前提，也是法律适用的最终理由。操作标准是由目的标准派生的具有手段意义的规则、程序和方法，是法律推理的具体依据，法律适用的直接理由。评价标准是手段和目的相统一的活动效果检测尺度。法律推理是以抽象的目的标准为逻辑起点，通过执行具体的操作标准，最终实现目的标准的过程，体现了抽象与具体、逻辑与历史的统一。

一、法律推理目的标准

　　目的性标准是人类活动的基准，因而构成法律推理的抽象基础、逻辑起点和根本动因。庞德说："在法制史的各个经典时期，无论在古代和近代世界里，对价值准则的论证、批判或合乎逻辑的适用，都曾是法学家们的主要活动。"[2]在目的标准中蕴含着法律推理中可能遇到的各种价值冲突，体现了不同时代法律家在特定法律制度下历史形成的价值观，又内在地规定了法律推

---

　　〔1〕　参见《现代汉语词典》，商务印书馆 1994 年修订本。
　　〔2〕　[美] 罗斯科·庞德：《通过法律的社会控制：法律的任务》，沈宗灵译，商务印书馆 1984年版，第 55 页。

理的不同手段和方法。目的标准以抽象的价值原则或法律原则为存在形式，以正义、利益和人权为基本内容，通过自我运动推动了法律推理从抽象到具体的发展过程。

（一）正义

正义既是追求公正的道德理想，又是"社会制度的首要价值"〔1〕。在人类早期，正义披着超自然的神谕灵光。自公元前五世纪古希腊哲学从宗教中分离出来后，先哲们才开始用犀利的批判之剑，"根据人类的心理特征或社会利益对其进行分析"〔2〕。

苏格拉底把正义视为一种道德理想，他说："一个人只要考虑考虑什么对他自己和别人最好，也就会知道什么最坏，因为这两件事是包含在同一种知识里的。"〔3〕这个思想同"己所不欲勿施于人"的儒家伦理如出一辙。

柏拉图第一次把正义和国家政体联系起来，使正义理想有了现实基础。他认为，凡是统治符合全体人民利益的政体都是正义的，否则便是非正义的。不过，柏拉图式正义靠"哲学王"来实现。"《理想国》中的国家乃是一个行政国家，它是依靠最出色的人的自由智慧来管理的，而不是依凭法治来管理的。正义的执行应当是'不据法律的'。"〔4〕这必然会使离开法律的正义理想变成一纸空想。在遭受了"理想国"实验失败的挫折后，柏拉图认识到财产公有制的理想与现实的冲突，转而提出法律至上的"法治国"新理想国模式。早期曾经极力提倡"贤人政治"的柏拉图，在晚期著作中开始重视法律的作用，甚至有走入另一极端即"法律万能"的倾向，但他始终认为，实现哲学王的统治是最佳的，法治国是次佳的。柏拉图之后，关于正义论的探讨主要集中于以下范畴。

1. 分配正义与校正正义

亚里士多德最早对"公正"〔5〕作了系统论述。他认为，法律体现公正，

---

〔1〕 ［美］约翰·罗尔斯：《正义论》，何怀宏等译，中国社会科学出版社 1988 年版，第 1 页。

〔2〕 ［美］E·博登海默：《法理学：法律哲学与法律方法》，邓正来译，中国政法大学出版社 1998 年版，第 5 页。

〔3〕 北京大学哲学系外国哲学史教研室编译：《西方哲学原著选读》（上卷），商务印书馆 1981 年版，第 62 页。

〔4〕 ［美］E·博登海默：《法理学：法律哲学与法律方法》，邓正来译，中国政法大学出版社 1998 年版，第 10 页。

〔5〕 苗力田先生主编的《亚里士多德全集》（第十卷中译本），通篇未出现"正义"一词。这大

而公正意味着平等。公正分为两类：一类为"分配性的公正"，另一类是"矫正性的公正"。[1]

　　分配性公正，是按照一定比例关系对公物的分配。就是说，公正最初是个"量"的概念，公正就是"比例""平等"或"平分"。分配性公正，是由城邦按照人的社会地位高低、等级优劣来进行的分配，表现在荣誉、财物以及合法公民人人有份的东西分配活动中。因此，不公正就是"不均"。在不均等的事物之间存在一个中点，即"均等"。笼统地说，对他人的公正就是均等或平等，不公正就是不平等。例如，当把善物的更大部分、恶物的更小部分分配给自己时，就是不平等。所以，公正是过度与不及、多与少之间的某种中庸。只有排除了过多与过少的不平等，才是公正。不患贫，患不均，就是这种素朴公正思想的体现。大家可以看到，所谓分配性公正只是形式上的公正，而非实质上的公正。因为分配的结果虽然与人们的社会地位高低、等级优劣相符合，看似公正；但地位高低和等级优劣本身是一种不平等，按不平等的标准来进行"平等"的分配，结果自然无法公正。亚里士多德并未看到这种实质的不公正，他只看到在形式上不公正分为两类：一是违法，一是不均，而公正则是守法和均等。

　　"矫正性的公正"，是在人们自愿或非自愿的交往中形成的是非准则。其中，"自愿的交往"[2]类似民事法律关系，"非自愿的交往"[3]类似刑事法律关系。这种矫正性公正，是由法官按照人人平等的原则来纠正不平等，实现新的平等。裁判者恢复了均等，就像一条分割不均的线段，从较长的线段取出超过一半的那一部分，增加到较短的线段上去，于是线段就分割均匀了。亚

（接上页）概是因为"公正"比"正义"更加直观，这符合古代人素朴的、与生活血肉相连的思维特点。"正义"和"公正"在现代意义上的通用性，则可从邱仁宗先生译著《理性的对话：分析哲学的分析》中将罗杰斯《正义论》译为《公正论》得到佐证。参见［英］L. 乔纳森·科恩：《理性的对话：分析哲学的分析》，邱仁宗译，社会科学文献出版社 1998 年版，第 71 页。

　　〔1〕 参见苗力田主编：《亚里士多德全集》（第八卷），中国人民大学出版社 1994 年版，第 98-102 页，第 278-280 页。

　　〔2〕 "自愿的交往，如买卖、高利贷、抵押、借贷、寄存、出租等。"参见苗力田主编：《亚里士多德全集》（第七卷），中国人民大学出版社 1994 年版，第 99 页。

　　〔3〕 "非自愿的交往，则有时在暗中进行，如偷盗、通奸、放毒、撮合、诱骗、暗算、伪证等；有时则通过暴力进行，如袭击、关押、杀害、抢劫、残伤、欺凌、侮辱等。"参见苗力田主编：《亚里士多德全集》（第八卷），中国人民大学出版社 1994 年版，第 99 页。

里士多德对公正的这种直观理解，使人形象地想到正义的"天平"向一端的倾斜与矫正，其中包含救济思想。劫富济贫，就体现了这种素朴的矫正性公正思想。但亚里氏多德又提出"加倍救济"思想，即报复性公正。他认为，报复性公正也存在于比例之中。如果某人的一个眼球被另一个人打出来，那么，公正就不仅仅是报复回来，而是依照比例，要对方加倍承受（把对方两个眼球都打出来）。因为他先动手，且造成了伤害，应承受双倍的不公正。所以，不公正也是有比例的，遭到的报复比施行的打击更多，乃为公正。因此，矫正性公正是"矫枉过正"。

后人从亚里士多德矫正性公正概念概括出的"校正正义"思想，是对个人复仇和分配正义的否定。它所考虑的是"任何过错都有补救办法"，因而具有重要的法治意义。波斯纳对校正正义概括说：第一，"为不公行为所伤害的人应当启动由法官管理的校正机器的权力"，即"应当有一个无偏私的统治机构来纠正那些可以被纠正的不公"，而不是用个人复仇的手段来纠正不公；第二，"法官不考虑受害人和伤害者的特点和社会地位"。正义女神蒙着眼睛。如果 A 对 B 不公，比如 A 从 B 那儿拿走了 X，B 就应当能够从法官那儿得到一种救济，法官就从 A 那儿拿回 X 再还给 B。法官将仅仅考虑行为的特点，而不是考虑行为者的特点。〔1〕就是说，"不论好人加害于坏人，还是坏人加害于好人，并无区别。……法律则一视同仁，所注意的只是造成损害的大小。"〔2〕司法正义不考虑个人特点，不因人而异，而是就事论事，或者对事不对人。从这个意义上说，校正正义体现了公正司法的法治要求。这使它第一次有资格来充当法律推理的抽象标准。"正义意味着一种对等的回报。中国古代的格言——以其人之道还治其人之身，西方人所说的公理——一个以某一方式对等别人的人，不能认为别人在同样情况下以同一方式对等他自己是不公正的，都表达了这种正义观。这种正义观也突出地表现在报复主义的刑罚理论中。"〔3〕

当然，校正正义也有严重的局限性。首先，用现代法治观点看，校正正

---

〔1〕 参见［美］波斯纳：《法理学问题》，苏力译，中国政法大学出版社 1994 年版，第 396-397 页。

〔2〕 苗力田主编：《亚里士多德全集》（第八卷），中国人民大学出版社 1994 年版，第 101-102 页。

〔3〕 张文显：《法学基本范畴研究》，中国政法大学出版社 1993 年版，第 268 页。

义所要校正的仅仅是不公行为，这有些狭隘。例如，在侵权责任中，过失责任是由不公造成的，而严格责任（责任以原因而不是以过错为基础）并无不公因素。在机动车无过失伤人交通事故中，按照亚里士多德校正正义，受害者要求救济的基础就会丧失。因此，"伤害造成赔偿的义务，并非亚里士多德校正正义的一部分；对亚里士多德来说，只有不公的伤害才引起赔偿义务。在亚里士多德那里没有什么支持严格责任的观念"。[1]其次，校正正义不考虑个人特点，这比城邦制分配正义无疑是一个进步，但它所体现的还是形式正义。因为，人在能力上天生存在差异或不平等。相比之下，实质正义所体现的平等保护则强调保护弱者，"公平的司法减少了运用法律剥削易受伤害的群体的可能性。规则的普遍性通过将不那么易受伤害的人们放在与那些易受伤害的人们同等的位置上而保护了那些易受伤害的人们。这是法律同等保护的根本含义即信奉规则在范围上的普遍性和在运用上的公平，这是法律有利于社会中的弱者和孤独成员的特点"。[2]波斯纳这个思想同罗尔斯两个正义原则中的"合乎最少受惠者的最大利益"，都体现了实质正义的要求。

2. 形式正义与实质正义

校正正义中蕴含的形式正义和实质正义的矛盾推动了正义理论的发展。与亚里士多德注重人的行为的正义观不同，罗尔斯把正义视为"社会制度的首要价值"，认为"正义的主要问题是社会的基本结构"。[3]张文显教授指出："人们之所以把社会基本结构的正义作为首要的正义，乃是因为（1）社会基本结构对个人生活前途起着渗透的、自始至终的影响。（2）社会基本结构构成了个人和团体的行为发生的环境条件。（3）关于人的行为公正与否的判断，往往是根据社会基本结构的正义标准作出的。"[4]

罗尔斯在概括洛克、卢梭和康德的社会契约理论的基础上，提出了"作为公平的正义理论"，它包括"两个正义原则"及"补偿平等"。[5]"第一个原则要求平等地分配基本的权利和义务；第二个原则则认为社会和经济的不

〔1〕 ［美］波斯纳：《法理学问题》，苏力译，中国政法大学出版社1994年版，第406页。

〔2〕 ［美］波斯纳：《法理学问题》，苏力译，中国政法大学出版社1994年版，第401页。

〔3〕 ［美］约翰·罗尔斯：《正义论》，何怀宏等译，中国社会科学出版社1988年版，第1页，第5页。

〔4〕 张文显：《法学基本范畴研究》，中国政法大学出版社1993年版，第270页。

〔5〕 关于"两个正义原则"，参见［美］约翰·罗尔斯：《正义论》，何怀宏等译，中国社会科学出版社1988年版，第57页。关于"补偿平等"，参见同上书，第96页。

平等（例如财富和权力的不平等）只要其结果能给每一个人，尤其是那些最少受惠的社会成员带来补偿利益，它们就是正义的。"[1]在罗尔斯看来，正义总是意味着某种平等，一种正义的社会制度就是要最大程度地实现平等，但这种平等不是形式上的，而是接近事实上的平等。因此，作为社会制度或社会基本结构的正义，必须从最少受惠者的角度来考虑补偿平等。所谓"补偿原则"，就是为了真正平等地对待所有人，社会必须更多地注意那些天赋较低和出生于较不利的社会地位的人们。它要求按平等的方向补偿由偶然因素造成的倾斜。公正的天平一旦倾斜，就要通过法律手段使之重新达到平衡或平等。法律推理就是实现这种实质平等的手段。然而，正义如果不仅意味着形式上的平等，还要达到实质上的平等，法律手段的运用就会产生二者如何统一的问题。波斯纳让我们记住"形式正义和实质正义的不可兼顾性"。[2]在下文的论述中我们会看到，也许是因为"鱼和熊掌不可兼得"，形式正义和实质正义的矛盾，总是使法律推理在价值取向上"扭来扭去"。

3. 实体正义与程序正义

形式正义与实质正义不可兼得的矛盾，在一个相当长的历史时期是通过牺牲形式或过程的正义，只追求结果的正义来解决的。这种解决办法可称为实体正义，即"只要结果是每个人得到了他应当得到的或同等情况下的人们都得到了同等对待，也就实现了正义。简言之，这样的观点意味着只要结果正确，无论过程、方法或程序怎样都无所谓。"[3]

然而，实践证明，以结果为指向的实体正义，不但没有很好地解决形式正义和实质正义的矛盾，反而扩大了这种矛盾。因为实体正义追求的是个别正义，而某一个别正义的实现往往同时就带来另一些个别不正义。为了还被害人一个公正，对犯罪嫌疑人不择手段地刑讯逼供，甚至造成冤案，就是单纯追求实体正义而制造新的不正义的例子。

因此，经过许多挫折之后，人们开始考虑，追求过程和方法的程序正义对于实现个别结果的实体正义也许并不是无关紧要的。"于是，就有了可能考

---

〔1〕 ［美］约翰·罗尔斯：《正义论》，何怀宏等译，中国社会科学出版社1988年版，第12页。

〔2〕 ［美］波斯纳：《法理学问题》，苏力，中国政法大学出版社1994年版，第48页。

〔3〕 ［日］谷口安平：《程序的正义与诉讼》，王亚新、刘荣军译，中国政法大学出版社1996年版，第1页。

虑程序自身存在理由以及区分合乎正义与不合乎正义的程序。这种在程序层次上成为考察对象的正义，可称为程序正义（procedural justice）。"[1]有学者认为，程序正义是通过法律程序本身而不是其结果所得以实现的价值目标。[2]就是说，人们从追求实体正义向追求程序正义的转变，是诉讼目标从"结果正当性"向"过程正当性"的转变，即强调当事人能够参加公正的程序。昂格尔认为，程序正义的价值在于：第一，保证被裁判者受到公正对待。这种形式上的公正对待，目的是维护当事人的人格尊严和人权价值。第二，以一种操作性规范保证裁判结果的正当性。第三，对社会公众接受裁判的公正性具有保障作用。[3]总之，程序正义作为一种司法理念，在一定程度上调和了形式正义和实质正义的矛盾。

罗尔斯是最先把程序正义概念引入正义理论体系的代表人物。他把程序正义分为完善的、不完善的和纯粹的三种：[4]

（1）"完善的程序正义"可用分蛋糕的例子说明，要使每人得到平等的一份，就要让一人来分蛋糕并最后一个拿蛋糕。他会尽可能平等地分，因为只有这样才能确保自己得到相对大的一份。这个例子说明，完善的程序正义具有两个特征：首先，公平的分配必须有一个脱离随后要进行的程序的独立标准。就是说，程序规则要在程序开始之前确立，在不知道谁将是分蛋糕者的情况下确立，并且在一个程序开始之后就不得随意修改。例如，选举规则、评价规则都要遵守这个要求。其次，设计一种保证达到预期结果的公平程序是有可能的。

完善的程序正义固然完善，但理想色彩太浓。它要求手段和目的之完美结合，但在具体司法实践中，这种完美结合即使不是不可能，也是十分罕见的。因为，一般性正义标准不可能完全适用于个别正义，而人们又不可能为每一种个别正义制定个别标准。在这种情况下，即使设计出公正的程序，却由于没有个别的正义标准，正义仍然不能实现。

---

〔1〕 ［日］谷口安平：《程序的正义与诉讼》，王亚新、刘荣军译，中国政法大学出版社1996年版，第1页。

〔2〕 参见陈瑞华：《程序正义论——从刑事审判角度的分析》，载《中外法学》1997年第2期。

〔3〕 参见 ［美］昂格尔：《现代社会中的法律》，吴玉章、周汉华译，中国政法大学出版社1994年版，第186页。

〔4〕 "完善的程序正义"，参见 ［美］约翰·罗尔斯：《正义论》，何怀宏等译，中国社会科学出版社1988年版，第81页。"不完善的程序正义"和"纯粹的程序正义"，参见同上书，第82页。

（2）"不完善的程序正义"可以刑事审判的例子来说明。刑事审判的预期结果是：只要被告犯有被控告的罪行，他就该被宣判为有罪。审判的程序规则和证据规则是为了达到准确认定事实的目的而设计的，但由于"证据之镜"原理在发挥作用，要将其设计得总能达到正确的结果也难以做到。因此，即便法律程序被仔细遵循，还是可能出现错误的结果。例如，无罪的人可能被判有罪，有罪的人却可能逍遥法外。不完善的程序正义的基本标志是：有了判断正确结果的独立标准时，却没有可以保证达到它的程序，而失去手段的目的是难以实现的。

（3）"纯粹的程序正义"可用赌博或体育比赛的例子来说明。只要游戏规则不偏向某一赌客或竞赛者，且被严格遵守，那么，无论结果如何都应该被认为是公正的。纯粹程序正义的特征是：因为事先没有一个确定结果是否正义的独立标准，所以，对取得正当结果起决定性作用的程序必须被严格遵守。

纯粹的程序正义并非只考虑过程、方法的公平性，而是从结果正义的角度主张：程序若被人们恰当遵守，其结果就会是正确或公平的。比如，运动员和裁判员只要没违反比赛程序规则，那么，双方队员就应该接受比赛的胜负结果，且不能认为这个结果不公正。同样，在法庭审判开始之前，谁有罪、谁败诉这一切都是不确定的，但只要大家都承认审判程序的合法性和正当性，控辩审三方按照这些程序一步步走完审判全过程，其结果的公正性就应该是不容置疑的。就是说，如果没有正确的手段或公平的程序，仅靠独立存在的正义标准、法律规则，不一定能够得到正义的结果；但只要严格遵循公平正当的程序，其结果就可能是正义的。"审判结果是否正确并不以某种外在的客观的标准来加以衡量，而充实和重视程序本身以保证结果能够得到接受是其共同的精神实质。按照罗尔斯的分类来说，这里的倾向就是纯粹的程序正义。换言之，只要严格遵守正当程序，结果就被视为是合乎正义的。"[1]

让我们来比较一下这三种程序正义：完善的程序正义既要有一个正义结果的独立判断标准，又要有一个保证达到这一结果的程序。不完善的程序正

---

〔1〕〔日〕谷口安平：《程序的正义与诉讼》，王亚新、刘荣军译，中国政法大学出版社1996年版，第5-6页。

义只有判断正义结果的独立标准，却没有可以保证达到这一结果的完善程序。纯粹的程序正义则与不完善的程序正义相反，参加游戏的人必须承认有保证达到正义结果的程序，却没有什么是正义结果的独立标准。如果让我们为司法审判进行选择，我们会选择哪一种程序正义？参见表3.1：

表3.1 三种程序正义的比较

	判断正义结果的独立标准	保证达到正义结果的程序
完善的程序正义	√	√
不完善的程序正义	√	×
纯粹的程序正义	×	√

罗尔斯虽然对纯粹的程序正义有明显的偏爱，但他在承认纯粹程序正义的现实性或实用性的同时，更尊重实质正义的价值，因而对将程序正义绝对化有很大的保留。他不无担忧地说："显然，我们不能因为一种特殊结果是在遵循一种公平的程序中达到的就说它是正义的。这个口子开得太大，会导致荒唐的不公正的结果。"[1]在这个问题上，与其说是推崇程序正义的人放弃了对实质正义的追求，不如说是人们在追求实质正义的过程中受到认识能力和实践条件的限制，在无奈中才作出这样一种妥协性选择。"比如，实际上从事了犯罪的人却被宣告无罪是违反实质性正义的，但程序上仍采取无罪推定原则。"[2]这是因为，提交审判的案件事实都是过去在法庭之外发生的，法官、检察官和律师对其均无亲身知识，只能通过"证据之镜"[3]来认定案件事实，在证据不足的情况下，除了疑罪从无，也许没有比其更好的办法来达到实质正义。因为绝对的正义可望而不可即，人们只能退而求其次，奉行相对的程序正义。

对纯粹程序正义弊端的无可奈何，与对实质正义的不懈追求，一直是法学家不断研究探索的动力。昂格尔在分析社会形态变化对法律推理的影响时指出，从自由资本主义社会向福利国家的转变，推动了"从形式主义向目的

---

〔1〕 ［美］约翰·罗尔斯：《正义论》，何怀宏等译，中国社会科学出版社1988年版，第82页。

〔2〕 ［日］谷口安平：《程序的正义与诉讼》，王亚新、刘荣军译，中国政法大学出版社1996年版，第3页。

〔3〕 关于"证据之镜"原理，详见本书第六章二、（一）事实认定。

性或政策导向的法律推理的转变，从关注形式公正向关心程序或实质公正转变"。[1]这种转变意味着从只重视形式正义的单一目标，转向注重程序与实质正义的双重目标。就是说，人们虽然不得不采用程序正义的思路来解决法律问题，但也一直在寻求用实质正义来克服程序正义弊端的办法，试图将二者结合起来。

美国法学家诺内特和塞尔兹尼克从三种类型法律的历史更迭趋势中，分析了实质正义在形式正义中如何得到更多实现的问题。他们认为，在以法治为标志的自治型法中，"程序是法律的中心"，法律秩序的首要目的和主要效能是规则性和公平，而非实质正义。这种以程序为中心的法律制度，坚信"正当程序和公平是法院的自信和信用的主要渊源"，实质正义则是无懈可击的程序的一种意料之中的派生物或副产品。[2]但实际上，程序正义并不等于实质正义。程序正义维护的是法律规则和正当程序的权威，程序公平就是在同一法律规则和正当程序面前人人平等、同样对待，它所体现的东西本质上还是形式正义。

然而，对于疑难案件，表面的公平很可能造成实质上的非正义。如果过分要求法律推理僵死地遵守程序规则，而得出的结论却是实质非正义的权利要求，作为形式正义的公平就会变成虚伪和专横的东西，就会产生程序暴政。例如，天津赵春华非法持有枪支案，一审法院依法判处其有期徒刑 3 年 6 个月。二审法院审理认为，依据现行法律规定，被告人非法持有仿真玩具枪是构成了犯罪，一审法院的定罪体现了在法律面前人人平等原则的基本要求，但其非法持有的枪支均刚刚达到枪支认定标准，非法持有枪支的目的是从事游艺经营活动，主观恶性程度相对较低，犯罪行为的社会危害性相对较小，依法改判其有期徒刑三年缓刑三年。[3]在上述案件中，一审法院和二审法院虽然都提到"依法"，但前者追求形式正义的公平而作出的判决彰显的是程序专横，后者追求实质正义的公平而作出的改判彰显的则是人文关怀。形式正

---

〔1〕 参见［美］昂格尔：《现代社会中的法律》，吴玉章、周汉华译，中国政法大学出版社 1994 年版，第 181 页。

〔2〕 参见［美］诺内特、塞尔兹尼克：《转变中的法律与社会》，张志铭译，中国政法大学出版社 1994 年版，第 60 页，第 74 页，第 93 页。

〔3〕 参见张晓敏：《现在开庭 赵春华涉枪案二审宣判》，载《人民法院报》2017 年 1 月 27 日，第 3 版。

义和实质正义的矛盾最终将推动法律秩序超越自治型法，重视实质正义的目的型法作为法律制度发展的一种趋势，正是在这种情况下被提出来的。它的一个重要特征是，手段（程序）在法律推理中的权威性受到削弱，目的之权威性得以增强。

其实，所谓实质正义是相对和绝对的关系。世界上有没有绝对的实质正义？回答是：既有又没有。因为，绝对的实质正义不能孤零零、赤裸裸地存在，它只能存在于相对的实质正义之中。就是说，实质正义必须披上形式正义的秀美外衣，寄寓于形式正义的"外壳"之中，存在于形式正义的不断发展之中。

法治也是一样，世界上没有完美无缺的法治。法治是人类为了追求实质正义而建立起来的体现程序正义或形式正义的东西。有时候，法治的某些实践又展示了其不正义的一面。特别是当各种体现人类价值的法律原则发生冲突的时候，法治精神中体现人类更高价值的原则就会贬抑较低价值的原则。例如，证据来源的合法性原则，就比不应让罪犯逍遥法外的原则位阶更高，因为前者体现了法治社会人权保障的更高价值。为了维护这种价值，法治的原则在面临诸如"宁可错放十个，也不错判一个"，还是"宁可错判十个，决不放过一个"这样的价值选择时，自然要选择前者。这是法治的代价，你说哪一个更体现实质正义？

在这个问题上，贝勒斯提出的"道德成本原则"，用定量分析取代了非此即彼的选择，倒是对我们有启发意义。他认为："我们应当使法律程序的道德成本最小化。"按照这个原则，在对无罪者治罪（CI）和未对有罪者治罪（–CG）这两种可能出现的错误判决中，前者比后者更有害，因为它侵犯了无罪不治罪的权利。这种侵权行为即是道德损害或道德成本。从一项法律推理的结果来看，如果对无罪者治罪就等于经济成本加上道德成本，其成本更高；而如果是未对有罪者治罪只等于经济成本。所以，我们总是对无罪者治罪的情况给予负评价，以便防止出现 CI 错误。[1]

正义作为社会制度的首要价值，在法律制度中得到了最充分的体现。罗尔斯非常重视"制度与形式的正义"。他认为，"社会正义原则的主要问题是

---

〔1〕 参见 〔美〕迈克尔·D. 贝勒斯：《法律的原则——一个规范的分析》，张文显等译，中国大百科全书出版社 1996 年版，第 29 页，第 32 页。

社会的基本结构，是一种……社会制度安排。""一种制度，其规范的公开性保证介入者知道对他们互相期望的行为的何种界限以及什么样的行为是被允许的。"〔1〕因此，法律推理审判方法必须制度化，即从法官自发的个人行为变成一种制度规范的自觉实践，才能保证其作为一种法定义务而被履行，以避免"任意性"。从这个意义上说，法律推理既是实现法治的手段，也是实现正义的手段。但是，手段和目的在实践中如何统一总是一个无法回避的难题。法治为什么常给自己提出维护形式正义的有限目标而牺牲实质正义？对这个问题如果局限于正义本身，是很难得到满意答案的。因为，尽管法律推理以追求实质正义为目的，但在实践中却总会遇到现实的利益问题。

（二）利益

正义一旦脱去抽象理想的外衣，就改头换面变成利益。因为，无论是作为社会道德理想还是作为社会制度首要价值的正义，都涉及利益分配和形式与实质的关系，这必然会产生利益冲突。

利益是人类生存和发展的客观需要与满足需要之主观追求的统一。其统一的基础是需要，满足需要的手段是实践。人们有各种各样的需要，也就有各种各样的利益，如经济利益、政治利益、文化利益等。利益体现着人们在分享物质产品和精神产品时的社会关系，是人们从事各种实践活动的动机。司马迁说："天下熙熙皆为利来，天下攘攘皆为利往。"〔2〕乾隆下江南来到镇江金山寺，看到山下大江东流，船来船往，问老和尚"可知每天来来往往有多少船？"老和尚答道："在我看来只有两艘。一艘为名，一艘为利。"〔3〕马克思说："人们奋斗所争取的一切，都同他们的利益有关。"〔4〕罗尔斯也说："公正一致地遵循规范的愿望、类似情况类似处理的愿望、接受公开规范的运用所产生的推论的愿望，本质上是与承认他人的权利和自由、公平地分享社会合作的利益和分担任务的愿望有联系的。"〔5〕正因为人的行为受利益驱动，

---

〔1〕 参见［美］约翰·罗尔斯：《正义论》，何怀宏等译，中国社会科学出版社1988年版，第50-53页。

〔2〕 （汉）司马迁：《史记》，第一百二十九章"货殖列传"。

〔3〕 《清代皇帝秘史》，载https://www.jianshu.com/p/207296cd8673，最后访问日期：2023年3月17日。

〔4〕 《马克思恩格斯全集》（第1卷），人民出版社1957年版，第82页。

〔5〕 ［美］约翰·罗尔斯：《正义论》，何怀宏等译，中国社会科学出版社1988年版，第56页。

法律才可能通过调整人们之间的利益关系来调整人们的行为。所以，"利益是法的实现的动力和归宿，是法发挥作用的基础。"[1]

1. 利益是正义的实现方式

抽象正义之所以能够变为实在利益，是因为正义内在地包含着利益。在正义与利益的统一体中，利益作为正义的对立面而存在。所以，正义的实现过程是向自己对立面的转化。分配正义和校正正义、形式正义和实质正义的矛盾，推动了正义自我否定的实现过程。正义的实现方式尽管不同，但毫无疑问的一种实现方式是转变为利益。

按照亚里士多德注重行为的校正正义观点，正义的实现就是要"合乎每一个人的利益"。[2]然而，一方面，人在能力上天生有别，若用同一尺度来平衡不同人的利益，无法使每一个人的需要都得到满足；另一方面，以司法正义而言，正义的实现在给一部分人带来利益的同时，必然给受益人的利害关系人造成损害。打官司皆有输赢，法律保护一方当事人的利益，同时就是剥夺另一方当事人的利益。权利人的利益得到保护，侵权人的利益就要被剥夺；因此，要使其"合乎每一个人的利益"，实为不可能。所以，罗尔斯把正义视为社会制度的首要价值，认为人的行为公正与否，应当根据社会基本结构的正义标准作出判断。一种正义的社会制度就是要最大程度地实现社会的整体平等，在分配社会合作所产生的利益方面，应该始终从最少受惠者的立场来考虑问题。[3]

从亚里士多德校正正义的"合乎每一个人的利益"，到罗尔斯"两个正义原则"中的"合乎最少受惠者的最大利益"，前一个目标过于理想化，因而很难达到，即使达到了也只能是形式上的平等；后一个目标如果能够实现，就会使社会（成员）达到大体上的平等，因而体现了实质正义的要求。例如，缩小社会的贫富差距，就符合实质正义的要求。罗尔斯提出利益补偿原则，即给予天生处于劣势者以某种补偿或法律救济，期望达到一种事实上的平等，而这种平等仍然需要以一种不平等为前提，即对先天不利者使用并非与正常

〔1〕 孙国华主编：《法理学教程》，中国人民大学出版社 1994 年版，第 92 页。

〔2〕 参见 ［美］约翰·罗尔斯：《正义论》，何怀宏等译，中国社会科学出版社 1988 年版，第 58 页。

〔3〕 参见 ［美］约翰·罗尔斯：《正义论》，何怀宏等译，中国社会科学出版社 1988 年版，第 57 页。

人同等的尺度。也就是说，为了事实上的平等，形式上的平等要被打破。例如，精神病患者如果犯罪，就不能用对待正常人的法律对其实施惩罚。同样的道理，也适用于未成年人犯罪。否则，对不同等的个人使用同等的尺度，必然会造成实质上的不平等。

2. 利益的合法性与正当性

利益的合法性与正当性本来是可以相互界定的术语，如果前者是指利益来源或获利手段的正当性，后者就是指它们的合法性。换言之，非法利益谈不上正当，正当利益则应当受到法律保护。但是，要实际区分什么是合法利益和非法利益、正当利益和非正当利益，却并非易事，因为这首先涉及合法和正当的标准问题。

古希腊哲人特拉西马库斯（以下简称特氏）认为，不同的政体根据统治者的利益观制定了不同的法律，并要求被统治者以服从正义的名义来服从法律，违法就要受到惩罚。所以，任何地方只有一条正义原则：强者利益。但苏格拉底不同意这种观点，他认为统治者有时候也会犯错误，从而制定出与自己利益相抵触的法律。那么，当被统治者服从错误的法律时，正义就与强者的利益背道而驰。可见，只有当统治者代表被统治者利益制定出符合全体社会成员利益的法律时，才称得上正义。[1]道理很简单，正义如果仅仅是统治者的利益，弱者的利益就会失去合法性和正当性。

同特氏强者利益观相符的社会制度可分为两种典型：其一是自由资本主义社会上层阶级和底层阶级的两极分化，例如在某些国家，全部财富的30%以上集中在1%的财产所有者手中，这使少数上层阶级成员在经济、政治、文化和教育等领域享有多种优先权利，而作为社会大多数的底层阶级成员则处于不利地位；[2]其二是专制主义国家的权利垄断，由于统治权不受任何其他机构（包括立法、司法、宗教、经济或选举机构）的监督和制约，[3]从而使得少数特权阶层享有比普通大众更多的权利。造成上述两种情况的社会制度基础虽然决定了其手段有所不同，前者是资产阶级凭借经济权利（财产所有权）、后者是特权阶层凭借政治权力，但其共同特点是：少数强权者将自己的

---

〔1〕　See Plato, *The Republic and Other Works*, International Callectars Library, 1988, p. 22. 转引自张乃根：《西方法哲学史纲》，中国政法大学出版社1993年版，第11页。

〔2〕　参见《不列颠百科全书》（第15卷），中国大百科全书出版社2002年版，第449页。

〔3〕　参见《不列颠百科全书》（第1卷），中国大百科全书出版社2002年版，第29页。

利益凌驾于多数弱者的利益之上。

那么，如果情况倒过来，不是少数强权者欺压多数人，而是将多数人的利益凌驾于少数人的利益之上，或者说，多数人欺压少数人，是否就具有正义性？对此，同特氏强者利益观一脉相承的英国边沁等人的功利主义主张，可以用一些人较大的利益来补偿另一些人较少的损失，甚至为使很多人分享较大利益而剥夺少数人的自由。边沁给功利原则下的定义是："任何事物的这样一种性质，根据这种性质似乎会产生快乐、美好和幸福，或者防止对有利害关系的一方发生灾害、痛苦、邪恶或不幸。"他认为，所有立法的目标必须是"最大多数人的最大幸福。"[1]他认为，道德的最高原则是使幸福最大化，使快乐总体上超过痛苦。所谓正当行为，就是任何使功利最大化的行为。但是，功利主义的缺陷在于，为了追求利益最大化可以不尊重个人权利。例如，按照功利主义的观点，牺牲一个人的生命以挽救五个人的生命，向富人征税以帮助穷人，为了预防一个定时炸弹袭击而对一名恐怖活动嫌疑人严刑逼供，这些看起来都是正当的事情。[2]这种为追逐利益最大化而牺牲他人生命或自由价值的做法，实际上等于承认在利益面前人们不平等。这不仅违反了实质正义，而且连形式正义也不顾了。所以，功利主义实际上是一种不择手段的利益理论，这种理论脱离公平、平等而追逐的利益，根本就谈不上正当性。

康德反对把功利作为公正的基础。他认为，不能仅因某物给很多人带来快乐，就把它看作是正当的。他认为，边沁说我们喜欢快乐而讨厌痛苦，这是对的，但他错在坚持认为它们是"我们的至高无上的主人"。康德承认我们是"感性的存在"，但他更强调我们是理性的存在，即能够进行推理；我们也是意志自由的存在，能够自由地行动和选择。当理性掌管我们的意志时，我们就不受欲望的驱动去追求快乐、避免痛苦。我们的理性能力与自由能力结合起来，便将我们与动物性存在区别开来，使我们不仅仅是欲望的存在。[3]

罗尔斯提出"作为公正（公平）的正义"（Justice as Fairness）理论，要

---

〔1〕《不列颠百科全书》（第2卷），中国大百科全书出版社2002年版，第379-380页。

〔2〕参见［美］迈克尔·桑德尔：《公正——该如何做是好？》，朱慧玲译，中信出版社2012年版，第33-53页。

〔3〕参见［美］迈克尔·桑德尔：《公正——该如何做是好？》，朱慧玲译，中信出版社2012年版，第118-119页。

求不脱离正当（right）来追求利益，或者不用最大量地增加利益来解释正当。在罗尔斯看来，"正义否认为使一些人享受较大的利益而剥夺另一些人的自由是正当的。在一个正义的社会里，基本的自由被看作是理所当然的。由正义保障的权利不受制于政治的交易或社会利益的权衡。"〔1〕在作为公平的正义中，人们要使自己的利益追求符合正义原则的要求，在制定计划和决定志向时，就要尊重、考虑正义原则的限制。

正当利益作为法律推理的目的标准之一，其实现条件是必须为操作标准吸纳后变为权利，才能成为被法律保护的合法利益。那么，哪些利益可以变为权利而成为受保护的合法利益，哪些利益不能变为权利？在这个问题上，罗尔斯提出了正义是对利益的一种限制的思想。他认为，作为公平的正义具有主张正当对善（利益）优先的特征，要限制个人的某些欲望、性格和利益，避免个人主义膨胀。"作为公平的正义中，正当的概念是优先于善的概念的。一个正义的社会体系确定了一个范围，个人必须在这一范围内确定他们的目标。正义的优先部分地体现在这样一个主张中：即，那些需要违反正义才能获得的利益本身毫无价值。由于这些利益一开始就无价值，它们就不可能逾越正义的要求。"〔2〕

如果正当利益可以成为受法律保护的权利，不正当的利益则不能受到法律保护，那么，法律如何来平衡正当利益和不正当利益的冲突呢？换言之，法律如何确定一种具体的利益合法还是不合法？在这个问题上，利益法学家从主张法的最高任务是平衡利益出发，认为每一个法律体系都是有缺陷和空白的，所以，仅仅靠现有的法律规则通过逻辑推论并不总能得出符合正当利益的结论。这就需要法官善于发现法律规则的目的，通过富有创造性的合理解释去平衡互相冲突的利益。就是说，具体利益合法与非法的问题，是通过依照目的标准而进行的法律推理来判定的。这种主张，对于克服形式主义法律推理观的局限性具有积极意义。

在法律推理过程中，正义的实现总是保护正当的利益，这一点是绝对的。一般而言，法律推理的结果若使正义得到伸张，就剥夺了败诉者的非法利益而保护了胜诉者的合法利益；若使邪恶得逞，就适得其反。当然，在各种利

---

〔1〕 [美] 约翰·罗尔斯：《正义论》，何怀宏等译，中国社会科学出版社 1988 年版，第 25 页。

〔2〕 [美] 约翰·罗尔斯：《正义论》，何怀宏等译，中国社会科学出版社 1988 年版，第 28 页。

益相互冲突的情况下，正义的实现总是要在不同的利益之间作出选择，这种选择有时不是因为何者正当，而是必须通过权衡它们的分量而作出取舍，致使被取者由其分量重而变为正当，被舍弃者由其分量轻而变为不正当。所以，利益的正当与不正当，在一定条件下又具有相对性。

3. 效率是利益的一种表现形式

效率是指"从一个给定的投入量中获得最大的产出，即以最少的资源消耗取得同样多的效果，或以同样的资源消耗取得最大的效果。"[1]效率作为人类活动的评价标准，源于社会资源有限，不讲效率就会在竞争中失败。效率作为评价标准体现了正义理想和利益现实的统一，它对法律推理提出了二者兼顾的要求。

第一，效率体现了正义与利益的矛盾。公平和效率作为人类活动的两种价值，彼此存在一定冲突和矛盾。这表现在，当人们追求效率时，可能产生各种不平等。罗尔斯清楚地看到这一点，请看他对效率原则的说明："一种结构，当改变它以使一些人（至少一个）状况变好的同时不可能不使其他人（至少一个）状况变坏时，这种结构就是有效率的。"[2]按这种理解，追求效率必然会造成不公平。那么，理性人应该如何选择？对此有两种不同的看法。

罗尔斯主张效率应当服从于正义标准。他说："某些法律和制度，不管它们如何有效率和有条理，只要它们不正义，就必须加以改造或废除。"[3]一种正义的社会制度，就是要使其最大程度地实现平等。这种平等不是形式上的平等，而是接近事实上的平等。正义原则最终是要合乎最少受惠者的最大利益，所以，必然要牺牲一部分效率来满足公平的要求。孙笑侠教授对行政权和司法权做过一个对比："行政权的价值取向具有效率优先性，司法权的价值取向具有公平优先性。……行政注重投入产出的关系，而司法不以投入和产出的关系为忌。管理贵在神速和有效，判断贵在公正和准确。……行政的任务是促进和保证产出更大的馅饼，而法院的使命则是在既定规则和程序过程

〔1〕 张文显：《法学基本范畴研究》，中国政法大学出版社1993年版，第273页。

〔2〕 ［美〕约翰·罗尔斯：《正义论》，何怀宏等译，中国社会科学出版社1988年版，第62-63页。

〔3〕 ［美〕约翰·罗尔斯：《正义论》，何怀宏等译，中国社会科学出版社1988年版，第1页。

中判断馅饼分配的合理性。"[1]

在正义与效率的关系问题上，经济分析法学似乎走向另一个极端。它忽视正义标准而重视效率标准，并使效率标准占据排他性价值的优势地位。经济分析法学主张，"效率或财富极大化应是法律的唯一目的"[2]。波斯纳认为，各种具体法律程序都有其效益目标。例如，民事审判程序和刑事审判程序的目标，从经济上看是为了减少错误判决的代价和直接的程序代价；行政程序是为了增加政府的管理效益，同时减少管理的费用。因此效率是法律解释的指针和法律推理的评价标准。

我们认为，罗尔斯把正义当作牺牲效率的绝对理由，波斯纳把效率视为法律的唯一目的，似乎都有一定的片面性。实际上，正义和效率并非像他们所坚持的那样势不两立，追求效率有时候也可用于实现正义的目的。例如，历史上提高劳动生产率采用了一些非人道的办法，但劳动生产率提高后又改善了人的生存环境和发展空间。当然，如果把效率当作唯一目的，在实践和理论上都会犯错误。比如，专制可能比民主更有效率，刑讯逼供可能比法律推理在审判中更有效率[3]；但是，我们不能为追求效率而自愿接受专制统治，更不能为了提高效率而从法律推理倒退至刑讯逼供。当然，抽象地谈论正义和效率何者重要或者应该牺牲哪一个是没有意义的。公平和效率应该如何兼顾以及在具体历史条件下确定何者优先，这主要是一个实践问题。历史上，对效率标准的过分追求曾经极大地限制了法律推理的发展，因为在需要弄清案件事实真相的时候，刑讯逼供常常比法律推理显得更有效率。在人权没有保障的专制制度下，刑讯逼供和法律推理作为两种可供选择的司法手段，前者往往成为法官的首选方法，法律推理则因为不及刑讯逼供有效率而陷入萎缩。这些教训值得我们记取。

第二，诉讼效率和诉讼成本的反比关系。无限制的诉讼、无终局的审判

---

〔1〕 孙笑侠：《司法权的本质是判断权——司法权与行政权的十大区别》，载《法学》1998年第8期。

〔2〕 ［美］迈克尔·D. 贝勒斯：《法律的原则——一个规范的分析》，张文显等译，中国大百科全书出版社1996年版，第1页。

〔3〕 日本法学家棚濑孝雄认为，如果以"一定人力或物力为基数平均所解决的纠纷件数"作为标准来衡量的话，恐怕近代的司法制度会被视为最无效率的纠纷解决方式。参见［日］棚濑孝雄：《纠纷的解决与审判制度》，王亚新译，中国政法大学出版社1994年版，第26页。

成本太高，造成效率低下，稳定的财产制度便难以保持，个人利益也不能得到及时的保护，人们想要通过法律推理去实现公正的愿望就会落空。例如，尽管可以证明：烟草中的尼古丁会引起肺癌，而且吸二手烟也会患肺癌；但是，吸烟患肺癌的病者和二手烟的受害者若都向法庭提出诉讼，向烟草公司索取赔偿，恐怕就会讼满为患，法庭如作出赔偿裁决，类似的诉讼将如潮涌至，后果难以想象。[1]

限制诉讼的必要性决定了终审制度的正当性。"上诉的终局性规则要求，只能对终局判决提起上诉。这一规则的主要目的在于减少直接成本，防止因大量上诉而中断与拖延审理。"[2]按照诉讼时效的规定，自原告意识到或应当意识到其请求之日起，如果某一权限已经过时就禁止提起诉讼。这项规定意在避免因为难以获得充分可靠的证据而产生的错误成本。同时它也有助于预防原告不行使请求权从而抬高损害赔偿额的不公平现象。这说明，效率和公平是可以兼顾的。

贝勒斯认为，"法律的主要目的之一是避免诉讼（为了合理而及时解决争端所必要的诉讼除外），因为诉讼是负值交互行为。"[3]所谓负值交互行为，就是说诉讼不仅不创造价值，而且具有负价值。在错误成本与直接成本大于程序利益的情况下，尽管个别被告能获得损害赔偿和其他救济而从诉讼中受益，但从社会的立场或从潜在原告或被告的立场来看，诉讼是一种需要成本的损失，所以应当尽量避免打官司。"法律体系和程序存在的理由在于它是一种较轻的邪恶，用法律来解决争执胜于血亲复仇、野蛮的犯罪与暴力等。"[4]这是一种"以毒攻毒"的理论。

第三，诉讼效率包括及时原则。这个原则是指审判在程序上应提供及时的判决。英国法谚曰："迟到的正义已非正义。"（Justice delayed is justice denied.）说的就是这个意思。但贝勒斯对此有一些不同的看法。他认为，"及时是草率和拖拉两个极端的折衷。草率作出的判决容易出错。拖延解决争

---

〔1〕　参见 1999 年 7 月 9 日《羊城晚报》。

〔2〕　［美］迈克尔·D. 贝勒斯：《法律的原则——一个规范的分析》，张文显等译，中国大百科全书出版社 1996 年版，第 82 页。

〔3〕　［美］迈克尔·D. 贝勒斯：《法律的原则——一个规范的分析》，张文显等译，中国大百科全书出版社 1996 年版，第 85 页。

〔4〕　［美］迈克尔·D. 贝勒斯：《法律的原则——一个规范的分析》，张文显等译，中国大百科全书出版社 1996 年版，第 37 页。

执会促使人们把问题'私了'。'拖延审判即否定正义'，这一谚语实质上是不对的，因为推迟作出的判决实质上可能是正确的。不过，拖延审理妨碍人们安排其生活。"[1]尽管效率与公正之间存在着一定冲突，但司法效率的提升同样也可以用于实现司法正义的目的。这样说的理由有三点：（1）司法效率的提升有利于迅速查明真相，及时惩罚犯罪。"犯罪与刑罚之间的时间隔得越短，在人们心中，犯罪与刑罚这两个概念的联系就越突出、越持续，因而，人们就很自然地把犯罪看作起因，把刑罚看作不可缺少的必然结果。"[2]（2）诉讼效率的提升有利于权利保障的实现。一方面，诉讼效率低下容易造成案件积压，大量纠纷无法得到有效处理，不仅会使当事人求助司法救济的期待落空，还可能影响社会稳定，激化矛盾；[3]另一方面，诉讼效率低下容易使诉讼当事人的权利长时间处于不安的状态，例如，在刑事诉讼中，效率低下可能导致被告人在审前遭受不适当的监禁，增加与被指控犯罪有关的焦虑和耻辱感以及减少由于证据或证人的丢失而损害被告提出有效辩护的能力的可能性。[4]（3）诉讼效率低下可能加剧司法资源不平等引发的司法不公。例如，富人和穷人在诉讼中的地位并不完全平等，富人可能通过无休止举证而使穷困的对方当事人处于不利地位，从而影响实质公正。[5]因此，各国法律均通过有关规定以维护诉讼的及时性。例如，德国《刑事诉讼法》163a 规定："对被指控人至迟应在侦查终结前予以询问。"美国《联邦证据规则》403 把"在实质上超过相关证据的证明力"的"过分拖延、浪费时间或无需出示累积证据"，作为排除相关证据的理由之一。《中华人民共和国刑事诉讼法》（以下简称《刑事诉讼法》）第 2 条规定了"及时地查明犯罪事实"的刑诉法宗旨。

4. 经济成本最小化与利益最大化

按照经济分析法学的观点，在确定法律推理的评价标准时，不能不把经济成本当作一个重要因素加以考虑。经济成本原则是效率标准的具体化，它

---

〔1〕 ［美］迈克尔·D. 贝勒斯：《法律的原则——一个规范的分析》，张文显等译，中国大百科全书出版社 1996 年版，第 36 页。

〔2〕 ［意］贝卡利亚：《论犯罪与刑罚》，黄风译，中国大百科全书出版社 1993 年版，第 57 页。

〔3〕 参见范愉等编著：《司法制度概论》，中国人民大学出版社 2016 年版，第 26 页。

〔4〕 See Po H. Chiu，"Doggett v. United States：Adapting the Barker Speedy Trial Test to Due Process Violations"，*Whittier L. Rev.*，Vol. 14，1993，p. 893.

〔5〕 参见张保生主编：《证据法学》，中国政法大学出版社 2018 年版，第 73–74 页。

要求使法律程序的经济成本最小化。

经济分析法学由于追求财富或经济效率的最大化，从而把法律程序看作是实现某一目的过程中产生的一种费用，因此，法律推理评价的标准之一是费用最小化。如果把法律推理的结果分为判决和错误判决两种情况。作出判决的成本称作直接成本，用"DC"表示，包括法官薪金、法院房舍、陪审团费用、律师费用等司法系统运作的成本。错误判决的成本称作错误成本，用"EC"表示。因为每一个错误判决都会导致资源的无效率利用，所以是一种不适当的费用。据统计，在美国法院判决的案件中大约有 13% 的错误判决，其中对有罪者不治罪的错误判决占 8%–12%，而无罪者治罪的错误判决数量要少得多，占 1%–5%。经济分析法学认为，冤枉无辜者比放纵有罪者的成本更大。法律推理评价的经济成本标准可以表述为：实现错误成本和直接成本（EC+DC）的总额最小化。[1]

法律界对不同审判方式的经济成本已经作了大量研究。从经济成本的绝对量看，对纠问制和对抗制审判的成本不好作精确比较。但从相对量看，纠问制审判将证据的收集、调查和确认的责任全部归于法院，造成法院负担加重，无论是法官精力耗费还是财力投入都应该说是高成本的。而在对抗制审判中，由于当事人承担举证责任，因此，相当一部分诉讼成本也同时由诉讼当事人承担。当然，诉讼各方为能在法庭上提出对自己有利和于对方不利的证据，会最大限度地去搜集证据从而增加人力和财力成本，但由于搜集证据受到在法庭上一决胜负的利益驱动，可能比法院搜集证据的效率更高。

（三）人权

人权是人在自由和平等的基础上必须享有的满足物质和精神生活基本需要的做人权利。从正义到利益、再到人权，是人类基本价值从抽象到具体的实现过程。人权作为正义理想和利益原则相结合的产物，体现了人的精神追求（道德和法治精神与自由理想）和物质需求（生存与发展）的统一，自然权利和法定权利的统一。人权是法律推理目的标准和操作标准的联系环节，因而以基本权利的形式体现了目的和手段的统一：相对于抽象目的，它体现了具体的正义和利益；相对于实体法、程序法和证据法的规则，它又是相对

---

[1]　参见［美］迈克尔·D. 贝勒斯：《法律的原则——一个规范的分析》，张文显等译，中国大百科全书出版社 1996 年版，第 23–26 页。

抽象的基本权利。

1. 人权是正义和利益相结合的基本权利

人权的产生和发展有一个从自然权利向法定权利的转化过程。自然法学家主张，在人类社会和国家出现以前，就有先于人定法而存在的自然权利。我国学者认为，人权的原意并不是法律权利，而是指道德上的权利；[1]在原始社会就存在权利与义务合一的习俗权利；[2]并对社会自发权利的基本特征作了论述[3]。

按照《牛津法律大辞典》的解释，自然权利是指"依靠自然法则和人的本性而不是依靠国家制定法来维持的个人固有权利"。[4]罗尔斯认为，自然权利具有直接来源于正义理想的特点：首先，它是"由正义理论确定的权利"，而法定权利是"由法律和习惯规定的权利"；其次，自然权利的观念表明这种权利一开始就是属于个人的，是通过平等的正义原则而赋予人们的，因而是不能被其他价值所压倒的基本权利。[5]

作为自然权利，人权既是人应有或天赋的权利，又是同社会生产方式发展水平相适应、具有历史正当性的权利。对人权的天赋性可作如下理解：从人权的个体发生来看，它是每个人与生俱来的权利；从群体发生学角度看，人权不是上天自然赐予人类的，而是社会生产方式发展到一定阶段的产物。人权作为自然权利是"应有权利"或"自发权利"，随着社会发展才转化为法定权利或"现实权利"。

自然权利如何转化为法定权利？按照卢梭的观点，这是通过个人将自己所有的自然权利让与社会共同体而集合成国家权力，反过来又要求国家权力来保护个人权利而实现的。郭道晖先生指出了这种转化所需要的时空条件，并分析了自然权利不许转化、不能转化、不必转化为法定权利的情况，以及

---

[1] 参见沈宗灵：《人权是什么意义上的权利》，载《中国法学》1991年第5期。

[2] 参见夏勇：《人权概念起源》，中国政法大学出版社1992年版，第1—8页。

[3] 参见郭道晖：《人权·社会权利与法定权利》，载郭道晖：《法的时代精神》，湖南出版社1997年版，第164—170页。

[4] [英] 戴维·M·沃克：《牛津法律大辞典》，北京社会与科技发展研究所译，光明日报出版社1988年版，第631页。

[5] [美] 约翰·罗尔斯：《正义论》，何怀宏等译，中国社会科学出版社1988年版，第492页注①。

法定权利如何又回归于自然权利等问题。〔1〕参照上述思想，自然权利转变为法定权利需要几个条件：（1）反映正义理想的人权要求，只有在符合统治阶级利益的情况下才能被承认为法定权利；（2）合乎正义理想或人性的人权要求，必须在有利于经济和社会发展的情况下，才能被操作性标准吸纳为法定权利；（3）在合乎正义理想、道德习俗和人性的人权要求中，哪些不必转化，哪些有待实践进一步检验才能转化为法定权利，均受社会文化和文明发展程度的制约。

用正义和利益的矛盾统一观点来看待自然权利向法定权利的转化，就会发现，抽象的人权即使不是没有，也少得可怜。如梅因所说，人权在罗马法中基本上是不存在的，权利"只能是属于一个特定的人的一切权利"；〔2〕"平等地剥削劳动力，是资本的首要人权"。〔3〕直到 18 世纪，最先承认人权的美国宪法，还"同时确认了存在于美国的有色人种奴隶制"；〔4〕而在法国 1789 年颁布的《人权宣言》中，"人"还不包括妇女，妇女尚无公民权。〔5〕这说明，人权是一个不断发展的历史概念。

联合国大会 1948 年 12 月 10 日通过的《世界人权宣言》，〔6〕在反思"二战"期间纳粹和法西斯"对人权的无视和污蔑已发展为野蛮暴行"的基础上，对"维护我们人人的尊严和正义"作出庄严承诺，即普遍承认"基本权利和基本自由是全人类固有的权利，不可剥夺，对任何人一律平等"。这包括，（1）人权"乃是世界自由、正义与和平的基础"（序言）。"人人生而自由，在尊严和权利上一律平等。"（第 1 条）（2）生命和安全（第 3、5 条）。（3）平等保护："法律之前人人平等，并有权享受法律的平等保护，不受任何歧视。"（第 7 条）（4）权利救济和司法独立（第 8-9 条）。"人人完全平等地有权由一个独

〔1〕　参见郭道晖：《人权·社会权利与法定权利》，载郭道晖：《法的时代精神》，湖南出版社 1997 年版，第 163-191 页。

〔2〕　参见［英］梅因：《古代法》，沈景一译，商务印书馆 1959 年版，第 102 页。

〔3〕　中共中央马克思 恩格斯 列宁 斯大林著作编译局译：《马克思恩格斯全集》（第 23 卷），人民出版社 1957 年版，第 324 页。

〔4〕　中共中央马克思 恩格斯 列宁 斯大林著作编译局编：《马克思恩格斯选集》（第 3 卷），人民出版社 1972 年版，第 145 页。

〔5〕　参见百度百科：《人权宣言》，载 http：//baike. baidu. com/link？url＝8qdJMWrQ7vM4YQSGXW 95e3wYPtsimItlZH2KPLoYoraCF5gsyhTdeAtcC6GKLPyZ，最后访问日期：2013 年 10 月 1 日。

〔6〕　《世界人权宣言》，载 http：//sohu. com/a/280748284_ 100934，最后访问日期：2024 年 2 月 4 日。

立而无偏倚的法庭进行公正的和公开的审讯，以确定他的权利和义务并判定对他提出的任何刑事指控。"（第10条）（5）刑事权利：无罪推定与罪刑法定（第11条）。（6）隐私权、名誉权（第12条）。（7）财产权：任何人的财产不得任意剥夺（第17条）。（8）个人自由：一是宗教或信仰的自由（第18条）；二是言论和思想的自由（第19条）；三是和平集会和结社的自由（第20条）；四是选举和自由投票的权利（第21条）。（9）就业权（第23条）。（10）生存权（第24-25条）。（11）教育权（第26条）。（12）文化权利（第27条）。

1976年生效的《公民权利和政治权利国际公约》《国际经济、社会和文化权利公约》，把《世界人权宣言》已揭示的大多数权利加以发展，进一步规定了日常生活中的权利，如生命权、法律面前人人平等、言论自由、工作权、社会安全、受教育权等。2004年修订的《中华人民共和国宪法》第33条规定："国家尊重和保障人权"。2012年《刑事诉讼法》第2条增加了"尊重和保障人权"。

2. 人权是人类共同价值的结晶

从人权反映正义理想来看，它首先是一种道德权利，即人作为主体的做人权利。做人的权利是由"人道主义标准"来支持的，"这一标准的核心含义是：一切政治、法律措施，一切社会活动，只有当它有助于实现人类解放和人的自由与能力的全面发展时，才是有价值的。以任何借口去粗暴践踏人权的行为，都是对人类尊严的亵渎"[1]。人权的这一特性，使其具有了法律推理目的标准的资格。

首先，人权是一种人人都应该享有的普遍权利，其权利内容具有普适性。"人权指那些直接关系到人得以维护生存、从事社会活动所不可缺少的最基本的权利，如生命安全、人身自由、人格尊严、基本的社会保障等。"[2]

其次，《世界人权宣言》具有人类权利宣言之人类共同属性，人权应该成为世界各国人民普遍享有的宪法权利，同时，"国家尊重和保障人权"必须落实在各国实体法、程序法和证据法之中，才能成为便于法律保护的法定权利。人权由抽象宪法权利变为具体法律权利的价值意义在于：其一，直接的人权保护，即通过人权保障条款直接为法律推理提供操作标准，以维护法律的正

---

〔1〕 张文显主编：《法理学》，法律出版社1997年版，第287页。

〔2〕 张文显：《法学基本范畴研究》，中国政法大学出版社1993年版，第112-113页。

义性，保障人的合法权益；其二，赋予人民一种抵抗权。人权作为一种抵抗权，对法律推理制度具有奠基意义，这在欧洲人权法院的审判实践中已经体现出来。

最后，民主法治国家的标志在于，将人权从一种法外的道德抵制权变为法内的法律抵制权。"这种'抵抗权'作为一项基本人权而存在，足以证明人权是一种法外的道德权利，因为统治者的剥削压迫是依仗其特权的法律来支持的，人们反抗压迫不能借助于法律，而只能借助于法外的道德权利即人权。"[1]随着民主法治国家的出现，人权不再是一种"法外的道德权利"，而是成为法内的实体法、程序法和证据法权利。这样，任何个人便可运用人权保障的法律规则来维护人权。人权作为抵抗权在司法上的突出表现是无罪推定原则的确立。无罪推定（presumption of innocence）是指，任何人在未经证实和判决有罪之前，应被假设为清白无辜。郑成良教授认为，当审判的第一阶段结束时，对案件事实的认识有三种可能的结果，即两种确定的结果：查明被告有罪或无罪；一种不确定的结果：案件事实难以查清，定罪证据不足，同时又不能排除被告犯罪的可能性。但在判决阶段却只能产生两种确定性的法律结论，即有罪判决或无罪判决。作出有罪判决必须遵从充足理由律的要求，而作出无罪判决并不总是需要充足的理由。"只要不存在定罪证据，就构成了在法律上认定一个人无罪的充足理由。"无罪判决的结论可以与案件事实相符（查明被告无罪），也可能与其不符，就是说，"在法律上被宣告无罪的人实际上不一定全都是无罪的人。其中，有的人是真正没有实施过任何犯罪行为的人，有的人却可能实施过某种犯罪行为，只不过由于定罪证据不足而判决无罪罢了。此时，审判机关据此作出无罪判决的原则就是无罪推定。"[2]

人权作为目的标准，制约着法律推理主体的价值选择。当不同价值发生冲突时，追求事实真相与人权保障相比，常常被当作次要价值而加以牺牲。所以，无罪推定原则固有的不利于澄清事实真相的瑕疵就被加以容忍。这是司法文明进步的表现。特别需要强调的是，"无罪推定对民主政治的重大意义就在于它通过立法上的技术手段，使全体公民都能以无罪公民的资

---

〔1〕　郭道晖：《对人权的法哲学沉思》，载《中国社会科学》1994 年第 4 期。
〔2〕　郑成良：《无罪推定论》，载《吉林大学社会科学学报》1988 年第 4 期。

格参加社会的政治生活，……它保证了全体公民在进行政治参与时都能有一种安全感，从而使他们坚信：只要他们的行为遵循既定的法律规则，那么，无论是为了保护个人的合法利益，还是为了实现社会的公平和正义，也无论这种行为引起了哪些特权人物的反对和忌恨，他们的财产、自由和生命都是有保障的，因为有一种任何人都必须服从的力量——法律在保护自己。"[1]

3. 自由是一种基本人权

在关于实质正义的讨论中，法学家们开始考虑什么是正义的核心内容，德国施塔姆勒认为是"自由"，拉德布鲁赫说是"平等"，耶林说是"安全"；罗尔斯说是"自由和平等"二者，但第一位的是"自由"。[2]这显然是在主张，自由是正义的核心内容。

（1）自由和权利是人权的基本内容。《世界人权宣言》堪称自由和权利宣言，其宗旨是"促进对权利和自由的尊重"。"自由"一词出现的频率（33次，其中，liberty 出现 1 次，freedom/free 出现 32 次），仅次于"权利"（right）一词（出现 59 次）。在其"序言"的七个"鉴于……"中，有五个涉及"自由"；全文共 30 条，涉及自由的有 16 条，占 53%。

首先，作为基本人权，自由是人生来享有且不可剥夺的权利，或原始权利。《世界人权宣言》第 1 条开宗明义："人人生而自由，在尊严和权利上一律平等。"自由是一种生存权，汤因比说"没有一种最低限度的自由，人就无法生存"[3]。作为基本人权，第 3 条规定了自由仅次于生命的人权地位："人人有权享有生命、自由和人身安全。"第 18 条规定了宗教或信仰自由；第 19 条规定了言论自由，"人人有权享有主张和发表意见的自由"；第 20 条规定了和平集会和结社的自由。其他条文包括：自由迁徙和居住的权利（第 13 条），婚姻自由（第 16 条），自由选择国家治理者和自由投票（第 21 条），个人尊严和人格的自由发展（第 22 条），自由选择职业（第 23 条），自由参加社会的文化生活（第 27 条）。《中华人民共和国宪法》第 35 条规定："中华人民共和国公民有言论、出版、集会、结社、游行、示威的自由。"第 36 条规定

---

〔1〕 郑成良：《无罪推定论》，载《吉林大学社会科学学报》1988 年第 4 期。

〔2〕 转引自沈宗灵：《现代西方法理学》，北京大学出版社 1992 年版，第 459 页。

〔3〕 转引自 ［美］E·博登海默：《法理学：法律哲学与法律方法》，邓正来译，中国政法大学出版社 1998 年版，第 301 页。

了"宗教信仰自由"。

其次,人权是受到法律保护的自由权利。"'人权'作为一种权利,是一种个人可以不受他人干涉地做什么,甚至要求他人按照自己的意愿做什么或不做什么的可能性。……'权利'实际上是一种社会应该确认、保护,甚至强制实现的'自由'。在这个意义上,一切法学意义上的自由都可以归结为权利,反之亦然。"[1]

(2)自由的界限是,有权做一切"无害于他人"的行为,个人权利的行使只"以保证社会上其他成员能享有同样的权利"为限制。[2]"法律以正义为终极目的,法律不保护,或者不应该保护那些违反正义的'个人自由'"[3]。"任何自由都容易为肆无忌惮的个人和群体所滥用,因此为了社会福利,自由就必须受到某种限制,……如果对自由不加限制,那么任何人都会成为滥用自由的潜在受害者。无政府主义的政治自由会转化为依赖篡权者个人的状况。无限制的经济自由也会导致垄断的产生。"关于自由与限制相和谐的某些结论包括:①人无权杀害或伤害其邻人;②不能宽容不符事实地诽谤他人的言论;③一个社会不可支持公开教唆犯罪和暴力行为;④必须约束以严重和不合理地损害或侵扰社会其他成员方式使用私人财产;⑤交易自由不应被扩大到包括与道德或占支配地位的公共政策相矛盾的协议;⑥商业活动应当受到法律的限制;⑦自由行走的权利应当受到交通规则的控制;⑧父母养育孩子的权利会因他们不认真照管或严重虐待孩子而终止。[4]

二、法律推理操作标准

目的标准对法律推理如何起作用?对这个问题的认识大致经历了三种形态或三个阶段:(1)自然法形式主义者,相信从正义概念或原则中直接引出具体案件结果的逻辑力量。这种看法形成的原因是,古代以复仇为追求正义手段的"完全个人化的正义制度没有规则",[5]司法者不得不直接付诸正义

---

[1] 陈忠林:《自由·人权·法治——人性的解读》,载《现代法学》2001年第3期。

[2] 参见法国《人权和公民权宣言》,转引自张文显:《法学基本范畴研究》,中国政法大学出版社1993年版,第82页,第267页。

[3] 陈忠林:《自由·人权·法治——人性的解读》,载《现代法学》2001年第3期。

[4] 参见[美]E·博登海默:《法理学:法律哲学与法律方法》,邓正来译,中国政法大学出版社1998年版,第302-303页,第304-305页。

[5] [美]波斯纳:《法理学问题》,苏力译,中国政法大学出版社1994年版,第400页。

等普遍的价值原则。它反映了人类早期司法的简陋性。（2）近代法律形式主义和现代法律程序形式主义，信奉规则或程序的逻辑力量，认为只要严格遵守规则或正当程序，法律推理的结果就应该被视为是合乎正义的。（3）当代西方法学对法律形式主义的批判运动，形成了一种向目的性回归的倾向，要求放松对法律推理标准的严格限制，允许使用反映人类共同价值的无固定内容的抽象标准，迫使人们在不同的价值观念之间作出公开选择，追求实质正义。在前两种形态中，前者认为，目的标准可以直接决定法律推理而得出正义的结果；后者认为，法律规则或操作程序可以保证法律推理得出符合目的性的公正结果。关于第三种形态，昂格尔分析其回归的原因是，自由资本主义向福利国家社会形态的转变，推动了"从形式主义向目的性或政策导向的法律推理的转变，从关注形式公正向关心程序或实质公正转变"〔1〕。这说明，当代法律推理实践，正在从只重视形式正义的单一目标，向注重程序与实质正义的双重目标发生转变。

目的标准作为自然权利或法外标准，需要通过操作标准，才能对法律推理发挥规范作用。正义、利益和人权，必须为操作标准所吸纳，成为法律规则形式的操作标准，才能在法律保障下得以实现。当然，一方面，这并不排除法外价值通过影响法律推理主体而发挥作用，但这种影响毕竟会因缺乏法律保障而流于自发性；另一方面，操作标准并非一经确立便大功告成，它必须体现目的标准不断发展的要求。所以，操作标准对目的标准的反映总是历史的，依时代精神和主体意识的提升而变化，从而表现出手段的灵活性。目的和手段是"你中有我、我中有你"的关系，具体目的常常是最终目的的实现手段，而高级手段往往又是初级手段的目的。因此，法律推理的操作标准即包括实体法、程序法和证据法在内的法律规则，相对于正义、利益和人权这些抽象目的标准而言，具有派生性。

（一）实体法规则

实体法规则是关于公民权利和义务及其法律后果的准则体系，即人们通常所说的法律条文。"规则有较为严密的逻辑结构，包括假定（行为发生时的时空、各种条件等事实状态的预设）、行为模式（权利和义务规定）和'法

---

〔1〕参见［美］昂格尔：《现代社会中的法律》，吴玉章、周汉华译，中国政法大学出版社1994年版，第181页。

律后果'（含否定式后果和肯定式后果）三部分。"〔1〕作为立法活动的结果，规则主要以法律规范或条文的形式而存在；在判例法中，判例也起着与规则同样的作用。

法律规则对权利、义务和责任的明确规定，为法律推理提供了依据或"法律理由"，对法律推理主体及其活动具有命令性质，因而具有可操作性和可预测性。

1. 权利

权利规则调整着理性人的行为并为社会合作提供了某种框架，因而构成人们相互信赖的基础，以及他们的期望没有实现时就可直接提出反对的法律理由。权利要求有一个权利主体，它可以是自然人，也可以是法人（团体）。法定权利是以国家权力为支撑的，直接体现着一定的价值目标。它规定了人们可以干什么，哪些行为在法律上是有效的、正当的。

（1）权利是获得利益的正当手段。"权利是规定或隐含在法律规范中、实现于法律关系中的主体以相对自由的作为或不作为的方式获得利益的一种手段。"〔2〕

作为获利的正当手段，权利本身包含着利益。在这方面，"清晰地透视出权利背后的利益基础并明确地把利益作为权利概念的指称范畴，当首推德国法学家耶林。……这种理论认为，权利的基础是利益，权利乃法律所承认和保障的利益。"〔3〕庞德也认为，法承认和保护利益的主要方式是把利益确定为权利（权利主张、自由、特权、权力），并把它们及相对的义务归之于法律上的人，同时还要有维护权利和强制义务的补救办法——惩罚、赔偿和制止等。在各种利益发生重叠或冲突的情况下，哪些利益应当让位，这就是法的价值、价值准则或尺度的问题。〔4〕因此，弗里德曼说："人们和集团有真实、具体的利益和需要，但只有一部分变成对法律制度的要求。"〔5〕

利益法学虽然主张法的最高任务是平衡互相冲突的利益，却由于把利益和权利等同起来即把所有的利益都看作权利，而没有解决这个问题。实际上，

〔1〕　张文显：《二十世纪西方法哲学思潮研究》，法律出版社1996年版，第388页。

〔2〕　张文显：《法学基本范畴研究》，中国政法大学出版社1993年版，第82-83页。

〔3〕　张文显：《法学基本范畴研究》，中国政法大学出版社1993年版，第77页。

〔4〕　参见张文显：《二十世纪西方法哲学思潮研究》，法律出版社1996年版，第123-124页。

〔5〕　[美]弗里德曼：《法律制度》，李琼英、林欣译，中国政法大学出版社1994年版，第5页。

"并非所有的利益都是权利。宣布为权利的利益不能仅是纯粹个人的利益，而应被视为能够普遍享有的、获得广泛关注的，即可能相互冲突并可竞争的利益或可以平等地适用于同一群体或社会成员的利益。那种被个别人垄断的利益是特权而不是权利；只被个人视为利益，而其他人对之漠不关心的东西不能成为权利。"[1]

"利益"（interest）对于权利的基础性，并不意味着"功利"（utility）是权利的基础。康德反对把功利作为公正和权利的基础。因为如果这样做，就会要求这个社会接受某一种幸福观而不接受另外一些，将整个宪法都建立在一种特定的幸福观（如大多数人的幸福观）之上，就会给其他人强加一种价值观，这就没有尊重每个人追求他自己目的的权利。"因为每个人都能够以他自己认为合适的方式去追求幸福，只要他不侵犯他人这样做的自由。"[2]

拉德布鲁赫认为，"权利实际是以权利人的权利内容为确定方向而给权利人的意志打开了自由之路，即使在个别情况下权利的行使对权利人毫无利益可言——盲人也有权索回他借出去的眼镜。立法者之所以赋予权利，例如出借人对于借用人的返还请求权，是因为权利人在多数情况下都对赋权的内容享有利益，例如，出借人对于借用人的返还就享有利益。此即立法者予以保护的一种自利的利益，因为它同时是道德上的人格利益。"[3]

由于纠纷总是意味着双方当事人的利益冲突，而法院又专门为解决纠纷而设立，所以，法院和法官应当作为中立的第三方来解决纠纷。公正的基本前提是，裁判者在当事人之间没有利益上的偏向。在这种情况下，法律推理主体首先要分析哪些是正当利益和非正当的利益，然后将正当利益确定为权利。而判断利益正当与否的一个标准，就是在个人权利和社会利益发生冲突时，具体考察是否应该把一种个人权利视为绝对权利。德沃金认为，在疑难案件中，法律推理涉及个人权利并不意味着可以忽视社会利益。个人权利不是绝对的，它们有时受到社会利益的影响。当这些权利彼此冲突时，法律推理要决定在特定的情况下哪一种权利的力量比较强大，"除了法律上的依据以及现在的判决要与先例的判决相符外，法官还必须找到其他理由用以作为判

---

〔1〕 张文显：《法学基本范畴研究》，中国政法大学出版社 1993 年版，第 77 页。

〔2〕 本段参见［美］迈克尔·桑德尔：《公正——该如何做是好？》，朱慧玲译，中信出版社 2012 年版，第 154 页。

〔3〕 ［德］拉德布鲁赫：《法学导论》，米健译，法律出版社 2012 年版，第 72 页。

决的理由。（这种理由可能存在于抽象的正义、公共利益或某些期望的理由之中。）"[1]

（2）基本权利和普通权利。从权利所体现的社会内容（社会关系）的重要程度，可划分为基本权利和普通权利。

基本权利是人们在国家政治、经济、文化和社会生活中的根本权利，一般由宪法或基本法加以确认或规定，所以又称宪法权利。人权就属于基本权利或宪法权利。普通权利是人们在普通的经济、文化等日常生活中的权利，一般由专门法律确定，比如，合同法中的缔约人权利。

就基本权利保障而言，尤为重要的是，第一，平等对待和减少歧视，例如，《中华人民共和国宪法》第33条第2款规定："中华人民共和国公民在法律面前一律平等。"第48条规定："中华人民共和国妇女在政治的、经济的、文化的、社会的和家庭的生活等各方面享有同男子平等的权利。国家保护妇女的权利和利益，实行男女同工同酬，培养和选拔妇女干部"。第二，生存权和人身安全，例如，美国《宪法》第四修正案规定："人民的人身、住宅、文件和财产不受无理搜查和扣押的权利，不得侵犯。"《中华人民共和国宪法》第37条规定："中华人民共和国公民的人身自由不受侵犯。任何公民，非经人民检察院批准或者决定或者人民法院决定，并由公安机关执行，不受逮捕。禁止非法拘禁和以其他方法非法剥夺或者限制公民的人身自由，禁止非法搜查公民的身体。"第39条规定："中华人民共和国公民的住宅不受侵犯。禁止非法搜查或者非法侵入公民的住宅。"第三，法律正当程序和被告权利，例如，美国《宪法》规定的诉讼权利包括：①要求陪审团审判、避免"双重危险"、不得强迫自证其罪等权利。第五修正案规定："无论何人，除非根据大陪审团的报告或起诉书，不受死罪或其他重罪的审判，……。任何人不得因同一犯罪行为而两次遭受生命或身体的危害；不得在任何刑事案件中被迫自证其罪；不经正当法律程序，不得被剥夺生命、自由或财产。不给予公平赔偿，私有财产不得充作公用。"第七修正案规定："在普通法的诉讼中，其争执价额超过二十美元，由陪审团审判的权利应受到保护。由陪审团裁决的事实，合众国的任何法院除非按照习惯法规则，不得重新审查。"②要求迅速和公开审判、对质和获得律师辩护的权利。第六修正案规定："在一切刑事诉讼中，被告有

---

[1]　[美] 德沃金：《法律帝国》，李常青译，中国大百科全书出版社1996年版，第106页。

权由犯罪行为发生地的州和地区的公正陪审团予以迅速和公开的审判，该地区应事先已由法律确定；得知控告的性质和理由；同原告证人对质；以强制程序取得对其有利的证人；并取得律师帮助为其辩护。"③正当法律程序的权利。第十四修正案第一款规定："不经正当法律程序，不得剥夺任何人的生命、自由或财产；在州管辖范围内，也不得拒绝给予任何人以平等法律保护。"与上述诉讼权利相比，我国公民所拥有的诉讼权利还不够完善，特别是同原告证人的对质权还没有成为被告人的一项基本权利，一事不再理或避免双重风险原则等现代司法文明的优秀成果也有待于吸收借鉴。第四，信仰、言论、集会和结社的自由，美国《宪法》第一修正案规定："国会不得制定关于下列事项的法律：确立国教或禁止信教自由；剥夺言论自由或出版自由；或剥夺人民和平集会和向政府请愿申冤的权利。"《中华人民共和国宪法》第35条、第36条对言论自由、集会和结社自由、信仰自由都有明确的规定。第五，隐私权、劳动权，《中华人民共和国宪法》第40条规定："中华人民共和国公民的通信自由和通信秘密受法律的保护。"第42条规定："中华人民共和国公民有劳动的权利和义务。……国家对就业前的公民进行必要的劳动就业训练。"第43条规定："中华人民共和国劳动者有休息的权利。"

（3）一般权利和特殊权利。从权利的效力看，有一般权利和特殊权利之分。

一般权利是指"权利主体无特定的义务人与之相对，而以一般人（世界上的每个人）作为可能的义务人"〔1〕，因此又称"绝对权利"或"对世权利"。物权就是一种典型的对世权利，它的权利人是确定的，而义务人是不确定的。物权人的权利可以对抗一切不特定的义务人，"物权人直接支配其物，可以排除其他任何人对其行使物权的干涉，而除物权人以外的其他任何人均对物权人的权利负有不可侵犯或妨害的义务；任何人侵犯物权时，物权人得行使物上请求权，以排除他人的侵害并恢复物权应有的圆满支配状态。所以，物权的保护具有绝对性。"〔2〕

特殊权利"是权利主体有特定的义务人与之相对，权利主体可以要求义务人作出一定的行为或抑制一定行为"〔3〕，所以又称"相对权利"或"对人

---

〔1〕 张文显：《法学基本范畴研究》，中国政法大学出版社1993年版，第83页。

〔2〕 王利明：《物权法论》，中国政法大学出版社1998年版，第10页。

〔3〕 张文显：《法学基本范畴研究》，中国政法大学出版社1993年版，第113页。

权利"。债权是一种典型的相对权利。在债权关系中，"不管是债权人还是债务人都必须是确定的、具体的人。假如只有一方是特定的，而另一方是不特定的，则不可能构成债的关系。所谓债的相对性，是指债的关系主要是对债的特定的当事人产生法律拘束力（法律和合同另有规定的除外），只有债的一方当事人能够向另一方当事人提出请求和提起诉讼，而第三人非依法律的规定，不享受债权，亦不需要承担债务与责任。"〔1〕"物权是目的，而债权开始不过是手段……物权和债权对于法律世界而言就如同物质和力量对自然界——前者是静止的因素，后者是动态的因素；而且，根据这种或那种权利的优先地位，人们可以将法律生活区分为静态的或者动态的形式。"〔2〕

特免权（privilege）作为一种排除某些相关性证据的特殊权利，旨在保护法庭世界之外的特定社会关系和利益。例如，律师-委托人特免权、医生-患者特免权和夫妻证言特免权等。

2. 义务

"义务是设定或隐含在法律规范中、实现于法律关系中的主体以相对抑制的作为或不作为的方式保障权利主体获得利益的一种约束手段。"〔3〕权利和义务相比较而存在，表明了人与人之间"得"与"予"的社会关系。

义务在实体法规则中同权利一样，也是法律推理最为直接的法律理由。但是，与权利的能动性相比，义务具有受动性，即在任何情况下，义务的承担者都不能自行放弃义务或拒不履行法律义务。义务是规定人们不可以干什么的规则，是义务主体适应权利主体要求的作为与不作为，因而对权利的实现具有保障作用。

从其所体现的社会内容（社会关系）的重要程度来划分，义务有基本义务和普通义务。前者，是人们在国家政治、经济、文化和社会生活中的根本义务，一般由宪法或基本法加以确认或规定，又称宪法义务。比如，《中华人民共和国宪法》规定：公民有受教育的权利和义务（第46条）；公民有服兵役的义务（第55条）；公民有依法纳税的义务（第56条）。后者，是人们在普通的经济、文化等日常生活中的义务，一般由专门法律确定，比如，合同

---

〔1〕　王利明、崔建远：《合同法新论·总则》，中国政法大学出版社1996年版，第14页。
〔2〕　[德]拉德布鲁赫：《法学导论》，米健译，法律出版社2012年版，第75页。
〔3〕　张文显：《法学基本范畴研究》，中国政法大学出版社1993年版，第82页。

法中的缔约人义务。

从义务对人们的效力范围来看，义务有一般义务和特殊义务之分，前者是义务主体无特定的权利人与之相对，而以一般人（世界上每个人）作为可能的权利人，因此称为"绝对义务"或"对世义务"。对他人人权和物权的尊重、不得侵犯，就是"对世义务"。一般义务的内容通常不是积极的作为，而是消极的不作为。例如，任何人不得损害国家的独立和安全，不得损害其他公民的人身权利和自由。特殊义务是义务主体有特定的权利人与之相对，义务主体应当根据权利人的要求作出一定的行为或抑制一定行为，所以又称"相对义务"或"对人义务"。例如，债务人只对债权人负有义务，所以，债权是一种典型的相对义务，无契约便无债权。

3. 责任

责任是权利和义务的统一。一方面，责任来源于权利，任何权利都包含着责任的成分，没有责任的权利是不存在的；另一方面，责任也包含着义务，从某种意义上说，履行义务就是承担一定的责任。

从法律和道德的关系看，责任最初是一种道德责任，即一种对自己行为及其社会意义的自觉意识和实践。但是，康德反对将责任建立在功利主义基础上。因为，功利主义主张，正当的行为仅仅是对结果——代价和受益——的一种算计。但康德认为，道德意味着更多的东西。例如，一个店主在经营活动中童叟无欺，目的是生意越做越好。这在康德看来虽是做了正确的事情，却是出于错误的理由。店主只是为了自我利益才诚实经商，做正确的事情仅仅是为了给自己带来幸福和快乐，其行为就缺乏道德价值。因为，如果这样的话，人们就会被仅仅当作促进他人福利的手段而被加以利用，就会作为欲望的奴隶而行动，而不是真正自由地行动。[1]

康德区分了"他律"和"自律"行动：前者"做某事是为了其他事情"，如上大学是为了找个好工作；找个好工作是为了挣更多的钱；挣更多的钱是为了买房和汽车。当他律行动时，就是为某些外在目的去行动，我们就成为自己所追求目的之工具。这是一种运用工具理性的假言命令：如果你想要 X，那么就做 Y。如果你想要一个好的商业声誉，那就诚实地对待顾客。相比之

---

〔1〕 参见［美］迈克尔·桑德尔：《公正——该如何做是好?》，朱慧玲译，中信出版社 2012 年版，第 36 页。

下，"自律行动"赋予了人类特殊的尊严，将人当作目的本身来对待。所以，功利主义为了总体福利而利用人是不对的。根据康德的理论，一个行为的道德价值并非由随之而来的结果构成，而是由完成这一行为的意图和动机构成。这就是履行责任的动机，即为了正当理由而做正当之事。康德将道德、自由和理性联系在一起，认为我们不仅是受感官快乐与痛苦的感性存在，同时也是理性存在，具有理性思考能力。功利主义的理性完全是工具性的；而康德的理性则"将人看作目的"，将人当作值得尊敬的理性存在而加以对待，[1]因而是目的理性或"纯粹实践理性"。

"法律责任是由于侵犯法定权利或违反法定义务而引起的、由专门国家机关认定并归结于法律关系的有责主体的、带有直接强制性的义务，亦即由于违反第一性法定义务而招致的第二性义务。"[2]一般而言，法律责任是实体法规则中关于法律后果的规定，它往往表现为当人们侵犯法定权利或没有履行某种法定义务时而带来的剥夺财产、自由、生命等惩罚。哈特指出："当法律规则要求人们作出一定的行为或抑制一定的行为时，（根据另一些规则）违法者因其行为应受到惩罚，或强迫对受害人赔偿。在很多情况下，他既受到惩罚又被迫赔偿。在这种意义上，某人在法律上应对某事（行为或伤害）负责，等于某人因其行为或伤害在法律上应受到惩罚或被迫赔偿。"[3]

责任在实体法规则中也是法律推理的重要理由，但它同权利、义务的作用还有所不同。权利规则留给行为人较大的自我选择余地，它们预设的法律后果带有较大的或然性，即不确定性。在诉讼特别是民事诉讼中，权利往往是通过权利主体的主动请求而实现的，如在侵权案中被侵权者请求的权利的实现。相比而言，义务规则预设的法律后果带有某种必然性，总是于某种对行为或不行为的主体不利、不希望的法律后果。在任何情况下，法律推理主体只要认定义务的承担者有拒不履行法律义务的行为，不一定要通过权利主体主动请求，就可以对其作出惩罚性裁决。因此，"法律责任的实现，就有责主体来说，是法律责任的履行；就国家来说，是法律责任的执行——实施法

---

〔1〕 参见［美］迈克尔·桑德尔：《公正——该如何做是好？》，朱慧玲译，中信出版社 2012 年版，第 124—154 页。

〔2〕 张光博、张文显：《以权利和义务为基本范畴重构法学理论》，载《求是》1989 年第 10 期。

〔3〕 ［英］哈特：《责任》。转引自张文显：《法学基本范畴研究》，中国政法大学出版社 1993 年版，第 185 页。

律制裁，强制责任主体实现法律责任。"[1]就是说，责任作为法律推理的理由，必须是法定的。

责任法定原则是指，"法律责任作为一种否定性法律后果应当由法律规范预先规定，包括在法律规范的逻辑结构之中。当违反法律规范的行为发生后，应按照事先规定的性质、范围、程度、期限、方式追究违法者的责任"。[2]因此，罪刑法定原则是责任法定原则在刑法中的典型表现。1789年法国《人权宣言》第8条规定："法律只应规定确实需要和显然不可少的刑罚，而且除非根据在犯法前已经判定和公布的且系依法施行的法律以外，不得处罚任何人。"这是"法无明文规定不处罚"原则的经典表述。1810年《法国刑法典》第4条明确规定了罪刑法定原则："没有在犯罪行为时以明文规定刑罚的法律，对任何人不得处以违警罪、轻罪和重罪。"此后，罪刑法定原则成为世界各国通行的刑法基本原则。

刑法中的罪刑法定主要是罪之法定，这属于立法问题。它包括：犯罪概念的规定，犯罪构成要件的规定，以及具体犯罪的规定。从司法角度看，刑法（典）没有规定的罪名不能成为法律推理确定责任的法律理由。在这方面，西方普通法系与成文法系有所区别，由于实行判例法，"英美法系对当事人权利的保障主要是通过程序法，罪刑法定主义也在程序法中得以实现"[3]。

（二）程序法规则

实体法规则和程序法规则的一个区别在于，前者一般是要求每个公民都严格遵守的法律；后者则是要求官员（包括法官）或某一法定程序的参加者严格遵守的法律，是规定司法机关按照一定顺序、方式和步骤，创制、执行和适用法律及其法律后果的规则体系。

诉讼的程序法规则是司法机关按照一定的程序进行审判的规则。它与体育比赛的一些规则非常相似，所以人们有时把它称为审判的"游戏规则"。程序法规则是具体规定法律推理主客体的权利、义务和责任的规则，它的约束力并不限于法官，而是对参与审判活动的法官、律师（包括检察官）、陪审团、证人等在法庭上的一切行为（认定事实、运用证据、适用法律）都具有

---

〔1〕 张文显：《法学基本范畴研究》，中国政法大学出版社1993年版，第206页。
〔2〕 张文显：《法学基本范畴研究》，中国政法大学出版社1993年版，第203页。
〔3〕 陈兴良：《刑法哲学》，中国政法大学出版社1992年版，第487页。

规范作用。当然，法官在自己遵守程序法规则的同时，还要督促其他人遵守规则。从一定意义上说，程序法规则是一个完整的审判制度。这个制度必须反映审判公正的要求，包括完备的程序、合理的举证制度和证据规则、称职的审判人员等。罗尔斯认为，应该把这种审判制度"理解为一种公开的规范体系，这一体系确定职务和地位及它们的权利、义务、权力、豁免等。这些规范指定某些行为类型为能允许的，另一些则为被禁止的，并且在违反出现时，给出某些惩罚和保护措施。"[1]

1. 程序正义

实体法规则与程序法规则在法律推理中所起的作用是不同的。如果说"法律规则同样有促成作用同时又有约束作用"[2]，那么，程序性规则所起的约束性作用可能更大一些。

遵守程序法规则是作出公正判决的必要条件。法律推理既要适用实体法规则又要遵守程序法规则，否则，判决结论便无公正可言。如果因实体法规则体现了正义的要求而将其视为"正义的规则"，那么，从程序法规则是正义观念的形式化来说，它就是"规则的正义"。公平的司法要求在查明案件事实、适用法律时必须遵守一定的程序法规则。如果审判活动连形式公平的正当程序规则都不能遵守，不能做到对一切人不偏不倚、一视同仁，其判决的公正性就毫无保证了。所以罗尔斯说："不正义的行为之一就是法官及其他有权者没有运用恰当的规则或者不能正确地解释规则。在这方面，举出各种严重的侵犯行为，例如受贿、腐化和滥用法律制度来惩罚政敌，还不如举出那些诸如在司法诉讼程序中实际上歧视某些团体的细微的成见和偏心更有启发意义。我们可以把有规则的、无偏见的、在这个意义上是公平的执法称为'作为规则的正义'，这个说法比'形式的正义'的措辞更具有启发性"[3]。所谓作为规则的正义，就是通过遵循正当程序规则而实现的正义，也可以称为程序正义。

程序正义具有重要的法治意义。审判的目的是查明真相、解决争执，这也是法律程序的内在目的。"倘若当事人觉得用来作出判决的程序是不公正

---

[1] [美] 约翰·罗尔斯：《正义论》，何怀宏等译，中国社会科学出版社 1988 年版，第 50-51 页。

[2] [美] 波斯纳：《法理学问题》，苏力译，中国政法大学出版社 1994 年版，第 63 页。

[3] [美] 约翰·罗尔斯：《正义论》，何怀宏等译，中国社会科学出版社 1988 年版，第 225 页。

的，那么无论是在心理上还是在行动上，他们都不太可能接受解决其争执的判决。"所以公平原则要求："其一，解决争执者应保持中立。人们不应充当审理他们自己的案件的法官；法官或陪审团不应偏心。其二，审理过程中，双方都应提供信息。其三，各方起码应知道他方提供的信息，并有机会对之发表自己的意见。"[1]

自 12 世纪以来，在西方法学家和公众中逐渐形成了一种把司法同政治决策相对立的意识，认为司法作为一种理智、民主、公正的程序，是同政治专断对立而同民主自由相一致的。正是由于这种传统，"英国宪法中甚至没有关于公民实体的权利和自由的具体规定，这种实体的权利和自由是由法院通过在诉讼中适用有关程序方面的原则或规则来保护的。在美国宪法中，具有大量关于诉讼程序方面的规定。更引人注目的是，美国宪法竟有两条修正案中规定了'正当程序'条款。美国联邦高等法院大法官 W. 道格拉斯评论说，'权利法案的大多数规定都是程序性条款，这一事实绝不是无意义的。正是程序决定了法治与恣意的人治之间的基本区别。'"[2]确实，美国宪法第五修正案和第十四修正案都对正当程序做了规定，[3]这不能不说正当程序对维护公正和法治有多么重要。

独立司法是程序正义的重要保障，其目的是为了避免各种利益集团干预司法裁判，保证司法机关不偏不倚地公正裁决。我国的独立司法与西方国家的"三权分立"思想[4]和三权分立的宪法制度[5]有本质区别。

在中国现实语境中，独立司法主要是指审判权独立于侦查权、检察权和监察权。《中华人民共和国宪法》第 128 条关于"中华人民共和国人民法院是

---

〔1〕 〔美〕迈克尔·D. 贝勒斯：《法律的原则——一个规范的分析》，张文显等译，中国大百科全书出版社 1996 年版，第 36～37 页。

〔2〕 吕世伦主编：《当代西方理论法学研究》，中国人民大学出版社 1997 年版，第 221 页。

〔3〕 第五修正案（1791 年 12 月 15 日生效）："无论何人，非经大陪审团的陈诉或起诉书，不受判处死刑或褫夺公权之罪；惟于战争或社会动乱时期中，正在服役的陆海军或民兵发生的案件，不在此限。任何人不因同一罪行而遭受两次生命或身体的危害；不得在任何刑事案件中被迫自证其罪；非经正当程序，不得被剥夺生命、自由或财产。人民私有产业，如无合理赔偿，不得被征为公用。"第十四修正案（1868 年 7 月 9 日生效）："定义公民权利，包含特权或豁免权条款、正当程序条款、平等保护条款，并处理美国内战后的问题。"

〔4〕 参见〔法〕孟德斯鸠：《论法的精神》（上册），张雁深译，商务印书馆 1961 年版，第 155 页。

〔5〕 参见〔美〕J. 布卢姆等：《美国的历程》（上册），杨国标、张儒林译，黄席群校，商务印书馆 1988 年版，第 209 页。

国家的审判机关"，第131条关于"人民法院依照法律规定独立行使审判权，不受行政机关、社会团体和个人的干涉"的规定，确立了我国的独立司法原则。《刑事诉讼法》第5条规定："人民法院依照法律规定独立行使审判权，人民检察院依照法律规定独立行使检察权，不受行政机关、社会团体和个人的干涉。"独立司法是社会主义法治理念的"题中应有之义"。陈光中教授说：这"是由司法活动的特殊规律所决定的。司法活动具有不同于行政活动的特殊性，严格依法与公正审判需要法院和法官保持独立性。"它是国家实行法治不可缺少的重要条件。"只有司法机关真正独立行使职权，严肃地对法律负责，而不屈从于任何个人，法律的至高权威才可能维护。"[1]

程序正义要求类似情况类似处理。无论是在正义的还是在非正义的法律制度下，坚持类似情况类似处理的规则，都可以有效地起到限制法官及其他当权者权力的作用。其一，假定制度是正义的，由于法律推理主体可能受到个人利益的影响也会作出一些不正义的事情；但程序正义要求遵守制度确定的规则，法官不得随意解释它们，在处理特殊事件时不得受个人利益的影响。这样做可以维护人们在形式上的平等，排除一些非正义行为。其二，"即使在法律和制度不正义的情况下，前后一致地实行它们也还是比反复无常好一些。这样，那些受制于它们的人至少知道它们所要求的是什么，因而可以尝试着保护自己，相反，如果那些已经受害的人们在某些规范可能给予他们某些保障的特殊情况下，还要受到任意专横的对待，那就是一种甚至更大的不公正了。"[2]从我国"文化大革命"时期法律制度遭到破坏的情况来看，不仅实体法被践踏，程序性规则即"规则的正义"也荡然无存，所以在任意专横地对待专政对象上也表现出反复无常，因而造成了更大的不公正。

2. 程序利益

程序利益是指诉讼涉及当事人的利害关系，因此，司法判决总是对一方有利而对另一方不利。审判具有解决争端的功能，在审判结束时必须对谁胜诉、谁败诉作出判决。律师们对这一点有清醒的认识，所以他们在诉讼中总是为各自委托人的利益极力辩护。但是，程序公平要求"平等地对待当事人。在此，公平实质上指程序上平等对待。既然每个人作原告或被告的机会均等，

---

〔1〕　陈光中：《陈光中法学文选》（第二卷），中国政法大学出版社2010年版，第1190页。
〔2〕　[美] 约翰·罗尔斯：《正义论》，何怀宏等译，中国社会科学出版社1988年版，第55页。

因而谁也不希望程序偏向某一方"。[1]由此诞生了平等保护原则和公正审判原则。《世界人权宣言》第7条确立了"法律之前人人平等，并有权享有法律的平等保护"原则，不允许有任何特权。《世界人权宣言》第10条、《公民权利和政治权利国际公约》第14条都对"法庭进行公正的和公开的审讯"提出了明确要求。

程序法规则应当从当事人的利益出发，特别是要保护被告人的利益。根据贝勒斯的概括，它包括这样一些价值原则，[2]（1）参与原则：当事人应当富有影响地参与法院解决争端的活动。这个原则确立的根据是所谓参与价值，即当事人有权参与作出严重影响自己生活的判决。人们至少有理由期望，在作出关系他们的判决之前，法院听取其意见，使他们对自己的法律行为和法律后果的决定拥有发言权。（2）可理解原则：程序应当能为当事人所理解。一般而言，事物越合理，就越容易理解。因此，查明真相、得出判决的程序愈合理，则理性的当事人愈赞同审理结果。也就是说，如果人们能理解程序及判决理由，他们就更有可能接受解决其争执的判决。这一原则要求，法院应根据理性的法律和庭审时提供的信息，以明白晓畅的语言作出判决，并为判决提供令人信服的正当理由。

从保护刑事被告人的程序利益出发，刑事诉讼奉行无罪推定原则，这是随着刑事诉讼人权保障理念的增强而确立起来的。"有罪推定"不仅在人类社会早期大行其道；在欧洲中世纪刑事程序中，因为"不是由原告证明罪责，而是被告必须证明其无罪"[3]，有罪推定也很盛行。中国唐代以来"诸疑罪各依所犯以赎论"，[4]也是奉行有罪推定。近代德国纠问程序虽将被告人无罪的举证责任改为法官对被告人的有罪证明责任，但对纠问程序适用的谚语是"控告人如果成为法官，就需要上帝作为律师"[5]。针对有罪推定，意大利法学家贝卡里亚1764年在《论犯罪和刑罚》一书中指出："在没有作出有罪

---

〔1〕 ［美］迈克尔·D. 贝勒斯：《法律的原则——一个规范的分析》，张文显等译，中国大百科全书出版社1996年版，第35页。

〔2〕 参见［美］迈克尔·D. 贝勒斯：《法律的原则——一个规范的分析》，张文显等译，中国大百科全书出版社1996年版，第35—36页。

〔3〕 ［德］拉德布鲁赫：《法学导论》，米健译，法律出版社2012年版，第142页。

〔4〕 《唐律疏议·断狱·疑罪》。

〔5〕 ［德］拉德布鲁赫：《法学导论》，米健译，法律出版社2012年版，第142页。

判决以前，任何人都不能被称为罪犯"；"任何人，当他的罪行没有得到证明的时候，根据法律他应当被看作是无罪的人。"[1] 1948 年，无罪推定原则在联合国《世界人权宣言》第 11 条第 1 款中被首次得以确认："凡受刑事控告者，在未经获得辩护上所需的一切保证的公开审判而依法证实有罪以前，有权被视为无罪。"1966 年联合国大会通过的《公民权利和政治权利国际公约》第 14 条第 2 款规定："凡受刑事控告者，在未依法证实有罪之前，应有权被视为无罪。"现代人权思想的发展，使无罪推定原则在刑事诉讼中得到确立，这是人类司法文明发展的一个里程碑。

与刑事诉讼的无罪推定相应的，是民事诉讼的无过错推定原则，即举证责任中的"谁主张谁举证"。根据这个原则，在民事诉讼中一般是由原告即侵权诉讼的受害人举证。受害人必须就其所受伤害的事实、造成此伤害事实的嫌疑责任人，以及伤害事实与嫌疑责任人不法行为之间的因果关系等，承担举证责任。《中华人民共和国民事诉讼法》第 67 条第 1 款规定："当事人对自己提出的主张，有责任提供证据。"如果受害人不能以足够的证据证明加害嫌疑人有过错，则推定被告无过错，不使其承担损害赔偿责任。民事诉讼以无过错推定作为一般原则，以过错推定作为特殊补充原则，其价值基础都是保障人权。

从保护被告人的程序利益出发，以辩护权为核心的辩护制度，构成了人权司法保障的基本内容。《世界人权宣言》第 11 条将受刑事控告者获得辩护作为一项基本的刑事权利。《公民权利和政治权利国际公约》第 14 条第 3 项将被告人的辩护权规定为，在面临刑事指控时，人人完全平等地有资格享受的最低限度的保证之一。现代诉讼是控辩审三方共同从事的司法活动，"控诉、辩护、审判三方面人员在诉讼上的地位是平等的"[2]。《刑事诉讼法》第 61 条强调控辩"双方质证"，这表明控辩审三方的互动关系在诉讼构造上已经形成。在现代刑事诉讼构造中，控辩平等体现了现代法治国家的司法规律。为了实现控辩平等，应当对侦查权和检察权的行使依法予以限制：一是限制警察特权，在证据合法性调查程序中，侦查人员必须遵守证人出庭作证规则，接受辩方律师的交叉询问和被告人对质。二是限制检察权的扩张，从长远的改革看，要考虑检察官在诉讼程序中与辩方律师的平等地位，逐步恢

---

[1]　转引自《中国大百科全书·法学》，中国大百科全书出版社出版 1984 年版，第 625 页。
[2]　程荣斌主编：《中国律师制度原理》，中国人民大学出版社 1998 年版，第 244 页。

复其政府方律师的本色。大力加强辩方权利保障，确立以被告人为主体的辩护权利保障体系：一是以被告人不得强迫自证其罪的权利为基础来确立律师辩护权利；二是保护被告人和辩护人的质证权利，立法应当将交叉询问规定为刑事被告人的诉讼权利，将刑事被告人与证人的对质权作为一项基本人权加以保护；三是确立律师-委托人作证特免权，明确其权利主体是委托人；四是重新审视《中华人民共和国刑法》（以下简称《刑法》）第306条的律师伪证罪，研究伪证罪成立的前提条件，明确检察官和律师都不是证人，因而都不会犯伪证罪。

3. 程序权利

程序权利作为一种诉讼权利是程序正义和程序利益的统一，是人权标准在诉讼中的直接体现。程序权利规定了诉讼当事人在法庭人工环境中的行为的正当性，赋予了权利主体在法定范围内为实现利益需求而表现意志、作出选择等从事一定活动的自由。因此，程序权利对于诉讼当事人的相对方（法官）来说，实际上是一种程序义务。

程序权利是一个规则系统，其所规定的诉讼权利体现在审判过程的各个环节。根据樊崇义教授的概括，我国当事人在诉讼过程中的程序权利包括三类：[1]（1）享有防御性权利；有权自行或在辩护人协助下获得辩护；有权用本民族语言文字进行诉讼；有权及时获知被指控的罪名内容及理由，获知自己享有的诉讼权利；有权拒绝回答侦查人员提出的与本案无关的问题；有权在开庭前10日收到起诉书副本；有权参加法庭调查、辩论，对案件的全部证据、事实及法律适用等问题进行发问、辨认、鉴别和发表自己的意见，反驳控方；有权向法庭作最后陈述等。（2）享有诉讼救济权利；有权申请回避，并对驳回申请回避的决定有权申诉；对未生效裁判有权上诉；对生效裁判有权申诉等。（3）享有推定性权利；未经人民法院判决，不能确定其有罪；有权获得公开和公正审判；有权抵制非法审讯；不受非法拘捕或非法采用其他措施；享有上诉不加刑的权利。

证据合法性是程序权利的一项重要规则。该规则建立的理由是：法律本来是保护公民合法权益的武器，所以，不能在保护一部分人（原告或被害人）

---

〔1〕 参见樊崇义：《刑事诉讼与人权保障》，载陈光中、江伟主编：《诉讼法论丛》（第2卷），法律出版社1998年版。

的合法权益的同时，损害另一部分人（被告或犯罪嫌疑人）的合法权益。当然，法律解决办法本身是一柄双刃剑，保护诉讼一方的利益，就会损害另一方的利益。但是，在没有确定被告人违法或犯罪之前，不能动用法律武器主动侵犯被告人的合法权益。排除非法证据，有助于使审判成为一个真正对抗的法律推理过程。

在程序权利中，由私人和团体拥有的权利属于私权利（right），其主要依据意思自治的原则，即"法无明文禁止皆可为"；相比之下，由政府或公共机关所拥有的可以决定改变相对机关或相对个人权利义务的力量，可称为公权力（power），其主要依据授权原则，即"法无明文授权不可为"。因此，在执行法律推理操作标准时，对公权力应该采取限制原则，将权力关进"笼子"。例如，在"WJP 世界法治指数"的九个一级指标中，指标 1 就是"限制政府权力"（Constraints on Government Powers）[1]。就司法权行使而言，被动性、独立性和中立性是其主要特征。被动性是指司法权的行使只能根据当事人请求进行，而不能由司法机关主动启动。没有当事人的起诉、上诉或者申诉，法院不会主动受理任何一起案件。[2]法国托克维尔认为，司法权自身不是主动的。要想使它行动，就得推动它。向它告发一个犯罪案件，它就惩罚犯罪的人；请它纠正一个非法行为，它就加以纠正；让它审查一项法案，它就予以解释。但是，它不能自己去追捕罪犯、调查非法行为和纠察事实。[3]

（三）证据法规则

1. 证据法兼有实体法和程序法的特性

证据法是规制证据运用与事实认定的法律规范，它兼有实体法和程序法的特性。其实体法特性体现在：证据相关性、可采性、可信性等规则，对证据资格和证据能力加以规定，旨在解决什么样的证据才能作为事实认定依据的问题；各种实体性规则（如交叉询问的权利、对质权、作证特免权）、证明责任、证明标准等体现了诉讼当事人的实体性权利。其程序法特性体现在，遵循现代法治国家的正当程序原则，包括举证、质证、认证等程序性规定。证据法规则的这种双重特性，一方面适应了不同的诉讼制度或构造模式，与

---

〔1〕　See The WJP Rule of Law Index 2022, © Copyright 2022 by the World Justice Project, p. 17.

〔2〕　参见陈瑞华：《司法权的性质——以刑事司法为范例的分析》，载《法学研究》2000 年第 5 期。

〔3〕　参见〔法〕托克维尔：《论美国的民主》（上卷），董果良译，商务印书馆 1991 年版，第 110-111 页。

现行诉讼法协调；另一方面，适应了实体法如刑法、民法、商法、行政法等，避免了与之冲突。

2. 证据规则是法律推理的重要操作标准

首先，证据法在法律体系中具有法治基石的地位。权利和义务的实现取决于准确的事实认定。没有准确的事实认定，权利和义务就会变得毫无意义。证据法决定了事实认定的方式。因此，确切地说，权利和义务取决于证据法。[1]其次，证据制度处于诉讼制度的核心地位。俗话说，"打官司，就是打证据"。审判过程必须遵循证据裁判原则，诉讼当事人权利义务的实现必须以证据为基础。"惟在法治社会之定分止争，首以证据为正义之基础，既需寻求事实，又需顾及法律上其他政策。认定事实，每为适用法律之前提。因而产生各种证据法则，遂为认事用法之所本。"[2]

其次，法律推理不仅要以实体法规则和程序法规则为操作标准，还要以证据法规则为操作标准。因为，审判过程包括两个阶段，第一个阶段的事实认定，既要依据实体法规则来确定待证要件事实，从而判断证据的相关性；又要根据程序法规则和证据法规则，规制证据运用和证明过程，以便准确、公正地查明事实真相。只有经过第一阶段的事实认定，获得法律推理的小前提（事实真相），才能进入第二阶段，才有适用法律的问题。在司法审判中，事实认定是法官的主要任务，正确适用证据规则是法官基本审判能力的体现。所以，《美国法律辞典》将"法官"解释为："主持法庭的官员。……这一职能包括适用证据法规则，向陪审团作出指示以及维持法庭秩序。"[3]

3. 证据法的人权保障取向

证据法不能仅以查明事实真相为唯一价值追求，它还要以社会成员的共享价值为基础，反映价值多样性，其中最重要的是人权保障价值。

（1）人权保障的优先性原则。在司法实践中，求真和人权保障在不可兼得时，就要牺牲求真的目标。例如，在英美对抗式审判中，原有一条"反对质疑己方证人的规则"，规定律师不能怀疑己方传唤的证人，而要对其诚实性

---

〔1〕 参见［美］Ronald J. Allen：《刑事诉讼的法理和政治基础》，张保生等译，载《证据科学》2007 年第 1、2 期。

〔2〕 李学灯：《证据法比较研究》，五南图书出版公司 1992 年版，序部分。

〔3〕 ［美］彼得·G·伦斯特洛姆编：《美国法律辞典》，贺卫方等译，中国政法大学出版社 1998 年版，第 101 页。

或可信性进行担保，但该规则在钱伯斯诉密西西比州案中被弃用了。该案中，被告人钱伯斯因涉嫌杀害一名警察而被起诉，证人麦克唐纳在三个不同场合承认过是他杀了那名警察，并提供了书面供述。被告人钱伯斯要求传唤麦克唐纳作证，后者却否认了先前供述。报告律师要求通过交叉盘问弹劾该证人的诚实性，但遭到审判法官和该州最高法院的拒绝，钱伯斯被判有罪。在上诉复审中，联邦最高法院推翻了对钱伯斯的有罪判决。鲍威尔大法官认为，在现代审判中，刑事被告很少能挑选其证人，他们只能找到谁就用谁。"被告人要求与提供对自己不利之证言的人对质并对其进行交叉盘问的权利，从来未被裁定应取决于证人最初是由被告方还是公诉方传唤出庭的。"因此，反对质疑己方证人的规则，"直接干涉了钱伯斯防卫政府指控的权利"。因此，联邦最高法院裁定，支持在刑事案件中"准许律师对任何证人的可信性提出质疑"，这确立了人权保障的优先性原则。[1]

（2）证据排除规则和人权保障。有些证据虽然具有相关性，但采纳其将会侵犯当事人的人权时便可被排除。例如，联合国《禁止酷刑公约》第15条规定："每一缔约国应确保在任何程序中，不得授权业经确定系以酷刑取得的口供为证据，但这类口供可用作被控施酷刑者刑讯逼供的证据。"证据来源的合法性原则，集中体现了法治国家的人权保障价值。《刑事诉讼法》第56条第1款规定："采用刑讯逼供等非法方法收集的犯罪嫌疑人、被告人供述和采用暴力、威胁等非法方法收集的证人证言、被害人陈述，应当予以排除。"证据排除过去主要是顾虑陪审团形成不公正的偏见而对被告人的裁决产生影响。但随着人权保障、隐私权保护理念的发展，一些证据排除规则的保护对象发生了变化，被害人合法权益也受到重视。例如，在性犯罪案件中，关于被害人性行为或性癖好的证据，虽然具有相关性，对于证明案件事实有一定帮助价值，但又可能损害其人格尊严或对其造成心理伤害。因此，美国《联邦证据规则》412（a）规定，在性犯罪案件中，关于被害人过去的性行为或性癖好的证据一般不可采。

（3）平等保护与补偿原则。人权的底线是平等，人权司法保障重在坚持补偿平等原则。在刑事诉讼中，犯罪嫌疑人、被告人在人身安全、精神压力和

---

〔1〕　参见［美］罗纳德·J. 艾伦等：《证据法：文本、问题和案例》，张保生等译，高等教育出版社2006年版，第332页。

社会资源等方面都处于极其虚弱的地位，特别需要罗尔斯"两个正义原则"[1]的第二原则带来的补偿利益，以补偿由被限制自由或被置于被告人地位等因素造成的权利倾斜。在这种情况下，人权赋予了诉讼当事人一种带有补偿性的抵抗权。从证据法角度看，在庭审证据调查的过程中，控辩双方的权利义务平等，这是正义第一原则的要求。但是，"因为国家专门机关以国家强制力为后盾，在追究和惩罚犯罪的过程中，往往自觉或不自觉地超越权限，甚至滥用权力，进而侵犯被追诉者的权利"，[2]所以，对控辩双方可能失衡的诉讼权利和义务分配，就需要正义第二原则来调控，让人权保障发挥补偿正义的作用。对此，罗伯茨从五个方面论述了证据法人权保障价值的内容：一是刑事诉讼中的宪法性人权，包括无罪推定，不得自证其罪的权利和沉默权，律师有足够时间和便利准备辩护和接触证据的权利，违反宪法权利而获证据的可采性问题；二是不适当获得的证据的排除，包括其证明力被不公正偏见超过的证据，特别是非法证据；三是人权和刑事证明的关系；四是传闻和对质，不可信的传闻与证据可信性；五是公正审判涉及的所有问题。[3]显然，公正审判涉及的所有问题都与人权保障有关，没有人权保障的审判便无公正可言。

证据法的理性主义传统，既要求通过理性证明或证据推理的方式查明事实真相，而非诉诸神明和暴力；又不以追求真相为最高目的，而是将其视为实现正义的手段。这决定了证据法具有求真求善的双重功能，并将公正奉为证据制度的首要价值。公正审判涉及的所有问题都与人权有关，这使人权保障成为公正审判的同义语，并奠定了证据法的基本权利保障取向。我国证据法正在经历从义务本位向权利本位的转型，应当将质证权作为刑事被告的基本权利优先保障，充分发挥非法证据排除规则在人权保障方面的作用，同时，应当以委托人为权利主体确立律师-委托人作证特免权制度，以被告人亲属的基本权利保障为宗旨建立亲属作证特免权制度。[4]

---

〔1〕 关于"两个正义原则"，参见［美］约翰·罗尔斯：《正义论》，何怀宏等译，中国社会科学出版社 1988 年版，第 57 页。关于"补偿平等"，参见同上书，第 96 页。

〔2〕 陈光中：《应当如何完善人权刑事司法保障》，载《法制与社会发展》2014 年第 1 期。

〔3〕 See Paul Roberts, Jill Hunter, "Introduction: The Human Rights Revolution in Criminal Evidence and Procedure", in Paul Roberts and Jill Hunter eds, *Criminal Evidence and Human Rights: Reimagining Common Law Procedural Traditions*, Oxford Hart Publishing, 2012, pp. 1-23.

〔4〕 参见张保生：《证据法的基本权利保障取向》，载《政法论坛》2021 年第 2 期。

三、法律推理评价标准

评价标准是法律推理的一个组成部分。关于结论"应该"如何而"实际"又是如何的比较评价，无疑是法律推理评价的一项重要内容。但是，结论的评价通常不是孤立的，它往往要对法律理由、正当理由、法律程序进行追溯性评价。因此，法律推理评价不仅是解决判决是否具有可接受性的问题，它同时也是对法律推理的正当性、合法性和秩序性的评价。

一般而言，法律推理的目的标准和操作标准同时又可作为其评价标准，因为它们提供了可以进行比照的目标和规则，从而就可以作为评判法律推理过程和结果好坏优劣的依据。然而，目的和操作标准具有评价功能，并不意味着它们可以直接充当法律推理的评价标准。因为目的标准过于抽象，用它评价法律推理是否实现了普遍的目的十分困难；而操作标准又过于具体，仅靠它来评价法律推理活动，可能遇到"宁可错判也不违反规则"还是"宁可违反规则也不错判"的评价悖论。上述困难决定了需要建立一套能够体现目的和手段结合、手段和结果统一的独立评价标准。据此要求，可从三方面来建构法律推理的评价标准：一是正当，即从主体活动与目的标准相契合的角度评价法律推理的合目的性；二是合法，即从主体活动与操作标准相契合的角度评价法律推理的权威性；三是秩序，即结合目的、手段和效果来评价法律推理对社会秩序的塑造作用。

（一）　正当

正当概念看似模糊抽象，实际上它所描述的无非是好坏、善恶问题。苏格拉底曾经提出过一个贯穿西方法哲学史且至今仍争论不休的重要问题：如果被统治者服从统治者及其制定的法律就是正当，那么，在统治者立法时犯了错误，服从错误的法律是否正当？从形式上说，守法就是正当，然而，实质上，这种正当可能包含着不正当。关键在于法本身是否体现正当。[1]

可见，正当（justification/right [2]）与合法（legitimate）是两个不同的概念。从这个意义上说，正当性高于合法性，它是指一种合目的性。正当性评价是价值评价，它具有解决两类问题的功能："第一类问题是价值确认，即，

---

[1]　参见张乃根：《西方法哲学史纲》，中国政法大学出版社1993年版，第11页。

[2]　这是罗尔斯《正义论》中所使用的英文正当概念。

按一定的标准来确定什么样的要求、期待、行为或利益是正当的，是值得肯定和保护的，并根据每种价值的大小来确定其在价值体系中的位阶。第二类问题是价值平衡，即按一定的标准来寻求各种价值得以共存的条件，并在两种价值发生冲突不可兼得时确定如何取舍。"[1]

1. 道德正当

在正当性问题上，自然法学和法律实证主义的主张是对立的。前者认为，不道德的法律非法律；后者则反驳说，形式而非内容规定了有效的法律。自然法学的主张是深刻的，因为法律和法律推理的正当性主要不是表现在形式上，而在于其内容建立在什么道德基础上。"虽然道德内容不一定是一个规范成为法律规范的必要条件，但是，法律规范需要道德规范来赋予意义，而且后者常常决定着法律规范是否将被适用于具体的情境。"[2]

道德正当反映了法律推理的目的性要求，即只有合乎正义、利益和人权标准的法律推理才是正当的。这可从以下几个方面来理解：

首先，从法律适用的正当性来看，法律规范的意义是由人类普遍的目的价值所赋予的。所以，法律推理是否正当，只能借助于价值标准来衡量，即它们必须体现正义的要求，反映民众的切身利益，满足人权发展的需要，同时还要顾及社会物质生活条件、习惯和文化传统等方面的因素。在通常情况下，这些价值要求已经包含在宪法规范中。因此，法律的适用是否合宪，是衡量其正当与否的重要依据。例如，美国一些州在 1950 年代曾在学校等公共场所实行种族隔离，然而，用美国宪法平等保护的一般规范来评价：一个由州政府作出的关于公共娱乐设施实行种族隔离的决定，不具有正当性。可是，从宪法规范中却不能推出阻止私人社团实行种族限制的法律决定为正当。虽然任何种族隔离都是对人权的不道德的侵犯，然而，能否颁布一项禁止成立私人种族隔离社团的法令，或对诸如白人经理俱乐部等组织活动作出有罪判决？这涉及宪法规范中的结社自由问题。结社自由也是一种需要法律保护的价值。类似情况还很多，如堕胎、同性恋婚姻、安乐死、器官移植等是否应该受到法律保护，都遇到不同价值、利益和权利之间的冲突，而且在不同国

---

[1] 张文显主编：《法理学》，法律出版社 1997 年版，第 286 页。

[2] See William Read, *Legal Thinking*：*Its Limits and Tensions*, University of Pennsylvania Press, 1986, p. 28.

家和文化背景下其主导性价值还不一样。因此，正当性实际上是复杂的价值评价问题，必须同时考虑各种价值、利益、权利以及文明发展水平等因素，才能作出权衡。

其次，从事实认定的正当性来看，什么行为违法是由实体法规定的，但即使周密制定的法律规则也很少能完全适合每一特殊的案件。通常，法律规则只能对罪名作出大致的规定，一种被诉至法庭的行为是否违法，需要事实认定者通过经验推论来认定，并由法官作出证据裁判。对疑难案件的事实认定是否具有正当性，往往还取决于社会道德态度。例如，如何判定某种文艺表达是"淫秽的"而不能受到法律保护，在各国司法实践中恐怕都是一个难题，而且在不同文化背景下或同一种文化的不同历史时期其宽严标准也不尽相同。再如，生命起止于何时？起于受孕还是婴儿出生，止于脑死亡还是心脏停止跳动？这类事实的认定涉及堕胎和器官移植的合法性问题，而认识上的分歧背后都涉及道德正当问题，其分歧如此壁垒分明，有时候即使搬用宪法规范，对于解决这类事实认定问题也可能无济于事。正如奥斯丁所说："宪法性法律只不过是实在道德而已"[1]。道德的正当性不是归因于法律，而是来源于社会态度、由身份地位所强加的道德义务、个人良心以及正义和公平理想。

最后，从法律推理结论的正当性来看，人们在实践中常常采用一种所谓"合乎情理"的评价标准。例如，对于一项合同纠纷的判决作正当性评价，所依据的并非合同法具体条款，而是在合同法序言中所申明的合同自由、平等、公平、诚实信用、公序良俗等原则。这些原则体现了合同当事人应当如何对待他人之公平理想，从而作为法外价值渗透在我们对法律推理结论正当性的评价之中。波斯纳就主张"以合乎情理作为司法指南"，"在每一个案件中都努力获得特定情况下最合乎情理的结果"。[2]当然，是否合乎情理，其评价标准依然出自社会确定的道德。

2. 程序正当

程序正当作为评价标准，主要用来评价司法程序是否具有合目的性。"程

---

〔1〕［英］奥斯丁：《法理学的范围》，英国约翰·默里出版社 1832 年版，转引自［英］哈特：《法律的概念》，张文显等译，中国大百科全书出版社 1995 年版，第 2 页。

〔2〕［美］波斯纳：《法理学问题》，苏力译，中国政法大学出版社 1994 年版，第 167 页。

序没有预设的真理标准，程序是通过促进意见疏通、加强理性思考、扩大选择范围、排除外部干扰来保证决定的成立及其正确性和权威性。"[1]程序虽然没有预设真理标准，但法律推理经历了一个完整、正当的程序之后，却可以起到"错误过滤器"的作用。

程序规则主要是为法官和政府官员制定并令其遵守的，这些规则主要是限制公权力行使的，因而是建立在官员应当如何对待人民这样一种特殊的正义理想、利益原则和做人权利的价值判断之上。"作为一种宪法学说，'正当程序'可能仅仅被当作历史地确定了的、有关告知、审理、陪审团审判等方面权利保护的一系列规则的名称。这种'固定的'正当程序概念与一种更加'灵活的'解释形成对照，因为后者把规则看成是受特定的问题和场合制约的，从而在程序保护中着手识别一些利害攸关的价值。随着这些价值获得清楚的表达，它们就为批判现行规则、造就新规则以及指导正当程序向一些新型机构设置的扩展提供了有权威的标准。"[2]

程序正当性的评价标准除了本章操作标准论述的程序法价值基础之外，还有两个原则需要强调：

一是和平原则。[3]作为程序正当性的一个评价指标，它主要用来评价法律推理在解决争执方面所发挥的作用，即判决结果应当起到"定分止争"的作用。和平原则的标准是止争，目的是防止争执进一步发展为暴力。这个原则虽然是由法官来运用的，但主要是针对诉讼当事人的。由于现代诉讼一般是由律师代理而非利害关系人亲自出面，所以采取和平的方式进行辩论、推理一般没有太大的问题。然而，审判采取何种程序对于争端的解决效果仍然起着决定性作用。一项关于对抗式与纠问式审理的比较研究表明，对抗式审理的判决更容易使当事人感到满意，尤其是判决不利于当事人时更是这样。这说明，对抗制程序有助于从心理上解决争端，使当事人觉得即使官司输了也输得明白。但从某些方面说，对抗式程序也有妨碍争端和平解决的副作用。因为，作为当事人代理人或辩护人的律师，常常以为当事人"争权夺利"当

---

〔1〕吕世伦主编：《当代西方理论法学研究》，中国人民大学出版社1997年版，第222页。

〔2〕[美]诺内特、塞尔兹尼克：《转变中的法律与社会》，张志铭译，中国政法大学出版社1994年版，第88页。

〔3〕以下参见[美]迈克尔·D.贝勒斯：《法律的原则——一个规范的分析》，张文显等译，中国大百科全书出版社1996年版，第34-42页。

作自己的任务，他们参与诉讼常常加剧了当事人之间的矛盾与紧张关系。例如，在过错式离婚案中，律师的介入往往会使争端很难以和平方式得到解决。不与律师打交道时，夫妻双方尚能心平气和地合理分割财产、友好分手，但律师一插手，为了获取较高的律师费而怂恿当事人争夺财产的较大份额，反而常常造成夫妻双方互不相让、彼此敌视。因此，对于诉讼后需要继续打交道的当事人之间的争执，如雇主与雇员、房主与房客、夫妻、邻里及其他人之间的争执，如果用和平原则来衡量，对抗式程序的解决过程和结果一般并不能得到令人满意的评价。

二是变化原则。程序也有僵死的特点，有时候完全按程序办事，反而不能实现实质正义。这就像在履行合同时遇到情势变更一样，如果还要当事人按原来的规定履行合同，就会造成更大的不公平。又如，程序法关于举证责任的规定，在刑事诉讼中以无罪推定为原则，举证责任在控诉一方，只要不能证明被告有罪，被告在法律上就被推定为无罪，所以被告不负有证明自己无罪的举证责任。"但是，如果有罪证据已经使无罪推定被证伪，那么举证责任就从控诉一方转移到被告一方。"[1]再如，民事侵权诉讼中以无过错推定为前提，举证责任也是在控诉一方，只要不能证明被告有过错，被告在法律上就被认为不应当负侵权赔偿责任。但是，在一些侵权案的起诉中，为保护公民利益，需要通过举证责任倒置方式实行"过错推定"，要求被告证明自己没有过错，否则，就会被推定为有过失而负赔偿责任。上述两种称为举证责任转移的情况，都体现了程序正当的变化原则。按照该原则，当具体情况发生变化时，程序的一些规定也要随之变化。从评价的角度说，变化了就是正当的，不变化就是不正当。因为在需要变化的时候不变化，就会牺牲实质正义。

3. 方法正当

法律推理方法的正当性可从三个方面来理解：首先，法律推理作为一种理性思维方法，与神明裁判、刑讯逼供等愚昧或野蛮的裁判方法相比，具有内在的正当性。因此，在司法活动中，运用法律理由和正当理由进行审判推理就意味着方法正当，排斥法律推理就是方法不正当。这是评价方法正当性的前提。

其次，就法律推理方法的运用来看，如果不能将其理解为一个由逻辑方

---

〔1〕 郑成良：《无罪推定论》，载《吉林大学社会科学学报》1988 年第 4 期。

法、科学方法、哲学方法和实践理性方法等构成的方法论体系，不能根据实际情况选择或综合运用不同的推理方法来解决具体的法律问题，而是固守某一种方法（如演绎方法）并将其绝对化，方法就可能不正当。用这个尺度评价，历史上的形式主义法律推理说，就在一定程度上缺乏方法的正当性。

最后，方法的正当性包含着有效性。对一般的推理来说，有效性仅指逻辑的有效性。而评价法律推理方法的有效性，通常使用的却是一种宽泛的合理性标准。波斯纳说："法律寻求的是合理性证明的逻辑而不仅仅是或主要不是发现的逻辑。"[1]合理性注重的是推理结果的可信服性、可接受性、融贯性，能达到解决争端、实现正义等目的，而不是指推理过程仅仅符合形式逻辑就行了。法律推理方法的有效性评价可从两个方面进行：一是手段合理性评价，即评价法律结论是否通过理由的论证而实现；二是标准合理性评价，它并不像一般推理那样仅仅涉及前提的真实性问题。

手段合理性评价要求法律推理过程不能违背形式逻辑。这是一种形式合理性评价，在逻辑学上属于正确推理问题。正确的推理是有效的，有逻辑错误的推理不正确因而是无效的。有效的推理是前提为结论之真提供了确证的推理，无效的推理是那些非确证性的推理。逻辑有效性是对法律推理的形式评价，所以，反驳无效推理的方法是指出其逻辑错误，可用"反例"反驳的方法，即一种形式上非常像原推论的前提真而结论假的推论，其形式是："如果像你说的那样（被反驳的推理结论），那不等于说……（一个荒谬的结论）"。科恩认为，"批评归纳论证，人们一般要看它有无反例的可能来对它的有效性提出疑问。"[2]但罗尔斯提醒人们："在通过反例提出反对意见时必须小心，因为它们可能只告诉我们已经知道的东西，即我们的理论在什么地方有错误。不论何时，真正的问题是已提出的观点中哪一个在各方面都最好地接近事实。"[3]就是说，用反例来反驳一个推理，只能起到揭露其"有错误"的评价作用，并未告诉人们正确的推理结论是什么。

法律推理的合理性主要是指内容的合理性，它包括前提的真实性，但不归结为真实性问题。除真实性评价外，合理性还包括价值评价。这涉及两个

---

〔1〕 ［美］波斯纳：《法理学问题》，苏力译，中国政法大学出版社 1994 年版，第 572 页。

〔2〕 ［英］L. 乔纳森·科恩：《理性的对话：分析哲学的分析》，邱仁宗译，社会科学文献出版社 1998 年版，第 146 页。

〔3〕 参见［美］约翰·罗尔斯：《正义论》，何怀宏等译，中国社会科学出版社 1988 年版，第 48 页。

问题：其一，小前提必须是事实真相，法律推理才能有效；否则，便是无效的。评价可采取证伪方法，即运用经验、科学、逻辑等知识来揭露其前提的虚假性。如果不能发现其假，就可以判断为有效；否则，便为无效的。其二，价值合理性主要涉及大前提的选择。可以作为法律推理大前提的法律规则可能是相互冲突的，因此，不同法官、律师可以根据不同的标准，推出不同的甚至相反的法律结论。在这种情况下，要评价哪一个结论正确，必须从根源上考察他们所选择的大前提，运用正义观念、利益原则、人权保障等价值尺度，对其选择之合理性进行价值评价。这种价值评价主要是一个实践的问题，而不是纯粹的理论问题。

法律推理的合理性评价实际上已超出方法问题。因为，方法的正当性最终要依靠道德的正当性来评价，后者为推理方法的适用设置了前提条件。所以科恩说："不存在某些推理规则始终成功地起作用，而另一些则有时成功地起作用，有时不起作用"[1]的情况。如果法律规则等前提条件在目的性价值尺度上不适用于具体案件，即使推理的方法正确，也会得出错误结论。

（二）合法

合法性标准主要应用于对法律推理遵循操作标准及程度的评价，因而属于法律评价。它要衡量的是法律推理是否遵循了作为国家意志的法律。法律推理的权威性来源于合法性。凯尔森和哈特都认为，法官的判决之所以具有权威性，在于他们的推理依据一个具体的法律规则。正当性评价属于价值评价，它只告诉人们"应当如此"，却不指明应当如此的事情是否"必须如此"；权威性评价则只告诉人们"必须如此"，却不指明为什么必须如此。因此，从合理与合法的关系来说，正当性评价高于合法性评价，后者只能说明法律上的理由，前者则能从人类最高的价值来说明法律（推理）存在、变化和发展的规律。

从合法性与权威性的关系来看，德沃金并不认为法律推理的权威性来自一个具体的法律规则，而主张法官判决的效力来自法官对政治道德的认知，因而在头脑中建立起完善的法律理论，对法律制度作出完善的确证解释，并从中得出具体的法律结论。这说明，权威性可能比合法性的外延要宽，人们

---

〔1〕　［英］L. 乔纳森·科恩：《理性的对话：分析哲学的分析》，邱仁宗译，社会科学文献出版社 1998 年版，第 206 页。

常把正确的东西也赋予权威性，这使权威性标准带有一定的综合性。从权威性评价具有综合性的角度，伯顿提出了"制度合法性"命题。他认为："按照系统方法来看，合法性是整个法律和政治制度的一笔财富。如果脱离更大法律制度内的审判制度，在一个案件或者法律共同体的惯例中的司法判决不可能令人欣赏。法律制度相应是在一定的社会、历史及文化背景下运作的政治制度的组成部分。脱离该制度在案中评价法律推理的合法性，而不是在它们的整个系统环境中评价司法实践的合法性，这只是夸夸其谈。……因而法律推理面临着民主的审判，但不是对逐个逐个案件的审判，而是在法律和政治的整体之内进行审判。"[1]

1. 规范之法律效力

凯尔森和哈特虽然一致认为，法官判决的合法性来源于其依据具体的法律规则，但为何遵守这个法律规则而进行的推理就具有法律效力？二者对这个问题的回答有所不同。凯尔森从法律规范体系中各种规范相互制约的角度，认为法官判决的效力最终来自基本规范的假设效力。哈特则认为，法官判决的效力最终来自其他法官对承认规则的接受。

的确，如凯尔森所说，法律规范是由法律制度事先规定好某些效力的。它们像足球比赛的规则一样，在适用之前就具有权威性。法律制度为法官的法律推理提供了权威的规范文本，使他们避免了每次从一个新案件开始来理解法律规范。

然而，一个法律规范的效力并不是僵死的，立法机关虽然事先为每一法律规范规定了独特的效力，但除这些规定效力外，在规范的等级结构中较低级的特殊规范还从较高级的一般规范"自动地"获得效力。这些从其他规范获得的效力，是法官在法律适用中通过解释性推理发现的效力。威廉姆·理德指出："对法律效力来说，出自立法机关的正式行为并不是一个必要条件，因为，许多被尊为法律的规范是由法官、其他官员和国民创造的。简而言之，立法机关制定法律，告诉我们什么是法律，但它并未告诉我们什么不是法律。"[2]

规范的权威性与公开性也有密切关系。罗尔斯说："一种制度，其规范的

---

〔1〕〔美〕史蒂文·J. 伯顿：《法律和法律推理导论》，张志铭、解兴权译，中国政法大学出版社 1998 年版，第 196-197 页。

〔2〕See William Read, *Legal Thinking: Its Limits and Tensions*, University of Pennsylvania Press, 1986, p. 46.

公开性保证介入者知道对他们互相期望的行为的何种界限以及什么样的行为是被允许的。存在着一个决定相互期望的共同基础。对何为正义非正义也有一种公开的理解。"〔1〕"法无明文规定不为罪"的准则就体现了权威的公开性。它要求法规的命令和禁止具有明确性、为人所知并被公开地宣传，否则，公民不知道该怎样按规范行动，规范的权威性就建立不起来。因此，公开性就成为评价规范权威性的一个具体标准。

2. 推理之合法性

弗里德曼认为，法律推理是为特定法律行为作"正式"的法律理由阐述，其合法性有两个含义：一是法律推理作为一种法定义务，负责特定行为的合法性说明；二是"它表现出法官判决与规则本体或更高合法性权力之间的结合"。〔2〕

对前一个含义，有论者理解为："负有推论责任的特定法律工作者（尤其是法官）因为是司法审判活动中的主体，只有他们作出的推理才是权威性的。"〔3〕这种理解，把法官地位的权威性与法律推理理由的权威性混为一谈，照此逻辑就会得出"凡法官推理必然具有权威性、合法性"的错误结论，再作合法性评价就完全没必要了。其实，法官的身份地位只是法律推理合法性的来源之一，除此之外，还有事实认定的合法性、适用规范的合法性、方法的合逻辑性，以及结论的公正性等来源。至于说"只有法官的推理才具有规范性意义上的价值，法律推论的权威性才赋予法官判决的最终性，避免了对判决结果正确与否的无限追究"〔4〕，这是必须在考虑了如下因素后才能得出的结论：第一，说法官推理才具有规范意义上的价值，这只适合纠问式审判；在对抗式审判中，法官从独揽庭审的绝对权威变为"舞台监督"，就不能再说只有法官推理才具有规范意义上的价值，而只能说法官在吸收或采纳律师（包括检察官）推理成果的基础上，通过控辩审三方相互作用的合力，才使其上升为具有规范意义的价值。在现代对抗式审判中，与其说法律推理的合法性来自法官特权，毋宁说它来自法官、律师和检察官等推理主体的相互作用。第二，法官判决的终局性与法官特权虽有一定关系，但它主要还是来源于法律制度的等级结构，否则，诸如二审终审制以及上诉法院对审判法院错误的

---

〔1〕　[美]约翰·罗尔斯：《正义论》，何怀宏等译，中国社会科学出版社1988年版，第52页。

〔2〕　[美] L·M·弗里德曼：《法律与社会》，吴锡堂译，巨流图书公司1991年版，第118-119页。

〔3〕　解兴权：《论法律推理》，中国社会科学院大学1998年博士学位论文。

〔4〕　解兴权：《论法律推理》，中国社会科学院大学1998年博士学位论文。

纠正，就会变得无法理解。

从后一含义看，法律推理的权威性来自法官判决与规则本体或更高合法性权力之间的结合。就是说，一方面，法官的推理必须遵守法律规范才合法，法律规范的权威性赋予了法官推理的合法性；另一方面，法官作为法庭的官员、审判的组织者或者一场审判"对抗赛"的裁判，其判决的合法性或法律效力不是来源于个人特权或影响力，而是来源于法庭、宪法、立法机关和法律制度的等级结构。在这个等级结构中，宪法在政府各部门之间分配权力，限制政府对抗个人的权力；而法院则在个人权利和政府权力之间起着"平衡器"作用，使社会生活纳入和谐的法律秩序。"合法性要求那些握有强制权柄的人用来贯彻法律——不得专横擅断，图谋私利，或者压制他人。例如，执法官在使用武力时必须有正当理由"，"合法性要求乃是我们民主制度基石的核心价值观点"〔1〕。

还有一个问题值得注意，即庭审所使用的证据的合法性问题。如果证据的来源不合法，依据这些证据所作出的事实认定就将失去合法性。使用从非法证据而来的小前提进行法律推理，其合法性必然受到质疑。

3. 裁决之合法性

审判是一个法庭裁决过程，裁决之合法性有两个含义：

首先，作为法官判决及对以后类似案件所形成的判例具有规范的权威，它是一种体现了国家意志的证据决策和法律决策，具有对所有的人都有效的合法性。

其次，法官自由裁量权运用的合法性，应当从操作标准和目的标准的最佳结合中寻找评价标准。这种评价会产生两种结果：其一，如果自由裁量没有法律支持，没有价值依据或道德理由，就是滥用自由裁量权。其二，在没有明确法律规定的情况下，如能在法律规范的等级结构或目的标准中，通过推理发现支持其决定的合法理由或正当理由，那么，这种自由裁量权就是一种理性的运用。

作为自由裁量权前提的信念是："现实远远比法律丰富""正常运行着的社会关系是任何普遍的规范都不能完全包摄的过程，其中无处没有通过参与者之间个别的了解而形成的个别规范"，而且，"决定者的裁量余地被限制，

---

〔1〕 ［美］史蒂文·J. 伯顿：《法律和法律推理导论》，张志铭、解兴权译，中国政法大学出版社 1998 年版，第 188 页，第 195 页。

决定内容被事先存在的规范所规制，就意味着减少了根据具体情况灵活机动地解决纠纷的可能性。由此这种类型的纠纷解决会引起植根于人们朴素的正义感中的不满乃至对正当性的否定。"〔1〕所以，对自由裁量权的理性运用，不仅可以获得合法性，而且是法律不断发展的动力。

（三）秩序

法律推理是建立和维护法治社会秩序的手段。一定的传统、习惯、惯例、文化模式、社会规范和法律规范，都是秩序之构成要素。秩序作为法律推理的评价标准是后果指向的，是一种实践检验标准。伯顿说："法律应该有助于缔造一个更有序的社会。"〔2〕

1. 秩序源自稳定性价值

在博登海默看来，秩序就像空气和水一样，是人类社会生存和发展的一种需求。它是指"在自然进程和社会进程中都存在着某种程度的一致性、连续性和确定性。"无序（disorder）则是指，存在着断裂（或非连续性）、无规则性的现象以及从一个事态到另一个事态的不可预测的突变情形。在自然界中，有序模式的普遍性表明自然秩序似乎压倒了无序，规则压倒了例外。例如，万有引力定律等。这对人类生活大有益处。在社会生活中，个人和家庭生活习惯，商业和职业活动的安排、计划和组织，法律秩序禁止某些明显反社会的行为，保障了普通公民的有条不紊的活动方式。有序生活方式要比杂乱无章的生活方式占优势，有助于将集体生活的发展趋势控制在合理稳定的范围内。人们一般都渴望生活在安全、稳定、可预见的有序世界中。"秩序总是意味着某种程度的关系的稳定性、结构的一致性、行为的规则性、进程的连续性、事件的可预测性以及人身财产的安全性"。〔3〕"秩序是与无序（无秩序）相对的。'无序'意味着关系的稳定性和结构的一致性模糊并消失；行为的规则性和进程的连续性被打断；偶然的、不可预测的因素渗透到了社会生活之中，从而使人们失去了信心和安全感。"〔4〕

---

〔1〕　[日] 棚濑孝雄：《纠纷的解决与审判制度》，王亚新译，中国政法大学出版社1994年版，第17页，第126页。

〔2〕　[美] 史蒂文·J. 伯顿：《法律和法律推理导论》，张志铭、解兴权译，中国政法大学出版社1998年版，第125页。

〔3〕　参见 [美] E·博登海默：《法理学：法律哲学与法律方法》，邓正来译，中国政法大学出版社1998年版，第227–259页。

〔4〕　张文显：《法学基本范畴研究》，中国政法大学出版社1993年版，第258页。

2. 法律推理旨在创设一种正义的社会秩序

第一，法律制度是秩序和正义的综合体。博登海默说："一个法律制度若要恰当地完成其职能，就不仅要力求实现正义，而且还须致力于创造秩序。……一个法律制度若不能满足正义的要求，那么从长远的角度来看，它就无力为政治实体提供秩序与和平。但在另一方面，如果没有一个有序的司法执行制度来确保相同情况获得相同待遇，那么正义也不可能实现。……法律旨在创设一种正义的社会秩序。"[1]显然，从正义实现的角度来看，秩序是法律推理是否符合正义标准的一个评价尺度。

第二，无正义的秩序和无秩序的正义都不可取。博登海默认为，绝大多数可行的法律制度都避免了"没有秩序的正义和没有正义的秩序"这两种极端的形式。但是，二者偶尔也会出现分道扬镳的情形。例如，一位法官在审理一个案件时认为"适用一项在早期案例中所确定的规则，会对当下案件中的一方当事人不太公平"，但他仍可能决定遵循先例。"因为另一方当事人所依赖的恰是该规则的持续效力，或因为他十分重视法律的确定性和稳定性。"[2]伯顿更举例说："追求无正义的秩序的法律制度，将会导致警察国——墨索里尼时的意大利是个例子。追求无秩序的正义的法律制度将导致混乱，比如，中国的"文化大革命"。现在，美国的法律制度承认这两种价值，并予以平衡。"[3]

第三，法律推理对美好社会秩序的塑造作用。伯顿说："法律共同体的大多数人都抱有这种理想，即每条法律规则、每个法律案例都应该促进法律作为一项社会制度的目的。这样规则和案例应该有助于维持和发展一个更有序、更公正的社会。我们知道我们常常达不到这些理想。但我们在一个时期、一个案件中为之而奋斗。"[4]关于这种在"一个时期、一个案件"中为"更有序、更公正的社会"而奋斗的案例，可以举出1954年联邦最高法院在布朗

---

〔1〕 ［美］E·博登海默：《法理学：法律哲学与法律方法》，邓正来译，中国政法大学出版社1998年版，第330页。

〔2〕 ［美］E·博登海默：《法理学：法律哲学与法律方法》，邓正来译，中国政法大学出版社1998年版，第333-334页。

〔3〕 ［美］史蒂文·J.伯顿：《法律和法律推理导论》，张志铭、解兴权译，中国政法大学出版社1998年版，第125页。

〔4〕 ［美］史蒂文·J.伯顿：《法律和法律推理导论》，张志铭、解兴权译，中国政法大学出版社1998年版，第125页。

诉教育委员会案中取消公立学校种族隔离的裁决，即"在公共教育领域，没有'隔离但平等'之说的立足之地。隔离的教育设施从本质上就是不平等的。"这个裁决否定了其 1896 年在"普莱西诉弗格森"案中作出的"只要黑人和白人分别使用的设施是平等的，政府关于可以实行种族隔离"的裁决。这个判决的历史意义在于，其否定了"隔离但平等"的传统理念，确立了"隔离即不平等"的公正理念，推动了教育机会平等，种族间的宽容与种族融合。[1]

相反，也有一些违背法律推理理念而破坏美好社会秩序的案例。例如，彭宇案民事判决书称：被告第一个从公交车后门下车，原告摔倒致伤，被告发现后将原告扶至旁边，在原告亲属到来后，被告便与原告亲属等人将原告送往医院治疗。从常理分析，……如果被告是见义勇为做好事，更符合实际的做法应是抓住撞倒原告的人，而不仅仅是好心相扶；如果被告是做好事，根据社会情理，在原告的家人到达后，其完全可以在言明事实经过并让原告的家人将原告送往医院，然后自行离开，但被告未作此等选择，其行为显然与情理相悖。被告在事发当天给付原告 200 多元钱款且一直未要求原告返还。根据日常生活经验，原、被告素不认识，一般不会贸然借款，即便如被告所称为借款，在有承担事故责任之虞时，也应请公交站台上无利害关系的其他人证明，或者向原告亲属说明情况后索取借条（或说明）等书面材料。[2]在上述判决中，法官基于"常理分析"，将可能的和解者视为心虚，将可能的和解行为解释为是对过错或责任的默认。这种"常理"实际上是小农经济"各人自扫门前雪，莫管他人瓦上霜"的狭隘思想，它与鼓励救助行为、和解行为的"市场经济伦理"是背道而驰的，违背了不能用一个人的善良行为来反对该人的和谐原则。彭宇案判决产生了毒害社会的后果，影响了社会公众的行为预期和价值取向。这种惩罚善人或人们行善行为的邪恶判决，可能使一个时期的社会道德水平倒退几十年。[3]

---

[1] 参见［美］詹姆斯·帕特森：《"布朗诉教育委员会案"：法律与影响》，载 https://wen-ku.so.com/d/38e759446576d85cdebd0a2bbe3f4174，最后访问日期：2024 年 2 月 5 日。

[2] 彭宇案一审判决书节选，南京市鼓楼区人民法院（2007）鼓民一初字第 212 号民事判决书。

[3] 参见卜广明、陈咏：《扬州小伙怕"担责"扶起倒地老太又松手》，载《扬子晚报》2008 年 1 月 18 日。另参见王觅：《南京九旬老人瘫倒路边，20 分钟内路人不敢去搀扶》，载《现代快报》2008 年 2 月 16 日。

法律推理作为建立和维护法治社会秩序的手段，其结果对美好社会秩序具有塑造作用。伯顿说：“我们相信如果没有法律，社会可能是另外一个样子。……我们也相信因为有法律的存在，社会才变得更美好。法律应该鼓励高尚的行为，谴责丑陋的行为，从而指导行为。如果法律真正对社会起作用，它们就应该帮助我们缔造一个我们生活在其中的更美好的社会。”[1]

3. 秩序是个人自由与社会共识之间达成的平衡

第一，秩序应该在个人自由和社会共识之间寻求一种平衡。在自由与秩序的关系问题上，存在着“个人利益理论与共识理论的争论”。个人利益理论适合于自由主义社会。在自由主义社会，每一项集体协定，每一次权利分配都被体验为脆弱的、不合法的。因此，“自由主义社会深深地陷入一种组织模式的矛盾之中，它否认社会性和内在秩序，而个人利益理论最典型地代表了这种社会的特点。”“自由主义社会所必需的条件要求：法律秩序应当被看作是某种中立的或能够调和相互对立的利益的东西。每一个人或每一集团必须能够工具主义地看待法治，视其为促成长期利益的最佳方式。”然而，无论怎样调和，“总是存在着任何既定的一方通过违反法律而获利的机会，存在着破坏法律秩序的益处远大于所冒的风险的机会。因此，法律秩序必须制定一种共识，制定一种超越任何成本收益统计的相应的责任感。”[2]相比之下，以共识为本位的社会秩序观点最适合于习惯是唯一重要法律类型的社会。共识理论的全部基础就在于，“要使习惯适合人类社会就像本能适合于动物那样。但是，习惯毕竟不同于本能，由于意识的主观性，对此几乎没有什么共识可以完全将其制服，习惯总处于解体的危险中。”所以，共识理论很难说明冲突和变化，很难允许和应对变革和冲突的存在和发生。昂格尔因此主张一种介于二者之间的社会秩序理论，这种理论“更接近于表现一种既定关系，集团或社会的真理”，它设法调和“个人自由与社会凝聚”的秩序危机。[3]

---

〔1〕［美］史蒂文·J.伯顿：《法律和法律推理导论》，张志铭、解兴权译，中国政法大学出版社1998年版，第123页。

〔2〕［美］昂格尔：《现代社会中的法律》，吴玉章、周汉华译，中国政法大学出版社1994年版，第122-123页。

〔3〕参见［美］昂格尔：《现代社会中的法律》，吴玉章、周汉华译，中国政法大学出版社1994年版，第242-245页。

　　第二，以例外为手段的极权是秩序与自由之间关系的一种扭曲表现。例如，罗马人崇尚法律与秩序，但也是他们最早提出了"悬法"状态：一旦国家陷于失序状态，就要通过宣布动乱而将法律悬置。1933 年 2 月 28 日，一天前刚刚发生了所谓"国会纵火案"，希特勒便以"焚毁国会是流血暴动和内战的信号"为由，发布"人民与国家保护令"，悬置了魏玛宪法关于个人自由的条文。当例外成为常态，进而创造它自己的法律和制度，极权就无可避免。意大利政治哲学家阿甘本指出，因为"人民与国家保护令"从未被废除，"因此从法律的观点而言，整个第三帝国可以被看作是一个持续了 12 年的例外状态。在这个意义上，现代极权主义可以被定义为，透过例外状态的手段对于一个合法内战的建制。这个合法内战不仅容许对于政治敌人、也容许对于基于某种原因无法被整合进政治系统的整个公民范畴的肉体消灭。"然而，现代政治也越来越无法回避例外状态，正如阿甘本所言，从革命、内乱、战争、经济恐慌、自然灾难到反恐，例外状态逐渐成为政府治理的常态性安全机制，其中行政权的扩张与立法权的萎缩只是一个附带效应。面对着这个法秩序赖以为生的阴影，法学家们试图以全权、独裁、国家自保权、法律漏洞等概念试图将它正当化，或者提供其正当性的判准。因此，当例外来临时，你是选择民主还是专制，就会成为一个问题！正是因为深受例外状态和非常政治之苦，战后西德宪法里有一条文明确规定："面对试图废除这个秩序的任何人，所有的德国人，在没有其他可能救济的情况下，都拥有抵抗权。"因此，对今天所有德国人来说，法治的格言是：没有例外，一切都在秩序中！[1]

---

　　[1]　参见周濂：《一切都在秩序中》，载 http://other. caixin. com/2013-12-08/100614872. html，最后访问日期：2024 年 2 月 5 日。

CHAPTER04 **第四章**
法律推理的主体和客体

　　"从前的一切唯物主义（包括费尔巴哈的唯物主义）的主要缺点是：对对象、现实、感性，只是从客体的或者直观的形式去理解，而不是把它们当作感性的人的活动，当作实践去理解，不是从主体方面去理解。"[1]国内外有关法律推理的研究目前多集中在方法方面，缺乏主体性论述，特别是缺乏关于主体思维活动的考察。然而，法律推理作为一种逻辑思维和制度实践，对其所进行的研究如果不关注主体问题，是难以取得成果的。本章主要回答法律推理在主客体相互作用中体现出来的主体思维结构和特征。从方法论上说，法律推理主客体研究虽然离不开所谓静态考察，但却不能将其看作静止的东西，而应当将其视为在法律推理过程中相互作用的"活体"。

一、法律推理主体的一般特征

（一）法律推理主体的规定性

1. 关于主体资格

　　主体资格是指其应该具备的条件或规定性。舒炜光教授认为，主体之所以成为主体有两个条件："第一，主体不能与客体区分开的时候，主体决不能独立出现；第二，主体不固有主观性，便不成其为主体。人要作为主体而同客体相区别，必须具有自我意识。"[2]按照上述条件，法律推理主体资格涉及以下问题：

――――――――――――

　　[1]　中共中央马克思 恩格斯 列宁 斯大林著作编译局编：《马克思恩格斯选集》（第1卷），人民出版社2012年版，第133页。
　　[2]　舒炜光：《科学认识论的总体设计》，吉林人民出版社1993年版，第178页。

第一，法律推理主体是随着法律实践活动的分化即法律职业化而产生的。在此之前，由于法律实践尚未与其他实践活动分开，法律认识和实践的主客体便是浑然一体的。波斯纳从法律起源的角度描述了这一分化过程。他认为，在前法律的文化中，法律制度的最初形式是由复仇所保证的默示规范在自发起作用，因此，"受害者同时作为审判者和执行者"。随着社会发展，复仇制度暴露出重大的缺陷，人们对社会协调发展和寻求中立裁判的需要，使受害者和审判者发生分离。"在纯粹的私人复仇制之后的第一阶段，是由首领和国王，也许甚至是一个公众集会，来进行立法和审理"；以后，又逐渐将审判和执行法律的职能移交给作为专门家的法官。〔1〕

第二，法律推理主体之法律思维能力的获得与丧失。法律思维能力是一种综合素质，它不仅是指拥有法律专业知识，更重要的是以一定法律思维结构为主观框架来认识和解决实际法律问题的能力，包括分析和综合能力、推理的逻辑性、思维的敏捷性、语言的表达力和辩论技巧等。人的法律思维能力不是天生具有的，而是在法学院教育等职业训练中获得，并在此后投身的法律实践中发展起来的。法律推理是一种实践理性活动，从可能主体向现实主体转变的关键是必须从事法律实践活动。"人是变成为主体的，并且，成为主体的个人还可以变成非主体的人。人与主体之间的联系是有条件的。"〔2〕从动态上看，"对于个体的人来说，即使发展到成为主体之后，在某些条件下还会丧失掉主体的规定性。"〔3〕例如，一个人通过法学院专门训练掌握了应有的知识素养、推理能力和道德水准等而成为法官、检察官或律师；但是，如果他失去这些素质和能力，或者堕落成罪犯，就会成为法律推理主体中的失能者。法官在控辩审三方互动结构中处于居中裁判的中立地位，如果不能保持中立，就有可能"从不偏不倚的法官突然滑向控告一方的危险"〔4〕，从而丧失居中裁判的主体地位。

2. 法律推理主体的主观性

法律推理是主体自觉的实践理性活动。所谓自觉，从积极的方面说，是指推理主体具有正常人的理性思维能力；从消极的方面说，是指法官、检察

---

〔1〕　参见［美］波斯纳：《法理学问题》，苏力译，中国政法大学出版社1994年版，第7页。

〔2〕　舒炜光：《科学认识论的总体设计》，吉林人民出版社1993年版，第178页。

〔3〕　舒炜光：《科学认识论的总体设计》，吉林人民出版社1993年版，第178页。

〔4〕　［德］拉德布鲁赫：《法学导论》，米健译，法律出版社2012年版，第146页。

官、律师也有个人偏好、偏见、直觉等非理性的思维品性。法律推理不仅是逻辑思考，还有价值判断在起作用。不同人或同一个人在不同价值观、不同情感的支配下，可能给法律推理带来某些不确定性。博登海默说，"先进的法律制度往往倾向于限制价值论推理在司法过程中的适用范围，因为以主观的司法价值偏爱为基础的判决，通常要比以正式或非正式的社会规范为基础的判决表现出更大程度的不确定性与不可预见性。"[1]

然而，当我们用主观性来说明法律推理的不确定性时应做具体分析，不能从主体具有主观性而直接得出法律推理具有不确定性的结论。因为，从事其他认识和实践活动的主体同样也具有主观性。这种关于主体一般具有主观性的知识，不足以说明法律推理活动的特殊性。但现实主义法学恰恰就是这样提出问题的。

其一，现实主义法学认为，一个案件是疑难的还是简易的，这是不确定的，是由推理者的主观意见决定的。然而，经验告诉我们，对于一个没有争议的案件，如果存在明确的制定法规则或判例，法律推理的结果即判决一般是会与其一致的。不论推理主体对这些规则和判例的主观理解有何差别，它们都会对推理活动具有约束力，不会因为人有主观性而使简单案件变成疑难案件。"如果一项谋杀毋庸置疑地得到了确凿证据的证实，那么被告犯有谋杀罪的结论就不需要法院进行价值判断了。在这种情形中，法院得出的这一结论乃是用三段论演绎逻辑法得出的。"[2]因此，简单案件与疑难案件的界限不会仅仅因为推理主体具有主观性而变得模糊，除非是法官受贿而故意模糊这种界限，这恰恰是上述舒炜光教授所讲的"丧失掉主体的规定性"的情况。

其二，现实主义法学家弗兰克认为，法律推理的确定性只是人们的一种期待，一旦正视了法律仅仅存在于法官行动中这一事实，人们便不会再去幻想原本不存在的确定性。然而，法律推理的主要价值如果是不确定性，法律则完全成为法律适用者的判决或行动，显然，这种关于法律推理主观性的看法，与法治观念发生了严重的冲突。有论者指出："首先，人们认为立法与司

〔1〕［美］E·博登海默：《法理学：法律哲学与法律方法》，邓正来译，中国政法大学出版社 1998 年版，第 528 页。

〔2〕［美］E·博登海默：《法理学：法律哲学与法律方法》，邓正来译，中国政法大学出版社 1998 年版，第 526 页。

法应分离的理由是：两者合而为一将会导致专制。而法律如果变成法官的判决，那么立法与司法的界限显然就不存在了。在现代，有人便以为，随着法律不断的复杂化和专业化，作为职业性的、专业性的法官阶层有可能成为一种新的'专制'阶层。""其次，一般认为，在政治上法律应由民选的机构来制定，起码基本的法律结构及内容应当由这样的机构来确定，这是民主的要求。而法律适用者通常不是民选的，其各种意见的形成及其程序与民众的愿望并不直接发生关系。而依照现实主义法学的观点，甚至基本的法律结构及内容都将不可避免地由法律适用者来确定。这样，法律以及法治与民主必须相结合的要求是不可能实现的。"[1]

3. 法律推理主体的社会性

法律推理主体不是生活在真空中，而是处于现实社会的复杂社会关系中，政治、经济、文化、道德、宗教等社会因素都会对其产生影响。因此，对法律推理主体不能只作认识论考察，还应从社会生态学角度考察社会环境对其可能产生的影响。其中，以下两点特别值得注意：

第一，法律推理主体是不同的利益主体。不同利益主体"法律思维的观点形成于人们在法律制度中扮演的各种角色"[2]。在诉讼过程中，控辩双方对案件事实和法律适用的认识，受到所获得的证据多寡、诉讼立场以及委托人利益等因素的影响。就法官而言，其职业化要求是公正裁判。但法官所扮演的也是一种社会角色，"法官必须经常对相互冲突的利益加以权衡，并在两个或两个以上可供选择的、在逻辑上可以接受的判决中作出抉择。在做这种抉择时，法官必然会受到自身的本能、传统的信仰、后天的信念和社会需要之观念的影响。"[3]现实社会中除个人利益外，还有社会公共利益，各种利益的整合必然使主体原来的认识尺度发生一定弯曲，并在某种程度上趋向一致或共识。这种一致和共识的形成有一定时空维度，微观上的时空维度包括审理周期和法庭内外，宏观的时空维度则是特定的法律制度。

---

〔1〕　刘星：《法律是什么：二十世纪英美法理学批判阅读》，中国法制出版社2015年版，第102-103页。

〔2〕　See William Read, *Legal Thinking: Its Limits and Tensions*, University of Pennsylvania Press, 1986, p. 10.

〔3〕　参见［美］E·博登海默：《法理学：法律哲学与法律方法》，邓正来译，中国政法大学出版社1998年版，第157页。

　　第二，法律推理主体是血肉之躯的情感主体。情感是人类社会性的一种体现。作为一个执行认识功能的系统，法律推理主体的精神世界是一个知、情、意相统一的整体。他们是有个人需要的利益主体，因而成为情感主体。从各种意识要素的相互关系来看，知识和智能属于理性因素，情感和意志是非理性因素，它们可以为主体行为提供强大精神动力，但在某些情况下也会干扰主体作出理性选择。所以，法律推理的理性与情感或者通常所说的"情与法"往往处于矛盾状态。他们既要通人情，"却又不过分人情化、个人化、主观化和反复无常"。[1]一方面，法官不能把个人情感带入法律推理过程。所以孟德斯鸠说："法官需要冷静，对一切诉讼多多少少要冷漠无情。"[2]另一方面，法官又不能丧失良知和人性，做一个像佩雷尔曼举例中毫无人情味的公园"守门人"，或者只知机械遵循法律的"自动售货机"。法官的良知和人性无疑包含着求真和护法的要求，但同时也包含着求善和人文关怀，是一种道德自觉意义上的良知。汤因比说："因为我是人，我具有人的意识……作为人的良心，在命令我要行善而不作恶。"[3]例如，在1991年柏林墙士兵射杀翻墙青年案审判中，其律师辩解说，该士兵开枪杀人是在执行命令，他别无选择，是无罪的。但法官赛德尔却说："作为警察，不执行上级命令是有罪的，但打不准是无罪的。作为一个心智健全的人，此时此刻，你有把枪口抬高一厘米的主权，这是你应主动承担的良心义务。这个世界，在法律之外还有'良知'。当法律和良知冲突之时，良知是最高的行为准则，而不是法律。尊重生命，是一个放之四海而皆准的原则。"最终，该士兵被判有罪，且不予假释。所以，法律推理主体应该有一种以良知识别良法的判断力。这种判断力在德国很多法院裁决中的运用被概括为拉德布鲁赫公式：首先，所有实在法都应当体现法的安定性，不能随意否定其效力；其次，实在法还应当体现合目的性和正义；最后，若实在法违反正义达到不能容忍的程度，它就失去了其之所以为法的"法性"，甚至可以看作是非法的法律。[4]

---

〔1〕　［美］波斯纳：《法理学问题》，苏力译，中国政法大学出版社1994年版，第7页。

〔2〕　［法］孟德斯鸠：《论法的精神》（上册），张雁深译，商务印书馆1961年版，第81页。

〔3〕　［英］阿·汤因比、［日］池田大作：《展望二十一世纪——汤因比与池田大作对话录》，荀春生等译，国际文化出版公司1985年版，第317页。转引自肖锋：《科学精神与人文精神》，中国人民大学出版社1994年版，第253页。

〔4〕　参见雷磊：《再访拉德布鲁赫公式》，载《法制与社会发展》2015年第1期。

　　第三，法律推理主体是一个社会共同体。社会共同体是依一定方式和社会规范结合而成的群体，其成员具有共同的价值认同意识。例如，科学共同体、法律共同体和宗教共同体等。法律共同体与科学共同体有某些相似的特性。库恩说："科学共同体是由一些学有专长的实际工作者所组成。他们由他们所受教育和训练中的共同因素结合一起，他们自认为也被人认为专门探索一些共同的目标，也包括培养自己的接班人。这种共同体具有这样一些特点：内部交流比较充分，专业方面的看法也比较一致。同一共同体成员很大程度上吸收同样的文献，引出类似的教训。不同的共同体总是注意不同的问题，所以超出集团范围进行业务交流就很困难，常常引起误会，勉强进行还会造成严重分歧。"[1]

　　法律共同体的一些共性，如经过同样的法学院教育，经历相同的从业、选任制度，从事类似的法律实践，享有共同的职业利益，对法律问题有一定的普遍共识和共同语言等，可使获得高度共识的法律家们凝聚为一个"解释共同体"[2]。这个共同体具有公认的声望，声望助长了权势，权势的正当运用又愈发抬高着声望，故足以回应社会对法治与正义的期待，更进而推进法治意识在社会中的传播，并提高社会整体的现代化程度。[3]伯顿认为，"法律共同体成员间的普遍共识点称为法律惯例。这些惯例的当事人最主要的是法官和律师，在正常情况下还有立法者，执法或管理人员，有时还有其他一些人。惯例便是由他们的习惯和偏好所组成的。习惯就是一堆人们过去形成的解决法律问题的方法。偏好则是在未来可能案件中他们所具有的同意该法律结论的倾向。"[4]

　　法律共同体的共识或惯例的作用是：第一，可以作为一种"先验的"职业思维结构，指导对具体案件作出判断和结论。第二，可以作为一种为传统所认可的意义和启示，指导对法律规范的解释；"职业惯例支撑利用法律判例、规则及政策来裁判问题案件，从而从整体上来协调判决，实现法治。案

　　〔1〕　〔美〕托马斯·S·库恩：《必要的张力：科学的传统和变革论文选》，纪树立等译，福建人民出版社 1981 年版，第 292 页。

　　〔2〕　参见〔美〕波斯纳：《法理学问题》，苏力译，中国政法大学出版社 1994 年版，第 257-258 页。

　　〔3〕　贺卫方：《司法的理念与制度》，中国政法大学出版社 1998 年版，第 8 页。

　　〔4〕　〔美〕史蒂文·J. 伯顿：《法律和法律推理导论》，张志铭、解兴权译，中国政法大学出版社 1998 年版，第 113 页。

中的法律产生于法律研究过程中所磋商的法律材料——案件报告、宪法、成文法、行政规章、文集、法律评论文章，等等。这些材料代表着习惯，表明法律共同体的偏好。"[1]

　　4. 法律推理主体的职业道德

　　职业道德是指"为某一职业的全体从业人员应普遍遵循、并被有关职业组织采纳为职业规范的行为准则，违反者将受到执业纪律的惩戒。"[2]法律职业道德要求作为法律共同体成员的法官、检察官和律师在执业活动或行使职权的过程中，坚持公平正义理念，遵守相应的道德规范。

　　法官的职业道德主要表现在以下几个方面：第一，忠于法律。法官区别于普通公民的一个特点是，他们全都把自己的忠诚奉献给制度而不是个人或群体。"一种制度下的法官和律师需要把一种特殊的法律规范体系当作像道德那样的生活环境来加以接受，他们作为该制度的一分子，必须接受既定的规范。""他们必须假定，制度的存在，以及他们所处理的现实生活事件和他们的官方反应，都有为制度所指令的特殊意义。"[3]第二，秉持公正的人格。法官应该是公正的化身。"当一个有权势的人与一个没有权势的人发生纠纷时，前者很自然试图运用他的权势来影响纠纷的结果；对法官来说，至少对自主观念强的法官来说，自然也很想防止这种使他们受权势支配的干涉。"[4]法官如果不讲职业道德，就会成为权势的仆人或自己欲望的奴仆，成为权力异化的牺牲品。弗朗西斯·培根说过："一次不公的（司法）判断比多次不平的举动为祸尤烈。因为这些不公的举动不过是弄脏了水流，而不公的判断则把水源败坏了。"[5]这段话说明了司法公正的重要性，但就是这位培根先生最后却受贿，堕落为一名腐败的法官，被宣布永远不得再任法官职位。[6]这是任何法官都必须汲取的教训。第三，坚守中立的立场。作为裁判者，法官的地位是中立的，他不能偏袒任何一方。中立性是指法官居中裁判。联合国《关于

　　〔1〕　［美］史蒂文·J.伯顿：《法律和法律推理导论》，张志铭、解兴权译，中国政法大学出版社 1998 年版，第 114 页。

　　〔2〕　薛波主编：《元照英美法词典》，法律出版社 2003 年版，第 1103 页。

　　〔3〕　［美］波斯纳：《法理学问题》，苏力译，中国政法大学出版社 1994 年版，第 257 页。

　　〔4〕　［美］波斯纳：《法理学问题》，苏力译，中国政法大学出版社 1994 年版，第 8 页。

　　〔5〕　［英］弗·培根：《论司法》，载《培根论说文集》，水天同译，商务印书馆 1983 年版，第 193 页。

　　〔6〕　参见吕世伦主编：《当代西方理论法学研究》，中国人民大学出版社 1997 年版，第 288 页。

司法机关独立的基本原则》第 2 条规定："司法机关应不偏不倚、以事实为根据并依法律规定来裁决其所受理的案件，而不应有任何约束，也不应为任何直接间接不当影响、怂恿、压力、威胁、或干涉所左右，不论其来自何方或出于何种理由。"[1]中立性有两点要求：一是中立于诉讼双方，在等腰三角形的诉讼结构中，诉讼双方各执一端，法官居中裁判，与其保持相等的距离。二是中立于裁决结果，不预设某种偏好，一视同仁，不因人而异。

　　法官的职业道德不仅通过实际行为表现出来，还通过"表见"行为表现出来。满运龙教授曾谈到美国对法官"表见不当行为规制：从提倡到强制"的过程。对法官行为的规制，不仅限于实际不当行为，而且及于"表见不当行为（appearance of impropriety）"，即某些行为从事实上看并未违反任何法律，但行为本身在特定环境下却给——或可能会给——外界造成了行为不当的印象，引发了当事人和公众对法官公平、公正、廉正司法的质疑，进而招致社会对司法公正评价的降低。例如，一位法官审理一件商业合同纠纷案，一方当事人公司的一名高管是法官远房亲戚。该法官秉公审理，从未就案件与该亲戚有过任何私下交流。宣判前的周末，该法官与家人一起参加了一个私人聚会，该亲戚及家人也在场。第二天法官判决，依据事实和法律正确判定该亲戚任主管的当事人公司胜诉。败诉方事后了解到法官与胜诉方公司高管的亲戚关系和宣判前的周末聚会，遂向州监惩委员会投诉该法官行为不当，并向媒体散布消息，导致公众纷纷向法院要求惩戒和罢免该法官。可见，表见不当行为不是法官行为实际违规，而是行为的外在表象在特定环境下给公众造成司法不公的印象。因此，美国律师协会《模范司法行为准则》（2007）准则 1 开宗明义："法官在所有活动中应当避免不当行为和表见不当行为"。《马萨诸塞司法行为准则》（2016 年）也把表见不当行为放入准则 1 规定："法官应当维持和促进司法的独立、廉正和公正，并且应当避免不当行为和表见不当行为。"[2]可见，规范法官的表见行为，对于独立行使司法权并保持公正、廉正的司法形象，维护司法公信力，也是非常重要的。

　　我国法律职业道德规范和教育，有一种偏重律师职业伦理、忽视法官和

---

　　〔1〕　联合国：《关于司法机关独立的基本原则》，联合国第七届预防犯罪和罪犯待遇大会 1985 年通过。

　　〔2〕　满运龙：《自律维护独立——美国的司法监督与法官行为准则》，载《马萨诸塞州司法行为准则》，张保生等译，中国政法大学出版社 2016 年版，序言。

检察官等公职人员职业伦理的偏向。实际上，对于法官、检察官等法律公职人员，更应该"特别提倡廉正、诚实和尽责"[1]。相比之下，律师职业道德规范具有某种特殊性。"律师作为自由职业具有民间人士的身份和以委托人利益至上的职业伦理"[2]。例如，律师即使知悉了委托人的犯罪行为，他也必须为委托人的行为"作出辩护努力。因为委托人有权要求一个律师的帮助，而律师要把委托人的利益置于自己的良心或关于社会福利的信念之上。"[3]同时，律师为委托人辩护或提供法律服务的行为受到职业道德的制约，只能为委托人的合法权益提供保护，不得利用法律为正在或计划进行的非法行为提供协助。律师必须分清法律和职业伦理的界限，清楚地知悉法律的后果，尽最大努力维护委托人的合法权益，并聪明地避免陷入委托人设置的"陷阱"，即律师似乎可以把任何事情都制造成合法的。

（二）法律推理主体的思维结构

关于法律推理主体思维结构的问题是这样提出的：由于每一个案件都是新的特殊案件，法律推理主体在开始认识这个新客体时，头脑是怎样一种状态？他的头脑是如同"白板"一样把它当作一个完全陌生的东西，像小学生学数学新课那样被动地加以认识，还是有某种"先入为主"的主观框架来指导其认识活动？

康德曾强调过"先验的范畴""先验的图型"在人们认识某种事物之前就已经存在于人的头脑中。[4]皮亚杰提出了以"图式"作为出发点的认识建构理论。"图式"是人的动作结构和思维演算结构，它作为中介把经验和概念结合、统一起来，在此基础上形成人的建构性认识。因此，新知识的获得并不是简单的认识二项式即"刺激-反应"的结果，而是认识结构不断建构的过程和产物。在皮亚杰看来，人是按已有的"图式"去认识事物的，主体把客体纳入自己已有"图式"的过程，是"同化"客体的过程；当主体"图式"不能同化新客体时，则要"顺应"客体，调整原有的"图式"，建立新的

---

〔1〕《联合国反腐败公约》第8条（公职人员行为守则）第1款。

〔2〕［日］谷口安平：《程序的正义与诉讼》，王亚新、刘荣军译，中国政法大学出版社1996年版，代译序第14页。

〔3〕See William Read, *Legal Thinking: Its Limits and Tensions*, University of Pennsylvania Press, 1986, p. 14.

〔4〕参见夏甄陶等主编：《思维世界导论——关于思维的认识论考察》，中国人民大学出版社1992年版，第203-204页。

"图式"。[1] 在这里，"同化"是主动性的体现，而"顺应"也不是完全被动的，而是一种主体自觉的活动。

上述思想对我们的启示是：法律推理主体在认识客体之前，头脑中也有一种类似先验"图式"的法律思维结构。这种思维结构，是主体通过教育培训以及在先前法律活动基础上建立起来的反映和把握客体的思维方式，是在法律推理过程中同化和适应客体的一种观念框架。

法律推理主体的思维结构具有如下特征：

第一，它是在先行的认识和实践活动中建立起来的，主体以往的法律实践经验和法律认识成果构成了思维结构的建筑材料。这种思维结构虽然在同化新案件的过程中具有"先验"特征，但从其形成过程看却纯粹是"后验"的东西。在现代社会，法律推理主体的所谓先验思维结构，甚至主要不是个人体验式的"后知后觉"习得过程，而是大学法学院专业教育和思维训练的产物，就像计算机制造商为"电脑"预装的软件程序那样，将社会法律制度承认的法律推理标准"灌输"到学生头脑中。波斯纳说："一种制度下的法官和律师需要把一种特殊的法律规范体系当作像道德那样的生活环境来加以接受，他们作为该制度的一分子，必须接受既定的规范。"他们全都被要求从制度设定的前提出发来开始自己的思维："他们必须假定，制度的存在，以及他们所处理的现实生活事件和他们的官方反应，都有为制度所指令的特殊意义。他们同竞赛的参加者类似，为了进行竞赛，就必须作出竞赛存在的假定，并假定在竞赛的游戏中包含着秘密的意义。"[2] 法律推理主体的思维结构建立在相似教育背景、价值观念的基础上，这对保证法律推理的确定性具有重要法治意义。一般来说，有相似的教育背景、政治观点、宗教信仰的人，对法律的解释将会趋于一致。"对前提越是一致，就越可能遵循三段论的模式进行法律推理。那么法律就会表现为——在一定意义上，将就是——客观的、非个人化的。"[3]

第二，法律推理主体的思维结构一旦形成，就作为一种相对固定的认识框架或认知模式，对以后的法律推理活动起指导作用，甚至发展为一种法律

---

[1]　参见夏甄陶等主编：《思维世界导论——关于思维的认识论考察》，中国人民大学出版社1992年版，第204页。

[2]　[美] 波斯纳：《法理学问题》，苏力译，中国政法大学出版社1994年版，第257页。

[3]　[美] 波斯纳：《法理学问题》，苏力译，中国政法大学出版社1994年版，第257页。

推理观。法律推理观作为一种主体尺度，[1]是法律推理活动由此出发的立场、观点和方法的总和。对主体来说，一定的法律推理观有利有弊。利者，可指引法官迅速认定案件事实，正确适用法律；弊端是容易被"思维框框"束缚，产生认知偏见。法律思维结构的这种两面性，具有深刻的认识论原因。人的任何认识活动都不是从零开始，即使面对全新的东西，人们也总是自觉不自觉地搜寻头脑中已有的知识和经验作为参照，通过比较、解释它们之间的异同来把握对象。思维结构作为主体的"内部世界结构"，总是对认识外部世界具有导向、选择和调节作用。它是主体对客体进行解释和思维加工的工具。法律推理具有社会心理学人物推论的一些特点。人物推论是一种能动构念过程。内隐个性观是主体头脑中积累的关于他人（罪犯、无辜者等）属性和品质之构成方式的总和。"我们在对别人进行判断时，总是根据自己'内隐个性观'、自己以往关于人物类型和事件样板的经验和知识、以及我们文化的要求和规范，对输入信息进行简化和分类处理。"[2]例如，面目狰狞者内心也一定恶毒吗？美女内心一定善良吗？对这些问题的不同回答，反映着人们不同的内隐个性观，即对不同人物个性特征之间预期联系的独特假定。埃弗仑（1974 年）让一些大学生做了一个陪审团成员模拟实验，对被指控考试作弊的学生做出判决。结果，他们都不太愿意相信貌美的被告所受的指控，判决中也很少严词指责。然而，"美就是善"的假定也有一些限制条件。西格尔和奥斯特洛夫指出，如果一个漂亮女人利用美貌去犯罪（诈骗），她就会受到更严厉的惩罚；但如果从事与其美貌无关的犯罪（偷窃），罪行虽然严重，却会得到比别人更宽大的处理。[3]这说明，法官"内隐个性观"作为思维结构的组成部分，会对法律推理过程产生一定的影响。

第三，法律推理主体思维结构的形成是一个建构过程。建构是客体主体化和主体客体化的双向运动：一方面，它是客体（法律关系、案件事实、法律规则、判例等）在主体头脑中的主观生成、加工，即客体主体化的过程；

---

〔1〕 有关主体尺度的研究，参见陈新夏：《人的尺度——主体尺度研究》，湖南出版社 1995 年版。

〔2〕 ［澳］约瑟夫·P. 福加斯：《社会交际心理学——人际行为研究》，张保生等译，中国人民大学出版社 2012 年版，第 51-52 页。

〔3〕 参见 ［澳］约瑟夫·P. 福加斯：《社会交际心理学——人际行为研究》，张保生等译，中国人民大学出版社 2012 年版，第 162-163 页。

另一方面，又是主体借助已经形成的思维结构进一步塑造和改造客体的过程，即主体客体化的过程。建构是实践和认识循环往复的过程，在每一新的循环中，当遇到新问题不能用现有思维结构加以解释或加工时，就要进行主观的调整，改变原来的结构，包容新的客体，以便对客体进行新一轮的同化和内化。

第四，研究法律推理主体的思维结构，可采用与建构相反的解构方法。既然不同法律推理主体由于思维结构不同而可能采取不同推理方式，那么，研究者便可从其不同的外在推理方式反推其内在思维结构。美国批判法学家巴尔金在反驳德沃金"内在参与者"式的唯一正确答案说时，提出了"法理迷津"（doctrinal conundrum）说。他认为，如果推理主体的法律意识是自我矛盾的，他就可以在同一个案件中发现两个不同的法律原则，而对被告道德态度的判定，可驱使他选择一个而放弃另一个原则。所谓"法理迷津"是指，我们的道德意识和法律意识是自我矛盾的，即在对立中建构的。在侵权责任认定中，被告如果强调自己没有过错而造成原告损害，不应担责，这种可称为过错责任的主张是一种对待责任的个人主义立场。而原告却会提出，在双方都无过错的情况下，导致损害结果出现的被告仍应对自己的行为后果负赔偿责任。通常情况下，被告主张过错责任的推论被用来减轻自己的潜在责任，原告主张严格责任的推论被用来增加被告的潜在责任。然而，被告如果采取一种不主张自己无过错的利他主义立场，法官则会减轻对其过错认定的程度；而被告如果采取个人主义立场，就会刺激法官更注意被告的态度而加重了对其过错的认定程度。[1]

所谓"法理迷津"或法律推理主体意识的自我矛盾，其实反映了思维结构建构过程中主客体相互作用的矛盾。由于法官已有的思维结构不能解释或同化新的案件，他才会在同一个案件中发现两个不同的法律原则，而在适用哪一个原则的问题上犹豫不决。然而，即使在这种情况下，他的思维结构对适用法律仍然起着很强的指导作用，他用头脑中的"内隐个性观"对被告的道德态度加以评价，以决定选择哪一个原则。客体（被告）如果采取推卸责

---

[1]　See Jack M. Balkin, "Taking Ideology Seriously: Ronald Dworkin and the CLS Critique", *University of Missouri-Kansas City Law Review*, No. 55., 1987, pp. 410-411. 转引自刘星：《法律是什么：二十世纪英美法理学批判阅读》，中国法制出版社 2015 年版，第 260-261 页。

任的个人主义立场，正好刺激了主体（法官、陪审团成员、原告律师）用头脑中"自私被告"形象来将其对号入座，从而加重对其过错的认定程度；如果被告采取主动承担责任的利他主义立场，主体则会用头脑中"高尚被告"形象来减轻对其过错认定的程度。在这里，对被告道德态度的判定，在一定程度上减轻了法律推理主体意识中的自我矛盾，加重了供选择之法律原则的砝码，使选择变得更加容易了。这种解构方法，同时也为我们研究法律推理主体的思维结构提供了一条途径。

（三）法律推理主体系统

首先需要澄清一个问题：法律推理主体是人还是机构，抑或是人和机构的统一体？对这个问题的回答应该十分明确，法律推理主体是人，而不是机构，也不是人和机构的统一体。因为，法律推理本质上是一种思维和实践活动，机构不可能有什么思维和实践活动。虽然人们常说，检察院提起公诉，法院进行审判，但这些说法只具有比喻性。机构是由人来主持运行的，离开人的机构就是一堆死物或"躯壳"。当然，这并不意味着法律推理主体是单个人，在实际法律推理过程中，主体是一个群体，法官与律师（包括检察官）共同构成法律推理的主体。[1]

在美国波士顿小额法院审理的案件中，市民的日常生活与法的交流十分活跃，当事人的权利主张能够得到迅速答复。这种情况给日本学者棚濑孝雄留下深刻印象。所以，他批评传统法解释学历来都只是把焦点集中在法官裁判上，或者只把作为审判一个方面的法官判断过程作为研究对象。他认为，实际上，通过审判而进行的纠纷解决，"是具有不同利益和社会背景的当事人、律师以及法官之间的相互作用过程，是社会中无数相互作用过程的一种"。[2]

法律推理主体是一个由控辩审三方构成的系统，三方的地位和作用虽然在不同审判制度下存在明显差别，但在现代审判制度下，"控诉、辩护、审判

---

〔1〕 按照美国法律术语，法官、检察官（或原告律师）及辩护律师组成了一个"法庭工作组"（Courtroom work group）。参见［美］彼得·G·伦斯特洛姆编：《美国法律辞典》，贺卫方等译，中国政法大学出版社1998年版，第95—97页。关于法律推理主体的复数性，还可从法官方面来理解，例如，审判长、陪审员、合议庭。在这种群体中一般不是产生对抗，而是容易形成集体决策，甚至淡化责任，产生从众倾向。

〔2〕 ［日］棚濑孝雄：《纠纷的解决与审判制度》，王亚新译，中国政法大学出版社1994年版，第2页，第6页。

三方面人员在诉讼上的地位是平等的。"〔1〕因为，诉讼的任务要靠控辩审三方的共同努力来完成。

二、法律推理主体的角色

（一）法官

1. 法律推理主体系统中的法官

我们先从宏观上考察一下国民和官员在与法律发生关系时有哪些不同。里德说："根据人类学家的观点，真正的法律，不论是初级的还是发达的，一个特征就是它拥有能够咬人的牙齿。"于是，他把国民形象地比喻为可被法律咬的人，把官员比喻为咬人的人。〔2〕不管这个比喻是否恰当，有一点却是事实，即官员将法律适用于他人，是主动的执法者；国民则受法律管束，是被动的守法者。

官员区别于国民的另一个特点是，他们全都把自己的忠诚首先奉献给制度而不是个人或群体。"对国民来说，法律就像气候和自然秩序：它只是一种能够影响其生活好坏的无法逃避的事实。对官员来说，法律有另一种不可逃避性，因为他们不仅视其为事实，而且视其为一种若没了它自己的工作就会变成胡闹的正式前提。而且，国民和官员为不同的目的而运用法律。国民运用它是为了实现自己的目的，而官员运用法律则被认为具有自己单独的目的，即他们作为其中一部分的制度的生存、统一和完美。"〔3〕在诉讼中，控辩双方和法官构成现实的法律推理主体系统，法官与控辩双方处于分立的地位，以超然的裁判者而出现。

法官的审判权和权威来自规则本体或更高的合法性权力。一方面，法律规范的权威性赋予了法官推理的权威性；另一方面，法官作为法庭官员、审判组织者或者"法律辩论赛"裁判，其判决的法律效力不是来源于个人的权威性或影响力，而是来源于宪法和法律制度的等级结构。因此，法官是以社会权威机构代表的身份来依法审判。作为裁判方，法官的地位是中立的，不

---

〔1〕　程荣斌主编：《中国律师制度原理》，中国人民大学出版社1998年版，第244页。

〔2〕　See William Read, *Legal Thinking：Its Limits and Tensions*, University of Pennsylvania Press, 1986, p. 12.

〔3〕　See William Read, *Legal Thinking：Its Limits and Tensions*, University of Pennsylvania Press, 1986, pp. 14-15.

能偏袒任何一方，法律程序也与个人无关，即不具有人格性。法官的薪酬待遇、职务终身性和司法道德，都是用来确保其对自己审理的案件结果无任何金钱或其他利害关系。当然，地位和利益的中立，不是说法官在控辩之间可以充当和事佬。法官的审判活动，目的是消除不公正而实现正义，在保护受害者利益的同时必然要触及施害者的利益。"法官是应召来解决纠纷的，而这种解决几乎肯定会伤害一方而有利于另一方。"[1]

但是，法官的身份并不是绝对固定不变的。在成文法法律制度中，法官是案件事实的认定者和法律适用者。在普通法当事人主义审判中，法官的地位也许就降为主持法庭辩论的"裁判"了。因此，麦考密克指出："法官之所以是法官，是因为规则使然；审判规则和许多其他的规则使法官成为法官，而规则之所以称之为法律规则是因为法官将其认知为规则。"[2]法官需要作出大量决定，包括对审前动议的裁定，对异议作出支持与驳回或采纳和排除证据的裁定，给陪审团作出指示，在法官审中作出的事实认定，案件的最终判决，等等。这些决定应该依法作出，因为它们将影响当事人各方的胜诉期待。

2. 法官素质与选任

在人类走向法治的征途中，法官履行着人与法之间的"桥梁"作用。一方面，法律借助法官而实施；另一方面，法官又通过公正审判来宣示法律的权威，使人们建立起法治信仰。法官要发挥这种桥梁作用，必须具备一定的素质。柏拉图认为，正如人治不排除法律的作用一样，法治也不否定人的因素。要使纸上的法律变为现实，非有合适的官员不可。[3]

（1）法官素质：知识、经验和健全思维品质的结合体。

第一，合理的知识结构。法官知识结构应该是专-博结合型，首先是专业化要求，其次是科学素养。

首先，专业化是对法官的基本要求。法官是法律的化身。"法官就是法律由精神王国进入现实王国控制社会生活关系的大门。法律借助于法官而降临尘世。"[4]因此，法官首先要经法学院教育而精通法律知识，这是成为法官的

---

〔1〕 ［美］波斯纳：《法理学问题》，苏力译，中国政法大学出版社1994年版，第8页。

〔2〕 See Neil MacCormick, *Legal Reasoning and Legal Theory*, Oxford University Press, with corrections 1994, p. 54.

〔3〕 转引自张乃根：《西方法哲学史纲》，中国政法大学出版社1993年，第25页。

〔4〕 ［德］拉德布鲁赫：《法学导论》，米健译，法律出版社2012年版，第120页。

必要条件。

17世纪詹姆士一世质问英格兰首席大法官 E·柯克，为什么国王本人没有做出法律判决的资格。他的理由是：法律是基于理性的，而他的推理能力同柯克法官一样好。柯克大法官用自然理性与人工理性的关系回答这个问题说："不错，上帝的确赋予陛下极其丰富的知识和无与伦比的天赋；但是，陛下对于英格兰王国的法律并不精通。法官要处理的案件动辄涉及臣民的生命、继承、动产或不动产，只有自然理性是不可能处理好的，更需要人工理性。法律是一门艺术，在一个人能够获得对它的认识之前，需要长期的学习和实践。"[1]柯克的话包括三个含义：第一，法律是理性，不是命令；第二，法律是一种特殊理性而不是常识、道德哲学的运用和政策分析；第三，只有受过法律训练、有法律经历的人即懂得法律的法律家才能运用这种理性。[2]

法官作为主宰生杀予夺大权的司法官员，其职业化的最重要标志是具有法律专业知识。所以，世界各国法官的共同特点是均受过高等法学院教育。有人考察英美法德日五国法官遴选制度发现，对法律专业知识的要求是其最主要的共同点。"各国无一例外地要求法官必须接受相当的法律教育，具有扎实的法律专业知识。美国联邦法院法官要求必须在美国大学法学院毕业并获得JD学位，除了少数州外，大部分的州法院的法官要求必须有相当的法律知识背景；英国法官从有多年从业经验的律师中产生，而要获得律师资格，必须接受过良好的法律教育，包括法律思维和法律技巧的训练；德国要求必须经过大约5年的大学法律教育，通过两次国家考试才有可能任法官职务；法国法官任职资格要求大学毕业获得法学学士学位后，还要进入国立法官学院学习；在日本，则需要通过极端严格的国家统一司法考试，才有资格被任命为法官。"[3]

相比之下，我国法官的专业化程度较低。造成这种情况的原因与长期倡导司法大众化即非专业化有密切关系。由于过去强调司法是专政工具，在法官选任上偏重"政治上可靠"。"文革"中则强调从转业军人中"输送一批优

---

〔1〕 转引自贺卫方：《司法的理念与制度》，中国政法大学出版社1998年版，第247-248页。

〔2〕 参见［美］波斯纳：《法理学问题》，苏力译，中国政法大学出版社1994年版，第13页。

〔3〕 王琦：《国外法官遴选制度的考察与借鉴——以美、英、德、法、日五国法官遴选制度为中心》，载《法学论坛》2010年第5期。

秀分子来充实和加强人民法院"。[1]改革开放后，到 1983 年，像四川"全省法院干部中，政法院系的大专毕业生仅 498 人，占 4.6%，而小学以下文化水平的占 15%，其中还有相当数量是文盲或半文盲。"[2]到 1993 年，全国高级法院院长换届选举，在 30 位院长中仍有 9 人连大专学历都不具备，占了 30%。[3]到 2008 年，从未受过法学院教育的王胜俊当选为最高人民法院院长、首席大法官。到 2013 年，"根据官方资料显示，全国 31 名高院院长中，大学学历 17 人，党校学历（含党校在职研究生）14 人；法学科班出身 11 人（含研究生）；没有任何法学学历的 7 人；没有法学学历且无大学经历的 3 人。"[4]这种情况直到 2017 年全国法院法官员额制改革全面完成后才发生重大改变，过去 21 万人的庞大法官队伍精简为员额法官 12 万余名。从最高人民法院首批 367 名员额法官的情况看，其专业化程度大幅度提高：博士研究生 119 人，硕士研究生 205 人，大学学历 43 人。其中博士占 32.43%，硕士占 55.86%。[5]

在法官专业化方面，证据科学知识的重要性日益受到关注。法学院过去的 16 门法学核心课程都是关于法律适用的，樊崇义教授说："证据是一门科学。但是对于这门科学，恐怕我国有百分之八九十的人对它感觉陌生，包括法学本科生。"[6]因此，法院审理案件在举证、质证和认证阶段都存在诸多问题，很多法官不熟悉证据法，不知道如何适用证据规则，不能有效组织庭审证明活动。张文显教授提出法官知识结构的"三大知识板块"理论，即证据科学知识、法律科学知识和政策科学知识。他认为，在三大知识板块中，目

---

〔1〕 史良：《关于彻底改造和整顿各级人民法院的报告》，载《人民日报》1952 年 8 月 23 日，第 1 版。

〔2〕 江华：《关于人民法院在人、财、物方面的严重困难情况的报告》，载《江华司法文集》，人民法院出版社 1989 年版，第 307 页。

〔3〕《全国高级法院换届选举工作结束，一批年富力强的院长走上法院领导岗位》，载《人民法院报》1993 年 7 月 23 日，第 1 版。

〔4〕《大法官的学历》，载 https://news.sohu.com/20130828/n385270161.shtml，最后访问日期：2024 年 2 月 6 日。

〔5〕 参见《中国法官员额制改革全面完成 12 万余名法官入额》，载 https://www.chinanews.com.cn/gn/2017/07-03/8267471.shtml，最后访问日期：2017 年 7 月 3 日。

〔6〕《樊崇义解读〈办理死刑案件证据规定〉和〈非法证据排除规定〉》，载 http://www.docin.com/p-181438972.html，最后访问日期：2024 年 2 月 6 日。

前法官最缺的是证据科学知识。[1]2017 年，教育部法学学科教学指导委员会批准了由中国政法大学提交的《关于将证据法学列为法学本科生核心课程的申请》，证据法学被确定为法学本科生核心课程 B 类。

其次，人文社会科学素养是对优秀法官的要求。法官只掌握法律专业知识是不够的。因为法律只是整个社会生活的一部分，如果不掌握历史学、政治学、经济学、社会学、哲学等人文社会科学知识，他就不能从社会生活的整体上把握法律。博登海默指出："如果对其本国的历史相当陌生，那么他就不可能理解该国法律制度的演变过程，也不可能理解该国法律制度对其周遭的历史条件的依赖关系。如果他对世界历史和文明的文化贡献不了解，那么他也就很难理解那些可能对法律产生影响的重大国际事件。如果他不精通一般政治理论、不能洞见政府的结构与作用，那么他在领悟和处理宪法和公法等问题时就会遇到障碍。如果他缺乏经济学方面的训练，那么他就无法认识到许多法律领域中都存在法律问题同经济问题之间的紧密关系。如果他没有受过哲学方面的基础训练，那么他在解决法理学和法学理论的一般问题时就会感到棘手，而这些问题往往会对司法和其他法律过程产生决定性的影响。"因此，"如果一个人只是个法律工匠、只知道审判程序之程规和精通实在法的专门规则，那么他的确不能成为第一流的法律工作者。"[2]在法律人知识结构的缺陷问题上，布兰戴斯法官甚至说："一个法律工作者如果不曾研究经济学与社会学，那么他就极容易成为一个社会公敌。"[3]戴维·保罗·布朗律师说得更直截了当："一个只懂法律的人，只是一个十足的傻汉而已。"[4]

最后，现代法官还必须掌握必要的科技知识。随着科学证据在审判过程中的大量使用，自然科学知识对法官也变得越来越重要。不仅是法医学、物证技术学等法庭科学知识，还包括网络技术、数据处理、人工智能等广泛的科技知识。尽管对于科学证据可以求助于专家，但法官如果是对科学证据一

---

〔1〕 参见戴蕾蕾、焦红艳：《法院缺懂证据科学法官成错案诱因之一——吉林高院与中政大联手培养证据科学专家型人才模式或可推广》，载《法制日报·周末》2010 年 5 月 20 日，第 7 版。

〔2〕 ［美］E·博登海默：《法理学：法律哲学与法律方法》，邓正来译，中国政法大学出版社1998 年版，第 490-491 页。

〔3〕 ［美］E·博登海默：《法理学：法律哲学与法律方法》，邓正来译，中国政法大学出版社1998 年版，第 531-532 页。

〔4〕 ［美］E·博登海默：《法理学：法律哲学与法律方法》，邓正来译，中国政法大学出版社1998 年版，第 531-532 页。

窍不通的"科盲"，即使有专家出庭作证并辅助质证，法官仍可能无法理解科学证据并裁断有争议的事实。因此，掌握以法庭科学知识为核心内容的现代科技知识，是充任现代法官的一个重要条件。

第二，丰富的实践经验。法律推理不单是逻辑推论，它常常需要法官根据普遍的价值观念对法律规则作出解释，并凭借实践经验洞察案件事实。良好的判断力和洞察力的基础是丰富的社会阅历和实践经验。柏拉图在《共和国》中对理想的法官作过专门论述。他认为，法官不应该由年轻人来担任，应具有丰富的阅历，懂得什么是邪恶。[1]博登海默也指出："如果法律工作者记不起一些实在法规则或条文，那么他们随时可以从教科书、法规汇编或百科全书中查到它们。但是，有关政治、社会、经济以及道德等力量——它们在法律秩序中发挥着作用并决定着法律秩序的进程——的知识，就不那么容易获得了，而且必须通过对社会现实进行长期且敏锐的考察才能逐渐获得。"[2]

丰富的实践经验既包括社会生活经验，也包括法律实践经验。在"自由法律运动"提出的司法改革措施中就包括，在"条件允许时，仅仅吸收那些德高望重，尤其在长期实践中证明合格的律师作为法官"[3]。按照美国马里兰州宪法，有资格在马里兰州当法官的，至少30岁。此外，提名为法官的必须来自具有最正直品格、智慧和完备的法律知识的律师。[4]在英国，"法官遴选对象范围较窄，候选人资源有限。法官只能从律师中产生，由于英国对法官任职的资历、经验、业绩和人品要求较高，能进入法官队伍的属凤毛麟角。"[5]相比之下，我国2017年《法官法》第9条第1款关于高校法律专业或者非法律专业本科毕业具有法律专业知识，从事法律工作满二年；获得法律或者非法律专业硕士学位、博士学位具有法律专业知识，从事法律工作满一年等规定，对于担任法官的实践经验特别是司法实践经验方面的要求过低。

---

〔1〕 参见张乃根：《西方法哲学史纲》，中国政法大学出版社1993年版，第15页。

〔2〕 ［美］E·博登海默：《法理学：法律哲学与法律方法》，邓正来译，中国政法大学出版社1998年版，第532页。

〔3〕 ［德］拉德布鲁赫：《法学导论》，米健译，法律出版社2012年版，第126页。

〔4〕 参见李晓波：《美国法官制度》，载http://www.doc88.com/p-904539456388.html，最后访问日期：2024年2月6日。

〔5〕 王琦：《国外法官遴选制度的考察与借鉴——以美、英、德、法、日五国法官遴选制度为中心》，载《法学论坛》2010年第5期。

这种情况在 2019 年修订的《法官法》有所改变，第 12 条将从事法律工作期限延长至五年，其中"获得法律硕士、法学硕士学位，或者获得法学博士学位的，从事法律工作的年限可以分别放宽至四年、三年"。但是，现代社会复杂的司法实践为我国法官遴选提出了更高的要求，应当探索主要从优秀律师中选拔法官的制度，想当法官的人不仅应当具有律师工作经历，并且应当具有良好的法律执业声誉。

第三，健全的思维品质。法官健全的思维品质一般由三部分组成：一是法治理念和信仰，二是公正的人格，三是敏锐的思维。法官应该是"善良、正派、明智、有经验的人"。[1]依靠这些品质，法官方能从已经过时、充满漏洞、不明确和矛盾的法律规范中，寻找到符合正义的判决。首先，法官必须具有法律至上的坚定法治信仰。法官素质直接影响着人们对法律的看法，"影响着人类对法治理念的建立，这一点的确使法官与传教士堪有一比。传教士的品质影响人们对上帝的信仰；法官的品质左右人们对法律的感情。"[2]其次，公正是法官的基本人格和最重要的思维品质。法官应该是公正的化身。为了实现正义，法官必须将法律规范作为自己的行为准则，主动排除来自外界的权力干扰和主观的恣意。最后，法官应有敏锐的思维。波斯纳说："一个法官，就像一个军事统帅，进行的是一种'组合性的'工作。要做好工作，要求有各种品质的组合，而反思的能力只是其中之一，道德洞见是另一种。"要培养敏锐的思维能力，就需要掌握"一套分析方法（'法律推理'）来保证司法决定客观、确定、非人情化"。[3]

（2）法官选任及其标准：法官职位所需素质应该成为法官选任的条件。

法官的选任涉及法官作为一个职业群体的来源、升迁、延续发展的问题。法治国家都对法官选任有严格的制度，注重法律教育经历、品行操守、司法业务能力。例如，美国联邦法院法官遴选的标准包括："其一，具有无可争议的正直品行；其二，具备相当的法律知识和能力；其三，有法律职业资格和经验；其四，具备一种司法品行，包括基于常识的判断力、同情心、决断力、坚定性、谦进的开放兼容性、耐心、机智和理解力；其五，

---

〔1〕 ［德］拉德布鲁赫：《法学导论》，米健译，法律出版社 2012 年版，第 126 页。
〔2〕 江帆：《法官与法治》，载《南方周末》1998 年 12 月 11 日，第 5 版。
〔3〕 ［美］波斯纳：《法理学问题》，苏力译，中国政法大学出版社 1994 年版，第 244 页，第 9 页。

勤勉；其六，健康；其七，在财务上负责任，具有自我约束和承受可能会影响司法公正的压力的能力；其八，公益事业等。"[1]德国法官遴选的标准："一是工作热情及承受压力的能力。二是对司法使命的认同感。三是审理和调解能力。四是解决争端和决策能力。五是合作能力。六是社会认知感。能够不带偏见、设身处地地考虑并理解他人的社会生活关系。七是正义感。"[2]

（3）法官职业保障。法官职业因具有特殊性而需要身份保障。一些国家一般均规定法官职务终身制，包括三项内容，（1）法官任期保障：除因法定事由，不得将其免职、调任或以其他形式解除其职务；只有按照法定条件才能予以弹劾、撤职、调离或者令其提前退休。法定事由，一般是指重大渎职或由于身心健康问题长期不能履行职务，或丧失国籍等情况。美国联邦法官只有根据弹劾程序，经参、众两院通过，才能被剥夺其法官资格。（2）法官物质生活保障：包括高薪制、工资收入不得减少制、优厚的退休金制，以保证生活无忧。苏力认为，"在中国目前要想遴选优秀人才出任法官的措施其实很简单，根本的就是一条——提高法官的收入"。只要提高法官收入，就会有更多法律人愿意出任法官，其素质就会大大提高。并且，法官职位收入高了，法官才会更珍惜它，害怕失去它，如果徇私枉法就可能付出代价，因此还会减少司法腐败。[3]（3）法官职务行为豁免权：法官依法履行职务行为免受法律追诉，享有免除法律责任的特权。当然，如果法官在审判中行为不端仍可能负法律责任，但必须经法定弹劾惩戒程序处理。在美国，自联邦法院建院200年以来，至1999年联邦法官遭到弹劾的仅13人，其中仅7人被定罪；根据日本宪法和法官弹劾法，法官的判决不妥一般不能成为被罢免的理由，否则，便是对法官独立审判权的侵犯。[4]

上述经验值得我国司法改革借鉴。我国一些法院实行"逆终身制"改革，如广西柳州中院的"双向选择聘任制"，提出要打破法院"旱涝保收"的安全

---

〔1〕 王琦：《国外法官遴选制度的考察与借鉴——以美、英、德、法、日五国法官遴选制度为中心》，载《法学论坛》2010年第5期。

〔2〕 王琦：《国外法官遴选制度的考察与借鉴——以美、英、德、法、日五国法官遴选制度为中心》，载《法学论坛》2010年第5期。

〔3〕 参见苏力：《法官遴选制度考察》，载《法学》2004年第3期。

〔4〕 参见周静：《各国法官的身份保障》，载 http://bigy.bjcourt.gov.cn/article/detail/2010/05/id/875678.shtml，最后访问日期：2013年10月12日。

感，使法官"铁饭碗"变成"泥饭碗"〔1〕；河南省法院终身追究制实践，则以玩忽职守罪判处一位法官有期徒刑一年九个月〔2〕。这些都是反法律职业化的倒行逆施行为。从法官职业保障的角度看，可借鉴国外区分有害错误和无害错误的做法，对无害错误不予追究；对有害错误，只要法官没有渎职或受贿，也应当尊重法官个人的独立判断，并逐步以弹劾制取代责任追究制度。

3. 法官推理的客观性和主观性

法官推理的客观性，是法治对法律不折不扣地实现所提出的要求。这种客观性首先来源于法律规则的确定性，同时也受到法官思维品质的制约。客观性是与法律决定的非个人化和确定性相联系的。法律推理的客观性，"就是不任性、不个人化和不（狭义上的）政治化。"〔3〕但是，主观和客观始终是一对矛盾。如果将法官推理的客观性强调到不适当的程度，同样会误入歧途。法律推理发展的历史和现实都表明，机械论的法律推理观就是因为否定法官的主观能动性，不但没有维护客观性，反而陷入了僵化。法学家们围绕这个问题进行了长期的争论。

孟德斯鸠所描述的"自动售货机"式法官形象，〔4〕反映了古典法治理想对法官在诉讼中主观创造性的压抑。然而，法官若真像一架生产判决的机器，审判过程就成了简单运用三段论的机械推论，不必再要求法官发挥任何主动性。这种机械论的推理观遭到了普遍的批评。

拉德布鲁赫说："孟德斯鸠为表明法官在审判活动中毫无创造性的特征，选用了再清楚不过的字眼：'判决只能作为法律的准确复制'，而不得用作其他目的，法官只是'宣读法律文字的喉舌，一个不得削弱法律效力和威严的无意志的存在物'，因此法官的权力'在一定意义上等于零'。"例如，一栋

---

〔1〕　参见《法官的"铁饭碗"变成了"泥饭碗"，柳州市实行双向选择聘任制》，载《人民法院报》1994年5月12日。

〔2〕　参见《奇案！依据中院书面意见和审委会决定作出判决，一审法官构成玩忽职守罪获刑：（附：一、二审刑事判决书）》，载 http://www.sohu.com/a/280707858_100002080，最后访问日期：2024年2月6日。

〔3〕　[美]波斯纳：《法理学问题》，苏力译，中国政法大学出版社1994年版，第244页。

〔4〕　"自动售货机"，只是对孟德斯鸠式法官的一种形象"描述"。他说，在共和国里，政制的性质要求法官以法律的文字为依据；"在罗马，法官只能够宣告被告犯了某一罪行，而这罪行的处罚，法律是有规定的。……同样，在英国，由陪审员根据向他们提出的事实，认定被告是否犯罪。如果他们宣告犯罪属实，法官便按照法律的规定宣布刑罚。做这件事，法官只要用眼睛一看就够了。"参见[法]孟德斯鸠：《论法的精神》（上册），张雁深译，商务印书馆1961年版，第76—77页。

大楼门口的布告上写着"不得带狗入内"，一个耍熊的人带了一只熊，而法官这时却说：熊可以带入，因为它是熊而不是狗，那就会推出荒谬的结论。因为，通过类推可以得出结论：熊不能带入，因为它同狗一样，也是动物，而且是危险动物。所以，拉德布鲁赫认为"解释因此在追随着结论——它们的结论，……所谓的解释方法实际作用是对已发现的创造性补充内容进行事后的理由说明"。[1]

波斯纳嘲笑僵化的法律实证主义崇尚的法律家像一架绞肉机，上面投入条文和事实的原料，下面输出判决的馅，以保持原汁原味。然而，法律家对法律的忠诚并非那么机械，他们有七情六欲，判决会沾染主观色彩。他还分析了法律文化对判决主观性的影响，指出："法律文化的碎裂排除了对司法随意性的制约。""法律文化越是统一，即法官的观念越接近，确定司法决定所需要的前提并因此发现和批评不正确的司法决定就越容易，但这种观念相似的一致性并不是获得真理的有力保证。"[2]法律文化的统一当然为法律推理的客观性创造了一定条件，但它所带来的法官个人责任的弱化也是致命的。因为这种机械论的法律推理观"暗示着法官并不需要为自己所作出的决定负责，从而使审判过程以及作为其结果的判决更易获得正当性。"[3]这种弊端从二战纽伦堡审判中的战犯总是以"服从命令"来推脱法律责任的情况可以看得十分清楚。所以，教条式的法律推理可能背离客观性更远。

自由法学派、现实主义法学都对机械法律推理观进行了批判。但在批判过程中，又出现了强调法官推理主观性的法官立法说：一种是被动立法说，另一种是主动立法说。对于前者，拉德布鲁赫评价说："'自由法律运动'的功绩，在于认为法律不可避免地带有漏洞，法官必须针对漏洞进行近乎立法者的自由的法律发现。"[4]然而，后者即主动立法说又把法官推理的主观性发展到另一个极端。自由法学的激进派不仅怀疑法律逻辑的完善性，而且要彻底否定法律逻辑的存在。他们主张，在法规条文不符合正义的基本原则和要求，或法规的实施可能产生普遍危害时，法官有权改变法规，创造新法规。

---

〔1〕 ［德］拉德布鲁赫：《法学导论》，米健译，法律出版社 2012 年版，第 126-128 页。

〔2〕 ［美］波斯纳：《法理学问题》，苏力译，中国政法大学出版社 1994 年版，第 249 页。

〔3〕 ［日］谷口安平：《程序的正义与诉讼》，王亚新、刘荣军译，中国政法大学出版社 1996 年版，代译序第 7 页。

〔4〕 ［德］拉德布鲁赫：《法学导论》，米健译，法律出版社 2012 年版，第 129 页。

这种主张造成的悲剧，是为纳粹统治时期的司法专横制造了理论根据。这说明，机械论和唯意志论在通向专制的道路上是殊途同归的。

现实主义法学更多是从负面来理解法官推理的主观性，认为法官只要愿意，便可不受所谓"法律规则"的约束，即使具体案件的事实与制定法或判例之间存在着明确的逻辑关系，也是如此。这种观点忽视了法律适用者对自身义务的反省，也忽视了自觉遵循法律来审判案件的大多数法官的存在。哈特在批评这种观点时指出，大多数法官在审判案件时，并非像现实主义法学所描述的那样极具主观性。反之，他们通常是以制定法或判例作为审判依据的。一般来说，法律适用者的基本倾向是保守的，他们是把规则作为一种传统接受并将其作为行动标准的，而不是随心所欲地作出决定。"法院把法律规则不是作为预测，而是作为判决中必须遵循的标准。"[1]即使在法律规则有空隙的情况下，法官从其内在观点出发，也会自觉地限制自由裁量权。"或者是由于真诚地尽力遵守规则而得出，即他们有意识地把规则作为裁决的指导标准；或者是，如果裁决是靠直观得出的话，也是由法官作为前提而有意遵守的规则所证成，并且这些规则与手中案件的相关性是被普遍承认的。"[2]总之，从主观上看，法官一般并不愿意突破制定法与判例的束缚而另行其事。

对于法官推理客观性和主观性的关系，从"外在观察者"的视角和从法官的"内在观点"来认识，可能得出不同的结论。法官观察和思考问题的立场，不同于霍姆斯所说的将自己视为外在观察者的"坏人"视角。因为，与"坏人"对法律怀有消极态度相比，法官是对法律规则怀有积极态度的主体。应该说，法官以维护法律尊严为使命，将法律规则视为职业行为标准，因此在审判活动中体现了一种类似哈特所说的"内在观点"，即愿意遵守法律义务的主观状态。

美国加贝尔教授把法官头脑中的这种"内在观点"或自觉意识活动看作是法律推理维护现状的保守性，并将其划分为三个运动：第一个运动是综合掌握制度总体的过程，这是双向的，一方面，法官不断把社会上占统治地位的文化内化为自己的认识和感觉，即把制度确定的法律概念变成自己头脑中的法律概念；另一方面，法官对每个具体案件的处理都受到头脑中关于该事

---

[1] [英]哈特：《法律的概念》，张文显等译，中国大百科全书出版社 1995 年版，第 146 页。
[2] [英]哈特：《法律的概念》，张文显等译，中国大百科全书出版社 1995 年版，第 140 页。

实与社会关系总体之先验知识的指导，一切现实的社会关系都被纳入现有的法律秩序中加以解释，从而否定了世界的偶然性。第二个运动是法官把社会生活视为"先决规范"。在法官头脑中，"均衡"是天经地义的，而犯罪和民事纠纷则被视为一种"失衡"，他要千方百计地运用法律使失衡的社会关系回复到常态平衡。第三个运动是法官的概念分析，即在前两个运动的基础上，从对社会生活的综合把握即先决规范中导出各种概念，再通过演绎推理把这些概念运用于具体案件，再次体验（re-experience）具体的案情。因此，法律推理不过是想象的运动过程，结论不过是想象的表征（signification of an image）。[1]

在法官推理的客观性和主观性问题上，我们既不同意机械论法律推理观，也不同意法官造法说。长期以来人们可能存在着一种误解，即许多法学家提出的法官"造法"说，使人产生了法官在审判中修改标准或规则的错觉。实际上，法官推理的主观性尽管表现出其判决结果具有法律规范的意义，却不能因此认为法律推理主体具有造法功能。法官推理的主观性不是超越法律适用的领域而进行立法活动，而是在适用法律的过程中创制法律推理的解释方法。

从法治的原则看，法律推理标准必须是先于法律推理活动而存在的。因此，罗尔斯把"一个脱离随后要进行的程序来确定并先于它的标准"的存在视为完善的程序正义的两个特征之一。[2]标准如同游戏规则一样，必须事先制定，事中遵守，事后才能修改。这是形式正义的要求。哈特指出："在任何时候，法官甚至最高法院的法官都是规则制度的组成部分，该制度的规则在内核上明确得足以为正确的司法判决提供标准。这些标准被法院当作是他们在行使权力、作出在该制度内不可能受到质疑的决定时，不能随意摈弃的东西。……这限制着（虽然同时也允许）它的使用者的创制活动。……虽然法官之遵循是维护这些标准所必需的，但法官并不创造它们。"[3]

制定法的情况是如此，判例法的法官"造法"的情况也不例外。哈特认

---

〔1〕 参见朱景文主编：《对西方法律传统的挑战——美国批判法律研究运动》，中国检察出版社1996年版，第295-296页。

〔2〕 参见［美］约翰·罗尔斯：《正义论》，何怀宏等译，中国社会科学出版社1988年版，第81页。

〔3〕 ［英］哈特：《法律的概念》，张文显等译，中国大百科全书出版社1995年版，第144页。

为，判例法中存在"两类创制性或立法性活动：（1）审理新近案件的法院可能得出一个与判例中相反的裁决，方法是缩小从判例中抽取出来的规则的范围，承认某些例外，这些例外是以前没有考虑到的，或者虽然考虑到却未予解决。（2）在遵循先前的判例时，法院可能抛弃存在于规则之中的由先前的案件形成的限制。理由是该限制不是由法规或先前的判例建立的任何规则所要求的。"[1]很明显，判例法法官造法，造的依然是法律推理方法，而非实体法。

作为法律推理主体，法官所从事的论证或辩论性工作虽然不如律师多，但也不能造成一种错觉，似乎法官在法庭上的任务仅仅是对其判决进行解释或说明。实际上，法官时常需要对自己为什么选择这个规则而非那个规则作出判断，时常需要对为什么这样解释而非那样解释规则，为自己所采取的立场进行论证。如果法官不进行这样的论证，就不能成为法律推理主体。

（二）律师和检察官

在西方法理学著作中，法律推理主要是指律师的一种职业思维和实践活动。在日常生活中，人们主要是从律师那里得到法律方面的咨询服务，或者说是从律师那里了解法律的。只有在诉讼活动中，人们才和法官发生接触。在诉讼活动中，律师和检察官不但比法官更早地接触案件、作审前准备（制定起诉和辩护策略），而且在法庭上比法官更主动、更直接地参与事实调查、法律适用的辩论等。特别是在对抗式庭审中，律师和检察官堪称法律推理的主角。

律师和检察官作为与法官齐名的职业法律工作者，在主体规定性的许多方面与法官相似，特别是诸如合理的知识结构、丰富的实践经验和健全的思维品质等，也是律师和检察官必备的素质。但律师在诉讼活动中与法官所处的地位不同，其角色是与委托人密切联系在一起的，作为法律服务机构的职业法律工作者，律师提供的法律服务主要有两方面的内容：一是代表委托人打官司；二是充当委托人的法律顾问，帮助其筹划未来、预测计划行为之法律后果。根据《检察官法》第7条的规定，我国检察官的主要职责是，"（一）对法律规定由人民检察院直接受理的刑事案件进行侦查；（二）对刑事案件进行审查逮捕、审查起诉，代表国家进行公诉；（三）开展公益诉讼工作；（四）开

---

〔1〕 ［英］哈特：《法律的概念》，张文显等译，中国大百科全书出版社1995年版，第134页。

展对刑事、民事、行政诉讼活动的监督工作。"

1. 诉讼代理与辩护

在司法文明史上，从禁止到允许律师以代理人或辩护人的身份参加诉讼，是法律推理作为制度实践而加以确立的重要标志之一。

律师制度开辟了以诉讼权利批评司法权力的路径，因而是法治社会的一个重要制度成分。"律师作为自由职业具有民间人士的身份和以委托人利益至上的职业伦理，另一方面又是能够以英国法哲学家哈特所说的'内在观点'来看待法规范、法体系的法律专门家，位于广义的'法的空间'之内。因此可以说律师是最可能在立足于权利批评权力的立场上来进行法的思维并捍卫法律尊严的主体。"[1]

与律师的诉讼代理与辩护角色不同，检察官作为公诉人的职位，是随着"针对犯罪分子而增强的国家保护人民的需求"，以及"现代的刑事程序吸取了纠问程序中国家、官方对犯罪追诉的原则（职权原则），同时又保留了中世纪的无告诉即无法官原则（自诉原则），并将这两者与国家公诉原则相联结"而产生的。"提起刑事诉讼是检察官的公职义务"。[2]律师和检察官的出现改变了司法审判中法官"一言堂"的局面，使法官从法律推理的唯一主体变成主体之一。

律师从维护国民合法权益的立场来批评官方的权力，造成法治社会一种以权利制约权力的制度平衡。如果没有这种制衡，官员拥有无限的裁量权，而处于弱者地位的国民没有任何保护自己合法权益的手段，就会出现"法之极，恶之极"[3]的局面。现代法治的一个特点是，在通向定罪的道路上设置各种难以逾越的程序障碍，以便将无辜判罪的概率降到最低。律师就是这些程序障碍中最难逾越的障碍之一。律师有效地抵制了法官在法律推理活动中的恣意，限制了法官权力，使"咬人的人"不得不处处小心，避免咬伤无辜者。

律师在诉讼中可以起到以下三个方面的作用：[4]

---

〔1〕 ［日］谷口安平：《程序的正义与诉讼》，王亚新、刘荣军译，中国政法大学出版社 1996 年版，代译序第 14 页。

〔2〕 ［德］拉德布鲁赫：《法学导论》，米健译，法律出版社 2012 年版，第 145 页、第 147 页。

〔3〕 ［古罗马］西塞罗：《论义务》，王焕生译，中国政法大学出版社 1999 年版，第 33 页。

〔4〕 参见程荣斌主编：《中国律师制度原理》，中国人民大学出版社 1998 年版，第 271-272 页，第 236-239 页；另参见 ［美］迈克尔·D. 贝勒斯：《法律的原则——一个规范的分析》，张文显等译，中国大百科全书出版社 1996 年版，第 52-53 页。

（1）律师作为代理人参加诉讼，可协助法官对案件作出正确的判决，有助于实现司法公正。由于律师拥有专业知识、熟知法律，受委托并调查案情，代理委托人参加诉讼，既能向法庭陈述案情的主要内容和要害问题，又能从维护委托人的权益方面提出如何适用法律的建议和意见，这对法院全面了解案情，正确裁判案件，具有很大帮助作用。

（2）与其他辩护人的局限性相比，律师辩护的优越性更加明显。首先，犯罪嫌疑人、被告人自行辩护具有一定的局限性。一是他们当中并非所有的人都了解事实真相；二是其心理状态无益于为自己辩护；三是有些人在押被剥夺人身自由，无法收集证据；四是大多数人缺乏法律知识。其次，非律师辩护人进行辩护的局限性：一是无权调查取证；二是缺乏法律知识和经验；三是容易感情用事。

（3）聘请律师参加诉讼可以减少直接成本。一方面，律师能根据法院程序，以适当方式整理并提出事实主张和证据，从而缩短案件审理时间；另一方面，律师关于对方当事人胜诉可能性的意见会鼓励当事人和解，从而减少直接成本。

在诉讼活动中，"一个法律推理过程开始于一个律师面对一个法律争端。例如，一个潜在的委托人可以到律师事务所拜访律师，向他描述一种境遇；一个当地律师可于一场法律程序中在法官面前提出一个犯罪嫌疑人；一个公司律师会接到经理关于某个合同中可能出现的法律问题的电话通知"。[1]律师的社会地位标志着一个国家法治文明的程度。在从专制走向民主法治的过程中，各种社会经济制度和不同类型政体的国家，大致都经历了一个从起初律师受到法官的蔑视和嘲弄、当事人的轻视和责难，到后来人们对律师产生了比较普遍的信任感的过程。这既是法治发展的必然趋势，也是律师们努力奋斗和严以自律的结果。

2. 法律顾问与预测服务

律师是基于自身与委托人的特定关系从事法律推理活动，其职责要求他站在顾客的立场上，维护客户的合法权益。

律师在为委托人提供法律咨询时，主要任务是对其计划行为之法律后果

---

〔1〕　See P. Wahlgren, "Automation of Legal Reasoning: A Study on Artificial Intelligence and Law", *Computer Law*, Kluwer Law and Taxation Publishers, Series 11, 1992, p. 148.

作出预测。在这种预测活动中，律师往往像委托人一样会采取一种所谓"坏人"的观点。"坏人"并不在乎道德的义务，他只是希望避免闯入法律的禁区，总想知道某种行为的实际法律结果，以便制定自己的计划、安排自己的行为。

为了说明官员、国民和律师之间的关系，威廉姆·理德设计了一段对话。对话背景是一个想把自己"变成"法人的女国民，因为她听说法人可以逃避个人债务，所以她找到法人登记机关的一位负责官员，开始了如下对话：

女国民：听说这里是进行法人登记的地方。

登记官员：是的。请你填写一张法人登记表并交纳登记费，如果你的文件符合要求，我就会接受它们，而你的公司就算成立了。

女国民：你误解我的意思了。我只是想要把我自己注册为法人，以使人们不能起诉我。

登记官员：这太可笑了！你不能只把自己变成法人。如果可以这样做，每个人都会这么去做，那么不久就剩不下什么（自然）人了。

女国民：哦！

要打破这种僵局，这位女国民就需要聘请一位律师。律师会劝说她，在不能简单把自己变成法人的情况下，她可以成立一个销售公司来承担其债务，如果她为公司提供足够的资产以承担其可能债务的话。律师会为该女国民准备一份能实现其目的且登记官员会同意接受的文件。因为律师知道，女国民之所求，是制约登记官员之法律规范所不允许的。官员了解法律的要求，但他对进一步理解女国民的目的或帮她达到这些目的缺乏动机和兴趣，因为官员没把这种帮助视为自己分内的职责。而女国民既不理解也不关心法律的要求，她只有难以表达的目的。在这种情况下，只有律师能帮助女国民，因为他懂得并能解释对官员起制约作用的法律规范，而且他可以把女国民的目标假定为是自己的目标，从而清楚地表达女国民的目的，使制约官员的法律规范和委托人试图达到的目的耦合起来。[1]

如果说法官起着联系人与法的"桥梁"作用，那么，律师在社会生活中实际上起着联系国民与官员（特别是法官）的"桥梁"作用。律师既要了解

---

〔1〕 See William Read, *Legal Thinking: Its Limits and Tensions*, University of Pennsylvania Press, 1986, p. 15.

委托人的目的和愿望，又要了解法官的职责和制约法官行为的法律规范。律师要为委托人和法官的交流充当"翻译"，消除他们因目的不同和知识结构差异而产生的理解障碍。当然，法官精通法律规范是为了行使管理、控制国民行为的权力，而律师精通法律知识则是为了以帮助自己的委托人，更好地为顾客的利益服务。

当然，用所谓"坏人"的理论来解释国民和律师的推理行为只是一种比喻，因为这种理论忽视了愿意服从法律的"好人"存在。但波斯纳认为，"这种忽略也许并不要紧。世界上也许没有很多这种意义上的'好人'，即他们服从法律仅仅是出于对法律的尊重、感到服从法律的道德责任。"[1] 在上述情况下，律师提供的法律服务与其说是从"坏人"的立场出发，不如说是从律师"特有的"立场出发，即：一方面，律师对于制约着官员的法律规范的体会和官员们不一样，律师为了帮助委托人会极力从法律规范中解释出对其有利的新意义；另一方面，律师对委托人目的的体验方式不同于国民，他不会像国民那样心血来潮地用自己的目的取代法律规范。律师无法制造新的规范，他只能从已有规范中解释出新的法律含义，但律师只能维护当事人合法权益的职责，使他时刻警惕避免陷入委托人设置的陷阱，因为在委托人看来，律师似乎可以把任何事情都制造成合法的。

3. 律师推理的特点

所谓"像律师那样思考"，是指律师拥有一种独特的推理方式。我们试将这种推理方式的特点作一个大致描述：

（1）关于律师思维或推理的立场。如上所述，律师的法律服务包括诉讼代理、辩护和为委托人计划中的行为提供法律咨询。律师的一切执业活动都是服务于这两个领域。在这种服务过程中，律师的思维或推理活动具有一种独立的立场或观点。

第一，律师既不像国民那样为自己辩护，也不像官员充当着国家机器的"牙齿"，而是为国家机器的正常运转起着"润滑剂"的作用。这种身份，使得律师的推理比国民更少感情用事，比法官更少受规则束缚。但是，这种身份也使律师缺少按照自己的价值和判断而行动的自由。他们不能像法官那样把自己的第一忠诚奉献给自己的良心或制度，而是要把这种忠诚奉献给信任

---

〔1〕　[美] 波斯纳：《法理学问题》，苏力译，中国政法大学出版社 1994 年版，第 284 页。

他们的委托人的利益。尽管各国律师法都对律师规定了某些对制度负有的官方性责任，但当这些责任和委托人的利益发生冲突时，律师总是屈就于后者。所以，人们认为法官追求丝毫不带偏见的目的，而律师在寻求职务目的上则对委托人怀有偏爱。[1]

第二，律师以代理人的身份参与委托人的诉讼活动，使其作为思维主体的角色发生了一种置换，即：替别人思考，为别人的利益着想。这产生了既招人爱又招人恨的双重效果：一方面，律师的职责在于竭尽全力地维护当事人的合法权益，所以，当事人把律师视为最可信赖的人；另一方面，律师有时要为保护当事人的合法权益与法官作对而令其厌烦，有时又要为保护被告的合法权益而引起被害人及其亲属的愤怒，有时还因为不能为被代理人胜诉而遭其责难。这表明，所谓律师思维基于"坏人"的立场，多少是从法官和被害人角度观察的结果。但是，如果从维护国民利益和法律制度内部平衡的角度来观察，这种"坏人"的立场就会变成"好人"的立场。实际上，律师在诉讼中所采取的既非坏人也非好人的立场。"律师在诉讼中具有独立的诉讼地位。无论是刑事辩护还是民事代理，律师既不受法官、检察官意志的左右，在某种程度上也不受当事人意志的约束。"[2]

第三，关于律师－委托人作证特免权对律师推理的影响。我国律师界曾开展过关于律师可否检举委托人的大讨论。讨论中形成两种对立的观点：一种认为，辩护律师对被告人未被指控的犯罪事实必须予以揭发，不应保守秘密。另一种观点则认为，律师有保守职务秘密的义务，而且保密的范围不仅是指国家秘密和个人隐私，还包括被告人未被司法机关掌握、指控的犯罪事实。[3] 2007 年《律师法》第 38 条第 2 款规定了律师的保密义务。"表面上看，这一部分内容是以义务的形式出现的。而一旦律师依法严格履行了这一义务，则必然不再存在律师就其在执业活动知悉的情况和信息进行举报、作证的问题。律师即使遇到了这样一种要求，也可以履行保密义务为正当理由，予以拒绝，而不会产生法律上的不利后果。因此，就上述规定的实质而言，其实是赋予

---

〔1〕 See William Read, *Legal Thinking：Its Limits and Tensions*, University of Pennsylvania Press, 1986，p. 14.

〔2〕 程荣斌主编：《中国律师制度原理》，中国人民大学出版社 1998 年版，第 51 页。

〔3〕 参见陈光中、严端主编：《中华人民共和国刑事诉讼法修改建议稿与论证》，中国方正出版社 1995 年版，第 157 页。

了律师举报作证义务豁免的权利。从这种意义上来讲，律师就其在执业活动中知悉的有关情况和信息予以保密，既是义务，也是一种权利。"[1]然而，律师的保密义务或权利与律师-委托人作证特免权还有本质区别。2012年《刑事诉讼法》第46条规定："辩护律师对在执业活动中知悉的委托人的有关情况和信息，有权予以保密。但是，辩护律师在执业活动中知悉委托人或者其他人，准备或者正在实施危害国家安全、公共安全以及严重危害他人人身安全的犯罪的，应当及时告知司法机关。"这是我国第一次初步确立了刑事诉讼的律师-委托人作证特免权。所谓"初步"是指，这种特免权保护的其实不仅是律师为委托人保密的权利，[2]更重要的是委托人的诉讼权利。因此，从权利主体来看，"律师-委托人特免权的创设最初基于这样的理论，即律师披露与委托人的秘密交流将是违反职业准则的，因此律师是该特免权的拥有者。今天，各个司法辖区一致认可，律师-委托人特免权的存在是为了委托人的利益，因此，委托人现在是该特免权的拥有者。"[3]就是说，在这种特免权的现代理论中，委托人是权利主体，律师是义务主体。

（2）关于律师的角色。谷口安平教授概括了律师的如下角色特征：[4]①律师是辩论专家。经过训练和长期实践，律师在其拥有的法律知识和法律推理能力的基础上，能够根据具体案情对有利于委托人的论点和证据加以组织，并以逻辑严密完整的样式来展开辩论。②律师因案件本质上属于他人的问题，而能保持一定距离，较客观冷静地进行有说服力的辩论，并说服陪审团或法官接受其推断和结论。③律师受法律职业团体的伦理规范制约。律师虽身为当事人的代理人，但其利益或立场并不完全等同于当事人本身；另一方面，律师虽然与法官同属法律职业者，但又不是司法机关的附属，而是站在一种中间、独立的立场参与诉讼。

律师和检察官的工作在审前程序中主要是调查、访谈、为诉讼做准备，在审判中则是通过运用证据向事实认定者提供对案件最有价值的信息。律师

---

〔1〕 王胜明、赵大程主编：《中华人民共和国律师法释义》，法律出版社2008年版，第119页。

〔2〕 参见最高人民检察院：《关于依法保障律师执业权利的规定》，2014年12月16日最高人民检察院第十二届检察委员会第三十二次会议通过。

〔3〕 参见［美］罗纳德·J.艾伦等：《证据法：文本、问题和案例》，张保生等译，高等教育出版社2006年版，第918页。

〔4〕 参见［日］谷口安平：《程序的正义与诉讼》，王亚新、刘荣军译，中国政法大学出版社1996年版，第78-80页。

和检察官的角色不是证人。因此，他们所说的话不是证据，也就不可能犯伪证罪。在美国法官给陪审团的指示样本中包括如下要点：①律师的"提问不是证据，你们不得揣测该提问所给的暗示是真实的。"②律师"提出的问题不是证据。只有来自证人的证据才是证据。因此，在提出的问题中没有任何东西应该被你们假定为真的，或者应该被你们考虑为事实。"③"律师们所说的不是证据"，因为，双方律师（包括检察官）都没有宣誓说"他要说实话、除实话之外别无其他。"④"律师在审讯中所作的陈述不是证据"。⑤"律师们将作他们的结审总结，就像开审辩词一样，它们不是证据。"[1]

（3）律师和检察官推理的方式。可从七个方面来把握：

第一，律师可将案件要素合理地组合起来。其中，"在为审判做准备过程中，在分析可获得的证据数据、辨别和整理那些数据支持的推论时，律师主要依靠归纳推理。"[2]律师特别是起诉律师或检察官比法官更先接触案件，他可以通过严密的归纳推理，将案件形成的过程、原因和法律后果建构为一幅完整的图像，直接呈现在法官面前，并试图使法官将之作为最好的判决而加以选择。伯顿指出，"律师在把案件呈诸法庭，从而使法官面对能处理的问题方面扮演着重要角色。因而，高明的律师往往能实质上左右法官对待案件的方式，包括把该案件视为简易案件，还是疑难案件。"律师和检察官"创造性地突出整个法律中那些最有关联性的方面，而把其他的方面只是作为考虑的背景。"他们"根据法律知识和通过法律推理把该知识和具体纠纷联结起来的能力从建构事实来开始。"[3]判决的重要组成部分包括：案件事实；普通法判例和规则、制定法文本及背景等；相关法律目的的惯常理解。这些组成部分可以用许多似乎有理的方法组合起来。聪明的律师和检察官可以做到："（1）唤起对特定事实、部分法律经验，以及原则和政策的注意；（2）把这些信息整合成一个协调的法律论证，以支撑有利于你当事人的判决。"[4]

---

〔1〕 参见［美］罗纳德·J. 艾伦等：《证据法：文本、问题和案例》，张保生等译，高等教育出版社 2006 年版，第 4 页、第 6 页、第 79 页、第 83 页。

〔2〕 ［美］特伦斯·安德森、戴维·舒姆、［英］威廉·特文宁：《证据分析》，张保生等译，中国人民大学出版社 2012 年版，第 128 页。

〔3〕 ［美］史蒂文·J. 伯顿：《法律和法律推理导论》，张志铭、解兴权译，中国政法大学出版社 1998 年版，第 161 页，第 166 页。

〔4〕 ［美］史蒂文·J. 伯顿：《法律和法律推理导论》，张志铭、解兴权译，中国政法大学出版社 1998 年版，第 173 页。

第二，律师采用"手段-目的理性"推理方式。与法官推理采用的"目的-手段理性"（根据维护法律尊严和实现正义的目的来选择推理方法）相比，律师常采取"手段-目的理性"的推理方式，他们选择一定的手段或方法是为了最有效地证明和服务于其委托人的目的。因此，律师不仅要为己方的控诉或抗辩作出最好的论证，而且要预测对方的论证，甚至要预测法官、陪审团对每个论据的反应。这种推理方式在律师作为原告代理和被告代理时，其表现又有所不同。在作为原告代理时，律师或检察官推理的主要任务是论证被告人的刑事或民事责任。这种推理在实践中可以分为两类：一是自诉案件中自诉人的代理律师；二是作为刑事公诉案件的公诉人或刑事附带民事诉讼中被害人的代理律师。在第二种情况下，被害人的代理律师可能比公诉人指控的调门更高。"这是由于公诉人是代表国家公益，而被害人的代理律师是代表被害人特殊权益所形成的。例如，公诉人指控被告人犯了伤害罪或伤害致死罪，而被害人的代理律师则有可能指控被告人犯了故意杀人罪。这种从不同侧重点出发的指控，也可以在法庭中展开辩论，从而使法庭收到兼听则明的效果。"[1]

第三，律师善于利用法律的可塑性来进行论证和预测。"在实践中，律师一般更多关心的不是抽象意义上的法律，而是法律对于那些具体存在或在将来可能发生并且涉及具体客户的纠纷的实践含义。"[2]因此，"所谓'像律师那样思考'并不是指运用特别的分析能力，而是指大致意识到法律在其边缘上有多少可塑性……；意识到在辩论中支持或者反对法律变化时可以采取的'行动'。"[3]"可塑性"是与"刚性"相对的概念。如果委托人的行为触犯了刚性的法律，再高明的律师常常也无能为力。不过，法律在适用上总是具有一定的弹性或法律解释上的灵活性，法律可能存在缝隙或漏洞。律师可以利用这种可塑性，来论证委托人行为的合法性，来预测法院的判决和委托人计划行为的法律后果。

第四，律师需要预测法院的判决并以此来指导自己的代理或辩护活动，

---

〔1〕　程荣斌主编：《中国律师制度原理》，中国人民大学出版社 1998 年版，第 273 页。

〔2〕　[美] 史蒂文·J. 伯顿：《法律和法律推理导论》，张志铭、解兴权译，中国政法大学出版社 1998 年版，第 26 页。

〔3〕　[美] 波斯纳：《法理学问题》，苏力译，中国政法大学出版社 1994 年版，第 385 页，第 128-129 页。

而不仅仅是在制定法或判例中寻找白纸黑字的法律内容。律师的潜在观念是把法律仅仅视为一种预测，即"对法院事实上将做什么的预测"。[1]律师之所以做这种预测皆因委托人关注法院的判决结果，这种结果会使其现实地失去或获得某种切身利益。例如，一个为杀人者辩护的律师，必须对杀人罪的法律作出讲得通的解释，从而证明委托人的杀人行为是正当或可以原谅的，比如，委托人可能是在误认被害人正企图侵入其住宅的情况下开枪的。"律师即使查明了委托人的所作所为并且相信像委托人这样杀人如果被证明为正当或可原谅的话，法律将会变得很糟糕而且不合逻辑，他也必须为委托人的行为正当作出辩护努力。因为委托人有权要求一个律师的帮助，而该律师把委托人的利益置于自己的良心或关于社会福利的信念之上。"[2]不过，律师为委托人辩护或提供法律预测并不是随心所欲的。它一方面受职业道德制约，只能为委托人的合法权益而不是非法利益提供保护；另一方面，取决于其洞察法律在其边缘上"可塑性"的能力。法律责任感和道德同情心对律师来说都是必要的，但更重要的是分清法律和道德的界限，清楚地知道法律的后果并聪明地绕开它。律师要对案件的各种可能性作出解答，在引导和教唆之间把握一个度，避免陷入委托人设置的律师似乎可以把任何事情都制造成合法的陷阱。

第五，律师和检察官的推理能力是一种经验型技艺。波斯纳曾谈到一种由律师发展起来的所谓"无言之知"的推理方法[3]，即一种决定做（或如何做）某事的方法，这种方法不关心证明该决定或行为的合理性，却可为律师和检察官在法律竞赛场上确定什么是不是恰当的论点提供一种准确的感觉或"很好的判断力"（一些不可言喻的谨慎、超然、想象和常识的混合）。我们可将这种称为行动思维的特点描述如下：①灵活性或适应性。哈理斯说，"律师应该更少机械性、更少保守性，而对社会需要具有更多的适应性。"[4]②经验性或技艺性。波斯纳说它"即非方法也不是教条，而是一种存储和一

---

〔1〕 See Oliver Wendell Holmes, "The Path of the Law", *Harvard Law Review*, Vol. 10, No. 8., 1897, p. 461.

〔2〕 See William Read, *Legal Thinking: Its Limits and Tensions*, University of Pennsylvania Press, 1986, p. 14.

〔3〕 参见［美］波斯纳：《法理学问题》，苏力译，中国政法大学出版社1994年版，第139-143页。

〔4〕 See J. W. Harris, *Legal Philosophies*, London Butterworth & Co（Publishers）Ltd., 1980, p. 193.

种敏感，存储的是各种可接受的论点，敏感的是对原则稳定性的程度和特点；或者更一般地说，这是对法律职业文化的边缘的一种感觉———一种某些人爱，某些人恨的职业文化。"〔1〕这是一些律师或检察官推理特有的逻辑或非逻辑的"招数"。例如，一种起诉或辩护的策略、一种提问方式或一个证人的选择，对有经验的律师和检察官来说凭直觉就知道不对，因此必须放弃。这是一种综合运用法律方法、事实材料和代理经验的艺术，一种洞察力或领悟力。③简单性和实用性。在案件调查上，律师和检察官的推理方式有时追求简单性、实用性，期望用现有的知识来回答一个新问题，而只需对该新问题作最少的调查。④雄辩性和鼓动性。在法庭上，律师和检察官推理需要更多的辩论艺术，雄辩性、鼓动性（煽动性）、情感的渲染等。

第六，律师或检察官的修辞推理说服技巧。这表现在：①基于法律知识说服当事人避免陷入违法的困境；②基于预测说服当事人一方放弃指控或抗诉，使纠纷在诉诸法院之前获得解决；③基于推理说服法官避免在法律适用上犯错误，以免引起上诉；④说服上诉法院认定审判法院的判决错误，推翻审判法院的判决。

律师和检察官对陪审团和法官负有说服责任。"说服责任指在法庭上说服事实认定者相信所举证据指向之问题的'真实情况'的责任。换言之，说服责任要求诉讼律师表现其辩论的艺术，而且主要是在对陪审团的最后论述之中。"〔2〕亚里士多德认为，在论辩中，演绎推理更多地要用来对付论辩家而不是对付众人，它在反驳自相矛盾的论证时更加有力，也更加有效；归纳则应更多地用来对付众人。〔3〕归纳推理对陪审团更有说服力也更清楚，更容易为感觉知晓，因而能够被多数人运用。因此，律师或检察官在法庭辩论中的一个策略是：对法官和对方律师更多运用演绎推理，对陪审团则更多地运用归纳推理。

第七，律师和检察官的辩论推理技巧在直接询问和交叉询问中表现得更加淋漓尽致。例如，本方证人的出场顺序，询问中的问题设计，对于哪些是与本案无关问题的判断以及当对方律师提出这类问题或者有违反庭审规则情

---

〔1〕 参见［美］波斯纳：《法理学问题》，苏力译，中国政法大学出版社1994年版，第129页。

〔2〕 ［美］乔恩·R·华尔兹：《刑事证据大全》，何家弘等译，中国人民公安大学出版社1993年版，第313页。

〔3〕 参见苗力田主编：《亚里士多德全集》（第一卷），中国人民大学出版社1990年版，第525页。

形时及时地提醒法官注意，凡此种种，都是特别见功夫的。[1]当然，对抗式交叉询问技巧应该服务于弄清案件事实真相的目的，而不能成为一种"唯胜是图"的工具。对于为了取胜而不择手段地运用交叉询问技巧的倾向，法学界有尖锐的批评，一位美国法官说："一个技巧高超的律师在交叉询问中，完全可以调动古往今来的各种鬼伎俩，使得一个诚实的证人看上去像一个说谎者。"[2]对于交叉询问技巧的这些负面效应，正直的律师和检察官应当自觉地加以避免。

我国律师职业发展走过了一条曲折的道路。新中国成立之初，律师被纳入国家公职范围，一律在法律顾问处内任职，不允许私人或合伙开业。1957年后的20年间，律师职业在中国消失。民间私权完全消融于国家公权之中，这必然阻碍了律师制度在中国的发展。[3]1978年后，律师业在我国恢复，1995年全国律师（包括专兼职律师、特邀律师和实习律师）达到8万人；其开业的组织形式经历了从国办律师事务所，到合作制、合伙制以及最终的私人开业。据司法部统计数据，2021年，我国律师事务所3.65万余家，律师57.48万人，其中，专职律师45.82万人，兼职律师1.39万人，公职律师7.26万人，公司律师2.27万人，军队律师1500多人。北京、广东、上海、江苏、浙江、山东、四川超过3万名律师。[4]相比之下，2004年，美国私人律师约95万人，约占全美律师的74%；加上政府律师、公司律师等人数超过百万。[5]当年美国人口3亿人。按这个比例（33.3万律师/亿人）发展，我国14亿人口约需433万律师。除规模之外，律师队伍素质也亟待提高：一是职业道德素质，二是思维素质。这两种素质，都要求律师掌握法律推理的理论与方法。

---

〔1〕 参见贺卫方：《司法的理念与制度》，中国政法大学出版社1998年版，第164页。

〔2〕 See Marvin E. Frankel, *Partisan Justice*, New York: Hill and Wang, 1980, p.16.

〔3〕 参见张志铭等：《关于司法改革的对话》，载贺卫方：《司法的理念与制度》，中国政法大学出版社1998年版，第159页。

〔4〕 参见《2021年度律师、基层法律服务工作统计分析》，载 http://www.sohu.com/a/577590063-121123754，最后访问日期：2024年2月6日。

〔5〕 参见刘桂明：《美国为什么有这么多律师？——走马观花看美国律师》，载 http://blog.sina.com.cn/s/blog_ 4a47cd20010004yy.html，最后访问日期：2024年2月6日。

三、法律推理客体

（一）法律推理客体的一般特征

客体一词源于拉丁语 objicio，意思是扔在前面，置于对面。晚期拉丁语 objectum 和英语 object 同指"对象""客体"。[1] 因此，从语义上看，客体和对象有同样的意思。

从认识论上看，成为客体有两个条件：一是独立于主体，置于主体对面，成为主体思维活动所指向的对象；二是纳入主体思维活动，被思维加工后成为似乎是主体一部分的观念对象。这两个条件不必同时具备就可以成为客体，但只有同时具备才能成为观念客体。就是说，本体论意义上的客观事物同认识论意义上的客体是不同的。"客体以存在为基础，……存在的东西转化为认识对象，从而得到客体的性质，在很多情况下是由实践促成的。"[2]

客观存在的东西在转化为认识对象之前只是主体"视野"之外的"自在之物"，对主体没有任何信息作用，即使从可知论的角度看也只是可能的客体。客观事物转化为客体分为两种情况：其一，当客观事物仅仅为主体思维所指向、主体对其只是处于接受信息阶段时，它只是现实客体，我们权且称为"可感之物"；其二，只有当现实客体纳入主体思维活动并为其所加工、处理时，它才成为观念客体或"为我之物"。这两种情况往往都是由实践促成的，因为人类认识的深度和广度都是随着实践的深度和广度而拓展的。弄清可能客体或自在之物、现实客体或可感之物、观念客体或为我之物的区别，对于我们理解法律推理客体及其主客体之间的关系是很重要的。

法律推理客体属于思维对象范畴。从性质上说，在法律推理系统中，主体是主观能动的要素，客体是客观被动的要素，方法则在二者之间起着中介的作用。从外延上看，法律推理大小前提都是观念客体，它包括事实性材料和规范性材料两类。从法律推理无限循环的发展过程来看，还有一类观念客体即法律推理的结论。法律推理主体的大脑作为一个加工厂，其加工的信息（客体主体化）和产出的结论（主体客体化）之间具有同构性。

在法律推理观念客体中，规范性材料包括法律规则、原则，它们是构成

---

［1］ 参见《苏联哲学百科全书》（第4卷），苏联百科全书学术出版社1967年版，第123页。
［2］ 舒炜光：《科学认识论的总体设计》，吉林人民出版社1993年版，第190页。

法律推理大前提的法律材料。事实性材料主要是指证据。规范材料和事实材料的差别，可以理解为关于应该是什么的陈述（例如，你应该缴税）和实际是什么的陈述（例如，你没有缴税）之间的差别。

法律问题是作为规范性材料和事实性材料统一的法律推理客体，从某种意义上说，法律推理就是为了解决法律问题。所以，法律问题是法律推理的一般对象。法律问题以案件的浓缩形式而呈现。按照伯顿的观点，"案件则是关于法院曾经或可能作出解决纠纷行为的某个事件的简短故事。"[1]案件有一个开端、中间阶段和结局。案件以当事人之间的纠纷、非正式或通过律师的相互交涉为开端。以一方当事人向法院对另一方指控直至法官作出判决为中间阶段。以一方当事人上诉，法官听取当事人双方辩论并作出终审判决为结局。

下面我们按照从现象到本质的认识顺序，对法律推理客体如何在同主体的相互作用中由现实客体逐步过渡为观念客体作一个分析。

（二）事实性材料

主体对客体的认识总是从现象开始。在诉讼过程中，最先出现在法律推理主体面前的是直接呈现案件现象的事实材料。这些事实材料是一个庞杂的集合体，它包括事件、实物、人物及行为和动机等信息，这些可统称为证据。法律推理的事实性材料具有如下特点：

第一，过去时。法律推理属于事后思维，而非现场思维。案件事实不是正在进行时，而是过去完成时。科学推理可以通过实验真实地再现事物的实际变化过程，社会学研究可以通过实地调查了解正在发生的社会现象。在现在时的主客体关系中，认识主体是直接作用于事实客体。而在诉讼活动中，主体面对的却是一堆过去发生的事件，事实认定者对案件事实没有任何直接知识。在这种情况下，证据便成为联系主客体的惟一"桥梁"，或"折射"事实的"镜子"。事实认定者只能通过证据进行推论才能认识过去发生的事实。"证据之镜"原理揭示了证据推论的局限性，即事实认定者通过证据所查明的事实真相，在某种程度上像是"镜中花"，乃是证据推论的"思想产品"。根据法庭认识论原理，事实认定者作为特殊的认识主体，对过去发生的案件事实没有任何直接知识。这与现在时"有的放矢"意义上的实事求是不

---

〔1〕 ［美］史蒂文·J.伯顿：《法律和法律推理导论》，张志铭、解兴权译，中国政法大学出版社 1998 年版，第 13 页。

同，其"的"不是已经发生的事实，而是其发生时留下的证据。事实认定者手中之"矢"所射的"靶子"只是证据而非事实，因而是"实证求是"。[1]

第二，事实主张与法律问题难以区分。尽管事件是过去发生的并且孤立、凌乱和不完整，但公诉人或控方律师在起诉时，并不是将一堆杂乱无章的事实主张直接呈现在法官或陪审团面前，而是把经过他们头脑加工整理的、自认为是正确联系起来的所谓"完整的事实"或"故事"提交给法庭。如果证据残缺不全，他们还会用一些假设的材料或推断，将事件的某些环节和构成因素补充完全。"为了准备或提出一个案件，每一方当事人的律师都必须开发一个逻辑性很强的案件理论。……在每一个案件中，律师都必须运用所采用的理论和所确定的主题，去建构一个关于案件中的证据将表明什么的引人注目的案情。""一个案件理论，是根据对方律师的预期理论以及律师对主题和案情的选择，由律师从可选方案中选择的作为案件整体的逻辑陈述。"[2]不仅如此，他们还要通过归纳推理告诉法官和陪审团，这些事实是如何与被告的主观动机等待证要件事实联系在一起，如何与法律规则相违反，使这些静态的事实变成符合一定逻辑发展轨迹的动态画面。控方无疑希望法官和陪审团接受这些经他们主观加工过的案件事实或"故事"。而法官和陪审团调查和认定事实的活动，就是从这些被加工过的观念客体开始的。当然，法官和陪审团不会简单地接受这些观念客体，他们也要通过自己的眼睛和耳朵去感知或听审这些事实主张，通过自己的大脑去进行判断和推理。但是，起诉书对案件事实主张的分析、判断和推理总是作为一种先入为主的东西或成见，对法官和陪审团产生影响。波斯纳说："在将事实问题和法律问题加以区分时，我并不想暗示两者之间有堵墙。对一个信服了唯物主义的人来说，法律问题归根结蒂是事实问题。"[3]波斯纳说得并不错，但不够全面，还应该补充说，事实问题归根结底又是法律问题。在法律推理中，纯粹的事实是不存在的，对法律推理过程真正起作用的，是经过不同主体（检察官、律师等）加工过的事实主张。

法律推理中的事实性材料可以分为两类：一类是证据；另一类是所谓行

---

〔1〕　参见张保生：《事实、证据与事实认定》，载《中国社会科学》2017年第8期。

〔2〕　［美］特伦斯·安德森、戴维·舒姆、［英］威廉·特文宁：《证据分析》，张保生等译，中国人民大学出版社2012年版，第195页。

〔3〕　［美］波斯纳：《法理学问题》，苏力译，中国政法大学出版社1994年版，第259页注释。

为动机，它是一种非常特殊的事实性材料，与证据有相似之处，但又有一些区别，很难分类，为便于考察它的特殊性我们暂且将其单列。

1. 证据

证据是与案件事实相关的信息，用于证明所主张事实之存在的可能性。证据信息中包含着事物之间相互联系的"密码"，"我们依据与这个世界相关联的密码来理解这个世界"[1]。由于证据中保留着事实发生和存在过的信息，证据提出者便可提供证据来支持其事实主张，对方则可以提供相反证据来反驳其事实主张，事实认定者或"事实裁判者"，则可通过证据推理作出事实认定，这是一个运用证据的经验推论过程。然而，证据所能证明的只是一种事实主张，而不是事实本身。在审判中，诉讼双方往往用不同的证据来证明自己的案件理论，甚至对相同证据作出相反的解释，从而形成相互对立的事实主张。控辩双方都试图提出"看似可信的"所有证据来说服事实认定者，事实认定者只能通过对这些证据支持其事实主张的说服强度作出评估，这决定了证明标准是一个概率标准，所获得的事实真相具有盖然性。

2. 行为动机

行为动机在刑事案件事实认定和法律适用过程中都起着一定作用。[2]"动机的证明有可能在推论上与构成犯罪要素的某些其他事实问题具有相关性。例如，强烈动机的证明可以帮助认定某犯罪的实施人。"[3]但是，"动机证据"的提法显然与"事实性材料"的性质不符。因为动机隐藏在人们心中，与其说它是一种证据，毋宁说它是一种主观判断。尽管如此，这并没有阻止人们在实际审判过程中把动机当作一种证据。

作为法律推理客体的动机，实际上是一个关于犯罪意图和故意的概念。动机作为客体，它在事实认定阶段与在法律适用阶段所具有的意义是不一样的。对前者来说，当主体把它作为一种事实性材料来加以认识时，由于动机是只存在于罪犯的头脑中的精神客体，这使对它的证成比实物客体要更加困

---

〔1〕 ［美］欧文·拉兹洛：《系统、结构和经验》，李创同译，上海译文出版社1987年版，第69页。

〔2〕 一般认为，刑法的特点是考虑动机的，而民法的特点则是结果论。民法中的严格责任概念，表明对行为动机的不屑一顾。这种区别反映了民事诉讼的法律推理具有比刑事案件的法律推理具有更强的理性色彩。

〔3〕 ［美］乔恩·R·华尔兹：《刑事证据大全》，何家弘等译，中国人民公安大学出版社1993年版，第78页。

难。主体必须在头脑中"建立起一个故意型罪犯的模型———一种对罪犯动机经验的'客观'重建,通过假设他有一定类型的理性来建立。"[1]在法律推理中,证成被告动机的意义,有一个变化的过程。按照康德的刑罚学说,社会之所以有权对罪犯施以刑罚,是因为社会假设每一个罪犯都是一个有自觉意识的主体,因此罪犯必须对他的犯罪行为负责。[2]

但是,后来一些继承者把康德的这一思想推向极端,不是将罪犯假设为有主体思想的人,而是要求证明每一个罪犯犯罪时都有清醒的主体意识,主张当无法证明这种主体意识时就不能惩罚罪犯。这种犯罪论领域的精神论主张,可能会使许多罪犯为自己开脱罪责。波斯纳反对这种在犯罪论领域过分强调意图和动机的主张。他认为,"刑法是一种社会控制的工具,而且——我主张——将人当作客体"。[3]所谓将人当作客体,就是在法律推理的事实认定阶段将人的行为当作客体,只要其行为触犯了法律,不管其是否意识到自己的行为违法,都应该受到处罚。比如,一个与未成年女子发生性关系的人,尽管他主观上相信她已经成年(没有意识到自己的行为是犯罪),也应该认定其犯罪。严格责任概念,就是只看行为(是否造成了损害),不管动机(好坏)。霍姆斯认为,随着法律成熟起来,责任、甚至刑事责任都变得进步了、外在化了,也就是说,责任更多的是一个行为问题而不是一个意图问题。[4]所以,有学者指出,"法律推理区别于其他推理在于它所关注的是法律行为。"[5]

当然,法律推理在确定责任时重视行为而轻视动机,与刑法在量刑上重视动机是有区别的。这使刑法看起来是最精神论的,例如,对蓄谋犯罪的惩罚总是比对冲动型犯罪的惩罚更重。因为有计划的犯罪是有意识的行为,加重惩罚这种故意犯罪,具有杀一儆百的社会效果。

(三) 规范性材料

法律推理的规范性材料包括规则、原则、标准等一切可以作为大前提或对大前提的选择具有指导性的规范性材料。它们何以成为法律推理的客体呢?

---

〔1〕 〔美〕波斯纳:《法理学问题》,苏力译,中国政法大学出版社 1994 年版,第 222 页。

〔2〕 参见 〔德〕康德:《法的形而上学原理——权利的科学》,沈叔平译,商务印书馆 1991 年版,第 166-167 页。

〔3〕 〔美〕波斯纳:《法理学问题》,苏力译,中国政法大学出版社 1994 年版,第 224 页。

〔4〕 参见 〔美〕波斯纳:《法理学问题》,苏力译,中国政法大学出版社 1994 年版,第 212 页。

〔5〕 朱景文主编:《对西方法律传统的挑战——美国批判法律研究运动》,中国检察出版社 1996 年版,第 291 页。

首先，法律规范材料如法典、判例、法律原则等，是外在于主体而存在的，主体头脑中可能有一些关于它们的知识，但法官作出判决一般不能依据头脑里的法律知识，只能依据客观存在的法律规范。其次，法官适用法律的过程不是盲目的，他必须对适用或不适用哪些法律规则作出选择，而且常常要在这种选择过程中，用原则等目的性标准对法律规则等操作性标准作出解释，这也表明规范性材料是推理的客体。

法律推理不是将现成的法律规则简单地套在案件事实上的机械过程。因为，法律规则对法律推理的主体来说，"经常是含糊的、无底的、理由是暂时性的，有很多争论的，此外不仅可以变更而且实际上也经常变更。从法官的观点来看，法律规则更像指南或常规做法而不像命令。"[1]当法律规则不能直接套用于案件事实时，法官必须先对规则的意义进行解释，然后才能使用。就是说，在解决疑难案件问题时，常常要诉诸法律原则和目的标准。法律推理主体对法律规则的解释既是规范性客体内化于主体的过程，也是主体将自己的价值观念融入客体使之变成观念客体的过程。

在法律推理的规范性材料中还包括法院的判决。判决是一种经过法律推理主体加工的观念客体。当一个案件审理完成时，"法院交付输出：裁决或判决，有时还传下一般规则。"[2]即使没有传下一般的规则，这个判决也可为以后的审判提供判例。这些规则和判例有时可能被置之不理，有些则可能被以后的审判活动所借鉴，从而对主体下一轮的法律推理活动形成反馈。

有关法律推理客体中规范性材料的特点，本书第七章法律推理的规则和原则有专门论述，第三章法律推理的标准也有详细论述，这里不再赘述。

四、法律推理主客体的相互作用

法律推理作为一种认识活动和制度实践，其每一次具体的展开和总体发展，都是由自身的矛盾所推动的。在这些复杂的矛盾中，法律推理主体和客体之间的矛盾是最基本的，而其他基本矛盾如规则和原则、经验和逻辑、确定性和非确定性、真理和价值等，都是主体在认识和改造客体过程中所产生的矛盾，是主客体基本矛盾运动过程中的表现形式。

---

〔1〕 ［美］波斯纳：《法理学问题》，苏力译，中国政法大学出版社 1994 年版，第 572 页。

〔2〕 ［美］弗里德曼：《法律制度》，李琼英、林欣译，中国政法大学出版社 1994 年版，第 13 页。

（一）法律推理主客体的相互依赖和转化

法律推理主客体的矛盾，首先表现在二者划分的相对性。法律推理的主体不是抽象的，而是相对于一定的法律推理活动而言的具体主体。职业法律工作者作为法律推理的主体也是相对的、变动的。例如，腐败的法官会从职业法律推理主体变成法律推理客体（被告）。从法庭审判活动的群体互动来看，季卫东教授曾提出所谓"相互主体"概念，认为在解决纠纷和审判过程中，所谓主体，不是唯我独尊的。[1]控辩双方的推理方向相反，必然在一些关键事实的认定上发生尖锐的对立。因此，询问就演变成针锋相对的辩论。尽管控辩双方律师都带有为委托人利益而争辩的明确倾向性。但从积极的方面看，论证或辩论具有使事实认定者和所有参加辩论者兼听则明的作用，正如棚濑孝雄所说，这种辩论即使不能说服对方，也可成为促进双方反省的契机。"人们听到与自己意见完全不同的见解时，往往会考虑一下自己的想法真是正确吗？尤其当有义务就自己的观点向对方进行合理的说明时，这种反省作用会更加明显。许多情况下，听到对方的反驳后有可能意识到自己看法的片面性或者完全是错误的，从而导致双方意见的接近。"[2]

在法律推理主客体相互作用中，客体对推理主体的作用主要表现在两个方面：第一，客体对主体的制约作用。其中，事实材料作为反映对象，决定着主体法律推理的内容；"每个案件在其所有特殊之处都是独一无二的。……每一个案件都只能发生一次。"[3]规范性材料则对法律推理主体具有命令的性质，是法律推理得以进行的法律依据。第二，客体对主体的推理活动具有发动作用。从思维活动的一般特征来看，主体对思维活动理所当然地具有发动作用，是思维的承担者和发动者。[4]但法律推理作为一种特殊的思维活动，其发动者往往不是法律推理的典型主体（法官），而是具有客体性的案件事实主张，从而体现出司法的被动性。在民事诉讼领域，由于奉行不告不理的原

〔1〕　参见［日］棚濑孝雄：《纠纷的解决与审判制度》，王亚新译，中国政法大学出版社1994年版，代译序第3页。

〔2〕　［日］棚濑孝雄：《纠纷的解决与审判制度》，王亚新译，中国政法大学出版社1994年版，第125页。

〔3〕　［美］史蒂文·J.伯顿：《法律和法律推理导论》，张志铭、解兴权译，中国政法大学出版社1998年版，第14页。

〔4〕　参见夏甄陶等主编：《思维世界导论——关于思维的认识论考察》，中国人民大学出版社1992年版，第245页。

则，实际上最先推动规则运行的主要不是官员，而是国民。例如，除非受到侵权或违约伤害的当事人提起诉讼，法律制度一般是无所作为的，法院往往处于被动受理案件的地位。"法院要等某人提出控告，开始起诉，才开始工作。……诉讼由几张纸开始，向法院提交的起诉状和答辩状，没有这些，我们社会无法进行审判。"〔1〕孙笑侠教授认为，与行政权的本质是管理权不同，司法权的本质是判断权，前者在运行时具有主动干预性，后者则具有被动判断性，"司法权消极处事，超然待物，以'不告不理'为原则，非因诉方、控方请求不作主动干预。在没有人要求你作出判断的时候，显然是没有判断权的。否则其判断结论在法律上属于无效行为。"〔2〕

在法律推理中，主体对客体的能动作用，一方面表现为法官认定事实和适用法律的能力；另一方面，也表现为律师引导法官认定事实和适用法律，以及预测法官判决的能力。

首先，法律推理的事实认定阶段是重建各种证据材料过去联系的认识过程。这是一个形成观念客体的客体主体化过程。伯顿把这个过程描述为律师对案件事实的建构过程，即把头脑中的法律知识和推理技能结合起来，作用于事实材料和规范材料的过程，也是一个将法律研究和事实研究结合起来的过程。"因为法律决定哪些事实是相关的；而同时，事实又反过来决定哪些法律是相关的。这样你就应按如下步骤来开始：（1）收集事实，缩小法律研究的范围，（2）进行初步的法律研究，（3）根据该研究收集更多的事实，（4）根据这些事实再作进一步的法律研究，等等。"〔3〕证据的作用也从一个方面反映了在主客体的相互作用。证据的作用包含着质和量两个方面的规定性：质的规定性即证据发挥何种作用。例如，在刑事案件中，法官可以指示陪审团，某个证据只准用于质疑或弹劾某个证人的可信性，而不准用作证明所指控犯罪要件事实的证据。但是，陪审团成员仍会有意无意地将其用作证明被告有罪的实质性证据。证据作用的量的规定性即证据分量，华尔兹指出："尽管证据已由审判法官裁定可以采用，但它仍要由陪审团来决定其有多大分量，如

---

〔1〕 [美] 弗里德曼：《法律制度》，李琼英、林欣译，中国政法大学出版社1994年版，第13页。

〔2〕 孙笑侠：《司法权的本质是判断权——司法权与行政权的十大区别》，载《法学》1998年第8期。

〔3〕 [美] 史蒂文·J. 伯顿：《法律和法律推理导论》，张志铭、解兴权译，中国政法大学出版社1998年版，第167-168页。

果有的话，作为事实的认定者，陪审团成员们有权评价证据的说服力或可信度。他们可以认定其毫无分量，如果其可信度值得怀疑的话；他们也可以给其完全的分量，只要其具有说服力而且是无可反驳的。"[1]

其次，适用法律的法律推理过程是一个将"死的"规则和"活的"事实结合起来的能动认识过程。在这个过程中，主体的能动性表现在两个方面：一方面，从适用法律的过程看，法律推理主体要将确定的法律规则适用于不确定的案件事实，每一步都存在着主客观相背离的危险。特别在疑难案件中，事件的复杂性、特殊性或新颖性，决定了它不能完全甚至完全不能被一个现成的法律规则所包容。在这种情况下，法律推理主体可能的选择包括：①放弃已经选定的法律规则，重新选择法律规则；②对法律规则或条文进一步加以解释，使其外延加宽，以便完全包容或部分包容特殊的案件事实；③挖掘规则"内含的价值"，对规则和事件本质上的一致性做出判断；④完全抛开现成的法律规则，运用原则进行法律推理。在第一种情况下，一个法律推理过程要从头开始。在第二种情况下，法律解释存在着完全变成主观恣意的危险；在第三、四种情况下，法律推理主体可能有越权成为立法者的危险，尽管运用原则进行法律推理提供了规则创新的机遇。综上，正是疑难案件，为法律推理主体发挥主观能动性提供了契机。

另一方面，法律推理主体对客体的能动作用，不仅表现在能动地运用规则来解决复杂的法律问题，而且表现在能动地改造现有的规则使之适应法律推理进一步发展的需要。推理主体对规则的忠诚如果过于僵化、被动，就会变为规则的奴隶，其后果是法官的责任淡化，宁可遵守规则而做出错误判决，也不愿违反规则而根据情况变化做出正确判决。在这个问题上，"自治型法主要关心的是约束权威，它致使法律机构狭窄地解释自己的权力，躲避那些政策问题，戴上中立的面具，并避免首创精神。"[2]与自治型法的被动约束性不同，目的型法要求法律推理主体发挥主观能动性，既适应环境又保持开放性的头脑。"开放性意味着宽泛地授予自由裁量权，以便官员的行为可以保持在

---

〔1〕　〔美〕乔恩·R·华尔兹《刑事证据大全》，何家弘等译，中国人民公安大学出版社 1993 年版，第 16 页。

〔2〕　〔美〕诺内特、塞尔兹尼克：《转变中的法律与社会》，张志铭译，中国政法大学出版社 1994 年版，第 93 页。

灵活、适应和自我纠正错误的状态。"[1]这种开放性思维，限制了法官退隐于规则之后和逃避责任的倾向。

（二）法律推理过程中控辩审三方互动

法律推理主客体的相互作用通常表现为：当事人与法官在垂直方向上的信息交换和当事人之间在水平方向上的信息交换过程。例如，如果当事人双方中有一方不在场，法庭就不能进行辩论和证据调查。[2]现代司法是控辩审三方共同从事的法律推理活动，它们是不同的认识主体，诉讼任务要靠三方的共同努力才能完成。"控诉、辩护、审判三方面人员在诉讼上的地位是平等的"[3]。在1996年《刑事诉讼法》引入对抗制因素的基础上，2012年《刑事诉讼法》修订进一步强化了控方举证责任和辩方质证权利，表明我国已经形成了控辩审三方"一个中心、两个基本点"的互动关系，反映了"法庭工作组"的认识互动过程。参见图4.1。

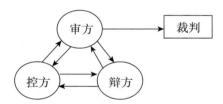

图4.1　"法庭工作组"三方互动关系

如图4.1所示，在法庭工作组的法律推理过程中，检察官、辩护律师和法官的法律推理形成了具有如下特点的互动关系：其一，理由论证和平等对论。不仅控辩双方在事实证明过程中申述理由、得出结论并对适用法律提出建议，"法官也从事着论证（辩论）活动。在寻找最好的规则或判决以及在以一种观点表达和保护规则的过程中，法官为自己所采取的立场进行论证（辩论）。"[4]其二，在平等对论中，检察官和辩护律师的证明，与事实认定者

---

〔1〕　［美］诺内特、塞尔兹尼克：《转变中的法律与社会》，张志铭译，中国政法大学出版社1994年版，第85页。

〔2〕　参见［日］棚濑孝雄：《纠纷的解决与审判制度》，王亚新译，中国政法大学出版社1994年版，第122页。

〔3〕　程荣斌主编：《中国律师制度原理》，中国人民大学出版社1998年版，第244页。

〔4〕　See Kent Sinclair, "Legal Reasoning: in Search of an Adequate Theory of Argument", *California Law Review*, Vol. 59, No. 3., 1971, pp. 821-858.

（陪审团、法官）的推论形成一种互动关系。互动各方都在努力影响对方的同时自觉不自觉地接受对方推论的影响，事实认定便产生于这种相互作用的合力。正是通过平等辩论，才使案件事实越来越清楚、法律解释越来越一致、判决理由越来越凸显。

目前我国"推进以审判为中心的诉讼制度改革"，需要突破传统的"公检法三家配合、制约"，一致对付刑事被告的"铁三角"关系。这种传统的铁三角关系是以侦查为中心的，不仅没有辩护方的地位，甚至连法院和检察院也会成为协调办案的对象。因此，推进以审判为中心的诉讼制度改革，必须实现从传统的专政思维向现代法治思维的转换，即从以侦查为中心的公检法铁三角关系，转变为以审判为中心的控辩审三方互动关系，如图4.2所示。

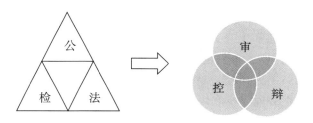

图 4.2：从公检法"铁三角"转变为控辩审三方互动关系

1. 控辩审三方互动的前提是控辩平等

李心鉴概括了审判程序中控辩平等的几个要点：[1]（1）对于调查的范围、顺序和方法，控辩双方享有平等的请求权；（2）控辩双方具有平等的举证权利；（3）控辩双方具有同等的问证和辩论机会；（4）公诉人的审判监督不应导致控辩双方的不平等。结合我国目前庭审的实际情况，控辩平等的实现需要以下努力：

第一，限制警察特权。在侦查中心的诉讼构造中，警察目前还拥有一些不受检察院和法院制约的特权。例如，在证据收集合法性调查程序中，2012年《刑事诉讼法》第57条第2款规定："现有证据材料不能证明证据收集的合法性的，人民检察院可以提请人民法院通知有关侦查人员或者其他人员出庭说明情况；人民法院可以通知有关侦查人员或者其他人员出庭说明情况。

---

〔1〕　参见李心鉴：《刑事诉讼构造论》，中国政法大学出版社1992年版，第257–258页。

有关侦查人员或者其他人员也可以要求出庭说明情况。经人民法院通知，有关人员应当出庭。"这个规定无疑暗示了侦查人员出庭拥有"单向性说明"的特权。这是我国长期形成的警察特权，让警察出庭与刑事被告人对簿公堂，被认为是降低了警察的身份。[1]有鉴于此，2017 年"两院三部"《关于办理刑事案件严格排除非法证据若干问题的规定》（以下简称《严格排除非法证据规定》）对侦查办案人员出庭作证制度作了新的规定。①第 27 条规定："被告人及其辩护人申请人民法院通知侦查人员或者其他人员出庭，人民法院认为现有证据材料不能证明证据收集的合法性，确有必要通知上述人员出庭作证或者说明情况的，可以通知上述人员出庭。"该规定在我国司法文明史上第一次赋予了辩方申请法院通知侦查办案人员出庭作证的程序启动权，其法治意义在于维护了控辩平等。当然，在辩方申请法院通知侦查办案人员出庭的情况下，第 27 条仍然沿用了法院认为"确有必要通知上述人员出庭作证或者说明情况的，可以通知上述人员出庭"的规定，这是一个令人遗憾的缺陷。既然"确有必要通知"，合乎逻辑的规定该是法院"应当通知"，而不是"可以通知"上述人员出庭作证。就是说，法官在这个问题上的自由裁量权，应当被一项刚性的立法规定所取代，这才能维护辩方的诉讼权利。②第 27 条明确规定了侦查办案人员"出庭作证或者说明情况"。这里虽然还留下"说明情况"的尾巴，但已无足轻重，因为前文"出庭作证"已明确无误地将其出庭身份界定为证人。

第二，确立控辩双方平等的请求权。在证据合法性调查程序中，2012 年《刑事诉讼法》第 57 条第 2 款规定了侦查人员出庭的三种启动程序："现有证据材料不能证明证据收集的合法性的，人民检察院可以提请人民法院通知有关侦查人员或者其他人员出庭说明情况；人民法院可以通知有关侦查人员或者其他人员出庭说明情况。有关侦查人员或者其他人员也可以要求出庭说明情况。"本款规定了检察院提请的通知程序、法院通知程序、侦查人员要求程序，却偏偏没有赋予辩护方这种启动权，这违背了控辩双方权利平等的原则。这使庭审出现了以下尴尬局面：一方面，我国"侦查人员的出庭作证几乎都是由检察机关安排的，没有经辩护方单方申请法院传唤侦查人员出庭作证的

---

〔1〕 参见崔敏：《关于警察出庭作证的若干问题》，载《中国人民公安大学学报（社会科学版）》2005 年第 5 期。

情况"；〔1〕另一方面，"尽管越来越多的辩护律师都提出了排除非法证据的申请，并申请法庭通知侦查人员出庭作证，或者调取全案同步录像资料，但检察机关对此普遍予以拒绝，法庭对此也无可奈何。"〔2〕遗憾是，2018 年《刑事诉讼法》第 59 条第 2 款并未吸收 2017 年"两院三部"《严格排除非法证据规定》第 27 条关于"被告人及其辩护人申请人民法院通知侦查人员或者其他人员出庭"的规定。这表明，在申请侦查人员出庭的请求权上要实现控辩平等还需要一定的时间。

2. 控辩审三方互动的关键是检审关系

刑事诉讼程序带有竞争性，诉讼双方在相对被动的裁判者面前展开竞争，这是为了让双方充分举证、质证而使案件事实的认定更准确，减少冤假错案。"在职权主义国家，刑事诉讼程序基本上类似于一项官方调查，大部分程序活动是由官员们来推进的。而在当事人主义国家，刑事诉讼程序的原型是一场竞赛或纠纷，诉讼双方在一位相对被动的裁判者面前展开竞争，双方当事人主导着大部分的程序性活动"。〔3〕根据《刑事诉讼法》第 228 条："地方各级人民检察院认为本级人民法院第一审的判决、裁定确有错误的时候，应当向上一级人民法院提出抗诉。"在根据上述规定而形成的控辩审三方关系中，检察院办理自侦案件时同时拥有侦查权、检察权和法律监督权三重权力，可以随时"摇身一变"，从侦查机关和公诉机关变为法律监督机关而提起抗诉。这种自侦、自检、自抗的做法，不仅打破了控辩平等，而且凌驾于审判权之上，甚至在法庭竞赛中可以"打裁判"！这种检审关系如果不能改变，以审判为中心的诉讼制度改革就会落空。

另外，由于检察院将"无罪判决率"作为检察业务考评指标而导致抗诉权滥用的情况也值得研究。一些省级检察院把无罪判决划入"刑事错案"，而对基层检察院和检察官进行考评。与其他指标相比，对无罪判决扣分最高。例如，在审查逮捕和审查起诉时，宁夏回族自治区检察院、天津市检察院每

---

〔1〕 何家弘、梁坤：《对侦查人员出庭作证的实证研究》，载《人民检察》2010 年第 11 期。

〔2〕 参见陈瑞华：《论侦查人员的证人地位》，载《暨南学报（哲学社会科学版）》2012 年第 2 期。

〔3〕 ［美］米尔伊安·R·达玛什卡：《司法和国家权力的多种面孔——比较视野中的法律程序》，郑戈译，中国政法大学出版社 2004 年版，第 5 页。

人减 10 分，重庆市检察院每人扣 20 分，北京市检察院每出现 0.01% 减 10 分。[1]又如天津市检察院规定："逮捕后一审判决无罪的，每人减 10 分，经抗诉改判有罪的除外"。宁夏回族自治区检察院规定"无罪案件是指，起诉后法院判决无罪，提起公诉的检察院未提出抗诉；或者提出抗诉上一级检察院未予支持"。这种考评办法，无疑对检察院积极抗诉起了激励作用。只要抗诉，就有改判有罪的可能性。因此，抗诉似乎是一种必然选择，这导致一些检察院滥用抗诉权。然而，无罪推定是法治国家的一项诉讼原则，也是国际公约保护的基本人权。法院根据无罪推定和证据裁判等原则作出无罪判决的比率，是司法文明的一个重要标志。我国《刑事诉讼法》已将"尊重和保障人权"规定为我国刑事诉讼法的任务之一。因此，检察院把"无罪判决率"作为检察业务考评指标，既违背无罪推定的法治原则，也是检察权干扰审判权独立行使的一种表现。

在法律推理主客体的相互作用中，主体对客体的能动作用集中表现在，其主观要求本质上具有对象化的趋向。对象化是一种双向运动，一方面是使对象主体化、为主体所用；另一方面又使主体的要求客体化，改造客体、创造新的客体。这种相互作用在法律推理方法上体现得最为明显。许多推理方法是由法律推理主体创造出来用于认识客体的思维工具，其传递着主体对客体的认识和改造作用。

---

[1] 参见张保生、张晃榕：《检察业务考评与错案责任追究机制的完善》，载《中国刑事法杂志》2014 年第 4 期。

CHAPTER05　**第五章**

法律推理的一般方法

法律推理的方法是推理主体认识和把握客体的手段。它形成和完善于主客体的相互作用，又为主体探知客体提供了工具和途径，因而是联系主客体的"桥梁"。

一、法律推理方法的特征

（一）法律推理方法的性质

一般而言，法律推理的方法是主体在法律实践和认识活动中形成并运用的一类思维方法。

首先，从其形成来看，法律推理方法遵循着人类思维方法形成的共同规律。"在思维活动中似乎有某些反复显现的程序，依照这种程序思维总是能够达到一定的结果。当人们想再得到类似的思维结果时，便自觉地重复这样的程序。这种相对稳定的程序就是思维方法。"[1]在法律推理过程中，一定的推理活动与一定的结果之间反复显现出一些程序或路径，当主体认识到按照某种程序或路径总能达到一定的预期结果时，就会自觉地将其加以总结、提炼和概括，逐渐形成一套系统化、定型化的法律推理模式或方法。

其次，究竟有无所谓"独特的"法律推理方法，或者说，有没有仅供法律推理专用的方法？对这个问题，波斯纳总是表现出强烈的怀疑，并试图通过这种怀疑而否认法律推理作为一种特殊思维活动的存在。[2]这个问题实际

---

〔1〕　夏甄陶等主编：《思维世界导论——关于思维的认识论考察》，中国人民大学出版社 1992 年版，第 487 页。

〔2〕　参见［美］波斯纳：《法理学问题》，苏力译，中国政法大学出版社 1994 年版，第 1 页，第 114 页，第 572-573 页。

上是不值得穷究的。因为，所谓方法的独特性，如果是在唯一为我所用的意义上说，它可能只适用于某种实践活动或比较单纯的研究领域，前者如烹调方法、游戏方法；后者如数学方法。然而，像法律推理这样复杂的认识和实践领域，方法的综合性则非常明显。

因此，我们对待法律推理方法的态度是：第一，不把方法神秘化，不追求所谓独特性和体系化，而是认真梳理法律推理主体究竟使用着哪些方法。设想法官和律师们每天从事法律推理活动却不使用其方法，或者，设想他们会老老实实地使用法律推理"独特的"方法，都是荒谬可笑的。法律推理方法无非是主体认识和改造客体的思维操作规律在头脑中的主观生成，它们是一些实实在在的、拿来使用就可以取得一定思维成果的东西。第二，不把方法简单化。法律推理方法可能从体系上看不出有什么独特性，但是，不同思维方法在法律推理过程中的使用却有独特性，因为这些方法所解决的法律问题是独特的，推理主体将这些方法运用于具体推理活动时，必然要适应对象而改造原有的方法，使其产生各种变体。所以，关键是研究各种方法在法律推理活动中的使用特点。

（二）法律推理的逻辑方法和经验方法

法律推理方法是逻辑方法和经验方法的集合。逻辑是法律思维的重要工具。逻辑在法律推理中的作用主要表现在两个方面：第一，逻辑是法律推理的认识工具，遵循一定的逻辑路线，有助于高效完成事实认定和法律适用的任务。麦考密克说："既然法律推理是一种思维形式，那么它必须是合乎逻辑的才行，亦即它必须符合逻辑的规则，否则就是非理性的和自相矛盾的。"[1]第二，逻辑是公正司法的程序保障。逻辑规则对法律推理的确定性、一致性或一贯性具有保障作用。它要求法官始终如一、不具偏见地执行法律。总之，公正司法需要逻辑的力量和逻辑程序来加以保障。

然而，法律形式主义把三段论视为法律推理唯一可用的逻辑方法，造成了僵化和机械论的缺陷，同时也暴露了逻辑的作用具有如下局限性：第一，逻辑（主要是指三段论）在法律推理中的"功能只是表明某个推理过程是正确的而不是确立这一过程的结果的真理性。逻辑就像数学一样，它探讨的是

---

〔1〕［英］尼尔·麦考密克：《法律推理与法律理论》，姜峰译，法律出版社 2005 年版，第 38—39 页。

观念之间的关系而不是与事实的对应。而法律制度不能不关心经验真理的问题。"[1]第二，逻辑对简单案件法律推理的作用比较明显，而在面临多项法律规则选择的疑难案件中，逻辑并不能告诉法官应该选择或放弃哪一个，在这种情况下，法官必须借助于经验。

在法律推理中，逻辑的力量来自法律规则的确定性和推理过程的正确性。然而，规则不确定性的一面以及推理结论的真理性与逻辑方法之间的或然联系，大大削弱了逻辑在法律推理中的基础地位。因此，法学家们转而寻求法律推理另外的基础，正是在这个意义上，霍姆斯提出"法的生命不是逻辑，而是经验"[2]。

波斯纳在对逻辑和经验进行比较的基础上，强调了经验在法律推理中的如下作用：[3]其一，法官在面临多个法律规范时所进行的选择不是运用逻辑，而是运用价值判断。其二，即使存在唯一适用的规则，在适用法律的过程中也常常需要对该规则作出解释。解释的正确性不是一个逻辑的问题，解释不是一个逻辑的过程，而是一个理解人、实践和物理环境的问题。理解的形式取决于分享基本生活经验，关键是信息的发送者和接收者之间的社会距离和共同经验。但是，一个现代法官与宪法起草者没有相关的共同实践。其三，在疑难案件中由于无法将决定基于逻辑和科学，法官被迫退而依赖于被称为"实践理性"的非正式推理方法的"百宝箱"。律师和法官们是以实用简单的逻辑以及日常思考者所使用的各种实践推理的方法，来回答法律问题的。

历史上逻辑推理说和经验（实践）推理说的对立，产生于对法律推理前提的认识分歧：按照逻辑推理说，法律推理以规则为指导，必然呈现为逻辑演绎的过程；按照经验推理说，法律推理是以普遍原则为指导的，它采用的是效果探索的经验方法。在这个问题上，前者持一种"地图指导"观念，后者持一种"路线摸索"观念。"像奥斯丁和哈特那样的实证主义，遇到实际法律问题时，便会先用一般的法律观念（大地图）将法律问题分类，看其属于哪类法律范畴，然后再找具体法律（小地图），最后找到法律规定。如果法律

---

〔1〕　参见［美］波斯纳：《法理学问题》，苏力译，中国政法大学出版社1994年版，第69-71页。

〔2〕　See Oliver Wendell Holmes, *The Common Law*, Little, Brown and Company, 1923, p. 1.

〔3〕　参见［美］波斯纳：《法理学问题》，苏力译，中国政法大学出版社1994年版，第130-134页，第572-578页。

规定不能解决问题，便找类似规定或自由裁量解决。而德沃金虽然与其不同，但德沃金也是'地图式'的观念，即先在法律制度中抽象出一般法律原则，然后不断将原则具体化，最后推出解决问题的规定。这些'地图'式的法律观念的共同弊病是：假定可以找到一个统一的法律范畴或法律原则。然而，实际上可能并不存在这样的范畴或原则。"[1]就是说，有时可能没有地图，有时候可能找到的是两份不一样甚至互相矛盾的地图。如果是这样，人们又要先绘制一份地图才能解决实际问题，而在怎样绘制地图的问题上可能又会争论不休。在这种情况下，采取"路线摸索"的经验方法也许就是最佳选择了。这种路线摸索的方法，就是到现场去找到迷路者，凭经验和直觉带他尝试各种路线。

可见，"地图指导"的观念和"路线摸索"的观念各有利弊，也许只有把逻辑和经验结合起来才能找到更好的方法。博登海默正是基于这种认识，提出了逻辑和经验相结合的方法论思想。他指出："虽然演绎逻辑并不能解决法律秩序中最为棘手的问题，但是这并不意味着逻辑与经验之间的相互关系是对立或相背的。"如果我们不是完全无视非逻辑的社会复杂要素，也不把逻辑推理绝对化，那么，"逻辑和经验在行使司法职能过程中与其说是敌人，毋宁说是盟友"[2]。这种逻辑与经验结合说，为化解逻辑推理说和经验推理说的尖锐对立找到了一条道路，它把逻辑推理说中作为公正司法的重要工具而起作用的法治精神，与经验推理说中解决最为棘手的法律问题的灵活性结合起来，克服了前者把逻辑推理绝对化的倾向，同时，也避免了后者可能出现的不可知论危险。那么，把逻辑和经验结合起来的是一种什么力量呢？就是辩证推理方法。

要认识逻辑和经验在法律推理中的作用，需要将法律推理活动理解为一种体现了思维和实践高度统一的实践理性活动。黑格尔曾经说，实践的理念比"认识的理念更高，因为它不仅具有普遍的资格，而且具有绝对现实的资格"[3]。列宁说，这个观点"卓越的地方是：黑格尔通过人的实践的、合目的性的活动，接近于作为概念和客体的一致的'观念'，接近于作为真理的观

---

〔1〕 刘星：《法律是什么？》，广东旅游出版社1997年版，第291页。

〔2〕 ［美］E·博登海默：《法理学：法律哲学与法律方法》，邓正来译，中国政法大学出版社1998年版，第518页。

〔3〕 ［德］黑格尔：《逻辑学》（下卷），杨一之译，商务印书馆1976年版，第523页。

念。极其接近于下述这点：人以自己的实践证明自己的观念、概念、知识、科学的客观正确性。"[1]实践是一种体现人的主观能动性的客观活动，主体通过实践获得主观能动性，从而可以通过法律思维与实践相统一的法律推理，实现客体主体化和主体客体化之对象化统一的过程。这个过程不是"数学推理"[2]可以比拟的，它既要受思维逻辑的指导，又包含着通过社会实践从外部世界获得的经验内容。法律推理在本质上要求把逻辑和经验统一起来，在实际上也具有将二者在实践基础上统一起来的功能。

（三）形式推理和实质推理

休谟指出："一切推理可以分为两类：一类是证明的推理，亦即关于观念之间的关系的推理；另一类是或然的推理，亦即关于事实与实际存在的推理。"[3]这两类推理可以概括为形式推理和实质推理。

按照沈宗灵教授的观点，形式推理和实质推理方法有以下三点区别。[4]第一，形式推理一般是指形式逻辑的推理，即不是对思维实质内容而是仅对思维形式的推理。它有三种形式：演绎推理、归纳推理和类比推理。实质推理并不是指思维形式是否正确，而是关系到这种思维的实质内容如何确定的问题，按照亚里士多德的观点可称为辩证推理。第二，形式推理一般只适用于简单案件，实质推理则适用于复杂案件，它们有低级方法和高级方法的区别。第三，形式推理是一种形式逻辑思维，要求推理结果具有确定性、稳定性和可预测性，但在许多情况下容易出现实质内容的谬误；实质推理是非形式逻辑思维，要求根据一定的价值观来作出判断，具有一定的灵活性，但也为法官留下了滥用权力的空隙。

沈宗灵教授还论述了运用实质推理的五种情况：[5]（1）法律规定本身意

---

〔1〕［俄］列宁：《哲学笔记》，中共中央马克思 恩格斯 列宁 斯大林著作编译局译，人民出版社1974年版，第203-204页。

〔2〕即使数学推理也不能脱离经验内容。恩格斯在批评杜林关于纯数学可以先验地即不利用外部世界给我们提示的经验而从头脑中构思出来的观点时指出："在纯数学中悟性绝不能只处理自己的创造物和想象物。数和形的概念不是从其他地方，而是从现实世界中得来的。……甚至数学上各种数量的明显的相互导出，也并不证明它们先验的来源，而只是证明它们的合理的相互关系。"参见恩格斯：《反杜林论》，中共中央马克思 恩格斯 列宁 斯大林著作编译局译，人民出版社1970年版，第35页。

〔3〕［英］休谟：《人类理智研究》，IV.20-25，28-30，32，载北京大学哲学系外国哲学史教研室编译：《西方哲学原著选读》（上卷），商务印书馆1981年版，第524页。

〔4〕参见沈宗灵主编：《法理学研究》，上海人民出版社1990年版，第339-349页。

〔5〕参见沈宗灵主编：《法理学研究》，上海人民出版社1990年版，第346-347页。

义含糊不明且非属文字上而是实质内容的含糊时，需要进行不拘于文字的对法律规定的实质内容、法律的精神或价值观的解释。（2）在法律中对有关主题本身并无明文规定（由于事先未加规定，或者事后出现了难以预料的新情况），即出现了"法律空隙"，需要运用实质推理来加以填补。（3）法律规定本身可能有抵触。（4）法律中可能规定两种及以上可供执法者、司法者选择适用的条款。（5）出现了通常所说的"合法"与"合理"之间的矛盾，即某一行为或关系在法律上讲是合法的，但从经济、政治和伦理等角度讲却是不合理的；或者反过来，从法律上讲违法，但从其他角度讲却是合理的。在这些情况下，执法者、司法者在适用法律时显然已不可能运用形式推理，因为在这些情况下，或者是大前提含糊不明，或者是缺乏大前提，或者是原有大前提不合适，必须明确或另找一个大前提。这种思维活动就是实质推理。

沈宗灵教授认为，实质推理是根据一定的价值观来作出判断，包括：第一，通过司法机关对法律的精神进行解释（仅仅文字上的解释不能列入实质推理范畴）。第二，提出新判例，修改或推翻前判例。第三，通过衡平法来补充普通法。第四，根据正义、公平等法律、伦理意识来作出判断。第五，根据习惯、法理（权威性法学著作中所阐述的学理）来作出判断。第六，根据国家的政策或法律的一般原则来作出决定。在我国司法实践中，法律适用过程中的实质推理形式主要是司法机关对法律的精神进行解释，以及根据国家的政策或法律的一般原则来作出判断。[1]

一般而言，形式推理是形式逻辑推理方法在法律推理中的运用，它所体现的是一种分析性的思维方法；实质推理是辩证逻辑方法在法律推理中的运用，它所体现的是一种整体思维方法。然而，形式推理和实质推理的二分法毕竟过于简单，实际的法律推理过程也可能是形式推理和实质推理的混用。

（四）法律推理方法的分类

在法律推理实践中，某些方法的经常而广泛地使用，必然会由推理主体自觉或不自觉地将其定型化、规范化，以满足其使用简化的需要。法律推理方法定型化的一个后果是其为更多的个体所接受，甚至为一定的群体如法官、律师所公认，从而形成不同的法律推理类型。亚里士多德说："哲学的工作是证明的推理，反驳的工作是辩证的推理，论辩是争吵的推理，而辩谬的工作

---

[1] 参见沈宗灵主编：《法理学研究》，上海人民出版社 1990 年版，第 346-347 页。

则是导出矛盾的辩证推理。"〔1〕

从一定意义上说，法律推理之所以有不同的类型，是由于采用了不同的方法。从实际情况来看，法律推理方法总是综合运用的。例如，在司法审判中，法官和律师都不是简单、死板地固守一种推理方法如三段论，而是根据案件审判的需要，不断变换使用多种推理方法。

伯顿曾研究了类比推理和演绎推理的结合问题。他认为，"法律推理采取两种主要形式，一种是类比推理，另一种是演绎推理。"〔2〕法律推理的演绎形式和类比形式，在由普通法和制定法两者支配的案件中可以相互结合。在法律实践中，律师更不会受某种法律推理方法的束缚，好律师也通过演绎方法使用普通法规则，并通过从案件和其他基点出发的类比推理适用制定法规则。〔3〕因此，所谓法律推理方法类型化，不过是一种旨在满足对它们的特点进行研究所需要的思维抽象或主观分类法，实际上，各种推理方法的划分都具有相对性。

从形式推理和实质推理性质上的区别出发，我们将非逻辑的法律推理方法大都归入实质推理加以论述，以体现实质推理（在亚里士多德意义上）的辩证性和价值取向；在形式推理中，从推理结果的确定性、稳定性和可预测性特点考虑，除逻辑方法外，只保留了自然科学方法。

鉴于形式推理和实质推理的二分法对于考察法律推理的类型显得过于笼统，在此基础上，我们进一步将其分为四类、七属、15 种。

二分：形式推理、实质推理。

四类：逻辑方法、科学方法、哲学方法和经验方法。

七属：将逻辑方法分为 2 属：传统逻辑方法和现代逻辑方法；将科学方法分为 2 属：自然科学方法和社会科学方法；将哲学方法分为 2 属：辩证逻辑方法和因果关系方法；经验方法以实践理性方法命名，自成一属。

15 种法律推理方法及其归属是：

（1）演绎推理，（2）归纳推理，（3）准演绎推理，（4）溯因推理，属传

〔1〕 苗力田主编：《亚里士多德全集》（第一卷），中国人民大学出版社 1990 年版，第 541 页。

〔2〕 ［美］史蒂文·J. 伯顿：《法律和法律推理导论》，张志铭、解兴权译，中国政法大学出版社 1998 年版，第 30 页。

〔3〕 参见［美］史蒂文·J. 伯顿：《法律和法律推理导论》，张志铭、解兴权译，中国政法大学出版社 1998 年版，第 95 页，第 70 页。

统逻辑方法；

（5）模糊推理和（6）概率论推理，属现代逻辑方法；

（7）科学推理，属自然科学方法；

（8）经济分析推理和（9）法律解释推理和（10）社会心理推理，属社会科学方法；

（11）辩证推理属辩证逻辑方法；

（12）因果推理属因果关系方法；

（13）常识推理、（14）直觉推理和（15）类比推理，属实践理性方法。

表 5.1：法律推理方法分类表

类	属		种	逻辑特征
形式推理	逻辑方法	传统逻辑方法	演绎推理	从一般（全称判断）到特殊
			归纳推理	从特殊到一般
			准演绎推理	从一般（非全称判断）到特殊
			溯因推理	由果推因
		现代逻辑方法	概率论推理	从概率知识归纳或演绎出概然结论
			模糊推理	从模糊命题归纳或演绎出模糊结论
实质推理	科学方法	自然科学方法	科学推理	从假说到证伪
		社会科学方法	经济分析推理	从效益原则推出最佳效益结论
			社会心理推理	从主体行为推出其心理动机和意图
			法律解释推理	从法律规则推出法律原则
	哲学方法	辩证逻辑方法	辩证推理	矛盾分析法
		因果关系方法	因果推理	从行为结果回溯原因并推出责任
	经验方法	实践理性方法	常识推理	从已知常识推出未知的结论
			直觉推理	从自明性规则推出大致正确的结论（从结论到前提）
			类比推理	从特殊到特殊的推理

对上述分类法需作如下两点说明：第一，辩证逻辑的推理方法虽然冠以"逻辑"之名，却并无形式推理性质，所以不能归入逻辑方法属，而将它归入

哲学方法。第二，类比推理被波斯纳等人视为实践理性的方法，而不是形式逻辑推理方法，这是很有见地的。类比推理作为一般的推理方法，因具有从特殊到特殊的逻辑形式，长期以来被人们认为是形式逻辑的推理方法。但通过考察确实发现，法律推理中的类比方法主要不是逻辑推理，而是经验推理或价值推理，应该属于实质推理的范畴。尽管严格地说，类比推理兼有形式推理和实质推理的双重特性，但从分类的唯一性考虑，还是将其归入实质推理的经验方法，待作具体分析时再考察其二重性问题。详见表 5.1：法律推理方法分类表。

二、法律推理的逻辑方法

（一）演绎推理

1. 演绎推理的特点

演绎推理（deductive reasoning）在亚里士多德那里属于必然推理范畴，是一种从前提中得出必然结论的推理（"必然是"）。它的推理路线是从一般到特殊，因此，演绎推理的第一步就是识别一个相关的大前提，作为推理的起点。最普通的是三段论方法，其逻辑形式是："所有 A 是 B，C 是 A；因此，C 是 B。"这种形式换上其他内容仍然会保持同样有效的效果。人们常举的一个例子：

所有的人终有一死（大前提），

苏格拉底是人（小前提）；

所以，苏格拉底终有一死（结论）。

演绎的法律推理常常由于其简单和直接而为人们所轻视，被轻蔑地称为"规则加事实产生结论"（R+F＝C）。但实际上，任何正常的思维都不能违反形式逻辑，法律思维同样如此。

2. 演绎推理在法律推理中的作用

演绎法在法律推理中发挥着重要作用：（1）三段论推理虽然简单，但运用这种推理从有关前提中得出的逻辑结论在形式上是无懈可击的，因此它为解决法律问题提供了一种有效的方法。亚里士多德说，"三段论是一种论证，其中只要确定某些论断，某些异于它们的事物便可以必然地从如此确定的论断中推出。所谓'如此确定的论断'，我的意思是指结论通过它们而得出的东西，就是说，不需要其他任何词项就可以得出必然的结论。"[1]演绎的法律推理的基本特点是，"法院有可以适用的法律规则和原则（大前提），通过审理确定的、可以归入该规则或原则的案件事实（小前提），由此法院可以作出判决（结论）。"[2]因此，黑格尔把审判行为称作"法律对个别事件的适用"[3]。在演绎推理中，联系大小前提的是一个"共同概念"，如刑法中的"罪名"或"要件"，就起着把法律规定和犯罪事实联系起来的中介作用。

（2）三段论推理是公正执法的重要思维工具，它可以使判决更具有确定性，起着维护法治的"过滤器"作用。博登海默认为，"法官有责任按照某一明显应适用于一个诉讼案件的法律规则来审判该案件。在这种性质的情形中，形式逻辑是作为平等、公正执法的重要工具而起作用的。它要求法官始终如一地和不具偏见地执行法律命令。例如，如果有一条法规规定对政府官员行贿受贿进行惩罚，而且某个人已被确定采取了这种行贿受贿的行为，那么法官或陪审团就应当得出三段论逻辑所要求的必然结论，而且还应当制止用偏见或其他无关的考虑来解决该案件。"[4]在适合使用三段论推理的情况下却弃之不用，就会损害法律的稳定性和一贯性，破坏法治原则。因此，形式逻辑在法律推理中的作用不可否定。

3. 演绎推理的局限性

演绎推理的局限性主要表现在两个方面：一是方法简单性与法律问题复杂性的矛盾，决定了它只能在处理简单案件中发挥作用。

作为一种必然推理方法，演绎推理的特点在于：结论是包含在前提中并从中必然引出的。大小前提好像是一个箱子（所有 A 是 B，C 是 A;），结论（C 是 B）是这个箱子里唯一有的东西，因此当我们把结论从箱子里拿出来的时候，给人的感觉好像是"只不过拿出了我们先放进去的东西"[5]。实际上，许多案件并不是这么容易就能放进演绎推理前提箱子的。在疑难案件中，

〔1〕 苗力田主编：《亚里士多德全集》（第一卷），中国人民大学出版社 1990 年版，第 84-85 页。

〔2〕 张文显：《二十世纪西方方法哲学思潮研究》，法律出版社 1996 年版，第 16 页。

〔3〕 ［德］黑格尔：《法哲学原理》，范扬、张企泰译，商务印书馆 1961 年版，第 233 页。

〔4〕 ［美］E·博登海默：《法理学：法律哲学与法律方法》，邓正来译，中国政法大学出版社 1998 年版，第 517-518 页。

〔5〕 ［美］波斯纳：《法理学问题》，苏力译，中国政法大学出版社 1994 年版，第 49 页。

要么是因为规则为复数而产生出选择箱子的问题，由于演绎推理不能为这种选择提供什么帮助，需要法官运用价值判断；要么是法律规范模糊不清需要法官解释，这类似于在没有箱子的情况下要制造箱子，只有等到新箱子造好后才能进行演绎推理。所以，博登海默说："形式逻辑在解决法律问题时只具有相对有限的作用。当一条制定法规则或法官制定的规则——其含义明确或为一个早先的权威性解释所阐明——对审判该案件的法院具有拘束力时，它就具有了演绎推理工具的作用。但是另一方面，当法院在解释法规的词语、承认其命令具有某些例外、扩大或限制某一法官制定的规则的适用范围或废弃这种规则等方面具有某种程度的自由裁量权时，三段论逻辑方法在解决这些问题时就不具有多大作用了。"〔1〕

麦考密克用莱维斯法官在丹尼斯夫妇诉 R. 怀特及其儿子塔波德一案中所作的判决为例，论证了纯粹的演绎推理在证明一个司法决定的正当性方面何以可能的问题。该案中，酒店老板塔波德夫人卖给丹尼斯夫妇一瓶碳酸柠檬饮料，应承担 1893 年货物销售法 14 条第 2 款 "要求销售者承担的" 货物不应不符合 "销售品质量" 的责任。在这里，大前提是一个法律制度中的不容质辩的规则，小前提是一个已证明的事实真相（销售的货物有瑕疵），结论是法院的裁定（销售的货物不符合质量标准）。该判决的正当性纯粹是由演绎推理、保证接受制度认可的规则的规范性假定所证明了的。因此，麦考密克说："演绎性证明乃是作出法律判决的一种可能的法律论证方式。"〔2〕然而，在大多数存在着法律争议的案件中，运用演绎推理会遇到困难。因为，并非所有法律规则都有明确的含义。演绎推理在某些问题上的无能为力，促使他研究这样一个问题："当演绎性推理并不能为判决结论提供充足的证明时，该结论如何证成？"〔3〕要消除规则含义的模糊性，会遇到规则的 "相关" "解释" 和 "分类" 问题。推理在这三种问题中的关系是，按正规审判的要求形成限制，以及按一贯性和一致性的要求实现限制。在这些限制中，推理是结果论的：

---

〔1〕［美］E·博登海默：《法理学：法律哲学与法律方法》，邓正来译，中国政法大学出版社 1998 年版，第 517 页。

〔2〕 See Neil MacCormick, *Legal Reasoning and Legal Theory*, Oxford University Press, with corrections 1994, pp. 21-23.

〔3〕［英］尼尔·麦考密克：《法律推理与法律理论》，姜峰译，法律出版社 2005 年版，第 49 页。

在没有现成法律规则的情况下，只要它是由法律原则中引出并相关的法律规则，或者是由类比推理产生的法律规则，它们就都成为法律所允许的结果。当然，在运用这些新创造的规则来进行推理时，还必须符合一致性要求，即新规则不能和制度中的其他规则冲突。

演绎推理的第二个局限性是：在大小前提都虚假或其中之一虚假的情况下，其结论却可能是真实的。这是它被诟病最多的缺陷。因为，人们从中看不到逻辑的力量了。先看小前提虚假的情况。例如：

> 所有的人终有一死（大前提），
> 苏格拉底是人（小前提）；
> 所以，苏格拉底终有一死（结论）。

在上面这个例子中，小前提可能是假的（苏格拉底不是人，而是一条狗），但结论却是正确的。再看大小前提都虚假的情况。例如，

> 所有的斯巴达人都是聪明的，
> 苏格拉底是斯巴达人；
> 所以，苏格拉底是聪明的。

这里的大小前提都是假的，结论却是真的。那么，人们自然要问：结论与前提到底还有没有必然联系呢？伯顿说："一个三段论不管表面上看起来多么具有逻辑性，实际上它不过是其大小前提及大小前提的逻辑关系而已。虽然有效性在法律推理中是必需的，但就法律推理本身而言，有效性的重要程度是微末的。"[1]可见，三段论的有效性主要不取决于推理的逻辑形式，而是取决于推理内容即大小前提的真实性。演绎推理大小前提的真实性需要推理者自己去发现。在后面的论述中我们会看到，发现大前提的法律解释推理令研究者们感到头痛，因为它主要依靠价值判断和政策分析，逻辑在其中几乎不起作用；而发现事实真相的经验推论则完全不是一个逻辑问题。关于逻辑方法的局限性，库恩曾指出，"逻辑尽管是科学探索有力的、最后总是不可缺

---

〔1〕 ［美］史蒂文·J. 伯顿：《法律和法律推理导论》，张志铭、解兴权译，中国政法大学出版社1998年版，第54页。

少的工具，但人们也有某种可靠知识在形式上并不需要逻辑。同时我还要提示，逻辑证明的价值并不是为了逻辑本身，只是在条件需要而且需要到一定程度时才有。"[1]

演绎推理的逻辑错误也会产生错误的结论。例如，通常所说的"四概念错误"（大前提中的人是集合概念，小前提中的人是个别概念）的情况：

人的认识能力是无限的（大前提），
王某是人（小前提）；
王某的认识能力是无限的（结论）。

（二）归纳推理

1. 归纳推理在法律推理中的应用

严格地说，只有演绎推理才是传统逻辑的推理方法，它代表着人们对法律推理的传统看法，即认为法律推理就是演绎推理。所以，在很长的时间内，人们并不承认归纳推理（inductive reasoning）是法律推理的一种有效方法。归纳推理在许多法学论著中没有得到应有的重视，原因就在于人们普遍认为法律推理所需要的是证明逻辑而不是发现逻辑。从归纳推理是"由特殊观察事例导出一般原理的推理方法"[2]的性质来看，它确实具有发现逻辑的明显特征。

法律推理在哪些情况下用得着这种发现逻辑呢？在适用法律的一些情形中，"法官会发现没有任何法规或其他既定规则可以指导他的审判工作，但他却能够在对一系列具有先例价值的早期判例所进行的比较中推论出可能适用的规则或原则。如果发生这种情况，那么我们就可以说，法官是运用归纳推理方法从特殊事例中推论一般性规则。"[3]"法官在没有法律规则作为他的审判依据时，他从一系列以往判决的比较中推理出有关的一般规则或原则。"[4]解释推理主要是运用归纳推理的方法。

---

〔1〕　［美］托马斯·S. 库恩：《必要的张力：科学的传统和变革论文选》，纪树立等译，福建人民出版社 1981 年版，第 281 页。

〔2〕　崔清田主编：《今日逻辑科学》，天津教育出版社 1990 年版，第 220 页。

〔3〕　［美］E·博登海默：《法理学：法律哲学与法律方法》，邓正来译，中国政法大学出版社 1998 年版，第 513 页。

〔4〕　张文显主编：《法理学》，法律出版社 1997 年版，第 383 页。

从发生学上说，发现逻辑应该先于证明逻辑而存在，归纳推理先于演绎推理而存在，因为演绎推理大前提是由归纳推理发现并提供的。从逻辑与历史相统一的观点看，法律推理的典型逻辑形式虽然是演绎推理，但其实际操作却不遵循先大前提、后小前提的顺序，而是先通过事实认定（主要是运用归纳法的证据推理）去发现小前提，然后，再根据所认定的事实真相去检索大前提。在审判中，由于事实认定者与事实客体之间没有任何直接联系，不能像证人那样亲眼看到案件中发生的事情，只能通过证据对过去事实发生之可能性进行推论。这是一个由证据到推断性事实、再到要件事实，最后与实体法要件联系起来的归纳推理过程。[1]显然，准确的事实认定是正确适用法律的前提，如果小前提虚假，法律检索必然出错，演绎推理就会误入歧途。从适用法律的推理过程来看，归纳推理的运用也往往在演绎推理之前。培根认为，英国法律就包含根据个案的习惯法判断以归纳方式建立法律规则或准则。[2]博登海默也说："一旦法官心中形成了他认为早期案例中所包含的规则，他就会用演绎推理的方法把此项规则适用于他所受理的诉讼案中的事实之上。"[3]

归纳推理的基本逻辑形式是：

A1 是 B，A2 是 B，A3 是 B……An 是 B；
所以，一切 A 都是 B。

显然，归纳推理的结论包含了前提中所未给出的 A 的某些知识。

2. 归纳推理的局限性

归纳推理的局限性主要表现在两个方面：第一，归纳法在证据推理中可能提供两个甚至更多的互相排斥却都具有一定合理性的概括。由此，法官则面临着证据推理过程中概括选择困难：在审判过程中，法官个体知识库作为一种经验智慧，是理解证据、选择概括的基础。"事实认定者都是带着已有的

〔1〕 参见［美］罗纳德·J. 艾伦等：《证据法：文本、问题和案例》，张保生等译，高等教育出版社 2006 年版，第 143 页。

〔2〕 参见［英］L. 乔纳森·科恩：《理性的对话——分析哲学的分析》，邱仁宗译，社会科学文献出版社 1998 年版，第 77 页。

〔3〕 ［美］E·博登海默：《法理学：法律哲学与法律方法》，邓正来译，中国政法大学出版社 1998 年版，第 513-514 页。

知识体系、信念以及推理方式进入审判程序，而这恰恰是快捷、高效交流的前提。"[1]然而，在"谁的孩子"之争中，[2]两个女人对国王要将孩子劈成两半的命令反应完全不同，一个哀求他留下孩子的命，另一个却要劈了孩子。面对这些证据，国王依据天下母爱"虎毒不食子"的概括进行推论，得出了谁是孩子生母的正确结论。但在"谁杀了武则天女儿"这桩历史谜案中，[3]高宗同样运用"虎毒不食子"作为概括进行证据推论，却得出"后杀吾女"的错误结论。这再一次提醒我们记住特文宁的名言：概括之于证据推理，必要却危险。[4]概括的这种双重性，决定了归纳推理结论的盖然性。

第二是归纳法在确定法律推理大前提时常常遇到两难处境：一是在许多判例中发现许多可能适用的一般规则时，不能确定选择哪一规则最好；二是在许多判例中发现一种普遍适用的一般规则时，仍然不能确定将这种规则适用于当前的案件是否最好，因为"十件案件都是以一种方式定了案不能证明下一个案件也应当以同样的方式来决定，而且下一个案件肯定不会与任何先前案件在各个方面都完全相同。"[5]由于归纳推理不可能以对某类事物或现象的全部考察为前提，所以它是一种或然推理，其结论具有盖然性。

对上述局限性，休谟就提出任何归纳都无法得到该如何如何的结论。[6]波斯纳进一步指出："运用归纳从案件中引出的原则留下一个'是'和'应当'间的鸿沟。"[7]科恩说："归纳支持是一个程度问题，不是绝对的成就。""就归纳推理而言，我们在哲学中和科学中都应该是可错论者。"[8]因为归纳外推总不能从其论据获得充分支持，总是存在着众多相似的但又有差别的案

---

〔1〕［美］罗纳德·J. 艾伦：《专家证言的概念性挑战》，汪诸豪译，载《证据科学》2014年第1期。

〔2〕参见《圣经·列王纪上》3：16-28，"所罗门审断疑案"，中国基督教协会版。

〔3〕参见《新唐书·武则天传》。

〔4〕参见［美］特伦斯·安德森、戴维·舒姆、［英］威廉·特文宁：《证据分析》，张保生等译，中国人民大学出版社2012年版，第346页。

〔5〕［美］波斯纳：《法理学问题》，苏力译，中国政法大学出版社1994年版，第114页。

〔6〕参见［英］休谟：《人类理智研究》，北京大学哲学系外国哲学史教研室编译：《西方哲学原著选读》（上卷），商务印书馆1981年版，第527页。

〔7〕［美］波斯纳：《法理学问题》，苏力译，中国政法大学出版社1994年版，第20页。

〔8〕［英］L. 乔纳森·科恩：《理性的对话——分析哲学的分析》，邱仁宗译，社会科学文献出版社1998年版，第78页，第119页。

例，法官要从这些案例中推出法院判决所依据的法律规则，就必须从遍及所有相似案例的特点中挑出那些被认为与类比或概括有关的特点。"缩小这种选择范围和为这种选择辩护的唯一方法是，根据先前的约束进行演绎，依据以前确定的知识和政策，如对可接受的术语和内容的限制，对简单性的具体标准的承诺，或注意某些实用的、评价性的或本体论的考虑。"[1]

归纳推理本身的局限性，与人们在法律推理中被这种局限性误导而得出错误结论是两回事。霍姆斯曾指出，法律形式主义在运用归纳推理时存在的一个问题是：把归纳所需要的原始资料看作不含时代因素、没有时间和历史的抽象的东西，把从中归纳出的法律原则视为欧氏几何那样的僵化定理。波斯纳认为，造成这种情况的原因，在于"形式主义的归纳来自司法判决而不是来自社会生活的问题和实践"。[2]这些思想都是深刻的。在运用归纳推理解释判例或成文法的过程中，确实有一个忠实原意和发展创新的问题。因为判例和成文法总是一定历史条件下的产物，是那个时期人们对法律概念的暂时表述，今天的法官如果不能根据法律颁布后实践的发展来认识立法目的，即把立法目的理解为不仅是原先制定该法律的目的还包括该法律在当前的需要，就可能归纳出僵化的法律规则或原则。

帕顿（Paton）认为，归纳方法实际上常常作为演绎推理的一种补充理论，法官如果不能从一般的规则开始，他就必须转向有关的判例，去发现判例中包含的一般规则。两种方法的明显区别是大前提的来源不同：归纳法将大前提归于从特殊案例中所得到的发现，而演绎法则把这种发现视为既定的东西。[3]显然，人们在运用演绎推理时一般可以不考虑其大前提的来源，但是，当大前提的存在成为问题时，就需要通过归纳推理来为演绎推理发现大前提。而在大前提发现之后，归纳推理就要让位于演绎推理。这说明，归纳推理和演绎推理是互补的。

（三）准演绎推理

准演绎推理（quasi-deductive reasoning）不同于演绎推理，只是具有演绎

---

〔1〕 ［英］L. 乔纳森·科恩：《理性的对话——分析哲学的分析》，邱仁宗译，社会科学文献出版社 1998 年版，第 127 页。

〔2〕 ［美］波斯纳：《法理学问题》，苏力译，中国政法大学出版社 1994 年版，第 20 页。

〔3〕 See Kent Sinclair, "Legal Reasoning: in Search of an Adequate Theory of Argument", *California Law Review*, Vol. 59, No. 3., 1971, pp. 821–858.

推理的外观。二者的区别在于，演绎推理的大前提是从特殊到一般之归纳推理得出的全称判断，如"所有的人终有一死"；准演绎推理的大前提则是从特殊到一般之归纳推理得出的非全称判断，如"虎毒不食子"的概括。在威格莫尔看来，归纳推理"都能被转换并被陈述为演绎形式。"[1]由于归纳推理一般并未穷尽所有可能，即未能断定事物的全部情况，故转换后的形式不是一般意义上（大前提为全称判断）的演绎推理，而是"依赖远低于确定性的概括"[2]的准演绎推理。

准演绎推理的逻辑结构可以表述为：

一般情况下，如果 P 则 Q；

P；

所以 Q。

准演绎推理与归纳推理相结合，构成了事实认定的主要推理形式。"在分析某一特定量的证据数据和某一待证主张之间的关系时，推理的主要方式也许是归纳法，但对那些关系的有效分析要求应用一种准演绎推理方式。"[3]

◇ **案例 5.1：人民诉詹森案**[4]

被告詹森是一位服刑犯，因包裹收取问题，他以早餐后扣留餐盘的违规行为而要求见一位领班警官，争端由此发生。检控方指控其殴打狱警。辩方证人证言则支持正当防卫之辩。

在上述案例中，辩方提出一个证据："狱警在牢门打开前就戴着防护手套"。运用这个证据的归纳推论链条如下：

---

〔1〕 See John Henry Wigmore, *The Science of Judicial Proof, third edition*, Little Brown&Company, 1937, p. 21.

〔2〕 ［美］特伦斯·安德森、戴维·舒姆、［英］威廉·特文宁：《证据分析》，张保生等译，中国人民大学出版社 2012 年版，第 132 页。

〔3〕 ［美］特伦斯·安德森、戴维·舒姆、［英］威廉·特文宁：《证据分析》，张保生等译，中国人民大学出版社 2012 年版，第 129 页。

〔4〕 参见 ［美］罗纳德·J. 艾伦等：《证据法：文本、问题和案例》，张保生等译，高等教育出版社 2006 年版，第一章。

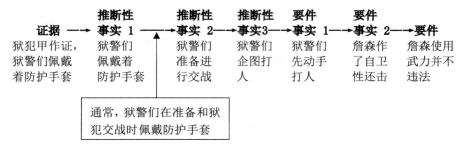

图 5.1　辩方正当防卫之辩的归纳推理链条

在图 5.1 中，"狱警们佩戴着防护手套"的证言，经过推断性事实 1-3，与本案"要件事实"（1. 狱警们先动手打人；2. 詹森作了自卫性还击）联系起来。狱警们收餐盘时本不应该佩戴防护手套，而他们却戴了，这证明他们想挑起战斗。当然，狱警们也许有其他理由需要戴防护手套，这个证言对证明他们先动手打人并非充足证据，而只是有助于证明狱警们先动手打人的相关证据。

事实认定的归纳推理性质，在图 5.1 的推论链条中得到充分体现。在图 5.2 特文宁教授等人归纳推论链条中，待证事实被分为中间、次终和最终待证事实等不同层级。从法律推理的逻辑结构看，最终待证事实（ultimate probandum）是指，"证据提出者（承担证明责任方）必须证实或否定的事实主张。若将规制案件的法律规则视为大前提，最终待证事实就是小前提"。[1]

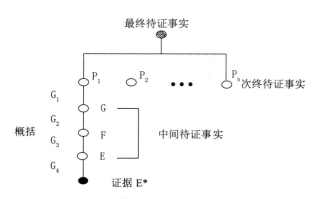

图 5.2　待证事实在归纳推理链条中的层级

---

［1］　以下参见［美］特伦斯·安德森、戴维·舒姆、［英］威廉·特文宁：《证据分析》，张保生等译，中国人民大学出版社 2012 年版，第 79-82 页，第 495-499 页。

在图 5.2 中，E*代表证据，事实认定者只能在一定程度上从该证据推断事件 E 确实发生了。最终待证事实是检控方必须按确信无疑标准证明其为真实的所有要件事实（次终待证事实）。"通过命题 E、F 和 G 指示的一系列推理链条，连接证据 E*与次终待证事实 P_1。"其中，概括（G1……G4），与推理链条中的每一环节相联系。这些概括为每一个推理环节提供了正当理由。

一个证据对要件事实的证明有无相关性或者有多大证明力，一般并不能由立法者预先设定一套规则来套用，而只能由事实认定者（法官或陪审团）依据塞耶所说的"逻辑和一般经验"[1]来判断。这决定了事实认定是一个归纳推理过程。[2]归纳推理的称谓，揭示了事实认定的本质，它主要源自"概括"（generalization）。西奇威克早在 1884 年就意识到这一点，他说："既然我们从事实到事实的推论取决于我们关于事实和事实之间联系之一般规则的信念，取决于我们关于自然界事物发生方式的概括，那么，对推论的批判本身就演变为对概括的批判。"[3]

特文宁教授等"对概括的批判"，集中体现在其《证据分析》一书第十章"必要却危险"[4]的标题上：一曰必要，即归纳推理离不开概括；二曰危险，因为在社会"知识库"中，从科学定律到成见、偏见，不同概括有不同的可靠性等级。事实认定者依据可靠性程度不同的概括进行归纳推理，就决定了其结论的盖然性。

按照宾德教授和伯格曼教授的说法："我们大家都……已经积累了关于人物和事物在我们社会中一般行为方式之普遍持有的观念的巨大知识库。从这个知识库中，人们对典型行为可以进行概括。反过来，这种概括又成为使我能够把特定证据与人们希望证明的一个因素联系起来的前提。"[5]在事实认定

---

〔1〕　参见［美］罗纳德·J. 艾伦等：《证据法：文本、问题和案例》，张保生等译，高等教育出版社 2006 年版，第 151-152 页。

〔2〕　参见［美］罗纳德·J. 艾伦等：《证据法：文本、问题和案例》，张保生等译，高等教育出版社 2006 年版，第 143 页。

〔3〕　Henry Sidgwick（1884, 9），转引自［美］特伦斯·安德森、戴维·舒姆、［英］威廉·特文宁：《证据分析》，张保生等译，中国人民大学出版社 2012 年版，第 346 页。

〔4〕　参见［美］特伦斯·安德森、戴维·舒姆、［英］威廉·特文宁：《证据分析》，张保生等译，中国人民大学出版社 2012 年版，第 346-379 页。

〔5〕　See David A. Binder, Paul Bergman, *Fact Investigation：From Hypothesis to Proof*（*American Casebook Series*），West Publishing Company，1984，p. 85.

过程中，一个概括虽然不能"证明"一个推论是真实的，但它对法官或事实认定者判断一个推论的合理性会产生重要影响。例如，图 5.1 中的概括"通常，狱警们在准备和狱犯交战时佩戴防护手套"，可能成为如下图 5.3 中三段论推理的大前提：

大前提：狱警们在准备和狱犯交战时通常佩戴防护手套（概括）；
小前提：狱警们在詹森的牢门打开前就佩戴着防护手套（证据）；

结论：狱警们准备进行交战。

图 5.3　概括成为三段论推理大前提

如果法官认为"狱警们在准备和狱犯交战时通常佩戴防护手套"确实是一个基于常识的合理概括，便可从常人观点将其视为相关证据而采纳；如果法官对这个概括的合理性表示怀疑，便可质疑：带个防护手套就是要打人吗？并要求其提供进一步的证据来加以证明。

无论是从证据到推断性事实、要件事实和要件（图 5.1）的归纳推理链条中，还是从证据到中间待证事实、次终待证事实和最终待证事实（图 5.2）的归纳推理链条中，每一步推论都需要以概括为基础，从而塑造了证据推理之归纳推理的基本逻辑形式。然而，在一个概括的基础上继续进行下一步推论，如在图 5.3 中，依据"狱警们在准备和狱犯交战时通常佩戴防护手套"这个概括，得出狱警们准备进行交战的推断性事实，实际上就是一个准演绎过程。从准演绎推理的角度来看，证据推理也可以看作是一个"以概括为大前提、以证据为小前提、以推断性事实为结论"的准演绎推理过程。

当然，准演绎推理的逻辑形式，并不能掩盖证据推理由于其归纳推理基本逻辑形式而决定的经验推论本质。在微观形式上，证据推理可以分解为一个个归纳推理和一个个准演绎推理，或者说，证据推理是一个个归纳推理套着一个个准演绎推理，因而是归纳推理与准演绎推理交错进行或使用的。

（四）溯因推理

溯因推理（abductive reasoning）是从结果寻求原因，需要对结果的生成进行解释。19 世纪初，皮尔斯为阐明科学发现的方法之可能、过程之合理而创造了"溯因"概念。他提出，科学研究的阶段分别对应三种不同方法：通过溯因以构成和发现新的假设→从假设演绎出可检验的命题→通过归纳和实验来使演绎合理化。所以，"溯因推理断言结论为真仅仅是怀疑性的或猜测性的"[1]，"有解释性的"[2]。溯因推理又称设证推理，是指从已知情况出发，通过提出、检验假设来认识其发生原因、情况的推理方式。

与归纳和演绎分别起着形成规则和证实的作用相比，溯因则在解释说明：科学观念都是通过回溯方式而产生的，并可从中演绎出关于事实的论断。归纳推理只是测量观念与事实一致的程度，它从未能够创造任何观念；演绎模式也不能创造任何观念；然而，溯因在于研究事实并创造一种理论来解释这些事实，因为要完全理解事物，就必定要运用这种外推的方法。[3]

溯因推理的逻辑形式为：

令人震惊的事件 A 已经发生

如果 H 为真，A 将伴随为真

有理由相信 H 可能为真。

溯因推理的作用在于假设一些情况下，H 若为真，事件 A 会发生。根据现象 A，则可推出 H 可能发生。这种推理是通过已有数据信息来回溯性地认知过去发生的事件，形成关于事件的假设，因而具有创造性。

溯因推理还包含对假设的比较和选择，从中选择最佳解释。性质上相似为溯因推理在事实认定中的运用提供了基础。在马格纳尼（Lorenzo Magnani）看来，"溯因"的认识论意义在于，其产生的假说只是"可能的"；除了形成可能的假说外，溯因也要评价假说，在对同一事实进行解释的各假说中择优取一，[4]寻求"最佳解释"。因此，解释成为溯因的核心概念。关于溯因推理与最佳解释推论（IBE）的关系，学者们一般认为，皮尔斯的溯因推理正是IBE 的一种未充分发展的阐述。在众多解释中选择最佳解释的途径有两种，其推理形式如下：

---

　[1]　See C S. Peirce, *Collected Papers of Charles Sanders Peirce Vol. V*, Harvard University Press, 1934, p. 189.

　[2]　See C S. Peirce, *Collected Papers of Charles Sanders Peirce Vol. V*, Harvard University Press, 1934, p. 602.

　[3]　参见［美］N. R. 汉森：《发现的模式》，邢新力、周沛译，中国国际广播出版社 1988 年版，第 93 页。

　[4]　See C S. Peirce, *Collected Papers of Charles Sanders Peirce Vol. VI*, Harvard University Press, 1935, p. 525.

观察到线索 E*；

G_1：如果 H 是真的，那么事件 E 可能发生；

G_2：如果 J 是真的，那么事件 E 可能发生；

G_3：如果 K 是真的，那么事件 E 可能发生；

其一，如果 J、K 本身不够合理，不能说明 E 的发生，而解释 H 是合理的，则 H 成为对事件 E 的最佳解释。这是通过否定其他解释，保留唯一似真的解释来确定的。

其二，如果解释 H、J、K 中有两个以上的解释是合理的，则需进一步分析和比较。分析其中是否有不合理的成分，若能够确定只有一个是合理的，则类似于第一种情况。若都是合理的，则需进一步分析何种解释能更好地解释现有证据。

1958 年，汉森《发现的模式》一书发展了溯因推理概念。"发现模式"推理形式可表示为：令人惊讶的现象 P_1、P_2、P_3…被观察到→发现一个能解释 P_1、P_2、P_3…产生原因的假说 H→因此有理由推出假说 H。[1]

◇ 案例 5.2：奇怪的民航学校学员

"9·11"袭击后，人们对美国 FBI 的证据分析能力提出严重质疑。本来有足够证据信息来预测该事件，如一些中东侨民到美国几个民用飞行学校学习驾驶大型客机，却只学空中驾驶，不学起降，并且都用现金支付学费。显然，要从这些证据推出恐怖袭击的结论，需要高超的证据分析能力。因为，运用溯因推理从一个证据可推出不同的原因，要从中生成有价值的假设是棘手的问题。为什么学习驾驶客机却不学起飞和降落？这可能生成如下多种假设：

假设 1：他们计划稍后再学起飞或降落，这是例外培训的一部分；

假设 2：有许多模拟驾驶飞机的游戏，这些学员要设计更逼真的游戏；

假设 3：一家航空公司正在培训非专职替班飞行员；

假设 4：这些人要用飞机运输毒品，不想让飞行员知道目的地；

---

〔1〕 参见［美］N.R. 汉森：《发现的模式》，邢新力、周沛译，中国国际广播出版社 1988 年版，第 77 页。

假设 5：这些人要劫机，想在着陆前控制飞行，再强迫飞行员降落；

假设 6：飞机并不打算降落，因为它们将在空中爆炸；

假设 7：飞机并不打算降落，因为它们将被用作自杀式"飞行炸弹"。

对以上多种假设进行证据分析，可采用两步分析法：第一步，消除一些假设。假设 1-3 属于清白假设。考虑到这些"学员"数量、秘密性和偏离国际规则等因素，假设 1 和 2 似乎最不可能，而且假设 1、2、3 可能容易核查，确定这些学员身份很容易，从而决定是否将其消除。第二步，为剩下的假设排序。假设 4、5、6、7 属于险恶假设，可从严重性、似真性和易于核查等角度给其排序。例如，假设 5、6 很严重，但它们不太像真的，劫机者没必要为劫机或炸飞机而去操控它。假设 4 值得调查，但没有其他假设严重，而且通过核查这些"学员"身份等信息，该假设容易被追踪下去（或许被排除）。然而，遗憾的是，FBI 很可能把主要注意力集中在假设 4 了。[1]

特文宁教授等认为，律师必须在各种情况下运用溯因推理。首先，面对委托人案件，律师必须问什么假设能够解释与委托人利益一致的起诉或辩护策略。然后，律师要对手头案件的证据进行梳理，分析证据能否为委托人获胜所必需的推断性主张提供强有力的支持。这种证据分析旨在证成、建构和评价能够用于说服法庭的论证，使最终待证事实按照证明标准所要求的确定性得到证明。最后，律师可运用溯因推理来证成一个对方解释，目的是削弱对方可能提出的基于证据的主张，并预见对方律师可能作出的解释，以便削弱或破坏其基于证据数据将提出的主张。在审判阶段，律师可以援引对方解释，向法庭提出替代性假设，这些假设可能解释削弱对方律师提供的具有破坏性的证据。[2]

（五）概率论推理

1. 概率论推理的一般特点

概率论最初是为解决赌博中的随机问题而被提出并得到发展的。"概率"（probability）一词通常用来表示某个结果或事件出现的可能性大小。概率论

---

〔1〕　该案例及其分析，参见［美］特伦斯·安德森、戴维·舒姆、［英］威廉·特文宁：《证据分析》，张保生等译，中国人民大学出版社 2012 年版，第 68-69 页。

〔2〕　参见［美］特伦斯·安德森、戴维·舒姆、［英］威廉·特文宁：《证据分析》，张保生等译，中国人民大学出版社 2012 年版，第 127 页。

推理一般是指，在该推理前提为真的情况下，其结论为真的概率。在逻辑学上，一般把概率论推理与统计学推理区分开，概率论推理是从总体到样本的推理，统计学推理是从抽样样本到总体的推理，前者所假定的正是后者要推断的，反之亦然。[1]现实中许多概率论推理都综合运用了统计学推理的方法。例如：[2]

> 肖恩是一个爱尔兰天主教教徒（A）；
> 百分之八十的爱尔兰天主教教徒是民主主义者（B）；
> 因此，肖恩大概也是一个民主主义者（C）。

这个推理过程既包括从样本的知识推出总体的概率结论（从 A 到 B），又包括从总体的概率知识推出样本的概率结论（从 B 到 C）。

概率论推理包括频率论概率论和贝叶思概率论两种方法。频率论概率方法主要是从已观察到的频率推出未观察到的频率，以支持一个预言的过程，其结论（预言或预测）只具有"有限的有效性"。因为这种方法要求"随机选择、完全一致的条件和大量的测定"，这些条件"在审判环境中难以满足"。[3]在案件事实不确定的情况下，律师特别是起诉律师常常采用概率论推理方法，目的是说服陪审团或法官相信其得出的关于事实真相的推测结论。司法判决是影响他人生活的重大决定，法律一般不允许法官使用概率论推理方法草率地作出如此重大的决定。

2. 概率论推理在事实认定中的应用窘境

概率论推理在审判中应用的典型案件是美国 1968 年柯林斯案。该案的争点是人物辨认问题。根据证人证言，一名白人女性袭击并试图抢劫一名老年妇女。袭击者乘坐一辆由非裔美国男子驾驶的轿车从现场逃离。符合证人描述的白人女性和非裔美国男人随之被捕，并被送交审判。检控方聘请一名概率论专家来计算具有同样特征的两个人的概率。检控方据此认为，这两个在押的人，肯定就是实施该犯罪的那两个人。法学家们则质疑这种"数字审判"

---

〔1〕 参见崔清田主编：《今日逻辑科学》，天津教育出版社 1990 年版，第 229 页。

〔2〕 ［美］菲力浦·劳顿、玛丽-路易丝·毕肖普：《生存的哲学》，胡建华等译，湖南人民出版社 1988 年版，第 105—106 页。

〔3〕 ［美］波斯纳：《法理学问题》，苏力译，中国政法大学出版社 1994 年版，第 269 页。

的公正性。1971 年，特赖布教授在《哈佛法律评论》发表《以数学进行的审判：法律过程中的精确和礼制》一文，[1]反对将任何数字化概率运用于审判过程。主要理由是：（1）法官和陪审团成员不精通数学，他们就不应当用自己无法理解的语言接收信息；（2）数学论证很可能过于具有诱导性或产生偏见，那些貌似"硬"的量化变数，很容易排挤那些"软"的非量化变数；（3）在给无辜者定罪风险的可接受水平等问题上，对特定事务的量化在政治上是不适当的。但 1977 年伦珀特的文章认为，尽管数学有特赖布教授所说的邪恶之处，但不要忽视概率论推理研究。证据问题的概率分析，对法学家来说可能在各方面都是非常有益的。[2]关于概率论推理应用的争论在法学界仍在继续。

虽然像指纹证据、DNA 检测等概率性很大的证据，可以证明被告与犯罪有十分密切的联系，但要确定被告有罪还涉及许多其他复杂问题。在人民诉辛普森案中，克拉克检察官虽列举了许多概率性证据：犯罪现场的血型罕见，可从世界人口的十倍中发现唯一的吻合；留下鞋印的昂贵鞋子仅 40 家商店有售，且恰恰符合辛普森的 12 码；现场发现的皮手套一年中仅卖出 200 双，且辛普森太太给丈夫买过，辛普森在橄榄球比赛时也戴过这种手套。但辛普森辩护律师巧妙地利用涉案取证警察的种族歧视偏见，对上述证据取得的合法性和可靠性提出了合理怀疑。这些概率性证据的效力在种族歧视偏见的价值效力面前简直不堪一击。[3]这说明，事实认定者的裁决过程在多大程度上受概率论推理影响，还需要研究。

3. 概率论推理的赋值困境[4]

概率论推理的一个致命问题是所谓概率"赋值"问题。在拜沃特斯和汤普森案中，判断汤普森夫人犯罪（她与拜沃特斯合谋或怂恿其杀害丈夫）的概率假定为 0.6，那么她无罪的概率是 0.4，因为按照传统概率论，概率之和

[1]　See Laurence H. Tribe, "Trial by Mathematics: Precision and Ritual in the Legal Process", *Harvard Law Review*, Vol. 84, No. 6., 1971, pp. 1329–1393.

[2]　参见［美］特伦斯·安德森、戴维·舒姆、［英］威廉·特文宁：《证据分析》，张保生等译，中国人民大学出版社 2012 年版，第 329–333 页。

[3]　参见林顿编：《世纪审判——令新大陆痴狂的辛普森杀妻案》，吉林人民出版社 1996 年版，第 325 页。

[4]　以下参见［美］特伦斯·安德森、戴维·舒姆、［英］威廉·特文宁：《证据分析》，张保生等译，中国人民大学出版社 2012 年版，第 333–345 页。

须为 1.0。这没有达到"确信无疑"的证明标准。谢弗认为，传统概率论要求，在表达信念时必须是完全果断的。然而，有时候一些证据的含义是不确定的。在这种情况下，你有权不做决定。他假设，U＝最终待证事实（汤普森夫人有罪）；则非-U＝U的否定（汤普森夫人无罪）。L代表她写的信，这些信作为证据，在多大程度上支持U或非-U？S_L代表你依据信件证据L对这些可能性的赋值：

	{U}	{非-U}	{U, 非-U}
S_L:	0.6	0.1	0.3

这些赋值说明，你相信，汤普森夫人的信件支持她有罪的程度是 0.6，支持她无罪的程度是 0.1。但是，在表达式 {U，非-U}——汤普森夫人有罪或无罪——赋值 0.3，表明了你对她的书信支持其有罪还是无罪的犹豫不决的程度。如果使用贝叶斯定理，依据信件证据 L，对 U 和非-U 的后验概率加起来将等于 1.0。

然而，如果使用谢弗的方法，它涉及因信念缺乏而忽略概念。这种支持赋值表明，你目前完全不能决定，这些信件证据具体支持 U 还是非-U 的程度。对谢弗的支持量表与传统概率论的支持量表进行比较，可以发现，在传统概率论支持量表中概率值 1.0 意味着，一个事件肯定会发生，或者，你完全相信这个事件将发生。概率值 0 意味着，一个事件肯定不会发生，或者，你不信这个事件会发生。在图 5.4 谢弗证据性支持量表中，0 不再代表不信，而是缺乏信念。换言之，我们不能说自己不信某种主张，而后又说我们信它。但我们可以说缺乏信念，这意味着某种与不信完全不同的东西。在谢弗的理论中，允许我们给不同证据项或不同证据群分配组合支持赋值，即根据进一步的证据，从对一种主张缺乏信念，走向某种程度的信念。

缺乏支持／信念　　　　　　　　　　　　　　　　　　　　完全支持／信念

0　　　　　　　　　　　　　　　　　　　　　　　　　　　　1.0

图 5.4　谢弗证据性支持量表

培根对归纳法提出了这样的问题：我们如果仅靠积累明显对假设有利的案例，来证明某些一般假设或主张，那是浪费时间。因为，不管我们积累多少支持该假设的结果，一个明确不支持它的结果，就可以证伪该假设。科恩1977 年提出被称为"培根归纳法"的概率系统，参见图 5.5，它明显不同于普通概率，其中，0 意味着缺乏证明（lack of proof）而不是反证（disproof）。如果通过证据证成，我们便可从缺乏证明进到某种证明，对一些假设的 0 值培根归纳法概率，就可以被上调修正。

图 5.5　科恩的培根归纳法概率

例如，在药物毒性检验中，不管药物 X 通过了多少次检验，如果不能检查看到它与其他药物一起服用时是否仍然无毒，或者忽视了它可能的长期效果，我们将不能确信它是无毒的。按照概率论推理的培根归纳法，证据分量在很大程度上取决于，我们基于证据的收集决定得出假设 H 为真的结论。

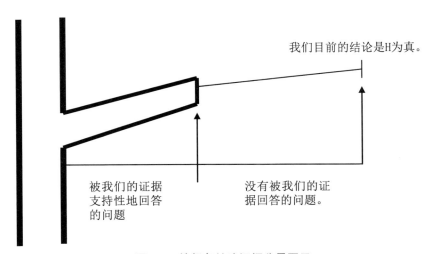

图 5.6　培根归纳法证据分量图示

图 5.6 说明，我们推论枝干的长度和强度取决于两点：其一，推论枝干的粗壮部分，取决于我们拥有多少可信的证据来支持假设 H。其二，推论枝干的细弱部分，取决于根据所掌握的证据，我们假设中还有多少问题没有答案。回答这些没有答案的问题，可以支持我们选择的假设 H；但其他答案也

许并不完全支持 H。直到我们询问这些问题时，我们才能知道哪些以及多少答案也将是支持性的。图 5.6 右端没有设置数值的根本原因是，我们通常并不知道假设 H 的多少检验是可能的。我们只能列出那些我们已知没有答案的问题。

（六）模糊推理

1. 模糊推理的概念

模糊推理作为一种模糊逻辑方法产生于 1960 年代，又称近似推理。"模糊逻辑"（fuzzy logic）的创始人扎德指出，在我们的推论、决定和其他活动中，到处都存在着不精确性。"模糊逻辑可被视为经典逻辑体系的一个延展，它提供了一个有效的概念框架来处理在不确定和不精确环境下的知识表示问题"。[1]扎德提供了组合各种事件的模糊分级方法。

在概率论推理中，我们常常用言词而不是用数字来表示结论的强度，因为难以提供精确的单一概率值或概率区间。因此，为了让概率论更为有效，必须用模糊逻辑来补充概率论，将一些语言变量和计算模糊性的法则加入概率论中。扎德提出模糊推理概念，是为了解决概率论推理的局限性所产生的问题。他认为概率论有六个局限：[2]第一，概率论无法支持模糊事件这一概念；第二，概率论没有提供用以处理模糊量词的技术，这些模糊量词包括了许多、大多数、一些、几个等；第三，概率论没有提供一个计算模糊概率的体系，这些模糊概率包括可能、不可能、不太可能等；第四，概率论没有提供估计模糊概率的方法；第五，概率论作为一种意义表述是不充分的；第六，概率论有限的表述能力，难以分析以模糊词汇描述的信息。

关于模糊推理，需要掌握三个重要概念：一是隶属度，二是模糊概念，三是模糊命题。

隶属度是一个元素属于一个类集合的程度。模糊集合是一个"类"，这个类的边界不明确，一个元素并非要么属于这个集合，要么不属于这个集合，而是在一定程度上属于该集合，这个程度便叫隶属度。隶属度可以用 [0，1]

---

〔1〕 See Lotfi A. Zadeh, "Knowledge Representation In Fuzzy Logic", in Ronald R. Yager and Lotfi A. Zadeh eds, *An Introduction to Fuzzy Logic Applications In Intelligent Systems*, Kluwer Academic Publishers, 1992, p. 1.

〔2〕 See Lotfi A. Zadeh, "Discussion：Probability Theory and Fuzzy Logic Are Complementary Rather Than Competitive", *Technometrics*, Vol. 37, No. 3. , 1995, pp. 271-276.

闭区间上的一个实数去度量，称作隶属函数。例如，在［0，1］闭区间上，0.1，……0.9 中间的每一个值，都是表明一个元素属于这个集合的隶属度。

模糊概念是对客观世界模糊现象不确定性的反映。它的内涵和外延都具有不确定性。例如，"数额较大""情节严重""正当防卫""应有小心"等，这些概念不仅在其所反映的性质上是模糊的，而且具有这个性质的对象与不具有这个性质的对象之间也没有明确的界限。因此，在模糊推理中，要用隶属度来描述这些模糊概念，揭示其内涵和外延的对应关系。

模糊命题是包含模糊概念的陈述句，其取值并非单纯的"真"和"假"，而是真与假的程度如何，这个程度可以用隶属度表示。

模糊推理是从至少含有一个模糊命题的前提推出模糊命题结论的推理。模糊推理的一般逻辑形式是：

X 是小的，X 和 Y 是近似相等的；

所以，Y 有点小。

这种推理不符合二值逻辑的精确推理规则，因而无法用传统逻辑加以分析。它是一个似然推理，其真值和推理规则具有模糊性。模糊推理有演绎的，也有归纳的。演绎的模糊推理形式是："若 X 小则 Y 大，X 较小，故 Y 近似较大。"归纳的模糊推理形式是："X 和 Y 近似等值，Y 比 Z 大得多，故 X 比 Z 大约大得多。"[1]。

2. 模糊推理方法在法律推理中的应用

扎德指出，模糊概率计算需要两个前提：一是"当可得信息太不精确从而影响数字的使用时"，二是"当对不精确存有一定宽容度时"。[2]法律推理在大多数情况下都符合这两个前提性要求。模糊推理在法律推理中的应用，往往涉及现实社会中存在的一些举证特别困难的案件。例如，有关医疗事故的诉讼案件，涉及医学和医疗技术上的问题，被告是具有专业知识的人，如果让原告即患者这样的外行来精确地举证证明医生有过失，在现实中十分困难。所以，法官有时候需要采用称为"大致推断"的模糊推理方法。

---

〔1〕　参见崔清田主编：《今日逻辑科学》，天津教育出版社 1990 年版，第 209–210 页。

〔2〕　See Lotfi A. Zadeh, "Fuzzy Logic=Computing With Words", *IEEE Transactions On Fuzzy Systems*, Vol. 4, No. 2., 1996, p. 103.

　　让我们看一个日本的医疗过错责任案例。该案当事人因注射而发生皮下肿胀发炎以致腐烂。案件争议点是医生注射时是否存在主观过错。当事人主张，皮下肿胀发炎以致腐烂是因为注射器消毒不够。一审事实认定，一方面，注射药水有问题；另一方面注射器消毒也不够。因此，医生存在医疗过错。一审被告以当事人并未主张注射药水有问题这一事实为由提起上诉。但上诉法院认为，"注射药水有问题和注射器消毒不彻底都构成了医疗行为的过错，无论推断哪一种过失，作为认定过失的事实都是明确和确定的。"[1]并驳回上诉，维持原判。

　　在这一判例中，当事人主张"注射器消毒不够"（X），而没有主张"注射药水有问题"（Y），被告以此为理由上诉。上诉法院驳回上诉的理由在一定程度上构成一个模糊推理，即：

　　　　注射器消毒不够（X）是构成医疗行为过错的大致原因，
　　　　注射药水有问题（Y）和注射器消毒不够（X）在医疗行为过错上是近似相等的；
　　　　所以，注射药水有问题（Y）也是构成医疗行为过错的原因。

　　作为外行的原告，首先没有必要对造成过失可能存在的种种原因予以确定，比如注射药水有问题等；其次，原告只需为一审法院判决的模糊推理提供一个模糊命题，即"注射器消毒不够"。至于注射器消毒"不够"达到什么程度，只需在 [0，1] 即 [消毒彻底，消毒不彻底] 之间提出一般的过失主张，即达到一定的隶属度（不够）就行，并不需要达到确信或接近确信的程度，所以并不要求达到 0.7、0.8、0.9 那样高的隶属度。从医生方面说，患者病情的发展或变化取决于多种因素，但是，"某一事实一旦被大致推定，如果不对之加以反驳就会成为发动经验则照此认定的根据，也就是说如果觉得自己确实没有什么过失的话就应该立即进行反驳"。[2]这样，原告的证明责任，转由更有能力来确定医疗过程中这种过失形态的医生方面以防御的方式

---

　　〔1〕　日本最高裁判所，1957 年 5 月 10 日民事判例集 11 卷第 715 页。转引自张卫平：《程序公正实现中的冲突与衡平——外国民事诉讼研究引论》，成都出版社 1993 年版，第 37-38 页。
　　〔2〕　[日] 谷口安平：《程序的正义与诉讼》，王亚新、刘荣军译，中国政法大学出版社 1996 年版，第 248 页。

来承担。医生方面在遭到怀疑时，如果不提出反驳或保持沉默，就会被推定为有过失。本案被告对注射器消毒不够没有提出异议，法院就可以模糊推定其负有过失责任。

三、法律推理的科学方法

法律推理的科学方法包括自然科学方法和社会科学方法两部分。

（一）关于法律推理的自然科学方法

法律推理的自然科学方法，实际上是一个运用自然科学方法进行法律推理的问题。对本书作者来说，这最初是基于一个信念和两个事实而提出来的。一个信念是：法律推理是一种决策思维活动，其目标是解决事实认定和法律适用中的各种复杂问题，在实现该目标的过程中，法律推理不会拒斥任何有用的方法。

两个事实是：其一，法律推理活动中已出现大量运用科学证据进行事实认定的情况；其二，伴随高科技和知识经济的发展，出现了网络犯罪等高科技案件。因此，法律推理如不借鉴自然科学方法将会很难适应各种新型案件。

关于法律推理与科学推理的关系，伯顿曾经作过如下比较：（1）二者与经验事实的潜在对应关系不同。"一般的科学推理关注科学命题中词语或符号与经验领域中可以客观确定的（可观察的）事实之间的潜在对应关系。这种命题应当表述自然事件发生的条件。"然而，法律推理则只是阐述法律结论，"而不是任何经验意义上的事实，……同一法律类别中的法律案件并不需要所有——甚至任何——事实相同。"（2）二者的基础不同。19世纪后期的克里斯托弗·哥伦布·兰德尔试图按照一般科学推理的框架来构思法律推理，将其建构于科学和概念论的基础之上。与此相反，霍姆斯则试图把法律推理建构于经验科学的基础上，而不是概念和逻辑的基础上。（3）在方法上，法律推理主要涉及某人应当做什么的主张，而不是像在科学中那样，涉及的是证明和实验。（4）在时限上，科学推理可以无限期地作下去，甚至几十年或几个世纪都不知道某个问题的答案。而法官却要依法判决案件，不能拖延。因此，在某种意义上说，法律推理比科学推理更重视结论的确定性。（5）法律推理通过确定和权衡不同的法律理由来得出结论或判决案件，而不是从科学规律来作出决定。"一些法律案件即使没有所有共同的实质性事实，也能归入同一法律类别。"案件具有家族式关系，而不是依据共同的经验事实，按照严格的科学分类。例如，合同当事人必须善意履约是普通法的一个规则。但是，善意不是一个可以观察到的事实。又如，家族式关系可呈现出如下模型化特征：甲与乙有共同特征，乙与丙有共同特征，甲与丙无任何显著的共同特征。甲与丙可属于同一类。大多数家族的任何两个成员也不必须在任何独特方面都相像。[1]

法律推理如何运用自然科学方法是一个需要探索的问题，目前尚未达到理论概括的阶段，但这个问题迟早会变得十分尖锐。在这方面，波斯纳虽说过"在法律推理上，科学方法几乎没有什么用"，但他的大多数理由，实际上并非指法律推理不应该适应对象的变化而吸收自然科学的推理方法，而是指法律推理主体的知识准备不足，例如他说："诉讼的当事人都缺乏进行实验和其它科学研究所必需的时间和财力。有关资料常常难以或者不可能得到。……律师和法官（且不提陪审团成员）也没有受过科学方法的训练。审判过程也并不是以科学研究为模式的。……此外众多法律原则都过于固定以致于不能很快地调整以适应科学理解的变化。（在科学中没有遵循先例的原则。）社会不能或者至少不愿意等到耐心的科学研究成果出现之后再做出司法判决"。[2]这些看法虽然在稍后的辛普森案审判中也得到验证，例如，运用 DNA 检验等科学证据的证明在其他社会价值面前显得软弱无力。但是，波斯纳简单否定科学方法在法律推理中的作用，显然缺乏远见卓识。

上述一个信念和两个事实还有来自系统论、控制论和信息论等方面的现代科学理论的支持。控制论的创始人维纳，把法律问题看作是社会控制或协调问题。他指出："法律可以定义为对通讯和作为一种通讯形式的语言在道德上的控制。……法律是对联系着每个个人行为的'纽带'进行调整的过程，它使我们所说的公正能够实现，争执可以避免或至少可以得到裁决"[3]。这个思想奠定了法律问题与控制论问题具有同构性的基础。德国法律社会学家尼古拉斯·吕曼认为，法律是社会系统的一种结构，具有调节社会系统复杂性

---

〔1〕［美］史蒂文·J. 伯顿：《法律和法律推理导论》，张志铭、解兴权译，中国政法大学出版社 1998 年版，第 97–103 页。

〔2〕［美］波斯纳：《法理学问题》，苏力译，中国政法大学出版社 1994 年版，第 79 页。

〔3〕［美］诺伯特·维纳：《人有人的用处》，载《维纳著作选》，钟韧译，上海译文出版社 1978 年版，第 92 页。

的功能。"法律实现了可选择协调并组成了社会的结构。"〔1〕因此，法律推理若运用控制论方法可能会实现对社会结构更加合理的协调。

人工智能与法律推理的结合，是控制论在法律推理中的一种最具代表性的运用。苏联学者 O·A·加夫里洛夫在阐述数学方法在法律领域中的应用时指出，法律控制论是数学方法在法律科学中有效应用的一个具体体现。法律控制论的任务之一，是对法律和各种法律规范所具有的各种结构作出逻辑的、控制论的和数学的模拟，其中对法律规范的结构、法律制度和法律体系的数学模拟是采用现代数理逻辑手段进行的。他认为，把公理学应用于法的实质在于制作法律体系的精确模型，为此必须具有表达能力的程序语言，用以记录规范用语。〔2〕美国 G. 舒伯特运用信息论的方法提出了"司法政策制定的整体模型"。该模型把法律问题（争端）的解决看作是一个供给需求信息的输入、价值观念等信息的调节和转换、以及司法判决和新的法律规范的信息输出的过程，而对判决的执行或上诉复审则是一个社会学的或心理学的反馈过程。〔3〕

自1979年钱学森教授提出建立法治系统工程的设想以来，〔4〕我国法学家与自然科学家进行了许多合作性的探索，1985年5月举行了全国首届法制系统科学讨论会，此后在法律专家系统的研发方面也取得了一些重要的研究成果。〔5〕

与自然科学方法的应用相比，法律推理的社会科学方法应该说是十分丰富的，下面主要讨论一下经济分析推理方法和社会心理推理方法。

（二）经济分析推理

1. 法律经济分析的一般方法

经济分析法学的代表人物波斯纳说："相当多的法律推理的隐含结构都是经济学的"〔6〕，这种情况表明了经济学方法向法律领域的"入侵"或"渗透"。经济分析法学是经济学和法学相结合的产物，它是在认识法律和经济具有内

〔1〕　参见吕世伦、文正邦主编：《法哲学论》，中国人民大学出版社1999年版，第797页。

〔2〕　参见［苏］O·A·加夫里洛夫：《数学方法在法律科学中的应用》，昇莉译，载《环球法律评论》1985年第1期。

〔3〕　参见吕世伦、文正邦主编：《法哲学论》，中国人民大学出版社1999年版，第799页。

〔4〕　钱学森：《大力发展系统工程，尽早建立系统科学体系》，载《光明日报》1979年11月10日，第2版。

〔5〕　有关这个问题的详细论述，参见本书第九章法律推理与人工智能。

〔6〕　［美］波斯纳：《法理学问题》，苏力译，中国政法大学出版社1994年版，第137页。

在联系和相互作用的基础上，主张运用经济学原理和方法来分析和研究法律现象的法学理论。"这种分析方法提供了一个分析结构，使我们能够对由于采用一个法律规则而不是另一个法律规则的结果所产生的收益的规模和分配，进行理智的评价。"[1]

经济分析法学的主要方法包括：（1）边际分析方法。它是一种求得经济抉择的利益最大化，以获得资源的最佳配置、实现最优化行为的方法。（2）成本-效益比较的方法。本章所研究的经济分析推理主要是指第二种方法。

经济分析推理从性质上说是这样一种方法，它在说明法律规则都是基于效率考虑而制定的同时，试图进一步预测法律规则在应用过程中所产生的效益，以便最适当、最有效益地适用法律。波斯纳认为，为了获得有效益的结果，法律就必须进行干预。当这些条件不能满足时，法律应当通过"模拟市场"来促进效益。法律行为也包括分配社会资源的市场机制。对许多诉讼活动来说，法官要决定的都是怎样分配资源才能产生最大效益的问题。[2]

在合同法领域，波斯纳用"成本-效益比较"方法分析了违约责任问题。他认为，根据霍姆斯的观点，法律政策不是去强迫当事人坚持合同，而只是要求每一方当事人在继续履行合同和因不能履约而赔偿另一方当事人之间做出选择。那么，在违约行为发生的情况下，法院是要求当事人继续履行合同，还是向对方赔偿损失，就取决于"成本-效益比较"的推理。参见案例5.3。

◇ **案例5.3：甲乙两厂的合同纠纷**

甲厂与乙厂签订一项合同，委托乙厂加工10万个用于本厂生产的机器配件。甲厂收到并使用1万个配件后，其机器在市场上滞销。甲厂立即通知乙厂要求终止合同，同时承认自己终止合同的行为构成违约。收到通知时，乙厂尚未生产其余9万个配件。乙厂回信表示他们打算继续履约，并开出账单。但这些配件除了安装在甲厂机器上，别无他用。在这种情况下，法院不会（也不应该）支持乙厂继续履约的要求，因为防

〔1〕 ［美］埃克曼：《财产法的经济基础》，转引自吕世伦主编：《西方法律思潮源流论》，中国人民公安大学出版社1993年版，第368-369页。

〔2〕 参见 ［美］埃克曼：《财产法的经济基础》，转引自吕世伦主编：《西方法律思潮源流论》，中国人民公安大学出版社1993年版，第374-375页。

止和减少资源浪费是法律的重要价值。[1]

这说明，在处理违约责任案件时，法官推理应该作出成本-效益比较，从减少资源浪费的价值出发来作出判决，而不是用传统方法要求违约方继续履行合同来保护受害者的利益。

在侵权法领域，波斯纳以联邦最高法院法官 L. 汉德关于过失责任的经济观点，即"汉德公式"，分析了过失责任的经济分析逻辑。[2]汉德提出一个在侵权案件中确定过失有无的标准公式：

B<PL

其中 B 代表被告防止致害事故的代价或成本，P 代表预防事故的可能性，L 代表事故的实际损失。

当 B<PL 时，被告则有过失而应承担赔偿责任，因为如果付出一个较小代价能够避免一个较大代价，效益原则就要求付出这个较小代价；而被告未能付出这个较小代价来避免较大损失，由事件发生可能性加重的损失超过了被告可能采取而没有采取的预防措施的负担，该被告就犯了过失罪。

当 B=或>PL 时，被告则无过失。因为被告已经付出了比可能和实际的损失更高的代价或成本来防止和避免这个代价。波斯纳认为，"汉德公式"所表述的方法一直是普通法用来决定过失案件的基本方法。

在犯罪领域，经济分析推理以效益为中心、以某种假定为前提，提出了定性预测的方法。这种方法的基本推理方式为：

假定 A，如果 B；那么 C。

按照犯罪经济学理论，一个人之所以选择、实施以获得金钱为动机的犯罪，是因为犯罪比任何可选择的其他职业能提供更多的纯利。法院对违法行为的判决有三种情况：（1）如果赔偿金等于受害人损失，意味着强制加害人

---

〔1〕 参见［美］埃克曼：《财产法的经济基础》，转引自吕世伦主编：《西方法律思潮源流论》，中国人民公安大学出版社 1993 年版，第 379 页。

〔2〕 参见［美］波斯纳：《法理学问题》，苏力译，中国政法大学出版社 1994 年版，第 69 页，第 137 页。

支付违法交易的成本。（2）如果赔偿金少于非法所得，就意味着法律鼓励违法，罪犯下次还会借违法来获利。（3）如果赔偿金多于非法所得，效益原理就会使其不再去违法。犯罪所得与犯罪风险成本之间的比例，加重刑罚就是提高"犯罪成本"，从而是预防和减少犯罪的一个重要措施。[1]

2. 证明责任分配经济分析[2]

在民事诉讼中采用优势证据的说服责任，其目的是最大限度地减少错案总量且同等对待双方当事人。原告必须将其必要的事实主张证明到优势证据的程度，被告必须以相同标准证实积极抗辩。这通常被界定为"真实性大于50%几率"。如图5.7所示，证明责任的分配有三种可能性：

情况1：原告提出的证据缺乏说服力，事实为真的概率为10%-35%，原告没有满足举证责任的要求，应该败诉，被告没必要继续举证，这节约了诉讼成本。

情况2：原告的证据有40%-60%的说服力，但裁判者对证据的证明力还有分歧，因此，该争点将在诉讼程序中继续证明。

情况3：事实为真的可能性为65%-90%，举证责任超额了。法官就应当对该争点作出对原先负有证明责任一方有利的裁决。这同样避免了诉讼资源的浪费。

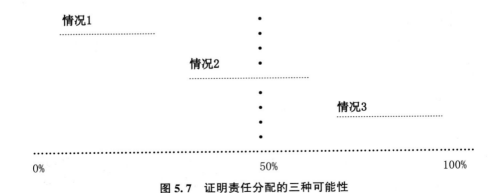

图 5.7　证明责任分配的三种可能性

〔1〕　参见吕世伦主编：《西方法律思潮源流论》，中国人民公安大学出版社 1993 年版，第 380 页。

〔2〕　参见［美］罗纳德·J·艾伦：《证明责任》，蒋雨佳等译，载《证据科学》2012 年第 5 期。

然而，如果将民事诉讼的优势证据标准（>0.5）修改为高度盖然性标准（>0.75），[1]参见图5.8，这一较高的说服责任对民事案件的潜在影响在于，证明标准的提高将导致更多有利于被告的错判和更少有利于原告的错判，这无疑会遏制民事案件的原告起诉行为，因为原告败诉的风险增大了。相比之下，刑事案件确信无疑的证明要求，使宁可错判无罪而不错判有罪的政策得到了满足。如果将确信无疑的0.95标准降低到0.75，就会将更多有罪者定罪，但同样也会将更多无辜者定罪。

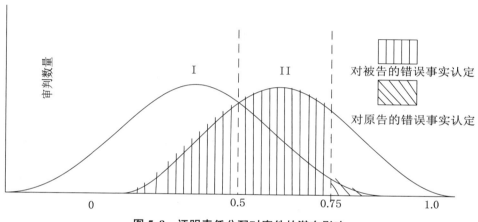

图5.8 证明责任分配对案件的潜在影响

司法认知和证明责任也有密切关联，它允许法官在缺乏证据时推断事实为真。一个范例是美国《联邦证据规则》201（b）允许司法认知的事实："（1）审判法院辖区内周知的事实；或者（2）通过借助其准确性不容置疑的来源而能准确和易于确定的事实。"如果一个事实在一个司法辖区内基本上是无可争辩的，那么，允许就该事实进行诉讼，就是对资源（如法官的时间和当事人的金钱）的浪费，这些资源可以花费在其他更好的地方。因此，司法认知提供了一种简化和减少审判成本的方法，但它完全取决于说服责任。

（三）社会心理推理

社会心理推理作为法律推理方法具有两种意义：一是指司法实践中一种重视被告社会心理作用的推理方法；二是指法学研究中一种关于主体社会心

---

〔1〕 转引自［德］汉斯·普维庭：《现代证明责任问题》，吴越译，法律出版社2000年版。

理对其推理活动影响的研究方法。

我们先分析第一种方法。在司法审判中，法律推理主体所面对的客体主要是被告及其行为，其主要任务是认定被告行为是否构成违法，并根据这个认定来适用法律。这是一个与事物认知完全不同的人物认知的社会知觉过程。"社会知觉基本上是推论性的。它是根据一个人的直接可以观察到的活动和行为，来重建其看不见的品质和特性的过程。这种推论的一个特殊类型是要寻求如下问题的答案：为什么一个人以某种特定的方式行为？这种类型的推论被称为归因理论。正像它的名称所表明的那样，这不是一种可以清楚地用公式来表达的理论。相反，它是由一整套关于我们如何推断自己和他人行为的原因的观点、规则和假说所组成的理论体系。"[1]人物客体的复杂性决定了社会心理推理过程的复杂性。

社会心理学为通过人物活动和行为来重建其看不见的品质和特性提供了一些方法。其中，归因推理是一种最基本的方法。按照这种理论，一个人的行为总有某种原因，原因可能很多而且还可能相互冲突；可从外部去寻找（外因），也可从内部去寻找（内因），而内因又分为有意识的和无意识的。社会心理推理的任务是发现一种行为的内因或行为的动机。琼斯和戴维斯提出所谓对应推断论，认为一旦确定了某一特定行为出自内因，要探究这种行为的动机，就必须从与每种行为相联系的多重结果进行追溯性推理，以断定几种结果中哪一种是行为者真正想要达到的。他们的研究结论是：在特殊情况下，从反抗外部压力和违背自己明显利益的行为中，可得出更令人信服的动机归因，能更加可靠地确定行为者的态度。[2]比如，被告或其辩护律师要是说了违背自身利益的话，就会更令人信服。而医务工作者如果批评一项将使其收入减少的卫生法案"难以实施"，这是否真是出于维护大众利益的动机，就会大打折扣。

社会心理推理方法在民法和刑法中的作用有所不同。在民法中，责任推定的原则经历了"客观-主观-客观"的发展过程。罗马法以前的古代侵权行为法都采用结果责任主义，实行"事实裁判个人"的规则，不追问事实背后

---

〔1〕［澳］约瑟夫·P. 福加斯：《社会交际心理学——人际行为研究》，张保生等译，中国人民大学出版社 2012 年版，第 53 页。

〔2〕［澳］约瑟夫·P. 福加斯：《社会交际心理学——人际行为研究》，张保生等译，中国人民大学出版社 2012 年版，第 97 页，第 102 页。

的归责因素。这是人类智力和判断力低下的结果〔1〕。结果责任主义的极端形式是所谓"迪奥单"的法律，"事实裁判个人"规则变为"事实裁判物品"。"迪奥单是造成了人员死亡的无生命的物品。在古代法律中，迪奥单被当作生物来毁灭。……因此一棵树倒下来砸死了人，这棵树就是一个迪奥单并且必须毁灭掉。"〔2〕法律推理从幼稚到成熟的道路，与个体智力发展的过程有惊人的相似性。皮亚杰发现，责任归因作为一种推理过程，是随着个人的发展而习得的。大多数 7 岁以下儿童只根据行为的客观后果进行责任归因。他们认为，一个偶尔打碎几只杯子的儿童，应该比另一个故意打碎一只杯子的儿童受到更严厉的惩罚。但大多数 9 岁以上的儿童在推理中都考虑了主观动机。他们认为，故意性的不端行为，即使后果不太严重，也应该比无意识的偶尔过失受到更严厉的惩罚。〔3〕

　　罗马法以后，结果责任主义开始向过错责任原则转变，19 世纪随着民法理论强调尊重个人意志和行为自由思想的发展，过失责任原则才真正建立起来。过失责任原则的思想来源是亚里士多德的校正正义。校正正义所要校正的仅仅是不公行为，受害者如果不是因不公行为而受害，救济的基础就会丧失。只有不公的伤害才引起赔偿义务，责任以过错而不是原因为基础。耶林曾宣称："使人负损害赔偿的，不是因为有损害，而是因为有过失。"〔4〕结果责任主义向过错责任原则的转变，表明了责任推定的原则从只看客观结果向关注主观因素的转变。

　　但是，所谓主观因素在近代和现代民法的过错推定中主要是一个客观过失概念，而不是主观过失概念。王利明教授认为："过错推定是以客观过失的概念的运用为基础的。若采纳主观过失的概念，即以心理状态的检验方法来检验每个行为人的内心意图和主观心理状态，必然使此种推定常常牵强附会，而且极易被行为人的反证所推翻。过错概念的客观化，不仅使过错的认定更

---

〔1〕　参见王利明：《侵权行为法归责原则研究》，中国政法大学出版社 1992 年版，第 37 页。

〔2〕　［美］波斯纳：《法理学问题》，苏力译，中国政法大学出版社 1994 年版，第 22 页。

〔3〕　See Piaget. J, *The Moral Judgement of the Child*, Glencoe: The Free Press, 1965. 转引自 ［澳］约瑟夫·P. 福加斯：《社会交际心理学——人际行为研究》，张保生等译，中国人民大学出版社 2012 年版，第 89 页。

〔4〕　转引自王利明：《侵权行为法归责原则研究》，中国政法大学出版社 1992 年版，第 36 页。过错推定是指原告若能证明损害是被告所致，而被告不能证明自己无过错，法律上就应推定被告有过错并应负民事责任。

为容易，而且也大大促进了过错推定的发展。"〔1〕如此看来，社会心理推理方法在近现代民法的过错推定中不起什么作用。但现在不清楚的是，责任推定原则从追求"客观结果"到重视"主观因素"、再到确立以主观因素中的"客观过失"为基础的发展过程中，是否有过一个重视行为人主观心理动机的过渡阶段。因为按照霍姆斯1881年《普通法》的一个主要观点，法律的成熟是以责任的外在化为标志的，即责任更多的是一个行为问题而不是一个意图问题。〔2〕

社会心理推理在刑事案件的判决中则比较有市场。刑法中讲的主观恶性就是指犯罪人主观心理状态上的一种犯罪意图。主观恶性在英美刑法中体现为"犯意"这个概念上，一个原则是：没有犯罪意图的行为，不能构成犯罪。苏联刑法学家曼科夫斯基指出："苏维埃刑法中的罪过，就是人对其所实施的危害社会行为的一种故意或过失形式的心理态度"。〔3〕

陈兴良教授从显意识和潜意识等方面研究了刑法中作为心理事实的主观恶性问题。他认为，从显意识角度看，犯罪人的决意就建立在对客观事物的认识判断基础上。因此，任何一个国家都把认识因素列入故意心理之中。正是通过认识，犯罪人产生犯罪意图并外化为行为。从潜意识的角度看，弗洛伊德提出了过失的心理机制包括：倾向和倾向的冲突，以及某一倾向被逐而产生过失以求补偿的思想。像失火罪主体扔烟头的心理定势，护士忘了给重病人注射等疏忽大意的过失心理事实，都可根据这种潜意识理论作出描述。一个扳道工，急于回家接待客人而忘了自己的职责，发生了交通事故。急于回家和履行职责是两种心理倾向。两者发生冲突时，前一心理倾向压倒了后一心理倾向。但是，光有主观恶性并不构成犯罪，主观恶性必须变成客观危害才构成犯罪。〔4〕既然如此，社会心理推理就可以从客观危害中推出主观恶性的程度，并据此量刑，使对蓄谋犯罪的惩罚总是比对冲动犯罪的惩罚更加

〔1〕 参见王利明：《侵权行为法归责原则研究》，中国政法大学出版社1992年版，第65页。

〔2〕 转引自［美］波斯纳：《法理学问题》，苏力译，中国政法大学出版社1994年版，第212页。责任推定中重视主观因素的客观过失，应该是从重视主观过失这样一个阶段发展而来的，但目前尚缺乏这方面的研究资料。

〔3〕 ［苏］曼科夫斯基：《苏维埃刑法中的罪过问题》，载《苏维埃刑法论文选译》（第一辑），中国人民大学出版社1955年版，第159页。转引自陈兴良：《刑法哲学》，中国政法大学出版社1992年版，第28页。

〔4〕 参见陈兴良：《刑法哲学》，中国政法大学出版社1992年版，第23—59页。

严重。

社会心理推理在第二种意义上的运用，是研究法官的各种社会心理活动对其法律推理活动的影响。行为主义法学侧重从法律主体、法律行为、法律运行的视角看待法律现象，主张法律就是法官的判决或行为，而法官做出判决的过程乃是对各种外部刺激的机械反映的综合。弗兰克认为，从心理学立场观察审判过程，法官并不是遵循大前提（能够解决当前案件的现成的法律规则）——小前提（确定的案件事实）——结论（通过推理而得出判决）这样一种三段论方法，而是先形成一个模糊的结论或猜测，由此出发，再去寻找能够证实这个结论或猜测的资料。法官是靠预感来形成自己的结论或猜测的，而引起预感的东西则是各种外部因素（法典条文、判例、生理冲动、成见、反感等）对法官个性（性格、爱好、偏见、习惯等的总和）的刺激。弗兰克将司法裁决中的神话和现实概括为两个不同的公式：

神话的公式是：$R \times F = D$。其中，R 代表法律规则（rule），F 代表事实（fact），D 代表裁决（decision）。

现实的公式是：$S \times P = D$。其中，S 代表刺激（stimulus，围绕法官和案件的刺激），P 代表个性（personality），D 代表裁决。

弗兰克认为，审判过程是现实的公式。该公式表明，所谓法条、判例等"法律资料"只是多种多样外部刺激的一种。它们和其他外部刺激一样，只能通过法官的个性起作用。因此，关键不是研究法条或判例，而是了解法官的个性，调查法官个人的经历，研究他以前的判决，观察他现在的情绪。例如，一位金发女郎比相貌丑陋的当事人便有较大的胜诉机会。[1]

他又认为，后一公式缺乏预言价值，因而提出另一公式：

$$R \times SF = D$$

其中，R 仍代表法律规则（rule），S 代表主观事实（subjective fact），F 代表事实（fact），D 代表裁决。

所谓"主观事实"是指法官、陪审官所发现的事实，并不是在审判前在

---

〔1〕　参见张文显：《二十世纪西方法哲学思潮研究》，法律出版社 1996 年版，第 332–333 页。

特定时间、地点发生的事实。弗兰克还用 1914-1916 年纽约市治安法院处理的几千个轻微刑事案件的调查统计数据说明：判决是以碰巧审理这一案件的法官的个性而决定的。例如，在送交一个法官处理的 546 个被控酗酒的人中，他只释放了一个人，其他人（约 99%）均有罪。而由另一个法官审理的 673 个被控酗酒的人中，531 人（79%）是无罪的。在扰乱秩序行为案件中，一个法官只释放 18% 的人，另一个法官则释放了 54% 的人。就是说，在前一个法官手中，受审人只有 2/10 的获释机会；而在后一个法官手中，会有 1/2 以上的获释机会。调查报告的结论是，这些数字表明，审判是因人而异的，它反映了法官的脾气、个性、教育、处境和个人特点。[1]

弗兰克把"主观事实"概念引入法律推理的公式，具有重要认识论意义。法律推理作为一种社会认识活动，主体不仅为客观对象所刺激、为法律所规范，而且为自己头脑中的价值观、内隐个性观等主观因素所支配，作出的判决是这些主客观因素相互作用的产物。我们每个人在工作和生活中都有这样的经历，对同一件事情，不同个性的人处理起来，在掌握同一标准上往往有宽严不同的差别。比如，到使馆办签证遇到不同的签证官，到财务处报销遇到不同的会计师，到商店退货遇到不同的售货员，到公园门口遇到不同的守门人等，我们会受到不同的对待。因此我们感觉到：有的人似乎"很好说话"，有的人则"难打交道"。这并不能一般地说明前一种人原则性差，后一种人原则性强；也不能一般地说前一种人灵活，后一种人僵化。但是，其中的主观因素对行为结果的影响确实是存在的。因此，从法律推理的角度来看"主观事实"，这个概念对律师的意义起码在于，在诉讼实践中，对法官的个性确实不应熟视无睹。

美国法学家舒伯特以行为科学特别是社会心理学观点分析了法官行为。他认为，行为主义试图说明司法过程中极为复杂的法官自由裁量问题。社会心理学主要研究判决者的态度，特别是法官对有关公共政策的态度以及他们相互之间的态度。与弗兰克强调研究法官个性等非理性因素的做法不同，舒伯特强调，作出判决的决定性因素是法官的态度。态度问题是对法官判决行为的第一层次的分析。法官之所以有不同的态度，是由于他们有不同的生活经验。因此，研究法官为什么有不同的态度，是第二层次的分析。第三层次

---

〔1〕 参见沈宗灵：《现代西方法理学》，北京大学出版社 1992 年版，第 340-341 页。

的分析，主要是文化差别为什么以及怎样决定司法行为的问题。他认为，这些态度的形成与法官的政治、宗教和种族关系，他的婚姻、经济安全、社会地位，他所受的教育和所从事过的职业，他的出生地、时间和家庭等，都是密切相关的。认识到法官的态度与这些社会文化背景的关系，才可以解释为什么一个来自南部州的、民主党派和浸礼会教派的法官，同另一个来自北部州的、民主党派和犹太教徒法官，在对待不同种族通婚的"合法性"问题上有不同的态度。[1]

舒伯特对美国最高法院 1946-1962 年有异议的判决进行了研究，他从对这一时期 18 位大法官的考察中，分析出他们在政治态度和政治意识形态相互关系方面的三个矛盾。第一个矛盾：一方面是既有自由派态度又有自由派意识形态的大法官，另一方面是有保守派意识形态但并无保守派态度的大法官。有自由派意识形态的大法官，在判案态度上也是自由派的；但有保守派意识形态的大法官，在判案态度上，有的比较接近教条主义，有的比较接近实用主义，因而就构不成保守派态度。他认为，根据这些大法官的态度，可分为大体相等的三个集团，一是自由派；二是经济上的实用主义保守派；三是政治上的教条主义保守派。第二个矛盾是司法态度和意识形态在动态上的一致性问题。一方面，大法官的态度和意识形态在人员构成和文字表述方面很少具有一致性；另一方面，他们的态度和意识形态又经常变化。保守主义、教条主义和自由主义在这一期间，随着人事变动而交替变化。第三个矛盾是关于最高法院自由主义心态的实质，即无论在政治问题还是经济问题上，自由主义心态的核心是平等主义，即种族结合、各州议席重新分配以及公民权利等方面的平等主义。[2]

社会心理因素对法官法律推理的影响是一个复杂的问题，弗兰克和舒伯特的研究当然不能说非常充分，但他们所开创的主体性研究方向却是值得充分肯定的。波斯纳也看到了主观因素对法官法律推理活动所产生的影响，他认为，法官通过"人为理性"之多棱镜来观察世界、以及有意无意地渴望以

---

〔1〕 参见［美］舒伯特：《司法行为》，1964 年；转引自沈宗灵：《现代西方法理学》，北京大学出版社 1992 年版，第 392 页。

〔2〕 参见［美］舒伯特：《司法心态》，1965 年初版，1974 年修订版；转引自沈宗灵：《现代西方法理学》，北京大学出版社 1992 年版，第 393 页，第 394 页。

自己的个人价值来影响法律。[1]总之，社会心理推理是一种研究主体法律推理活动规律的有效方法，通过这种研究，可以发现主体在推理活动中为什么会产生各种主观偏向，也有助于法律推理主体正视和克服这些主观偏向，以达到公正的司法效果。

四、法律推理的哲学方法

（一）辩证推理

辩证推理（dialectical reasoning）是与形式逻辑方法相对应的辩证逻辑。形式逻辑方法过于简单，往往使推理者在遇到棘手的疑难案件时无能为力。因为，形式推理特别是三段论必须从单一、必然的大前提出发，而在现实的法律推理过程中，主体往往需要在两个以上可适用的法律规范之间作出选择，这就需要运用辩证逻辑的方法。

按照亚里士多德的观点，三段论必然推理与辩证推理的区别在于：（1）大前提不同，前者是必然的论断；后者是经常发生的或人们普遍接受的意见。（2）前者推理过程是证明的；后者是辩证的或论证的，即通过辩论、运用论据来推理的过程。辩证推理的手段有四种，一是获得命题；二是区分每一表达的多层含义的能力；三是发现区别；四是研究相似性。（3）前者的结论具有必然性；后者由于前提缺少必然性，其结论也不必然可靠。辩证推理就是"对在两个相矛盾的前提中应接受哪一个这一问题的回答"。所以，"一个辩证的问题就是一个探讨的题目，它或者引人选择和避免，或者引人得到真理和知识，或者它自身就能解决问题，或者有助于解决其他某个问题。并且，它涉及的问题或者是无人有意见，或者是多数人与贤哲的意见相反，或者是贤哲与多数人的意见相反，或者是这一切人中的每个人都意见各异。"[2]

张文显教授指出："辩证推理的方法不是从固定的范畴出发进行的推理。它是一种对各种价值、利益、政策进行的综合平衡和选择。在处理新奇案件时，法官要从法的价值、目的和作用、法的基本原理（原则）、国家和执政党的政策、社会公共道德准则等考虑出发，选择或创立一个适当的规范填补法

---

〔1〕 参见［美］波斯纳：《法理学问题》，苏力译，中国政法大学出版社1994年版，第243页。

〔2〕 苗力田主编：《亚里士多德全集》（第一卷），中国人民大学出版社1990年版，第84页，第364页。

的空隙。在处理棘手案件时，法官要对各种价值进行平衡和选择，适用在特定问题上价值优越的法律规范或法律原则。"〔1〕

博登海默认为，法官在解决争议时有必要运用辩证推理的情形有三种："①法律未曾规定简洁的判决原则的新情形；②一个问题的解决可以适用两个或两个以上互相抵触的前提但却必须在它们之间作出真正选择的情形；③尽管存在着可以调整所受理的案件的规则或先例，但是法院在行使其所被授予的权力时考虑到该规则或先例在此争议事实背景下尚缺乏充分根据而拒绝适用它的情形。在所有上述情形中，法院不可能通过分析的论辩方式，亦就是用演绎、归纳或类推等方法去解决争议问题。在这种性质的情形中，即使是律师在试图劝说法院做出有利于其当事人的结论时，也不可避免地要诉诸于辩证推理方式。"〔2〕

博登海默还举出"海因斯诉纽约中央铁路公司案"说明辩证推理的特点。〔3〕该案中，一个16岁小男孩游过一条河后，爬上一块河岸铁路地段堤岸处伸出的跳板，他站在跳板上准备跳水时，被该铁路公司所有的电线杆上掉下的高压线电死并被击入河中。在孩子母亲提出的损害赔偿诉讼中，双方律师提出两种相互抵触的类推观点。铁路方律师将事故发生时男孩的地位类推为非法入侵私有土地者，因而主张该土地所有人对他不承担应有注意责任。原告律师争辩说，该跳板以上或以下的空间是公共空间，因而该男孩应按照类推法被视为公路上的行人。审判法院采纳了被告方提出的那种类推并驳回了原告方起诉，然而上诉法院则接受相反观点并推翻了原判。撰写此判决理由的卡多佐法官指出，此案双方各自的类推从逻辑上讲都是可以接受的，但他却得出结论认为，正义和理性要求被告承担赔偿这种法律责任。显然，辩证推理不受形式逻辑束缚，它所追求的是人类生活的目的性所规定的社会价值。

现代辩证推理方法已远远超出亚里士多德所赋予的意义。这种辩证推理本质上是对立统一的矛盾分析方法。它克服了形式推理抽象同一性、无矛盾

---

〔1〕　张文显：《二十世纪西方法哲学思潮研究》，法律出版社1996年版，第16-17页。

〔2〕　[美] E·博登海默：《法理学：法律哲学与法律方法》，邓正来译，中国政法大学出版社1998年版，第519-520页。

〔3〕　参见 [美] E·博登海默：《法理学：法律哲学与法律方法》，邓正来译，中国政法大学出版社1998年版，第520-521页。

以及"非此即彼"的形而上学思维方式，寻求具有对立统一关系的具体普遍性。它承认事物现象和本质、原因和结果、确定性和非确定性、真理和价值、规则和原则、演绎和归纳等范畴之间的严格区别，但不满足于对它们作静态的分析和理解，而是从它们相互联系、相互转化的矛盾运动中把握其内容，在对立两极的相互统一中揭示事物运动发展的本质和规律。因此，辩证推理方法本质上就是辩证法。这种辩证法是一种"最完整深刻而无片面性弊病的关于发展的学说"[1]。

梁庆寅教授提出了辩证思维推理的三种基本类型：一是对立互补推理，其特点是，根据对象的某一方面，寻找或构想出一个或更多的与这一方面相对立的方面，在对立面的统一中认识对象的本质。二是整体结构推理，其特点是，以整体作为思考对象，依照要素、结构、功能的层次逐步分析整体由哪些要素构成，要素之间的联系方式怎样，对象整体与外部环境交互作用表现出什么样的特征和能力，从而在整体上认识对象；这是从整体到部分再到整体综合的推理。三是具体重构推理，其特点是，从最基本的抽象规定出发，渐次分析出它所包含的各种矛盾和矛盾的各个方面，从而达到关于对象的多样性统一和多种规定综合的认识，这是从抽象上升到具体的推理。[2]

（二）因果推理

因果推理是基于事物之间存在着引起和被引起的普遍关系的哲学思想而形成的一种推理方法。从亚里士多德关于任何推理的前提都必须"是先于结果、比结果更容易了解的，并且是结果的原因"[3]来看，也可以说，任何推理都是因果关系推理。

因果关系（Causation）是一种在原因和结果之间包含着时间顺序的必然关系。恩格斯说："由于人的活动，就建立了因果观念的基础，这个观念是：一个运动是另一个运动的原因"[4]。因果观念给人们的方法论启示是：第一，任何事物都受因果联系支配，所以任何结果皆有原因，即使这个原因尚未被

---

〔1〕 中共中央马克思 恩格斯 列宁 斯大林著作编译局编：《列宁选集》（第二卷），人民出版社1972年版，第442页。

〔2〕 参见梁庆寅：《试论辩证思维的推理》，载《哲学动态》1996年第8期。

〔3〕 参见苗力田主编：《亚里士多德全集》（第一卷），中国人民大学出版社1991年版，第248页。

〔4〕 中共中央马克思 恩格斯 列宁 斯大林著作编译局译：《马克思恩格斯全集》（第20卷），人民出版社1957年版，第573页。

认识，但它肯定客观存在而且迟早会被认识。第二，既然一定结果产生于一定原因，就可建立一种从结果回溯原因的分析方法。第三，现实的因果关系具有双向性或反馈性，所以经常存在着多因多果的复杂联系。

因果推理同归因方法的区别在于，它不仅要判断一个人的作为或不作为是否引起某一特定的损害，而且要通过推理确定因果责任。例如，对谋杀罪控诉，必须举证被告的行为造成了死亡。在其他类型的案件中，如合同纠纷中确定违约责任，必须举证行为和损害之间存在某种因果关系，以便确定责任的限度。法律上的应负责任不仅注意到主体的动机和意图，而且更注意一个人的行为同某一损害之间的联系，以及这种联系是否足以使其受到应有的惩罚。在民法的无过失责任中，因果关系是决定责任的基本要件。"在无过失责任情况下，行为人有无责任，不取决于他是否有过错，而取决于损害结果与其行为及其物件之间是否有因果关系。"[1]在刑法领域，我国学者对刑法因果关系的性质有必然性和偶然性之争，以致分为必然因果关系说和偶然因果关系说两派。当然，也有一些学者主张因果关系是必然性和偶然性的统一。[2]

威廉姆·理德对因果关系和利益、价值判断的关系的研究表明，[3]在法律推理中，因果关系不是单独对判决起作用，它总是受一定价值观和利益观影响。法律推理不是仅关注一系列事件的逻辑因果联系，而且还要关注个人、群体或机构的一定政治、经济和心理的需要和愿望。这种因果关系不以人的意志为转移，例如：火中取栗，会被烧伤。我如果认为避免烧伤的价值胜过火中之栗的价值，这种选择则来自明智的功利计算。后果、利益和价值都包含在这个用于讨论事实的例子里。

在法律推理中，主体面临的案件事实也许是错综复杂的，各种因果关系往往交织在一起，令人眼花缭乱。例如，在一个高速公路撞车案中，关键的法律问题是谁引起了事故。甲方当事人没有在物理上引起事故，即使其行为缺乏小心，也可能对此不负法律责任。但如果由于事故与诱发行为之间没有

---

〔1〕　王利明：《侵权行为法归责原则研究》，中国政法大学出版社 1992 年版，第 129-130 页。

〔2〕　参见龚明礼：《论犯罪的因果关系》，载《法学研究》1981 年第 5 期；另参见陈兴良：《刑法哲学》，中国政法大学出版社 1992 年版，第 72-79 页。

〔3〕　See William Read, *Legal Thinking: Its Limits and Tensions*, University of Pennsylvania Press, 1986, pp. 34-36.

必然联系而无法预见，在物理上却造成了事故的缺乏小心的一方当事人（就是说，要不是缺乏小心的一方当事人的所作所为，就不会发生事故），则应该负法律责任。这是主张法律可以调和物理因果关系和道德责备。

假定因为地震（法律上称为不可抗力），醉酒的驾驶员甲撞了未喝酒的驾驶员乙，甲将不会对乙负法律责任，因为甲的缺乏应有小心并不是造成碰撞的原因。现在假定（不再是醉酒的）甲不小心撞翻了一个弯路标志，导致驾驶员丙的卡车驶下了公路，而一头大公牛从丙的车上逃走，并袭击了乙。尽管没有打破物理因果关系链条：从甲到信号标志，从信号标志到丙，从丙到公牛再到乙。整个因果关系链条的起点是甲。但是，甲是否应该对乙负法律责任，是值得怀疑的。因为，甲并不能比预见地震而更多地预见事件的一连串后果。这就要考虑如何通过法律规范的介入为法律推理提供材料。[1]就是说，推理主体要用有关法律规则、原则来加工这些事实材料，结合具体事件的因果关系，对过失责任、严格责任、危险责任等法律规则的要求加以综合考虑，才能推出关于事故责任的公正结论。

因果推理存在的主要问题是，客观的因果关系内化于主体头脑中会形成一种观察问题的思维结构。这种先入为主的认知框架会像有色眼镜一样，使佩戴者在没有什么因果关系的地方"看出"因果关系。社会心理学实验研究表明，"人们的确有按照因果观点进行思维的强烈倾向性，即使在没有什么理由这么想的时候也是如此"[2]。这是法律推理过程中可能出现的一种追求因果关系的偏向。它会导致在没有什么时空相关性的行为和后果之间，人为地、无中生有地得出因果性乃至动机存在的结论，从而使事实认定的准确性受到削弱。大多数人有一种崇尚因果推理而轻视概率推理的倾向，因为因果推理似乎更接近必然推理。但实际上，日常生活和法律实践中更多使用的是概率推理。

因果推理的另一个问题是，追溯引起损害的原因要走多远？因果关系中的原因有直接原因和间接原因、历史原因和现实原因、主观原因和客观原因、必然原因和偶然原因。这些原因相互交叉而形成互因互果的链条，对于学术

---

〔1〕 See William Read, *Legal Thinking：Its Limits and Tensions*, University of Pennsylvania Press, 1986, p. 36.

〔2〕 ［澳］约瑟夫·P. 福加斯：《社会交际心理学——人际行为研究》，张保生等译，中国人民大学出版社 2012 年版，第 62 页。

研究来说可以无止境地追溯源头，而对法律推理来说却不得不考虑时效问题，所以有时候需要将盘根错节的因果关系链条在某个环节"掐断"。这样做也许会使法律推理的公正性受到动摇，但是，在法律推理中追求事实真相往往受到主客观条件的限制。法庭审判是在人工条件下对过去事实的认定过程，这种认识具有似真性，是事实认定者对案件事实的思想再现。

五、法律推理的经验方法

如前所述，法律推理的方法是逻辑方法和经验方法的统一。休谟认为，"一个人，如果没有更多的经验，是决不能对事实运用他的猜测或推理，或者确信任何直接呈现于他的记忆和感觉之前的东西以外的东西的。……假定这个人已经得到了更多的经验，并且在世界上生活了那么久，因而观察到许多习见的事物或事件经常结合在一起，这样，他会从这种经验中得到什么结论呢？他可以从一件事物的出现立刻推论出另一事物的存在。……还有另一个的原则决定了他作出这样一个结论。……这个原则就是习惯。……一切从经验而来的推论都是习惯的结果，而不是运用理性的结果"[1]。但是，推理是人的一种高级思维活动，而主张经验推理的方法只靠习惯、不运用理性，这似乎说不通。解决这个矛盾的是康德，他将纯粹理性与实践理性作了区分。而波斯纳等人在康德的基础上进一步完善和发展了实践理性的理论和方法。

（一）实践理性的一般特征

从"实践理性"的思想渊源来看，古希腊亚里士多德、阿奎那最早对"理论理性"（关于情况是什么的推理）和"实践理性"（关于应当做什么的推理）这两个概念作了区分。[2]按照这种区分，前者属于本体论范畴，后者属于认识论范畴。

在实践理性思想的发展中，康德的实践理性观念是强调实践主体自身的责任（道德）反省。康德说："实践理性的公设都是从道德原则出发的；道德原则并不是公设，而是理性据以间接规定意志的规律。意志受到了这样的规定，就成为纯粹的意志，正因为如此，就要求有这些必要的条件，使它的规

---

〔1〕　［英］休谟：《人类理智研究》，IV. 35-36，载北京大学哲学系外国哲学史教研室编译：《西方哲学原著选读》（上卷），商务印书馆 1981 年版，第 527-528 页。

〔2〕　参见张文显：《二十世纪西方法哲学思潮研究》，法律出版社 1996 年版，第 75 页。

范得到遵守。这些公设并不是理论上的教条，而是实践上必需的前提，因此它们虽然并不扩大思辨的知识，却使一般思辨理性的理念（通过与实践的联系）获得客观实在性，使思辨理性有权肯定一些概念的可能性，否则它是不能擅自这样做的"〔1〕。

从康德的实践理性观出发，德沃金探讨了疑难案件中法官如何（和应当如何）根据案件对法律规则进行选择适用的问题。他继承了康德的实践理性观，认为在确证中才能得出某一法律理解优于另一法律理解的结论。他说："法律推理是建设性阐释的一种运用，我们的法律存在于我们的整个法律实践的最佳论证之中，存在于对这些法律实践做出尽可能最妥善的叙述之中。"〔2〕

非康德的实践理性观念，强调实践主体之间的对话交流。新实用主义（威尔斯、菲什、波斯纳）主张结论是从对话中产生的。在新实用主义看来，法官不是法律实践的观察者，而是法律实践的参与者。

波斯纳对"实践理性"（practical reason）方法的论述可以概括为如下几点：〔3〕

（1）实践理性是与精密研究方法或"纯粹理性"方法相对应的注重行动的方法。纯粹理性方法是决定一个命题真假、一个论点有效或无效的方法。实践理性则是为了进行实践的或者伦理的选择而采用的方法。它包括一定行为的正当化论证和相对于一定目的的最佳手段的确定，其中起决定作用的因素是经验智慧，或称之为实践三段论。

（2）实践理性是各种推理方法的集合体、"百宝箱"或"杂货袋"。它既不是单一的分析方法，也不是统一的方法体系，而是囊括了常识、想象、反思、共感、先例、类推、隐喻、逸闻、经验、发言者的权威、动机的归责、记忆等推理方法的集合体。实践理性是为了形成对于那些无法由逻辑学和科学观察加以检验的事项的信念而采用的方法。

（3）实践理性方法的功能在于：第一，它可帮助人们在遇到具体实践问题时确定一个目标，并选择达到目标的最便利手段。它是我们回答大小问题

---

〔1〕 ［德］康德：《实践理性批判》，第一部，第二卷，Ⅵ，载北京大学哲学系外国哲学史教研室编译：《西方哲学原著选读》（下卷），商务印书馆1982年版，第318页。

〔2〕 ［美］德沃金：《法律帝国》，李常青译，中国大百科全书出版社1996年版，第Ⅰ页。

〔3〕 以下参见［美］波斯纳：《法理学问题》，苏力译，中国政法大学出版社1994年版，第94页，第98页，第79页，第70页。

的一套主要工具，甚至是唯一工具。实践理性被理解为当逻辑方法和科学方法用尽时人们所使用的多种推理方法。法律推理的逻辑方法有自己的局限性，在法庭辩论等场合仅凭逻辑演绎不能决定对立的议论中的哪一种主张是正确的，而科学观察法的应用范围也极其有限，唯有实践理性比较适宜于解决法律问题。第二，实践理性可以确定地回答一些伦理问题，比如，人工流产和死刑对生命神圣的影响，同性恋的合法性，等等；而法律在许多方面恰恰涉及伦理问题。

　　实践理性方法在波斯纳那里是一个"筐"，其论述过于实用主义、杂乱无章。从理论上概括实践理性的本质特征和方法论意义，主要有以下两点：

　　第一，实践理性具有库恩所说的"范式"意义。人们都是用某种范式来认识事物的。"'范式'的一种意义是综合的，包括一个科学集体所共有的全部规定；另一种意义则是把其中特别重要的规定抽出来，成为前者的一个子集。""'范式'一词无论实际上还是逻辑上，都很接近于'科学共同体'这个词。一种范式是、也仅仅是一个科学共同体成员所共有的东西。"[1]从这种意义上看，实践理性方法是法律家共同体所共有的法律推理模式，是一种法律思维"范式"。

　　第二，实践理性方法是辩证法意义上的实践逻辑。列宁对黑格尔"行动的推理"观念高度重视："对黑格尔说来，行动、实践是逻辑的'推理'，逻辑的格。这是对的！……人的实践经过千百万次的重复，它在人的意识中以逻辑的格固定下来。这些格正是（而且只是）由于千百万次的重复才有着先入之见的巩固性和公理的性质"[2]。"在黑格尔那里，在分析认识过程中，实践是一个环节，并且也就是向客观的（在黑格尔看来是'绝对的'）真理的过渡。因此，当马克思把实践标准列入认识论时，他的观点是直接和黑格尔接近的"。"实践高于（理论的）认识，因为它不但有普遍性的品格，而且还有直接现实性的品格"[3]。

---

〔1〕［美］托马斯·S·库恩：《必要的张力：科学的传统和变革论文选》，纪树立等译，福建人民出版社1981年版，第290-291页。

〔2〕［俄］列宁：《哲学笔记》，中共中央马克思 恩格斯 列宁 斯大林著作编译局译，人民出版社1974年版，第233页。

〔3〕［俄］列宁：《哲学笔记》，中共中央马克思 恩格斯 列宁 斯大林著作编译局译，人民出版社1974年版，第230页。

实践推理（practical reasoning）或实践理性的方法，包括常识推理、直觉推理、类比推理和解释推理等。其中，解释推理的方法放在第六章进行讨论。

（二）常识推理[1]

常识推理（commonsense reasoning）是以人类的共同经验、信以为真的普遍信念为大前提，对一定案件事实进行推理，得出常识意义上不可置疑性结论的推理活动。对常识的考虑，表明司法推理归根到底要反映社会知识库的内容。

在事实认定的经验推论链条中，从证据到推断性事实，再到要件事实，其中的每一个推论步骤都需要以概括为基础。舒姆说："概括……充当了把我们的论证结合在一起的黏合剂。"每个推论都依赖一个概括。概括通常带有模糊性和可谬性，例如，"进入一家房子的人通常会逗留 15 分钟以上。"这个概括，可能潜在一定的谬误，具有潜在危险性。很多人会接受这样的概括："在绝大多数情况下，一个犯暴力罪的人将会逃离犯罪现场。"

概括可以用三个轴来分类——普遍性轴、可靠性轴和来源轴。普遍性轴的终点可以由最抽象形式的概括来标记，例如，抽象地说："在某些情况下，一个被看到正逃离暴力犯罪现场的人，也许是罪犯"。

可靠性轴一端是科学定律（如万有引力定律）；有根据的专家意见；基于常识经验而被广泛分享的结论（如每个人都知道司机遇到红灯时须停车）。该轴中段是人们普遍拥有但尚未证明或不可证明的信念（如逃离犯罪现场是罪犯心虚的证据）。该轴另一端是人们可能强烈持有但与可获数据无关的成见或偏见（例如，男人一般是差劲的单亲父亲；在一个黑人受审时，白人作为陪审团成员做不到公正，等等），以及虽不被人强烈持有但依然有效的信念（如一个人的行为通常与其动机相符）。

来源轴从不断重复的个人经验概括，延伸到基于后天知识的"综合性/直觉性"概括。例如，基于其经验相信："在佛罗里达州迈阿密，一年之中大多数日子的某个期间都阳光明媚。"

以一个模糊概括为根据的推论，是明显虚弱的：

X 和 Y 有时候同时发生

---

[1] 本节内容主要参考了［美］特伦斯·安德森、戴维·舒姆、［英］威廉·特文宁：《证据分析》，张保生等译，中国人民大学出版社 2012 年版，第三章证明原则；第十章必要却危险：关于事实论证中的概括和案情的有关内容。

这是 X 的一种情况

所以，Y 也许已同时发生。

如果一个概括被接受为真，重要的就是要区分，对一个概括的支持强度及其证明力。一个概括越谨慎，它就很可能越似真，但它对待证事实的支持则越虚弱。例如，"在亲密关系中年长一方倾向于成为支配方"，这个命题更有似真性，但它非常模糊，最多只能给某女诱使某男谋杀她丈夫这一待证事实提供微弱的支持。

在理性主义传统中，包括陪审团成员在内的事实裁判者，被假定已经装备了广泛共享的"知识库"，这种知识装备常被描述为"一般经验""背景知识""常识"（common sense）或"社会知识库"。其来源于教育、直接经验、媒体、流言、小说、幻想、猜测、偏见等。在法律语境中，根据概括在特定社会、特定时间被认可的可靠性，将不同种类的概括划出宽泛的区别，这是有用的。但要区别基本上无争议的一般知识，与缺少确定性的"常识"概括，以及基于有限经验、信任、推测、神话或偏见的信念。

人们对亲身经历的事情会自信地宣称"知道"，并可能在一个共同体内被广泛分享。例如，迈阿密人知道倾盆大雨可能毫无预兆就落下来。某个曾被警察不公正对待的人可能得出结论说，所有或大多数警察都是不能信任的。某个人与其他种族或阶层的某个人有过一次不愉快的经历，就可能把否定性评价扩展到那个种族或阶层的所有成员。

"司法认知"规则，即"无需证明的事实"。例如，《联邦证据规则》201（裁判性事实的司法认知）（b）规定了"可被司法认知的事实种类。法院可以对不存在合理争议的事实作出司法认知，因其：（1）是审判法院司法辖区内众所周知的；或者（2）可从其准确性不容合理置疑的来源准确且容易地确定。"一位法官可以对常识和不会受到严重争议的事实进行司法认知。例如，圣诞节和维多利亚女王死亡的日期。根据自然规律，两星期对人类怀孕期来说是不够的。伦敦街道上交通拥挤，所以一个男孩骑车通过街道有受伤的风险。

科恩认为，就"知识库"或"认知共识"而言，陪审团成员如果没有这些信息，就几乎不能理解他周围的人以及他们的行为。但有了这些信息，他仅仅是掌握了其在陪审团评议室对归纳性概率进行评估实践所需要的一种背景知识。仅依赖于事实对某个常识概括的支持程度，正是该常识概括把这些事实与结论连接起来。在很大程度上，主流常识概括是从共享经验中习得的，或由谚语、神话、传说、历史、文学、戏剧、父母建议和大众传媒传授的。只要刑事审判中陪审团成员与被告是同等的人，他的案子就有被他们正确裁判的合理机会；而如果他们属于不同文化的话，即使想要公正，他们也很可能误判。但即使在相同文化中，也仍存在偶然性分歧的空间，即关于支持还是不支持某些具体常识概括适用的情况。[1]按照这个观点，一个北京人不能在芝加哥的法院担任陪审团成员，因为他的知识库与陪审团中芝加哥人的知识库中缺乏共享的经验与相同的文化，认知共识就难以建立起来，有可能对事实作出误判。

对科恩常识推理提出的主要批评包括：首先，在一个动态的多阶层、多元文化社会，不能设想人们有一种跨阶层、跨文化甚或是在一种文化内广泛的认知共识。其次，当我们谈到作为论证之保障或黏合剂的"概括"时，有一种假定我们从自己作为预定命题知识库中得出这些的趋向性，这从心理学上看是牵强的。个人或一个共同体的信念库，不太可能以整洁的分类代码或数据库形式加以贮存。最后，个人或群体的信念库很像是一锅浓味鱼汤，概括在推理论证中的危险性在于，为了接受基于该推论的结论，他们倾向于提供无效的、不合理的或错误的理由。当这些理由以暗示的形式存在或者未明确表达时，就尤其危险。[2]

（三）直觉推理

直觉推理（intuitive reasoning）是一种使我们能从远处俯瞰目标的能力。这种俯瞰虽然可能是朦胧的，却是全景式的，克服了某些清晰认识的局部性。

直觉推理的逻辑形式是：

如果直觉是 P，

那么，P 可能是真的。

---

〔1〕 See Cohen, L. Jonathan, *The Probable and the Provable*, Oxford University Press, 1977, pp. 274-276.

〔2〕 参见［美］特伦斯·安德森、戴维·舒姆、［英］威廉·特文宁：《证据分析》，张保生等译，中国人民大学出版社 2012 年版，第 361-362 页。

首先，作为推理大前提的 P 是一个先验判断，即是一个未经思考、论证或推论而作出的判断。所以，它不能接受感性知觉的核查，但推理主体确实相信自己的直觉 P 是真的。其次，作为结论的 P 是盖然的。

"在大多数语境下，归纳推理是凭直觉运用的。"人们一般"很难或不可能明确表达一个推论所依赖的精确概括，就像对方要明确表达一个他认为使其结论具有正当性的事实后（after-the-fact）概括一样。"〔1〕例如，一个学生可能向老师说，李四今天没来上课是因为他父亲生病了，这促使老师得出其缺席应得到原谅的结论。老师可能问："你怎么知道他父亲生病了？"学生可能答："因为李四是这么告诉我的。"老师可能继续问："为什么他告诉你他父亲生病了，就证明他父亲事实上生病了这个结论是正当的？"迫于要证明她的推论是正当的，她可能称："根据我与李四相处的经验，我相信李四说的话都是真的。"在上述问答中，学生是凭直觉作出的判断，他相信自己的直觉但又无法核实它，所以其结论具有盖然性。

作为实践理性方法的直觉推理具有只可意会、不可言传的特性。这有两个原因：第一，它所依据的标准是一些最初级的原则。这些原则可能是相互冲突的，在某些特殊情况下甚至可能给人们提供相反的指示。"我不能定义 x（比如说，淫秽），但当我看到一件事情时能够道出一件 x。"前美国联邦最高法院大法官波特·斯图尔特曾经承认他无法具体写出黄色淫秽物品的定义，可是他敢肯定"我看见了就知道是不是。"〔2〕直觉是以惯常的方式使用术语，而不考虑如何给它们下定义，或它们可隐藏何种预设。第二，它所采用的方法是直觉的，没有任何可以衡量推理标准、原则等大前提的明确方法，在决定选择什么原则的问题上没有优先规则，而是根据有关道德原则的自明性和必然性来进行推理，"靠那种在我们看来是最接近正确的东西来决定衡量"。〔3〕

在 20 世纪初，一些法学家曾经提出"司法预感"（judicial hunch）假说。美国法学家、前法官哈奇森对自己的判决过程作了这样的描述：在审核自己

〔1〕 ［美］特伦斯·安德森、戴维·舒姆、［英］威廉·特文宁：《证据分析》，张保生等译，中国人民大学出版社 2012 年版，第 129 页、第 130 页。

〔2〕 参见［美］艾伦·德肖微茨：《最好的辩护》，唐交东译，法律出版社 1994 年版，第 190页。

〔3〕 ［美］约翰·罗尔斯：《正义论》，何怀宏等译，中国社会科学出版社 1988 年版，第 31 页。

所掌握的案件材料并加以深思之后，就进行自己的想象力的演出。"沉思原因，等待感觉，预感——了解问题的直觉的闪光，成为问题和决定之间的闪光连接器，并在对司法脚步来说最黑暗的道路上，照出沿途的闪光。……在感觉出或'预感'出他的决定时，法官的行为同律师在处理其案件时并无不同而正好一样，唯一的例外是，律师由于心目中有一个预定的目标，即为他的当事人赢得这一诉讼，所以只寻找和注意那些使他停留在他所已选中那条道路上的预感，可是法官，由于他仅仅处在负有找出正当解决办法的徘徊不定的使命的道路上，所以就要随着他的预感所指的任何地方……"。[1]哈奇森补充说，他现在所说的是判断或判决，而不是为这一判决作辩护的理由。法官实际上是通过感觉而不是通过判断来判决的，是通过预感而不是通过推理来判决的，这种推理只存在于判决理由中。对判决最重要的推动力是在一个具体案件中关于是非的直觉感。一个机灵的法官，一当这样判决后，就动员他的全部才智和心神，不仅要对自己证明这种直觉正当，而且要这种直觉能够通过批评者的检验，因而他就要回想直接或间接地有用的一切法律规则、原则、范畴和概念，以便选出那些将证明他所希望的结果是正当的东西。[2]

弗兰克认为，哈奇森以上的描述，是"对所有法官如何思想的大体正确的说明"。法官对案件作出一个直觉的或情绪的反应，然后再建构一套对他的判决不起作用的法律论点，以证明其判决结果的合法、合理。[3]这个学派主张，在审判实践中，法官常常先根据直觉在头脑里得出结论，然后再为这个结论寻找理由，或者说得直白一些，是"给出理由"。所以，直觉推理的作用可能主要是为演绎推理提供一个大前提，或者为归纳推理预设一个结论。"从默认的或公开承认的直觉中推导出的前提，这个直觉是关于什么可视为什么的理由的直觉。"[4]这决定了直觉推理一般不能单独使用，而是要与其他推理

---

〔1〕 ［美］哈奇森：《判断直觉：司法判决中的"预感"的职能》，载《康奈尔法律季刊》第14卷。转引自沈宗灵：《现代西方法理学》，北京大学出版社1992年版，第339页。

〔2〕 参见［美］哈奇森：《判断直觉：司法判决中的"预感"的职能》，载《康奈尔法律季刊》第14卷，第274页。转引自沈宗灵：《现代西方法理学》，北京大学出版社1992年版，第339页。

〔3〕 See J. Frank, *Law and The Modern Mind*, Steren & Sons Ltd., 1949; cited in Kent Sinclair, "Legal Reasoning: in Search of an Adequate Theory of Argument", *California Law Review*, Vol. 59, No. 3., 1971, p. 825.

〔4〕 ［英］L. 乔纳森·科恩：《理性的对话——分析哲学的分析》，邱仁宗译，社会科学文献出版社1998年版，第82页。

方法配套使用。它可以提高法律推理的效率，在有多个前提和多种可能结论并存的情况下，根据直觉迅速选择一个自信的前提或结论，然后用试错法论证这个前提，或者为这个结论提供理由。这种运用直觉推理的情况在刑侦活动中可能比在审判活动中更加常见。例如，一位警官可能凭直觉认为一个死者死于谋杀而不是自杀，然后，他去寻找能够证明谋杀的理由。他总可以获得确定的结果，或者他找到了谋杀的证据，从而证明自己的直觉是正确的；或者他没有找到这样的证据，从而证明死者可能不是死于谋杀。

哈奇森所说的先得出结论、后寻找理由，在一定程度上反映了法官在许多情况下进行法律推理的实际过程。确实，不仅是法律推理，其他推理如科学推理、哲学推理、日常生活中的各种推理活动，都不完全是按推理的逻辑而进行的，而是人们在事后研究时从中发现了人们思维的逻辑。我写作本书，其中的一些部分，也是先在头脑中形成一定的结论或预感，然后才写出本书的框架，再去法学著作、论文和判例中寻找证明一些论点正当的材料的。

但是，首先，这个过程（即从结论-论据理由即推理前提的过程）并不是单向的。我常常在寻找支持我的论点的材料的过程中，得到一些否定我的论点的材料，从而不断修改我的预感中的结论，因此，不断返回结论的过程实际上就是从新的大前提向新的结论（部分是新的）的演绎推理过程。就是说，在实际的法律推理以及一切其他的推理过程中，人的思维并不是单向度的，而是多种维度的，从前提到结论的演绎推理过程与从结论到前提的直觉推理过程是相互补充、交替进行的，这个相互作用的过程不是一次完成的，而是多次反复进行的。

其次，哈奇森由此得出结论说"法官实际上是通过感觉而不是通过判断来判决的，是通过预感而不是通过推理来判决的，这种推理只存在于判决理由中"，这个结论是不正确的。他在作出这个结论时，是把法官的头脑当作一块白板，实际上法官的头脑里已储存了大量的法律规则、原则、法学理论观点、判例和本人的审判经验。因此，法官不是仅仅通过感觉来判决，因为感觉作为感性认识的第一个阶段太过直观，法官必须在感觉基础上运用理性的判断和推理加工感性认识所获得的材料，才能作出正确的判断。哈奇森可能只是没有"感觉到"他在判决过程中运用了头脑中的法律知识和经验，因为这些知识和经验由于其用得太频繁而几乎变得自动化了，不易被哈奇森感觉到了。

综上，哈奇森所说的法官是通过感觉、预感而不是通过判断、推理来判决，然后在判决书中撰写判决理由时，才运用推理来论证或深思该判决的正当性，可能是一种表面现象。透过现象看本质，应该把法官从一个案件的审判开始到判决书写作结束理解为一个完整的法律推理过程，即把直觉推理视为法律推理全过程中的一种推理方法运用，它可能才是正确的。

科恩认为，"直觉是信念的一种形式，而不是接受的一种形式。接受是有意的，而信念则不是。接受一组命题使人承诺它的推断，相信这组命题则没有这种承诺。"这说明，信念或相信是一种主观状态，而接受则是一种客观考虑。例如，一个陪审团成员由于熟悉某个证人，他认为该证词是不可信的，然而如果有一些证据表明该证词所说的情况很可能发生，他就会通过权衡这些证据而放弃自己的成见。他可以禁不住有这些信念，并且对此不负任何责任，但他对是否把这些信念作为被告有罪（无罪）结论的推理前提负有责任。就是说，他能够理性地决定是否把一个自己相信或不相信的命题作为推理的一个不成问题的前提。因此，卡尔纳普和奥斯汀都认为，有时需要对直觉不予考虑。但是，这种不予考虑不能使用纯粹主观的标准，不能仅仅抛弃不方便或不受欢迎的直觉。不允许只挑出符合他假说的实验数据，扔掉不符合的数据。在习惯法法庭，不允许一个法官仅挑出符合他对法律的解释的先例，而不考虑不符合他解释的先例。[1]

（四）类比推理

类比推理（analogical reasoning）是根据两个对象某些属性相似而推出它们在另一些属性上也可能相似的推理形式。它的基本逻辑形式是：

A 事物具有属性 a，b，c，d，B 事物具有属性 a，b，c；

所以，B 事物具有属性 d。

麦考密克说，如果有一个现存的法律规则或形式化的法律原则，"如果 P，那么 Q"，裁决就可以被类比推理所证明是权威的，如果作出的判决遵循如下条件"如果 P/1 那么 Q，且如果 P/1 与 P 相似"。[2]

---

〔1〕 参见〔英〕L. 乔纳森·科恩：《理性的对话——分析哲学的分析》，邱仁宗译，社会科学文献出版社 1998 年版，第 103 页，第 110–111 页。

〔2〕 See J. W. Harris, *Legal Philosophies*, Butterworth, 1980, p. 202.

　　"类比推理在法律适用过程中的公式大体上是：甲规则适用于乙案件，丙案件在实质上都与乙案件类似，因此，甲规则也可适用于丙案件。"〔1〕一般认为，类比推理的逻辑形式是从特殊到特殊，因为两个特殊的案件类似。博登海默说："类推推理，亦就是把一条法律规则扩大适用于一种并不为该规则的语词所涉及的、但却被认为属于构成该规则基础的政策原则范围之内的事实情形。例如，如果有一条规则规定，某遗嘱执行人不可在指定他为遗嘱执行人以外的地方提起诉讼，按类推方法，这条规则就可以被扩大适用于某一遗产的管理人"〔2〕。类推就是以前一个案件的相同方式来判决后一个案件。利瓦伊（E. H. Levi）认为，它还包括法官和律师假设隐含在法律条文中的例子，来判决真实的案件。〔3〕

　　在英美法律思想中，类比推理可能是最为人们普遍接受的一种法律推理方法。亚里士多德认为，类比推理（他用的词是"例证"）既不是从部分到整体的推理，也不是从整体到部分的推理，而是从部分到部分的推理。"一个例证所代表的不是部分与整体，或整体与部分的联系，而是一个部分与另一个部分的联系。它与归纳不相同。归纳是从对全部个别情况的考虑表明大项属于中项，并不把结论与小项相联系。相反，例证与它相联系，也并不使用所有个别情况来作证明。"〔4〕

　　休谟在谈到或然推理时，强调了关于事实与实际存在的推理显然没有证明的论证问题。"如果我们具有一些使我们相信过去经验的论证，并且将它们作为判断未来的标准，这类论证就必定只是或然的；按照我们上边的分类来说，它们必须是关于事实和实际存在的论证。"〔5〕

　　波斯纳认为，类比推理常常是律师所采用的一种推理方法，律师们喜欢通过类比寻找与手上案件相类似的例子，从中提取案件将被如何判决的观点和信息。但是，类比推理以前例为权威依据，如果律师想象前例可以像戴手套一样套在新案件上那是可笑的。因为，在前例制度体系中，处于主动地位

　　〔1〕　沈宗灵主编：《法理学研究》，上海人民出版社 1990 年版，第 342 页。
　　〔2〕　［美］E·博登海默：《法理学：法律哲学与法律方法》，邓正来译，中国政法大学出版社 1998 年版，第 514 页。
　　〔3〕　See J. W. Harris, *Legal Philosophies*, Butterworth, 1980, p.196.
　　〔4〕　苗力田主编：《亚里士多德全集》（第一卷），中国人民大学出版社 1990 年版，第 236 页。
　　〔5〕　［英］休谟：《人类理智研究》（第四卷），第 20-25、28-30、32 页，载北京大学哲学系外国哲学史教研室编译：《西方哲学原著选读》（上卷），商务印书馆 1981 年版，第 525 页。

的是后来的法院，而不是创造了该前例的法院。后来的法院总是要对前例的决定作或宽或窄的解释，甚至推翻前例。类比推理不属于证明的逻辑，不是连接前提和结论的方法。所以，律师们运用类比推理来进行法律预测，其结果也许并不乐观。但是，先前决定的案件为律师和法官应当如何决定一个新案件提供了大量的事实、理由和技巧。海商法上对迪奥单的类比使用就是一个明显的例子。[1]

伯顿认为，法律推理的类比方法分为两个步骤：第一步是识别一个适当的基点，即司法辖区内最具权威性的判例；"类比推理的第二个步骤是，在确定的基点情况和一个问题情况之间识别事实上的相同点和不同点。……当一个判例的事实与一个问题案件的事实相似到要求有同样的结果时，我们就说一个法官或判决依照判例；而当一个判例的事实不同到要求有不同的结果时，我们就说一个法官或案件区别判例"[2]。

类比推理在法学上有时被称为类推（适用）或比照适用，我国 1980 年《刑法》第 79 条规定："本法分则没有明文规定的犯罪，可以比照本法分则最相类似的条文定罪判刑，但是应当报请最高人民法院核准。" 1997 年 10 月 1 日起施行的新《刑法》第 3 条则规定："法律明文规定为犯罪行为的，依照法律定罪处刑；法律没有明文规定为犯罪行为的，不得定罪处刑。"新旧《刑法》的上述变化，标志着我国刑事立法从允许"类推适用"向彻底贯彻"罪刑法定"原则的飞跃。

关于罪刑法定与类推的关系，国内法学界有过长期争论，焦点是罪刑法定是否包容类推适用。[3]一般而言，罪刑法定原则和类推适用在价值内容上是对立的，前者体现的是人权保障的目的标准，后者体现的则是实体法规则适用的操作标准。罪刑法定原则的基本含义是法无明文规定不为罪，且法无明文规定不处罚。"而类推的基本含义是比附援引。罪刑法定与类推是矛盾的，禁止类推解释被公认为是罪刑法定主义的派生原则之一。"[4]

---

〔1〕 参见［美］波斯纳：《法理学问题》，苏力译，中国政法大学出版社 1994 年版，第 111-121 页。

〔2〕 ［美］史蒂文·J. 伯顿：《法律和法律推理导论》，张志铭、解兴权译，中国政法大学出版社 1998 年版，第 34-35 页。

〔3〕 争论的主要观点参见陈兴良：《刑法哲学》，中国政法大学出版社 1992 年版，第 494-497 页。

〔4〕 陈兴良：《刑法哲学》，中国政法大学出版社 1992 年版，第 495 页。

那么，罪刑法定是否绝对不允许类推存在呢？对此，西方法学家有尖锐对立的观点。概念法学认为，成文法典一旦制定出来即可自给自足。法官只需根据演绎推理，就可以从现有的由概念构成的法律条文得出正确的判决。但是，德国法学家耶林则针对概念法学迷信法典提出了法的目的论思想。他认为，法律的目的是平衡个人利益和社会利益，这决定了法典不可能是天衣无缝的。因此，类推总是存在的，而类推不能仅靠概念和逻辑，必须根据有关的利益进行。[1] 按照陈兴良教授的观点，西方国家刑法解释中所容许的类推是指有利于被告利益的类推，不利被告的类推还是被禁止的。我国旧刑法中的类推是对刑法分则没有明文规定的犯罪比照分则最相类似的条文定罪判刑的制度。这显然是一种不利于被告利益的类推。因此，类比推理是体现社会本位价值观的法律形式，而罪刑法定原则是以个人本位的价值观为基础的。

在逻辑形式上，罪刑法定属于演绎推理，类推适用则属于从特殊到特殊的类比推理。但是，陈兴良教授将类推的"比附援引"同《唐律》断罪的"举重以明轻""举轻以明重"相提并论，这与台湾学者王泽鉴的看法是不同的。后者认为："'举重明轻'或'举轻明重'不同于类推适用，在论证上系数当然的推理，仍在解释的范畴，按唐律载'诸断罪而无正条，其应出罪者，则举重以明轻，其应入罪种者则举轻以明重。'所谓举重明轻、举轻明重，即为论理解释，容许自然解释。自然解释者，即所犯之罪与法律正条同类，或加甚之时，则依正条解释，而适用之也，同类者，例如修筑马路，法条上禁止牛马经过，则象与骆驼自在禁止之列，加甚者，例如法条禁止钓鱼而未禁止投网，然钓既不可，网更可知，故投网者自亦在处罚之列。举重明轻或举轻明重不仅是逻辑问题，而是一种具有目的性的论证方法，何者为重，何者为轻，应就法律要件与法律效果之间的关系为法律上的衡量判断。""举重明轻的论辩方式为：'尚且当然'，其所谓'重'者，指其法律要件较宽或法律效果较广，而所谓'轻'者，指其法律要件较严，法律效果较狭。"[2]

如果从"同类者"如牛马遭禁止则象与骆驼亦遭禁止，"加甚者"如钓鱼遭禁止则撒网亦遭禁止来看，举重明轻与举轻明重在形式上仍然符合从特殊到特殊的逻辑形式。为什么王泽鉴先生说"举重明轻"或"举轻明重"不

---

[1]　参见张文显：《二十世纪西方法哲学思潮研究》，法律出版社1996年版，第128-129页。

[2]　王泽鉴：《举重明轻、衡平原则与类推适用》，载《法令月刊》1996年第2期。

同于类推适用，而是属于当然的推理即演绎推理呢？

上述问题产生的原因，在于类比推理的逻辑形式具有多重性，它同时兼有归纳推理和演绎推理的一些特征。波斯纳看到了类比推理逻辑形式的这种多重性，所以在承认类比推理存在的同时，忽而说"类比推理实际上是归纳"；忽而又说"类比推理实际上既不是略省三段论的（即演绎的）也不是弱归纳的，而是自成一类"（指类比推理是一种实践理性的方法）。他看到了"法律解释是一个神秘的过程"，"解释是一个变色龙"，皆因法律解释经常使用具有多变性的类比推理方法。[1]

逻辑学界常把类比推理纳入归纳推理的范畴，认为"类比推理可说是归纳推理的结论的展开"[2]。比如，我们从：

A. B 事物具有属性 a，b，c，并且 A 具有属性 d，
可以归纳出：A、B 事物都有属性 a，b，c 和 d，
然后得出：B 事物具属性 d

就是说，"B 事物具属性 d"的结论，从不同的角度，既可以看作是通过类比推理得出的，也可以看作是通过归纳推理得出的。那么进一步问：类比推理是否具有演绎推理的特征呢？沈宗灵教授对此持肯定态度，但他似乎是从一种外在的角度来理解类比推理的演绎推理特征的，譬如说，"如果从对丙案件的判决（结论）仍需以甲规则（大前提）为基础来推理，那么类比推理的特征也是从一般到特殊"[3]。

让我们分析一下这个观点，假设丙案判决是一个离婚案 2 判决，这个判决是从离婚案 2 与离婚案 1 实质上类似，并且离婚法某规则适用于离婚案 1 而通过类比推理得出的。那么，沈宗灵教授的意思就是：在经过类比推理之后发现了离婚法某规则（大前提），然后用这个大前提进行演绎推理得出关于离婚案 2 的判决。

这里有一个问题：即离婚案 2 判决是一个完整的法律推理过程（我们姑

---

〔1〕 参见〔美〕波斯纳：《法理学问题》，苏力译，中国政法大学出版社 1994 年版，第 114 页，第 572 页，第 134 页，第 342 页。

〔2〕 崔清田主编：《今日逻辑科学》，天津教育出版社 1990 年版，第 221 页。

〔3〕 沈宗灵主编：《法理学研究》，上海人民出版社 1990 年版，第 342 页。

且称之为"大推理"），在这个过程中，离婚案 2 所适用的离婚法某规则（大前提）是经过类比推理（小推理 1）发现的，而后从这个大前提得出离婚案 2 判决是运用演绎推理（小推理 2）的结果。现在反过来问：类比推理具有演绎推理的特征是指大推理，还是指小推理？如果是指小推理，它是指小推理 1，还是指小推理 2？从沈宗灵教授的论述来看，显然是指小推理 2，或者也可能是指大推理，但绝不是指小推理 1。而我们认为，恰恰是小推理 1（类比推理）内在地包含着演绎推理的特征。有关这个观点的详细论证，参见第六章三、（三）关于解释推理过程的论述。

正如本章开始时所强调的，法律推理的方法在实际推理活动中常常是综合运用的，因此，各种推理方法的划分其实都具有相对性。类比推理内在地包含着演绎推理的特征，仅仅是从一个侧面证明了法律推理方法划分的相对性。实际上，类比推理主要是包含着实践理性特征的价值推理。因为类比推理主要不是靠逻辑驱动的，而是靠正义感或利益原则驱动，所以耶林才说，类推不能仅靠概念和逻辑。詹姆斯·哥德利也认为，在法律规则比较笼统抽象的情况下，法官从一个案件向另一个案件的类推推理，是受正义感、阶级倾向或个人利益驱动的。如果解释者对一定案件的结果中潜在的标准有模糊的感觉，普通法的法官常常使用两种方法从一个案件推论另一个案件，即按照其模糊把握的标准将一个新案件和一个已判决的案件相比，看看它们如何相似，有何区别。如果他认为区别可能是无关紧要的，他就会将两个案件作类推，以第一个案件的方式判决第二个案件。如果他认为区别可能是至关重要的，他就会把这两个案件区分开，不把第一个案件当作第二个案件的权威判决案例。[1]

在普鲁弗诉普特南（Ploof v. Putnam）案和文森特诉埃里克运输公司案中，解释者可以确定私人财产保护规则的应用标准，然后按照这些标准解释为什么财产规则有时承认例外。普鲁弗案和文森特案的推理过程可作比较如下：

在普鲁弗案中，原告把船系在被告普特南的码头桩柱上，以躲避暴风雨，被告割断了绳索，使普鲁弗的船遭到损害。法官判决原告因其船遇险而应得

---

　　[1]　See James Gordley, "Legal Reasoning: An Introduction", *California Law Review*, Vol. 72, No. 2., 1984, pp. 147-148.

到损害赔偿，并援引一些案例来支持其判决。但在这些用作类比的案件中，情况都是为救自己财产的被告闯入了原告领地，而原告放弃了对此侵害的起诉。该案法官论点的潜在前提是，无论标准里包含什么，在允许船主自救的情况下而遭受侵害时，也不应否认土地所有人有合法给予补偿的合理性。这个论点是以类推进行的。其中一个用作类比的案例是文森特案，该案中，被告把船系在原告的码头上躲避暴风雨，原告没有割断他的绳索，但埃里克运输公司的码头被该船损害了，法官判决被告补偿原告所受的损害。注意，普鲁弗案不像文森特案，后者船主为了救自己的船而毁坏了另一个人的财产。法官用不那么类似的案例进行类比推理，其潜在前提是，无论标准潜在地应用什么原则，环境要迎合不同的结果。〔1〕

上述情况说明，相似案件在类比推理中之所以能够被法官加以区别，不相似的案件在类比推理中却可以被法官加以联系，不是因为类比推理的逻辑可以帮助推理者进行区别和联系，而是因为推理主体头脑中的价值观念或法律制度确立的目的性标准可以帮助法官做出价值判断。

类比推理与从判例出发的推理联系最密切。因此，有学者认为，"判例学说下的推理主要是通过类比进行的"〔2〕，它有三个步骤：

（1）识别一个适当的基点，即对本案来说最具权威性的判例。这个基点不是一成不变的，它可以被后来的案件否决，"否决的案件就取代被否决的案件成为后来这类案件的具有权威的基点，从而改变了法律"〔3〕。

（2）描述基点情况与问题情况的相同点和不同点。"只有通过比较和对比识别出所有看似有理的相同点和不同点后，你才能对是相同点还是不同点更为重要作出一个良好的判断。""当一个判例的事实与一个问题案件的事实相似到要求有同样的结果时，我们就说一个法官或判决依照判例；而当一个判例的事实不同到要求有不同的结果时，我们就说一个法官或案件区别判例。"〔4〕

---

〔1〕 See James Gordley, "Legal Reasoning: An Introduction", *California Law Review*, Vol. 72, No. 2., 1984, pp. 148-149.

〔2〕 ［美］史蒂文·J. 伯顿：《法律和法律推理导论》，张志铭、解兴权译，中国政法大学出版社 1998 年版，第 31 页。

〔3〕 ［美］史蒂文·J. 伯顿：《法律和法律推理导论》，张志铭、解兴权译，中国政法大学出版社 1998 年版，第 35 页。

〔4〕 ［美］史蒂文·J. 伯顿：《法律和法律推理导论》，张志铭、解兴权译，中国政法大学出版社 1998 年版，第 35 页。

因此，描述相同和不同点有一个程度问题，相同程度高，则依照一个判例；相同程度低，则区别一个判例；不同程度高，则否决一个判例。好的法官会听取所有具有说服力的相同点和不同点，然后才决定如何遵循先例。

（3）判断重要程度，即判断事实上的相同点更重要，还是不同点更重要。换言之，是应该依照判例，还是应该区别判例。这是一个十分复杂的分析、比较、判断的过程。先例不可能在各个方面都与现在的案件完全相同，总是有不同点，关键是这些不同点是否影响到依照判例。这又是一个解释推理或小推理过程，需要法官得出是与否的结论，这个结论规定了与这个案件事实相伴随的法律后果。

瓦瑟斯壮（R. A. Wasserstrom）认为，类比推理需要经历两级程序，在运用先例的推理中，法官应当首先问自己"什么规则统治着这种案件"，如果一般地应用该规则，能否得出最好的结论；然后，根据规则作出自己的决定。但霍奇森（D. H. Hodgson）不同意这种程序观点，他认为，如果采用这种程序将会导致更大的不确定性。因为，虽然法官 X 通过他认为会取得最好结论的规则而作出一个决定，将来的法官未必应用法官 X 的规则。他们还需要像法官 X 一样遵循同样的两级程序，再问哪一个规则将取得最好的结论。他认为，现在的普通法正当理由意味着法律通常是确定的，但有一些灵活性，法官按四个因素来权衡先例：一是作出先例的法庭的权威性；二是先例与其他规则的协调性；三是该先例发挥规则作用的时间长度；四是"正义"或"实用"。[1]

关于类比推理的局限性，辛克莱（Kent Sinclair）认为，"像归纳理论一样，类比理论没有考虑法律论证的基本过程。类比模型的弱点是它关注特殊规则的进化，……但却使过程变得模糊了。这种理论至少是不完整的，它所揭示的主要是法律推理的最终结果，而不是引起这种结果的论证过程。"[2]

以上关于法律推理方法之分门别类的分析，主要是从研究角度所作的一种抽象。实际上，无论是普通人还是法官和律师，都不是用单一的方法进行推理性思维，而是根据具体的任务或案件不断变换地综合运用各种推理方法。

---

〔1〕　See J. W. Harris, *Legal Philosophies*, Butterworth, 1980, pp. 197-198.

〔2〕　See Kent Sinclair, "Legal Reasoning: in Search of an Adequate Theory of Argument", *California Law Review*, Vol. 59, No. 3., 1971.

形式推理与实质推理、逻辑方法与非逻辑方法、科学思维与哲学思维或日常思维，都是相互交织在一起的，它们之间的划分只具有相对意义。而且，尽管我们把法律推理视为一种理性思维活动，但在实际的法律推理过程中，理性思维和情感思维也是密不可分的。

法律推理的过程

  法律推理是司法活动主体运用一定的标准和方法而作用于客体的过程。这个过程体现了法律推理各种要素（主客体、标准、方法）在法律实践中的相互作用。

一、法律推理的一般过程

  弗里德曼用信息论的观点分析了法律制度运行的一般过程，并将这个过程分为原材料的输入、加工、判决输出和信息反馈等阶段。从步骤上看，第一，"要有输入，从制度一端进来的原料。例如，法院要等某人提出控告，开始起诉，才开始工作。"第二，"法院工作人员和当事人开始对输入的材料进行加工。法官和官员们行动起来，他们有秩序地加工原料。他们考虑、争辩、下命令、提交文件，进行审理。当事人和律师也各自起作用。"第三，"法院交付输出：裁决或判决，有时还传下一般规则。"第四，"输出有时可能被置之不理，影响可大可小。有些影响的信息流回体系，这过程被称为反馈。"[1]

  在这个四阶段的信息流程中，第一阶段是程序启动，司法具有被动性。"从性质来说，司法权自身不是主动的。要想使它行动，就得推动它。"[2]原告或检控方是一个法律推理过程的发动者。在这个问题上，应当反思最高人民法院 2009 年开始倡导的"能动司法"。时任最高人民法院院长王胜俊称："过去人们常常把被动性视为司法自身的规律，但从我国司法制度的本质属性

---

  〔1〕 参见［美］弗里德曼：《法律制度》，李琼英、林欣译，中国政法大学出版社 1994 年版，第 13—14 页。

  〔2〕 ［法］托克维尔：《论美国的民主》（上卷），董果良译，商务印书馆 1991 年版，第 110 页。

和现实国情来看，能动司法更符合当代中国的现实需求。"[1]最高人民法院《2009 年人民法院工作要点》[2]提出："围绕党和国家工作大局，为经济平稳较快发展提供有力司法保障"，"充分发挥审判职能，确保国家安全和社会稳定"。然而，这种欲使司法以一种积极作为的方式贯彻党和国家方针政策的愿望，不仅违背了司法作为社会争端解决机制最后一道防线的本质属性，而且通过直接干预社会生活，混淆了司法与行政执法功能不同的社会分工。实际上，王胜俊院长所说的能动司法与美国的"司法能动主义"不同，后者是指法院通过行使违宪审查权积极干预社会政策；这种违宪审查不严格遵循先例，而是积极创造新的先例。所以，有学者说：西方的司法能动主义是"主张政治问题司法化，用法律解决政治问题，而我们却主张用政治手段解决法律问题。"[3]从司法的被动性规律来看，起诉不是一种随心所欲的行为，必须遵守一定的规则。在民事案件中，原告起诉必须具备的条件一般都有明确规定。例如，根据《中华人民共和国民事诉讼法》第 122 条规定，①起诉者必须证明自己是合法的原告，即"原告是与本案有直接利害关系的公民、法人和其他组织"。②起诉要"有明确的被告"，即原告要向法院指明被告是谁，侵害了原告的何种权利。③要"有具体的诉讼请求和事实、理由"，即原告要向法院证明自己具备法律确认的权利，以及该权利确实遭到他人非法侵害。④"属于人民法院受理民事诉讼的范围和受诉人民法院管辖"。司法程序启动之后的第二阶段是事实认定和法律适用，即证据和法律信息的处理加工过程；第三阶段是进一步论证法律理由和从案例中概括出一般的法律规则和原则，即判例法惯用的书面法律推理过程；第四阶段是一个评价过程。

在这个完整的司法推理过程中，法院的作用就像一个信息"加工厂"，但在弗里德曼看来，这个加工厂是个人们看不透的"黑箱"。于是，他提出了一系列问题："变为要求的社会势力从制度的一端输入，判决和规则从另一端流出。我们应该把多少功归于中间的黑盒子？机器如何操作，做些什么？它是

---

〔1〕 《把握司法法律 坚持能动司法 努力推动人民法院工作科学发展》，载 http://www. china-court. org/article/detail/2010/05/id/407279. shtml，最后访问日期：2017 年 10 月 12 日。

〔2〕 参见《最高人民法院关于印发〈2009 年人民法院工作要点〉的通知》（法发〔2009〕1号）。

〔3〕 陈金钊：《"能动司法"及法治论者的焦虑》，载《清华法学》2011 年第 3 期。

否像力通过薄膜那样而不改变形状?"[1]这些问题,一方面反映了法律推理本身的复杂性,另一方面也反映了人们对法律推理研究的薄弱。不过,弗里德曼似乎把法律推理及其研究的复杂性夸大了。法律推理尽管十分复杂,但与其他形式的推理活动相比,比如与哲学推理相比,法律推理实在算不上是一个"黑箱"活动。因为,与哲学这种沉思性活动相比,法律推理是在法院的大庭广众面前公开进行的,其语言化表达程度即思维的"外化"程度相当充分,特别是采用对抗式程序的审判简直就像在法庭上演的"话剧",控辩双方几乎把法律推理每一重要环节的内容都细微地表现出来了。法律推理的研究即使不能为思维研究提供一个"白箱",至少也可以提供一种"灰箱"模型。所以,研究思维规律的专家最可以选择法律推理作为突破口。

瑞典法学家皮特·瓦尔格伦(Peter Wahlgren)1992年出版的《法律推理的自动化:关于人工智能和法律的研究》一书,从思维模拟的角度对法律推理的过程作了微观研究。他将法律推理描述为一个过程,即从案件的情境开始,历经证成、法律检索、解释、规则适用、评价、学习、简明阐述7个阶段,最后作出司法裁决的活动过程。[2]如下图所示:

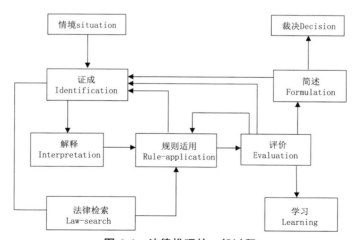

图6.1 法律推理的一般过程

〔1〕 参见〔美〕弗里德曼:《法律制度》,李琼英、林欣译,中国政法大学出版社1994年版,第16页。

〔2〕 See P. Wahlgren, *Automation of Legal Reasoning: A Study on Artificial Intelligence and Law*, Kluwer Law and Taxation Publishers, 1992, p. 152.

按照瓦尔格伦的论述，一个法律推理过程开始于律师或检察官面对的法律问题。例如，一位律师受理了委托人的一个案件，或者一位地区检察官在法庭向法官提出一项犯罪指控。对简单案件来说，这些问题可能比较容易作出决定，因为法律规定是明确的，案件事实也比较清楚。但在疑难案件中，律师就必须确定相互冲突的事实主张，分辨有关的法律因素，解决不确定性问题。

法律推理 7 个阶段的特点如下：

（1）证成的目的，是使法律推理主体按照与法律相关的方式来界定案件，并进行事实认定。证成过程与法律检索联系在一起，律师或法官须在法律制度中寻找反映当前案件的法律记述。这是"如果……，那么……"法律规则句式结构的产物。律师必须在实际案件和法律记述之间往复地作出判断，重新收集法律记述所用的先决条件。如果规则被应用，它必须包容实际案件的事实。在民事诉讼中，原告要向法院证明自己具备实体法规则确认的权利，以及该权利遭到何人的非法侵害。在刑事诉讼中，检控方要确定根据实体法所确定的指控被告人犯罪的罪名。从规则得出的逻辑结论，将表明在当前案件和预定规则之间具有相似性结果。这意味着，"规则的适用必须总是开始于实际案件和适当的法律知识之间的比较。"[1]

（2）法律检索。法律检索以证成为导向，它以与当前案件有关的事实，引导律师去寻找适当的法律主张。由于法律所描述的事实有时候是片段的，任何法律检索都可能是复杂和费时的。法律检索的结果重新回到证成活动有时候也是必要的。在更多的事实需要被调查的情况下，案件描述便从法律规则的检索返回证成过程，这是案件事实认定的标准程序。这个过程包含着事实认知和特征记述活动。事实使人联想到某些可能适用的规则；这些规则和判例的运用又使人联想到一定事实的相关性和重要性。那些被检索出的规则，将影响关于哪些事实具有相关性的决定。在推理过程中，法官对与法律相关的事实的解释是由两个要素组成的：一方面是用作解释图式的规范性知识，包括法律制度、法律规则、原则、范畴和定义；另一方面是手头案件中的事实与证据。法律推理预先假设了即将出现的案件与法律制度中的记述相符合

---

〔1〕 See P. Wahlgren, *Automation of Legal Reasoning: A Study on Artificial Intelligence and Law*, Kluwer Law and Taxation Publishers, 1992, p. 150.

的关系，这是合理的。但是，它留下了许多有关法律证成尚未回答的问题。

（3）解释。法律规则具有一般性，不可能对每一个特殊案件都作出直接描述。法律规则的一般性使其具有可塑性，如此才能用来概括诸多个别案件，但这需要结合具体案件对法律制度进行解释才能实现。对判例的解释也是如此，克罗斯（R. Cross）认为，类比推理的三个要素是这种方法的核心。这三个要素是：对先例和法庭当前案件之间相似性的洞察，先例中"规则"的限制条件，以及该规则对新案件的某种适用形式。当然，如果考虑到更多先例以及必须对先例中发生变化的规则进行解析和再解释，那么，类比推理过程就会变得更加复杂。[1]

（4）规则适用。从更宽的角度看，法律推理可被视为沿着两条路线的检索过程：律师必须尝试性地形成关于一个案件的整体描述，包括认定相关的事实；同时，他必须检索使其能够将法律规则适用于一定案件的法律观点，即一个包含相似情境描述的规则。这个过程的目标是，能够把特殊情境包含在法律制度的一般情境描述之内。然而，法律三段论推理的小前提不一定是偶然发现的。规则的适用通常是由一些严密的方法论规则指导的，方法论规则不仅解释和决定着规则适用的预先假设，而且决定着规则应当如何加以适用。

（5）评价。法律推理与解释策略的密切关联，对规则适用具有潜在影响。律师检索适当规则的过程，取决于解释和证成的方式。方式不同，法律规则的适用就会产生不同结果。某些结果可以被接受，另一些结果可能缺乏恰当性，需要作另一种绘制情境地图的尝试。这种期望可以引导律师返回到新一轮证成、解释、法律检索过程，对可能作出的决定不断进行评价，以期达到与最初打算达到的规则适用在某些方面不同的目的。在法理学上，这种将法律推理调整到某种可觉察目的之方法，常常被称为目的论方法。在这里，它可以被确切地称为评价。

（6）简述。经过几轮证成、解释和评价的循环，当规则适用被完成时，律师将简述裁决。简述像评价一样，对于说明证成等更多的诉讼活动是必要的。依情境不同，简述可以采取多种方式。在法律咨询或法官在场听审的情况下，决定可以用平和的语言，也可以用辩论方式加以简述。简述通过达到

---

〔1〕　See R. Cross, *Precedent in English Law*, Oxford University Press, 1968, p. 180.

一个决定而使推理过程宣告终结；当然，它立刻又变为一个新推理过程的要素。

（7）学习。法律决定以及推理过程并不是简述决定的结果，而是人们记忆中的结果。法律推理与学习努力有关。

上述法律推理的一般过程是一种抽象过程，它可能忽略了实际法律推理过程中案件的多样性和复杂性以及推理主体的能动性和个性特征。

实际的法律推理过程可能不是按照上述证成、法律检索、解释、规则适用、评价、简述这样的思维路线运行的。它还可能是从结论到前提的反向运动。心理学的一些研究表明，判断过程很少是从由此得出结论的一个前提开始的，相反，它一般是从一个模糊形成的结论开始的，即从一个假设的结论出发，然后试图找到将证明这一结论的前提。在这个问题上，波普尔提出"猜想–反驳方法论"，他认为，知识增长不是通过归纳推理而静态积累的结果，而是"问题–尝试性解决–排除错误–新的问题"的动态过程。理论不是始于观察，"从观察推出理论在逻辑上是不可能的。"他提出"反归纳主义–证伪主义"理论，认为科学就是理性不断作出的假说。科学精神就是批判，假说不断遭到批判即被证伪，这就是科学发展的道路。"科学对定律或理论的接受只是试探性的，就是说，一切定律和理论都是猜测或试探性假说；我们可以根据新证据拒斥一个定律或理论，而不必抛弃原先使我们接受它的老证据。"〔1〕

在法律实践中，法律推理主体的不同地位也会对推理过程产生重要影响。律师（检察官）和法官由于在司法制度中的地位不同，他们的推理路线也会有所不同。在律师的思想中，一般总是先有一个无选择余地的结论，即为他的当事人赢得这一诉讼。因而，他就要以这种方式来搜集事实和证据，从他所希望的结果出发，再回过头来寻找一些他认为法院将愿意接受的重要前提，即他将提请法院注意的规则、原则和判例。这样做是为了构建一种案件理论（Theory of a case），即"有关整个案件的整体策略性论证，尤其为律师或法官用于构建论证、指导其关于论证特殊方面的选择"〔2〕。"为了拟定诉状，律

---

〔1〕 参见［英］卡尔·波普尔：《猜想与反驳——科学知识的增长》，傅季重等译，上海译文出版社 1986 年版，中译本序第 2—3 页，第 77 页，第 270 页。

〔2〕 ［美］特伦斯·安德森、戴维·舒姆、［英］威廉·特文宁：《证据分析》，张保生等译，中国人民大学出版社 2012 年版，第 499 页。

师必须拥有一种暂时性理论或案件理论。就是说，律师必须证成一个或更多的实体法主张；根据可用的信息，他必须拟定出一个或多个将使案件纳入法律规则或已确定规则范围之内的最终待证事实；并且，他必须有合理根据断定，这些可用事实一旦被接受，将在逻辑上赋予原告或政府方寻求救济的权利"[1]。因此，律师的法律推理是结论主导型的。检察官与律师的推理路线有相似之处，他为了提起公诉，必须有一个预设的指控罪名，并且构建自己之所以这样指控的"案件理论"，因此其法律推理也是结论主导型的。

与律师和检察官相比，法官的推理过程更体现出一般性。法官一般要遵循从前提到结论的推理活动规律，从法律规则出发，将它们适用于具体的案件事实，从而得出结论，即判决。当然，法官也是人，不会因为披上法袍就自然而然地掌握一种与常人不同的推理方法。因此，在许多情况下，司法判决，如同其他推理活动的结论一样，也是从暂时形成的结论回过头来进行论证的。法官在判决书中都试图说明作为其法律推理根据的判决理由。但是，如果人们想从中发现说明判决实际过程的东西却常常很困难。因为这些冠冕堂皇的判决理由，都是依据由来已久的传统三段论写就的，强式的演绎推理形式往往掩盖了其他弱式的法律推理方法。

二、审判实践中的法律推理

关于法律推理一般过程的分析，是对各种案件审判过程共性所作的理论抽象。相比而言，一个案件的审判过程则是一个浓缩的法律推理过程。现实的审判由控辩审三方的法律推理活动构成。按照逻辑与历史相统一的研究方法，可将完整的法律推理过程分为事实认定和法律适用两个阶段。

（一）事实认定

1. 旨在确认法律推理小前提真实性的事实认定

事实认定作为确认法律推理小前提为真的过程，其准确性是法律适用的基础。法律推理是一个法庭裁决（decision-making）过程，在这个过程中，"前提是事实、法律和解释，结论是表述本案裁决的主张。从这种主张所引出

---

[1]　[美]特伦斯·安德森、戴维·舒姆、[英]威廉·特文宁：《证据分析》，张保生等译，中国人民大学出版社 2012 年版，第 192 页。

裁决之正当理由，是符合逻辑的"〔1〕。这个观点强调了事实与法律在法律推理前提中具有同等重要的作用。而且，必须先有准确的事实认定，然后才可能有正确的法律适用。如果小前提虚假，随后对大前提法律规则的检索也会出现偏差，演绎推理就会误入歧途。正是在这个意义上，李学灯先生说："认定事实，每为适用法律之前提"〔2〕。在审判中，事实认定的准确性对法律推理的正当性具有决定作用，它是实现司法公正的前提。"权利和义务取决于准确的事实认定。如果没有准确的裁判，权利和义务根本就没有意义。"〔3〕从这个意义上说，所谓错案主要是事实认定的错案。

审判中的事实认定与科学发现过程不同。相对而言，后者有一个正在发生的观察对象，即现在时的事实；而前者却只能处理过去事实发生时留下的证据或痕迹。在审判中，事实认定者对案件事实没有任何亲身知识，只能通过证据推论而得出结论，证据便成为联系主客体的唯一"桥梁"或折射事实的"镜子"。"证据之镜"原理的意义是：一方面，没有这面镜子，就不可能认定案件事实，这是证据裁判原则确立的根据；另一方面，有了"证据之镜"未必能准确认定事实，这是事实真相具有盖然性的主要原因。特文宁教授等论述了基于证据的结论必然具有盖然性的如下五个原因：（1）我们的证据总是不完全的，我们永远不会掌握所有证据。（2）证据一般是非结论性的。（3）证据常常是含糊的，我们不能确定证据告诉了我们什么或传达了什么信息。（4）证据实体通常是不和谐的，不同的证据也许支持不同的主张。（5）证据来源于其所具有的不尽完美的可信性等级。〔4〕

在法治社会的法庭上，争端各方都向中立的裁判者提出具有一定充分性的证据，证明自己的事实主张为真，这是一个关于何为法律推理小前提的竞争性证明过程；事实裁判者则根据双方的证明进行经验推论，运用常识概括来评判双方的事实主张，作出自己的事实认定。

---

〔1〕 See Michael S. Moore, "The Plain Truth about Legal Truth", *Harvard Journal of Law and Policy* Vol. 26, No. 1. , 2003, p. 23, p. 25.

〔2〕 李学灯：《证据法比较研究》，五南图书出版有限公司 1992 年版，序（第 1 页）。

〔3〕 ［美］Ronald J. Allen：《刑事诉讼的法理和政治基础》，张保生等译，载《证据科学》2007 年第 1、2 期。

〔4〕 参见［美］特伦斯·安德森、戴维·舒姆、［英］威廉·特文宁：《证据分析》，张保生等译，中国人民大学出版社 2012 年版，第 327-328 页。

2. 事实认定是控辩审三方的经验推论过程

在事实认定的信息加工过程中，事实认定者凭借控辩双方提供的证据对实际上发生了什么进行经验推论。过去发生的案件事实，以证据的形式"在自己的系统中留下另一系统的'痕迹'或'印记'，这既表示发生了反映，也意味着前一物质系统接收和保留了后一系统的某些信息"[1]。事实认定者凭借证据信息进行经验推论，目的是对过去发生的事实进行思想重建。

在审判中，事实认定者与事实客体之间没有任何直接联系，不能像证人那样亲眼看到案件中发生的事情，只能通过证据对过去事实发生的可能性进行推论。这是一个由证据到推断性事实，再到要件事实，最后与实体法要件联系起来的归纳推理过程。[2]归纳推理所依赖的经验知识，以概括的形式反映了事物之间的一般联系和人的一般行为方式。"反过来，这种概括又成为使我能够把特定证据与人们希望证明的一个因素联系起来的前提。"[3]例如，相关性就是一个必须依据概括才能判断的问题。"相关性的核心问题是，一个证据性事实能否与事实认定者先前的知识和经验联系起来"[4]。然而，概括对事实认定是"必要却危险"，其危险性在于，不同的概括在社会知识库中的可靠性程度不同，[5]事实认定者如果依据不可靠的概括进行推论，就可能产生错误风险。例如，念斌投毒案一审判决的证据推理就直接采用了公诉机关"被人抢走商机，故起杀机"的概括。[6]这表明，用不可靠的概括来支撑归纳推理，推出错误的结论在所难免。

事实认定的准确性还受到证人认知偏见的影响。社会心理学关于目击叙

---

〔1〕 李秀林等主编：《辩证唯物主义和历史唯物主义原理》，中国人民大学出版社 1990 年版，第250 页。

〔2〕 参见［美］罗纳德·J. 艾伦等：《证据法：文本、问题和案例》，张保生等译，高等教育出版社 2006 年版，第 143 页。

〔3〕 See David A. Binder, Paul Bergman, *Fact Investigation*: *From Hypothesis to Proof*, West Publishing Company, 1984, p. 85.

〔4〕 ［美］罗纳德·J. 艾伦：《证据相关性和可采性》，张保生、强卉译，载《证据科学》2010年第 3 期。

〔5〕 参见［美］特伦斯·安德森、戴维·舒姆、［英］威廉·特文宁：《证据分析》，张保生等译，中国人民大学出版社 2012 年版，第 346-379 页。

〔6〕 参见福建省福州市中级人民法院刑事附带民事判决书（2007）榕刑初字第 84 号（《念斌案一审判决书》），载 http://blog. 163. com/nian_ 2006/blog/static/1015639882008102023246746/，最后访问日期：2008 年 11 月 20 日。

述的研究表明，关于人物知觉准确性的研究结果相当令人失望。"大多数目击了暗杀肯尼迪事件的旁观者，对事件发生过程所作的描述可谓大相径庭。"在一项实验研究中一位站在讲台上的教授被袭，并在几周后要求目击者们辨认袭击者。结果，大多数人包括受害者挑错了袭击者。福加斯对人物知觉的准确性得出两个结论：第一，"准确判断他人的才能并非一种简单的、为人们所普遍具有的技能。相反，任何人也许只能成为特定情境下的、对特定他人的准确判断者。从这个角度进行考察，我们也许可以说，根本不存在着什么对人的一般的准确（或不准确）的判断。准确性问题取决于判断者的素质，他当时的心境，对象以及情境。"第二，"一旦我们认识到自己头脑中关于人的观念常常是错误的或偏狭的，改进我们判断过程的任务就会变得更容易一些。产生偏见的最一般的根源，是我们关于人物类型的先入之见，以及对人们种种个性特征之间关系的主观臆想。"[1]

事实认定的动力是控辩审三方互动。诉讼双方都试图通过举证、质证，"用证据证实或驳斥一项所主张的事实"[2]，这既是一个旨在说服事实认定者的证明过程，又是控辩双方相互影响的过程。从消极方面看，控辩双方用不同证据甚至相同的证据来支持己方的事实主张，会产生"一个事实、两个故事"的情况，使事实认定者陷入迷茫。但从积极方面看，控辩双方的对抗性认识互动，对事实认定者可以起到兼听则明的作用。事实认定者必须对证人证言的可信性、实物证据的证明力等进行评议（deliberation），经过由此及彼、去伪存真的思维加工，才能对案件的是非曲直作出裁决。

在事实认定过程中，控诉方负有举证责任和说服责任。举证责任（burden of production）是提出证据的责任，包括实物证据的出示和言词证据的提出。举证就是说出一个理由，即一些能够证明案件事实的其他事实。"谁主张、谁举证"，不仅是民事诉讼的证明原则，也是刑事诉讼的一般要求。《刑事诉讼法》规定了"公诉案件中被告人有罪的举证责任由人民检察院承担，自诉案件中被告人有罪的举证责任由自诉人承担。"说服责任（burden of persuasion）是提供"充分"证据说服事实认定者（法官或陪审团成员）相信自己所主张

---

〔1〕　参见［澳］约瑟夫·P. 福加斯：《社会交际心理学——人际行为研究》，张保生等译，中国人民大学出版社 2012 年版，第 25 页。

〔2〕　See *Bryan A. Garner*, *et al.* (*Eds*), *Black's Law Dictionary*, Thomson West, 2004, p. 1261.

的事实的责任，又称证明标准。美国联邦最高法院哈兰大法官指出："证明标准代表了一种努力，以期指示事实认定者：我们的社会认为他们要达到何种程度的信念才能做出正确的事实结论"。[1]在民事诉讼中，说服责任是一个优势证据标准。"原告必须证明每一项必要的事实诉求达到了优势证据，被告也必须按照同样的标准进行积极抗辩。"[2]在刑事诉讼中，公诉人指控犯罪的证明应当达到使事实认定者确信无疑的标准。塞西尔·特纳指出："控诉一方只证明一种有罪的可能性（即使是根据或然性的原则提出的一种很强的可能性）是不够的，而必须将事实证明到道德上的确信程度——能够使人信服、具有充分理由，可以据以作出判断的确信程度"[3]。确信无疑标准的确切含义是："除非对其构成被指控的犯罪所必要的每一项事实都有确信无疑的证据，否则，正当程序条款保护被告人免于定罪。"[4]如果控方不能履行说服责任，事实认定者便可对指控的罪行产生合理怀疑，即"在一切证据经过全部比较和考虑以后，审理事实的人本于道义和良知，对于所诉的事实，不能信以为真"[5]。

3. 事实认定中的正当理由[6]

从准确认定事实是正确适用法律的前提来看，法律推理的正当理由应当包含事实认定的正当理由。如上所述，法律推理作为实现法治的手段，其本质特征是理由论证。所以，虽然陪审团裁决无需说明理由，但"法官独自审判时一定要以理由充分的判断来支持其裁决，陈述他认定已被证实的、任何推论（例如过失）所基于的具体事实"，其"核心议题是正当理由问题。"[7]

事实认定的正当理由问题是这样提出来的：一是"相信什么"（what to believe），即在评价证据的过程中如何考虑控辩双方的论证，包括双方的"案

---

〔1〕　See In re Winship, 397 U. S. 358（1970）（哈兰法官的赞同意见）。

〔2〕　[美] 罗纳德·J. 艾伦等：《证据法：文本、问题和案例》，张保生等译，高等教育出版社2006年版，第 806 页。

〔3〕　[英] J·W·塞西尔·特纳：《肯尼刑法原理》，王国庆等译，华夏出版社1989年版，第549 页。

〔4〕　参见 [美] 罗纳德·J. 艾伦等：《证据法：文本、问题和案例》，张保生等译，高等教育出版社2006年版，第 818 页。

〔5〕　李学灯：《证据法比较研究》，五南图书出版有限公司1992年版，第 666-667 页。

〔6〕　参见张保生：《事实认定及其在法律推理中的作用》，载《浙江社会科学》2019年第6期。

〔7〕　See Ho Hock Lai, *A Philosophy of Evidence Law*: *Justice in the Search for Truth*, Oxford University Press，2008，p. 51.

件理论"（theory of the case）及其相互的反驳论证，如何规制证据推理的路线，排除那些被认为会引起不当推理的证据。二是"认定什么"（what to find）。[1]一般来说，事实认定者对自认为已得到证成的真信念，更可能作出肯定性认定。事实认定者必须仅对他信以为真的东西作出肯定性认定，形成被证成的真信念，这是事实认定之正当理由的来源。这里，证成和正当理由是对 justification 一词的两种译法。当然，事实的认定并不总是基于事实认定者的主观信念，它们在很大程度上也是由证明主体履行说服责任的程度所决定的，因而同样是控辩审三方互动的合力。

事实认定的理性特征，决定了"事实认定者必须对自己作出的事实认定有充足的认识论正当理由"[2]。然而，如何判断一个事实认定是否具有正当理由，这涉及知识理论，包括知识的传播、理解、加工和真信念的形成等。从知识的来源看，审判中的信息主要来自证人证言。然而，根据证言三角形理论，[3]证人的感知能力、记忆能力、诚实性、叙述能力这四种品质，都对证言可信性有重要影响，事实认定者必须对这些证言品质进行推论，才能形成自己的可信性判断。而且，由于诉讼双方的事实主张相反，经常会出现"一个事实，两个故事"，甚至像"罗生门"那样多个故事的情况。这样一来，事实认定者通过证据推论作出正当裁判的问题，就演变为依据何种品质的证据进行推论才能获得真相的问题。就是说，事实认定者不能把证人证言直接当作事实真相，而需要经过证据推理在自己头脑中获得被证成的真信念，但这是一个复杂的问题。

法庭认识论的目标要求事实认定者作出关于最终争议事实知识的裁决，即该裁决不仅是真实的，还需有认识论上的保障或正当理由。但盖梯尔认为，如果出现以下三种情形之一，则一个裁决也许是有缺陷的，即没有实现其认识论目标：（a）它可能为真，但未得到证成；（b）它可能得到证成，却是错

---

〔1〕　See L. Jonathan Cohen, *An Essay on Belief and Acceptance*, Clarendon Press, 1992, pp. 117-125. Also See L. Jonathan Cohen, "Should a Jury Say What It Believes or What It Accepts?", *Cardozo Law Review*, VoL. 13, No. 2-3., 1991, pp. 465-483.

〔2〕　See Ho Hock Lai, *A Philosophy of Evidence Law: Justice in the Search for Truth*, Oxford University Press, 2008, p. 71.

〔3〕　参见劳伦斯·特赖布：《对传闻的三角形测量》（1974 年）和理查德·O. 伦珀特、斯蒂芬·A. 萨尔茨伯格：《证据的一个现代进路》（1977 年），转引自罗纳德·J. 艾伦等：《证据法：文本、问题和案例》，张保生等译，高等教育出版社 2006 年版，第 459 页，脚注 1。

误的；或者（c）它可能为真且得到证成，但其真实性可能是意外或偶然地与正当理由有关。[1]帕尔多用两个假设案例解释了盖梯尔的事实认定难题：[2]

◇ **案例 6.1：被诬陷的被告**

假设警察逮捕了一个司机，并控诉他非法持有毒品。证据表明，毒品藏在他车上。被告否认"知道该毒品在其车上"，而事实认定者理所当然地不相信他，而判定其有罪。但侦查人员或事实认定者不知道的是，警察发现的那包毒品系他人诬陷被告故意放在他车上的（被告对这包毒品不知情）。同样为事实认定者所不知的是，被告在自己的汽车里藏了（相同规格的）毒品，但并未被警察发现，因而未被用作控诉的证据。

在案例 6.1 中，事实认定者基于假证据产生了真信念。尽管证据本身为假，但在该案设定情境中，事实认定者却无任何途径获知证据为假，因而自认为有罪裁决不仅为真，而且有正当理由。问题在于，用以支持事实认定之真实性和正当性的证据却是假的。就是说，事实认定者并非基于证据推理获得的正当理由而锁定事实真相。显然，被告若没在车中藏毒品，或者藏的毒品与该案作为证据使用定罪的毒品不一致，事实认定者的裁决就是错误的。因此，是某种偶然性使事实认定者碰运气作出真实的事实认定。

◇ **案例 6.2：假冒的出租车**

原告对被告提起诉讼。被告拥有并驾驶着镇上唯一的出租车。原告诉称，她在过马路时被被告撞伤。她看到一辆出租车从身边驶过，但没看清司机。路口一个摄像头也记录下这起事故，显示一辆出租车（但未拍摄到司机）撞了原告。假设录像中的出租车确实是被告的，但为陪审团所不知的是，除被告的出租车外，镇上还有上百辆看起来和被告的车

---

〔1〕 See Michael S. Pardo, "The Gettier Problem and Legal Proof", *Legal Theory* Vol. 16, No. 1., 2010, pp. 37-57. 转引自［美］戴尔·A. 南希：《裁判认识论中的真相、正当理由和知识》，阳平、张硕译，载张保生、童世骏主编：《事实与证据首届国际研讨会论文集：哲学与法学的对话》，中国政法大学出版社 2018 年版，第 113 页。

〔2〕 See Michael S. Pardo, "The Gettier Problem and Legal Proof", *Legal Theory*, Vol. 16., No. 1., 2010, p. 50. 转引自［美］戴尔·A. 南希：《裁判认识论中的真相、正当理由和知识》，阳平、张硕译，载张保生、童世骏主编：《事实与证据首届国际研讨会论文集：哲学与法学的对话》，中国政法大学出版社 2018 年版，第 114 页，第 127 页。

相同的假冒出租车。陪审团基于录像认定被告担责。

在案例6.2中，事实认定者基于不充分的证据作出了事实认定。如果事实认定者知道"镇上还有上百辆看起来和被告的车相同的假冒出租车"，就不会贸然作出被告担责的裁决。尽管这个事实认定为真，但基于不充分证据的证成活动不足以保证获得真相，那么，根据民事证明标准，支持原告的裁决就缺乏正当理由。在这种情况下，最终符合真相的事实认定也是碰运气。

上述两个案例揭示的一个共同问题是，在一些情况下，真相与证成之间存在一条阻碍知识获得的鸿沟。在这两个案例中，基于事实认定者所掌握的证据，他们推论所获得的真相，并非基于正当理由。因为在很大程度上，这个真相的获得是一种运气使然。事实认定盖梯尔化为知识怀疑论提供了理由。

那么，知识和信念究竟是什么关系？在西方认识论思想史上，有关知识的传统解释源于柏拉图"已证成的真信念"（Justified True Belief，简称JTB）。它被简要表述为有关知识之构成公式：S知道p，当且仅当：（1）p为真；（2）S相信p；并且（3）S有正当理由相信p。因此，JTB理论主张，当且仅当这三个条件同时得到满足时，我们才能认为S拥有关于p的知识。但盖梯尔提出两个反例证明：这三个条件并非构成知识的充要条件。[1]

◇ 反例6.1：十枚硬币

史密斯相信：（a）琼斯将得到他也在申请的那份工作，且（b）琼斯口袋里装有十枚硬币。史密斯对这两个命题都有强有力的证据，因此他推论认为（c）那个口袋里装有十枚硬币的人将得到那份工作。然而，结果是史密斯最终得到了那份工作，且其口袋里也装有十枚硬币。史密斯对自己得到那份工作缺乏任何证据，且不知道自己口袋里装有多少硬币。因此，尽管史密斯对（c）的信念为真，该信念也得到了证成（基于（a）和（b）），但史密斯却不知道（c）。

◇ 反例6.2：巴塞罗那

史密斯对于琼斯拥有一辆福特汽车有强有力的证据，但他对自己的

---

〔1〕 See Edmund L. Gettier, "Is Justified True Belief Knowledge?", *Analysis*, Vol. 23, No. 6., 1963, pp. 121-123. 转引自曹佳：《事实认定的证成理论研究》，中国政法大学2019年博士学位论文。

熟人布朗目前在何处没有任何证据。他推论出下述命题：或者琼斯拥有一辆福特车，或者布朗在巴塞罗那。结果表明，琼斯事实上并没有一辆福特汽车，而布朗恰好真在巴塞罗那。史密斯对其推出命题所持有的信念为真且得到证成，但他并不拥有知识。

在上述两个反例中，（1）p 为真（史密斯推论出的两个命题均为真）；（2）S 相信 p（史密斯相信其推论出的两个命题）；（3）S 有正当理由相信 p（他有足够证据相信自己推论出的命题）。根据"已证成的真信念"（JTB）理论，史密斯理应获得相应的知识。然而，在第一个反例中，史密斯不知道自己将获得那份工作，且不知道自己口袋里装有十枚硬币。在第二个反例中，史密斯既不知道琼斯拥有一辆福特汽车，也不知道布朗在巴塞罗那。据此，盖梯尔对自柏拉图以来的传统知识构成论提出挑战：首先，"证成"尽管被视为确保主体获得知识的可靠路径，但在某些特殊情况下，证成却无法实现该预期目的。其中，运气是一种重要阻碍因素。其次，证成并不能保证"已证成的信念"必然为真，更无法保证基于证成所获得的信念即为知识。于是，对大多数认识论学者而言，"证成"不再是知识的有效保证，退而成为一种促进或接近真相的机制。

盖梯尔难题和反例提出两个观点。（1）知识的真理性是相对的。关于知识和真相的关系，雷莫斯在分析"知识"的三个条件［信念（belief），真相（truth），证成（justification）］即"已证成的真信念"时指出："一个信念是否得以证成及其证成的程度，常常是（即使并非总是）人们支持它的证据函数。"[1]理查德等进一步指出："一个信念之认识论证成，取决于相信者支持该信念之证据的质量。"[2]就是说，我们从别人那里获得的间接知识，实际上仅是一个信念，还可能是没有证据支持的信念。只有获得高品质证据支持的信念，或得到认识论证成的真信念，才能称得上知识。因此，通过证据推理所获得的真知，都具有相对性和盖然性。胡适引赫胥黎的话说："只有那证据充分的知识，方才可以信仰，凡没有充分证据的，只可存疑，不当信仰"[3]。

---

〔1〕　See Noah Lemos, *An Introduction to the Theory of Knowledge*, Cambridge Press, 2007, p. 17.

〔2〕　See Richard Feldman, Earl Conee, "Evidentialism", *Philosophical Studies*, Vol. 48, No. 1., 1985, p. 15.

〔3〕　胡适：《胡适自选集》，安徽人民出版社 2013 年版，第 5 页。

我们信仰真理，因为真理是被证据充分证成的知识；我们怀疑证据不充分的知识，正是这种怀疑促进了知识的证成。（2）已证成的真信念仍具有盖然性。一个充分证成的裁决却可能是错误，原因有三：一是事实认定者永远不会获得"全部"证据；[1]二是归纳推理必须依据本身具有危险性的概括；三是证据和知识是相互证成的，证据可为知识提供证成，直接或间接知识在证成过程中又可作为证据使用。[2]

南希说，"正当性在本质上是或可能是系统性或制度性的"[3]。关于事实认定之正当理由的制度性因素，可从如下两个方面考量：

其一，事实认定作为法律推理第一个阶段，不仅应当在相信什么和认定什么的问题上拥有认识论和价值论的正当理由，还应该分享法律推理的正当理由。实际上，事实认定之正当理由不仅来源于认识论证成，而且还来源于法律推理目的标准。如果说法官用目的标准进行法律解释旨在为法律适用提供正当理由，那么，用目的标准建构证据解释就是为事实认定提供正当理由。麦考密克说："证明问题是一个确立特定小前提的问题，而不是具有普适性的大前提问题。然而，确实，如果法律论证的逻辑结构不是普适性的……在各种可能的事实断言中进行选择就无理性可言，如果没有确定证明一个渴望结论具有正当性之事实证明的法律规则，就无法对诉讼中提出事实主张进行选择。"[4]因此，事实认定的正当理由有两个来源：一是寻求真相的证据推理过程，"只有当人们有正当理由相信一项主张之内容的真实性时，事实认定者作出一项肯定性认定或裁决才是正当的。我们关注关于信念的正当理由，是因

---

[1] 参见［美］特伦斯·安德森、戴维·舒姆、［英］威廉·特文宁：《证据分析》，张保生等译，中国人民大学出版社 2012 年版，第 327-328 页。基于证据的结论必然具有盖然性的五个基本理由之一：我们的证据总是不完全的，我们永远不会掌握所有证据。

[2] 参见［英］蒂摩西·威廉姆森：《知识及其限度》，刘占峰、陈丽译，人民出版社 2013 年版，第 244 页。他主张 E=K，即 "证据等于知识"，包括四步论证：（1）所有证据都是命题的。（2）所有命题证据都是知识。（3）所有知识都是证据。（4）所有而且只有知识是证据。

[3] ［美］戴尔·A. 南希：《裁判认识论中的真相、正当理由和知识》，阳平、张硕译，载张保生、童世骏主编：《事实与证据首届国际研讨会论文集：哲学与法学的对话》，中国政法大学出版社 2018 年版，第 120 页。

[4] See Neil MacCormick, *Legal Reasoning and Legal Theory*, Clarendon Press, 1978, pp. 86–97, p. 87, pp. 92–93.

为我们关注真相。"[1]二是公正、和谐与效率等价值权衡。"求真"和"求善"在事实认定中是一个问题的两面，它们共同构成一项判决的正当理由。"真相不仅为实现正义而需要；而且，法院必须在真相认定过程中实现正义。"[2]例如，美国《联邦证据规则》403 就确立了危险性实质上超过证明力的平衡检验标准。事实认定者"必须审查，自己现在的信念是否能够得到已采纳证据的支持。他必须反问，他是否容许任何被禁止的推理路线影响自己。如果回答是肯定的，他就必须考虑校正自己关于事实的观点。他必须确信，他能给出良好和充分的理由（即使只是总体上的）去证成他的认定。他必须真诚地仔细检查他认为支持自己结论的论证，确保它们尊重和遵守了起规制作用的证据规则。"[3]

其二，事实认定的正当理由还来源于正当程序。在罗尔斯程序正义理论中：[4]完善的程序正义理想色彩太浓，它要求手段和目的之完美结合，在司法实践中难以实现；"不完善的程序正义"会受到"证据之镜"原理的限制，即便法律程序被仔细遵循，还是可能出现错误结果，如无罪的人被判有罪，有罪的人却逍遥法外。在这个问题上，与其说推崇程序正义是放弃了对实质正义的追求，不如说追求实质正义的过程受到人们认识能力和实践条件的限制，在无奈中需要做出一种妥协。"例如，实际上从事了犯罪的人却被宣告无罪是违反实质性正义的，但程序上仍采取无罪推定原则。"[5]因为，案件事实是过去在法庭之外发生的，证据是联系认识主体与事实客体的唯一"桥梁"，事实认定者只能通过"证据之镜"来认定案件事实，在证据不足的情况下，除了疑罪从无，也许没有更好的办法来达到实质正义。

如同法律适用疑难案件需要法律解释一样，事实认定疑难案件则需要证

---

[1]　See Ho Hock Lai, *A Philosophy of Evidence Law：Justice in the Search for Truth*, Oxford University Press, 2008, p. 61, p. 64.

[2]　See Ho Hock Lai, *A Philosophy of Evidence Law：Justice in the Search for Truth*, Oxford University Press, 2008, p. 64.

[3]　See Ho Hock Lai, *A Philosophy of Evidence Law：Justice in the Search for Truth*, Oxford University Press, 2008, p. 46

[4]　"完善的程序正义"，参见［美］约翰·罗尔斯：《正义论》，何怀宏等译，中国社会科学出版社 1988 年版，第 81 页；"不完善的程序正义"和"纯粹的程序正义"，参见同上书，第 82 页。

[5]　［日］谷口安平：《程序的正义与诉讼》，王亚新、刘荣军译，中国政法大学出版社 1996 年版，第 3 页。

据解释。从本质上说，认证就是事实认定者对证据进行审查判断、能动解释从而达到内心确信的过程。艾伦认为："审判中的证言和物证展示，在由人类观察者——法官或陪审团成员——解释之前是没有意义的。而且，对任何证据片断的解释都不能预先决定，因为它是事实认定者的阅历和经验所发挥的功能。"[1]实际上，疑难案件主要是事实认定的疑难案件，这是由特文宁所述证据具有不完全性、非结论性、含糊性、不和谐性和不尽完美的可信性等级等特性所决定的。因此，诉讼双方在运用证据来证明己方事实主张或反驳对方的事实主张时，常常需要对证据进行解释。这种解释同样需要运用概括这样的经验知识。例如，在人民诉辛普森案中，有证据表明，在妮可与高曼被谋杀与辛普森从家里乘车去机场的时间之间，大约需要40分钟。[2]但是，这个证据能否证明辛普森有实施该谋杀的机会，控辩双方有不同的解释。控方的解释可能是：一个人用40分钟去杀两个人，时间是足够的；辩方的解释可能是：一个谋杀犯只给自己留40分钟去杀两个健壮的成年人，似乎是不合情理的。裁判者需用常识对该证据的证明力作出解释和评价。

在司法证明理论中，对证据进行概率解释是一种尝试。但概率论解释的问题是它只针对证据片段，并试图用假设概率赋值方法将证据模型化，这可能会得出荒谬的结果。在1968年柯林斯案中，[3]检控方凭借专家概率计算对两个嫌疑人指控的做法受到法学家批评，特赖布教授认为，在给无辜者定罪风险之可接受水平等问题上，量化分析在政治上是不适当的。[4]对证据进行概率解释还会遇到客观概率不足以解释司法证明的性质，主观概率又因忽视某些重要心理要素而不能完全传递信念的丰富内涵等问题；[5]而且，主观概率评估一般难用经验来证明其为正确或错误的主张。鉴于这种困境，艾伦教授提出以最佳解释推论（IBE）或"似真性"（plausibility）理论来取代概率

〔1〕〔美〕罗纳德·J.艾伦等：《证据法：文本、问题和案例》，张保生等译，高等教育出版社2006年版，第143页。

〔2〕See Frank Schmalleger, *Trial of the Century: People of the State of California vs. Orenthal James Simpson*, Pearson, 1996.

〔3〕People v. Collins（1968 Cal. 2d 319）.

〔4〕See Laurence H. Tribe, "Trial by Mathematics: Precision and Ritual in the Legal Process", *Havard Law Review*, Vol. 84, No. 6., 1971, pp. 1329-1393.

〔5〕See Ho Hock Lai, *A Philosophy of Evidence Law: Justice in the Search for Truth*, Oxford University Press, 2008, p. 118.

论解释。这是一种整体性解释方法，即不局限于一个个具体的证据，而是关注由证据拼合出来的完整案情或故事。它有三个步骤：第一步由负有证明责任的当事人或检控方举证，就事件提出竞争性解释的版本；第二步由对方提供关于该事件的反驳性解释版本；最后一步，事实认定者并不受制于当事人明确提出的潜在解释，而是可以建构自己的解释。[1]将最佳解释推论应用于民事诉讼，事实认定者可在似真的有责与无责案情之间进行比较，原被告的故事哪一个更似真（更接近真相），哪一方便应该赢。在刑事诉讼中，根据无罪推定原则，如果没有似真的犯罪案情，此人就是无罪的；如果有似真的犯罪案情，且没有似真无罪案情，此人就是有罪的。如果有似真的犯罪案情和似真的无罪案情，此人就是无罪的。[2]

（二）法律适用

法律适用是审判过程的第二个阶段。它是一个将法律规则应用于案件事实的推理过程。推理主体必须先对案件事实进行认定，然后选择和解释法律规则，从而作出判决。因此，事实认定是法律适用的前提，法律适用是法律推理的核心。

博登海默对法律适用过程作了如下论述："在法院查明当事人之间争议的事实以后，就可以按照逻辑演绎过程把这些事实归属于某个规则之下。然而，在这样做之前，法官有必要先对构成该规则一部分的某些模棱两可的措词或不明确的概念进行解释。当然，还可能会发生这样的情形，即法官并不能很轻易地发现一条适用于这些事实的一般性规则，但却可以通过归纳推理的方法从一系列早期判决中推论出该规则。"有时候，"法院所发现的事实并不能适当地被归入某条现行有效的规则的语义框架之中，但是法院为裁定该案而运用了类推方法，即把某条含一般性政策原理的相关规则或相似先例适用于该案件的审判。"[3]从上述这些论述来看，法律适用过程是各种推理方法的综合运用的过程。

---

〔1〕　参见［美］罗纳德·J. 艾伦：《司法证明的性质》，载［美］罗纳德·J. 艾伦：《艾伦教授论证据法》（上），张保生等译，中国人民大学出版 2014 年版，第 95 页。

〔2〕　参见［美］罗纳德·J. 艾伦：《证据与推论——兼论概率与似真性》，张月波译，载《证据科学》2011 年第 1 期。

〔3〕　参见［美］E·博登海默：《法理学：法律哲学与法律方法》，邓正来译，中国政法大学出版社 1998 年版，第 510 页。

1. 作为法律适用一个环节的法律解释

边沁说："任何人要讨论法律，都必然会成为解释者或评论者。解释者的任务是向我们说明他所认识到的法律实际上是什么。评论者的任务则是向我们评述法律应当是怎样的东西"〔1〕。

法律解释有广义和狭义之分。广义法律解释包括法定解释和学理解释。其中，"法定解释是指由法律规定或根据历史传统，特定的国家机关、官员或其他有权对法律作出具有法律上约束力的解释。由于国家机关的不同，法定解释又可分为立法、行政和司法三种解释。学理解释一般是指较具权威的法学作品或法学家对法律作出的解释。这种解释是否具有法律上的约束力或其他影响，要依不同国家不同情况而定"〔2〕。"立法解释是指制定法律机关作出的，为使法律准确适用对其条款的立法含义的明确说明。"〔3〕立法解释通过对模糊、不确定或有歧义的法律条文进行说明，可以明确它们的界限；对于有漏洞的法律条文具有完善和补充作用；此外，还可以起到裁定违法行为的作用。司法解释一般是对法律适用中如何具体把握运用法律规则而作出的说明。

狭义法律解释是指法定解释中的司法解释。梁慧星把法律解释视为"获得裁判大前提的法律规范的作业"，它发生于司法裁判的场合。法律解释区别于其他解释活动的三个特性是，①法律解释对具体案件的关联性：其一，法律解释往往由待处理的案件所引起；其二，它旨在确定法律规定对案件事实是否有意义；其三，法律条文应相对于一个待处理事实加以阐释并具体化。②法律解释的价值取向性。法律解释并非形式逻辑的操作，而是一种价值判断，它以法律的内在价值判断为依据。③法律解释之解释学循环，即法律解释作为理解过程表现为一个从整体到部分，再从部分到整体的循环。〔4〕本章讨论的法律解释是狭义的，即司法解释。

各种解释方法在法律适用中并不是杂乱无序的，有大致的规律可循。对这种解释规律，有的学者称为"位阶"，日本学者矶村哲称为"序位"，台湾地区学者黄茂荣称为"顺序"，梁慧星称为"解释规则"。总之，它是某种决

---

〔1〕 [英] 边沁：《政府片论》，载法学教材编辑部《西方法律思想史编写组》编：《西方法律思想史资料选编》，北京大学出版社 1983 年版，第 429 页。

〔2〕 沈宗灵主编：《法理学》，高等教育出版社 1994 年版，第 421 页。

〔3〕 蔡定剑、刘星红：《论立法解释》，载《中国法学》1993 年第 6 期。

〔4〕 参见梁慧星：《民法解释学》，中国政法大学出版社 1995 年版，第 213 页，第 201-205 页。

定各种解释方法之适用顺序的排序关系。按照梁慧星对解释规则或顺序的表述：①对法条的解释，首先应采用语义解释方法，如解释的结果有可能为复数，则继之以论理解释方法；②作论理解释时，应先运用体系解释和法意解释以探求法律意旨，进而运用扩充解释或限缩解释或当然解释以判明法律的意义内容，如仍不能澄清法律语义的疑义，则进一步做目的解释以探求立法目的，或者在依上述方法初步确定法律意义内容后，以目的解释进行核实，最后作合宪性解释看是否符合宪法的基本价值判断；③经论理解释仍不能确定结论，可进一步作比较法解释或社会学解释；④论理解释、比较法解释或社会学解释的结果只有在不超出法条语义可能的范围才能作准；⑤经解释最终仍存在相互抵触的结果，则应进行利益权衡或价值判断，从中选出具有社会妥协性的解释结果作为结论。当然，无论何种解释方法，原则上不允许作出反于法条语义的解释结论。[1]

显然，狭义法律解释是指法律适用过程中法官对法律规则的解释。法律适用者在遇到模糊不清的规则时须经过解释才能适用。法律规则都具有语言特征，需要通过解释来辨别各种可能的指代对象。因此，法律解释具有澄清法律的作用。

当然，法律解释的功能不是单一的。例如，佩雷尔曼认为，法律解释是十分复杂的，它不仅具有澄清法律的功能，而且具有限制或扩大法律的功能。他举了一个例子。国际私法规定，人的地位的条件，根据有关当事人本国立法而定。摩洛哥法律准许一个男人娶四个妻子。而根据比利时法律，重婚是犯罪。假定一个已娶了两个妻子的摩洛哥人在比利时打算再娶一个妻子，比利时法院不会容许他援引摩洛哥法律有权这样做，其根据是国际公共秩序学说，即外国法律如公然破坏本国公共秩序者不得加以援用。但是，比利时法院不久前判决，一个摩洛哥人在比利时因车祸致死，他的第二个妻子也有权像第一个妻子一样取得赔偿费。其根据是，这里虽然涉及重婚，但并不破坏国际公共秩序。这些学说使两种价值对立起来，因而也就限制或扩大了法律，而不仅仅是澄清法律。[2]

关于法律推理与法律解释的关系，德沃金从广义法律解释的立场出发，

---

〔1〕 参见梁慧星：《民法解释学》，中国政法大学出版社1995年版，第243-246页。

〔2〕 参见沈宗灵：《现代西方法理学》，北京大学出版社1992年版，第447页。

基本上把二者看作是同一个东西，认为"法律推理是建设性阐释的一种运用"〔1〕。按照他的观点，法律存在于法律实践的最佳运用和尽可能最妥善的解释之中。而且，法理学与诉讼法学之间之所以具有密切的联系，就是因为前者的一般理论和后者所研究的司法推理都具有建设性阐释的性质。法律解释的过程，同时也是法律推理的过程。麦考密克认为，法律推理的任务之一是排除规则之间的逻辑矛盾。按照这种理解，法律推理本身应该具有解释的功能，惟其如此它才能起到消除规则之间逻辑矛盾的作用。但是，如第二章所述，麦考密克不同意德沃金将解释夸大为法律推理问题的全部，而认为解释难题仅仅是律师实践理性的一个因素。〔2〕德沃金和麦考密克在解释推理范围上的分歧，对理解法律推理与法律解释的关系具有启发意义。

2. 判决是法律适用的直接结果

适用法律的直接后果是对案件作出判决。棚濑孝雄认为，"判决一般被看作将当事者所提出、并以证据证明了的事实与法律要件相对照，通过三段论法的逻辑推出结论的过程。""但是，在今天经过了对概念法学批判的理论水平上，法官在作出判决过程中应该不断地通过解释在结论的衡平性与法律适用的严肃性之间进行反馈，尽可能地获得符合实际并对双方当事者都有说服力的解决已成为一般认识。……在这个意义上讲，追求更为符合实际情况的结果不仅是一部分法官主动提供的服务，而应当看作诉讼程序中具有普遍性的、只是在其他更为优越的考虑存在时才受限制的命题。于是，判决形成中就出现了将法律适用相对化的另一种逻辑，当事者在根据什么样的规范来解决纠纷这一问题上也具有发言权，排除当事者的影响在规范上已不能被允许。"〔3〕这个观点支持了本书第四章关于法律推理过程中控辩审三方互动的思想。首先，这是从合意出发而作出的判断。其次，现代社会民主与法治观念已经深入人心，法庭早已不再是法官一人独尊的场所，司法审判也不再是法官一言堂的三段论断案过程，而是控辩审三方合力的结果。当然，法官在法庭上的主导作用的相对减弱，并不表明对法官能力的要求减小，反而表明现代司法审判对法官综合

---

〔1〕 ［美］德沃金：《法律帝国》，李常青译，中国大百科全书出版社 1996 年版，第 I 页。

〔2〕 See Neil MacCormick, *Legal Reasoning and Legal Theory*, Oxford University Press, with corrections 1994.

〔3〕 ［日］棚濑孝雄：《纠纷的解决与审判制度》，王亚新译，中国政法大学出版社 1994 年版，第 131 页。

素质的要求更高。今天法官所面对的绝非昔日近似法盲一般的原告和被告，而是久经法庭论证洗礼、精通法律、聪明过人、能言善辩的律师。因此，当今的法官要驾驭法庭辩论，起码必须具有不低于一般律师水平的综合素质。

在法律适用结束即作出判决阶段，判例法法院须对判决书进行十分精细的制作。因为对抗制审判的口头辩论占据大部分内容，判决书是对判决理由进行书面阐述的最好机会。普通法法官的判决书也是我们研究法律推理的最佳文献。

我国作为一个比较典型的制定法国家，法院对判决书的制作要求一般比较简单。对我国法官来说，在案件判决时，若能有一段时间对判决书进行认真制作，不仅有助于研究法律推理理论以及国内外有关判例，也有利于反思案件审判的全过程，反省审判活动中可能出现的某些不足或漏洞，积累审判经验。这种说理性判决书作为司法文献，对法学研究和司法实践都具有指导意义。最高人民法院《关于适用〈中华人民共和国刑事诉讼法〉的解释》第300条第1款规定："裁判文书应当写明裁判依据，阐释裁判理由，反映控辩双方的意见并说明采纳或者不予采纳的理由。"法官在阐述裁判理由的过程中若能自觉运用法律推理的理论与方法，深入揭示如此裁判的法律理由和正当理由，对于提高司法的公信力和自身法学理论水平都会产生积极作用。

三、法律解释的性质和运用

（一）法律解释的含义

如上所述，法律推理和法律解释，既相互联系又相互区别。它们的区别表现在，法律推理贯穿于审判全过程，具有决策思维的特点，需要同时面向法律规则、案件事实，完成认定事实和适用法律两项任务后才能作出判决。法律解释主要涉及法律适用这一推理环节，通过澄清法律规范的意义内容，使其变成清晰可用的裁判大前提，一般即结束自己的任务。正是在这个意义上，伯顿说："从特征上讲，法律规则需要解释，解释是法律推理的重要组成部分"[1]。罗尔斯说："不正义的行为之一就是法官及其他有权者没有运用恰当的规则或者不能正确地解释规则"[2]。

---

〔1〕 ［美］史蒂文·J.伯顿：《法律和法律推理导论》，张志铭、解兴权译，中国政法大学出版社1998年版，第16—17页。

〔2〕 ［美］约翰·罗尔斯：《正义论》，何怀宏等译，中国社会科学出版社1988年版，第225页。

那么，法律解释如何以及在什么情况下成为法律推理的一种方法呢？这主要是指作为论理解释的解释推理方法。论理解释是指斟酌法律理由，依一定操作标准进行论证来阐明法律本义的解释方法。一方面，论理解释需要通过推理论证来获得法律理由；另一方面，"判例与法律推理都在对法律进行解释"[1]。就是说，解释中包含着推理活动，推理中包含着解释方法。沈宗灵教授认为，论理解释超出文字解释的范围，对法律规定实质内容的含糊进行解释，"这种解释已不是文字解释而是实质内容或价值观的解释，已属于实质推理的范围。"在我国司法实践中，"法律适用过程中的实质推理形式主要是司法机关对法律的精神进行解释以及根据国家的政策或法律的一般原则来作出判断"[2]。

法律解释是在法律适用过程中依照一定的标准阐明法律规则和判例具体含义的方法。它的运用需要一定条件：法律规定十分明确时，一般无须解释就可适用法律；法律规定模糊不清时则需进行解释推理。哈特指出，在特别简单的案件中，使人觉得法院的判决"是意义确定而清楚的既定规则之必然结果"。"然而，在困扰着法院的大多数案件中，无论是法规中的规则，还是判例中的规则，它们所包含的可能结果都不止一个。在比较重大的案件中，总是有一个选择的问题。在此，法规的一些用语会具有两可的意义，对判例的含义'究竟是'什么也会有对立的解释，法官将不得不在其间做出选择"[3]。苏力对此也说得很明确："司法上所说的法律解释往往仅出现在疑难案件中，这时法官或学者往往将这整个适用法律的过程或法律推理过程概括为'法律解释'"[4]。

然而，美国现实主义法学家格雷对法律解释的看法与此不同，他认为：法律适用者的推理模式是演绎的，是从大前提向案件事实这一小前提推进的。但是，大前提并非像分析法学所说的那样，是预先存在的、等待法官去查找的白纸黑字规则。制定法和判例法中的白纸黑字规则不是法律，而是法律的渊源，因此不能作为法律推理的大前提。只有经过法官解释并综合了自己价值判断的东西才是法律推理大前提。所以，法官是在适用预先并不存在、因而当事人也并不知道的法律规则。法律规则是法官综合了诸如政策、道德、

---

〔1〕 沈宗灵主编：《法理学》，高等教育出版社 1994 年版，第 421 页。
〔2〕 沈宗灵主编：《法理学研究》，上海人民出版社 1990 年版，第 346-347 页。
〔3〕 ［英］哈特：《法律的概念》，张文显等译，中国大百科全书出版社 1995 年版，第 13 页。
〔4〕 苏力：《解释的难题：对几种法律文本解释方法的追问》，载《中国社会科学》1997 年第 4 期。

原则之类的价值考虑和对白纸黑字规则的具体解释而重新制定出来的，正是这个解释出来的规则才是法律适用者进一步推理的大前提。"制定法无法解释自身，其含义是由法院来宣布的，而且正是基于法院宣告的含义而非其他含义，制定法才作为法律强加给社会。"[1]

格雷对法律推理大前提所作的这种"添加"或修正，虽然使法律规则的一般性打了折扣，但他也确实提出了一个非常重要的问题，即法律推理是主体的一种自觉思维活动，如果法律推理大前提似铁板一块对每位法官都一样，那机器人不也可以当法官，而且可能还会比有七情六欲的人类法官更加公正吗？从另一方面说，只要是人来当法官，他们势必要将主体的能动性作用于法律推理过程，这种能动性特别体现在法律解释之中。

（二）法律解释的特征

1. 法律解释的建构性

在法律解释中，对推理标准的选择起着决定作用。解释法律规范的目的，一般不是为了澄清法律文本的字面意义（严格解释），而是为判决寻找隐藏在法律文本或法律规则之中的"依据"或标准。这是一个以一般法律概念为基础，对完整的法律体系进行反思，并结合了目的和政治道德的"想象性重构"过程。想象性重构是为了补救由于客观条件所造成的沟通不足。因为许多法律规则是由已作古的立法者制定的，法官不可能叫醒他们来了解立法意图。即使立法者还活着，法官也没时间、没条件事事请示立法者，对立法背景和目的进行全面调查。[2]

以埃尔默案为例，格雷法官使用的是逐字逐句解释遗嘱法的严格解释。他认为，真正的遗嘱制定法并未将谋杀作为一种例外排除在遗产继承权之外。因为，假设死者知道埃尔默要杀害他，他也可能有两种选择：一是改变遗嘱将遗产留给两个女儿，二是明知埃尔默的企图仍愿将遗产留给他，因为只有埃尔默是其家族的传人。厄尔法官则用目的解释方法，质疑了纽约州立法者在制定遗嘱法时会有允许谋杀者继承遗产之意图的荒谬性。他主张，不应在孤立背景中解释法律"文本"或法规"文字"中的制定法，而应以法律的普

---

〔1〕 See John Gray, *The Nature and Sources of the Law*, The Macmillan Co., 1921, 转引自刘星：《法律是什么：二十世纪英美法理学批判阅读》，中国法制出版社 2015 年版，第 73—74 页。

〔2〕 参见〔美〕波斯纳：《法理学问题》，苏力译，中国政法大学出版社 1994 年版，第 136 页，第 344 页。

遍原则为背景，解释实际法规"本体"中的立法意图。既然制定法是法律体系的一部分，其解释便应使其与法律体系在原则上保持一致性。因为在任何地方，法律都遵循着"任何人不得从其错误行为中获得利益"的原则。所以，遗嘱法必然被解释为否定谋杀者有权继承遗产。[1]

面对如此清楚的制定法文本，为什么会有迥然不同的解释？德沃金认为，法规文本有两种相互区别的含义，一种是描述属于实体的印有文字的文件，另一种是描述更为复杂立法意图的法意。在埃尔默案中，格雷和厄尔法官的争论，并不是对遗嘱制定法文字含义的争论，而是立法意图或法意之争，即遗嘱法实际上是什么的争论。这是一种关于法律的"理论性"争论。在这种争论中，格雷和厄尔两位法官都认为法律对埃尔默案一定有某种法律规定，但他们使用了不同原则作为标准（大前提）来推论法律规定（小前提）的含义。格雷认为，应该以"法无明文规定不处罚"的原则为标准来思考法律规定是什么；厄尔则认为，应该用立法者恰当意图原则和法律体系协调一致原则为标准，来确定法律规定是什么。因此，二者进行法律解释的抽象基础即标准不同，其解释结果便会大相径庭。"任何实际的法律论证，不论其内容多么具体和有限，都采用法理学所提供的一种抽象基础，而且当这些对立的基础产生矛盾时，法律论证就只能采用其中之一而反对其他。"[2]

德沃金和哈特都强调了"读者"在法律解释过程中的决定作用。读者虽然各异，但他们都具有前解释阶段"树干"观念，总是在特定语境中进入"解释"，并且都在尊重特定语境中法律"范例"存在的前提下，建构性地解释法律。因此，法律的意义或知识存在于读者的阅读之中，法律存在于解释者与解释对象的相互作用之中。[3]格雷和厄尔法官的争论，表现了他们对遗嘱法所作的建构性解释，格雷可能认为立法机构制定的白纸黑字是法律，厄尔法官则可能认为除白纸黑字外的立法者意图也是法律。

2. 法律解释的辩证性

从法律语言学意义上考察，在制定法中，法律规则之所以模糊或不确定，

〔1〕　参见［美］德沃金：《法律帝国》，李常青译，中国大百科全书出版社1996年版，第14-19页。

〔2〕　［美］德沃金：《法律帝国》，李常青译，中国大百科全书出版社1996年版，第83页。

〔3〕　参见刘星：《法律是什么：二十世纪英美法理学批判阅读》，中国法制出版社2015年版，第209-210页。

在哈特看来是因为构成规则的日常语言既有"意思中心"（core of meaning），又有"开放结构"（open texture）。"意思中心"是指语言的外延涵盖具有明确的中心区域，在这个区域内（若说马车、汽车、火车、飞机属于交通工具）人们不会对其含义产生争议；"开放结构"是指语言边界上的不确定性，在这个边界上（若说旱冰鞋也属于交通工具）就会产生一些争议。[1] 例如，《遗嘱法》规定一份遗嘱须有两名证人，对此人们不会争论其含义；但在法律规定的边缘区域，如订立遗嘱的人必须"签署"遗嘱，人们就会对这种规定的含义产生争议或疑问：立遗嘱者用化名怎么办？他被别人把着手签的名，或者他只签了自己的姓而没有签全名怎么办？他虽然独立而正确地签了全名，却没有签在遗嘱最后一页末尾而是签在了第一页顶端，又怎么办？这些特殊情况，仍然符合法律规则所规定的"签署"吗？[2]

　　尽管日常语言的模糊性会造成一定理解困难，但人们在实践中还是可以理解别人的意思，因为理解总是在确定的语境中进行，而且理解者可以不断通过询问作者来获得与其相同的理解。科恩说："从某种历史观点看，语言一直受到作用于它的种种政治、宗教、科学和文化力量的广泛影响。所以，在任何时候，当我们在哲学上注意语言用法时，关于政治、宗教、科学或文化价值的前提与这些问题可能有关：我们应该选择一个词的何种含义是标准的，何种含义是异常的：'人'是一个好的例子，'实体'是另一个例子。例如，哲学家有时设法支持他们对人工流产的态度，就援引某种语义标准，以证明人类胎儿是人或不是人。但是，当看到这种语义标准的确定性是可争论的时，承认人们可改进他们关于人的概念以与我们对待人工流产的态度相一致，就更有道理"[3]。

　　法律解释当然离不开语言分析，但它仅仅将语言看作理解的中介。在理解过程中，语言多义性会使理解具有无数的可能性。所以，法律解释不能采用形式逻辑的线性思维方法。特别是"在解释和运用含有'正义''公平''正当''合理''过错''显失公平''动机'等词语的法律规范时，形式逻

---

〔1〕　参见［英］哈特：《法律的概念》，张文显等译，中国大百科全书出版社1995年版，第127页。

〔2〕　参见［英］哈特：《法律的概念》，张文显等译，中国大百科全书出版社1995年版，第13页。

〔3〕　［英］L. 乔纳森·科恩：《理性的对话——分析哲学的分析》，邱仁宗译，社会科学文献出版社1998年版，第35-36页。

辑的作用同样是有限的。在这种情况下，法官必须借助辩证逻辑，从概念的内容和形式的对立统一、灵活性和确定性的统一来确定它们所反映的或应该反映的现实内容，以做到正确地理解和适用法律规范。"〔1〕总之，法律解释是运用辩证逻辑对法律规则现实内容的发现过程。

3. 法律解释的创造性

法律解释的客观性和主观性是辩证的统一。客观性包含着忠实原意的要求，但它同时还有考虑"现在条件""符合当前需要"的要求。实现忠实原意的要求有两个困难：首先，人们基于不同的价值对什么是"原意"有不同的主观理解，有人可能像格雷法官那样认为逐字逐句地解释法律才是公正的，才是忠实原意；有人则可能像厄尔法官一样接受"立法者意图优先"的价值观念。其次，对"原意"的识别不能离开立法目的。但是，成文法经常是竞争各派或利益集团之间妥协的产物，妥协的存在使目的难以并经常不能识别。〔2〕在这种情况下，法律解释该如何前进呢？霍姆斯为此提出一种"平意"（plainmeaning）解释方法："我们所问的不是（作者）想说的，而是在使用这些词的环境中，在一个普通说英语者的口中这些词将会具有的含义。"〔3〕他认为，在涉及运用刑罚的时候，应该用常人理解的语言给世人一个公平的警告，告诉他们法律的意图是什么。无论怎么说，平意解释法比格雷法官的严格解释法还是向前进了一步。

但波斯纳对此并不满意。他认为，从法律条文的平意理解出发，去追究明确判断的做法是不适当的。因为法律条文的稳定性决定了它"是对法律概念的暂时表述"，而"成文法解释的平意方法排除了对现在条件的考虑"。〔4〕所以，应该从解读沟通的角度来把握法律解释。就是说，解释是向前看的，具有形成政策的功能，是创造性的而不是机械的。解释者"不能只研究平意，他们必须努力懂得立法者所想解决的问题"〔5〕。确实，立法者的预见总有一定历史局限性，今天的法官如果不能根据法律颁布以后的实践发展来创造性

---

〔1〕 张文显：《二十世纪西方法哲学思潮研究》，法律出版社 1996 年版，第 17 页。

〔2〕 参见 [美] 波斯纳：《法理学问题》，苏力译，中国政法大学出版社 1994 年版，第 351 页。

〔3〕 See Oliver Wendell Holmes, "The Theory of Legal Interpretation", *Harvard Law Review*, Vol. 12, No. 6., 1899, pp. 417–420.

〔4〕 [美] 波斯纳：《法理学问题》，苏力译，中国政法大学出版社 1994 年版，第 341 页。

〔5〕 [美] 波斯纳：《法理学问题》，苏力译，中国政法大学出版社 1994 年版，第 345 页。

地解释法律条文，而是过分追求忠实原意，就有可能走向客观性的反面。因此，沈宗灵教授和张文显教授认为，应该"从制定某一法律的目的来解释法律。这里讲的目的不仅是指原先制定该法律的目的，也可以指探求该法律在当前的需要，也就是说，原先的目的已不符合当前需要，因而通过法律解释使其符合"[1]。

理德认为，法律解释具有重新界定概念术语和推动法律变革的创新功能。法官在适用法律规范的过程中具有改变规范的能力。例如，美国最高法院对禁止一个州"在其管辖权内剥夺任何个人受法律平等保护的权利"的宪法规范，前后的解释在意义上就发生了明显的变化。在 1868 年的解释中，最高法院对宪法第十四修正案关于平等保护的词句增加了一些对各州政府的法律约束。在 1896（Plessy v. Ferguson）至 1954 年间，最高法院将这种约束解释为：公共设施对于"被隔离却是平等的"不同种族不得禁止，这是一个要求设施平等的解释。而从 1954 年（布朗诉教育委员会案）开始，最高法院将这种约束力明确地解释为：不论他们是否平等，禁止隔离公共设施。[2]这样，通过三次解释，宪法关于平等保护规范的模糊含义一次次变得清晰起来，更加接近了实质正义。

在判例法中，判例也具有不确定性。因此，在面临可选择判例的情况下，以何者为法律推理的大前提；或者，在判例与目前的案件有差异时，对判例如何进行解释，这些都是法律解释需要解决的问题。凯尔里斯从分析判例法的遵循先例原则入手，对法律推理的不确定性进行了经验分析。他认为，对于一个具体的案件来说，常常有支持两种截然相反意见的判例。在 1976 年美国最高法院处理哈德根诉劳工局一案时，就面临着两个相互排斥的先例：

一个是 1968 年联邦最高法院在混合食品 590 地方工会诉罗甘谷集市一案中，判定工会会员在私人商业中心广场集会和演说是合法的，理由是言论自由权高于私有财产权。另一个是 1972 年联邦最高法院在洛德诉坦纳一案中，判定反战分子无权在私人商业中心散发传单，理由是私有财产权高于言论自由权。

---

〔1〕　沈宗灵主编：《法理学》，高等教育出版社 1994 年版，第 426-427 页。
〔2〕　See William Read, *Legal Thinking*: *Its Limits and Tensions*, University of Pennsylvania Press, 1986, pp. 42-43.

在这种情况下，法院如何决定遵循哪个先例？法官们又是如何看待模棱两可的先例呢？凯尔里斯进一步指出，即使只有一个先例，也可以有多种解释，所以法律推理不确定性的问题依然不能解决。因此，他得出结论说："先例原则，作为法律推理神秘化的有机组成部分，主要扮演的是意识形态的而非自身功能的角色。"[1]这说明，人们在对先例使用之前，总是用一定的价值观或政策进行了有利于统治需要的解释。

E. 利瓦伊和 K. 利维林等法学家，将亚里士多德关于类比推理是从部分到部分的推理、并不使用所有个别情况来作证明的思想，[2]运用于法律推理研究，提出一种所谓"动态分类论"（moving classification theory）。该理论假设，法律基本上是由从前例和现存的制定法抽象出来的规则组成的。法院在面对一个新案件时，其任务是形成一个与尚未被推翻的前例、有关的制定法以及先前案件事实一致的规则。如果法院不能制定一个包容这些因素的规则，其中某些或全部先例就可能被否定或（仅仅）成为在历史上（曾经起过作用）的著名案例，这种情况只有在法院制定一个单一规则来决定新案件或使遗留的先例具有合法性时，才能有所改变。新案件是根据修改后的规则即"移动的"分类法而判决的。K. 利维林特别对类比推理的技术进行了细致分析，他概括说：例如，如果一个法庭想要遵循先例，它可以说"其中的规则是刚性的，不能打破"，因而也就确认了眼前的案件处于从先例中获得的规则范围之内。如果想要拒斥以前的判例，一个法庭会说，以前这种类型的判例其中每一个"都有其自身的事实根据，必须根据其特殊情况加以阐述"，因而限制了基于这些先例的规则的适用范围。如果想要延伸一个早先判例的作用，一个法庭可能会从一个早先判例中提取出某些一般性语言，将其纳入规则的形式之中，而不再论及那个案件的事实所规定的限制条件。[3]动态分类理论很好地解释了法律规则的进化问题。就是说，法律规则的进化发展，一方面要分析已有规则所借以产生的以往判例，另一方面要根据眼前的案件进行具

---

〔1〕 参见朱景文主编：《对西方法律传统的挑战——美国批判法律研究运动》，中国检察出版社1996年版，第297—298页。

〔2〕 参见苗力田主编：《亚里士多德全集》（第一卷），中国人民大学出版社1990年版，第236页。

〔3〕 See E. Levi, "Introduction to Legal Reasoning"（1949）; K. Llewellyn, "The Common Law Tradition"（1960）, cited in Kent Sinclair, "Legal Reasoning: in Search of an Adequate Theory of Argument", *California Law Review*, Vol. 59, No. 3., 1971, p. 824.

体分析，从而对已有的规则作出新的抽象概括，或者抽象概括出新的规则。这两项工作都是由法律解释来完成的。

法律解释所进行的法律创新不是任意的，它包含着许多重要的价值考虑，例如，合法性与正当性的关系，法律稳定性和可预测性的问题，律师和审判法院的法官能够依法工作，国民能够在法律范围内计划他们的行动，等等。但同时，"最高上诉法院会关心法律是否能够依照现今的社会、历史和文化状况以及不断发展的正义观念被证明为正当。因此，对于主张应该改变法律以提高其正当性的各种论点，它会持开放态度；它会关心法律应当是什么"[1]。

(三) 解释推理的过程

波斯纳以反托拉斯法为例，说明了大多数法官对没有前例的疑难案件进行推理的步骤。第一步，选择推理大前提：从立法原文或起草过程以及立法和司法机关的制度特征中，以及当这些来源也未提供确定指导时从社会理想中抽象出（不是用一种演绎方法）反托拉斯法的总体概念（比如当今流行的财富最大化概念），用以指导决定；第二步，推敲推理的小前提：仔细检查有关的先例及其他资料，从中获得有助于判案的信息；第三步，按照一定的逻辑（常常是演绎逻辑）方法推出结论或新的判断：依照财富最大化原则，进行政策判断和解决案件；第四步，回归先例：以确定政策判断不会被权威性先例加以排斥。在处理疑难案件的大多数场合下，法律分析往往表现为政策性分析的形式，成文法的规定越暧昧，其解释上的政策考虑就越重要，因而法律原则是注重实际的、与现实社会需要相吻合的。[2]

上述四个步骤中的第一步就是运用解释推理的过程。解释推理一般用于发现疑难案件的推理大前提。让我们把这个解释过程放大，把疑难案件的法律推理设为推理 1，把解释推理设为推理 2；设想解释推理的过程和步骤如下：

第一步，从推理 1 的目的标准或原则中抽象、选择出推理 2 的大前提，用以指导决定；

第二步，推敲推理 2 的小前提：主要是现成的法律规范，从中获得有助

---

〔1〕［美］史蒂文·J. 伯顿：《法律和法律推理导论》，张志铭、解兴权译，中国政法大学出版社 1998 年版，第 22 页。

〔2〕参见［美］波斯纳：《法理学问题》，苏力译，中国政法大学出版社 1994 年版，第 169-170页。

于推出推理 2 的结论（或推理 1 的大前提）的信息；

第三步，按照一定的逻辑（常常也是演绎逻辑）方法，从推理 2 的大前提和小前提推出结论，即现有法律规范新的法律含义（推理 1 的大前提）；

第四步，回归先例：以确定法律规范新的法律含义不会被权威性先例加以排斥。因此，可以把解释推理（小推理）看作是发现一般法律推理（大推理）大前提的方法。

参照德沃金"前解释""解释"和"后解释"三个阶段的划分[1]，我们可以将解释推理准备、进行和展开的过程描述如下：

（1）在前解释阶段，要确定模糊的法律规范在大多数法官以往经验中的含义或"一致看法"是什么。在这一阶段，解释者通常只凭经验大致地把握解释的客体，处在感性阶段。这个前解释阶段为推理主体在特定语境中进入"解释"提供了前提条件。

（2）在解释阶段，法官要通过推理论证，为自己在前解释阶段所确定的大多数法官对模糊法律规范的"一致看法"提供"一些总的理由"。包括论证、说明为什么它值得实行。这种理由，不一定适用于现行习惯的每一方面，但必须足以适用于阐释者对这种习惯能亲自阐释，而不是发明一种新的理由。这说明，解释推理的确证分为两个步骤：首先，从现存的明确法律制度中抽象出一般的法律原则，用自我建立的一般法律理论来证明这种法律原则是其中的一部分，证明现存的明确法律制度是正当的。其次，再以法律原则为依据，反向推出具体的法律结论。

然而，德沃金认为，法律推理主体解释阶段的推理活动，是在尊重前解释阶段所获得的特定语境（已经存在的法律"范例"、习惯或传统）的前提下建构性进行的。波斯纳对此评论说："德沃金一直强调法律的解释性特点。他争辩说，即使在一个全新的案件中，法官也不是在制定一个新法律，而只是在解释一种法律传统。然而，我们就会看到解释这个概念不一定，并且在最疑难的案件中也不可能，限制司法裁量权。"[2]波斯纳说得有道理，通过解释推理所获得的法律规范的新含义虽然不一定是在制定新法律，但也绝不仅

---

〔1〕 参见［美］德沃金：《法律帝国》，李常青译，中国大百科全书出版社 1996 年版，第 60-61页。

〔2〕 ［美］波斯纳：《法理学问题》，苏力译，中国政法大学出版社 1994 年版，第 31 页。

仅限于解释一种法律传统。创造新含义正是法律推理的本质特征，创造性的源泉存在于解释推理主体与解释客体的相互作用之中。

（3）在后解释阶段，解释者要调整自己对客体（模糊的法律规范）"实际上"提出了什么要求的看法（经过解释已经清晰了的法律规范），"使之能更好地适用于他在阐释阶段所接受的理由"。这个阶段相当于波斯纳所说的回归先例的过程，通过这种反馈可以更好地为以后的法律推理服务。

CHAPTER07 **第七章**

法律推理的规则和原则

规则和原则是法律推理的一对基本范畴，它们的相互作用贯穿于法律推理的全过程并制约着其发展。

一、法律规则

规则通过规定在一般情况下人们应该或不应该做什么，来规范人们的行为。为了更好地理解法律推理中规则和原则的关系，我们有必要从更宽泛的意义上来考察一下一般规则问题。

（一）一般规则和法律规则

维特根斯坦在《哲学研究》一书中强调了规则约定俗成的本性，他认为，规则是人们彼此之间所作的协定。"协定"和"规则"这两个词是相互联系在一起的，它们像表兄弟一样，如果把其中一个词的用法教给某个人，他就会学会另一个词的用法。在《数学的基础》一书中，维特根斯坦甚至提出，规则概念在逻辑上比协定概念更为原始、更为根本一些。人们并不是由于先学会了使用"协定"一词，然后才学会遵守规则的；相反，人们是因为先学会了遵守规则，然后才懂得了"协定"的意义。维特根斯坦虽然强调了规则的主观性，认为规则或协定都是我们在社会生活中作出的"约定"，但他同时通过把遵循规则的活动称为"公共性事务"而提示出规则的客观性，即我们所从事的受规则支配的活动都是社会性活动。因此，他认为，"私自"遵守某一规则是不可能的，否则的话，认为某人遵守了规则就等于说他（实际上）遵守了规则。因此，从根本上说，遵循规则并不是一件私事，而是一种公共事务。不仅在法律领域中是如此，玩游戏、使用语言也是如此。[1]

法律规则符合维特根斯坦的协定特征或约定说，它是社会契约的一种表现形式。苏力教授指出，契约交易作为一种普遍存在的社会现象在西方有着似乎格外强烈的传统。"这种思想在经由基督教的传播而进入欧洲大陆，特别是进入罗马之后，又通过罗马法中固有的契约思想而得到强化，或者反过来说强化了罗马法中的契约思想和欧洲人的契约意识。……罗马法，特别是其中的契约原则在欧洲的复兴和传播，使得契约思想成为人所共知的一种理论资源。由于这种思想是与日常经济生活中的许多基本活动相联系的，它很容易渗透到普通人的心中，成为'理所当然'和'不证自明'的常规。随着时间的推移，这种观念获得了一种'自然'的合法性和正当性，并成为人们日常生活中处理相互关系的'天然的'基本原则之一。"[2]

规则对于社会有何意义呢？美国当代语言哲学家约翰·希尔尼在《言语行为》一书中区分了两种类型的规则，一类是构造性规则，它确立或制定了社会领域中有意义行为的新形式；另一类是控制性规则，它支配着有意义行为已有的、在逻辑上是独立的形式。例如，礼节规则就是一种控制性规则，它调节着人与人之间互相尊重的关系，这种关系即使脱离了此类行为规范或礼仪标准仍旧存在。但是，构造性规则就不仅仅支配行为，它们还创造出新的行为形式及理性活动的新的可能性。[3]

规则的构造性和控制性也是法律规则所具有的特征。法律以规则的形式把秩序引入社会生活，因此它对社会生活既有促成作用又有约束作用。例如，合同法规则使得买和卖的决定在一段时间内展开而不是在同一时刻完成，便促成了交易又约束了交易，在买卖活动中建立起交易秩序。

规则具有等级结构，法官能够以服从一个更高的规则为理由，而有限地"不服从"一个较低的规则，甚至在司法过程中改变某些规则。因为规则的等级结构反映的是不同等级的利益，所以，每一次破坏规则的理由，都必须是

---

〔1〕　参见〔美〕菲力浦·劳顿、玛丽-路易丝·毕肖普：《生存的哲学》，胡建华等译，湖南人民出版社 1988 年版，第 274-275 页。

〔2〕　苏力：《从契约理论到社会契约理论——一种国家学说的知识考古学》，载《中国社会科学》1996 年第 3 期。

〔3〕　参见〔美〕菲力浦·劳顿、玛丽-路易丝·毕肖普：《生存的哲学》，胡建华等译，湖南人民出版社 1988 年版，第 276 页。

为了服从一个更高的规则，也就是服从一个更高的利益。

从某种意义上说，法律规则同游戏规则有许多相似之处，它们都具有约定俗成的本性，也具有大家一起遵守的社会性。娱乐的游戏世界和严肃的法律世界都不是现实世界，但它们又都使我们介入了另一种现实之中。这种现实，是我们在游戏时和法庭上创造的人工世界。

（二）制定法规则和普通法规则

规则并非只有制定法的形式，普通法也有规则。按照伯顿的概括，普通法规则主要有两个作用：一是对法律推理活动的引导作用，二是编排判例的作用。所谓引导作用，根源于"一项普通法规则是对若干判例的概括"[1]，但这种一般引导作用并不能完全取代判例在普通法中的作用，因为判例保留了作为类比推理基点或起点的意义，普通法中的类比推理是基于判例而不是普通法规则而得出结论的。由此看来，判例在普通法中的作用相当于规则在制定法实施中的作用，而普通法规则在法律推理中的作用则类似于法律原则在制定法实施中的作用。

除了引导作用之外，普通法规则还具有"编排判例的作用"，它"为组织可能多达几十个甚至几百个判例提供一个框架。从每一个判例和所有判例出发进行类比推理，会使人不知所措，因此，要形成一个明智的主张，为人力所不可能。为了使思维过程可以操作，我们采取一种简化的办法，即把大量相关判例分为小类，每一小类包括数量比较少的判例。然后，我们以一项普通法规则中的一个短语，标示每一小类判断。"[2]例如，在一个因被告的疏忽（过失）行为而引起的损害赔偿案（如交通事故案）中，可能有无数的判例可以引用。法官或律师在众多的判例面前可能会不知所措，在这种情况下，他可以寻求普通法中的过失规则，这个规则可以表述为：如果（1）被告有义务通过合理小心避免损害，以及（2）被告由于一种过失行为或者疏忽大意而违反了这种义务，而且这种违反是（3）导致被告人身或财产损害的（事实的或法律的）原因；那么，除非不可抗力的例外，被告应该负损害赔偿责任。

按照上述过失规则的模式，所有相关判例可以被判例法规则编排为五小

---

〔1〕［美］史蒂文·J.伯顿：《法律和法律推理导论》，张志铭、解兴权译，中国政法大学出版社1998年版，第74页。

〔2〕［美］史蒂文·J.伯顿：《法律和法律推理导论》，张志铭、解兴权译，中国政法大学出版社1998年版，第74页。

类，即：（1）义务案件；（2）违反义务的案件；（3）事实原因的案件；（4）法律原因的案件；（5）损害案件。"过失规则表明，为了获得赔偿，过失案件中的原告必须说明，她的情况与那些在所有五个小类案件中胜诉的原告相同。"[1]

判例法规则在编排判例方面所体现出来的普遍性，也是成文法规则所具有的。一个成文法规则，适用于一类案件中的所有案件。正是这种一般与个别的矛盾造成了抽象规则与具体案件适用的矛盾。但是，制定法规则是由法律明文记载的，它在创制过程中已经充分考虑了一类案件的普遍性；而普通法规则，却需要由法律适用者从各种判例中进行总结概括。因此，二者在法律推理中的地位似乎不同，前者是一个案件演绎推理的当然前提，后者则先要通过对有关判例的解释推理才能成为一个案件演绎推理的前提。这造成法律推理的路径有所不同：制定法的法律推理是直接从规则出发，在规则模糊时才从中分析其包含的法律原则；判例法的法律推理虽然是从判例出发，但在此之前就要借助于判例法规则的编排作用来寻找判例，在判例与本案的相似性成为疑问时才重新回到判例法的规则中去寻求其包含的一般法律原则。这说明，判例法规则并不等于判例法原则，它的抽象性似乎介于判例和原则之间。

（三）实体法规则和程序法规则

哈特最先将法律规则分为第一性规则和第二性规则，或主要规则和次要规则。[2]他认为，法是第一性规则和第二性规则的结合。第一性规则（primary rules）所规定的是"人们被要求去做或不做某种行为"，或"个人必为或不得为的行为"，显然，它所指的主要是为公民设定义务的实体法规则。第二性规则（secondary rules）依附于第一性规则，它"规定人们可以通过做某种事情或表达某种意思，引入新的第一性规则，废除或修改旧规则，或者以各种方式决定它们的作用范围或控制它们的运作"，"它们具体规定了第一性规则得以决定性地确定、引入、取消、改变以及违反这些规则的事实得以最终决定的方式"。这说明，第二性规则是设定权力的规则，它赋予公权力或

---

[1]　[美]史蒂文·J. 伯顿：《法律和法律推理导论》，张志铭、解兴权译，中国政法大学出版社1998年版，第76页。

[2]　以下论述参见[英]哈特：《法律的概念》，张文显等译，中国大百科全书出版社1995年版，第81-99页。

私权力。

如果一个社会单靠第一性规则生存的话，它必须认定若干关于人性和我们生活世界最明显的公理为事实或条件。第一个条件是：这种规则必须以某种形式包含对任意使用暴力、盗窃、欺骗的限制；它是向个人施加为共同生活服务所做出贡献的各种积极责任或义务的规则。第二个条件是：虽然这样一个社会可能显露出接受规则的人和拒绝规则的人之间的张力，但为了人类社会的存续，后一种人显然只能是少数人，大多数人是从内在观点出发而接受规则的，这样才能给拒绝按规则生活的人造成社会压力。在一个小型简单的原始社会（前法律社会），只存在第一性的即设定义务的规则。由于没有授予权力的第二性规则，因而这种小型社会的行为规则是"非官方规则"。它有三个缺陷：一是不确定性，这些规则分散而缺乏体系性；二是规则形成的自发性和静态性；三是缺乏一个专门机关来维护规则的权威性。由于这些缺陷，"其补救办法就在于以不同种类的第二性规则来补充第一性的义务规则"。第二性规则的种类包括：（1）对不确定性进行补救的"承认规则"（rule of recognition），即通过授权承认第一性的规则具有法律效力；（2）对静态性进行补救的"改变规则"（rule of change），即授予某种机关或个人确立新的第一性规则和改变旧的第一性规则的权力，包括国家立法的公权力和私人订立遗嘱、合同或转让财产等私权力；（3）对第一性规则是否已被破坏的问题作出权威性决定的"裁判规则"（rule of adjudication），它除了确认谁去对违反第一性规则的行为进行审判外，还规定了审判应当遵循的程序。

按照哈特的观点，一个法律制度的存在必须具备两个最低限度的必要条件：一是公民必须遵守按照承认规则而有效的第一性规则；二是国家机关的一般官员必须遵守第二性规则。在这个意义上，第一性规则和第二性规则虽然不能一般地说具有实体法和程序法的区别，但大部分实体法规则都包含在第一性规则之内，而大部分程序法规则在性质上则属于第二性规则。按照《牛津法律大辞典》的解释，实体法（substantive law）是指"所有法律体系中的主要组成部分及各部门法的主要部分，它是有关特定情况下特别的法律上的人所享有的法律权利和应履行的法律义务的法律"。程序法（adjective/procedural law）是指"用来表示不同于实体法的法律原则和规则的体系，程序法的对象不是人们的权利和义务，而是用来证明、证实或强制实现这些权利和义务的手段或保证在它们遭到侵害时能够得到补偿"。〔1〕按照上述理解，第二性规则中的裁判规则就属于程序法规则。

瓦尔格伦还提出了实体法规则与方法论规则的区别，他认为，法律推理既呈现为实体性规则又呈现为方法论规则。法律规则是律师们在其工作中由于法律根源（关于法律规则的缘由、有效性和适用的理论之集合）的约束原则，或由于其他法律权威性理由，而不得不考虑的规则。通常，这包括反映在制定法、立法准备材料、判例法、法律著作中的规则，以及作为终极源泉的可以被感知为习惯的规则。〔2〕方法论规则与实体法规则或第一性规则（集中于原有法律问题）性质不同，方法论规则并不涉及实体性问题，而是支配着作出法律决定的过程，是决定着实体法应该如何被加以适用、解释和改变的规则。第二性规则和亚规范（meta－norms）有时候用作方法论规则（methodological rules）的同义词。〔3〕

从保证法律推理公正性的角度看，程序法规则越来越受到人们的重视。一般来说，法律适用涉及实体法规则的问题比较多，事实认定涉及程序法和证据法规则的问题比较多。程序法和证据法规则对于公正审判具有极其重要的规制作用。

（四）硬性规则和软性规则

法律规则有软硬之分，这是容易理解的。例如，一个限速 80 公里的道路交通规则，给中速行驶赋予了规范性的法律意义。它无需解释就建立了一个行为标准，驾驶员和警察可对其精确表述和测量，并描述出道路行为的法律意义：如果时速 90 公里就是在违法驾驶；警察的行为介于驾驶员行为和规则之间，可把精确的事实标准变为模糊的官方自由裁量标准：时速 85 公里可能是允许的，但 100 公里是绝对不允许的，因为它超出了规则包含的中速行驶的法律意义。

然而，如果规则可根据情况以"应有小心"的标准来执行，比如规定

---

〔1〕　［英］戴维·M·沃克：《牛津法律大辞典》，北京社会与科技发展研究所译，光明日报出版社 1988 年版，第 865 页，第 17 页。

〔2〕　See P. Wahlgren, "Automation of Legal Reasoning: A Study on Artificial Intelligence and Law", *Computer Law*, Kluwer Law and Taxation Publishers, Series 11, 1992, p. 146.

〔3〕　See P. Wahlgren, "Automation of Legal Reasoning: A Study on Artificial Intelligence and Law", *Computer Law*, Kluwer Law and Taxation Publishers, 1992, p. 145. note 1.

"机动车行经没有交通信号的道路时，遇行人横过道路，应当避让"[1]，它就变成了一个软性规则。何为"应当避让"？它的范围也许很宽泛，只有在驾驶员极为"不合理地"避让（差不多等于没有避让）行人时，警察才会用它实施干预。

硬性规则和软性规则都包含着法律意义，即法律原则。但硬性规则比较精确，所包含的法律原则隐藏很深；软性规则比较模糊，所包含的法律原则隐藏较浅。因此，硬性规则与法律原则的区别更加明显，软性规则与法律原则的区别比较模糊。"当一核心含义清晰明了的规范可明确适用于某个案件的事实时，司法审判就不再需要价值判断了。因此，如果一项谋杀毋庸置疑地得到了确凿证据的证实，那么被告犯有谋杀罪的结论就不再需要法院进行价值判断了。在这种情形中，法院得出的这一结论乃是用三段论演绎逻辑法得出的。"[2]

规则中包含着原则的最有力的证明是规则具有道德内容。分析法学主张法律命令说，认为法律与道德没有任何联系，主权者发布任何命令约束被统治者都不足为怪，因此承认"恶法亦法"。新分析法学的代表人物哈特摈弃了法律命令说，他虽认为法律与道德之间有分野，但同时主张法律应具备最低限度的自然法，包括这样一些软性规则：禁止使用暴力剥夺他人生命伤害他人身体；要求相互容忍和妥协的义务；要求有限的利他行为；保护产权的合理配置；制裁破坏规则的行为。"对有关人性以及人类生存世界的一些明显的判断（其实是公理）的思考表明，只要这些判断站得住，那么，有些行为规则就是存在的。它们是如欲持续存在下去的社会组织所不可缺少的。这些规则确实构成了已进步到法律和道德区分为不同社会调整形式之阶段的一切社会的法律和道德的共同因素。"[3]虽然道德内容不一定是一个规范之成为法律规范的必要条件，但法律规范确实需要道德规范来赋予意义，因为法律规范所赋予的权利和强加的义务，背后要有正义、公平等道德理由来予以支持。

---

[1] 《中华人民共和国道路交通安全法》第 47 条第 2 款。

[2] [美] E·博登海默：《法理学：法律哲学与法律方法》，邓正来译，中国政法大学出版社 1998 年版，第 526 页。

[3] [英] 哈特：《法律的概念》，张文显等译，中国大百科全书出版社 1995 年版，第 188 页。

二、法律原则

（一）法律原则的一般特征

法律原则是法律规则背后的目的，它为法律规则的正当性提供了论证依据，也为法官将法律规则适用于具体案件提供了法律理由。张文显教授指出："法律原则是指可以作为规则的基础或本源的综合性、稳定性原理和准则。原则的特点是，它不预先设定任何确定的、具体的事实状态，没有规定具体的权利和义务，更没有规定确定的法律后果。但是，它指导和协调着全部社会关系或某一领域的社会关系的法律调整机制。"[1]

从存在形式来看，原则在制定法中一般表现为法律序言中的明确声明的原则。例如，《刑事诉讼法》第 1 条 "为了保证刑法的正确实施，惩罚犯罪，保护人民，保障国家安全和社会公共安全，维护社会主义社会秩序，根据宪法，制定本法。"第 2 条 "中华人民共和国刑事诉讼法的任务，是保证准确、及时地查明犯罪事实，正确应用法律，惩罚犯罪分子，保障无罪的人不受刑事追究，教育公民自觉遵守法律，积极同犯罪行为作斗争，维护社会主义法制，尊重和保障人权，保护公民的人身权利、财产权利、民主权利和其他权利，保障社会主义建设事业的顺利进行。"有时候，法律原则没有明确的陈述，而是从法律、判决或宪法中推导出来的，有时候直接来自道德正义、理性思考或政治理论。在判例法中，原则通常来源于早先判决中的理由。一般来说，法律原则并不是由立法创造的，而是体现立法宗旨和目的并指导立法和司法活动的准则。立法的直接成果是规则或规则体系。尽管法律原则时常出现在法规序言中，这只是一种将深层的法律原则表面化的做法。法律原则出现在司法判决中，主要是为疑难案件判决结论所依据的法律理由提供进一步的正当理由。

原则可分为公理性原则和政策性原则两大类："公理性原则是从社会关系的本质中产生出来的、得到广泛承认并被奉为法律的公理"[2]，它一般是以目的性标准为基础的，同道德原则有密切的联系。法律原则反映了个人、集团和社会发展的正义、利益和人权的要求，以及道德和信仰方面的要求。例

---

[1] 张文显：《二十世纪西方法哲学思潮研究》，法律出版社 1996 年版，第 391 页。
[2] 张文显：《二十世纪西方法哲学思潮研究》，法律出版社 1996 年版，第 391 页。

如，先例原则"是与法律面前人人平等的道德原则相联系的，而这个原则又以'同类案件同样判决'的格言为基础"[1]。法律原则与道德原则是有区别的，一般来说，虽然法律原则体现着一定的道德原则，但是，道德原则却并不直接作为法律原则，例如，"助人为乐"。

"政策性原则是国家关于必须达到的目的或目标，或实现某一时期、某一方面的任务而作出的政治决定，一般说来是关于社会的经济、政治、文化、国防的发展目标、战略措施或社会动员等问题的。"[2]政策性原则一般以目的标准中的集团利益为基础。政策性原则主要是在立法领域发挥作用，司法活动特别是疑难案件更多依靠的是公理性原则而不是政策。但这并不表明政策对司法活动不发挥作用。例如，我国"宽严相济"的刑事政策。政策是综合性的，是指促进或保护社会的某种集体目标的政治决定。例如，对飞机制造商提供补贴是旨在加强国防的一项政策。原则是分配性的，是指尊重和保障个人和集团的权利的政治决定。例如，反对种族歧视法，主张少数民族享有平等的权利，就是一项原则。就是说，政策和原则之分，在于前者是指社会的目标，后者是指个人或集团的权利。"原则的论据意在确立个人权利；政策的论据意在确立集体目标。原则是描述权利的陈述；政策是描述目标的陈述。"[3]就政策而言，对这一制造商本月给予补贴，并不要求下月对另一个制造商也必须给予补贴。这说明，政策具有特殊性和倾斜性。但是，就原则而言，利益分配必须要求同样情况的一致性即平等对待。

在一个法律规定十分明确的案件中，即使该制裁法律来自政策，法院要处理的仍是原则而非政策问题。例如，某飞机制造商起诉要求获得法律所规定的补贴，其根据是他有权取得补贴的原则，而不是对他给予补贴有利于加强国防的政策。如果法院处理的是一个疑难案件，法院的判决也应以原则而不是政策为根据。[4]这说明，司法推理不能冠冕堂皇地将政策奉为标准，无论是将其奉为目的标准还是操作标准都不行，这是法治的要求。

---

[1] [美] 哈罗德·J. 伯尔曼：《法律与革命——西方法律传统的形成》，贺卫方等译，中国大百科全书出版社1993年版，第579页。

[2] 张文显：《二十世纪西方法哲学思潮研究》，法律出版社1996年版，第391页。

[3] [美] 罗纳德·德沃金：《认真对待权利》，信春鹰、吴玉章译，中国大百科全书出版社1998年版，第126页。

[4] 参见沈宗灵：《现代西方法学》，北京大学出版社1992年版，第132页。

关于规则、原则和政策的区别可以用下述三个判断来加以说明：高速公路每小时限速 120 公里，这是一条规则。任何人不得从自己的错误中获利，这是一条法律原则。车祸必须减少，这是一项政策。

（二）法律原则体系内部的矛盾

法律原则是一个体系。贝勒斯在《法律的原则——一个规范的分析》一书附录"原则概览"中，按程序法、财产法、契约法、侵权法和刑法五个法律部门列出了 92 条原则。[1]这充分反映了法律原则体系的复杂性。在一个法律制度的原则体系中，各种法律原则之间是否完全和谐一致？对此有两种不同的看法：一种是主张原则之间具有内在矛盾的观点，另一种是主张原则之间具有一致性的观点。

美国学者哈斯纳斯认为，从许多案例中可以发现法律原则的内在矛盾。参见案例 7.1：

◇ **案例 7.1**：A 的继承人诉家庭医生案。A 已聘请 B 做家庭医生，一日 A 突然生病，打电话通知 B 速来治疗，但当天正好是 B 的法定休息日，并已同别人约好去打高尔夫球，所以未作答复。A 在没有医生及时治疗的情况下病重身亡。A 的继承人起诉 B，认为 B 应负法律责任。B 的律师则认为，B 有放假休息的权利，任何人要求其随时听候病人要求是不公正的。他举出美国赫雷诉埃丁菲尔德案（Hurley v. Eddingfield）作为判例，说明在该判例中可以看到一个清楚的法律原则：在没有明示契约的情况下，不存在法律责任。在本案中，虽然 B 是 A 的家庭医生，但双方没有明确约定随叫随到，所以 B 不应负法律责任。A 继承人的律师则认为，B 在从事医疗职业时会参加一种履行救死扶伤义务的宣誓（古希腊医师宣誓），因此 B 对病人的需要不予理会是错误的。他也举出一个重要判例，即美国考特奈姆诉威兹德姆案（Cotnam v. Wisdom）。从这个案例可发现另一个法律原则：在没有明示契约时，为了避免不公正，法律将默示一个契约关系的存在。[2]

---

〔1〕　参见［美］迈克尔·D. 贝勒斯：《法律的原则——一个规范的分析》，张文显等译，中国大百科全书出版社 1996 年版，第 427-435 页。

〔2〕　See John Hasnas, "The Myth of The Rule of Law", *Wisconsin Law Review*, No. 199, 1995, pp. 202-203. 转引自刘星：《法律是什么？》，广东旅游出版社 1997 年版，第 228 页。

哈斯纳斯分析了这个案例后认为，"法律是由相互矛盾的规则及原则构成的，所以，任何法律结论都可利用巧妙的法律推理"。[1]

加拿大法学家哈钦森指出，在侵权法中，人们时常可以发现两种相互对立的法律原则：一是只对自己造成的可以合理预见的损害结果负责；二是无论结果是否能够合理预见，都应对自己疏忽行为造成的直接损害负责。前者是主导原则，后者是辅助原则。他认为，这两个"法律原则均来自于两个完全不同但同样恰当的民主秩序的观念，并由其赋予力量。一个依据个人主义。……另一个依据集体主义。"[2]因此，两个原则在逻辑上是不相容的，接受一个便意味着拒绝另一个，同时也意味着接受一个政治观念而拒绝另一个。

主张原则之间具有一致性的观点以德沃金为代表。德沃金从内在参与者的观点出发，主张整体原则论或原则统一论。他认为，法律原则之间因不同而相互独立，但它们并不是相互矛盾的关系，而是相互竞争（competitive）的关系。"作为整体的法律要求法官尽可能假设法律是由一整套前后一致的、与正义和公平有关的原则和诉讼的正当程序所构成。"[3]因此，当法官发现一个疑难案件背后可能存在不同的法律原则、甚至它们之间彼此冲突时，应该从整体性法律原则的角度权衡不同原则的相对分量，从而作出优先选择。例如，在埃尔默案中，厄尔法官就从该案背后既存在尊重遗赠意愿的原则，又存在任何人不得从其错误行为中获利的原则，并优先选择了后者。[4]

波斯纳赞成德沃金对法律原则冲突论的批判。按照波斯纳的解释，手段目的理性就是在遇到两种以上的规则、解释或适用而需要作出选择时，确定选择哪一个最符合基本目的或对达到目标更适合的决策方法。[5]根据这种方法，人们可以问一问，如果立遗嘱人想到自己可能被遗嘱继承人所谋杀的话，他是否会在遗嘱上增加一条剥夺该谋杀者继承权的条款？回答当然是肯定的。那么，剥夺谋杀者的继承权显然符合遗嘱人的意愿，也不存在法律原则的冲突，又符合遗嘱法的最终目的。

---

〔1〕 转引自刘星：《法律是什么？》，广东旅游出版社 1997 年版，第 229 页。

〔2〕 See Allan Hutchinson, "Of Kings and Dirty Rascals: The Struggle for Democracy", *Queens Law Journal*, Vol. 9, No. 2., 1985, p. 282. 转引自刘星：《法律是什么？》，广东旅游出版社 1997 年版，第 229-230 页。

〔3〕 ［美］德沃金：《法律帝国》，李常青译，中国大百科全书出版社 1996 年版，第 217 页。

〔4〕 参见［美］德沃金：《法律帝国》，李常青译，中国大百科全书出版社 1996 年版，第 14-19 页。

〔5〕 参见［美］波斯纳：《法理学问题》，苏力译，中国政法大学出版社 1994 年版，第 135-139 页。

　　德沃金和波斯纳的法律原则统一论似乎比分裂论更有道理。在一个法律制度中，如果有完全对立的法律原则存在，这个法律制度就会变得不稳定。但是，对法律原则的统一也不宜作绝对化理解。一个案件运用不同的原则可以得出不同的结论，至少说明某些法律原则之间确实存在差异，而"差异就是矛盾"[1]。如果运用不同的原则从一个案件得出截然相反的结论，也可以说这些原则是对立的。为什么不能承认这种对立和矛盾的存在呢？从维护法律制度完整性的要求说，不应该允许法律推理所奉行的各种原则之间存在矛盾，但这种矛盾也许是客观存在的。从原因上分析，原则有公理性原则和政策性原则之分，它们一个以正义理想为基础，一个以现实利益为基础；一个指向社会目标，一个指向个人或集团的权利。这是矛盾产生的根源。

　　但是，法律原则之间的矛盾不一定会使人们在法律推理过程中陷入困境。因为法律推理主体具有能动性，他们可以根据法律的整体性要求，选择适当的法律原则来解决具体的法律问题。在作出这种选择时所考虑的因素包括：（1）哪些是体现立法者立法意图的首要原则，是制定法中所蕴含的；（2）哪些是体现前例宗旨的原则，是判例中所蕴含的；（3）哪些是证明现行制定法或判例中具体规则正当性的原则；（4）哪些是体现实体法的政治道德理由的原则。法律推理主体通过这样的选择，不仅可为当前案件的判决找到正当理由，也维护了法律制度的统一。当然，他们也可从不同的价值观和不同的利益出发，选择对立的原则而为论证一定的法律理由展开辩论，从而加剧法律原则之间的矛盾。

　　麦考密克站在后果论的立场上，对法律原则的矛盾统一作了进一步分析。他认为，控辩双方常常辩论哪一条规则适用于一个案件更具有权威性，并且常常对一般法律原则进行辩论。但是，任何案件都是具体的、特殊的，从这个意义上说，案件具有开放性，没有哪一个规则是可以完全套用的。因此，对任何案件都必须从后果论的角度进行辩论，作具体分析之后才能引出正确的结论。从后果（或推理结论）具有可接受性和不可接受性来看，公共利益、正义和常识是进行后果论评价的三个基础。其一，公共利益。利益原则要求：可能对他人引起伤害的活动，必须采取将这些伤害最小化的措施。公共政策的目标是保证人民的安全和广泛的利益。其二，正义。正义原则要求：在受

---

　　[1]《毛泽东选集》（第一卷），人民出版社1966年版，第295页。

到伤害时使受害者得到补偿，造成伤害的责任人有责任给予补偿。当然，认定责任的条件是伤害者能够理性地预见其所作所为将会产生的后果。其三，常识。基于当代实在道德的常识要求，例如，由于缺乏应有小心而对他人造成伤害，伤害者对其所造成的后果不能逃避责任。[1] 就是说，在一个法律原则体系中，各种原则有大小之分，小原则要服从于大原则，而正义、人民的根本利益、人权和常识所规定的一般公共道德都是最大的原则。如果其他原则和这些基本原则发生冲突，就应当服从这些基本原则。

三、规则和原则在法律推理中的相互作用

（一）规则和原则的辩证关系

规则和原则的关系，实质上是法律推理操作标准和目的标准之间关系的一种具体化，前者是从后者派生出来的。

从反映法律原则特定内容的意义上说，规则是原则的一个部分，是原则的具体化、形式化、外在化。规则作为更抽象原则的相对具体的形式而存在。[2] 因此，有什么样的法律原则，就要求有与之相适应的规则形式，法律原则的发展要求规则或迟或早总要发生变化。在产生反作用的意义上，一定的规则与法律原则是否适应，会对法律原则的实现产生积极和消极两种不同的影响。从形式和内容辩证发展的一般规律来看，规则与原则之间矛盾发展的结果是：抛弃旧的规则，对法律原则的内容进行必要的改造。

规则与原则之间的关系在一定程度上也反映了事物现象与本质的关系。原则由何而来？若作静态考察，可以看到规则和原则是分立的，它们有不同的来源。前者是立法活动的直接结果，后者则不是。但在实际的法律推理过程中，由于法官必须遵循规则和判例，所以他实际上不是从规则和判例之外去寻找原则，而是挖掘规则和判例内含的原则。就是说，原则并不是外在于规则而与它对立，而是存在于规则之中而与其内在地统一。规则中"内含的价值"就是内含的原则。因此，法官并不是离开规则而适用原则，而是在适用规则的过程中探寻其内在意义。规则具有个别性、易变性和外在性，依据

---

[1] See Neil MacCormick, *Legal Reasoning and Legal Theory*, Oxford University Press, with corrections 1994, pp. 110-111.

[2] See Neil MacCormick, *Legal Reasoning and Legal Theory*, Oxford University Press, with corrections 1994, p. x.

规则进行法律推理虽然是法治的要求，但不能将其绝对化。例如，像埃尔默案中的格雷法官那样，就是把规则绝对化了。因为，原则作为规则的整体，是法律规则中抽象的、内在的、本质的东西，它构成了规则内在的价值基础。因此，厄尔法官坚持"任何人不得从其错误行为中获得利益"的原则，就是对遗嘱继承规则内在价值的探寻。规则作为一定法律原则在不同历史时期的表现形式，它是相对的、特殊的、不断变动的，原则却是绝对的、普遍的、稳定的。从认识论角度看，形于外的规则可以为人们直观地把握，而藏于内的原则需要通过推理性思维才能揭示出来。

从手段和目的的关系来看，法律原则作为规则的基础或本源主要表现在，以规则为直接依据的法律推理，需要由法律原则来提供抽象的判决理由。在手段和目的统一的基础上，具体的法律规则和抽象的法律原则之间的区别具有相对性。按照麦考密克的观点，规则真正的有效性在于，它必须满足或至少不能与更加基本的法律原则相冲突，规则作为"法律"的资格并不依赖于其由权威机关制定颁布，而在于由民众根据正义、利益和人权等原则所作出的"可接受性"（acceptance）或"认可性"（recognition）的判断。[1]

（二）合法性与正当性

从法律发展史上看，从直接运用抽象的原则转变为运用明确的规则，是法律推理制度形成过程中的一个巨大历史进步。古代的司法活动常常直接应用原则等目的标准进行审判，但目的标准的抽象性使法律推理的结论往往具有不确定性，并引起了无休止的争论。为了避免这种情况出现，人们通过立法制定了越来越细的具体规则。这些规则成为法律推理的操作标准。运用明确的规则进行法律推理，保证了推理结果的确定性。但是，规则的明确性同时又成为法律自身的一种局限，使它主要适用于简单案件。法律形式主义对规则的迷信，进一步加剧了规则和法律推理实践的矛盾。因此，新实用主义法学家波斯纳和新分析法学家哈特在批判法律形式主义的过程中，都强调了规则的指南作用，即以对规则的违犯为惩罚违犯者的法律根据和理由。然而，规则之所以能为审判提供法律理由，更深刻的原因在于它包含着由原则所提供的法律意义。当法官遇到几个规则都可以适用于某个疑难案件时，如何选

---

[1]　See Neil MacCormick, *Legal Reasoning and Legal Theory*, Oxford University Press, with corrections 1994, p. 62.

择一个规则而丢弃另一些规则？他的选择标准或理由是什么？这就是法律推理的合法性与正当性的关系问题。

从语义上看，"合法"（lawful/legal），意为"合乎或不违反国家的法律（be within the law）"，主要是指遵循法律规范；而 legitimate，也有合法的意思，但它是指一种更高的合法性，即"根据法律、公认权威或准则为正当的"，主要是指遵循法统。如本书第三章所述，正当性与合法性属于法律推理的评价问题，它们既有区别又有联系。从其所依据的标准来看，正当性（justification）来源于法律推理的目的标准，而合法性直接来源于法律推理的操作标准。

规则和原则反映合法与正当的关系，正如规则归根结底是由原则所派生的一样，合法性归根结底也是由正当性所派生的。"规则和判例确立合法行为的标准"，"原则和政策没有建立法律的类别，确定法律的后果。但它们为规则提供了正当理由。"[1]因此，关于原则、规则和判决的关系，正如哈里斯说："法律原则……解释和证明现存的法律规则，……但它永远不能充分证明一个判决。"[2]因为判决需要的是合法理由，而不是一个正当理由，这是法治的意义所在。

法律推理的合法性与正当性体现了遵循规则和原则的矛盾。我们可以假设两种情况。一种是理想情况，即立法机关已经制定了一套清楚的规则，这些规则是按立法者头脑中清楚的原则"缝制"的。当法官面临简单案件时，他不必考虑这套规则是用什么目的标准制定的，体现了什么法律原则。但在处理事实疑难的案件时，法官就不得不考虑几种似乎都可适用的法律规则，背后究竟是以什么原则作为正当理由。法官头脑中有了这个标准，就能对那些按照原则可能错误（正确）、按照规则却正确（错误）的案件保持警觉。当这些案件出现的时候，他们就会考虑在特殊情况下背离某些规则的利弊。这种推理过程不是机械的，也不是任意的。就是说，解释者知道了规则，就能推出其借以形成的原则；知道了原则，就能发现规则和原则所要求的结果之间的差异；知道了差异，就能决定是容忍这种差异，还是甩开规则直接把

---

〔1〕 ［美］史蒂文·J. 伯顿：《法律和法律推理导论》，张志铭、解兴权译，中国政法大学出版社 1998 年版，第 116-117 页。

〔2〕 See J. W. Harris, *Legal Philosophies*, London Butterworth & Co Ltd, 1980, p. 201.

原则应用于个案。尽管这样做会冒错误和不确定性的风险，但是，法官不会机械到束手无策的地步。

让我们现在假定第二种情况，即法律是模糊的。立法机关供给的法律规则相对于该案件来说是不明确的；或者没有提供现成的规则，只有个别案例提示了适用于特殊案件的结果。即使在这种情况下，只要法官掌握正义、利益和人权等目的标准，也可以对法律作出圆满的解释，而不需要被个人偏好牵着鼻子走。例如，当法官处理谋杀案或合同纠纷时，即使他不能把握区分谋杀和自卫的规则，或不能解释哪些合同应该强制执行，他也不至于完全任性地进行推理。他在处理案件中的行为反映着某些东西，正义感，阶级倾向或者个人利益。如果他的行为没有任何标准，就将是混乱、任意和不理智的。[1]

那么，法律推理主体在适用法律时应当如何将规则和原则结合起来，这种结合对法律秩序又有什么影响呢？

在现代社会，维护规则在法律推理中的权威性是法治的要求。法治尊重的是法律的稳定性价值。博登海默在讨论"法治的利弊"时指出：法律的缺陷或弊端源于三个原因，[2]一是守成取向，二是刚性因素，三是控制限度。首先，就守成取向而言，法律具有稳定性，"法律凸显出了一种保守的倾向。这一倾向根植于法律的性质之中，即法律是一种不可朝令夕改的规则体系。一旦法律制度设定了一种权利和义务的方案，那么为了自由、安全和预见性，就应当尽可能地避免对该制度进行不断的修改和破坏。"其次，就刚性因素而言，"由于法律规则是以一般的和抽象的术语来表达的，所以它们在个别情形中有时只能起到约束的作用。"柏拉图认为，一般性规则不可能公正地处理人际关系，因为人际关系具有无限的多样性和复杂性。亚里士多德也指出，尽管法律是一种不可或缺的社会制度，但是由于法律具有一般性与普遍性，所以它就可能给解决每个个别案件带来困难，造成僵化性，因此他提出应当允许用特殊的衡平手段来纠正法律。再次，就控制限度而言，制定规范的目的就在于反对和防止无序状态。然而，如果法律对公民的生活作出事无巨细的规定，就会干预私人生活，扼杀有益的拓展和尝试，甚至把政府必要的自由

---

〔1〕　See James Gordley, "Legal Reasoning: An Introduction", *California Law Review*, Vol. 72, No. 2., 1984, p. 147.

〔2〕　以下参见［美］E·博登海默：《法理学：法律哲学与法律方法》，邓正来译，中国政法大学出版社 1998 年版，第 419－424 页。

裁量权都统统禁止了。最后，博登海默得出结论说，只有"将刚性与灵活性完美结合在一起的法律制度，才是真正伟大的法律制度。"

波斯纳将法律规则和竞赛规则、科学规律、语言规则进行了比较后指出："法律和科学所关心的是正确的结果，而竞赛规则的功能是提供一个对竞赛者的竞赛表现进行比较和评价的基本框架。然而法律又不同于科学，它所关心的不仅是结果正确而且还有稳定性，为此它经常地牺牲实质正义。……法律和语言一样珍重稳定性，法律上的错误同样会由时间和习惯用法而得到认可。"[1]但是，尽管规则对维护法治非常重要，它却常常不能满足法律推理的实际需要。因为，"作为一种为取得多数同意的代价，立法者经常有意留下一些没有答案的问题"或规则空白，要求由法官来填补。[2]另一方面，法治对规则和正当程序的崇尚也造成了某些僵化的弊端。这是追求法治即社会整体正义和公平而牺牲个别正义的代价。

为了解决上述矛盾，法律推理必须将规则的适用和原则结合起来，以使判决体现维护法律秩序的稳定性价值和应变性价值的共同需要。"在富勒强调目的在法律事业中的中心地位时，或者在德沃金和休斯把原则和政策看作是法律推理的根据时，他们表达了现代人对一种能够有效应变的法律秩序的向往。"[3]这种能够有效应变的法律秩序被诺内特等人概括为"回应型法"。它与其前身"自治型法"都是法治社会的法律形态。二者的区别在于，前者重视法律秩序的稳定性，是法治社会的现实基础；后者则强调目的的支配地位以及由此决定的法律秩序的应变性，是法治社会的发展趋势。"从自治转向回应的关键一步，就是法律目标的普遍化。特殊的规则、政策和程序逐渐被当作是工具性和可牺牲的。它们虽然可能作为长期积累下来的经验受到尊重，但却不再表明法律秩序的承诺。取而代之的是，重点转至那些包含了政策前提并告知'我们真正想干的事'的更为普遍的目的。"[4]

法律规则是基于正义、利益和人权等目的标准而建立起来的，但这不等

---

〔1〕 ［美］波斯纳：《法理学问题》，苏力译，中国政法大学出版社1994年版，第65–66页。

〔2〕 参见［美］波斯纳：《法理学问题》，苏力译，中国政法大学出版社1994年版，第257页。

〔3〕 ［美］诺内特、塞尔兹尼克：《转变中的法律与社会》，张志铭译，中国政法大学出版社1994年版，第90页。

〔4〕 ［美］诺内特、塞尔兹尼克：《转变中的法律与社会》，张志铭译，中国政法大学出版社1994年版，第87页。

于说运用规则进行推理和运用原则和目的标准进行推理，可以产生同样的效果。因为，规则的具体性限制了它的灵活性，它虽然体现着一定的价值标准，却不能直接决定各种目的之间的相对价值。所以有时就会出现这样的情况：用规则来衡量的一定行为非常正确，用标准来衡量的一定行为却极端错误。规则常常不能产生由其所依据的标准所证明正当的结果。[1]

　　在这种情况下，法律有两种可能的处理方式：一是通过不断立法来制定越来越细的规则，用规则体系来弥补与标准之间的差距，使规则之网越来越趋近于目的标准。但是，规则制定得越多越细，法律制度就越复杂，法律冲突就会越多。就像我们画一个"井"字假设它会有一个漏洞，再加一横，就会有两个漏洞；中间再加一竖，就会有四个漏洞一样。法律之网上的格子越密集，法律漏洞就会越来越多。二是通过调动法律推理主体的能动性来解决这个问题，允许法官根据一定的原则或标准对两种活动或行为哪个更有价值作一些直接的考虑和比较。例如，在财产法中，"相邻关系"[2]种类繁多且非常复杂，法律规则很难对其作出具体规定。但财产法有一个原则，要求一个公民在追求自己利益时不过分损害他人利益。法官运用这个原则处理因相邻关系发生的纠纷时，就要求适当考虑历史习惯，兼顾各方利益，公平合理地处理纠纷。在通常情况下，法官的判决是促使"相邻各方应适当容忍来自于他方的轻微的损害，但是如果根据法律的规定和习惯，相邻一方给他人造成了过度的损害，这种损害已超出了邻人所应忍受的界限，则表明侵害人主观上具有过错，应向受害人负因侵权行为所致损害的赔偿责任。"[3]因此，运用"在追求自己的利益时不过分损害他人利益"的财产法原则，来解决类似相邻关系的纠纷，可以使公民了解自己的自由和追求自身利益的活动应该在何处止步，另一个公民的自由和追求自身利益的行为应该在何处开始。当然，运用原则进行推理必须给法官更多的自由裁量权，所以对法律推理主体提出了更高的要求。

　　法律推理偶尔离开规则而求助于目的性很强的原则，并不是为了动摇法治社会"以规则为中心的法律秩序"，而是要使规则保持其现实性和生命力，

---

　　〔1〕　See James Gordley, "Legal Reasoning: An Introduction", *California Law Review*, Vol. 72, No. 2., 1984, p. 144.

　　〔2〕　"相邻关系是指不动产的相邻各方因行使所有权或使用权而发生的权利义务关系。"参见王利明等编著：《民法新论》（下册），中国政法大学出版社 1988 年版，第 123 页。

　　〔3〕　王利明等编著：《民法新论》（下册），中国政法大学出版社 1988 年版，第 131 页。

能够适应社会变化发展的需要。就是说，"随着环境的变化，规则也必须加以改变，这不仅是为了满足政策的需要，而且也是为了保护规则自身的权威和忠实地适用规则。在这一过程中的指导方针，来自于那些有权威的原则，如公平或民主的概念，任何人都不应该因其错误行为而获益的观念，等等。因此，它在维持法律连续性的同时，也促进了法律的变更。"[1]法律的这种在稳定性和连续性基础上的变更或发展，其动力来自规则和原则的相互作用。

（三）简单案件和疑难案件

哈特作为新分析实证主义法学家，尽管也强调规则的指南作用，但他实际上主张法律仅仅是规则，是"第一性规则"和"第二性规则"的结合。这种主张同德沃金的立场有根本区别。德沃金对实证主义的批判就是以哈特的学说为目标的。他指出："实证主义是一种规则模式，而且是为了一种规则体系的模式。它所主张的关于法律是单一的基本检验标准的这个中心思想，迫使我们忽视那些非规则的各种准则的重要作用。"[2]德沃金认为，规则主要是在简单案件的审理中起作用，当法官或律师在为法律权利或义务进行辩护或争论时，特别是在那些疑难案件中，往往要使用规则以外的其他标准，如原则、政策等。

简单案件和疑难案件的区别和联系可以概括为以下几点：

第一，在简易案件中并没有必要明显地诉诸法律目的，而对疑难案件来说，由于没有明确的法律规则可以直接适用，所以，如果不诉诸法律的目的或原则，就不能正确地适用法律规则，亦不能为适用某一规则而不适用另一规则提供正当理由。伯顿认为，简单案件是指这样一些案件，即"在许多案件中，只有一个目的位于一个法律之后，或者几个相关的目的对一个案件的判决有单个意义。假定对事实意见一致，律师和法官在这些案件中就应该得出相同的法律结论，即使他们可能对此给出不同的解释。然而，在另外一些案件中，不同的目的有相互竞争的含义。这些就是较疑难案件，在这些案件中法律无法确定，结果将是不确定的，尽管我们对事实没有争议。"[3]相比

---

〔1〕[美]诺内特、塞尔兹尼克：《转变中的法律与社会》，张志铭译，中国政法大学出版社1994年版，第89页。

〔2〕[美]罗纳德·德沃金：《认真对待权利》，信春鹰、吴玉章译，中国大百科全书出版社1998年版，第40页。

〔3〕[美]史蒂文·J.伯顿：《法律和法律推理导论》，张志铭、解兴权译，中国政法大学出版社1998年版，第139页。

之下，在疑难案件背后，多个目的可能在方向上相互冲突，并且无法通过判例和立法来解决这些冲突，因为人的需要、利益是多元化的。

第二，简单案件是可以运用演绎法律推理来解决的案件。疑难案件一般很难运用演绎推理来解决，而需要运用辩证推理来作出价值判断。在简单案件中，规则、事实和逻辑，是构成法律推理的三个要素。法律在其中清楚得足以或多或少以"机械的"方式，运用逻辑上具有严格论据的相关规则，通过逻辑演绎方法进行判决的案件。[1]然而，在疑难案件的情况下演绎推理就很难发挥作用。在德沃金看来，疑难案件中的法律推理既要诉诸规则，又要诉诸原则。疑难案件的判决所提出的问题是：法律存在不存在？如果法律是在审判中通过法官立法行为而产生的，那么，罪犯或诉讼当事人就会被一种在他作出行为时根本就不存在的法律来审判。这显然与法治原则相悖。如果法律早已存在，那么就连精通法律的法官们对该法律的解释都还存在意见分歧时，又怎么能对罪犯或诉讼当事人的行为进行非难呢？又怎么能让不懂法律的门外汉事先就得到一个谁也无法预见的关于非法侵犯的警告呢？从德沃金把法律视为解释活动来看，表明了它作为一种人工制品所具有的合目的性。这种合目的性决定了法律不是对审美的追求，而是对正义的追求。

从疑难案件的性质来说，目前关于法律推理研究的文献主要关注的是法律规则方面的疑难案件，而对事实认定方面的疑难案件，如案件情况复杂，难以查证、认定等，按照沈宗灵教授的看法不能算是与法律推理有关的疑难案件。[2]这个观点是值得商榷的。正如本书引言所指出的，西方法学理论一直存在一种偏重法律适用中的实质推理、忽视事实认定中的证据推理的偏向。这种偏向不仅导致了"有关法律问题之论证与有关事实问题之论证的文献和争论几乎是完全区隔的"，还造成了"法律推理"这个词被法学家们霸道地劫持用于指称法律适用的情况。[3]在下文我们对西方法律推理关于疑难案件类型划分和产生原因的理论梳理中，就可以看到，这种将法律问题与事实问题相割裂、用法律适用代替事实认定的偏向，不仅造成了使其疑难案件理论分

---

〔1〕　See Darid Lyons："Legal reasons and judicial responsibility"，*California Law Review*，VoL. 72，No. 2.，1984.

〔2〕　参见沈宗灵主编：《法理学研究》，上海人民出版社1990年版，第345页。

〔3〕　参见〔英〕威廉·特文宁：《反思证据：开拓性论著》，吴洪淇译，中国人民大学出版社2015年版，第335页。

析难以全面、深入的问题，而且颠倒了事实与权利/义务之间的实际关系。实际上，正如本书第六章和第八章有关部分所述，事实认定作为法律推理的第一阶段，不仅证据本身存在着不完全性、非结论性、含糊性和不可信性等方面的问题，而且在证据推理过程中还存在着概括选择的难题、复杂的证成问题、盖梯尔事实认定难题等，这些都是造成事实认定本身疑难的独立原因。

当然，如果全面地看问题，任何疑难案件其实都不是单纯的事实认定疑难案件或单纯的法律适用疑难案件，从"完满的论证将说明论据中总有一个能与事实、法律经验及法律目的协调一致"[1]的观点看，任何疑难案件都涉及事实与法律的复杂关系。读者们在阅读下文主要是从法律适用角度对疑难案件中规则与原则关系的讨论时，请别忘记这个观点。

法律规则方面的疑难案件可以分为四种类型：一是由于法律规则本身的术语模糊不清或概念太抽象，造成语言解释有歧义的疑难案件；二是如果直接严格适用法律规则就会导致不公正法律后果的疑难案件；三是法律规则未作明确规定或者规定有漏洞的疑难案件；四是既可适用这种规则又可适用另一种规则，而这些可适用的法律规则之间存在相互冲突的疑难案件。最后这种情况，麦考密克将其称为"对一定案件中存在的两种具有竞争性规则进行选择"的情况。例如，假定面包师由于不小心将砒霜混入了面包，使食用者中毒，而他却说自己对消费者没有责任，因为他不知道有毒药混入，他只能对提供给消费者有毒的面包因违反合同负有责任。那么，控辩双方一方认为应当适用制造商有责任的规则，另一方认为应当适用制造商无责任的规则。法官在这两个相互竞争的规则之间应当如何作出选择呢？麦考密克认为，在这种情况下，法官特别要参考诸如"正义""常识""公共政策"和"习惯"等标准，权衡该案件的情况采纳或撇开一定的规则。[2]就是说，当法官在两个以上的竞争性规则可能都适用于同一个案件的情况下，必须借助于比规则更加基本的原则来作出选择。他必须探究竞争性规则背后的原则，并将这些基础性的原则进行比较，才能作出判断；而不能仅仅停留在规则层次上对它们作优劣比较。

疑难案件产生于以下五种矛盾：第一，由语言的模糊性造成的法律规则

---

〔1〕 ［美］史蒂文·J. 伯顿：《法律和法律推理导论》，张志铭、解兴权译，中国政法大学出版社 1998 年版，第 181 页。

〔2〕 See Neil MacCormick, *Legal Reasoning and Legal Theory*, Oxford University Press, with corrections 1994, pp. 104-105.

的明确性和不明确性的矛盾。法律规则一般是由专门法律术语和日常语言两部分组成的，专门法律术语如"法人""原告""被告""代理"等，具有明确的法律意义；而日常语言，如"车辆"概念的外延，如"合理""严格"等抽象概念的内涵，在未经特殊界定和解释之前是具有普适性的，没有独特的法律意思，需要在适用之前明确地加以解释。因此，一方面对法律规则的解释总是发生在案件之后的事情，另一方面法律规则往往需要用意义模糊的日常语言来加以解释，这两方面的原因都对疑难案件的形成具有一定的作用。

第二，法律规则的抽象性和普适性与社会现象、人类行为的具体性和特殊性是一对矛盾。法律规则是针对一类行为的共性而制定的，它不可能将该行为的各种特殊性完全涵盖，否则便会失去普遍约束力。当该行为的特殊性增加到一定程度时，这种特殊行为能否归类于该行为就会产生疑问。比如，刑法中有关故意杀人罪的规定只考虑了这种行为的共性，然而每个故意杀人行为又具有特殊性。例如，"致他人安乐死"的行为从共性上看属于故意杀人，但这种"故意"却具有减少病人痛苦的人道主义目的。因此，刑法中的故意应该解释为"恶意"，而安乐死执行者既然是为了使死者安乐，其恶意又何在呢？当然，这样说，并不表明作者赞成乱施安乐死，而是想要表明，法律规则以概念之抽象形式来概括人类纷繁复杂的社会行为具有很大的局限性。

第三，法律规则的稳定性和社会生活的变动性之间存在矛盾。法律规则不能朝令夕改而使人无所适从，而社会生活却是日新月异的常青之树，这样在静态存在与动态变化之间就会产生矛盾。

第四，立法者预见能力的有限性和社会现象发生的无限可能性是一种矛盾。就制定法而言，立法者通常是以社会现象的典型情况为立法依据，虽然要考虑各种可能性，却无法穷尽所有可能性。此外，随着立法增多，各种法律规则之间的联系越来越复杂，给立法者识别其间的矛盾冲突也带来许多困难，从而造成了法律漏洞增多的可能性。

第五，法律适用者价值观念的冲突、矛盾和发展会给法律规则的解释带来一定的变化。法律适用者价值取向的差异性，会使不同的人对同一案件采取不同的看法甚至截然相反的态度。同时，社会生活的变化发展也会引起法律适用者价值观念的变化，从而产生旧规则与新事物相互冲突的疑难案件和旧事物与新观念相互冲突的疑难案件。同性恋家庭的存在是否合法，就是这样的疑难案件。

按照德沃金的观点，人们在法律推理中所使用的标准之所以不同，是由案件的难易程度决定的：简单案件中的法律推理可以依据具体的规则或判例；但在复杂案件中，规则和判例的呆板往往造成缺乏应变性的弊端，这使得人们重新反思"原则高于实践"的意义，返璞归真地对疑难案件进行更多的理论思考，寻求更加抽象的"整体性的判决原则"。比起具体的法律规则来，抽象的原则反而能为疑难案件的判决提供更好的理由。[1]因此，当法律工作者就法律权利和义务（特别是疑难案件中最棘手的权利和义务）问题进行推理和辩论时，他们使用的标准不是规则，而是原则、政策和其他。[2]从这个意义上说，疑难案件中规则和原则的矛盾，决定了法律推理的结果既有确定性又有非确定性。这种矛盾构成了法律发展的动力，为法律规则的发展提供了契机。伯顿认为，疑难案件更可能到达上诉法官手中，并形成法律。"接受这个目的，并按它的含义来判决的案件，就可能是一个'里程碑'式的判决，它将推翻判例，从而改变法律。在这些案件中法官行使了独特的造法功能，而不仅仅是一个法律推理问题。"[3]

原则从目的性方面反映了人类社会生活的普遍价值，具有理论性、普适性和灵活性，因而对疑难案件的推理具有理论指导作用。贝勒斯认为，法律规则和法律原则的一个区别在于，"规则是以要么有效要么无效的方式适用的。例如，要求一个不是死者亲笔所写的遗嘱需要两个证人的法律就是一个规则。假如，一个遗嘱只有一个证人，它就是无效的。""原则不是以要么有效要么无效的方式适用，并且原则可能互相冲突，所以，原则有'分量'（weight）。就是说，互相冲突的原则必须互相衡量或平衡，有些原则比另一些原则有较大的分量。"[4]

在法律推理实践中，法官在遇到多个原则交错时，往往通过衡量不同原

---

〔1〕 参见［美］德沃金：《法律帝国》，李常青译，中国大百科全书出版社 1996 年版，第 366-367 页。

〔2〕 See R. Dwokin, *Taking Rights Seriously* (revised edition), Harvard University Press, 1978, p. 45. 转引自张文显：《二十世纪西方法哲学思潮研究》，法律出版社 1996 年版，第 381 页。

〔3〕 张文显：《二十世纪西方法哲学思潮研究》，法律出版社 1996 年版，第 147 页。

〔4〕 ［美］迈克尔·D. 贝勒斯：《法律的原则——一个规范的分析》，张文显等译，中国大百科全书出版社 1996 年版，第 12-13 页。

则在具体情况下的相对分量（重要性）来选择接受某一原则的指导。例如，案例 7.2 就为此提供了一个很好的说明。

◇ **案例 7.2：亨宁森诉布洛木菲尔德汽车公司案**[1]

亨宁森从布洛木菲尔德汽车公司购买了一辆汽车，双方签订一项合同规定：公司只限更换有瑕疵的零件，对其他一切概不负责。不久，亨宁森在因汽车部件瑕疵而发生的事故中负伤，向法院起诉，要求汽车公司赔偿其医药和其他费用。尽管合同已规定了汽车公司的责任限度，亨宁森也未能提出法律规则来阻止汽车公司坚持合同的条件。但是，法院判决汽车公司对原告损失承担全部责任。法院的理由是：契约自由并不是不受限制的一成不变的原则，在我们这样的社会中，生产人们必需的且有潜在危险产品（如汽车）的工厂（公司），对其产品的构造、宣称和销售都负有特殊的责任；法院不能让自己被用来作为不公平和不公正的工具。

显然，法院在该案中适用了"保护用户和公共利益原则"，而没有适用"契约自由原则"。这并不意味着不在本案占优势地位的契约自由原则不再是法律制度的一个原则，也不意味着它在别的案件中不会具有主要作用。因为"原则是理由。一个理由不会因为某一情况下其他的理由占上风，而不再是一个理由。"[2]

法律原则的相对分量（重要性）也决定了事实的相对分量（重要程度）。"判断重要程度就是判断在案件的许多事实中哪些事实可以证明把该案归于一法律类别。要是缺乏理论来说明规则和判例是用来干什么的话，事实堆积就不能不令人迷惑了。事实太多了！每个事实本身只不过是一个事实而已。任何事实都可能重要或者不重要。只有一个事实远较其他事实重要，它才引起特别注意；而只有它的价值远不止于它的真实性时，它才远较其他事实重要。"[3]在众多的案件事实中，法律推理主体的注意力之所以被某一关键事实

---

〔1〕　参见张文显：《二十世纪西方法哲学思潮研究》，法律出版社 1996 年版，第 382 页。

〔2〕　张文显：《二十世纪西方法哲学思潮研究》，法律出版社 1996 年版，第 386 页。

〔3〕　［美］史蒂文·J. 伯顿：《法律和法律推理导论》，张志铭、解兴权译，中国政法大学出版社 1998 年版，第 117 页。

吸引，认为该事实比另一些事实更加重要，皆因主体头脑中具有一定的法律目的，即他的证成活动受到目的性指导。"法律的目的应该是法律推理中至关重要的成分：论证法律正当性的原则和政策提供突显重要事实的规范性视角。"[1]这种受原则指导来观察事实的情况，充分说明了所谓"观察的中立性"在司法实践中是多么的不可靠。例如，在合同纠纷中，有关欺诈问题的标准往往难以确定。有的法官由于忽视合同法的目的而只知道抠条文，常常不顾合同双方当事人的意愿，仅凭合同执行中有轻微的欺诈行为而轻率地宣布一个合同无效，这往往给已经进行的交易造成了灾难。然而，如果从合同法的目的来看这些现象，买卖合同法的精髓是鼓励交易，即鼓励人们通过订立合同来更加频繁地买卖货物。按照这个宗旨，轻微的欺诈行为，只要不影响买卖活动，已有的合同就不应当轻易地被宣布为无效。

在规则和原则的关系问题上，法律条文主义和放纵裁量是两个极端，它们来源于对规则和原则之间关系的错误理解。在上述埃尔默案中，格雷法官由于坚持逐字逐句地解释遗嘱法而认为，只要遗嘱制定法中没有写明谋杀不能获得遗产继承权，埃尔默就应该获得继承权。厄尔法官则以"任何人不得从其错误行为中获得利益"，认为遗嘱法应该被解释为否定谋杀者有权继承遗产。德沃金认为，在埃尔默案中，这两位法官的争论，不是对法律规则文字含义的争论，而是对立法意图或法律"依据"的争论，即前者依据规则推理，后者依据原则推理。[2]

另一个运用规则被运用原则的法律推理所取代的例子，是由冲突法提供的：它发生于一个法官选择适用 X 州还是 Y 州的规则去判决一个特定争端的情境。按照管辖规则，一个侵权争端应该被侵权所在地（即 A 在哪里伤害了B）的法律所管辖。然而，管辖规则常被证明是无法实行的或者会产生不合理的后果。因为侵权所在地是个模糊概念，它究竟是指 A 行为或不行为的地方，还是 B 被伤害的地方？如果 A 和 B 都居住在 X 州，而 A 伤害 B 碰巧是在 Y 州，适用 Y 州的法律合理吗？类似这些问题，已使美国许多州法院无视陈旧的法律选择规则，转而采用对争端在 X 州还是在 Y 州进行判决所体现的主要

---

〔1〕 ［美］史蒂文·J. 伯顿：《法律和法律推理导论》，张志铭、解兴权译，中国政法大学出版社 1998 年版，第 122 页。

〔2〕 参见 ［美］德沃金：《法律帝国》，李常青译，中国大百科全书出版社 1996 年版，第 15 页。

利益进行价值分析的方法。[1]就是说，法官已经不再简单地被规则束缚，他在适用法律时要把法律规则和法律原则结合起来，对如何维护被侵权者的利益进行价值判断。

从法律思维的发展来看，依据不同的标准进行推理，对主体的要求确实是不同的。运用原则等目的性标准的推理总是要求法律推理主体发挥更多的创造性。波斯纳在分析这个问题时强调了法官"气质因素"的作用。他认为，"气质不同确实对法官之间的许多明显差异有影响，特别在是否灵活解释规则、自由承认例外、愿意将规则转化为标准、乐意将裁量权让给陪审团或让给下级法院法官等问题上。"[2]不同的法官在适用规则还是目的标准进行推理的问题上有时候会走极端，有的法官将二者协调得比较好。走极端的情况，一种是绝对遵从规则，在维护法律的稳定性上不敢越雷池一步，即使遇到明显的实质正义需要维护，或者这样判决会造成实质的不正义时，也拒绝重新考察规则的合理性并作出破例处理；另一种情况则是滥用自由裁量权。这两种极端都不可取。因为，前者放弃了灵活性也就是放弃了对实质正义的追求，而这种绝对服从、甘当工具的倾向从二战的战争罪审判来看，背后都是一种为自己行为推卸责任的恶劣心理在作怪。后者，无限扩大法官的自由裁量权，则会埋下破坏法治的祸根。

---

〔1〕　See William Read, *Legal Thinking*: *Its Limits and Tensions*, University of Pennsylvania Press, 1986, p. 27.

〔2〕　［美］波斯纳：《法理学问题》，苏力译，中国政法大学出版社 1994 年版，第 62 页。

法律推理中的真理和价值

一、有没有法律真理？

（一） 经验事实对法律真理的基础意义[1]

是否有法律真理，这涉及事实与法律之间的复杂关系。谈到事实特性，一个绕不开的问题是"客观事实与法律事实"之争。[2]该争论由"客观真实与法律真实"的争论变种而来，但二者说的其实是一回事。正如陈瑞华教授所说，"中国的刑事司法哲学，一直将'客观事实'与'案件事实'等同起来，以为每个案件都存在着一种可以认识的'客观事实'。"[3]李浩教授则明确指出了这种司法哲学的理论来源：在诉讼中把"客观事实"作为一项重要原则，是十月革命胜利后苏联的学者首先提出来的，是在批判资本主义国家民事诉讼中形式真实学说的基础上，作为形式真实的对立物和替代物提出的。[4]

客观事实说或客观真实说主张，"客观"是事实的本质特性，并将其放到"存在第一性、意识第二性"的本体论范围来讨论，这混淆了事实与存在两个不同层次的概念。存在与意识是哲学本体论层面的一对范畴。本体论或存在论主要研究世界的本原问题，物质和意识谁决定谁，哪个是第一性的？在本

---

[1] 以下参见张保生：《事实、证据与事实认定》，载《中国社会科学》2017 年第 8 期。

[2] 参见陈永生：《法律事实与客观事实的契合与背离——对证据制度史另一视觉的解读》，载《国家检察官学院学报》2003 年第 4 期。

[3] 陈瑞华：《看得见的正义》，北京大学出版社 2013 年版，第 168 页。

[4] 参见李浩：《论法律中的真实——以民事诉讼为例》，载《法制与社会发展》2004 年第 3 期。

体论范畴中，存在是纯客观的，它是指不依赖于人的主观意识的客观世界。相比之下，事实与认识是认识论层面的一对范畴。在认识论领域，事实和认识、主体和客体没有谁决定谁的问题，一切都是相互作用。[1]作为认识论概念，事实作为"某种实际存在的东西"[2]，是指人通过感官和思维所把握的那一小部分真实存在，具有真实性、经验性和可陈述性。

事实的真实性，首先是指任何事实都发生于一定时空之中。在空间维度上，任何事实都发生于一定地点；在时间维度上，任何事实都有过去时或现在时。就过去时而言，很多事实是已然之事即历史事实，如审判中的案件事实。就现在时而言，事实还包括正在发生的事情，比如说，"我正在开会"，"我国正在推进以审判为中心的诉讼制度改革"。所以威格莫尔说："事实是指（目前）发生或存在的任何行为或事态。"[3]只有发生过和正在发生的事情才是事实。将来之事，比如明天会发生什么，那不是事实，而只是一种可能性。因此，有学者在阐述"事件"与"事实"的六种区别[4]时所说的"事件有时态而事实却没有时态"，这有违"历史事实"的内涵。而且，否定事实的时间维度，等于否定了事实的真实性。因为，只有发生于一定时空中的事情，才具有真实性。事实的真实性还表现为一种既成性。就是说，某件事情一旦发生，就是"生米做成熟饭"，不能更改了。"事实是我们拿了没有办法的。事实是没有法子更改的。所谓修改现实，只是使将来与现在或已往异趣而已。事实总是既成或正在的，正在或既成的事实，只是如此如彼的现实而已。……对于事实之'然'，我们只有承认与接受，除此之外，毫无别的办法。"[5]事实的既成性乃历史性，是指它一旦发生，不管你喜不喜欢，就成为不能更改的历史事实。事实的真实性与存在的客观性之间有本质差别。存在是纯客观的，例如，在人类出现之前地球就存在，在人类甚至太阳系毁灭之后宇宙依然存在。然而，事实则是人通过感官和思维所把握的真实存在，因

---

〔1〕 参见恩格斯：《自然辩证法》，载《马克思恩格斯选集》（第3卷），人民出版社1972年版，第551—552页。另参见恩格斯：《反杜林论》，载《马克思恩格斯选集》（第3卷），人民出版社1972年版，第61—62页。

〔2〕 See Bryan A. Garner, *Black's Law Dictionary* (8th Edition), Thomson West, p. 628.

〔3〕 转引自 *Bryan A. Garner, Black's Law Dictionary* (8th Edition), Thomson West, p. 628.

〔4〕 参见张继成：《事实、命题与证据》，载《中国社会科学》2001年第5期。

〔5〕 金岳霖：《知识论》（下册），商务印书馆2011年版，第817页。

而具有经验性。所以，维特根斯坦说："世界是事实的总和，而不是物的总和。"[1]这里的"物"，就是指存在。

经验性是事实的本质特性。例如，在"马某贩毒案"[2]中：2001年2月10日，被告人马某在其某省某县家中，以5万元的价格贩卖给梁某523克海洛因。法院经审判查明马某贩毒的时间、地点和犯罪行为，它就成为一个被人的感官和思维所把握的经验事实。现在若问："历史上那一天，该县是否只有马某一人贩毒？"对此问题，我们既可用"某省毒品泛滥"之普遍知识来推论说："不可能"；也可按国际毒品犯罪1∶5的"通用显性隐性比"[3]来测算说：那一天（2001年2月10日）除马某外，该县至少还有5个人贩毒。然而，那5个人在何时（上下午还是晚上？）、何地（宾馆、车站还是家里？）从事了何种贩毒行为（毒品种类、数量、交易对象和价格）？对这些情况如若一概不知，或者无经验把握，那么，这5个人贩毒就不是人们真知的事实，而是可知的客观存在。"实有其事不应该同存在混为一谈"[4]。认识主体只有对感知对象加以经验把握，才能证明"实有其事"。所谓抽象贩毒，只能称为（客观）存在，而不能称为事实。"一般地说，所谓事实就是经验事实。"[5]

所谓经验事实，是指人对事实之经验把握。这是相对于人对存在之理论把握而言的，例如，我们可以给无数星系命名，从而在理论上把握无限宇宙。理论把握与经验把握所获得的是不同的知识，前者是抽象理论知识，后者则是具体经验知识。经验事实或经验知识是指其具有可陈述性。这可以从知识表达和知识理解两个方面得出三个论点：第一，知者所知之事均可陈述。从知识表达或说者的角度看，由观察所获得的感性知识，无论在头脑中加工，还是与他人分享，都需要语言媒介。就是说，事实总是以概念和判断的形式被人们把握，不能脱离语言而赤裸裸地存在。所以维特根斯坦说："我的语言

---

〔1〕 ［奥］维特根斯坦：《逻辑哲学论》，郭英译，商务印书馆1962年版，第22页。

〔2〕 案例来源：最高人民法院网站·裁判文书，载 http://www.court.gov.cn/，最后访问日期：2014年1月10日。

〔3〕 2014年中国全年登记吸毒295.5万人，按国际1∶5的通用显性隐性比，实际吸毒超过1400万人。参见中国国家禁毒委员会办公室《2014年中国毒品形势报告》，载 http://www.nncc626.com/2015-06/24/c_127945747_2.htm，最后访问日期：2015年7月20日。

〔4〕 参见［德］哈贝马斯：《在事实与规范之间——关于法律和民主法治国的商谈理论》，童世骏译，生活·读书·新知三联书店2003年版，第15—16页。

〔5〕 彭漪涟：《事实论》，广西师范大学出版社2015年版，第6页。

的界限意味着我的世界的界限。……我们不能说我们不能思考的东西。"〔1〕就是说，凡是你知道的事情，你都能说出来；凡是你说不出来事情，是因为你不知道。不知道，则不能谈。维特根斯坦说："一个人对于不能谈的事情就应当沉默。"〔2〕现实生活中，人们相互传递自己所知道的事实，都是通过语言"叙事"。"一切事实都是人们在直接感知的基础上、对事物实际情况（某事物具有某种性质或某些事物具有某种关系）所作的一种陈述。"〔3〕第二，听者通过陈述可知其所述事实。从知识理解或听者的角度说，人能够学习知识，是因为命题与事实具有同构性。命题或句子是表达判断的语言形式。维特根斯坦说："命题是现实的形象，因为只要我们理解这个命题，则我就能够知道它所叙述的情况。"〔4〕由于事实总是披着命题的语言外衣，所以，人们只要理解了一个命题，便可知其所述事实。然而，在审判过程中，为什么事实认定者不能直接把证人的话当作事实，还需要经过推论呢？这就引出第三个论点：命题或陈述有真有假。事实通过命题或陈述才能表达出来，并不等于说所有命题或陈述都表达事实。命题表达判断，而判断在反映思想内容或信念时会出现两种情况："如果这种思想是真的，表达这个思想的句子就报告一个事实。"〔5〕反之，如果一种思想是虚幻的，表达这个思想的句子就并非报告一个事实。就是说，一个命题既可表达事实判断而构成真命题，也可表达虚假判断而构成假命题。这就会出现所谓"一个事实，两个故事"的情况。一般来说，两个相反的命题可以同假，但不能同真。命题真假取决于陈述与事实是否一致，或与其相符的程度，这涉及事实真相的盖然性问题，也涉及证据可信性问题。

经验事实对法律真理的基础意义在于，有没有法律真理，关键不是从本体论意义上看法律推理的结论（事实认定、规则解释、裁决或判决等）是否具有客观性或客观内容，而是应该从认识论意义上看，通过主客体之间包括感知、记忆、信念和叙述等相互作用，能否"达到主观和客观的符合度占百

---

〔1〕　［奥］维特根斯坦：《逻辑哲学论》，郭英译，商务印书馆 1962 年版，第 79 页。

〔2〕　［奥］维特根斯坦：《逻辑哲学论》，郭英译，商务印书馆 1962 年版，第 97 页。

〔3〕　彭漪涟：《事实论》，广西师范大学出版社 2015 年版，第 75 页。

〔4〕　［奥］维特根斯坦：《逻辑哲学论》，郭英译，商务印书馆 1962 年版，第 40 页。

〔5〕　［德］哈贝马斯：《在事实与规范之间——关于法律和民主法治国的商谈理论》，童世骏译，生活·读书·新知三联书店 2003 年版，第 14 页。

分之五十以上"[1]。二者的区别在于，前者关注的是法律推理的结论有无客观性这个哲学本体论问题，后者关注的则是主客体相互作用所产生的主客观相符合的程度问题，这称为真理符合论或融贯论。

一个是关注法律推理结论有无客观性的本体论分析进路，另一个则是关注法律推理结论中主观与客观相符合程度的认识论分析进路。纠缠于本体论分析的例子是关于法律推理结论是否有客观性的数字排列方式解释之争。有人举例说："现有三对数字，第一对 9、11；第二对 11、13；第三对 25、18。其中哪一对数字可以跟在连串数字 1、3、5、7 后面？很容易表明任何一个答案都是正确的。"[2]在法律推理中也时常可以看到这种情况，所以不能说其可以得到理性的确证，一切都是任意的选择。新实用主义和批判法学家则主张，从法律原则或规则这些前提中的确可以推出不同的结论，但这并不意味着可以任意推论。如再假设一些符号：第一组 a、r；第二组 0.13、0.0024；第三组 Jackson、Ruth。这些符号可否跟在上述连串数字 1、3、5、7 后面？显然不行。在前面的情况中存在着理性，在后面的情况中则不存在。因此，不能认为可以任意推论，有些结论是根本不容许的。[3]诸如此类的争论表明，以往的法律推理研究只局限于笨拙的本体论分析进路，不懂得在事实认定之认识论领域一切都是恩格斯说的"相互作用"，所以才会在很多问题上争论不休。

在法律解释问题上，不同学派根据自己的法律观也作出了不同回答。分析法学将白纸黑字的规则视为法律的"文本"，视主权者为法律"作者"并决定着文本的意义，认为法律适用者和一般大众是法律"读者"，法律文本一经作者创作出来就和读者的反应没什么关系。相反，实证主义法学则通过主张法律"意义"存在于读者解读之中、因读者而异，而否认了法律规则对于读者的客观性和法律真理的存在。这两种对文本、作者和读者三者之间关系的理解，都存在着机械论的色彩，它们都是通过主张或反对法律规则对读者的客观性，来论证从规则推演出来的法律结论具有或者不具有真理性，因而还是那种笨拙的本体论分析进路的产物。如果按照主客体相互作用的认识论分析进路，文本、作者和读者之间一定是相互作用的关系。

---

〔1〕 舒炜光：《科学认识论的总体设计》，吉林人民出版社 1993 年版，第 206 页。

〔2〕 See Mark Tushnet, "Following The Rule Laid Down: A Critique of Interpretativism and Neutral Principles", *Harvard Law Review*, Vol. 96, No. 4., 1983, p. 822.

〔3〕 参见刘星：《法律是什么？》，广东旅游出版社 1997 年版，第 303—304 页。

（二）法律判决有唯一正确的结论吗？

不同学派在法律真理问题上的争论，根源于它们对"法律是什么"所采取的不同立场。按照波斯纳的概括，"在两千多年里，法理学领域内一直有两个非常不同的尽管是复杂的群体在打仗。一派主张法律不仅仅是政治，认为在能干的法官手中——至少在某些时候、在稳定的条件下——即使是对最困难的法律问题，法律也能产生正确的答案。另一派则认为法律是彻头彻尾的政治，认为法官行使着广泛的裁量性权威。"前一派包括苏格拉底、柯克、布莱克斯通、德沃金等；后一派包括色拉西马克、霍布斯、边沁、霍姆斯和H. L. A. 哈特。波斯纳说他在这两派之间采取了一种中间立场，即他同每一派的立场都有差别。我们首先分析一下波斯纳与德沃金在法律真理问题上的分歧。

德沃金的立场十分明确，他确实是在认识论意义上相信法律问题有唯一正确的答案，认为即使最有争议的疑难法律问题也存在正确答案。他说："多年来我一直在批驳实证主义者的主张，即对有争论的法律问题不可能有'正确'的答案而只有'不同'的答案；我一直坚持认为，在大多数案件中可以通过推理和想象的方法去求得正确答案。"[1]

波斯纳的态度似乎比德沃金消极一些，他是在文化统一的意义上不完全否定法律问题有正确答案。他认为，尽管激进的怀疑论对法律推理的不确定性作了强烈的渲染，但实际上多数法律问题都可以用三段论推理来解决。比如，姐妹的婚姻有效吗？如果被害者事先同意，谋杀是否可以宽恕？类似这样的大多数法律问题都有确定性答案。这说明他又比边沁、霍姆斯等人的态度积极一些。但是，波斯纳回避了法律真理的问题。他将主张所有的或大多数道德问题都有正确答案的观点称为"道德实在论"，称德沃金是一个"道德实在论者"，并认为，在多种文化（多元价值）的社会中，道德实在论的主张"比说大多数疑难法律问题都有正确答案还说不通"[2]。

德沃金虽然没有采用法律推理结论有无客观性的本体论分析进路，但他也没有论及法律真理或正确答案的评价标准问题。相比之下，新实用主义或波斯纳主张，衡量法律推理结论正确与否只有一个合乎情理的标准，即"我

---

〔1〕　〔美〕德沃金：《法律帝国》，李常青译，中国大百科全书出版社1996年版，第Ⅱ页。
〔2〕　〔美〕波斯纳：《法理学问题》，苏力译，中国政法大学出版社1994年版，第255页。

在情理上认为其他具有常规智力和良心的人们都可能会合乎情理地当作正确的东西"[1]。波斯纳说："在疑难案件中，法官的恰当目标是合乎情理的结果而不是一个论证可疑的正确结果"；"无论法律具有什么客观性，这种客观性都出于文化的统一而不是出于形而上的实体和方法论上的严格。"[2]在这个问题上，新实用主义法学的观点与此类似，都是把正确性和真理性对立起来，陷入了一种真理神秘论。实际上，正确性和真理性既有区别又有联系。真理是一个标志主观认识和客观实际相符合程度的范畴，符合的程度高就有正确性或真理性。"真理和谬误的质的差别在于两个层次间的界限，它们代表不同的认识水平，或者说代表认识的不同层次。"[3]从辩证法的观点看，真理与谬误之质的差别仅仅在于主观与客观相符合的程度上的差别，它与正确性的差别只是一个量的问题，但与错误性的差别却是一个质的问题。

有无法律真理的问题，与法律判决有无唯一正确结论之争密切相关。唯一性如果是指在同一时空条件下，对同一案件法律推理所得出的相反结论，最多只能有一个真理。那么，同一案件经不同的法官审判是否会产生同一结果？换言之，法律推理的结果是否会因人而异？法学家对这个问题的回答，总是受到其基本法律观的制约。

首先，与审级制度有关的唯一性问题。德沃金关于法律问题的唯一正确答案说，可以解释同一案件只能作出一种判决的情况。从理论上说，在同一审级中，对同一案件作出两种不同判决是不可能的，在实践上也是不允许的。《刑事诉讼法》第184条规定："合议庭进行评议的时候，如果意见分歧，应当按多数人的意见作出决定，但是少数人的意见应当写入笔录。评议笔录由合议庭的组成人员签名。"第185条规定："合议庭开庭审理并且评议后，应当作出判决。对于疑难、复杂、重大的案件，合议庭认为难以作出决定的，由合议庭提请院长决定提交审判委员会讨论决定。审判委员会的决定，合议庭应当执行。"上述这些措施，避免了一审或二审法院独自作出判决时出现犹豫不定。任何一级法院的法官都不能以"没有足够的信息来做出正确的答案"

---

〔1〕［美〕卡多佐：《司法过程的本质》，第89页；转引自波斯纳：《法理学问题》，苏力译，中国政法大学出版社1994年版，第38页。

〔2〕［美〕波斯纳：《法理学问题》，苏力译，中国政法大学出版社1994年版，第35页，第41页。

〔3〕舒炜光：《科学认识论的总体设计》，吉林人民出版社1993年版，第206页。

为由，不对某一案件作出一致的判决。就是说，诉讼总有一方会在审判中败诉。

　　然而，不同审级的法院对同一案件作出两种不同判决，这种情况是很正常的。世界各国诉讼法关于上诉制度的规定，从根本上说都是建立在真理和谬误相比较而存在之认识论基础上的。正因为法律推理可能得出错误的结论，所以才允许诉讼当事人上诉，有些国家甚至实行三审终审制，允许上诉两次。〔1〕上诉制度为上级法院通过案件复审来纠正下级法院可能出现的判决错误提供了途径。不过，各国上诉制度实践也有一些不同。英美法系上级法院对下级法院判决的审查，不以是否查明事实真相为内容，而以是否遵循正当程序、是否正确适用法律为准则，其错误衡量标准是看其是否滥用了自由裁量权。就是说，当案件事实的真理性无法确定时，通过正当程序来判定事实认定的准确性，就允许作出判决。与国外上诉制度相比，我国实行两审终审制。二审程序的审查范围较宽，对一审法院所作的因上诉或抗诉未生效的判决或裁定所认定的事实是否清楚，适用法律是否正确，诉讼程序是否合法，进行全面的审查和审理。如果说上诉制度可以发现和纠正下级法院的审判错误，从而提高了判决的可接受性程度；那么，终审制度则保证了对同一案件判决的唯一性。这意味着，法律推理的真理性与判决结论的确定性是联系在一起的，维护后者就要承认前者。

　　其次，不同法官审判的唯一性问题。现实主义法学认为，法律只是一些官员活动的事实而不是一种规则体系。弗兰克认为，在现实中，法官时常在超越所谓的法律规则。如果法院具有事实上的自由裁量权，不同法官可以运用自由裁量权作出不同的判决，那么，就不能认为存在唯一正确的判决结果。〔2〕德沃金却认为，法律推理主体可以根据已有法律材料对整体法律实践作出最佳解释。这个过程是先从法律材料中解释出具有一致性或整体性的法律原则体系，然后再对实践问题作出法律上的最佳判断。这个最佳判断就是唯一正确的答案。〔3〕比如，在埃尔默案中，法官首先应对制定法体系和普通法实践在整体上作出最佳解释，再针对具体的法律问题（继承人杀害立遗嘱者后能否

---

　　〔1〕　参见张生、李麒：《中国近代司法改革：从四级三审制到三级三审》，载《政法论坛》2004年第5期。

　　〔2〕　See Jerome Frank, *Law and Modern Mind*, Doubleday & Co., 1963, p.16.

　　〔3〕　See Ronald Dworkin, *A Matter of Principle*, Harvard University Press, 1985, pp.136-137.

继承财产），找出法律体系中潜在的一致性或整体性原则，然后，就可以判定哪种判决更符合这个原则体系。他认为，有两个"约束要素"可以使推理者得出唯一正确的答案：一是在前解释阶段，推理者必须解释对象中没有争议的法律范例是什么，这种解释和法律实践中的范例具有适合（fit）关系，从而约束解释者在"法律制度"范围内进行解释；二是在多个法律解释都"适合"法律实践范例的情况下，"要求他在这些合格的解释中加以衡量，以便在全面考虑后判断出最适合于创作过程中作品的最佳阐释。"[1]就是说，法律解释之所以具有适合性，是因为它始终隐含于实际存在的法律制度中，受到整体法律原则的制约；同时，法律解释又具有主观性，因为它常常依赖人们的说明、推理，依赖于人们用理性来加以确证。

那么，就法律推理主体的认识成果而言，有无主观与客观相符合的问题呢？法官在作出判决时，首先考虑认识与事实相符合即发现事实真相，还是首先考虑实现自己主观所理解的正义价值？进一步说，正义价值的实现与真理发现是什么关系？

波斯纳说他反对德沃金的"正确答案"论题。他认为，德沃金是通过把法律界定得十分宽泛来解决问题的，他的法律原则实际上包括了道德和政治规范等政策性的东西。这样一来，法官就可以利用宽泛、灵活的法律原则，充分行使自由裁量权，而"这些为法官普遍视为不循法律的活动，按照德沃金的观点就成了最完美的合法。……那些谨慎的法官，那些不轻易创新的法官，那些认为应当由立法机关而不是法官来立法的法官，对德沃金来说，他们都是不守法的法官。"但问题是，"法律被界定得越宽，'法治'就变的越不确定，而不是越确定。法律失去了其独特性——首先汇合了道德。"[2]"德沃金的正确之处在于，当法官把道德和政治价值带进他们的决定过程时并非自动地变得不循法律了；但当德沃金认为可以确定地宣布一个由价值支持的司法决定为对错时，德沃金就错了。"[3]所以，波斯纳的立场很明确：他只承认法律推理结果的确定性，而不愿意承认其真理性。因为他认为，当法官离开规则而寻求原则等价值标准时，就给所谓客观的决定掺进了个人主观判断

---

〔1〕 ［美］德沃金：《法律帝国》，李常青译，中国大百科全书出版社1996年版，第206页。

〔2〕 ［美］波斯纳：《法理学问题》，苏力译，中国政法大学出版社1994年版，第29页。

〔3〕 ［美］波斯纳：《法理学问题》，苏力译，中国政法大学出版社1994年版，第31页。

的因素。

但是，如果法律问题没有唯一正确的答案，大家争论不休的结论又如何来指导法律实践呢？看来，由于波斯纳不承认法律推理结论的真理性，就必然要否定自己已承认的法律推理结果的确定性。刘星教授说："通常的法治观点认为，法律应具有确定性。因为，第一，如果法律可以具有许多意思，那么便无法实现'相同情况相同对待'。第二，法律应该具有客观的权威，否则只能再现人的任意意志。第三，法律如果没有明确性，便不会有可预测性，没有可预测性，人们就无法安排自己的行为，而且还会导致预期行为的成本增加，当事人因危险性增加而对自己的效益目的犹豫不决。第四，如果不能从法律中推论一个结论，法律适用者推出的结论也许就不是法律预先的规定，这便会产生溯及既往的适用法律的可能性，对义务承担者或受罚者来说则是不公正的。而所有这些，便是要求法律应有统一性一致性。"[1]

法律推理是确定性和变动性的统一。其确定性包括两层含义：一是逻辑上的有效性，即法律推理在形式上不能违背逻辑；二是结论的真理性和可预测性。前者是后者的必要条件，如果一个推理在逻辑上无效，其结论的真理性就值得怀疑；然而，逻辑有效性并不能保证推理结果一定为真。真理性除了逻辑有效性的条件外，还需要以法律推理前提的真实性为条件。法律推理的确定性在这些方面并不例外，但它还有自身特殊的规定性，即要求相同案件得到相同处理，这是法治的要求。如果法律推理结论因人而异，不仅有损法律的权威性，而且人们将难以预测自己的行为后果并制定行动计划，社会就将趋于不稳定。在这方面，法律推理与科学推理虽然都关心正确的结果，但前者所关心的还有稳定性或秩序。

批判法学是通过揭示法律的不确定性，来论证法律推理不存在唯一正确答案的。其方法是运用意识形态观念揭示法律中的不确定性，认为法律适用者总是在意识形态的操纵下，在意义、利益、好坏、公正或权利等问题上存在分歧和争论，因而只能得出多样性的法律结论。在这种情况下，无论谁都不能认为只有自己的法律认识是唯一正确的。而且，由于意识形态的作用，人们的法律解释总是以各种方式与自身利益联系在一起，于是，当认为只有自己的解释是唯一正确的时候，便等于压制了其他法律解释及其表达的利益。

---

〔1〕　刘星：《法律是什么?》，广东旅游出版社 1997 年版，第 252 页。

批判法学家巴尔金认为，法治是以这个前提为基础的：发挥控制作用的应是被选举代表通过的法律文本或法官建构并发展的判例法文本，而非具体制定者的意志。一旦规则文本被统治权威确立了，其本身便构成了判决案件的权威。因此，法治预设了文本（texts）的统治，而非创造文本的人的统治。[1]

美国新实用主义法学家库茨认为，批判法学有一个错误观念，即误认为：一个推论的结果只有当其唯一地从法律前提推出来时，才是合理正确的。如果没有一个结论是正确的，或者许多结论都是正确的，那就没有正确结论可言。批判法学忽略了推论的两种情况：第一，从一组法律前提推出多个结论的逻辑可能性，并不意味着这些结论没有获得法律前提的"理性"支持；第二，在法律前提和结论之间没有任何确证关系才表现了"理性"的不确定。然而，法律制度允许从任何特定的权威前提中推论出多个结论。理性的推论与法律中的多样和冲突并不是不相容的。[2]作为法律推理大前提的法律规则具有一般性，法官将其适用于特殊案件时，当然可以得出多个结论。这些结论可能是不同的，因为推理主体是不同的。但是，这并不意味着不能得出唯一正确的结论。因为，所谓法律真理并不是指在不同结论中只能有一个真理，而是指在相反结论中只能有一个真理。

法律推理作为人类认识活动的一个组成部分，既含有科学认识的成分，又含有价值认识的成分。真理和价值本来就是相互包含的，法律认识和法律推理的目的是得出正确的结论或判决，这个过程是发现法律真理和实现社会价值的统一。因此，伯尔曼认为，科学性，无所偏私、有机的怀疑论、对错误的宽容以及对新的科学真理的开放性，是法律科学的价值前提。[3]任何真理都是绝对性和相对性的统一，法律真理也不例外。一个具体案件的法律推理结论，构成了法律推理真理长河的一个水滴。

当然，法律推理和科学推理的方向不同。科学推理是面向现在和未来的，推理方向是以"假设有"开始，通过证伪，得出（事实、定律）"有"或"无"

---

〔1〕 See Jack Balkin, "Deconstructive Practice and Legal Theory", *Yale Law Review*, Vol. 96, No. 4., 1987, p. 782. 转引自刘星：《法律是什么?》，广东旅游出版社 1997 年版，第 253 页。

〔2〕 See Kutz Christopher, "Just Disagreement: Indeterminacy and Rationality in the Rule of Law", *Yale Law Review*, Vol. 103, No. 4., 1994, pp. 1000-1004.

〔3〕 参见 ［美］哈罗德·J·伯尔曼：《法律与革命——西方法律传统的形成》，贺卫方等译，中国大百科全书出版社 1993 年版，第 189-190 页。

的结论。法律推理却是面向过去的，目的是弄清过去事实发生的可能性，以便给被告洗清罪名。这个过程以"假设无罪"开始，以无罪推定为法律推理的逻辑前提，通过举证证明其"有罪"，最终得出（违法、犯罪）"无"或"有"的结论。得不出有罪的结论，就必须判决被告无罪；得不出无罪的结论，也不得不判决被告无罪。就是说，得出有罪结论不是法律推理的目的，而是无罪推定证明过程的一个副产品。无论是科学推理的证伪过程，还是法律推理的证实过程，都是发现真理的过程。

在法律推理过程中，追求真理往往受到主客观条件的限制。从主体方面看，法律推理主体在追求事实真相的过程中比科学推理主体受到更多的局限。一位科学家可以毕生从事一项发现自然事实的研究工作，甚至付出科学共同体几代人的探索。然而，法官和律师却不能毕生只抓住一个案件穷追不舍，否则，世界上即使有一半人来当法官和律师，也无法处理完每天发生的诉讼。法律推理除了遵循正义和利益标准外，还有人权标准，一场特定诉讼不能作出一个不确定性的存疑判决，而使被告在诉讼结束时仍处于犯罪嫌疑人的地位。从效率评价标准看，也不可能无限期地将诉讼进行下去而不考虑成本，花费数年时间把一个案件查个水落石出。总之，人们在有限时空中所取得的真理性认识都具有相对性，只有在人类世代更迭的发展中才能达到所谓绝对真理。

从事实认定的经验推论性质来看，诉讼是在有限时空范围内对已发生过的事实的认识，这同科学实验能够重复或再现一个已发生过的自然过程有本质差别。因为，"昔日是不能恢复的，这一点使对有关昔日的假设命题难以证实或者证伪。"因此，"以诉讼的方法令人完全确信地重现过去是不可能的。"[1]在确定法律推理小前提即事实认定过程中，由于必须经历一个从证据到待证要件事实的归纳推理过程，所得到的结论即事实真相（truth）是对各方事实主张之可能性的判断，因而具有盖然性。特文宁说："将归纳原则适用于提交证据使得对某一过去事件的当前主张赋予一种盖然性真相价值成为可能。"[2]

波斯纳认为，"在刑事案件中回避疑难的因果问题（这种回避并不总是对刑事被告有利）是这个法律制度的另外一种技巧，这种技巧被用来避免这样

---

〔1〕 ［美］波斯纳：《法理学问题》，苏力译，中国政法大学出版社 1994 年版，第 259 页，第 277 页。

〔2〕 ［英］威廉·特文宁：《证据理论：边沁与威格摩尔》，吴洪淇、杜国栋译，中国人民大学出版社 2015 年版，第 21 页。

一种潜含义，即法律制度不能解决疑难的事实问题；一个人可以被判定为未遂而不必考虑确定如果未遂没有中断的话，未遂的犯罪是否会事实上完成这类问题。……我们刑法中的行为主义特点也许首先反映了这个法律制度有限的解决疑难事实问题的能力，就像这一点也许反映了法律不情愿决定有关意图的问题一样。"[1]

可以被确定为法律推理小前提的事实真相，是一个标志确信度的概念。在刑事诉讼中，一项犯罪指控的证明需要达到"确信无疑"或"排除合理怀疑"的程度，这是定罪证明标准的要求。反之，"如果一个肯定辩护意见（如正当防卫）的证据已被提出，无论是通过公诉方主诉还是通过辩护方主诉而提出的，那么公诉方就必须承担超出合理怀疑地推翻该证据的责任。在此适用的有两种证明标准，因为肯定辩护意见只要有优势证据即可，但要推翻它则必须有超出合理怀疑的证据。这两种证明标准可以用一个简单方法来说明：在 1 至 10 分的评分表上，超出合理怀疑的证明需要 9 分，而优势证明只需要 6 分。"[2]

法庭审判是在人工条件下对过去事实的认定过程，即是对过去事实的思想再现过程。这种再现性的认识由于受到证据、时间、场合、证人能力、法官和律师素质等主客观条件的限制，总是不完全、不确切的。"在思维方式上法的适用以严格区分法律问题和事实问题为前提，其哲学基础在于把法的空间视为本质上完全不同于现实生活空间的'人工理性'领域。"[3]"法律的世界是一个人为建构的空间，而所谓法治，不但意味着要在生活世界之上人为地构造出一个法律世界，而且意味着人们自愿把在生活世界里发生的冲突放到这个人为世界中去解决，并且接受其结果。"[4]在我国随着对抗制审判向纠问制审判的逐渐渗透，[5]法官在庭审过程中将更多地消极听取证据，而让控

---

〔1〕 ［美］波斯纳：《法理学问题》，苏力译，中国政法大学出版社 1994 年版，第 276 页。

〔2〕 ［美］乔恩·R·华尔兹：《刑事证据大全》，何家弘等译，中国人民公安大学出版社 1993 年版，第 313 页。

〔3〕 ［日］谷口安平：《程序的正义与诉讼》，王亚新、刘荣军译，中国政法大学出版社 1996 年版，代译序第 6 页。

〔4〕 梁治平：《法律的正义》，载《南方周末》1998 年 8 月 14 日，第 5 版。

〔5〕 纠问制和对抗制作为不同审判方式，并非势不两立或互相排斥。我国司法改革在经历了对抗式庭审方式改革的收缩之后，今后发展趋向可能不是完全放弃纠问制或抵制对抗制，而是将对抗制方法融入纠问制。

辩双方各自提出自己的证据，反驳对方的证据。法官则在充分听取了双方的举证和质证之后进行认证，对双方的证据进行评价，以此来作出事实认定。

（三）从概率真理到似真性理论

如果法律推理小前提是由具有盖然性的事实真相构成的，那么，通过法律推理所获得的结论，即使是唯一正确的，也是概率真理。

首先，从法庭认识论角度看，事实只有当事人知道，而事实认定者包括法官和陪审团都不知道。当事人出于自己的利益考虑，可能提供事实，也可能不提供事实，或者只提供部分事实。在诉讼过程中，检察官和律师常通常采用概率推理方法对证据进行解释，对事实主张进行叙事，试图说服陪审团或法官相信其"案件理论"[1]，而后者在证据不足的情况下往往不得不根据证明标准作出判决。在刑事诉讼中，"要想使陪审员们认定被告人犯有指控的罪名，就必须说服他们相信该犯罪的全部要素都得到了超出合理怀疑的证明。如果任何要素未得到这种令陪审团满意的证明，或者如果任何辩护意见未得到公诉方的这种反证，那么该被告人就必须被判无罪。"[2]这说明，一个案件的法律推理结论，其盖然真理性与其不得不运用概率推理有关。

其次，从真理和谬误区别的相对性来看，真理在本质上都有盖然性。尽管哲学家们在真理问题上存在很大分歧，但真理确有"合乎事实"或"符合事实"[3]的含义。法庭上查明事实真相与科学家探求真理有相似之处，都要求主体的认识与客体相符合。舒炜光教授指出："主体和客体发生作用的结果，达到主观和客观的符合度占百分之五十以上，这种认识就具有真理性质。反之，在一个认识中，主观和客观的符合度小于百分之五十，不占主导地位，这种认识就是谬误。"[4]所以，真理和谬误之间的区别仅仅在于主客观相符合阈值上的质变。

最后，根据"证据之镜"原理，事实认定者自己不能亲眼看到案件中实际发生的事情，只能通过证据推论间接地对事实发生的可能性作出裁断，这

---

〔1〕　［美］特伦斯·安德森、戴维·舒姆、［英］威廉·特文宁：《证据分析》，张保生等译，中国人民大学出版社 2012 年版，第 197-198 页。

〔2〕　［美］乔恩·R·华尔兹：《刑事证据大全》，何家弘等译，中国人民公安大学出版社 1993 年版，第 314 页。

〔3〕　按照逻辑实证主义观点，"真理"就是"符合事实"的同义语。参见［英］卡尔·波普尔：《猜想与反驳——科学知识的增长》，傅季重等译，上海译文出版社 1986 年版，第 325 页。

〔4〕　舒炜光：《科学认识论的总体设计》，吉林人民出版社 1993 年版，第 206 页。

是其结论具有盖然性的根本原因。在图 8.1 中，[1]事实认定者只能通过"证据之镜"来认定事实，其所认定的事实有点像"水中月"或"镜中花"。

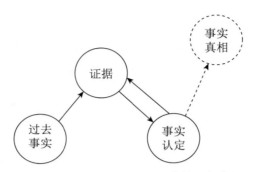

图 8.1　事实真相是事实认定者的思想产品

"证据之镜"原理可以给我们的启示：一是证据构成了事实认定的必要条件和"唯一桥梁"。在审判过程中，没有证据这面"镜子"，就不可能认定案件事实。这是证据裁判原则确立之根据。二是辨证据真伪对准确认定事实的重要作用。由于控辩双方用证据所证明的并非过去的事实本身，而是各自的事实主张，就会出现"一个事实、两个故事"的情况。虽说无证据便不能认定事实，但有证据若不能辨别真伪，也未必能准确认定事实。这是质证规则确立的根据。质证就是要解决证据的可信性、真实性等问题，促进准确的事实认定。三是事实真相和证明标准的盖然性。事实认定是运用证据进行推论，在头脑中重建过去发生的事实，即"在主体的大脑中建构出一个与客体具有同构异质关系的观念物或观念系统的过程"[2]。从证据的信息特性来看，经过审判而认定之事实（图 8.1 虚线圈中的"事实真相"），是经验推论的结果或"思想产品"，因而具有盖然性。这是说服责任或证明标准确立的根据，并决定了证明标准是一个概率标准。

概率证明标准向"不枉不纵""既不冤枉一个好人，也不放过一个坏人"[3]

---

〔1〕　参见张保生：《事实、证据与事实认定》，载《中国社会科学》2017 年第 8 期。

〔2〕　李秀林等主编：《辩证唯物主义和历史唯物主义原理》，中国人民大学出版社 1990 年版，第 250 页。

〔3〕　参见朱孝清：《对"坚守防止冤假错案底线"的几点认识》，载《检察日报》2013 年 7 月 8 日，第 3 版。

的司法理念提出了挑战。按照"证据之镜"原理，事实认定的准确性不仅取决于能够获得多少可用的证据，而且取决于诸如不完全性、非结论性、模糊性、可信性等证据品质，以及事实认定者辨证据真伪的能力。这些因素都决定了事实认定具有盖然性或可错性。尊重可错性这个司法规律，需要重新审视"有错必纠"的司法理念，因为它与无罪推定原则和效率原则都相抵触。有错必纠+终身追究的"办案质量终身负责"制，应当被"有冤必纠"和"依法追究"理念所取代，确立司法豁免制度。

需要强调指出的是，承认事实认定具有盖然性，与主张概率论审判是两回事。针对 1968 年柯林斯案[1]检控方根据一位概率论专家的概率计算来指控被告人的做法，特赖布教授对这种将数字化概率运用于审判过程的做法进行了系统的批判，特别强调了"在诸如给无辜者定罪风险之可接受水平等问题上，量化分析在政治上是不适当的"。[2]

在司法实践中，复杂的统计学和概率证据，如 DNA 检测、流行病学调查等，会遇到以下两个问题：首先，关于概率计算的基础理论和经验有效性问题。一是客观概率不足以解释司法证明的性质。"有关事件在某种确切情况下，要么发生过，要么没有发生过。我们不能重复实验一千次，来判定这些事件过去发生的频率。"[3]用相对频率理论来解释事实认定，还存在诸如确定何种参照组等困难，因为不存在客观正确的参考组。[4]二是主观概率在司法证明中虽有一定解释力，但它忽略了某些重要的心理要素，形式化概率表达并不能完全传递信念的丰富内涵。[5]其次，使用概率证据还存在"危险性实质上超过证明力"[6]的问题，当统计概率转换为事实认定者可以理解的数字时，可能会误导事实认定者或使其感到困惑。因为，在审判中，"案件并非以

〔1〕　People v. Collins（1968 Cal. 2d 319）.

〔2〕　See Laurence H. Tribe, "Trial by Mathematics: Precision and Ritual in the Legal Process," *Harvard Law Review*, Vol. 84, No. 6., 1971., pp. 1329-1393.

〔3〕　［美］特伦斯·安德森、戴维·舒姆、［英］威廉·特文宁：《证据分析》，张保生等译，中国人民大学出版社 2012 年版，第 327 页。

〔4〕　参见［美］罗纳德·J. 艾伦：《证据与推论——兼论概率与似真性》，张月波译，载《证据科学》2011 年第 1 期。

〔5〕　See Ho Hock Lai, *A Philosophy of Evidence Law: Justice in the Search for Truth*, Oxford University Press, 2008, p. 118.

〔6〕　参见美国《联邦证据规则》403。

概率计算的形式来处理"。[1]

在精确概率受到挑战的情况下，法学家们开始向模糊逻辑和科学哲学寻求理论和方法启迪。按照扎德的"模糊逻辑"，法庭裁决标准具有模糊性，人们要提供精确的概率值或概率区间均缺乏根据，这称为"模糊概率"。模糊概率的用语在审判中经常出现，如证明标准中的"确信无疑""清楚且令人信服的证据""优势证据""合理根据"等，都是模糊标准。证据证明力的"高""低"与"大""小"，也都具有模糊性。在科学哲学领域，波普尔提出"逼真性"概念，论述了逼真性与盖然性的区别。盖然性是在概率计算所规定的意义上使用的，"逻辑概率体现了通过减少信息内容而逐渐趋于逻辑确定性或重言式真理的观念。另一方面，逼真性则体现了趋于全面真理的观念。因此它把真理和内容结合起来，而概率则把真理与缺乏内容结合起来。"[2] 逼真性概念平衡了证伪主义与科学真理之间的紧张关系，既承认真理是可接近的，又提醒我们，在求真过程中会出现不可预见及难以预防的错误。

波普尔的"逼真性"（verisimilitude）概念与艾伦的"似真性"（plausibility）概念，都是在批判传统概率论只重视真理之逻辑形式的基础上，认识到精确概率计算的局限性，从而转向全面或整体真相之内容方面的一种尝试。艾伦认为，概率论虽然可以用来辅助司法证明，但司法证明本质上不是概率论操作。他提出一个另辟蹊径的思路：以最佳解释推论（IBE）来取代概率论解释。"在诉讼中，会产生潜在解释，一个推论是对解释性理由的一个潜在解释。第一阶段的工作是直接的，主要由当事人（包括刑事案件中的政府方）完成，其必须就事件提出竞争性版本，如其真实，便能解释审判中提供的证据。对起诉或辩护负有证明责任的当事人提出事件的版本，包括构成其特定起诉或辩护的形式要素；对方当事人则提供事件未包括一个或多个形式要素的版本。此外，如果法律允许，当事人可以提供事件的其他版本来解释证据。最后，事实认定者并不受制于当事人明确提出的潜在解释，而是可以建构自己的解释，要么在评议中就此告知其他陪审团成员，要么自己得出其所能接受

---

[1]　See Ho Hock Lai, *A Philosophy of Evidence Law：Justice in the Search for Truth*, Oxford University Press, 2008, pp. 117-121.

[2]　[英] 卡尔·波普尔：《猜想与反驳——科学知识的增长》，傅季重等译，上海译文出版社1986年版，第339页。

的结论。"[1]

在司法实践中，证据的相关性和证明力都是情境性的，即由具体案情决定的。概率论解释存在着只针对证据片段、试图用假设概率赋值将证据模型化的缺陷。例如，用合取概率对竞争性故事进行标准化对比，会得出荒谬的结果。实际上，依据概率论解释来表达的证明标准，可以借助似真性理论来重新说明。艾伦认为，当裁判者运用"优势证据"或"确信无疑"的证明标准时，其内心并未出现大于0.5或大约0.95这种表示可能性的刻度。事实认定者在审查了相关证据后，往往是直接把自认为合理的事实主张当作事实真相；如果没有形成合理的确信则会继续进行审理，而不会贸然根据盖然性作出裁判；如果最终裁判时并不确信所认定的就是事实真相，便会感到不安。"优势证据"意味着，只要事实认定者能够判断出哪个故事或主张更接近真相，他就可以把它当作是真的，而不用感到不安；"确信无疑"则意味着，在刑事诉讼中，事实认定者要进行一系列判断，根据无罪推定原则，"如果没有似真的犯罪案情，此人就是无罪的；如果有似真的犯罪案情，且没有似真的无罪案情，此人就是有罪的；如果有似真犯罪案情和似真无罪案情，此人就是无罪的"[2]。

按照似真性理论，最佳解释推论是一种整体解释方法，它不局限于一个个具体证据的概率赋值，而是关注由证据拼合出来的完整案情或故事的似真性，事实裁判者可依据其似真性判断而反思案件真相是否已被查明。在民事诉讼中，原告和被告的输赢取决于原告的故事是否更似真。在刑事案件中，却不能进行类似的简单比较，而是要在同时出现似真的有罪案情和似真的无罪案情时，只能选择无罪判决，即"疑罪从无"。

在法律这个人工世界里，人权价值的至上性和证据裁判原则都要求，在事实前提和判决结论之间一定要有某种经过证据推理所证明的确证关系。[3]例如，按照无罪推定原则，在刑事程序开始之前，一切过去的事实都是不确定的，都是有待认识的。在审判方式上，对抗式程序人为设置了一些不利于

---

[1] ［美］罗纳德·J. 艾伦：《艾伦教授论证据法》（上），张保生等译，中国人民大学出版社2014年版，第110页。

[2] 参见［美］罗纳德·J. 艾伦：《证据与推论——兼论概率与似真性》，张月波译，载《证据科学》2011年第1期。

[3] 参见张保生：《证据法的基本权利保障取向》，载《政法论坛》2021年第2期。

澄清事实真相的障碍。这种程序障碍的副作用是可能被某些律师用来干扰事实真相的查清，例如，"尽管律师知道证人在讲实话，但他们常常努力使证人难堪。另一方面，虽然律师知道其当事人在作伪证，却仍把他们推上证人席。"[1]但是，这种程序障碍的主要功能，却是为了有效地维护被告人的合法权益。"法院力图发现的真相不是纯粹的事实。疏忽大意、心智健全、行为的正当性及其他问题都不是纯粹的事实问题。"[2]不追求纯粹的事实，所体现的是一种通过正当程序来实现形式正义的价值取向。

二、法律推理的价值内容

（一）价值内容的含义

人的一切活动都是在追求某种价值。价值体现了主客体之间的双向关系：一方面是客体具有满足主体之物质和精神需要的积极意义或有用属性，另一方面是主体具有通过实践活动来追求自身需要满足的取向，并对实际满足的情况持有肯定或否定的态度或好恶评价。

按《牛津法律大辞典》的解释，价值（value）是"可能对立法、政策适用和司法判决等行为产生影响的超法律因素。它们是一些观念或普遍原则，体现对事物之价值、可追求的理想性等进行的判断。在存在争议的情况下，它们可能以这种或那种方式有力地影响人们的判断。这些价值因素包括：国家安全、公民的自由、共同的或公共的利益，财产权利的坚持，法律面前的平等、公平、道德标准的维持等。另外还有一些次要的价值，如便利，统一，实用性等。"[3]

国内有学者据此将"法的价值"确定为三种不同的使用方式：[4]其一是指法律在发挥其社会作用的过程中能够保护和增加某些价值，这些价值构成了法律所追求的理想和目的，因而可称为法的目的价值；其二是指法律所包含的价值评价标准；其三是指法律自身所具有的价值因素，即法律在形式上

---

〔1〕 ［美］迈克尔·D. 贝勒斯：《法律的原则——一个规范的分析》，张文显等译，中国大百科全书出版社1996年版，第40页。

〔2〕 ［美］迈克尔·D. 贝勒斯：《法律的原则——一个规范的分析》，张文显等译，中国大百科全书出版社1996年版，第40页。

〔3〕 ［英］戴维·M·沃克：《牛津法律大辞典》，北京社会与科技发展研究所译，光明日报出版社1988年版，第920页。

〔4〕 参见张文显主编：《法理学》，法律出版社1997年版，第286页。

应具备的品质，如法律推理应具有公开性、稳定性、严谨性等。上述三个方面，都是法律推理价值标准所包含的内容。

政治也是法律的一种价值，不然叛国罪就不会成为一项罪名。但政治因素作为法律理由主要是体现在立法中，例如，叛国罪的确立是为了达到维护国家安全的目的。在司法活动中，只有在一定条件下政治才可能成为合法理由之一。就是说，除非法律规则体现一定政治目的，法官的政治态度不应该影响其作出正确的法律推理。但是，凯尔森似乎不这么看。他认为，在任何复杂案件中，法官的决定不过是他们政治观点的反映。在法律实践中，政治态度对司法判决也常常发生实际的影响，例如，格里菲思（Griffiths）发现，英国法官保守的政治观点，常常引导他们作出不利于像商人和大学生群体的裁定。[1]法律兼有确定性和适应性，丹宁勋爵将适应性放在首位，但即使他也承认，法官的工作不是简单地实现正义，而是实现"根据法律的正义"，即让法律纳入正义的轨道，而对更拘迂传统的法官来说，这意味着实现正义受到由权威部门设置的道德法律的限制。[2]

在各种价值中，秩序是一种反映法律稳定性或确定性的价值。正义和秩序作为两种不同的价值有时会发生冲突。伯顿说："追求无正义的秩序的法律制度，将会导致警察国家——墨索里尼时的意大利是个例子。追求无秩序的正义的法律制度将导致混乱，比如中国的文化大革命。现在，美国的法律制度承认这两种价值，并予以平衡。"[3]秩序体现的是法律存在的价值，它使法律具有权威性，使社会生活按法治轨道运行，使民众对法院判决发自内心地信服并自愿服从。秩序要求法律具有一致性（consistent）和一贯性（coherence）。一致性是指，一定法律规则如果与法律制度某些有效和有约束力的规则相矛盾，它就不能被接受。当然，对于表面上的矛盾可以通过解释方法来避免，但对于实质上的矛盾，一致性就要求排除与现行规则相冲突和矛盾的规则。一贯性是指，规则的制定和遵守有可以理解的价值或政策基础。例如，两个相似案件如果被解释或辩护为可以区别对待，那就违背了一贯性要求。一贯性是秩序的要求，"秩序"包含着对可理解与和谐一致的价值关系的组织

---

〔1〕　See J. W. Harris, *Legal Philosophies*, London Butterworth & Co Ltd, 1980, p. 194.

〔2〕　See J. W. Harris, *Legal Philosophies*, London Butterworth & Co Ltd, 1980, pp. 195-196.

〔3〕　［美］史蒂文·J. 伯顿：《法律和法律推理导论》，张志铭、解兴权译，中国政法大学出版社 1998 年版，第 125 页。

性。法官必须根据法律而主持正义，而不是为了似乎理想的社会正义而立法。就是说，基于一定法律原则、社会价值而建立起来的法律秩序，要求法律推理具有一致性和一贯性。然而，秩序与变革又是一对矛盾，一方面，新旧秩序所要求的规则体系不同，例如，计划经济和市场经济所要求的法律规则体系就不同，这在法律原则层次表现为义务本位和权利本位之争；另一方面，新旧规则不和谐所产生的矛盾，虽然在一定程度上可以通过解释推理来解决，但因这种矛盾本质上反映了新旧秩序的矛盾、新旧价值观的冲突，它最终会导致整个规则体系的变动和社会价值观的更新。

法律推理不仅反映一定社会价值，而且有助于形成某种社会价值。例如，通过确定违约责任而解决合同纠纷，可进一步强化人们头脑中的诚实信用观念、公平交易观念；通过确定侵权责任而解决知识产权纠纷，可在社会上树立尊重知识的观念，形成保护知识产权的价值意识；通过适用不得用以证明过错和责任的证据规则，排除事后补救措施等证据，有助于在社会上消除小农经济思想，树立市场经济鼓励交易、助人为乐的价值观念。价值不仅作为内容体现在法律推理的标准中，而且在形式上塑造了法律推理的品质。法律推理的公正性、公开性、程序性、稳定性、逻辑性等，都是这些形式品质的体现。

自然法学与法律实证主义、现实主义法学，在法律和价值的关系上存在着严重的理论分歧。自然法学认为，法律和价值密不可分，价值是法律本身的构成要素，不道德的法律不是法律。按照这种"恶法非法"的观点，法律推理不能脱离价值标准的指导而得出正确的结论。法律实证主义则把价值视为一种超法律因素，主张不能以价值作为判断有效法律的标准；不能仅仅从一个规则违反某种价值或道德标准就断言它不是法律规则，因为这将导致无政府状态或放纵；同样，也不能仅仅从一个规则合乎某种价值或道德愿望就认为它是法律规则，这将导致政治和法律上的混乱或专横。[1]1930 年代在美国兴起的现实主义法学，强调把"应然"和"实然"的法分开。例如，奥斯丁虽然承认法的发展深受道德影响，而且承认许多法律规范源自道德，但他坚持认为，法与道德不存在必然联系，法律的存在是一回事，它的优缺点是另一回事。[2]按照这种"恶法亦法"的观点，法律推理能否得出正确结论与

---

〔1〕　参见张文显：《二十世纪西方法哲学思潮研究》，法律出版社 1996 年版，第 83 页。

〔2〕　See J. Austin, *The Province of Jurisprudence Determined*, Weidenfeld & Nicholson, 1954, p. 13.

价值无涉，法律真理问题就变成一个是否遵守法律规则的问题。

关于法律和价值、道德之间关系的争论还会继续下去，争论双方都会提出新的理由和实践方面的新证据。然而，不论是法内还是法外因素，价值对法律推理活动都会产生十分重要的影响，这一点是可以肯定的。价值标准虽然不一定是法律推理得出正确结论的必要条件（因为价值具有多样性，过分强调价值的作用可能会动摇法律的稳定性），但它确实为法律推理规定了更高目的，并为法律推理结论的真理性提供了评判标准。

（二）价值的多样性与有序性

在社会生活和法律实践中，价值观念是多种多样的。法的价值和法律所调整的社会关系的多样性，与人的需要的多样性是联系在一起的。在法律推理过程中，一定价值目标总是通过推理主体而发挥作用的，影响推理主体的价值标准可以分为一般、特殊和个别三种形式。

一般价值标准体现了正义理想、公民自由以及国家安全、财产权利、公共利益、道德标准等方面的要求，是以一定制度理论和社会道德为存在形式的社会意识。一定社会流行的价值观，通常反映着占统治地位的意识形态对正义、利益、人权以及政治和宗教信仰、道德境界等方面的社会理解或认同，对法律推理的影响最为强烈。

特殊价值标准是由法律推理主体的身份和特殊社会关系所决定的。例如，法官和律师等职业法律工作者，通过法学院专门法律训练而自觉意识到的道德义务，形成一种职业道德和善恶标准；夫妻和家庭成员应当承担的道德义务，形成婚姻和家庭道德。它们反映了一定群体对社会生活和法律生活中一些重要价值的群体理解和认同。

除了社会和群体的价值标准，每个人都有自己作为个体的价值观念和价值标准。其中，有一部分是对社会或群体价值所作的个人理解或认同，有一部分则体现了个性特征或个人偏爱。例如，法官良心就是个体由于自身原因，如个人经历、个体实践以及宗教或非宗教信仰等原因而形成的善恶等价值观念。

多样化的价值之间必然会产生某些冲突，不仅社会价值、群体价值和个人价值之间会发生冲突，不同社会价值之间、不同群体价值之间以及不同个人价值之间也会产生冲突。因此，价值标准对法律推理的影响往往会由于其内部冲突而呈现出十分复杂的形式。以社会一般价值标准而言，形式正义和实质正义、社会利益和个人利益、生存权利和发展权利等，都有可能在一定条件下发生冲突。这就要求法律推理主体在处理这类冲突的疑难案件时，通过一定价值分析做出价值选择。这种选择会同时受到特殊群体价值和个人价值观的强烈影响，其最终选择，往往表现为各种价值相互作用平衡或妥协的结果。

新实用主义把各种价值的冲突归因于原则之间的冲突，认为法律推理主体在不能适用某一原则时而设法适用另一原则，便引起两种价值的冲突。它用语境论来否定德沃金的原则统一论和唯一正确结论说，认为如果用抽象、普适的法律原则来处理具体法律实践问题，必然遇到具体时空条件的限制，这就要求主体根据实践在"需求语境"中如何才能产生令人满意的结果来判断其价值。例如，对于公司和大学校园里发生的妇女和少数民族言词骚扰事件，法官就不应将这两种环境中的言词骚扰视为同类问题。因为两者需求语境不同。公司是一种经济运行实体，其目的主要在于生产与效益，因此可对言词行为采取较为严格的"禁止"态度。大学则是一种知识研究和传播机构，思想的传播与言语的丰富性对教师和学生都有益，因此可对言辞行为采取较为宽松的态度。如果将对公司的严格禁止适用于大学，就会影响言语思想的活跃；如果将大学的宽松适用于公司，就会影响其运营效率。在上述事例中，平等和言论自由的价值与公民权利和自由的政治观念之间有时候是冲突的。反对言词歧视，就是保护被歧视者权利不受他人侵犯，但这样做有时就会侵犯他人（歧视者）言论自由的权利。因为言论自由是各国宪法所确立的公民基本权利，如果政府根据人人平等的法律原则，适用反歧视法律条款，要求公司避免对妇女和少数民族的言词骚扰，就可能造成实施言语行为的官方审查，这侵犯了言论自由的宪法权利。在大学校园里，反歧视和言论自由的价值冲突表现得更为明显。为解释这些矛盾，新实用主义法学认为，必须注意各种价值需求本身的语境。在一个语境中需要一个价值，并不意味着在另一语境中同样需要这一价值。因为，人的知识和需求都是由特定社会文化历史构成的。[1]然而，这种解释的漏洞在于，如果承认法律推理语境化，人们就不能再期待"同样情况同样对待"，法律的确定性和可预测性等法治价值就难以实现。因此，刘星教授指出："新实用主义实际上主张法治是建立在实践理性基础上的有限度的弹性法治。"[2]

---

〔1〕　参见刘星：《法律是什么?》，广东旅游出版社 1997 年版，第 294–297 页。

〔2〕　刘星：《法律是什么?》，广东旅游出版社 1997 年版，第 305 页。

各种价值的相互作用看似杂乱无章，实际上却受其内部矛盾和解决方式的影响，因而具有内在规律性。张文显教授指出："法所追求的诸多目的价值是按照一定的位阶排列组合在一起的，当那些低位阶的价值与高位阶的价值发生冲突并不兼得时，高位阶的价值就会被优先考虑。"[1]就是说，在进行具体价值选择时，法的各种价值在推理主体面前会呈现出一种有序性。在各种价值排序中，一般来说，社会一般价值、群体特殊价值比个体个别价值具有更高位阶。这种有序性根源于价值目标是一个具有内在统一性的社会意识系统，它为法律推理主体在不同价值发生冲突时确定如何取舍提供了选择标准，也为他人判断这种取舍和选择的"正确性"提供了评价标准。在现实法律推理中，法律适用者面对各种价值必然要在某些方面有所强调、某些方面有所舍弃。例如，在人工授精、堕胎、同性恋、安乐死、器官移植等问题上，都必须既考虑法律的稳定性价值，又考虑法律原则所维护的自由、人道、人权、个人和社会利益等价值。强调哪些，舍弃哪些，既与个人价值观有关，也与文化传统、社会政策等有关。

从法律实践看，在社会统一的价值体系中，不同价值具有不同分量或权重。比如，当国家政治（安全）利益和个人经济（民事）利益发生冲突时，它们往往不可能被平等对待，在没有明确法律规范而又必须在相互冲突的利益之间进行选择时，前者的价值排序一般要优于后者。所以孟德斯鸠说："在叛逆罪案件中，政治上的利益可以说超过了民事上的利益"[2]。同样，在涉及国家安全和个人自由等问题上，任何国家的司法机关都会毫不犹豫地奋起维护国家安全。例如，"在'丹尼斯诉美国'（Dennis v. United States）一案中，美国联邦最高法院在维护1940年的《史密斯法案》——该法案宣布以革命手段推翻政府的言行为不合法——时，更倾向于的乃是国家安全价值，而不是言论自由价值。该法院认为，尽管宪法有效条款并未提及国家安全，但是国家安全价值却体现了政府自卫的固有权利，因此在某些情形下，必须优先考虑的是这种固有权利，而不是需具体保障的个人自由。"[3]

法院审判案件既要保护正当的个人利益，又要维护社会利益。为了兼顾

---

〔1〕 张文显主编：《法理学》，法律出版社 1997 年版，第 281-282 页。

〔2〕 ［法］孟德斯鸠：《论法的精神》（上册），张雁深译，商务印书馆 1961 年版，第 78 页。

〔3〕 ［美］E·博登海默：《法理学：法律哲学与法律方法》，邓正来译，中国政法大学出版社 1998 年版，第 529 页。

这两种利益，法官对同一法律规则可能会作出不同的解释，有时候不同的理由可能支持同样的结论；在另一些时候，同样的理由也可能用来支持不同的结论。参见案例8.1。

◇ **案例8.1：麦克劳夫林诉奥布莱茵**（McLoughlin v. O'Brian）**案**[1]

某女A下午6点获悉丈夫B及四个孩子下午4点发生车祸后，立即赶往医院，在医院得知其女死亡，并目睹了B和其他三个孩子血肉模糊的惨状，精神受到极大刺激。随后A起诉司机C，要求精神损失赔偿。A的律师找到一些类似判例，请求法院依据前例判决C赔偿A。法院认为，这些判例不能引为本案判决依据，因为这些判例中，原告要么目睹了惨祸发生，要么数分钟内赶到现场，其发生或几乎发生在事故现场的精神损害，是被告"可以合理预见的"。而本案原告A的精神损害不发生于事故现场而是两小时后的另一场所——医院，与前例在关键事实上存在重要区别，即A的精神损害是被告C"不可合理预见的"。法官根据普通法关于疏忽行为者仅对自己可以合理预见的伤害负责原则，判决驳回A的诉求。

本案上诉审维持了原判，但审判法院的判决理由未被采纳。上诉法院认为，该案与判例的区别不在于是否可以合理预见（因为被告C应该预见到A作为妻子和母亲冲到医院看到亲人的惨状会受到精神损害），而在于"政策"。首先，判例是以某些严格限制条件来确立精神损害赔偿责任，如果承认其赔偿范围不受限制，包括那些没有或几乎不在现场目睹事故而产生的精神损害赔偿，就会鼓励各种有关精神损害赔偿诉讼，并使判决标准难以把握。其次，诉讼数量和标准的失控会影响真正在现场目睹事故而受到精神损害的案件审理，从而拖延对其赔偿的时间。再次，这会给不诚实的人提供机会，使其寻找医生来伪证自己并不存在的精神损害，从而不公正地加重被告赔偿负担。最后，这还会增加社会责任保险成本，使驾驶车辆和其他技术操作的价格上涨，从而使不富裕的人无法为此支付成本，并使经济发展颇为依赖的交通等技术成为阻碍经济发展的因素。

本案最后上诉到英国上议院，后者依然维持了原判，且同样认为该案与

---

[1] 案例8.1及其以下分析，参见刘星：《法律是什么?》，广东旅游出版社1997年版，第66—68页。

判例存在区别。但上议院有成员对上诉法院判决理由提出异议，认为法官不应考虑政策理由，而应考虑道德理由（即法律上的平等对待）。如果对 C 来说 A 的精神损害是可以合理预见的，便不应以讼满为患和社会责任保险成本提高等政策理由驳回 A 的诉讼请求，而应依据"平等对待"的道德原则承认 A 的法律权利。在这种情况下，讼满为患和社会责任保险成本的提高，无论对社会整体怎样不适宜，都不能成为驳回 A 请求的正当理由。无论这种推论对立法修改具有多强的说服力，法官的法律推理不会也不应该拒绝以往法律制度承认并实施的法律权利和义务。因此，审判法院考虑普通法的原则是适当的。

从案例 8.1 中，我们看到同一个判决（A 应当败诉）可以找到法律原则、政策和道德原则等不同的理由：审判法院认为，应以"疏忽行为者仅对自己可合理预见的伤害负责"的原则为依据；上诉法院认为，应以各种政策考虑为依据；上议院有的法官认为，应以平等对待的政治道德为依据。这些不同的理由和相同的判决达到统一的基础，就是个人利益应当服从社会利益这个更高的价值，背后起决定作用的是不同价值在统一价值体系中的排序。但是，如何确定不同价值的位阶，这并不是一个理论问题，而是一个实践问题。

（三）价值标准的评价作用

价值不仅可作为法律推理目的标准而制约操作标准，而且可作为法律推理结果的评价标准。从价值作为观念形态或普遍原则及其多样化特点看，价值的评价作用具有较强主观性。因此，要避免价值评价的主观随意性，就应该坚持历史主义与现实主义相结合的原则，把特定判例置于其发生的历史和现实社会环境中具体分析。

德沃金认为，"唯一正确的答案"是在正确法律原则指导下获得，并与其相符合而成为真理。但是，他没回答正确答案与法律原则相符合的检验标准问题。波斯纳则认为，法官之所以作出正确判决，并非因其考虑了一般法律原则，而是因其做了价值考虑：第一，如果允许谋杀者继承遗嘱财产，便会鼓励谋杀行为；第二，法院或法官不愿因发现遗嘱法的一个例外而给立法机关增加修法压力；第三，剥夺谋杀者的继承权既符合遗嘱人意愿，又符合遗嘱法的最终目的。[1]可见，对波斯纳来说，唯一正确的答案依赖于对判决结

〔1〕　See Richard A. Posner, "What Has Pragmatism to Offer Law", *Southern California Law Review*, Vol. 63, 1990, p. 35, 40.

果的价值考量。假设他承认法律真理存在的话，它也是与一定社会价值（而非事实）相符合的东西。他进一步提出"时间是检验法律可靠性的唯一标准"。[1]这个命题与"实践是检验真理的唯一标准"有相似之处。真理确实是通过实践的结果来检验的，而且这种检验确实是历史的，包含着时间因素。

实践作为主观见之于客观的活动，具有直接现实性的特点。它可以将主客观联系起来加以对照，并确定其符合程度，这正是实践评价优于纯价值评价的品格。当然，法律真理检验标准并不限于诉讼行为或法律实践，还包括主要行为或社会实践。与诉讼行为涉及纠纷解决相比，主要行为涉及生产、交易及日常生活。某些证据规则的适用旨在激励主要行为。例如，夫妻作证特免权规则有助于维护社会和谐；最佳证据规则可促使当事人更好地规划其"主要行为"，如合同应当签署并按最佳证据要求来保存；文件应按业务档案传闻例外规则来创建和保存等。又如，原《中华人民共和国合同法》确立的诚实信用、鼓励交易的原则，其真理性不仅可由市场经济发展的实践所证明，而且还经受生产力标准的检验，即"一种行为是应予保护还是应予废止，一项具体的法律措施是应予肯定还是应予否定，首先要根据其是否有利于我国的社会生产力的进步，是否有利于我国的综合国力的提高，是否有利于我国人民生活条件的改善而定"。[2]

实践标准包含着价值评价因素，但作为一种社会历史活动，将实践标准运用于法律真理的评价，应该置于一定历史环境和实际情况之下，而不是运用抽象的价值评价。例如，警官张金柱酒后驾车肇事伤人并企图逃逸后因民愤极大而被判处死刑。该案引起了关于民愤或民意对司法审判影响的讨论。有学者认为，对一些民愤极大的汽车肇事案审判，司法作为一种社会矛盾调节器，在某些情况下可以将民愤作为量刑考虑因素，在一般意义上，民意具有不可置疑的正当性。然而就一个具体案件而言，为平息民愤把不该判死刑的人判了死刑，也是不公正的。[3]不仅如此，更严肃的问题是，以民愤而不是法律规则为法律推理大前提，虽然可求一时社会稳定，却可能由于蔑视法律的稳定性、权威性、至上性而动摇国家法治基础。

---

〔1〕 参见［美］波斯纳：《法理学问题》，苏力译，中国政法大学出版社1994年版，第151页。

〔2〕 张文显主编：《法理学》，法律出版社1997年版，第287页。

〔3〕 参见贺卫方：《以直报怨》，载《南方周末》1998年8月28日，法治版。

关于价值评价问题，日本学者川岛武宜认为，法律解释的"客观性"是指其受到社会支持的程度。"进行价值判断，就是在不同价值之间优先选择某种价值，对于判断主体来说，确实是一种高度主观性的行为。但是价值判断的内容本身却能够以持有同样价值观的人们多少这一范围来量度其客观性的程度。……换言之，看某一法官的价值判断具有多少客观性，就要看有多少人支持作为判断基础的价值体系，客观性的程度与这些人们的人数相对应。"〔1〕这种从高度主观性的价值判断行为看到价值判断内容客观性的观点，有值得肯定之处，但是，把"人数"当作价值判断的客观性尺度显得十分粗糙。从本质上说，价值作为主客体关系范畴，它所体现的是"主客体之间的一种统一状态。……这种统一必须是符合主体需要和内在尺度的，是客体为主体服务，是主体性占主导地位的统一。因此，对价值的客观性的理解，首要地取决于对主体客观性的理解"。〔2〕

所谓主体客观性，是指主体的需要、活动和体验，具有不由人的主观随意决定的社会规定性。因此，"主体的需要和利益实际就是人们的客观的价值标准。评价标准反映着价值标准，价值标准决定评价标准。"〔3〕用这种价值客观性评价标准看，法律推理作为一种理性思维活动确实不应受制于民愤或民意，因为它们具有情绪化和非理性的特征，容易造成民愤左右司法的后果，走向"多数人的暴政"。然而，如果将上述张金柱驾车肇事伤人并企图逃逸案置于当时中国特殊社会环境，就会发现1998年是民众对执法和司法腐败最为不满的一年，又是我国落实依法治国方略、决心铲除腐败的一年。在这种背景下，执法人员酒后驾车致人死亡并企图逃逸，引起极大民愤而被处以极刑，对司法腐败具有警示意义，可显示司法公正的决心并起到加强法治的作用。相反，司法机关如果无视民意，一味强调规则的统治，强调在法律逻辑与日常逻辑之间保持一定距离，结果只能适得其反，阻碍依法治国进程。

说到法律逻辑，霍姆斯曾讲过一段发人深省的话："逻辑的方法和形式迎合了那种对明确性、对静止不变的渴望，这种渴望存在于人的心目中。但是，

〔1〕　[日]川岛武宜：《科学的法律学》，弘文堂1964年版，第20页。转引自[日]棚濑孝雄：《纠纷的解决与审判制度》，王亚新译，中国政法大学出版社1994年版，第171页。

〔2〕　李德顺：《价值论——一种主体性的研究》，中国人民大学出版社1987年版，第124-125页。

〔3〕　李德顺：《价值论——一种主体性的研究》，中国人民大学出版社1987年版，第280页。

确定性一般说来是幻想，静止不变也不是人类的命运。在逻辑形式的背后，存在着一种判断，涉及的是相互冲突的立法根据的相对价值和重要性；的确，这种判断常常是不清楚的和无意识的，但它却是整个进程的根基和核心所在。"[1]

实际上，运用规则还是原则进行法律推理，与结论的真理性并无必然联系。因此，似乎不宜简单把法治理解为规则的统治。现代社会的法律推理大量运用精确的规则，既是法治的要求，又同法官整体素质有关。因为使用目的标准比起运用规则需要更多信息，对法律推理主体在理论思维素养方面提出了更高要求。而运用规则的法律推理往往可以淡化主体责任，使推理主体在发挥主观能动性方面缺乏必要动力。从哲学认识论角度看，能否达到真理性认识，同认识主体能动性的发挥具有密切关系。在法律推理问题上，坚持能动性还是机械论，在我国目前情况下还是一个没有得到很好解决的问题。一些学者以我国法治建设刚刚起步、法官素质低下为由，强调按规则和程序办事，希望以此法律规则的统治代替人治。这种观点无疑是正确的，而且也不能说不符合中国实际。但问题在于，如果将任何东西绝对化，它最终都会走向反面。这就是辩证法的无情之处。

首先，就法律推理标准的发展来说，大多数法治国家都经历了从机械遵守规则向运用目的标准的转变过程。尽管人们对这种转变表现出许多担心，但尚无充分理由说这种转变是从法治向专制的一种倒退，也没有充分证据说这种转变造成了社会生活混乱。相反，波斯纳却发现，"与更进步的社会相比，我们观察到在不那么进步的社会中对规则的依赖多于对标准的依赖。然而我们并没有在不那么发达的社会中发现其法治更确定更稳固。"[2]这也许说明，"根据规则做出的决定并不必然地比根据标准做出的决定更客观。"[3]因此，对法律推理从依据规则向更多依据目的标准转变的意义进行评价，不能只考虑国家法治化程度，还应该将价值标准和实践标准结合起来进行具体分析。

---

〔1〕 See Oliver W. Holmes, "The Path of the Law", *Harvard Law Review*, Vol. 10, No. 8., 1897, pp. 457-478. 转引自［美］史蒂文·J. 伯顿：《法律和法律推理导论》，张志铭、解兴权译，中国政法大学出版社1998年版，第94-95页。

〔2〕 ［美］波斯纳：《法理学问题》，苏力译，中国政法大学出版社1994年版，第400页。

〔3〕 ［美］波斯纳：《法理学问题》，苏力译，中国政法大学出版社1994年版，第60页。

其次，宁可错判也不违反规则的是好法官，还是宁可违反规则也不错判的才是好法官？这是法律推理的一个亘古不变的评价悖论，它反映了维护法律稳定性价值和追求法律真理的矛盾。一些西方法学家对这个问题的回答是："如果负责任是为了那些更为普遍的目的，那么献身于规则就不再足以保护官员免于批评。"[1]因为，稳定性只是法律的一种次要价值，除此之外，法律还有正义、利益和人权等更重要的价值。当然，用目的标准来评价法官推理活动，会冒淡化规则、削弱责任的危险。因为普遍目的具有抽象性，未提供清晰的评价标准；而操作标准又过于具体，仅靠它来评价法律推理活动会出现上述评价性悖论。但从操作标准来源于目的标准看，法官对法律的忠诚是不能脱离目的标准来评价的。二战纳粹战犯说自己是为了遵守法律规则而杀人，因此，他们个人不应该对自己的罪行负任何责任。这种辩解对战争受害者及所有热爱和平和正义的人都是一种挑衅。目前国内法学家主要是将法律推理当作客体进行研究，而"不是从主体方面去理解"，因而对法律推理评价性悖论的回答尚未达到西方法学家的水平。这看起来有点儿令人奇怪。因为，我们似乎应该比西方学者更重视马克思主义哲学将实践观点引入认识论的革命意义，从而把法律推理"当做感性的人的活动，当做实践去理解"，[2]以此取代形而上学的机械论。如果片面宣传法律规则的统治在法治中的作用，只追求法的稳定性等次要价值，却忽视正义、利益、人权等目的价值在法治建设中的作用，表面上看是考虑了中国实际，本质上却可能背离马克思主义哲学革命传统，从长远目标上看也不利于我们建设高度民主、文明的法治国家。

三、法律推理中真理与价值的对立统一

（一）追求真理和价值的两种取向

在法律推理过程中，对真理和价值的追求是一个问题的两个方面，它们共同构成了一项判决的正当理由。科恩指出："真理是智力探究的主要对象。因此，一个命题的真，如果它与我们有利害关系，就是我们接受它进入我们的信念储存库所能有的最好理由。换言之，在这方面，真理是一类理由，正如

---

〔1〕　[美]诺内特、塞尔兹尼克：《转变中的法律与社会》，张志铭译，中国政法大学出版社1994年版，第93页。

〔2〕　中共中央马克思 恩格斯 列宁 斯大林著作编译局编：《马克思恩格斯选集》（第1卷），人民出版社2012年版，第133页。

公正是一类理由一样———一个行动的公正是从事这个行动的一个理由。"〔1〕

对真理和价值的共同追求，决定了案件事实认定必须建立在理性主义基础之上。"理性主义传统的核心信条是，裁判法（或诉讼法）之主要目的是在裁判中达到'裁决公正'，就是说，法律正确适用于证明为真的事实。该信条对当今（司法）事业产生了三个引申性影响。第一，关于事实争端问题，该信条假定，那个目的之实现涉及通过理性方式对'事实真相'的追求。……第二，这种理性主义传统反映了一种持久不变的认识，即追求事实真相作为依法保障正义（填补正义）的手段，具有很高的优先地位，但并非高于一切。第三，裁判模式本身是工具主义的，通过推理而追求事实真相只是达到填补正义目的的一种手段，填补正义被视为实体法的实现。"〔2〕这里的"填补正义"（expletive justice），指"真正和严格意义上的正义"，与亚里士多德"恢复正义"（restoring justice）概念近似，是格劳秀斯提出的一个恢复对方应做事情的原则，旨在维护理性人自然的社会秩序。例如，当代海洋法要求一个国家把在公海非法扣押的外国船只归还给船旗国，因其预设了这种法律地位依据不同的权利体系已经存在，而不关心船只为何合法属于船旗国。如果这种法律地位受到侵犯，填补正义便优先运行，它命令法律地位的矫正，并提供一种救济。〔3〕

在证据法理性主义传统中，通过理性方式查明真相是其追求的一个重要目标，因为准确认定事实是实现司法公正的前提。然而，如果把通过理性方式追求事实真相仅仅理解为不诉诸神明和暴力，则并未揭示出证据法理性主义传统的全部含义。除此之外，它还把追求真相视为实现正义的手段，而把公正视为证据法的目的。因此，证据法具有双重功能：一是促进事实真相的发现，即求真；二是维护普遍的社会价值，即求善。这两种功能具有竞争关系，"……求真的目的与其它目的——诸如经济性、保护某些自信、助长某些活动、保护一些宪法规范——相互竞争。"〔4〕在价值多样性的当代社会，正义

〔1〕 ［英］L. 乔纳森·科恩：《理性的对话：分析哲学的分析》，邱仁宗译，社会科学文献出版社 1998 年版，第 61 页。

〔2〕 ［美］特伦斯·安德森、戴维·舒姆、［英］威廉·特文宁：《证据分析》，张保生等译，中国人民大学出版社 2012 年版，第 103-104 页。

〔3〕 See Christoph A. Stumpf, *The Grotian Theology of International Law: Hugo Grotius and the Moral Foundations of International Relations*, Waler de Gruyter, 2006, p. 44.

〔4〕 ［美］波斯纳：《法理学问题》，苏力译，中国政法大学出版社 1994 年版，第 261 页。

是"社会制度的首要价值"〔1〕，它也必然成为证据制度的首要价值。就是说，当求真与求善的目标发生冲突时，要把公正视为一种最大的善，而把求真降为手段。历史上的法定证据制度曾将查明事实真相奉为首要价值，这导致了刑讯逼供合法化，造成了对当事人基本权利和人格尊严的践踏。从这个历史教训中，人们开始思考，为了维护公正价值，也许需要在求真方面有所让步。

真理和价值虽然都是法律推理追求的目标，但二者若不可兼得，有时似乎就需要牺牲求真的目标。例如，《世界人权宣言》第 11 条第 1 项将受刑事控告者获得辩护作为一项基本权利，《公民权利和政治权利国际公约》第 14 条第 3 项也将刑事被告人辩护权规定为人人完全平等地有资格享受的最低限度的保证之一。辩护权对抗的首先是控诉权，其中，最重要的是辩方对控方证据的质证权利。在刑事被告质证权利形成过程中，有一个典型案例通过挑战"反对质疑己方证人的规则"，确立了人权保障的优先性原则。参见案例 8.2。

◇ 案例 8.2：钱伯斯诉密西西比州案

该案被告人钱伯斯涉嫌杀害一名警察而被起诉，但麦克唐纳却在三个不同场合向三位朋友承认是他杀了那名警察，并提供了书面供述。被告人在传唤麦克唐纳作证时，后者却否认了先前供述，辩方律师要求通过交叉询问质疑其诚实性，却遭到审判法官和州最高法院的拒绝，钱伯斯最终被判有罪。在上诉复审中，联邦最高法院推翻了钱伯斯有罪判决。鲍威尔大法官认为，在现代审判中，刑事被告很少能挑选其证人，他们只能找到谁就用谁。"被告人要求与提供对自己不利之证言的人对质并对其进行交叉盘问的权利，从来未被裁定应取决于证人最初是由被告方还是公诉方传唤出庭的。"鉴于反对质疑己方证人的规则，"直接干涉了钱伯斯防卫政府指控的权利"，联邦最高法院裁定，在刑事案件中，"准许律师对任何证人的可信性提出质疑"〔2〕。

---

〔1〕　［美］约翰・罗尔斯：《正义论》，何怀宏等译，中国社会科学出版社 1988 年版，第 1 页。

〔2〕　参见［美］罗纳德・J. 艾伦等：《证据法：文本、问题和案例》，张保生等译，高等教育出版社 2006 年版，第 332 页。

在案例 8.2 中，审判法官和州最高法院之所以拒绝被告人与证人对质，是因为普通法有一条"律师不能怀疑己方传唤的证人"的规则，规定律师要对其诚实性或可信性担保。但在案例 8.2 中，这个规则被弃用了，从而使刑事被告人人权保障的优先性原则得到确立。在求真与公正的问题上，我国《刑事诉讼法》第 175 条第 4 款"对于二次补充侦查的案件，人民检察院仍然认为证据不足，不符合起诉条件的，应当作出不起诉的决定"，第 200 条第 3 项"证据不足，不能认定被告人有罪的，应当作出证据不足、指控的犯罪不能成立的无罪判决"，这些规定都体现了"疑罪从无"原则。证据不足的情况还包括：（1）只有被告人供述，没有其他证据。（2）被告人、辩护人提出了无罪证据，从而使该无罪证据与指控的有罪证据形成了"一对一"的关系，造成虚实之证对等、是非之理均衡的情况，使审判者无法肯定一方而否定另一方。（3）案情中有许多未形成确认被告人有罪的"证据锁链"的间接证据，但缺乏直接证据。（4）存在着可以否定被告人犯罪的反证，因为就诉讼证明而言，只要有一个能够证明被告人无罪的证据存在，无论有多少有罪的证据都只能得出无罪的结论。证据不足、疑罪从无，维护了人权价值的优先性，却在追求真理方面有所放弃。

然而，为了追求一定价值而牺牲真理的做法，遭到一些法学家的强烈反对。以秩序价值而言，其要求的法律推理确定性具有双重作用：一是约束法官在明确的实体法和程序法规范下行使权力，防止其滥用权力；二是使公民明确法律规定，以便选择自己的行为，安排计划，预测行动后果。但波斯纳对这种确定性既肯定又否定，他认为："法律制度的等级结构以及包含在遵循前例原则中的对稳定性的追求也许会在各种意义上促进'正义'，它使司法决定更可为普通大众所接受，它减少了不确定性，但它阻碍了对真理的探索。"[1]这个对司法决定确定性之弊端的概括，可谓一针见血。

对秩序和稳定性的片面追求，阻碍对真理的探索，即阻碍法律的发展。法律思想史上一直有"死法"和"活法"关系的探讨。世界总在变化发展，新的犯罪总是先于新的法律而出现。例如，先有网络，才有网络犯罪，然后才有网络犯罪法。如果法官单纯追求法律推理的确定性，固守已有的法律条文，许多新型案件就无法解决。在这个意义上，法不仅仅是本本上的官方律

---

〔1〕 〔美〕波斯纳：《法理学问题》，苏力译，中国政法大学出版社 1994 年版，第 105 页。

令，还存在于法官的审判活动中，法官解决争端的决定就是法。这样说也许有些绝对化，但法律规范的变革确如库恩科学"范式"革命[1]一样，当陈旧过时的法律规范对不断出现的新案件无所适从时，推动法律规范更新乃至法律思维方式变革的力量，也许就是来自法官的法律推理。

从法律推理确定性和不确定性矛盾统一的观点看，可以把不确定性视为法律推理在体现实质正义时所作的一种必要调整。在简单案件中，法律推理不必作这种调整，凭借逻辑和经验便可使案件获得解决，因而具有确定性。在疑难案件中，当现成法律条文无法适用于具体案件时，就会产生一个矛盾：一方面法官不能立法；另一方面，法官在遇到法律没有明确规定的疑难案件时，又不能以某一法律规定含糊为由拒不作出判决。在这种情况下，以某种先进或流行的社会道德和价值取代已有的法律规范，作出体现某种社会价值的判决常常是不可避免的。而此时，法律推理的不确定性就构成了法律（规范）发展的内在动力。

（二）法律推理中真理与价值的统一

从物的外在尺度与人的内在尺度来看，真理所体现的是物的外在性、客观性原则，价值所体现的是人的内在性、主体性原则。在法律推理中，追求真理和实现价值这两种取向尽管时常会发生冲突，但在本质上又具有统一性。这不仅表现在真理本身的有用性或价值，而且还因为法律实践追求真理和价值的统一来满足人类生存和社会发展的需要。所以，除非在两种追求不可兼得时，人们一般不愿采取真理或价值必牺牲其一的方法，而是力求兼顾：以真理性认识为基础去追求价值，追求法律推理结果对人的有用性；以价值为动力来探求真理，寻求主客观的统一。这构成了法律认识和实践发展的内在动力。

然而，真理的唯一性与价值的多样性确实给法学家带来了种种困扰。现实主义法学就是看到了价值判断的主观性和多样性，认为疑难案件中没有唯一正确的答案，不存在衡量谁是正确的客观尺度。德沃金认为，现实主义法学家们之所以陷入困惑，是因为他们采取了一种所谓价值中立立场，即"客观地"站在一个外在观察者视角来分析价值判断问题，便会感到任何一方的

---

[1]　参见［美］托马斯·库恩：《科学革命的结构》，金吾伦、胡新和译，北京大学出版社2003年版。

价值判断似乎都有存在理由。但如果从内在参与者视角来看问题，把自己设想为一位负责任的法官，就会在法律实践中全力寻找判决理由，竭力分析他人的观点为何错误，并且不会在判决时仍然怀疑自己的观点具有唯一正确性。[1]

德沃金这个观点是正确的。我们讲真理和价值相统一的基础是实践，是指不能忽视法律实践者的主体性。人的实践不仅受真理知识指导，而且靠价值尺度定向。在法律推理实践中，真理和价值首先要统一于推理主体的头脑中，形成实践观念；然后主体才能按照这种实践观念去查明事实真相，匡扶正义。这是一个改造现实世界的过程，把自在之物改造成符合主体需要的为我之物，使外部世界更适合于人的需要、本质和规律，成为更能满足人、更加理想和美好的新世界。"从实践唯物主义的观点来看，人们并不满足于通过具有客观真理性的知识达到对现成的现实世界的本来如此的了解，而是要运用具有客观真理性的知识，按照人们的需要这一内在尺度，发现和创造对人来说是应当如此的对象世界。"[2]

就人类法律文化的发展而言，耶林"为权利而斗争"[3]的口号确实唤醒了人的权利意识或名誉感。为了维护做人的权利和尊严，人们应该运用法律武器来维护自己一切遭受损害的权利。从这个意义上说，法院诉讼案件的数量，是衡量一种社会制度下民众权利意识、法律意识强弱的指示器。然而，诉讼是人们追求真理和价值相统一的理性方式之一，却不是唯一方式，也不一定是最佳方式。我们可以说，法治发达国家民众善于运用法律解决纠纷，表明其具有较强的法律意识，但从人类文明发展来看，纠纷若能够以非诉讼方式和谐、和平、和睦解决，则更能表明人类文明发展到更高阶段。正如拉德布鲁赫所说："考虑到每年花费在诉讼上惊人的金钱、精力和人力。在我们看来，人们倡导的与诉讼对立的和解已成为迫切的需要。如果说将任何权利损害都认作名誉损害的敏感，胜过民众毫无感觉地忍受不公正时的麻木，那么，相对这种敏感，不把琐碎小事与名誉混为一谈的高尚冷静，则更胜一筹。

---

〔1〕 参见［美］德沃金：《法律帝国》，李常青译，中国大百科全书出版社1996年版，第Ⅱ页，第206页。

〔2〕 夏甄陶：《认识论引论》，人民出版社1986年版，第444页。

〔3〕 ［德］耶林：《为权利而斗争》，1872年第1版，转引自［德］拉德布鲁赫：《法学导论》，米健译，法律出版社2012年版，第151页。

因为法律秩序也是和平秩序，如果能为'热爱和平'而放弃'好的法律'，法律秩序就会在某些琐细案件中发挥最佳作用。"[1]

从价值论角度看，正义、利益、人权等目的标准都属于社会价值范畴，当不同价值发生冲突时，目的标准允许法律推理牺牲次要价值来维护主要价值。例如，与法律规范赋予主体以某种行为方式而获得利益的一般权利不同，特免权或特权（privilege）是可不受一般规则或义务约束的特殊权利，即"法律赋予某人或某类人的特别权利或豁免"。例如，"不得自证其罪的权利"（privilege against self-incrimination），"此项特权是对抗式刑事审判制度的核心，与无罪推定一起共同要求由国家负担控诉之责。"[2]特免权或特权规则体现了罗尔斯"两个正义原则"的第二原则，即对最少受惠者的"补偿原则"[3]。

在证据法体系中，大多数证据规则如相关性规则、传闻规则、最佳证据规则等，都旨在促进事实真相的查明，而特免权规则却旨在促进社会和谐发展。作证特免权旨在保护特定的社会关系，如婚姻家庭的稳定性、律师制度的作用、医患关系等。威格莫尔认为，作证特免权是要表明，一种法律制度重视这些特殊关系胜过制裁犯罪行为。就是说，通过破坏这些特殊关系而获得查明事实真相的价值，不及牺牲查明事实真相而维护这些关系的价值。[4]例如，律师-委托人特免权适用于委托人为获得法律意见与律师进行的秘密交流。"为了促进委托人同法律顾问进行磋商的自由，必须消除法律咨询者被迫披露有关信息的恐惧。"如果没有律师-委托人作证特免权，委托人在向律师提供对自己不利的信息时就会顾虑重重，而不敢向律师咨询。因此，为了保证完全披露，需要有特免权。[5]又如，亲属作证特免权旨在使证人亲属被法律免于作证，因为家庭是社会的细胞，以牺牲亲属关系为代价而追求事实真相，不仅严重危害中国社会的亲情伦理关系和社会稳定性，也侵犯了亲属被告人的基本权利，偏离了人类司法文明的发展方向。

---

〔1〕　［德］拉德布鲁赫：《法学导论》，米健译，法律出版社 2012 年版，第 151 页。

〔2〕　薛波主编：《元照英美法词典》，法律出版社 2003 年版，第 1095 页。

〔3〕　参见［美］约翰·罗尔斯：《正义论》，何怀宏等译，中国社会科学出版社 1988 年版，第 57 页，第 96 页。

〔4〕　参见［美］罗纳德·J. 艾伦等：《证据法：文本、问题和案例》，张保生等译，高等教育出版社 2006 年版，第 906 页。

〔5〕　参见［美］罗纳德·J. 艾伦等：《证据法：文本、问题和案例》，张保生等译，高等教育出版社 2006 年版，第 966-967 页。

　　法律推理究竟能在多大程度上实现真理和价值的统一，这受制于法律问题的复杂性和法律推理方法的有限性。因此波斯纳说："许多重要的法律问题，尽管肯定不是全部而可能只是小部分问题，是不可能通过运用法律推理的方法来回答的。……当法律推理无能为力时，法官不得不诉诸政策、偏好、价值、道德、舆论或任何其他必要的东西，并以一种令他本人和他的同事满意的方式来回答法律问题。这常常意味着这种回答是不确定的。"[1]这里他所怀疑的不仅是逻辑推理的局限性，即形式逻辑的尴尬决定了法官在疑难案件中不得不采用许多非逻辑的实践理性方法；而且是怀疑一种将法律推理技术化的倾向，即以为掌握了一些现成的推理方法似乎就可以解决一切复杂的法律问题。

　　法律推理主体以真理性知识和目的性价值来指导法律实践活动，在这个活动过程中他并不只是输出自己的思想和价值观念，他还在改造世界、铲除虚假、邪恶和丑陋东西的同时，也改造着自己的主观世界、荡涤着自己的灵魂，追求着真善美的统一。霍姆斯大法官说："法律较为边际的方面和较为一般的方面，恰是人们应当普遍关注的。正是通过这些方面，你不仅会成为你职业中的大师，而且还能把你的论题同大千世界联系起来，得到空间和时间上的共鸣、洞见到它深不可测的变化过程、领悟到普世性的规律。"[2]正是在改造客观世界和主观世界的双向运动中，人类步入理想社会，个体也充实、完善着自身，获得全面发展。

---

　　[1]　[美]波斯纳：《法理学问题》，苏力译，中国政法大学出版社1994年版，第47页。

　　[2]　See Oliver W. Holmes, "The Path of the Law", *Harvard Law Review*, Vol. 10, No. 8., 1897, pp. 457-478. 转引自［美］E·博登海默：《法理学：法律哲学与法律方法》，邓正来译，中国政法大学出版社1998年版，第533页。

第九章

法律推理与人工智能

关于法律推理与人工智能之间关系的研究是一种跨学科研究，它涉及法学、逻辑学、心理学和计算机科学等多学科领域。这种研究不仅对人工智能的发展具有重要意义，而且也是深入理解法律推理机制的一个重要途径。

一、机器法律推理畅想

早在 17 世纪，计算机的先驱思想家莱布尼茨就曾这样不无浪漫地谈到推理与计算的关系，他说："我们要造成这样的一个结果，使所有推理的错误都只成为计算的错误，这样，当争论发生的时候，两个哲学家同两个计算家一样，用不着辩论，只要把笔拿在手里，并且在算盘面前坐下，两个人面对面地说：让我们来计算一下吧!"〔1〕如果连抽象的哲学命题都能转变为计算问题来解决，法律推理的定量化也许还要相对简单一些。尽管理论上的可能性与技术可行性之间依然存在巨大的鸿沟，但是，人工智能的发展速度确实令人惊叹。从诞生至今的短短 68 年内，人工智能从一般问题的研究向特殊领域不断深入，人工智能技术日新月异，莱布尼茨的幻想正在变为现实。

人工智能时代的律师接手一个案件时，首先要做的事情可能是打开电脑的"律师系统"，然后进行下列操作：

1. 进入"案件输入"菜单，按照问题的提示步骤，输入有关案情，包括证据数据和双方的事实主张。

2. 运行"法律检索"菜单，获得以下一些查询结果：（1）本案可能适用的法律规则；（2）上述规则的法律解释；（3）有关的判例。

〔1〕　转引自［德］亨利希·肖尔兹：《简明逻辑史》，张家龙译，商务印书馆 1977 年版，第 54 页。

3. 运行"证据分析"菜单，获得一些分析结果：（1）证据属性分析，包括相关性、可采性、可信性（可靠性）分析；（2）证据调查分析，包括审前和审判证据调查分析；（3）证据推理分析，包括逻辑方法（溯因推理、归纳推理、准演绎推理、最佳解释推理）、图示法、解释方法（概率论解释、似真性解释、叙事法）；（4）证据决策分析，包括对侦查、监察和检察机关决定的分析，律师诉讼准备与证明策略分析。最终获得可以作为法律推理小前提的事实真相。

4. 运行"法律分析"菜单，获得一些分析结果：（1）有关法律规则中各种概念之间的关系，核心概念，立法目的；（2）有关法律漏洞及其立法修改的进展情况；（3）本案与有关判例在法律适用方面的共性和区别；（4）法律规则解释，包括语义解释，体系解释、法意解释与合宪性解释，论理解释、比较法解释和社会学解释等。[1]最终获得可以作为法律推理大前提的法律规则。

5. 运行"法律推理"菜单，从中选择：（1）单项推理方法，如演绎推理、归纳推理、类比推理、溯因推理等，获得运用不同推理方法可能得到的判决结果。（2）组合推理方法，选择两种以上组合推理方法，获得若干种可能的判决结果。（3）功能性选择，例如，运行"起诉策略"菜单，从中获得一些建议；运行"辩护策略"菜单，从中获得一些建议；运行"判决预测"菜单，从中获得一些建议。

……

上述"人工智能法律系统"的菜单可能更长、更细，可能不用你如此机械地按步骤去运行某个菜单，因为系统的程序是智能化的，它可以随时根据法律推理的进展情况，在推理过程的某一个步骤上主动询问一些与案件事实认定和法律适用有关的问题，然后自动运行特定的程序，最终为你选择最佳的调查方案、起诉和辩护策略以及法院判决预测，并将它们自动贮存或打印出来。

"人工智能法律系统"可能分为"律师型""法官型"和"普及型"。"律师型"可以为律师、检察官的起诉和辩护策略提供系统的解决方案，包括打印出诉讼准备流程图乃至完整的起诉书或辩护状。"法官型"可以自动输出判

---

〔1〕 参见梁慧星：《民法解释学》，中国政法大学出版社 1995 年版，第 243-246 页。

决指导意见，还可制作完整的判决书乃至更详细的判决理由报告。"普及型"对普通民众可以充当"电脑律师"，回答一些法律咨询方面的问题。

不过，即使上面所描述的一切都成为现实，也不意味着审判将变成机器人律师（检察官）和机器人法官之间的"法庭论战"。因为，电脑所推出的法律结论不可能像人的法律推理结论那样，在考虑具体案件事实的细微差别和外部社会环境变化因素的基础上作出具有弹性或"人性"的价值判断。但是，有经验的律师（检察官）和法官，无疑不会拒绝借助或参考人工智能法律系统电脑推理每一环节所使用的论据、得出的结论，进行自己的证据分析、法律分析和价值分析，从而使法律推理的结论朝着逻辑上更加缜密且有利于实现实质正义的方向发展。可以想象，在人人可以利用电脑来进行法律咨询或辅助法律决策的情况下，摆在律师、检察官和法官面前的任务，特别是处理复杂案件的工作，并不是更加简单了，而是随着信息数量的增加变得更加复杂了。当然，不可否认的是，总会有一些简单案件的判决结果与电脑的推理结果完全相同。随着人工智能法律系统的不断完善，总有一天，简单案件的审判也许可以完全交给"电脑法官助理"来完成，电脑将以其公正无私的形象和严谨细密的推理风格令双方当事人心悦诚服地接受其法律判决和判决理由，而律师、检察官和法官也不会因此而失业，因为他们除了可以在处理疑难案件方面大显身手之外，还会在简单案件的审理中不失悠闲地坐在"电脑律师（检察官）助理""电脑法官助理"旁边，作为"审核人"来验证和修正其推理结论和理由，充当真正的律师、检察官和法官。不过，这种探索不是仅依靠人工智能专家就能实现的，更需要法律专家特别是法律推理研究者的努力探索。

二、人工智能和法律专家系统

（一）形式主义法律推理学说与人工智能

形式主义法律推理学说坚持认为，"法律推理应该仅仅依据客观事实、明确的规则以及逻辑去解决一切为法律所要求的具体行为。假如法律能如此运作，那么无论谁作裁决，法律推理都会导向同样的裁决。"[1]即使裁判者是一

---

〔1〕〔美〕史蒂文·J.伯顿：《法律和法律推理导论》，张志铭、解兴权译，中国政法大学出版社1998年版，第3页。

架机器也可以达到这样的效果。这就是曾被自由法学家比埃利希称为"自动售货机"法律理论的欧洲大陆概念法学的观点。人们对这种观点的批评是：它忽视了社会现实和法律价值，宣扬了司法判决的规则逻辑决定论，主张任何案件都可以从现行法律中得到答案。法官如果真像一架生产司法判决的机器，只知道进行机械推论，法官的主动性和创造性就会受到扼杀。

形式主义法律推理学说尽管有其僵化和机械论的色彩，但令人惊奇的是，也许正是这个缺点为人工智能在法律推理中的应用奠定了思想基础。它由于强调法律推理的形式方面，从而把严格的逻辑思维能力看作是一个优秀法官或律师的最重要条件，甚至认为法律属于逻辑学范畴，法律推理活动的特征就在于像数学家演绎推理一样的准确性。受这种形式主义推理观影响的大有人在，例如拿破仑就认为："将法律化成简单的几何公式是完全可能的，因此，任何一个能识字的并能将两个思想联结在一起的人，就能作出法律上的裁决。"[1] 热衷于人工智能法律系统研究的学者也都具有这种形式主义信仰。

当然，形式主义法律推理学说的形式化思想要变成现实，还要依靠科学技术的发展，特别是人工智能技术的发展。

人工智能（artificial intelligence）又称智能模拟或思维模拟，其中 artificial 这个修饰词有"人工的""模拟的""假的"等含义。这个概念经常在两个意义上使用：一是指人工智能科学研究，即探索如何模拟人的智能进而设计制造出具有类似人类智能的自动机器的科学；二是指人工智能这门科学的研究成果，即人的智能在机器等装置中的再现。智能作为一种能力，包括感知、记忆、思维和语言等能力在内的综合心理机能。其中，思维能力是智能中最重要的能力，人工智能或智能模拟的核心是思维模拟。一般认为，通过研制某种机器或装置，使其具有与人的思维相似的某些功能，并能完成通常需要人类才能完成的智力性工作，就获得了人工智能。

人工智能的出现是以二战后计算机科学的迅速发展为基础的，它作为一门科学出现于 1956 年。那一年美国学者麦卡锡、明斯基、罗却斯特和申农向洛克菲勒基金会提出了一项"人工智能研究"项目申请。该项目申请说："此项研究意图是在假说的基础上向前推进一步。这个假设是知识的每个领域，或智能的任何一个其他特征，原则上是可以如此精确地加以描述，以致能够

---

〔1〕 转引自沈宗灵：《现代西方法理学》，北京大学出版社 1992 年版，第 329 页。

制造出一种机器来模拟它。"[1]在当时电子计算机已经诞生十年之际，可以说开展人工智能研究已经具备了一定的条件。所以，这项基金申请很快得到了资助。同年，以纽厄尔和西蒙教授为首的卡尔基-梅隆大学研究组，研制出一个称为"逻辑理论家"的程序，简称 LT，证明了罗素《数学原理》第二章52 个定理中的 38 个定理。这一工作被认为是用计算机探索智力活动的第一个真正的成果。以塞缪尔为首的国际商业机器公司（International Commercial Machine Company，IBM）工程课题研究组，利用对策理论和启发式探索技术编制出跳棋程序，配有这种程序的"跳棋机"具有自适应、自学习的能力，它在 1959 年击败了其设计者，1962 年击败了美国一个州的跳棋冠军。1997 年，超级计算机"深蓝"使世界头号国际象棋大师卡斯帕罗夫与之较量后不得不俯首称臣。

　　1960 年代，人工智能研究的主要课题是博弈、难题求解和智能机器人；1970 年代开始研究自然语言理解和专家系统。专家系统是一种模拟专家在解决问题、作出决策时的思维和行为并能起到专家作用的计算机（程序）系统。专家系统是人工智能发展的一个新阶段，与早期人工智能的难题求解阶段相比，它有以下特点：（1）专家系统所要解决的是复杂的实际问题，而不是规则简单的游戏问题或简单的数学定理证明问题；（2）专家系统面向的是直接应用，而不是单纯的原理性探讨；（3）专家系统主要针对具体的对象，根据具体的问题领域，选择合理的方法来表达和运用特殊的知识，而不强调与问题的特殊性无关的普遍适用的推理和搜索策略。最早的专家系统是 1971 年美国费根鲍姆教授等人研制的"化学家系统"DENDRAL，它能根据质谱数据识别有机化合物的分子结构，达到了有机化学本科毕业生的水平。[2]继而出现了"计算机数学家""计算机医学家"等专家系统。

　　进入 21 世纪后，人工智能研究进一步向各种机器人的研制方向发展，并在军事和民用领域得到了广泛的应用。2017 年 10 月，DeepMind 公布了最新论文，发布了最新版本的 AlphaGo Zero 系统程序，AlphaGo Zero 的特点是将价值网络和策略网络整合为一个神经网络，训练三天就能以 100 比 0 击败之前

---

[1]　[美] P. 麦考达克：《人工智能早期史（1956 年以前）》，载《科学与哲学》1981 年第 6、7 辑。

[2]　参见［美］爱德华·费根鲍姆：《第五代计算机：人工智能和日本计算机对世界的挑战》，载新华通讯社参考消息编辑部编：《人工智能对世界的挑战》，新华通讯社 1984 年版。

与李世石对弈的 AlphaGo 版本。[1]

（二）法律推理的人工智能研究

1970 年布坎南（Buchanan）和黑德里克（Headrick）发表了《关于人工智能和法律推理若干问题的考察》一文，拉开了对法律推理进行人工智能研究的序幕。该文认为，理解、模拟法律论证或法律推理，需要在许多知识领域进行艰难的研究。首先，要了解如何描述案件、规则和论证等几种知识类型，即如何描述法律知识，其中处理开放结构的法律概念是主要难题。其次，要了解如何运用各种知识进行推理，包括分别运用规则、判例和假设的推理，以及混合运用规则和判例的推理。再次，要了解审判实践中法律推理运用的实际过程，如审判程序的运行、规则的适用、事实的辩论等。最后，如何将它们最终运用于编制能执行法律推理和辩论任务的计算机程序，区别和分析不同的案件，预测并规避对手的辩护策略，建立巧妙的假设等。[2]

1970 年代末至 1980 年代初，在其他领域专家系统研究取得突出成就的鼓舞下，一些律师提出研制"法律诊断"（legal diagnostics）系统[3]或"为律师服务的专家系统"。[4]但这一时期法律专家系统的实际功能仅类似于电子法律图书馆，所有数据和地址都按字母索引，可用关键词进行检索查询。[5]一位律师在事务所初次接手一个案件时，可先用这类数据库查阅相关制定法，从整个法律中挑选出与本案最相关的部分，以便作进一步的法律推理。这种简单的专家系统由于没有推理功能，一般不需要法律家参与研制，也不需要模拟法律家从事法律推理的实践经验，光靠计算机专家便可将有关法典、最新判例输入计算机，并对有关法律文件进行标引、建立关键词查询，因而它只是法律专家系统的雏形。但它确实对律师工作发挥了助手作用，使他们不必手忙脚乱地翻阅法典文献和浩如烟海的案例，而将主要精力集中于案件事实和法律的分析活动，在一定程度上起到了解放律师脑力劳动的作用。

---

〔1〕 参见《解读｜旷视首席科学家孙剑解析 AlphaGo Zero：它真的无师自通？》，载 https://blog. csdn. net/Mcll9G4065Q/article/details/78309292 最后访问日期：2024 年 2 月 6 日。

〔2〕 See Bruce G. Buchanan, Thoruas E. Headrick, "Some Speculation about Artificial Intelligence and Legal Reasoning", *Stanford Law Review*, Vol. 23, No. 1., 1970, pp. 40-62.

〔3〕 See Simon Chalton, "Legal Diagnostics", *Computers and Law*, No. 25, 1980, pp. 13-15.

〔4〕 See Bryan Niblett, "Expert Systems for Lawyers", *Computers and Law*, No. 29, 1981, p. 2.

〔5〕 See Richard E. Susskind, "Expert Systems in Law: A Jurisprudential Approach to Artificial Intelligence and Legal Reasoning", *The Modern Law Review*, Vol. 49, No. 2., 1986, pp. 168-194.

法律推理的人工智能研究在这一时期主要是沿着两条途径前进：第一是模拟归纳推理，第二是模拟法律分析。[1]在模拟归纳推理方面，"如果 A 或 B，那么 C"的归纳逻辑形式，在程序中体现了归纳推理代表性结构（如果 A，那么 B）和前提（执行 A、B，C 意味着什么?）的模型，要求程序运行达到一定的逻辑结论。1970 年代初，由沃尔特（Walter G. Popp）和伯恩哈德（Bernhard Schlink）开发了一个名叫"朱迪思"（JUDITH）的律师推理系统。该系统由设计者选择贮存了一套作为法律推理前提的法律，它们被线性地贮存在一个文件中。在另一个文件中，这些前提之间的逻辑关系被计算机加以描述。例如，在第二个文件中，可能贮存着"如果 A 和 B，那么 C"；然而，A，B，C 所代表的意思则被贮存在第一个包含着推理前提的文件中。它试图描述分层行为中的法律知识。如果系统问用户一定的前提是否为真，用户则可访问更多特殊信息而作出反应。如果这种情况发生，计算机将通过搜索文件以确定什么次级前提决定着初级前提是真的。设置不同层次的细节是为了满足理解程序初级问题的用户需要。

模拟法律分析的途径则试图使计算机程序通过分析来推理。它寻求在模型与以前贮存的基础数据之间建立实际的联系，并仅依据这种关联的相似性而得出结论。杰弗里（Jeffrey Meldman）1977 年开发了一个计算机辅助法律分析结构模型系统，它以律师法律推理为模拟对象，将一系列描述案件事实的词组输入计算机系统。考虑到律师在法律实践中对一个案件进行推理时，既用归纳推理又用演绎推理，该系统的设计包括了各种水平的分析，不仅是应用语义网络途径的分析推理，还包括了诸如在以前部分中系统描述的演绎推理。

专家系统在法律领域的第一次实际应用，是沃特曼（D. A. Waterman）和皮特森（Mark A. Peterson）1981 在兰德公司民事审判中心开发的"法律判决辅助系统"（LDS，Legal Decision-making System）。该系统是一种在民事诉讼中应用法律规则的专家决策计算机模型。该系统的研制目的不是辅助法律家进行法律推理，而是以知识工程为新方法，试图研制能够进行法律推理的机器来对美国民法制度的某个方面进行检测。在该系统中，各种法律学说对特定法

---

[1]　See James A. Sprowl, "Automating the Legal Reasoning Process: A Computer That Uses Regulations and Statutes to Draft Legal Documents", *American Bar Foundation Research Journal*, Vol. 4, No. 1., 1979, pp. 1-81.

律规则的不同解释均被计算机程序语言加以编译，通过程序运算，获得了一些关于法律问题解决过程的详细知识，提供了一种法律社会学的方法。[1]但是，这个系统的真正价值也许在于如何评价基于目的的责任案件的"价值"。一般而言，无论是人还是机器推理，只要是基于法律规则的推理，都必须首先假定作为推理前提的整套规则没有含糊不清、空隙和冲突等内在逻辑矛盾。特殊而言，为了制造基于法律规则的计算机专家系统，即使法律规则内部存在一定的逻辑矛盾，计算机程序通常也必须忽略或排除这些缺陷，而使规则表现出比实际情况更多的一致性和完整性。但是，LDS 法律判决辅助系统在基于规则来模拟严格责任并计算实际损害时，表现出的最大弱点是它掩盖了用不精确词语进行推理的固有困难，即：对某个问题的任何一种回答都可以作多种解释并且完全取决于上下文关系。另一个问题是，它没有充分显示出对手的法律推理性质，即反方寻求建立不同的、常常是对立的结论。因此，这个系统在没有认真对待和解决上述两个难题的情况下，对法律制度的检测结果到底具有多少实际价值，就可想而知了。

法律专家系统研究在英国有两个成果：一是 1986 年应用于复杂的实体法领域（英国潜在损害法案）的潜在损害系统；二是伦敦大学帝国理工学院的一个称为 PROGOG 的逻辑程序组。在第二项成果中，研究者将 1981 年英国国籍法部分内容加以形式化，以便检验复杂法案的适应性。结果发现了该法案存在一些漏洞，如未规定法律的预见性，未规定违反规则和相反事实出现的应用，缺乏常识知识的表述以及法令中行政法考虑的运用。这说明，如果将这项研究成果应用于一项新法律颁布之前的模拟运行，有可能发现立法的一些漏洞和非逻辑性。可见，"基于规则的技术已证明，其对惯常执行的稳定典型案件的分析活动以及完善实体法方面，具有实用价值。"[2]

20 世纪 80 年代初，我国法律专家系统研制工作在钱学森教授倡导下起步。他所著的 1981 年《钱学森同志论法治系统工程与方法》[3]、1984 年《社

---

[1] See D. A. Waterman, Mark A. peterson, *Models of Legal Decisionmaking: Research Design and Methods*, R-2717-ICJ (1981).

[2] See Edwina L. Rissland, "Artificial Intelligence and Law: Stepping Stones to a Model of Legal Reasoning", *The Yale Law Journal*, Vol. 99, No. 8., 1990, pp. 1957-1981.

[3] 钱学森：《钱学森同志论法治系统工程与方法》，载《科技管理研究》1981 年第 4 期。

会主义法治和法制与现代科学技术》〔1〕、1985 年《现代科学技术与法学研究和法制建设》〔2〕等一系列文章，为我国法律专家系统的研制开发起了思想解放和理论奠基作用。

1986 年 11 月，由朱华荣、肖开权主持的《量刑综合平衡与电脑辅助量刑专家系统研究》，作为国家社会科学规划"七五"重点研究课题立项。该课题选择当时量刑差异高达 15 年以上的盗窃罪作为突破口，研究工作分为七个步骤：（1）运用多种方法对盗窃罪量刑现状及审判专家的量刑经验进行调研；（2）对调研结果进行比较分析；（3）确定量刑要素和量刑轻重的数量关系；（4）建立盗窃罪量刑数学模型；（5）系统软件设计和调试；（6）分析试验结果；（7）完成盗窃罪电脑辅助量刑专家系统开发。在系统开发过程中做了大量实际案件测试。该法律专家系统菜单操作步骤包括，（1）单多项选择公诉案由；（2）多项选择被告人情况；（3）多项选择有关作案事实，包括：犯罪动机，作案时间，作案地点，作案手段，作案对象；（4）输入盗窃财物数额；（5）输入现行盗窃次数；（6）两项选择共同犯罪情况；（7）多项选择犯罪形态；（8）多项选择犯罪后果；（9）多项选择作案后有关情况，包括：赃物去向，悔罪态度，自首时间，自首动机。在结束以上步骤后，专家系统给出辅助量刑参考方案，供法官量刑参考。

在法律数据库开发方面，1993 年中山大学法律系和计算机系学生胡钊、周宗毅、汪宏杰等人合作研制了《LOA 律师办公自动化系统》软件。该系统具有案件档案管理和法律信息管理功能。以上两种功能互相补充，可协助律师自动完成大量信息分类、贮存、整理、查找等事务性工作，使律师从繁重的日常事务中解放出来，专心研究案件中复杂的法律关系和实质性法律问题，从而有助于提高律师的工作效率。〔3〕但是，这个系统没有模拟法律推理的功能。

1993 年武汉大学法学院赵廷光教授主持开发的《实用刑法专家系统》，〔4〕可在 PC 机上运行，具有检索各种刑法知识和对刑事个案进行推理判断的功能。该系统分为"咨询检索""辅助定性""辅助量刑"三个子系统。各子系统可单独或协同工作。后两个子系统还可以人–机对话方式同用户交换

〔1〕　钱学森：《社会主义法治和法制与现代科学技术》，载《法制建设》1984 年第 3 期。
〔2〕　钱学森：《现代科学技术与法学研究和法制建设》，载《政法论坛》1985 年第 3 期。
〔3〕　参见杨建广、骆梅芬编：《法治系统工程》，中山大学出版社 1996 年版，第 344—349 页。
〔4〕　以下参见赵廷光等：《实用刑法专家系统用户手册》，北京新概念软件研究所 1993 年版。

具体案件信息，并对用户输入案情进行快速处理，生成可资参考的意见和结论。辅助定性系统，具有对每一个案件进行辅助定性的功能，以其中第五个子系统（排除犯罪行为识别判断系统）为例，用户可完成下列菜单：（1）多项选择，确定犯罪行为的种类，如不足法定年龄，正当防卫等；（2）多项选择，确定是否为意外事件，排除疏忽大意的过失，确认意外事件的成立条件；（3）多项选择，确定是否为不可抗力事件，排除过于自信的过失，确认不可抗力事件的成立条件；（4）多项选择，确定是否为正当防卫，包括区别正当防卫与紧急避险，排除假想防卫、防卫不适时、挑拨防卫、防卫对象错误、防卫过当及其他情况，排除防卫过当，确认正当防卫的成立条件，确认紧急避险，排除精神病人的无意行为等。

利用法律专家系统辅助司法审判的优点在于：（1）专家系统凝聚了法律专家的专门知识，并通过软件系统实现专家经验和知识的共享；（2）专家系统凝聚了法官群体的审判经验，这种群体智慧比法官个人的直觉判断要更加可靠，可减少错误判断的概率；（3）专家系统为司法审判提供了一致的评价标准，可以克服外界非法律因素的干扰，防止法官徇私舞弊；（4）新法官可以利用专家系统来检测或校正自己的审判活动，迅速提高自己的业务素质和审判能力。

计算机一体化法庭（computer-integrated courtroom）可以为诉讼过程提供范围广泛的网络信息。澳大利亚新南威尔士法院一个判决信息系统已全球联网，可向法官提供有关法律、事实和统计的数据，包括全文判决数据库、刑事上诉法庭案件摘要、判决原则以及有关统计数据。这些法律系统的目的不是削弱法官行使自由裁量权，法官能够选择或拒绝法律系统提出的解决方案，而将计算机意见当作判决过程的一种补救措施。以色列的席尔德（Uri J. Schild）设计了一个判决统计信息系统，试图描述和分析判决的所有必要成分和出现的问题，以供审判支持系统研制者作出选择。苏格兰高级法院的法律系统可向用户提供已判决的相似案件信息，允许法官运用计算机贮存信息，检索悬而未决案件中犯罪和罪犯的特征，以辅助法官取得一致性判决的同时又不影响司法公正。澳大利亚、巴西、加拿大、丹麦、爱沙尼亚、芬兰、德国、冰岛、日本、墨西哥、挪威、葡萄牙、南非、瑞典、英国和美国等国家最高法院及欧盟法庭判决已在下述网址实现了免费全文下载：http：/

www. mossbyrett. of. no/info/links. html。[1]

（三）法律知识工程

所谓知识工程，是指以知识为处理对象，以能在计算机上表达和运用知识的技术为主要手段，研究知识型系统的设计、构造和维护的一门技术，它是人工智能的重要分支。[2]

知识工程的历史，以 1969 年美国著名人工智能专家费根鲍姆公布第一个专家系统 DENDRAL 为开端，该系统对美国国家航空航天局航天器收集物质进行化学测量，用于推算其有机分子的可能结构。1977 年，他在国际人工智能联合会议上对知识工程的概述是：知识工程师所实践的技术，是把人工智能研究中获得的原理和工具用到需要专家知识解决的那些应用难题上。获取知识，表达知识，并适当地应用知识来构造和说明推理路线等技术问题，是知识库系统设计中的一些关键技术。知识工程概念的提出，改变了以往认为几个推理定律再加上强大的计算机就会产生专家和超人性能这一起主导作用的信念，它使人们认识到：用以往所遵循的"通用求解策略"这一能力有限的方法来解决很复杂的问题，实在是难以达到目的，所以需要转向狭隘定义的应用问题。[3]知识工程将在人类知识的收集、整理、转换和利用等方面发挥积极的促进作用，从而加速人类知识本身的阐明、扩张和发展。

人工智能法律专家系统的设计涉及三个主要的研究问题，即知识获得、知识表达和知识应用。它们都是知识工程的问题。

知识获得是从人类专家那里获取知识或意见的过程，它历来是专家系统研究工作的一个主要障碍。显然，知识的获得要从法律专家那里获得知识经验，但法律家的知识经验不是僵死的东西，而是活的思维，智能机器要避免僵死和呆板，必须解决启发性程序的编制问题。只有这样，人工智能法律专家系统才能摆脱数据库功能的僵死性，通过启发式程序把各种法律知识和法律实践经验统合起来，发挥灵活应变的作用。

知识表达是法律知识工程研究的核心问题。知识表达所要解决的，是在计算机系统中重建制定法资源的问题。判例法资源由于其超复杂性的特点，

---

〔1〕　See Stein Schjølberg, "Judicial Decision Support Systems From a Judge's Perspective", *International Journal of Law and Information Technology*, Vol. 6, No. 2. , 1998, pp. 93–98.

〔2〕　参见《中国大百科全书·自动控制与系统工程》，中国大百科全书出版社 1991 年版，第 579 页。

〔3〕　参见杨建广、骆梅芬编：《法治系统工程》，中山大学出版社 1996 年版，第 207 页。

作为目标已被暂时放弃。然而，即使在制定法领域，由于专家系统的设计目的是代替法律专家，所以，知识表达试图具有通常为人类专家所拥有的深刻性、丰富性和复杂性，也是一个十分困难的课题。在这个问题上，"图灵也许是第一个把机器的逻辑可能性作为一种智力实验来研究的人。"[1]这是指他在《计算机和智力》一文中提出的模仿游戏（imitation game）：玩这个游戏的有三个人，一个男人（A），一个女人（B），一个询问人（C）。询问人坐在和那两个人相隔离的房间里，试图通过询问来决定哪一个是男的（X）、哪一个是女的（Y）。"X是A和Y是B"或"X是B和Y是A"。如果用机器代替了游戏中A的角色，询问者是否仍经常被两个被问者所迷惑？果能如此，我们就可以说这台机器是具有思维能力的。[2]这后来被称为"图灵测试（The Turing test）"，指测试者与被测试者（一个人和一台机器）隔开的情况下，通过一些装置（如键盘）向被测试者随意提问。进行多次测试后，如果机器让平均每个参与者做出超过30%的误判，那么这台机器就通过了测试，并被认为具有人类智能。根据"图灵测试"，法律知识表达就是让机器再现人类专家的法律知识，如果有两间屋子，一间屋子里坐着一位法律家，另一间屋子里"坐着"一台智能机器，由一个人向法律家和机器提出法律方面的问题，如果不能从二者的回答中区分出谁是法律家、谁是机器，那就应该承认该机器具有了法律知识表达能力。这显然不是一件容易办到的事情。因为法律资源贮存在计算机的记忆系统中，在用户需要时被调用并输出。在一般的法律专家系统中，法律数据并没有为了知识表达的目的被加以解释，而是简单地作为法律推理的原始材料而被输入计算机。而在基于知识工程的专家系统中，这些法律资源必须被表达和重构，才能满足在推理过程中加以调用、应用的需要。法律知识的表达包含着解释推理的操作过程，在第六章中我们看到，解释推理是一个极其复杂的思维活动过程，法律规范在一个法律论点上的效力，是被法律家仔细考察、分析之后，最终按照忠实原意和适应当时案件需要的原则予以确认的，其中包含着人类特有的价值考虑。

法律知识的表达涉及许多法理学问题。法官或律师表达法律知识，除了

---

〔1〕 ［美］N·维纳：《控制论》，郝季仁译，科学出版社1963年版，第13页。

〔2〕 参见王雨田主编：《控制论、信息论、系统科学与哲学》，中国人民大学出版社1986年版，第244页。

掌握法律知识的一般含义之外，还包括对法律知识的个体认知和价值解释，否则，格雷法官和厄尔法官何以会对继承法的条文作出迥然不同的解释？当然，在今人看来，格雷法官无疑愚蠢透顶，但在当时规则形式主义盛行的情况下，像格雷那样的法官比比皆是，即使在今天像厄尔那样睿智的法官恐怕也不多见。智能机器要表达法律知识，只能通过对法官、律师表达法律知识之思维活动的模拟来实现。那么，谁应该成为样板？我们能从知识工程成果中得到哪怕是像格雷那样愚蠢的智能机器法官吗？这些问题，知识工程专家似乎并不感兴趣，也许他们根本不愿意听法学家在一旁说三道四，然而，法理学家的冷嘲热讽对他们思考问题并非没有帮助。事实上，许多不同的算法已被用于法律知识表达。例如，在美国拉特格斯大学研制的 TAXMAN 法律推理系统中，知识被基于结构的计算机语言用语义网络加以表达，它们被组成规则系统，这些基于规则的专家系统本身又有所不同。法律专家系统的灵活性也在知识工程的设计中被加以考虑。知识表达既需要计算机装备解释程序，又需要协调和说明程序。解释程序可以使计算机根据具体案件事实来执行某条法律规则；协调程序则具有控制功能，它在新的案件事实数据或新的法律规则被输入、调用或执行而使法律结论的大小前提条件发生变化时，可对一定的法律结论作必要的调整；说明程序则是要向用户说明法律推理的过程或得出一定法律结论的理由。[1]

麦卡锡说："在开发智能信息系统的过程中，最关键的任务既不是文件的重建也不是专家意见的重建，而是建立有关法律领域的概念模型。"[2]这说明，表达法律知识绝非简单的计算机处理问题，这里所包含的基本问题是法理学的。法律知识表达的目标，是在知识的基础上，以能够适当反映时代的方式，结合专家的启发式方法来描述法律。正如德沃金所说：我们需要"一种解释策略"[3]。解释策略就是结合了知识、时代信息和思维方法而成的一种能够应变的思维策略。然而，从哪里开始寻找专家法律解释策略也不是一件易事，是从凯尔森和哈里斯关于法律科学的论述，边沁和拉兹的法律个性化理论，还是从冯·赖特（Von Wright）、阿尔乔龙（Alchourrón）和布雷金

---

〔1〕　参见张守刚、刘海波：《人工智能的认识论问题》，人民出版社 1984 年版，第 227-228 页。

〔2〕　See L. Thorne McCarty, "Intelligent legal information systems: problems and prospects", *Rutgers Computer & Technology Law Journal*, Vol. 9, No. 2., 1983, p. 126.

〔3〕　See Dworkin, *Taking Rights Seriously*, Harvard University Press, 1977, p. 75.

（Bulygin）关于规范性问题的论述中去寻找？凯尔森在《法与国家的一般理论》一书序言中说，他打算为法律科学家提供一个"能够用来叙述一定法律共同体的实在法的基本概念"。凯尔森的一般法律理论对法律知识工程理论家实现其目标来说是中肯的，他说："实在法始终是一定共同体的法：美国法、法国法、墨西哥法、国际法。……既然这个法的一般理论的目的是使和某一特殊法律秩序有关的法学家、律师、法官、立法者及法律教师，能尽可能正确地了解并陈述其本国的实在法，这一理论就必须完全从实在法律规范的内容中去推究它的概念。"[1]当人们用计算机程序去"描述"法律的时候，其所从事的是一种将法律概念重新形式化或理性重建的工作。这项工作当然不是计算机专家能够承担的，但当我们选择用法学家对法律概念的解释作为计算机模拟的对象时，确实又面临选择哪些法学家学说的问题。因为，法学家们之所以是法学家，就在于他们对一些在外人看来十分清楚的简单问题上争论得一塌糊涂。另一个问题是，一旦我们把法律规则个别化，我们就必须为了再现或表达它们而确定其精确结构，这可不是一件容易的工作。因为，当人们为了人工模拟的需要而把法律规则构成单元按实际需要而切割开时，还要能够把这些拆碎的法律概念表达为一个完整规则体系的组成部分，再现部分与整体的联系。

进入 20 世纪 90 年代后，更先进的人工智能系统设计方案已经采取了上述策略。例如，基于大规模知识系统的 KBS（Knowledge Based System），一方面要进行具有内在联系的小规模 KBS 系统开发，分别反映对应法律推理不同子过程的功能，有的设计为模拟证成，有的设计为模拟法律检索、法律解释、法律适用、法律评价或判决理由阐述。每个子系统都从一个侧面识别不同类型的法律知识，根据其所模拟的法律知识不同而建立于不同的逻辑基础；每个子系统又都从一个侧面表达不同类型的法律知识。另一方面，建立在法律知识功能分类基础上的各种各样的 KBS 小系统，又通过有机联系构成具有法律推理整体功能的概念模型。知识工程专家还用一个联想计算机程序把各 KBS 系统联系起来，运用不同种类的人工智能方法对其进行整合，同时也对不同种类的法律知识进行整合。系统用户可借助每一子系统来检索法律推理

---

[1] [奥] 凯尔森：《法与国家的一般理论》，沈宗灵译，中国大百科全书出版社 1996 年版，第 I 页。

不同阶段所需要的不同法律知识，也可运行联想程序获得法律推理全过程的知识。KBS 系统的两个主要工作组群是：完成识别任务的系统 KBSs（I）和完成控制任务系统 KBSs（C），此外是一个知识发生器和一些具有特殊功能的模组，如容纳全部法律文本的 IR 系统，一个索引模组和一个知识分类/维护模组。大系统的设计以柔性或灵活性为目标，允许用户驱动一个或多个不同种类的 KBSs（I）。每一个 KBS（I）与另一个或几个包含控制结构的 KBSs（C）发生联系，如法律规则、法律案例和评价规则。通过与用户对话，该系统还可以支持老规则的细化和新规则的建构。这是由各种负责规则搜寻、归纳和解释支持的系统装置的运行来实现的。[1]

未来人工智能法律系统将朝着建立法律工作站（legal workstation）的网络化方向发展。工作站将拣出复杂案件并设计与律师的人-机对话功能，复杂案件的证成将与冲突材料的反思联系起来。在法官审判模拟方面，伦敦大学学院（UCL）、谢菲尔德大学和宾夕法尼亚大学科学家发表的研究成果表明，人工智能"法官"在欧洲人权法院侵权、侮辱人格和隐私权案件中有大约 4/5 达到了与法官相同的裁决。人工智能程序分析了 584 个案件（《欧洲保障人权和基本自由公约》第 3 条酷刑或侮辱虐待案 250 个、第 6 条保护公平审判权案 80 个，第 8 条隐私和家庭生活案 254 个）英文数据集中的所有信息，并提出自己的司法判决，其中 79% 的案件人工智能"法官"的判决与当时法庭判决一致。UCL 项目负责人尼古拉斯·阿莱特拉斯（Nikolaos Aletras）说："我们并不认为人工智能将代替法官或律师，但我们认为，它们在导出确定结果的案件快速模式识别方面是有用的。"[2]

三、法律推理与人工智能的相互作用

法律推理与人工智能的关系是法理学研究的一个重要问题。这种研究对这两个领域都能提供方法论的借鉴或指导。瓦尔格伦（P. Wahlgren）说："人工智能方法的研究可以支持和深化在创造性方法上的法理学反思。这个信仰反映了法理学可以被视为旨在于开发法律分析和法律推理之方法的活动（当然，

---

〔1〕　See P. Wahlgren, *Automation of Legal Reasoning: A Study on Artificial Intelligence and Law*, Kluwer Law and Taxation Publishers, 1992, pp.335-372.

〔2〕　See AI predicts outcomes of human rights trials, available at https://www.ucl.ac.uk/news/2016/oct/ai-predicts-outcomes-human-rights-trials（last visited on June 2, 2021）.

不能说这是法理学的唯一目标）。从法理学的观点看，这种研究的最终目标是揭示方法论的潜在作用，从而有助于开展从法理学观点所提出的解决方法的讨论，而不仅仅是探讨与计算机科学和人工智能有关的非常细致的技术方面。"[1]

（一）法律推理研究对人工智能研究的作用

瓦尔格伦接着说："我们越是理解人类的推理，越惊异于人类推理的丰富性和灵活性，我们就越会在试图理解它的运行机制方面提出更多的问题，越会要求计算机程序展示出智能性。"[2]法律推理研究以特定主体在法律实践中的证成、解释、规则适用与评价等活动为内容，可为人工智能发展提供理论方法、实验对象和研究材料，其对人工智能研究的推动作用表现在以下方面：

1. 法律推理是智能模拟的最佳对象

人工智能研究要通过一个个思维领域的模拟，来证明知识的每个领域原则上都可以精确地加以描述，以致能够制造出一种机器来再现它，就必然要以人们关于抽象思维的一般知识为基础。然而，对人类思维一般知识的模拟征服，必须以思维微观机制为前提，以具体思维活动一城一池的攻克为过程。并非没人想要直接模拟最抽象的思维活动，如莱布尼茨就热衷于制造哲学家系统。但是，人们确实无法抗拒通过特殊思维来模拟一般思维的认识规律。当然，人工智能研究选择从具体向抽象渐进的思维模拟策略，不仅仅是因为思维越抽象越难模拟，而且还与人工智能研究的内在动力有关。尽管制造出的人工智能机器越高级越能证明人类智能高明，但现实的需要和商业利益却是先要让智能机器代替低级、简单和烦琐的脑力劳动，以便腾出更多的精力来从事更高级复杂的脑力劳动。换言之，人类有意安排智能机器去作实务家，而留下自己作思想家；不仅因为人类讨厌作实务家喜欢作思想家，而且还因为谁也不愿意花钱去买一个"思想家"。当然，这种美好愿望能否实现，可不取决于人类的一厢情愿。魔瓶儿的木塞子一旦被拔掉，瓶子里面的小家伙可能就不在乎人想什么了。

从人工智能发展策略来说，模拟人的全部思维活动虽为最终目标，但日常思维模糊不清，科学思维又充满灵感、直觉、跳跃和创新性，哲学思维更

---

[1]　See P. Wahlgren, *Automation of Legal Reasoning: A Study on Artificial Intelligence and Law*, Kluwer Law and Taxation Publishers, 1992, pp. 28-29.

[2]　See P. Wahlgren, *Automation of Legal Reasoning: A Study on Artificial Intelligence and Law*, Kluwer Law and Taxation Publishers, 1992, pp. 28-29.

是飘忽不定，它们不仅难以形式化，而且似乎也没有市场开发价值。也许正是因此，人工智能开发者才选择法律推理作为突破口。

法律推理作为人类思维最复杂的形式之一，虽然也是人工智能难啃的一块骨头，但其特点确实为思维模拟提供了许多有利条件。

第一，法律推理尽管形态丰富多样、方法复杂变换，但毕竟有相对稳定的对象（案件），依据相对明确的大前提（法律规则），遵守严格的程序，且要求得出确定性的结论。这一切都为人工智能模拟一般人类思维提供了典型样本。

第二，法律推理特别是当事人主义对抗性审判活动，以明确的风格、理性的标准、充分的辩论，为思维模拟提供了类似戏剧化的外部语言描述场景，以及观察和识别思维活动规律的仿真情境。因此，如果说"法律推理是研究辩论的最理想的场所"，[1]那么，它同时也是人工智能研究的理想对象。通过将人工智能法律系统的推理过程、推理方法和推理结论与人的法律推理活动相对照，人工智能研究可获得最佳实验条件。

第三，法律推理研究成果，从理论和方法上对这种思维活动运用法律知识的过程给予了充分揭示，特别是关于法律推理过程和推理方法的描述，为人工智能法律系统提供了现成设计方案。人工智能决策理论和法律推理审判理论在方法上的同构性，增强了法学方法论同人工智能决策论的解释一致性，使决策方法的开发成为其共同的研究目标。瓦尔格伦说，人工智能所要研究的许多问题在20世纪的法理学著作中有过各种形式的讨论，使这两个研究领域的丰富思想得到有益的交流，并在1970年代成为几种法律人工智能装置的理论基础。例如，在对真实和假设案例进行推理和分析方面，法律推理研究和人工智能研究都已经取得一些进展；在运用多种方法的综合性推理方面，这两个研究领域在有关方法论的研究方面正日臻完善；运用模糊或开放结构概念的法律推理研究，已经取得令人高兴的初步突破，但需从基于判例的推理和机器学习的研究成果方面获得进一步的借鉴；基于程序的辩论和解释的形式化问题，在法律推理研究和人工智能研究中也取得了一些成果，因此，人们可以乐观地看到，某一天人工智能将能够处理许多至少是基础性的法律

---

〔1〕〔比〕佩雷尔曼：《正义、法律和辩论》，转引自沈宗灵：《现代西方法理学》，北京大学出版社1992年版，第443页。

程序问题。[1]

第四，法律知识有长期的积累，完备的档案，包括庭审笔录、案件报告、论文专著、成文法律和学者评论等，为人工智能模拟知识获得、知识表达和知识应用提供了丰富的法律知识资源。

第五，法律有自我意识、自我批评精神，有对法律程序和假设进行检验的传统，特别是在竞争激烈的法学院学者之间有生动的争论。这为人工智能模拟法律推理的评价过程提供了条件。[2]

第六，除上述因素外，人工智能法律专家系统的开发以律师、检察官和法官为用户，具有诱人的市场前景。

2. 法律推理研究为人工智能发展开辟了道路

模拟法律推理当然要先研究其特点、方法和过程等一般性知识。这种关于法律推理的一般知识是由法理学提供的。瓦尔格伦说："法理学对法律推理和方法论问题的关注已经有几百年，而人工智能的诞生只是1950年代中期的事情，这个事实是人工智能通过考察法理学知识来丰富自己的一个有效动机。……（因此，研究法律推理的自动化问题的目标），一方面是用人工智能（通过把计算机的应用与分析模型相结合）来支撑法律推理的可能性；另一方面是应用法理学理论来解决作为法律推理支撑系统以及一般的人工智能问题。"[3]

人工智能法律专家系统的设计开发，需要法理学所提供的法律推理理论知识。例如，所有法律专家系统都必须对法律和法律推理的性质作出假定，这就需要求助于法律思想史，以便从法学家经典论述中获得启发。法理学家提出的法律和法律推理的各种理论模型，对人工智能的进步大概是一面最好的镜子。人工智能法律系统必须首先解决法律问题形式化即数学模型化的问题，这个任务不可能指望人工智能专家从法律实践中直接抽象出来，而只能以法理学家提供的法律推理理论模型为基础。就是说，人工智能对法律推理

---

[1] See P. Wahlgren, *Automation of Legal Reasoning: A Study on Artificial Intelligence and Law*, Kluwer Law and Taxation Publishers, 1992, pp. 22-23.

[2] See Edwina L. Rissland, "Artificial Intelligence and Law: Stepping Stones to a Model of Legal Reasoning", *The Yale Law Journal*, Vol. 99, No. 8., 1990, pp. 1957-1981.

[3] See Edwina L. Rissland, "Artificial Intelligence and Law: Stepping Stones to a Model of Legal Reasoning", *The Yale Law Journal*, Vol. 99, No. 8., 1990, p. 29, p. 31.

的了解，主要是依靠法学文献对法律推理过程的分析。

法理学提醒人们从标准和方法论的角度来关注法律推理问题，不仅是审判技术，而且是实体法规则的解释、证据评价、程序法规则的处理以及判决的评价。人工智能作为描述和放大推理过程的手段，必须将法理学的法律推理研究成果形式化并将其转换为人工智能技术方法。法律推理的法理学模型可以为各种计算机模型和自动化装置提供设计标准、技术路线以及方法论原则。"许多人工智能技术在法律领域的开发项目之所以失败，就是因为许多潜在的法理学原则没有在系统开发的开始阶段被遵守或给予有效的注意。"[1]

法理学在未来更加先进的智能系统开发中也可以发挥积极作用，这就是通过对法律推理和法律知识的深入分析，构造可靠的概念、结构和方法模型，供人工智能研究选用。在这个意义上，法律推理可被视为包括各种实体性、方法论和评价性的法律知识的综合体，从而在某种程度上可按一般行为来描述。

（二）人工智能研究对法律推理研究的影响

人工智能研究向法律推理领域的主动介入，是自然科学方法在法律领域应用的一个必然结果。苏联学者 Ｏ·Ａ·加夫里洛夫在阐述数学方法在法律领域中的应用时指出，法律控制论是数学方法在法律科学中有效应用的一个具体体现。法律控制论的任务之一，是对法律和各种法律规范所具有的结构作出逻辑、控制论和数学的模拟，其中对法律规范的结构、法律制度和法律体系的数学模拟是采用现代数理逻辑手段进行的。他认为，把公理学应用于法的实质在于制作法律体系的精确模型，为此必须具有表达能力的程序语言，用以记录规范用语。数理逻辑手段就是为这一目的服务的。[2]人工智能研究可对法律推理研究产生如下影响：

1. 人工智能研究对法律推理研究的方法论启示

"为模拟法律推理过程而编制计算机程序的努力至少会产生两个有益的结果：它会促进对法律问题解决而进行更系统的研究；它会提高关于计算机解决

---

〔1〕　See P. Wahlgren, *Automation of Legal Reasoning: A Study on Artificial Intelligence and Law*, Kluwer Law and Taxation Publishers, 1992, p. 387.

〔2〕　参见［苏］Ｏ·Ａ·加夫里洛夫：《数学方法在法律科学中的应用》，昇莉译，载《环球法律评论》1985 年第 1 期。

问题能力的知识水平。"〔1〕人们正在考虑，人工智能方法可否作为更加一般的方式用于法律工作。例如，人工智能的知识诱出（elicitation）和知识表达（再现）方法的扩展应用，可以增强人们对许多法律问题的理解能力。产生于逻辑规则基础模型的人工智能方法，应用于法律规则系统的分析和阐述，增强了法律材料的一致性，从而可以在法律文本和法律规则之间建立起某种转换和重述的关系。

"我们可以用人工智能的敏锐透镜解释法律推理的过程，例如，基于判例的辩论模式的创立；我们可以用这个透镜透视法哲学问题，例如，开放结构的预见的性质；我们可以提供实际的乃至社会利益的应用，诸如应用在一定行政执法领域的专家系统的应用。"〔2〕人工智能和法律属于两种具有重大差别的文化现象，这种方法上的差异使它们产生了社会科学与自然科学研究方法彼此借鉴的意义。例如，法理学对法律推理过程的研究一直十分薄弱，原因也许就在于法理学注重定性分析和抽象理论描述，而人工智能从思维模拟角度把法律推理看作信息输入、贮存、处理和输出的过程，则为法律推理的法理学研究提供了定量分析模型。从长远看，计算机科学和人工智能在为解决法律问题提供分析工具方面肩负着现代化使命。知识处理的人工智能系统开发以及社会的计算机化，必然影响到法律领域的智力工作被加以理解和描述的方式。因此，可以设想，这种发展将最终也为法律决定建立新的标准。以法律推理太复杂而必须包括一定程度的道义逻辑为借口来反对把精确方法引入法律工作的观点，将受到严峻挑战。〔3〕

从方法论的意义上说，人工智能方法为法律推理研究提供了一种全新的思维模式，它使法学家在尊重传统的法学研究方法的基础上，开始接受人工智能的功能模拟方法，重视法律推理功能而不单单是其结构。瓦尔格伦认为，从功能的观点看，法律由规则还是判例组成的问题之争将失去意义，而法律应该尽可能为法律证成提供有效的分类结构将取而代之成为重要问题。作为

---

〔1〕 See Bruce G. Buchanan, Thomas E. Headrick, "Some Speculation about Artificial Intelligence and Legal Reasoning", *Stanford Law Review*, Vol. 23, No. 1., 1970. pp. 40–62.

〔2〕 See Edwina L. Rissland, "Artificial Intelligence and Law: Stepping Stones to a Model of Legal Reasoning", *The Yale Law Journal*, Vol. 99, No. 8., 1990, pp. 1957–1981.

〔3〕 See P. Wahlgren, *Automation of Legal Reasoning: A Study on Artificial Intelligence and Law*, Kluwer Law and Taxation Publishers, 1992, pp. 382–385.

人工智能研究理论基础的系统论、信息论和控制论等现代思想方法，也为法律推理的法理学研究开辟了更加宽广的途径。人工智能方法作为一种世界观和方法论，已经引起人们的高度重视。例如，中外很多法学院开发了人工智能课程，向法学院学生介绍逻辑规则和联想技术及各种法律工作站的知识，因为院方认为这些知识可能会影响学生对法律工作计算机化方面的理解，也将影响人们对法律的基本理解。

2. 人工智能研究为法律推理研究提供了思想实验手段

人工智能研究的直接目的是使计算机智能化，尽可能接近人的思维。要实现这个目的就必须深入研究人的思维，对人的思维过程作出基于人工智能理论和方法的独特解释。例如，计算机法律系统的设计在许多方面需要模拟律师思维，编写计算机程序需要对律师推理活动进行分析。西蒙认为，尽管我们现在还不知道思维在头脑中是怎样由生理作用完成的，"但我们知道这些处理在数字电子计算机中是由电子作用完成的。给计算机编程序使之思维，已经证明有可能为思维提供机械论解释"。[1]童天湘研究员认为，这种关于思维的信息处理理论，虽然远没有覆盖人类思维活动的全部范围，但为我们深入理解思维活动多少提供了一些材料。"通过编制有关思维活动的程序，就会加深对思维活动具体细节的了解，并将这种程序送进计算机运行，检验其正确性。这是一种思想实验，有助于我们研究人脑思维的机理。"[2]

人工智能模拟法律推理有结构模拟和功能模拟两条途径。结构模拟比较困难，主要是从仿生学角度，通过生物手段仿造大脑，这条途径受到人脑研究和生物工程两个方面的局限，研究进展比较缓慢。功能模拟主要运用控制论方法，把法律推理当作"黑箱"，模拟法律推理的功能，而不考虑人脑和电脑的结构差别，目前是人工智能法律系统开发的唯一现实途径。功能模拟首先要分析法律推理的外部形式，如证成、法律查询、法律解释、法律适用、法律评价等法律推理过程，同时也要模拟法律推理主体的思维结构、推理方法等，然后将法理学、诉讼法学和证据法学等法律推理研究成果模型化，以便最终实现法律推理知识的表达或再现（representation）。人工智能模拟加速

---

〔1〕　H. A. Simon, Models of Discovery, D. Reidel Pub. Co., 1977. 转引自童天湘：《人工智能与第 N 代计算机》，载《哲学研究》1985 年第 5 期。

〔2〕　童天湘：《人工智能与第 N 代计算机》，载《哲学研究》1985 年第 5 期。

了对法律推理的解释和模型化的过程，从而深化了法律推理的法学研究。

法律推理模拟大致经历了如下四个阶段：

法律推理模拟的第一个阶段是基于规则的法律专家系统。这是一种类似化学专家系统、国际象棋专家系统的初级人工智能法律系统。按照人工智能的观点，只要对象的行为可以用规则形式精确地加以描述，用计算机程序来反映其全部特征就是可能的。但是，正如本书其他各章的分析所表明的，法律推理并不仅仅是运用规则，它还要运用抽象的原则乃至不断变化的政策来解释规则。因此，一方面，人工智能法律专家系统如果停留在模拟运用规则的推理上，它就不能摆脱自己的幼稚；另一方面，用规则之形式精确的方法来描述原则等复杂的对象，在人工智能法律系统的开发实践中遇到了难以逾越的技术困难。

基于规则的法律推理在运用法律概念方面受到概念封闭性的限制。因此，人们开始考虑，如果要素之间的关系可以用开放结构概念的一般方式加以描述，那么，关于该对象的操作性推理模型，就能用逻辑程序工具和联想技术的应用而加以表达或再现。这是法律推理模拟第二阶段发展的方法论基础。在这方面，加德纳（Gardner）博士考察了疑难和简易问题。她认为，疑难问题产生于它同"开放结构"的法律概念联系在一起。要在一个程序中体现这种区别，必须了解谁是使用这些概念的专家，他们之间对这些概念有哪些争论意见，以及如何表述这些争论意见。从实际立场出发，如果一个人能够将简易问题从疑难问题中筛选出来，就能运用基于规则的技术来解决简易问题，而用其他方法来解决疑难问题。她建立了一个模拟疑难和简易范式的模型，运用开放结构的法律概念进行推理。在她的模型中，疑难问题产生于使用规则的两种情况：一种是规则不完善、循环或矛盾的情况，另一种是规则中的法律预测不确定和不能通过解释来解决的情况。她在程序中设置了多种知识和启发式方法来解决疑难问题，包括：（1）对所提供和接受的理论学说采取类似复述的规则；（2）一个表达各种学派能够提供和接受之情境的陈述，以及转换这些陈述的"网络"；（3）有关的常识知识；（4）一些关键概念的典型事实模型（事例）。这些服务于使程序简化的事例被分类，并用于解释新案件。她的程序首先试图运用非事例知识（规则、网络和常识）来回答一个问题，如果失败了，则用事例来发挥清楚地对案件进行分类的功能。如果可以从非事例知识中得出回答，回答的有效性则通过相关的事例进行复核。因此，她的程序既以判例的最初方式得出回答，又以第二种方式核查回答的有效性。[1]

在法律推理智能模拟的第三个阶段上提出了运用判例、假设论证的推理问题，例如，基于判例的辩论模式的创立以及开放结构的预见性。人工智能以其独特的概念框架提供一种描述专家意见的方式，例如，提出巧妙的假说，并示意给学生们如何可能获得这样的假说，这种假设论证模型可为学生掌握法律推理方法提供一套思维工具。

从推理主体方面看，法官和律师拥有关于法律的总体知识，并掌握着进行类比推理、演绎推理的技能，但他们对法律条文的具体表述需结合具体案件进一步澄清，还需了解某一类案件适用法律的有关判例。因此，法律专家系统应该具有从法律来查询有关判例、从判例来查询有关法律的交叉检索功能。基于判例推理的人工智能装置是由阿什利（Kevin Ashley）领导的麻省大学研究小组设计的。他基于贸易秘密法的判例辩论因素开发了一个称为HYPO的程序。[2]这是法律和人工智能领域第一个专门运用案例和基于先例行为的假设推理程序。HYPO具有如下功能：（1）评价有关判例；（2）决定哪一方判例最为贴切，引用哪些判例为最佳选择；（3）分析并区分判例；（4）建立假设并用假设来推理；（5）为一种观点引用各种类型的反例；（6）建立引用判例的论证概要。HYPO并不以任何方式引入政策层次的论述或论证，而是基于事实，坚持用判例以技术方法进行论证。HYPO也不包括其他类型的法律推理如运用规则的推理。

HYPO的执行过程如下：给出一个案情，它先按贸易秘密法模型对其进行分析，并从其判例知识库中检索出有关判例。然后，确定哪些判例是最贴切的，或者从某种立场上看是潜在贴切的，并由此进行再分析。然后，它生成一个论证概要：首先通过一个法律立论和引用最好、最贴切的判例为（原告或被告）一方辩护；然后，通过对照法，为双方辩护，引用最贴切的判例支持双方的观点，或者将当前事实与一方的判例相区别；最后，它再用对双方立场的反驳来为一方辩护，包括区别双方的判例，强化一方的分析对当前

---

[1]　See Edwina L. Rissland, "Artificial Intelligence and Law: Stepping Stones to a Model of Legal Reasoning", *The Yale Law Journal*, Vol. 99, No. 8., 1990, pp. 1957–1981.

[2]　以下关于 HYPO 的论述, See Edwina L. Rissland, "Artificial Intelligence and Law: Stepping Stones to a Model of Legal Reasoning", *The Yale Law Journal*, Vol. 99, No. 8., 1990, pp. 1957–1981.

事实的关系。在论证的各个环节上，HYPO 可以建立和运用假设，例如，在其判例知识库中没有实际反例存在的情况下反驳一种主张。

在法律推理智能模拟的第四个阶段上，加德纳的研究提出了一个运用规则和判例的混合型推理模型：当运用规则的推理步入死胡同时，则运用判例；也可以运用判例来验证运用规则的推理所得出结论的有效性。她的研究以税法为范例，因为税法领域的法律推理是典型的混合推理。里斯兰德（Edwina L. Rissland）认为，由于计算机技术方面的原因，让机器像人一样从事复杂、综合性的法律推理工作是十分困难的。因此，他提出让机器分别模拟运用规则的推理和运用判例的推理，然后再将分别模拟的程序用联想程序作集合处理。按照这个思路，阿姆斯特丹自由大学开发了运用"基于日程"的推理装置，称为 PROLEXS，用于荷兰地主租赁法。所谓基于日程的推理程序，就是将人们的愿望和要求逐项列表让机器按照顺序逐项运行。另一个是麻省大学研制的 CABARET（基于判例的推理工具），它包含着基于规则和基于判例的推理处理器，由基于日程的处理器实施控制。控制器运用 30 种启发式程序对排序的 10 组类型的任务进行处理，这些类型的任务组包括：开始推理的方法、检验推理的方法、推理过程错误的反馈、相近差错的反馈、对规则和概念扩容、对规则和概念限容等。[1]

（三）人工智能法律专家系统的局限性与发展前景

从法学观点看，目前的人工智能法律专家系统还存在许多局限性，但它们同时也是其发展方向和潜力所在。我们从八个方面对这些问题作一些探讨。

1. 法学方法论对法律智能系统开发的指导

法律智能系统的研制，是用计算机和人工智能手段来模拟法律家的法律推理活动。按照常识，这种模拟需要先搞清楚人类法律家如何进行法律推理，否则，模拟就可能陷入盲目性。但是，人工智能的独特之处在于其采用功能模拟方法，它所追求的目标恰恰是通过不同结构来实现相同功能。就是说，由于采用功能模拟方法，常规可以打破，人们不一定先要搞清法律推理机理，然后才能制造模拟机器。从法律专家系统研制的实践来看，在没有完全搞清对象（法律家）法律推理结构之前，法律专家系统研制不仅取得了一些重要

---

[1] See Edwina L. Rissland, "Artificial Intelligence and Law: Stepping Stones to a Model of Legal Reasoning", *The Yale Law Journal*, Vol. 99, No. 8., 1990, pp. 1957-1981.

成果，而且还为法律推理机制研究提供了有益的借鉴。也许正是在这个意义上，尼布赖特（Bryan Niblett）教授说："一个成功的专家系统很可能比其他的途径对法理学作出更多的（理论）贡献。"[1]

然而，随着法律专家系统研制工作从低级向高级目标不断推进，对法律推理机理认识不足的问题日益成为人工智能发展的严重障碍。法律推理的许多问题从根本上说属于法哲学认识论问题，但有关法律专家系统的大部分著作对这些基本理论问题仅仅从计算机的观点来论述，试图单纯从技术方面解决模拟法律推理过程中所遇到的诸如法律知识表达和法律论证步骤等问题，这是幼稚可笑的。以往专家系统的建造甚至没有在其庞大的语料库中为法理学文献资料留下一席之地。针对这种情况，金（Gold）和苏斯金德（Susskind）指出："不争的事实是，所有的专家系统必须适应一些法理学理论，因为一切法律专家系统都需要提出关于法律和法律推理性质的假设。从更严格的意义上说，一切专家系统必须体现一种结构理论和法律的个性，一种法律规范理论，一种描述法律科学的理论，一种法律推理理论，一种逻辑的和法律的理论，一种法律制度理论，以及一种语义理论的因素，一种社会学和法律心理学理论（所有理论本身都必须依赖于更加基本的哲学基础）。"[2]

所以，法律推理绝不仅仅是形式推理，它实际上更多涉及的是标准、原则、价值等实质推理问题，这些涉及实质推理的问题即使不是完全不能模拟，也是很难模拟的。然而，人工智能如果放弃实质推理的模拟，它就将失去发展的意义。在这种探索性工作中，计算机专家和法学家应该结盟攻关，一方面，人工智能专家应该吸收法学成熟著作的思想理论成果，使之成为法律专家系统设计思想的理论基础；另一方面，法学家应该重视实证研究，为智能法律专家系统建造提供一些具体的理论模型和方法支持。但是，也应该清醒地看到，法学家们在疑难案件研究上存在的严重分歧，反映了法学基本理论上的严重分歧，这种分歧是无法消除的。

2. 法律专家系统开发主体

这个问题与第一个问题是联系在一起的。由于法律专家系统研制和开发

---

〔1〕 See Bryan Niblett, "Expert Systems for Lawyers", *Computers and Law*, No. 29, 1981, p. 3.

〔2〕 See Gold and Susskind, *Expert Systems in Law*: *A Jurisprudential and Formal Specification Approach*, in Atti Preliminan det II convegno intermagionale di studi su logica. Information. Diritto op. cit. 1985, pp. 307 - 309.

的主体目前主要是计算机专家，这使其开发的一些法律专家系统并不一定是法律家认为需要专家知识发挥作用的领域。计算机专家可能选择了一些无关紧要的法律领域进行着所谓人工智能创造。当他们炫耀自己在法律专家系统研究方面取得的一些成果时，有时会令法律家感到哭笑不得。因此，无论在智能模拟的领域还是在内容和方法方面，在法律家和计算机专家之间都存在着沟通的必要。瓦尔格伦针对这种情况，提出了谁应该是决定系统开发总体方案的最佳人选问题，人工智能法律专家系统开发的主持者应该是知识工程师、编程专家、软件公司老板，还是法律用户？在这种研究中如何平衡各种用户群体、系统管理员、知识工程师等的影响？他认为，"重要的是，在划分有关个人的竞争力问题时，应当分清谁应该有权决定或影响作为计算机程序基础的法律知识的内容。……在一般意义上，这表明法律人工智能系统的开发最终的实现应当是提出法律规则转换为逻辑模型的标准，进行法律推论以及证成和材料（法律资源）的划分，应该包括在不同类型的知识基础中。……关键是找到满足法理学要求的系统开发方法论。"[1]显然，由于计算机专家在法律知识方面的局限性，作为用户的法律家知道自己需要什么但又不知道如何使这种需要在计算机上再现出来，因此要有一个沟通二者的中介，研究法律推理的法学家应该在知识工程师、编程专家和用户之间发挥组织协调作用，成为智能系统开发的真正主持人。

3. 法律专家系统的用户

法律专家系统的研制一直没有解决好基础研究和应用研究的关系。如果说系统研制仅仅取法律推理作为思维模拟的一个样本，目的在于通过模拟法律推理而掌握思维模拟的一般规律，那么这种基础研究当然应该以人工智能专家为主导。如果系统研制是以商业用途为导向，那么用户的需要就应该成为系统开发的目的。但是，商业用途的法律专家系统开发目前遇到以下问题：第一，功能上不能满足法律家的实际需求。由于法律推理问题非常复杂，而已有的法律专家系统能够完成的任务过于简单，所以，商业上的适用性虽然是系统开发的一个目标，但实际上却步履缓慢。目前绝大部分所谓法律专家系统实际上都是数据库系统，高度启发式程序和灵活性操作系统的研究尚处

---

〔1〕 See P. Wahlgren, *Automation of Legal Reasoning: A Study on Artificial Intelligence and Law*, Kluwer Law and Taxation Publishers, 1992, p. 392.

在实验室阶段。第二，不同法律部门的法律推理活动存在着很大差别，人工智能法律专家系统的研究由于受到整体设计思想和技术手段的限制，目前只能采取面向具体法律领域的开发策略。但是，一方面，这种有所侧重的研究由于忽视了法律推理的一般规律，反而使局部突破受到一般方法论研究不足的限制；另一方面，单一用户和多用户的问题凸显出来，多用户（律师、法官、法学家）需要多用途的法律专家系统。但许多法律家认为，自动推理系统不能为法律领域的问题提供标准的解决办法。制造商们现在已经意识到这个问题，并且开始采取一些措施，比如，"向从业律师调查他是否有浓厚的兴趣去了解人工智能可否为自己提供一种有利于开展法律工作的工具；请法定财产管理人观摩智能技术是否可以提高其作出高品质法律决定的能力（法律决定的质量、预见性等）；询问法学家是否可以为其法律方法、法律语言等理论研究提供进一步发展的手段。"[1]

应该说，智能法律专家系统的开发具有十分诱人的市场前景，现在的问题不是由于需求不足，而是由系统功能不全、操作不便造成的。因此，可以考虑如下发展策略，（1）吸收法学家、律师、法官和计算机专家，共同制定功能齐全的系统设计方案；（2）吸收 KBS 和 HYPO 的设计思想，将功能子系统开发与联想式控制系统结合起来；（3）除强大的法律知识数据库功能外，应大力增强系统的推理功能，并注意单一推理和复合推理功能的结合；（4）引入目的标准和评价标准，探索价值推理的可能性；（5）采取人机对话方式，使专家系统与用户能够更好地进行交流；（6）专家系统应追求这样的目标：能够为检察官或律师输出起诉书草案，为辩护律师输出辩护词草案，为法官输出判决书草案，为法学家输出判决理由分析。

4. 启发式程序的重要性

启发式程序之于法律专家系统，就像法律专家系统之于法律信息数据库，如果前者不能与后者实现接口，就谈不上什么真正的智能性。目前大多数法律专家系统不能运用判断性知识进行推理，只是通过规则反馈提供简单的解释，主要就是因为缺乏启发式程序。

启发式程序所要解决的，是智能机器如何模拟法律推理的直觉性、经验

---

〔1〕　See P. Wahlgren, *Automation of Legal Reasoning: A Study on Artificial Intelligence and Law*, Kluwer Law and Taxation Publishers, 1992, p. 23.

性以及推理结果的不确定性等问题。与诊断疾病、探矿以及考察化学结构等领域的工作明显不同，法律推理具有直觉性，这一特点往往被人们忽视。所谓直觉性知识，是除开一般法律知识之外的法律家个人的经验性知识。它称为启发式知识，是法律家需要具备的一种最重要的知识，也是决定法律家思维和推理能力的关键所在。启发式知识可以使专家有效处理错误或不完全的数据，使专家在必要时作出判断，辨别有希望的解决途径，从而增加解决问题的灵活性。在这方面，加德纳提出的运用规则和判例的混合型推理模型，里斯兰德提出的在分别模拟运用规则和运用判例的推理基础上用联想程序作集合处理的思路，以及阿姆斯特丹自由大学根据这一思路开发的"基于日程"的推理装置 PROLEXS，麻省大学研制的 CABARET（基于判例的推理工具），都在将启发式程序应用于法律专家系统方面进行了有益的尝试。

法律问题往往没有唯一正确答案，而是存在若干可供选择的答案，这是人工智能模拟法律推理的一个难题。选择哪一个答案，往往取决于法律推理目的标准和推理主体的立场观点。但是，智能机器没有自己的目的、利益和立场观点。这似乎从某种程度上划定了机器法律推理所能解决问题的范围或限度。

目前真正具有推理能力的法律专家系统，尚未走出实验室而在法律事务中投入实际的应用。从实验室研究的过程、成果和方法来看，没有一个智能系统的研究报告说，计算机辅助操作具有查明事实真相的可能性。然而，许多法学家坚持认为，开发一个法律专家系统应当使它在搜寻法律的同时也有助于事实认定。如果建造一个法律领域的 I. K. B. S.，就应该提供充分和明确的启发性和变化的规则（包括证据规则），以便系统在进行有关事实的选择时发挥辅助作用。事实分类的困难产生于事实的特殊性问题。尽管一些系统研制者声称，在某种情况下，可能以一种方式安排事实和法律的前提，并将得出一种遵循逻辑必然性的结论。但是，实际上目前没有任何一种计算机系统能够支持这种分类。只有沃特曼和皮特森提到了对事实进行分类的困难。[1]

---

〔1〕 See D. A. Waterman, Mark Peterson, "Rule-based Models of Legal Expertise", in *Proceedings of the First National Conference on Artificial Intelligence*, Standford University, 1980, pp. 272-275.

5. 分析推理的模拟

目前的法律推理程序主要模拟演绎推理，但演绎推理在实际法律推理过程中的作用十分有限，法律专家系统的提高和发展必然要向其他推理方式的模拟转变。演绎推理虽然可以在解决"简易案件"时大显神通，但在波斯纳看来，其在疑难案件中很难发挥作用：一是演绎推理大小前提的真理性常常是有争议的；二是规则总会有例外；三是在法官将规则运用于事实时需要解释或调整；四是规则具有不一致性，一些不一致的规则可能都可适用于同样的活动；五是根据规则做出的决定并不必然比根据标准做出的决定更客观。[1]哈特也认为，演绎推理所涉及的规则范围内总是存在争论。[2]上述观点表明，仅仅采用演绎推理程序的法律专家系统，可能只会在简易案件中发挥作用，在解决疑难案件方面则显得无能为力。

在运用人工智能技术模拟不确定性推理方面，分析方法与演绎方法之间存在着重大区别，建立以分析方法为基础的法律推理模型十分困难。麦卡锡将 TAXMAN（税务员）称为法律分析和法律计划系统（legal analysis and planning systems）的一个模型，说它定位了相关的法律规则，并提供了一套固定事实的建议分析方法。但他同时也指出，除税法领域外，目前的法律分析系统要转化为现实法律世界中实用的分析和规划技术还面临着严峻挑战。[3]梅德曼（Meldman）在《一个计算机辅助法律分析结构模型》一文中论述了分析功能的模型化问题，但他的"法律分析"定义同时也暗示，将其系统确定为主要是分析的模型还比较勉强。[4]与其他依赖演绎推理的程序系统相比，前馈的 LDS 和反馈的 JUDITH 及 ABF 之间似乎具有一些不同特点。目前人们正在考虑模拟开放结构概念的可能性，即通过运用人工智能不确定性的推理方法如模糊逻辑和可能性理论，探讨分析推理模拟的可能性。

6. 自然语言理解

自然语言理解一直是人工智能锲而不舍的一个研究课题，但尚未取得突

---

〔1〕　参见［美］波斯纳：《法理学问题》，苏力译，中国政法大学出版社 1994 年版，第 56-60 页。

〔2〕　See H. L. A. Hart,"Problems of the Philosophy of Law", *Essays in Jurisprudence and Philosophy*, 1983，p. 100.

〔3〕　See L. Thorne McCarty, "Intelligent legal information systems：problems and prospects", *Rutgers Computer & Technology Law Journal*，Vol. 9，No. 2.，1983，pp. 281-287.

〔4〕　See Jeffrey A. Meldman, "A Structural Model for Computer-Aided Legal Analysis", *Rutgers Computers & Technology Law Journal.*（periodical publication 1970-1980），Vol. 6，No. 27.，1977，pp. 27-71.

破性成果。目前正在运行的典型专家系统，都不能听从自然语言指令，而需要计算机语言或非常受限制的英语输入，对用户的问题以"是"或"否"的形式来回答。牛津大学的一个程序研究组正在研究法律的自然语言理解问题，但目前该研究领域的学者甚至还没有建立起大家一致同意的适当的专业术语。里斯兰德认为，常识知识、意图和信仰类知识的模拟化，以及自然语言理解的模拟问题，迄今为止可能是人工智能面临的最困难的任务。对于语言模拟来说，像交际短语和短语概括的有限能力可能会在较窄的语境条件下取得成果，完全的功能模拟、一般"解决问题"能力的模拟则距离非常遥远，而像书面上诉意见的理解则是永远的终极幻想。[1]

7. 价值推理的模拟

法律推理的特点在于它主要不是逻辑推理，而是价值推理。因此，制造法律专家系统最终需要解决价值推理的模拟问题。然而，钢铁之躯的计算机没有生理的需要，就很难产生价值观念。所以佩雷尔曼始终强调，法官不是一台计算机，他必须面对价值问题，法官必须在某种价值判断的指示下实现自己的任务。这些价值应该是"合理的""可接受的""社会上有效的公平的"。法官不能以法律条文的字面意义来判决，而必须考虑法律到底要保护什么价值，这个价值与其他价值有什么冲突，哪个价值更为重要，这些价值都是法律决定必须考虑的法律理由。[2]显然，智能机器做不到这一点。瓦尔格伦曾提出与人工智能相关的5种知识表达途径：以逻辑规则为基础的法律推理模型，以归纳为基础的法律推理模型，联想法律推理模型，道义法律推理模型和概念法律推理模型。[3]引入道义逻辑，或者说在法律推理机器中采用基于某种道义逻辑的推理程序，强调真理价值，也许是制造智能化法律专家系统的关键。不过，即使把道义逻辑硬塞给计算机，它也没有主观体验，没办法解决主观选择问题。波斯纳曾以法律家有七情六欲为由，怀疑成文法体系中的法律家也不可能像一架绞肉机，上面投入条文和事实的原料，下面输

〔1〕 See Edwina L. Rissland, "Artificial Intelligence and Law: Stepping Stones to a Model of Legal Reasoning", *The Yale Law Journal*, Vol. 99, No. 8., 1990, pp. 1957-1981.

〔2〕 参见沈宗灵：《现代西方法理学》，北京大学出版社1992年版，第443-446页。

〔3〕 See P. Wahlgren, *Automation of Legal Reasoning: A Study on Artificial Intelligence and Law*, Kluwer Law and Taxation Publishers, 1992, Chapter 6, pp. 243-334.

出判决的馅，保持着原汁原味。[1]未来的法律推理机器对法律机械忠诚，判决绝对不会沾染主观色彩，这种情况反倒是一件令人担忧的事情。

随着社会不断发展，法律领域将越来越依靠各种形式的计算机技术，包括从人工智能研究中产生的不同方法。尽管更加高级的智能技术进入法律领域不是一夜完成的，但似乎可以预见，人工智能的发展将为法律工作的自动化提供强有力的外脑支持。自动化的含义，是指系统能够在没有人参与的情况下，独立地从相关计算机系统获得信息和处理数据。从这个意义上说，在法律的有限领域内实现以计算机系统为基础的自动化，没有技术上的障碍。计算机将承担起诸如收债、税务、小额犯罪诉讼等职能。目前的计算机法律推理系统，主要的功能是作为知识存储器，通过搜寻法律、判例、论文和著作，提供法律数据和特殊的事实情境，并对有关法律作出解释。将来的自动法律推理系统可以辅助人的推理过程，发挥法律预测功能，通过一步步演绎，使用户确信全部法律结论都是适当得出的；当系统在解决相互冲突的规则、判例和政策问题而显得无能为力时，系统设计的要求是让机器予以声明或者提示照一个法律标准去做最可能会出现的判决预言。

如果说人工智能对法律推理的研究是从特有的黑箱模拟方法出发，那么，从法学角度对法律推理的研究，目的就是将法律推理过程的黑箱逐步变成灰箱、白箱。当然，从人类对思维活动（法律推理是思维活动的复杂形式之一）的认识来看，绝对的白箱也许可望而不可即。但是，人工智能对法律推理的模拟实验研究，与法学对法律推理的学术理论研究，二者可以相互补充、相互促进。正是在这种相互作用中，我们才有可能看到法律推理从黑箱向灰箱和白箱的转化。从某种程度上说，对法律推理的整体过程、各个环节的认识越深入，法律推理模拟的水平才能越高。因此，关于人工智能模拟法律推理的限度问题，一方面取决于人工智能本身的发展，另一方面也取决于法理学的发展，就是说，人工智能的发展有赖于法律推理研究的深化。从信心方面说，"不容置疑的是，能够执行复杂计划和法律推理的计算机系统肯定是未来几十年法律实践的一场革命。"[2]

---

〔1〕 参见［美］波斯纳：《法理学问题》，苏力译，中国政法大学出版社1994年版，第249页。

〔2〕 See Garry S. Grossman, Lewis D. Solomon, "Computers and Legal Reasoning", *American Bar Association Journal*, Vol. 69, No. 1., 1983, pp. 66-70.

四、人工智能法律系统的两个难题和一个悖论[1]

（一）难题之一：证据推理模拟

在法律推理研究中一直存在着两个倾向：一是热衷于探究法律适用中的实质推理问题，却忽视事实认定对法律适用的决定作用；[2]二是习惯于把疑难案件仅视为法律适用的疑难案件，而无视其实际上是事实认定的疑难案件。特文宁教授对此评论说，法学家们总是将"法律推理"局限于关于法律问题的推理，直到最近，那些对经济分析、后现代主义以及批判法学感兴趣的人，才把其注意力转移到证据问题上。[3]

1. 证据推理是发现法律推理小前提的操作

法律推理的典型逻辑形式是三段论推理，但从逻辑与历史相统一的角度看，其实际操作却不是先有法律大前提，而是先通过证据推理去发现小前提，再去寻找大前提。因此，帕顿（Paton）认为，归纳方法实际上常常作为演绎推理的一种补充理论：归纳法将大前提归于从特殊案例中所得到的发现，而演绎法则把这种发现视为既定的东西。[4]"什么是'小前提'？……小前提并非一类可以由诸如大法官的意见或者议会立法等权威命令'赋予'真实性的命题。它是表示特定历史情境的命题，因此它需要借助于特定的证据加以证明。"[5]显然，法律推理的小前提并非案件事实（fact），而是经过法庭审判控辩审三方举证、质证和认证过程所获得的认识成果——事实真相（truth）。

审判中实际发生的法律推理过程可以分为三个步骤：第一步是通过证据推理查明事实真相，将其作为小前提；第二步是依据这个小前提，检索或寻找法律规则（大前提）；第三步才是法律适用即从大前提到小前提而得出结论

---

[1] 本节原载张保生：《人工智能法律系统：两个难题和一个悖论》，载《上海师范大学学报（哲学社会科学版）》2018 年第 6 期，引用有删节。

[2] 例如，麦考密克在《法律推理与法律理论》第四章开创性地讨论了"基于事实的裁决"（decisions on the facts）问题，但论述十分简单。See Neil MacCormick, *Legal Reasoning and Legal Theory*, Oxford University Press, 1978, pp. 86-97. 其他法律推理著作对作为小前提的事实认定问题几乎只字不提。

[3] 参见 William Twining：《证据：跨学科的科目》，王进喜译，载《证据学论坛》2007 年第 2 期。

[4] See Kent Sinclair, "Legal Reasoning: in Search of an Adequate Theory of Argument", *California Law Review*, Vol. 59, No. 3., 1971, pp. 821-858.

[5] [英] 尼尔·麦考密克：《法律推理与法律理论》，姜峰译，法律出版社 2018 年版，第 29 页。

的演绎推理。从这个意义上说，没有第一步准确的事实认定，就不可能有第二步法律检索和第三步法律适用。事实认定是法律推理的起点，这决定了人工智能法律系统首先要突破的难题是事实认定阶段的证据推理。但目前，无论法学界还是人工智能专家对这一点都普遍缺乏认识，特别是对证据推理研究的困难和复杂性的估计严重不足，这难免会使人陷入盲目乐观。

如上所述，人工智能法律系统目前取得的成果，主要是在简单案件的法律适用或量刑系统，这与法律推理全过程模拟的研发目标还有巨大差距。法律推理过程模拟的起点和难点是证据推理，因此应该将此作为主攻目标。证据推理模拟的困难来自两个方面：一是证据分析，二是归纳方法。就证据本身而言，其相关性、可采性和可信性是证据分析的主要内容，是证据推理的前提性步骤。证据分析模拟的难点是可采性（admissibility），它是指"在听审、审判或其他程序中被允许进入证据的品质或状况"[1]。可采性规则设置了两个条件：一是必要条件，即"不相关的证据不可采"[2]，或曰不相关证据排除规则，这对智能模拟程序来说并非高不可攀；二是其他条件，即相关证据排除规则，这才是智能模拟的难点。因为，后者是一个法官自由裁量权问题，涉及"危险性在实质上超过相关证据的证明力"的价值权衡。[3]这个"实质上超过"的平衡检验标准表明，法官只有在对一个证据的消极影响超过其证明力十分自信时，才会排除该相关证据。表9.1反映了美国联邦法院对规则403平衡检验进行实证研究所取得的成果：[4]

表9.1　法官在相关证据排除平衡检验中的自由裁量权

所提出的相关 证据的证明力	规则403所列因素 的消极影响	审判法院是否会 排除证据
高	高、中或低	否

---

〔1〕　See Bigan A. Garner, *Black's Law Dictionary* (8th Edition), Thomson West, 2004, p.50.

〔2〕　参见美国《联邦证据规则》402。

〔3〕　参见美国《联邦证据规则》403（以偏见、混淆、费时或其他原因排除相关证据）规定："如果下列一个或多个危险在实质上超过相关证据的证明力，法院可以排除相关证据：不公正的偏见，混淆争点，误导陪审团，不当拖延，浪费时间，或者不必要地提出累积证据。"

〔4〕　参见［美］罗纳德·J.艾伦等：《证据法：文本、问题和案例》，张保生等译，高等教育出版社2006年版，第175页。

续表

所提出的相关 证据的证明力	规则 403 所列因素 的消极影响	审判法院是否会 排除证据
中	高	否（也许是）＊
中	中或低	否
低	高	是
低	中	否（也许是）＊
低	低	否

＊如果证明力接近"中"等范围的下限，且消极影响非常高，或者，如果证明力非常低，且消极影响接近"中"等范围的上限，规则 403 可能允许排除证据。

从表 9.1 可见，当相关证据的证明力分别为"高、中、低"时，规则 403 所列因素的消极影响与其对应，法官是否排除证据取决于运用"危险性实质上超过证明力"检验标准所做的价值权衡。人能平衡相互冲突的价值，权衡对人类生存和发展重要程度不同的价值位阶。这种权衡反映了求真与公正、和谐、效率等价值的竞合，"……求真的目的与其它目的——诸如经济性、保护某些自信、助长某些活动、保护一些宪法规范——相互竞争。"[1]证据推理应当追求真善统一，但价值推理模拟是一个弱项。在瓦尔格伦提出的人工智能 5 种知识表达途径中，虽包括以道义为基础的法律推理模型，[2]但引入道义逻辑是智能模拟的一大难题。即使把道义逻辑硬塞进计算机程序，"钢铁之躯"的机器由于没有生理需求，也很难自生价值观念和主观体验。所以，要解决主观选择或自由裁量的问题，恐怕要反思人工智能传统的功能模拟单一进路，是否需要以必要的结构模拟加以补充。

如果说可采性检验还只是证据能力或证据采纳的门槛条件，那么，证据采信还要解决证据可信性评价问题。"可信性"（credibility）是"使某些事情（如证人或证据）值得相信的特性"。[3]与科学研究中可以对证据可信性做长期观察、反复检验不同，在诉讼活动中，证人可能失踪或死亡，"文件可以伪

---

〔1〕［美］波斯纳：《法理学问题》，苏力译，中国政法大学出版社 1994 年版，第 261 页。

〔2〕 See P. Wahlgren, *Automation of Legal Reasoning: A Study on Artificial Intelligence and Law*, Kluwer Law and Taxation Publishers, 1992.

〔3〕 See Biyan A. Garner, *Black's Law Dictionary* (8th Edition), Thomson West, 2004, p. 396.

造，货币可以假冒，图像可以错误标记，血液样品可以混合，毒品可以栽赃给他人。"[1]如此一来，依据何种品质的证据进行推理，就成为人工智能法律系统必须面对的一个问题。参见图 9.1 "证言三角形理论"[2]。

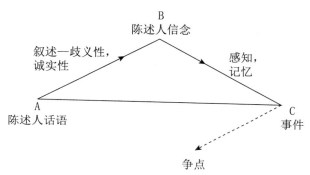

图 9.1　证言三角形理论

在证言三角形中，感知能力、记忆能力、诚实性和叙述能力是证言可信性的四种品质。听者与说者的信息传送、接收和加工，均受这四种品质影响，远比一般通信理论要复杂得多。首先是叙述-歧义性，智能模拟不仅要考虑自然语言的模糊性，还要考虑叙事-歧义性背后起作用的心理因素。其次是诚实性，诚实与说谎是一体两面的关系，目前要造一台会说谎的机器还是天方夜谭，但从说谎及信息编码等问题反向研究诚实机理不失为一种策略。最后是记忆和感知，人的记忆随时间而衰减，感知则渗透着理论。有心理学实验研究表明，"目击者们对他们看到的东西所做的叙述，经常与事件的本来面目非常不同。……在一项实验研究中，巴克霍特、菲格罗和霍夫在一间大教室里导演了一场袭击一位站在讲台上的教授的事件，并在几周后要求目击者们辨认袭击者。结果，大多数人——包括受害者挑错了袭击者。"[3]因此，人工智

〔1〕　［美］特伦斯·安德森、戴维·舒姆、［英］威廉·特文宁：《证据分析》，张保生等译，中国人民大学出版社 2012 年版，第 84 页。

〔2〕　证言三角形理论，由劳伦斯·特赖布教授在《对传闻的三角形测量》（1974 年）和理查德·O. 伦珀特与斯蒂芬·A. 萨尔茨伯格在《证据的一个现代进路》（1977 年）等文章中论述之后，开始在法律学术界流行起来。转引自［美］罗纳德·J. 艾伦等：《证据法：文本、问题和案例》，张保生等译，高等教育出版社 2006 年版，第 459 页，脚注 1。

〔3〕　［澳］约瑟夫·P. 福加斯：《社会交际心理学——人际行为研究》，张保生等译，中国人民大学出版社 2012 年版，第 25 页。

能证据推理模拟，首先要解决输入信息的可信性评估问题，具备辨证据真伪的能力。在审判中，这个问题是通过交叉盘问和弹劾证人来解决的。"交叉盘问是检验证人可信性并证明其说法可能存在另一面的有效方式。"[1]证据分析能力可以通过研究律师交叉盘问策略和证人弹劾技巧、法官认证方法而获得，这是一项极为困难的研究工作，因为这些策略、技巧和能力属于经验智慧。

2. 证据推理的归纳逻辑形式

（1）事实认定是一个经验推论过程。例如，证据相关性的检验就是一个经验判断。"相关性的核心问题是，一个证据性事实能否与事实认定者先前的知识和经验联系起来，从而允许该事实认定者理性地处理并理解该证据。"[2]如图9.2所示，从证据到待证事实的推论，使证人证言转变为事实认定者的信念，因而是一个客体主体化的过程，转变的基础是主体经验。证据推理的经验性决定了其逻辑形式是归纳推理。在审判中，事实认定者与事实客体之间没有任何直接联系，不能像证人那样亲眼看到案件中发生的事情，只能通过证据对过去事实发生的可能性进行推论。这是一个由证据到推断性事实（中间待证事实），再到要件事实（次终待证事实），最后与实体法要件（最终待证事实）联系起来的归纳推理过程。[3]

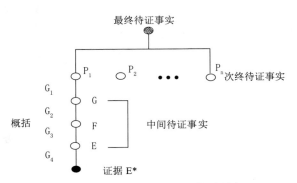

图9.2 特文宁等人的证据推论链条

〔1〕 [美]罗纳德·J.艾伦等：《证据法：文本、问题和案例》，张保生等译，高等教育出版社2006年版，第114-115页。

〔2〕 [美]罗纳德·J.艾伦：《证据的相关性和可采性》，张保生、强卉译，载《证据科学》2010年第3期。

〔3〕 参见 [美]特伦斯·安德森、戴维·舒姆、[英]威廉·特文宁：《证据分析》，张保生等译，中国人民大学出版社2012年版，第50页。

在图 9.2 中，E^* 代表案件的证据，事实认定者只能在一定程度上从该证据推断事件 E 确实发生了。通过命题 E、F、G 和 $P_{1\cdots n}$ 指示的一系列推论链条，才能把证据 E^* 与最终待证事实连接起来。例如，在张三谋杀李四案中，假设证人 1 提供证言（E^*）说："我看见张三那天下午 4 点 15 分进入李四家。"当试图把证人 1 的证言和最终待证事实（李四正是被张三谋杀）连接起来时，要求对每一待证要件事实（由 $P_1 \cdots P_n$ 所表示的每个次终待证事实）进行证明。假设，次终待证事实 P_1 是"张三有谋杀李四的机会"，那么，通过命题 E、F、G 和 P_1 指示的一系列推理环节，都必须基于概括（$G_1 \cdots\cdots G_4$）。这些概括为每一推理环节提供了动力或正当理由，准许了从命题 E 到命题 P 的推论。例如，从证人 1"我看到张三那天下午 4 点 15 分进入李四家"的证言（E^*）出发，要求事实认定者推断，张三那天下午 4 点 15 分确实去了李四家（E），该推论依据的概括 4（G_4）大概是"出庭作证的证人，通常是诚实的"；而从 E 到 F（例如，张三那天下午 4 点 30 分在李四家）的推论，则可能是基于概括 3："一个家庭访客，通常会逗留 15 分钟"（G_3）；以此类推。但是，在这个推论链条中，证据支持的只是控方事实主张。事实认定者要"兼听则明"，还需通过质证程序考虑辩方的证据。例如，辩方证人可能作证说："那天下午 4 点 15 分，我在一家电影院碰见张三，那家电影院距离李四家 10 公里。"面对这些相互冲突的证据和事实主张，事实认定者必须对证据可信性作出评估，才能对不同事实主张成立的可能性作出判断。

（2）概括的必要性和危险性：关于社会知识库建构。归纳推理所依赖的经验知识，以"概括"（generalization）的形式反映了事物的一般联系和人的一般行为方式。"反过来，这种概括又成为使我能够把特定证据与人们希望证明的一个因素联系起来的前提。"[1]概括在证据推理中"必要却危险"[2]：一曰必要，即证据推理离不开概括，如图 9.2 所示，从证据 E^{**} 到次终待证事实 P_1 的每一个推论步骤，都必须踩着"概括之石"（G_1，G_2，G_3，G_4），才能从证据"此岸"到达事实认定"彼岸"；二曰危险，因为在社会"知识库"中，从科学定律到直觉、成见、印象、神话、谚语、希望、推测或偏见，不

---

〔1〕　See David A. Binder, Paul Bergman, *Fact Investigation: from Hypothesis to Proof* (*American Casebook Series*), West Publishing Company, 1984, p. 85.

〔2〕　［美］特伦斯·安德森、戴维·舒姆、［英］威廉·特文宁：《证据分析》，张保生等译，中国人民大学出版社 2012 年版，第 346-379 页。

同概括具有不同的可靠性等级。事实认定者如果依据不可靠的概括进行推论，就有产生错误判决的风险。例如，"念斌投毒案"一审判决书[1]将公诉机关的指控直接采信为定案的证据称："经审理查明，……2006年7月26日晚，被告人念斌看见快走到他的食杂店门口的顾客，转向进了丁云虾的食杂店，故对丁云虾怀恨在心。次日凌晨1时许，被告人念斌从家中拿出一包老鼠药将其中的一半用矿泉水瓶中加水溶解后，倒入丁云虾放在与他人共用厨房的铝壶中。"这里，本案法官对被告杀人动机的推论，如下图9.3所示：

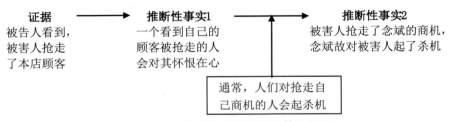

图9.3　概括在证据推理中的基础作用

在图9.3的推论链条中，"通常，人们对抢走自己商机的人会起杀机"是一个概括。这个概括显然不合常识，这是造成法院错判的一个重要原因。人工智能法律系统要模拟证据推理，除了法律知识库，还要建立庞大的社会知识库来贮存概括。这涉及一系列极其复杂的问题。比如，人类文明的普世知识与不同国家、民族的地方性知识如何安排？各国典籍（如"四书五经"《圣经》）、百科全书、官方政策文件、民俗习惯、谚语大全、群体成见和偏见、民众生活时尚，统统都要入库，或者要把一座座图书馆都装进去吗？要区分精华和糟粕吗？这都是人工智能知识库建设中令人纠结的问题。

（3）概括选择困难：关于法官个体知识库建构。与"社会知识库"建库困难相比，更难的是"机器人法官"个体知识库如何构建？如果遇到文明的冲突、似是而非的常识，机器如何从中作出选择？这个问题不解决，证据推理模拟就会变成空话。在审判过程中，法官个体知识库作为一种经验智慧，对其在社会知识库中选择什么作为概括起着决定作用。个体知识库包括个人的生活经历，是理解证据、选择概括的基础。"事实认定者都是带着已有的知

---

〔1〕　参见福建省福州市中级人民法院刑事附带民事判决书（2007）榕刑初字第84号，载http://www.doczj.com/doc/9110963415.html，最后访问日期：2017年3月28日。

识体系、信念以及推理方式进入审判程序，而这恰恰是快捷、高效交流的前提。"[1]例如，《圣经》中"谁的孩子"之争，[2]国王在听了两个女人的证言后，让卫兵拿一把刀，要将孩子劈成两半，分给这两个女人。结果，一个女人哀求他留下孩子的命，另一个女人却要劈了孩子。面对这些证据，国王的推论链条如下图9.4所示：

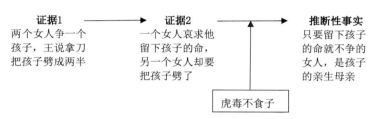

图9.4　"谁的孩子"之争：国王的证据推论链条

在这个证据推理链条中，天下母爱的信念凝结为"虎毒不食子"这样一个概括，依据这个概括进行推论，国王得出了谁是孩子生母的结论。但对于人工智能证据推理模拟而言，困难还不止于此。例如，在"谁杀了武则天女儿"这桩历史谜案中："昭仪生女，（皇）后就顾弄，去，昭仪潜毙儿衾下，伺帝至，阳为欢言，发衾视儿，死矣。"[3]这是说，武则天（昭仪）生了一个女儿，王皇后前来探望，待王皇后走后，武则天掐死女儿，等到高宗皇帝来看女儿，武则天装作欢天喜地，高宗到床边去看孩子，却发现孩子死了。大家都说，皇后刚刚来过，武则天痛哭不止，高宗生气地说"后杀吾女"。因此，高宗决心废掉王皇后，其推论链条如下图9.5所示：

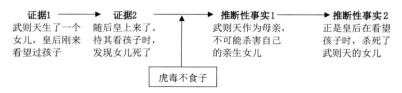

图9.5 "谁杀了武则天女儿"之争：高宗的证据推论链条

〔1〕　[美]罗纳德·J. 艾伦：《专家证言的概念性挑战》，汪诸豪译，载《证据科学》2014年第1期。
〔2〕　参见《圣经·列王纪上》第3章："所罗门审断疑案"，中国基督教协会版，第16-28页。
〔3〕　《新唐书·列传·卷一》。

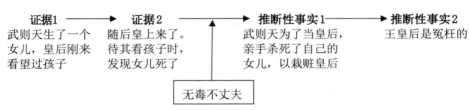

图 9.6　"谁杀了武则天女儿"之争：假设法官的证据推论链条

如图 9.5 和图 9.6 所示，在很多情况下，尽管证据是一样的，但不同"法官"选用不同的概括，却可得出完全相反的结论。这再一次提醒我们记住特文宁的名言：概括之于证据推理，必要却危险。概括的这种双重性，决定了证据推理结论的盖然性，也决定了人工智能"法官"面临概括选择的困难。

3. 证据推理模拟的形式化途径

证据推理的复杂性，决定了人工智能法律系统必须从证据推理形式化起步，构建证据推理模型。对此，威格莫尔图示法的开创性探索值得借鉴。"在现代术语中，威格莫尔图示法描述了一种建构推论网络的过程。"[1]推论网络的优势在于，它是对思维可视化过程的一种尝试，包含证据可信性评价、证据关系分析，以及证据支持或反对最终待证事实之推理过程的展示。图示法由威格莫尔1937 年出版的《司法证明科学》一书提出，[2]它"要求分析者在一个论证中，清晰阐述每一个步骤，把论证分解为简单命题，然后图解（mapping）或图示（charting）这些命题与次终待证事实之间的全部关系。"[3]

威格莫尔开证据推理模型化之先河。他说："鉴于人脑无法同时处理大量的想法，因此，需要将每一组在细节要素上融贯的想法精简为单一的想法，直到人脑能够同时处理这些单一想法并且给予每个想法合理的注意，以得出唯一的最终结论。"[4]他的图示法，使支持某一主张的证据简化而易于处理，

---

〔1〕　See David A. Schum, "Evidence and inferences about the past events: an overview of six case studies", in William Twining and Ian Hampsher-monk eds. , *Evidence and inference in history and law: interdisciplinary dialogues*, Northwestern University Press, 2003, p. 27.

〔2〕　See John Henry Wigmore, *The Science of Judicial Proof, as given by logic, psychology, and general experience and illustrated in judicial trial*, third edition, Little Brown&Company, 1937.

〔3〕　［英］威廉·特文宁：《证据理论：边沁与威格摩尔》，吴洪淇、杜国栋译，中国人民大学出版社 2015 年版，第 203 页。

〔4〕　See John Henry Wigmore, "The problem of proof", *Illinois Law Review*, Vol. 8, No. 2. , 1913, pp. 77-103.

在此基础上对简化的观点进行综合分析，符合分析模型应具备的条件，因而在他看来是"唯一彻底和科学的方法"〔1〕。图示法有三个特点：一是所有参与证明推论过程的证据、推论性主张、待证事实，都以命题形式，通过编制关键事项一览表并做数字编号，被明确表述出来；二是推论过程被描述成一个以直线和箭头连接的复杂路径图；三是从整体上观察，图示法将整个论证推理过程以较为直观的形式表现出来，阐明了命题之间的相互支持、反驳或补强关系，易于暴露逻辑推论中的空白和弱点，有助于评估证据和论证的完整性程度。

在威格莫尔图示法中，一套复杂的符号系统用来表示不同类型的证据。例如，□代表肯定性言词证据；∏代表否定性言词证据；○代表肯定性情况证据；∩代表否定性情况证据；>代表解释性证据；◁代表补强性证据；≫、◁代表被告方提出的解释性证据和补强性证据。〔2〕此外，¶代表无需证明的被法律认可或司法认知的一般经验或推论。∞代表直接呈现于审判法官的任何事实。↑表示对肯定性证据赋予的暂时性可信力，即暂时性支持某种观念；⇑表示对否定性证据赋予的暂时性的可信力。⇑、⇑双箭头表示上述两类证据的可信力的增强，等等。在用符号表示证据、对证据可信性的判断及其证明关系后，他提出了编制图示法的步骤。〔3〕他还以合众国诉昂梅连案为例，具体说明了图示法的运用。〔4〕

威格莫尔的证明科学特别是其图示法，是运用逻辑方法对证据推理进行形式化的一种伟大尝试。遗憾的是，他在 1930 年代提出的证明科学理论太超前，不仅超前于当时的司法实践，也超前于当时的科技水平（如图示逻辑学尚未成型，心理学还停留在粗糙的水平，计算机技术还不成熟，人工智能概念尚未提出），所以，其证明科学与他的图示法一起都被人们束之高阁、几近遗忘！直到 1960 年代，随着"新证据学"运动的兴起，人们才开始重新挖

〔1〕　See John Henry Wigmore, *The Science of Judicial Proof, as given by logic, psychology, and general experience and illustrated in judicial trial*, third edition, Little Brown&Company, 1937, p. 858.

〔2〕　See John Henry Wigmore, *The Science of Judicial Proof, as given by logic, psychology, and general experience and illustrated in judicial trial*, third edition, Little Brown&Company, 1937, p. 49.

〔3〕　See John Henry Wigmore, "The problem of proof", *Illinois Law Review*, Vol. 8, No. 2., 1913, pp. 77-103.

〔4〕　See John Henry Wigmore, *The Science of Judicial Proof, as given by logic, psychology, and general experience and illustrated in judicial trial*, third edition, Little Brown&Company, 1937, p. 872-876.

掘他的证明科学思想。

　　进入 21 世纪后，英国特文宁教授、美国舒姆教授等将证据作为跨学科主题开展研究[1]，对威格莫尔图示法做了改良[2]。改良后的图示法将原来的符号简化为 8 个：（1）保留原来符号中的方块□表示证言性主张；（2）圆圈○表示情况证据或推断性命题（"推断性命题"为新增含义）；（3）开度角＞表示为他方提出的推论提出可选解释的论证；（4）立式三角形◁表示补强一个推论的论证；（5）直线 —— 表示所提出的命题之间推论性关系的"方向"，竖线↑表示"有助于支持"，横线←表示"有助于否定或削弱"；（6）无穷大∞表示，事实认定者将听到的证言主张或用其他感官感知为真的证据；（7）段落符号¶表示，法庭将司法认知的事实，或没有证据支持而被接受的事实；（8）字母 G，表示在案件论证中可能起作用的概括。[3]

　　改良版图示法包括 7 步操作规程。（1）立场澄清；通过对四个问题的精确回答来澄清立场：我是谁？我处在诉讼进程什么阶段？什么证据材料可用作分析？我打算做什么？立场总是四个因变量——时间、目标、可用于分析的材料和角色——的函数。例如，律师必须从三种立场或角色来考察证据：一是他委托人的立场和辩护人角色；二是他对手的立场和角色；三是事实裁判者的立场和角色。问题涉及：他对手可能采用的案件理论，事实裁判者将在何种程度上分享其分析的证明力，证据整理所依赖的概括是什么？（2）精确简述潜在最终待证事实。（3）简述潜在次终待证事实。（4）简述案件暂时性理论。（5）对可用数据的记录，即时序法：一是基于个别证人、个别文件或其他证据种类的时序；二是总时序。（6）为产品做准备，包括图示法中的一个关键事项表或图示，或者概要法中的概要。（7）提炼和完成分析。[4]特文宁教授等用一个假设的谋杀案，以其中 61 个证据编制了关键事项表和图

〔1〕　See William Twining, "Evidence as a Multi-Disciplinary Subject", in Willian Twining ed., *Rethinking Evidence: Exploratory Essays*, Cambridge University Press, 2006, pp. 436-456.

〔2〕　See William Twining, René Weis, "Reconstructing the Truth about the Past", in William Twining and Ian Hampsher-monk eds., *Evidence and inference in history and law: interdisciplinary dialogues*, Northwestern University Press, 2003, p. 69.

〔3〕　参见［美］特伦斯·安德森、戴维·舒姆、［英］威廉·特文宁：《证据分析》，张保生等译，中国人民大学出版社 2012 年版，第 170-171 页。

〔4〕　参见［美］特伦斯·安德森、戴维·舒姆、［英］威廉·特文宁：《证据分析》，张保生等译，中国人民大学出版社 2012 年版，第 146-155 页，第 157-170 页。

示，参见图9.7。

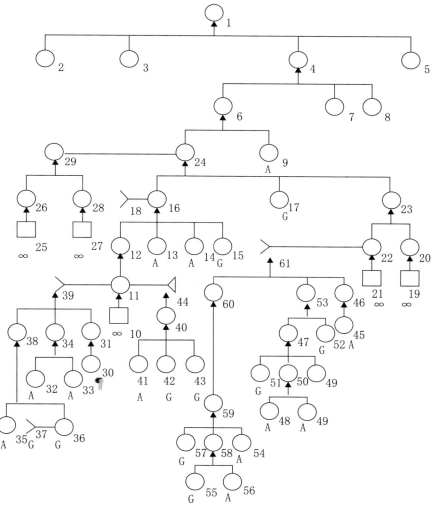

图 9.7　改良版图示法（"一项调查"的关键事项表和图示）

图示法能够从宏观视角展现证据推理的过程，通过证明关系符号展现证据之间的推论关系以及证据、概括在推论网络中所发挥的作用，从而发现推论的强度和不足，可以反映出制图者相信哪些主张，哪些推论的证明力不强，需要补强。特文宁等学者认为，"它可以用来图解除分析者自己确信之外的其他东西。比如，它可以被用于重构有关由其他人所制作之证据的论证或者用于预测某一未来裁判者可能的反应，它还可以被用于为庭审做准备，也可以被用来分析过去的审判。而且，它并不必然局限于法庭情景或者法律证据。"[1]当然，我们认为，改良版图示法还可以用来为人工智能法律系统模拟证据推理提供最佳的样板。因为，"它是一幅有关分析者内心确信的图表，既包括分析者对一群命题之间关系的确信，也包括分析者对他的暂时性结论的确信。"[2]图示法的证据推理模型化努力，为人工智能法律系统指明了方向。

（二）难题之二：法律解释模拟

法律适用是审判过程的第二个阶段。它是一个将法律规则应用于案件事实的推理过程。博登海默对法律适用作过如下论述："在法院查明当事人之间争议的事实以后，就可以按照逻辑演绎过程把这些事实归属于某个规则之下。然而，在这样做之前，法官有必要先对构成该规则一部分的某些模棱两可的措词或不明确的概念进行解释。"[3]可见，法律解释是法律适用的一个重要环节或方法。

1. 法律解释是寻找法律推理大前提的操作

梁慧星把法律解释视为"获得裁判大前提的法律规范的作业"，它有三个特性：（1）法律解释对具体案件的关联性。它旨在确定法律规定对特定案件事实是否有意义。（2）法律解释的价值取向性。法律解释并非形式逻辑的操作，而是一种价值判断，它以已经成为法律基础的内在价值判断为依据。（3）法律解释之解释学循环，即法律解释作为理解过程表现为一个从整体到部分，再从部分到整体的循环。[4]法律解释的价值判断性质，给人工智能模拟带来了困难。

在法律推理过程中，法律解释的运用需要一定条件：法律规定十分明确时，无须解释就可适用法律；法律规定模糊不清时则需进行解释。哈特指出，在特别简单的案件中，使人觉得法院的判决"是意义确定而清楚的既定规则之必然结果"。但在大多数案件中，"法规的一些用语会具有两可的意义，对

[1] [英]威廉·特文宁：《证据理论：边沁与威格摩尔》，吴洪淇、杜国栋译，中国人民大学出版社2015年版，第203页。

[2] [英]威廉·特文宁：《证据理论：边沁与威格摩尔》，吴洪淇、杜国栋译，中国人民大学出版社2015年版，第200页。

[3] [美]E·博登海默：《法理学：法律哲学与法律方法》，邓正来译，中国政法大学出版社1998年版，第510页。

[4] 参见梁慧星：《民法解释学》，中国政法大学出版社1995年版，第213页，第201-205页。

判例的含义'究竟是'什么也会有对立的解释，法官将不得不在其间做出选择。"[1]美国现实主义法学家格雷认为，法律推理的大前提并非等待法官去查找的白纸黑字规则，而是法官综合了诸如政策、道德、原则之类的价值考虑和对白纸黑字规则的具体解释而重新制定出来的规则。[2]他对法律推理大前提所作的这种"添加"或修正，虽使法律规则的客观性打了折扣，但也确实提出了一个非常重要的问题，即如果大前提似铁板一块对每个法官都是一样的，法官就真的会变成一架生产判决的机器。机器人当法官可能确比有七情六欲的人要公正，但机器人也有致命弱点，就是有可能丧失良知和人性，成为孟德斯鸠所描述的只知机械遵循法律的"自动售货机"[3]。法官不能以法条的字面意义来判决，而必须面对价值问题。这是柏林墙守墙士兵射杀翻墙青年案审判中，法官赛德尔提出的"枪口抬高一厘米"的良知准则。[4]所以，法律推理主体识别良法的判断能力是人工智能法律系统难以模拟的。

2. 法律解释的建构性和辩证逻辑

在法律解释中，对法律推理标准的选择起着决定作用。解释法律规范的目的，一般不是为了澄清法律文本的字面意义，而是为判决寻找隐藏在法律规则中的"依据"或标准。这是一个以一般法律概念为基础，对完整的法律体系进行反思，并结合了目的和政治道德的"想象性重构"过程。[5]例如，在埃尔默案中，格雷法官和厄尔法官分别采用严格解释法和目的解释方法，就对遗嘱法是否应该被解释为谋杀者有权继承遗产作出了截然相反的解释。[6]有鉴于此，人工智能法律系统当然要对法律规则进行机械的检索，以维护规则的权威性，这种设计并不困难；但要让机器超越白纸黑字的法律另寻立法者意图，则必须到社会知识库去"跨库检索"法律推理的正当理由，从正义、利益和人权的目的标准进行价值选择，这与证据推理模拟过程中遇到的概括选择其困难程度是一样的，因为，只有在机器具有主体意识的情况下才有资

---

〔1〕　[英]哈特：《法律的概念》，张文显等译，中国大百科全书出版社1995年版，第13页。

〔2〕　See John Gray, *The Nature and Sources of the Law*, The Macmillan Co., 1921. 转引自刘星：《法律是什么：二十世纪英美法理学批判阅读》，中国法制出版社2015年版，第73-74页。

〔3〕　[法]孟德斯鸠：《论法的精神》（上册），张雁深译，商务印书馆1961年版，第76-77页。

〔4〕　参见雷磊：《再访拉德布鲁赫公式》，载《法制与社会发展》，2015年第1期。

〔5〕　参见[美]特伦斯·安德森、戴维·舒姆、[英]威廉·特文宁：《证据分析》，张保生等译，中国人民大学出版社2012年版，第344页。

〔6〕　参见[美]德沃金：《法律帝国》，李常青译，中国大百科全书出版社1996年版，第14-19页。

格谈论选择。

法律解释的建构性给人工智能自然语言理解提出了严峻挑战。在制定法中，法律规则之所以模糊或不确定，在哈特看来是因为日常语言既有"意思中心"，又有"开放结构"。在规则的"开放结构"即语言边界上，就会产生一些争议。[1]所以，法律解释不能采用形式逻辑的线性思维。"法官必须借助辩证逻辑，从概念的内容和形式的对立统一、灵活性和确定性的统一来确定它们所反映的或应该反映的现实内容，以做到正确地理解和适用法律规范。"[2]人工智能法律系统要建立法律解释模型，必须破解辩证逻辑的形式化难题，模拟法官对法律规则现实内容的发现过程。

人工智能的特点是功能模拟，其模拟对象的形式化是必要的条件，这使形式正义成为理想的模拟对象。但形式正义与实质正义是一对矛盾，所以问题又回到辩证推理模拟问题。在罗尔斯的"两个正义原则"中：要求平等分配基本的权利和义务的第一正义原则和要求给社会弱势群体带来补偿利益的第二正义原则必须兼顾。[3]但即使对人类法官而言，"形式正义和实质正义的不可兼顾性"[4]也常常令其头痛，因此在一个相当长的历史时期，人工智能法律系统也许只能在罗尔斯第一正义原则的基础上得到实现，即只能制造出"罗氏 I 型法官机"，只可用于简单案件的形式正义推理。

（三）一个悖论：旨在/不能代替法官

1. 人工智能法律系统研究：旨在代替法官

必须承认，人工智能研究的"初心"确实是要全面模拟人类智能。这是1956 年申农等人向洛克菲勒基金会申请"人工智能研究"项目提出的目标。[5]"知识的每个领域"和"智能的任何一个其他特征"之严谨措辞表明，在这些先驱者心目中，人工智能要征服的知识领域、智能特征是没有界限的。人工智能法律系统研究的宗旨是代替法官，并尽可能实现"以假乱真"。

---

〔1〕 参见［英］哈特：《法律的概念》，张文显等译，中国大百科全书出版社 1995 年版，第 127页。

〔2〕 张文显：《二十世纪西方法哲学思潮研究》，法律出版社 1996 年版，第 17 页。

〔3〕 参见［美］约翰·罗尔斯：《正义论》，何怀宏等译，中国社会科学出版社 1988 年版，第 12 页、第 57 页、第 96 页。

〔4〕 ［美］波斯纳：《法理学问题》，苏力译，中国政法大学出版社 1994 年版，第 48 页。

〔5〕 参见［美］P. 麦考达克：《人工智能早期史（1956 年以前）》，载《科学与哲学（研究资料）》1981 年第 6、7 期。

在人类知识领域和智能现象中，法律领域的司法过程具有稳定的对象（案件），依据明确的前提（法律规则、事实真相），遵守严格的程序，并要求得出确定的结论（判决），这为人工智能研究提供了典型样本、必要条件和最佳对象，可以成为任其纵横驰骋的理想试验场。尽管证据推理和法律解释这两道无法回避的难题，会让一些研究者和投资者头脑更清醒一些，或许知难而退，但也有可能激发另一些研究者挑战这些难题，深入研究人工智能法律系统的关键技术。

如果说人工智能研究旨在制造出模拟人类各种智能的机器，那么，"机器人法官"也是其必然选择。其能否具有人类法官智能，可借助法律版"图灵测试"，如果询问者分不清孰为法官孰为机器的回答，那就应该视为通过了测试并具有人类法官的智能。当然，"图灵测试"有级别问题，被试人是初任法官还是资深法官，测试题属简单案件还是疑难案件，可能有很大区别。

2017年，美国国会议员玛丽亚·坎特维尔（Maria Cantwell）的提案提出"人工智能"应该满足五个特征：A）所有可在多变且不可控的情况下作业，无需过多人工监管，或可自学以往经验、改善表现的人工系统。总的来说，人工系统在其所从事的任务中表现越像人类，就越可称得上采用了人工智能。B）可像人类一样思考的系统，如认知架构与神经网络。C）可像人类一般行动的系统，如通过图灵测试或其他利用自然语言处理、知识表达、自动推理、学习等同等测试的系统。D）如机器学习等模拟认知任务的技术。E）理智行事的系统，如通过洞察、计划、推理、学习、交流、决议及行动等活动从而完成目标的智能软件代理及内置机器人。[1] 上述五个特征，可以视为定性版"图灵测试"。其中，特征A）"表现越像人类"，特征B）"可像人类一样思考"、C）"可像人类一般行动"，这三个特征继续坚持了功能模拟之外在检验标准；特征D）和E）则把人工智能程序与智能机器人作了大致的区分，这为人工智能法律系统指明了一条通过中间产品（智能软件）辅助律师和法官工作，过渡到简单案件机器人法官，再向复杂案件机器人法官研发迈进，分阶段研发的途径。

---

〔1〕 参见 Dave Gershgorn：《美国国会计划重新定义人工智能》，常笑译，载 https://www.sohu.com/a/211659630_465958，最后访问日期：2017年12月15日。

2. 人工智能法律系统应用：不能代替法官

人工智能法律系统能否通过"图灵测试"而具有人类法官智能，与机器人能否独立担任法官，是两个性质不同的问题：前者是技术问题，后者是政治问题。

像科幻电影所描述的那样，未来社会走在大街上、坐在办公室、忙碌在车间里的可能既有自然人也有机器人，人机和平相处。问题是：人工智能法律系统的两个难题将来若能解决，那么，通过了"图灵测试"能像人类法官一样思考和行动的"机器人"，能否独立担任法官？为进一步澄清这个问题，可把它转化为两个子问题：其一，智能机器若超过科学家，能否独立担任法官？其二，智能机器若超过国王，能否独立担任法官？

（1）柯林斯案的启示：智能机器即使超过科学家也不能当法官

在司法证明科学理论的发展中，对证据进行精确概率解释是一种形式化尝试。但概率论解释的问题在于，它只是针对证据片段，并试图用假设概率赋值的方法将证据模型化，这可能得出荒谬的结果。例如，在1968年柯林斯案中，[1]根据证人证言，一名白人女性袭击并试图抢劫一名老年妇女后，乘一辆非裔美国男子开的轿车从现场逃离。随后，符合其描述的一名白人女性和一名非裔美国男性被送交审判。检控方聘请一位概率学家计算了具有证人所描述（并为被告人所具有）特征的任意两个人的概率后，凭借该概率学家的计算对这两位在押嫌疑人进行指控。这种做法受到了法学家的广泛批评。哈佛法学院特赖布教授1971年发表"数学审判：法律过程中的精确和礼制"一文，明确反对将任何数字化概率运用于审判过程。其理由有三：（1）从交流角度说，只要法官和陪审团成员可被假定为不精通数学，他们就不应当用自己无法理解的语言接收信息；（2）数学论证很可能过于具有诱导性或产生偏见，那些貌似"硬"的量化变数，很容易排挤那些"软"的非量化变数；（3）在诸如给无辜者定罪风险之可接受水平等问题上，量化分析在政治上是不适当的。[2]

在上述三个理由中，前两个涉及概率计算的基础理论和经验有效性问题：

---

［1］ See People v. Collins (1968 Cal. 2d 319)。

［2］ See Laurence H. Tribe, "Trial by Mathematics：Precision and Ritual in the Legal Process", *Harvard Law Review*. Vol. 84, No. 6., 1971.

一是客观概率不足以解释司法证明的性质。"有关事件在某种确切的情况下，要么发生过，要么没有发生过。我们不能重复实验一千次，来判定这些事件过去发生的频率。"〔1〕二是主观概率或认知概率论在司法证明中虽具有一定解释力，却忽略了某些重要的心理要素，形式化概率表达并不能完全传递信念的丰富内涵。〔2〕而且，一项主观概率评估是"无经验可证明为……正确或错误的主张"〔3〕。鉴此，艾伦教授另辟蹊径，提出以最佳解释推论（IBE）或"似真性"（plausibility）理论来取代概率论的精确性解释。这是一种整体性解释方法，即不局限于一个个具体的证据，而是关注由证据拼合出来的整体案情或故事。将最佳解释推论应用于民事诉讼，事实认定者可以在似真的有责案情与无责案情之间进行比较，原告和被告的故事哪一个更似真（更接近真相），哪一方便应该赢。在刑事诉讼中，根据无罪推定原则，如果没有似真的犯罪案情，此人就无罪；如果有似真的犯罪案情，且无似真无罪案情，此人就有罪。如果既有似真犯罪案情又有似真无罪案情，此人就无罪。〔4〕显然，似真性或最佳解释推论用的不是形式逻辑或数理逻辑的精确量化方法，而是模糊逻辑的方法。

特赖布教授反对数学审判的第三个理由是，在诸如给无辜者定罪风险之可接受水平等问题上，量化分析在政治上是不适当的。什么是政治适当？就是只能由一个依法设立的独立而无偏倚的法院，经过公正、公开的审判，才能给一个人定罪。这是《世界人权宣言》第 10 条〔5〕及《公民权利和政治权利国际公约》第 14 条第 1 款中〔6〕规定的内容，其构成了人类对二战期间法西斯秘密警察滥用刑罚侵犯人权之深刻反思的成果。换言之，法庭审判是法

---

〔1〕 ［美］特伦斯·安德森、戴维·舒姆、［英］威廉·特文宁：《证据分析》，张保生等译，中国人民大学出版社 2012 年版，第 327 页。

〔2〕 See Ho Hock Lai, *A Philosophy of Evidence Law Justice in the Search for Truth*, Oxford University Press, 2008, p.118.

〔3〕 参见纳比尔与卢西亚诺，转引自菲尼蒂：《盖然论》，31 Erkenntnis, 169, 174 (1989). 转引自 ［美］罗纳德·J. 艾伦：《专门证据的两个概念性困难》，刘世权译，载《证据科学》2017 年第 1 期。

〔4〕 参见 ［美］罗纳德·J. 艾伦：《证据与推论——兼论概率与似真性》，张月波译，载《证据科学》2011 年第 1 期。

〔5〕 该条规定："人人完全平等地有权由一个独立而无偏倚的法庭进行公正的和公开的审讯，以确定他的权利和义务并判定对他提出的任何刑事指控。"

〔6〕 该条规定："在判定对任何人提出的任何刑事指控或确定他在一件诉讼案中的权利和义务时，人人有资格由一个依法设立的合格的、独立的和无偏倚的法庭进行公正的和公开的审讯。"

官依据法律和证据进行的法律裁判，而不是科学家根据计算结果进行的科学裁判。既然科学家不能用精确计算来代替法官的法律裁判，那么，人工智能机器即使超过科学家，也不能独立担任法官。

（2）柯克大法官的预言：智能机器超过国王也不能当法官

法官是法律的化身。"法官就是法律由精神王国进入现实王国控制社会生活关系的大门。法律借助于法官而降临尘世。"[1]因此，法官要通过法学院教育精通法律知识，这是成为法官的必要条件。17世纪詹姆士一世与英格兰首席大法官 E·柯克关于为什么国王不能当法官的对话表明：首先，法律是理性，不是命令；其次，法律是一种特殊的理性而不是常识、道德哲学的运用和政策分析；最后，只有受过法律训练、有法律经历的人即懂得法律的法律家才能运用这种理性。[2]

法官除了需要掌握法律专业知识，以及诸如历史学、政治学、经济学、社会学、哲学等人文社会科学知识和必要的现代科学技术知识外，还必须拥有健全的思维品质：一是法治信仰，他们必须把自己的忠诚首先奉献给其为之服务的法律制度，必须意识到自己的一言一行都代表着法律；二是公正人格，法官应该是公正的化身；三是反思能力和道德洞见。[3]

既然连人类科学家和国王都不能充当或代替法官，那么，智能机器人即使超过科学家和国王，也当然不能独立担任或代替法官。司法是社会争端解决的最后一道防线，司法裁决涉及人的生命、自由、财产和人格等权利和义务，关乎人类命运，这最后一道防线还是由人类法官来把守为好，这是"政治适当性"问题的含义所在！因此，如果要给智能机器人立法，"不能独立担任法官职务"，可以成为一条最重要的禁止性规定。人工智能法律系统的开发策略应该是"人-机系统"解决方案，一是辅助司法审判，解放律师（检察官）和法官的脑力劳动，使其专注于复杂疑难案件；二是促进司法公正，缺乏七情六欲干扰的机器判决可以对人类法官的判决发挥对照作用；三是辅助法学教育和法律培训。人类法律家与智能机器统一体的出现，将促进司法文明、法学研究和人工智能的共同发展，具有无限光明的前景。

---

〔1〕 ［德］拉德布鲁赫：《法学导论》，米健译，法律出版社2012年版，第120页。

〔2〕 参见 ［美］波斯纳：《法理学问题》，苏力译，中国政法大学出版社1994年版，第13页。

〔3〕 参见 ［美］波斯纳：《法理学问题》，苏力译，中国政法大学出版社1994年版，第244页，第9页。

CHAPTER10 **第十章**

法律推理的生态学方面

　　法律推理的生态学方面，是指法律推理发生于某种物理、社会、文化和教育的环境之中，它们都作为生态学因素对法律推理产生一定的影响。

一、法律推理的物理环境

（一）法院审判的物理环境概述

　　法院物理环境对法律推理的影响常常为人们所忽视。然而，实际的法律推理活动无一不是发生于一定的物理场所之中，并受到它的限制和影响。当然，法庭上的司法推理太依赖于作为"空气振动"形式的言语和提供法律背景的语词，而如果把诉诸语词的证言、询问和辩论等撇开，我们也可以把法庭审判看成是一种具有仪式性的交流行为，它可以使审判活动的参加者建立起有某种意义的联系。"一种仪式引起一种情绪反应或传播一种观念；它使仪式的参加者感到他们是更大整体中的一个部分。"[1]法庭庄严肃穆的结构布局，审判席位和座椅的陈设，法官的服饰、法槌等用具，这些审判的物理背景对人们感受和解释司法行为的方式起着某种潜移默化的作用。法庭庄重的审判仪式是要向世人昭示法律的尊严，它有利于树立法官与法院的声望和权威。

　　作为审判物理环境的构成因素，法院的文化形象包括建筑、设施、装饰、制度、惯例、文字、标识等各种有形和无形的事物，构成了一个完整的表意系统。"法院文化建设"可以通过这些表意手段彰显出来。然而，从另一方面

---

　　[1]　[美]菲力浦·劳顿、玛丽-路易丝·毕肖普：《生存的哲学》，胡建华等译，湖南人民出版社1988年版，第93页。

— 409 —

看，法官学习室空落落的书架，书架上摆放的武侠小说，当事人赠送的各种锦旗、牌匾，政府有关部门发放的奖杯、奖状，也可给这种表意披上消极的色调。因此，"法院文化建设"如果表意有误，运用不当，就会弄巧成拙，愈发使法院显得没文化、缺乏文化追求。[1]同样，法官的服饰作为一种文化符号在法庭上也具有象征意义。例如，英国以及一些英属普通法系国家的法官在法庭上戴假发、穿猩红色或黑色法袍，大概是要给人一种年长和权威的印象，同时，也是能够在外表上与常人拉开较大的距离，使得穿上这身装束的人们可以产生某种从事圣职的庄严感及一种强烈的自我意识，以便自觉地对自己的行为和言论予以严格约束。

为了维护司法的独立与公正，法官通常必须与当事人之间保持一定的物理距离，这不仅表现在法官总是威严地坐在法庭审判台上，摆出一副高高在上或拒人于千里之外的冷酷面孔；而且，这种物理距离也延伸到法庭之外，法官不得与当事人在法庭之外任何场合直接发生接触，不得私自交谈。谁要想请法官赴宴或者到法官家里登门拜访，那更是不可想象。法律制度通常规定，"法官不能参加任何相当可能干扰他们适当履行司法职责的庭外活动。"[2]根据《马萨诸塞州司法行为准则》"规则2.9单方交流：（A）对于某个待决或未决事项，法官不得发起、允许或考虑单方交流，或者在当事人或其律师不在场的情况下，考虑与法官的其他交流"，除非"法官合理地相信，作为该单方交流的结果，没有任何一方将获得程序性、实体性或者策略上的优势"。[3]

中国法官与诉讼当事人之间的物理距离，受到社会经济、文化传统、法律制度和收入分配等方面的影响。从小的方面说，法官不是高薪阶层，他们要为自己和家庭成员的生存而奔波，摆不出超凡脱俗的架子；中国大多数法官都在自己家乡所在地法院工作，摆脱不了复杂的亲属关系、乡邻关系所带来的亲情压力。从大的方面说，我们需要营造法庭审判应有的物理环境，但作为发展中国家，由于经济社会发展的不平衡，许多边远地区法官的生活住房和法院的工作环境都有待改善；除物质条件外，更难改变的可能还有我们长期以来一直倡导的司法群众路线，以及要求审判人员走出"衙门"与群众

---

〔1〕 参见张志铭：《司法沉思录》，北京大学出版社2019年版，第42—43页。

〔2〕 ［美］拉尔夫·D. 甘茨、辛西娅·J. 科恩：《中译本序》，载《马萨诸塞州司法行为准则》，张保生等译，中国政法大学出版社2016年版，第47页。

〔3〕 《马萨诸塞州司法行为准则》，张保生等译，中国政法大学出版社2016年版，第61页。

打成一片的革命传统。这种传统发源于边区时期的"马锡五审判方式"，即"诉讼手续是简单轻便的，审判方式是座谈式而不是坐堂式的，不敷衍，不拖延，早晨、晚上、山头、河边，群众随时随地都可以要求拉话，审理案件。"[1]这种传统在某一历史时期还有发扬光大的趋势，一些宣传媒介对此也津津乐道。例如，有报载：一些法官包括法庭庭长甚至一年 365 天时间有 300 天在村社农家"转悠"。许多案子，当事人农务忙，有的法官就在他们的"炕头"上开庭审结。[2]

　　对于上述现实，我们并不一概地抱一种赞赏或批判的态度。中国的法治建设、司法改革不能不考虑中国现实国情。西方法学家也不都认为法官道貌岸然的装束就一定好。例如，美国法学家弗兰克在其所提出的改革美国司法制度和法律教育的十三点方案的第六点中就提出："法官不穿法衣，较为自由地进行初审，一般地说，放弃'法衣主义'。"[3]但是，物理环境对于维护司法公正即使不是必不可少，却也不是无关紧要。即使某些地区的物质条件较差，但制造某些物理距离实际上并不需要太多的物质条件，关键还是如何转变传统的司法观念。观念改变了，别把法官和诉讼当事人的关系当作上下级之间的官民关系，是否联系群众的问题就不必以物理距离来加以衡量，也就不应把联系群众的问题看得比司法公正还重要。

　　（二）南澳地方法院审判庭的结构布局[4]

　　就法院内部的物理环境而言，南澳大利亚州地区法院可能在普通法系法院中具有一定的代表性。该法院坐落在澳大利亚阿德莱德市中心维克多广场旁，是一座古典式五层棕色建筑。从上到下的结构布局，第五层设 10 个法庭，第四层是法官办公室和法院图书馆，第三层是 5 个大的刑事审判庭（均设有陪审团席），下面两层则是地区治安法院。我于 2017 年 4 月赴澳大利亚阿德莱德大学法学院访学一个月，曾到该地区法院旁听了两个刑事案件审判。其中，其中一个是有陪审团的反洗钱案审判，一个是王室诉佩特拉簸卡姆性侵儿童案（R V Petra CAMM）法官审案件。在这两个案件审理的大刑事审判

---

〔1〕《马锡五同志的审判方式》，载《解放日报》1944 年 3 月 13 日，第 1 版。

〔2〕参见《人民法院报》1993 年 6 月 18 日，图片报道。

〔3〕参见沈宗灵：《现代西方法理学》，北京大学出版社 1992 年版，第 345 页。

〔4〕参见张保生：《南澳地方法院陪审团审判印象》，载《法制日报》2017 年 7 月 12 日、7 月 19 日法学院版连载。

庭里，旁听席可坐30多人，正对着法官席；旁听席前面是控辩双方律师（检察官）席位（辩护律师总是挨着被告席，以便随时走过去和被告低声交流或与其核对书面材料），法官席前面是法官助理和书记员席位，法庭两侧一边是12位陪审团席（共两排，每排6人），另一边相对的是被告席和证人席，彰显出陪审团是事实认定者的理念。其中，被告席被一人多高的玻璃围住，其他席位都是开放式的。参见图10.1。

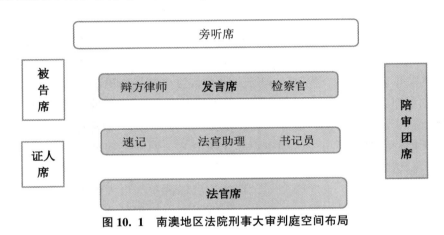

图 10.1　南澳地区法院刑事大审判庭空间布局

上述两个刑事案件的审判持续了一个月，主持审判的是该法院资深法官米尔司迪德（Steve Millsteed）。庭审过程中，每次米尔司迪德法官步入法庭或退庭时，被告人、控辩双方律师（检察官）、助理法官、书记员、速记员都要全体起立向法官致敬。庭审过程中，任何人要暂时离开法庭或回到法庭，都要先面向法官行鞠躬礼，以示敬意。

随着我国司法改革的深入，一些地区的法院在当事人与法官之间设置一定物理距离或设立"隔离带"方面进行了一些探索。例如，法院实行立审分离；有的法院推行"一步到位"开庭法，即法官收到原告和被告双方的起诉状和答辩状后，经过简单准备便开庭审理案件，之前不与当事人双方接触，将事实认定、法律适用均在庭审阶段完成；一些法院制定了主审法官不单独会见一方当事人的制度。这些做法对公正司法都起到了积极的作用。

二、法律推理的社会环境

社会环境对法律推理的影响，包括政治、政府、院外利益集团、社区、新闻媒体等因素。政治对法律推理的社会环境影响主要包括四个方面的内容：一是司法与政治的关系，二是法院与政府的关系，三是法院与社会和社区的关系，四是法院的内部管理环境。

人治社会的司法运作具有专制化特征，这导致了司法运作的不平等性。例如，在我国传统司法观念中，司法官和民众接近于父母与子女的关系。这一点从称呼中可以见得。宋代一般子女称父亲为"大人"，庶民称呼为官者为"官人"或"大人"。[1]官员称治下百姓为"子民"，听讼时也多用家长训导儿女的口气。如真西山曾以父子关系作对比，"太守之于尔民，犹父兄之于子弟。为父兄者，只欲子弟之无过，为太守者，亦只欲尔民之无犯"，百姓应该体谅为官者之心，"更相劝诫，非法之事勿妄作"，"不当非理扰官"。[2]在这样的不平等关系之下，诉讼甚至并不被认为是合理的问题解决方式，正如《戒讼》一诗所言："些小言词莫若休，不须经县与经州。衙头府底赔杯酒，赢得猫儿卖了牛。"[3]在这种不平等的司法运作模式下，"官员们对诉讼的整体认识显示出一种'居高临下'的姿态。我们既无法从中发现官方对于涉讼当事人的尊重和平等的观念，更难看出在纠纷解决过程中有任何的权利和义务的明确分野。"[4]然而，需要承认的是，这种具有等级性的司法运作模式并非完全没有积极意义。例如，在我国古代"小国寡民"的社会结构下，官员站在父母角度依靠情理判案可以有效化解社会矛盾，维护社会和谐，也在很大程度上节约了司法资源。但是，专制的司法运作模式又导致了民众的权利受损。更重要的是，等级制度的存在往往带来公开的司法不公。例如，我国古代的上请制度，就是对于部分贵族或官员而言，若犯了流罪，可以减一等处罚，如果犯了死罪，可以不依一般司法程序，而是上请皇帝裁决。[5]

上述不平等的司法运作，在人类社会进入尊重权利的法治社会之后才发

〔1〕　参见朱瑞熙：《宋代官民的称谓》，载《上海师范大学学报（哲学社会科学版）》1990年第3期。

〔2〕　参见（宋）真德秀：《潭州谕俗文》，载《西山先生真文忠公文集》，商务印书馆1937年版，第706页。

〔3〕　（明）冯梦龙、凌蒙初编：《二刻拍案惊奇》，浙江文艺出版社2018年版，第153页。

〔4〕　参见龚汝富：《明清讼学研究》，商务印书馆2008年版，第24页。

〔5〕　参见何勤华：《中国古代等级法观念的渊源及其流变——兼评西方的等级观和平等观》，载《法学》1992年第9期。

生了根本转变。法治是以平等为基本理念而构建的，霍布豪斯认为："在假定法治保证全社会享有自由时，我们是假定法治是不偏不倚、大公无私的。如果一条法律是对政府的，另一条是对百姓的，一条是对贵族的，另一条是对平民的，一条是对富人的，另一条是对穷人的，那么，法律就不能保证所有的人都享有自由。就这一点来说，自由意味着平等。"[1]这种自由意义上的平等是与生俱来、天然平等的。由此，平等构成了现代社会的基础，"平等的关切是政治社会至上的美德——没有这种美德的政府，只能是专制的政府"。[2]而平等原则也构成了现代司法运作的前提，"创造权利的东西（我指的是今天的权利）恰恰就是确认人们的平等。这种确认的平等先于司法，是平等创造了司法和构成了司法。"[3]司法平等首先意味着当事人诉讼地位的平等，即在诉讼开始前享有同样权利，例如《世界人权宣言》第 10 条明确规定："人人完全平等地有权由一个独立而无偏倚的法庭进行公正的和公开的审讯，以确定他的权利和义务并判定对他提出的任何刑事指控。" 司法平等还意味着法律适用的平等，即国家司法机关在适用法律的时候，不得区分适用人的对象，必须根据法律规定进行判断，平等地将法律适用于所有的人，即在法律适用上一视同仁。[4]正如亚里士多德所说："去找法官也就是去找公正。因为人们认为，法官就是公正的化身……法官要的是平等。这就好像一条线段被分成两个不等的部分，法官就要把较长线段的超过一半的部分拿掉，把它加到较短的线段上去。"[5]

政治环境对法律推理的影响又称审判政治化现象，或关于司法过程压力团体的作用。对这种现象进行了系统研究的 B. 杜鲁门指出："美国社会中法官的审判工作同样不能避免来自集团政策的影响。"原因在于"法院——尤其在美国社会——被给予了重大选择的权力，而这种权力能够为个人和集团的生活带来重要影响"，因此，利害关系者或集团对审判所作出的决定抱有极大的关注。由于"在作出决定时法官多多少少总有裁量的余地"，于是，在利害

---

〔1〕 ［英］霍布豪斯：《自由主义》，朱曾汶译，商务印书馆 1996 年版，第 10 页。

〔2〕 ［美］罗纳德·德沃金：《至上的美德：平等的理论与实践》，冯克利译，江苏人民出版社 2003 年版，第 1 页。

〔3〕 ［法］皮埃尔·勒鲁：《论平等》，王允道译，商务印书馆 1988 年版，第 22 页。

〔4〕 参见杨松才：《司法平等评价指标分析》，载《学术界》2015 年第 7 期。

〔5〕 ［古希腊］亚里士多德：《尼各马可伦理学》，廖申白译注，商务印书馆 2003 年版，第 151-152 页。

关系者之中就产生了使这种裁量向有利于自己的方向行使的动机。[1]

日本学者棚濑孝雄对审判的政治化现象进行研究指出，从审判是对具体、个别的纠纷，通过适用该纠纷发生之前已经存在的一般法律规范予以解决的过程来看，它是严格区别于按一定政策目的制定一般法律规范之立法政治过程的。而且，在这方面已经建立了许多制度化的保障，从而使审判与政治区别开来，发挥着自身特有的迅速处理个别具体纠纷和维持实现一般规范的功能。但在实际上，这种与政治的严格区别并没有得到百分之百的贯彻。因为，既然一般法律规范在创制过程中已经包含了政治色彩或政策目的，那么，它在适用过程中必然会在诉讼和审判中有所反映。例如，当日美安全保障条约将来是否应当废除在国民之间成为争议的焦点，并作为政治上的重大论题时，与此紧密相关的诉讼案件（如关于美军基地是否违宪的沙川诉讼等）就把围绕该问题的激烈政治对立直接带进了审判，要求法官对这样具有高度政治性的敏感问题作出权威的判断。[2]同样，侵华日军一些军人在日本法院起诉日本政府掩盖侵华罪行案败诉，也表明了审判与政治之间的密切关系。

关于司法与政党、政治的关系。《中华人民共和国宪法》第131条规定："人民法院依照法律规定独立行使审判权，不受行政机关、社会团体和个人的干涉。"《中华人民共和国人民法院组织法》第4条规定："人民法院依照法律规定独立行使审判权，不受行政机关、社会团体和个人的干涉。"当然，中国共产党对司法工作的领导主要是政治领导，而不是对司法业务而言，并且正如许多学者在讨论这个问题时所提出的，这种领导应当以党在司法事务上的代理人——法院党组织来实现。所以，司法实践中存在的法院在审理一些重大疑难案件时向地方党委汇报案情的情况，既无宪法依据也无法律根据，并且常常产生妨碍司法公正的结果，所以应当予以禁止。此外，《中国共产党纪律处分条例》第142条第1款规定："违反有关规定干预和插手司法活动、执纪执法活动，向有关地方或者部门打听案情、打招呼、说情，或者以其他方式对司法活动、执纪执法活动施加影响，情节较轻的，给予严重警告处分；情节较重的，给予撤销党内职务或者留党察看处分；情节严重的，给予开除

---

[1]　See Bavid B. Truman, *The Governmental Process：Political Interests and Public Opinion*, Alfred A. Knopf, 1951, p. 479.

[2]　参见［日］棚濑孝雄：《纠纷的解决与审判制度》，王亚新译，中国政法大学出版社1994年版，第159页。

党籍处分。"

关于法院与政府的关系[1]，比司法与政治的关系要相对简单明确一些。独立司法是按照权力分立的原则而进行的一种制度设计，其目的无非是使权力成为有限的权力，以避免权力在没有监督情况下的滥用。司法权的独立行使是一项基本法律原则。反封建的任务之一，就包括破除司法与行政合一的制度。对此，毛泽东曾在《湖南农民运动考察报告》中对旧中国知县监理司法这种司法从属行政的现象进行过抨击，表明了早期中国共产党人对独立司法这种现代司法制度的肯定。但到边区政权时代，由于当时的历史环境决定，在对旧体制改造的过程中实行一种行政统领司法的体制。例如，专员兼任高等法院分庭庭长，县长兼任司法处长，独立司法的原则遭到否定。按照1943年边区政府委员会第三次会议文件，当时实行这种做法的理由是："边区政权既是人民自己的政权，则行政与司法的分离也就没有意义。司法工作应该在各级政府统一领导之下进行"。1944年3月边区司法会议的结论则进一步指出："司法工作离开政府就无从司起，离开政府就会成为光杆儿。因此，边参会上通过的条例上即明定司法机关受政府领导，因此所谓'审判独立'是一种旧观点，是统治的一种表现。"

如果说司法与行政合一的体制在夺取政权的战争年代有其现实的合理性，那么，在夺取政权之后，司法与行政就应当分离，各司其职。因此，1954年《中华人民共和国宪法》第一次将法院从同级政府中分离出来。但是，边区形成的司法工作在各级政府统一领导下进行的传统依然有很大影响。特别表现在法院人、财、物仍由同级政府管理，这样的体制一直延续到2014年法院、检察院经费省级统管改革为止。这种体制的弊端是，法院缺乏独立审判的保障机制，法院常常由于经费困难而需要地方政府的财政支持。用一些基层法院院长的话说，"吃人家的饭，住人家的房，你就得让人家管"。由于司法权不能独立行使，重大案件只要涉及地方利益，必须向地方党政领导请示，由此造成关系案、人情案屡禁不止，要么难以作出公正裁判，要么公正裁判了也难以执行。行政之于司法，虽无领导之名，却有领导之实。这种情况在中办

---

　　[1]　以下关于法院与政府的关系以及法院与社区关系的论述，参见贺卫方：《司法的理念与制度》，中国政法大学出版社1998年版，第50-51页。

《〈关于深化司法体制和社会体制改革的意见〉及其贯彻实施分工方案》[1]出台之后才发生改变，根据该司法体制改革方案，"地方各级法院、检察院经费上收省级统一管理，保证办公经费、办案经费和人员收入不低于现有水平。"

我们要建设高度民主、高度文明的社会主义法治国家，首先要改革司法依赖于行政权力的制度设计。要保证法院独立办案、独立行使审判权，维护司法判决的权威性，任何机关、任何个人不得干预法院的独立审判。司法权独立行使之所以重要，还在于法院的基本任务是保护公民合法权益，除了处理个人之间的纠纷之外，法院的一个重要任务是在个人与政府的行政权力发生冲突时给公民以救济。在德国司法史上有一个磨坊主诉威廉一世案。德国皇帝威廉一世欲让某磨坊主拆迁磨坊以美化其行宫环境，并愿出高价给予补偿。但是，该磨坊主坚决不同意拆迁。盛怒之下，皇帝命人强行拆除了磨坊。磨坊主将皇帝告上法庭，结果皇帝败诉，不得不服从法院判决，将磨坊原样修建，并赔偿由拆除磨坊给磨坊主带来的一切损失。此案成为德国司法历史上的里程碑。[2]试想，在法院不能独立审判的情况下，像这类民告官的诉讼最可能发生的情况是无人受理，即使受理，法院也不能站在中立公正的立场上给予弱势百姓应有的救济。当然，司法权的独立、公正行使需要许多条件，首先是经济独立，法院必须有独立的经费来源，法院预算应当由全国人民代表大会决定，不应当让法院向地方政府申请经费。其次，法官必须有坚定的法治信念和法律素质。再次，法官必须实行终身任职制，不必因为判决得罪了某些权势而丢掉职位。最后，法官还应该有较高的薪水，能够维护做人的尊严。

关于院外利益集团对审判的影响。法庭外组织或集团包括政党、工会和大众团体以及新闻媒介等，常常为了维护本集团的利益而举行诉讼支援活动。这些支援活动"明显以己方的胜诉为目的，通过种种直接或间接的方式给审判施加影响或压力。……通过旁听审判、给法官写信、打电话或者开展要求被告获得无罪判决的示威游行等活动来向审判者施加压力。……只要法官作出的决定直接地间接地涉及到许多国民的切身利益，只要他们行使这种被赋以了的权限，因这样的决定而受到影响的个人和集团就不会对审判漠不关心。……总之，只要同时存在权力和裁量，审判也同其他政策决定机关一样，

---

[1] 《〈关于深化司法体制和社会体制改革的意见〉及其贯彻实施分工方案》中办发〔2014〕24 号。
[2] 参见贺卫方：《司法的理念与制度》，中国政法大学出版社 1998 年版，第 251-252 页。

不得不卷入各种利害关系错综复杂的对立的旋涡之中。"〔1〕当然，诉讼支援活动可能并不限于诉讼声援或舆论压力，还包括为当事人募捐诉讼费用和在诉讼期间维持他们的生活等方面的援助。

社会环境对法律推理的影响还有一个不可忽视的因素，这就是民意。例如，美国洛杉矶一个陪审团宣布殴打黑人的警察无罪，引发市民抗议暴乱。事件发生后，时任美国总统布什据此认为，这种司法制度必须改革。联邦最高法院大法官却针锋相对地指出，法律自有其逻辑，司法制度不应完全受制于民意。当然，在一般意义上，民意具有不容置疑的正当性，然而就一个具体案件而言，民意也许是相对情绪化和非理性的。正如亚里士多德所说，某些情感如果得到正确使用，就可以被当作武器。〔2〕如果法官完全顺从民意，就会忽视案件判决的法律理由。因此，在现代民主政体下，总需要某种机制对民意进行一定程度的制约。在许多国家公职人员里，只有法官是终身任职，不受选民制约，正是为了使他们在作出判决——尤其是不受大众欢迎的判决——时不必过分畏首畏尾，不能被舆论牵着鼻子走。〔3〕

一般来说，院外利益集团对审判施加直接影响是违法的。"这种施加影响活动最极端的方式，可以是针对法官个人在物质方面的利益（如财产、人身安全等）直接作出行贿、威胁等行为。但这是对作为审判制度根本基础的公正性进行重大侵害，所以一方面在外部存在着制度的或社会的严厉制裁可能性，另一方面也会遭到法官从内在化了的职业伦理出发而作出的拒绝反应。"〔4〕

从社会影响的角度看，法院与大众传媒也须保持一定社会距离。在这方面，各国法律一般都对新闻媒体报道正在审理的案件进行限制，旨在防止社会舆论干扰法官独立作出判决。例如，除非在个别情况下并得到法官许可，法庭内只能做文字记录，不得摄影、录像或现场直播；特别是不能发表带有

---

〔1〕 ［日］棚濑孝雄：《纠纷的解决与审判制度》，王亚新译，中国政法大学出版社1994年版，第160—162页。

〔2〕 参见苗力田主编：《亚里士多德全集》（第十卷），中国人民大学出版社1997年版，第130页。

〔3〕 参见贺卫方：《以直报怨》，载《南方周末》1998年8月28日，法治版。

〔4〕 ［日］棚濑孝雄：《纠纷的解决与审判制度》，王亚新译，中国政法大学出版社1994年版，第178页。

倾向性的报道或评论，用民众的感情和意见来影响法院的事实认定和法律适用，否则，媒体将以藐视法庭罪而受到刑事或民事处罚。当然，传媒的意见有时候可以反映民意，有时候仅仅反映记者个人的意见。无论是大众民意还是记者意见，由于这些意见主体都未受过法律专业训练，缺乏法律思维所需的专业知识和理性思考，所以，其意见难免带有某些非理性因素。因此，法院与舆论保持适当社会距离也是独立审判的题中应有之义，它可免受舆论的左右而影响法官独立的判断和理性推理。在这方面，仍然存在的主要问题是"舆论审判"，即被告人刚被审判，法院尚未作出判决，媒体便铺天盖地地进行报道，这显然不仅是违背了无罪推定原则，也侵犯了《世界人权宣言》《公民权利和政治权利公约》确立的被告人未经法院公开、公正审判不得被定罪的基本权利。西方法律传统中司法公正主要靠职业自律，舆论监督只起辅助作用，并且主要是针对审判的结果，而不是贯穿于审判过程。这种做法用内因论可以作出令人满意的解释，如果法官或律师不能自律，再健全的舆论监督也只能是隔靴搔痒。当然，舆论监督或媒体对审判结果的报道，对维护社会公正也有重要影响。例如，日本的"朝日诉讼、沙川诉讼，或以文部省为被告的教科书检定诉讼等，尽管后来都以原告败诉而确定结案，但由于第一审原告胜诉的结果被新闻媒介一再报道，从而大大强化了原告一方在政治上的立场。"[1]

在法官与社区的关系上，法官不是生活在真空之中，而是生活在社会中的个体，有与常人相同的社会生活需要。"但是，考虑到他们负担的特殊使命，为了保证司法的公正，他们应当与一般社会尤其是所在社区保持适度的分离，以避免千丝万缕的人情网、关系网影响司法天平的平衡。"[2]例如，《马萨诸塞州司法行为准则》规则 3.1（法庭职权外活动概述）规定："除非法律或本准则禁止，法官可以从事法庭职权外活动。然而，在从事法庭职权外的活动时，法官不得：（A）参与相当可能会影响法官适当履行司法职责的活动；（B）参与相当可能会导致法官经常取消审理资格的活动；（C）参与对一个理性人看来会削弱法官的独立、廉正或者公正的活动"[3]。规则 3.7

〔1〕［日］棚濑孝雄：《纠纷的解决与审判制度》，王亚新译，中国政法大学出版社 1994 年版，第 169 页。

〔2〕贺卫方：《司法的理念与制度》，中国政法大学出版社 1998 年版，第 8—9 页。

〔3〕《马萨诸塞州司法行为准则》，张保生等译，中国政法大学出版社 2016 年版，第 107 页。

（参加有关法律、教育、宗教、慈善、互助或市民组织及其活动）规定"（A）在规则3.1要求的限制下，法官可以参与下列组织的活动，获得其赞助或代表它们，这些组织包括：（i）法律、教育、宗教、慈善、互助或市民的非营利性组织，或者（ii）与法律、法律系统或司法行政相关的政府实体。允许参加的范围包括但不限于：（1）法官可以成为该组织的成员。（2）法官可以计划并参与该组织的事情或活动。（3）法官可以参与关于筹款的内部讨论。然而，法官不得参与筹款，并且不得管理或投资属于该组织或该组织发起的基金，除非该组织完全由法官组成或法官占主导地位，并且该组织的存在是为了促进法官的教育或职业利益。（4）法官不得为组织募捐或招收会员，但法官可以从家庭成员中或从对其不行使管理权或上诉权的法官中募捐或招收会员。（5）法官可以担任组织中的高级职员、主管、受托人，或者与法律无关的顾问，除非该组织很可能：（a）将经常性地参与该法官所主持的法庭诉讼程序；或者（b）将在该法官所在法院、从属于该法官所在的具有上诉管辖权的法院的任何法院中，经常性地参与对抗式诉讼程序。（6）为推动组织的一项非筹款活动，法官可以担任主旨或主要发言人、接受一项奖励或其他类似的认可、在活动中担任重要角色、允许使用法官头衔，但不得在一项筹款活动中这么做，条款（6A）中允许的筹款活动除外。（6A）为推动组织的一项筹款活动，允许使用与该活动有关的法官头衔，法官可以担任主旨或主要发言人，接受一项奖励或其他相当的认可，在活动中担任重要角色，但该活动必须由与法律、法律系统或者司法行政相关的组织发起，且该组织促进政府司法机构或法律职业的一般性利益，包括增进律师群体的多元性和专业化。（7）为了活动或项目，法官可以向公共或私人基金发放组织或机构提供推荐意见，但仅限于代表涉及法律、法律系统或司法行政的组织。（B）法官可以鼓励律师提供公益性的公共法律服务。（C）作为父母或监护人，法官可以在程序不具强制性且所需求金额适当合理的情况下，帮助未成年子女进行募捐活动。"[1]

　　从上述规定看，在司法公正不受损害的范围内，应该允许法官从事不以营利为目的的教育、宗教、慈善、互助或市民的法庭职权外活动，即便这些

---

〔1〕《马萨诸塞州司法行为准则》，张保生等译，中国政法大学出版社2016年版，第127-129页。

活动与法律无关，这有助于法官融入他们的社群；同时，应该鼓励法官参加与法律有关的法庭职权外活动，这有助于促进公众对法院和司法系统的理解和尊重。法官可以成为组织中的成员、高级职员、主管、受托人或者与法律无关的顾问。为推动组织的一项非筹款活动，法官可以担任主旨或主要发言人、接受一项奖励或其他类似的认可、在活动中担任重要角色、允许使用法官头衔，但不得在一项筹款活动中这么做，条款（6A）中允许的筹款活动除外。从上述规定有助于公众对法院的理解和尊重的正当理由来看，我们在实践中一方面不能过于谨慎，比如，不应该限制法官参加学术会议并担任主旨发言人；另一方面，又不能过于松懈，有必要制定法院与社区、法官与民众的接触规范并严格遵循，比如一些法院或检察院与企业进行所谓精神文明共建，[1] 广西南宁某停车场投资二百万元一夜回笼 72 亿现金并与法院合作[2]，诸如此类主动与社区建立"关系网"的情况，在法院、检察院审理的案件涉及"网内"利益时，根本无法保证司法天平不因利益砝码过重而失去平衡。

在处理官员与社区的关系问题上，中国唐代以后有"五百里地不为官"的"仕官避本籍"任官回避制度。回避包括避亲与避籍两个方面：避亲是中央级官员亲属子弟不得担任中央和地方的要职；避籍是地方官员不在本籍任官职。目前绝大多数法官是在自己家乡所在地或出生地法院工作，在处理案件过程中不得不面对许多复杂的亲属关系、乡邻关系，这种情况给法官公正执法带来很大精神压力，在照顾亲情关系和公正司法之间处于两难境地。法官异地任职的呼声虽然一直不绝于耳，但由于成本较高等各种原因目前尚难全面实施。但有论者对法官异地交流提出如下建议：（1）应当将交流任职人员的范围扩大到具体从事审判业务的一线法官，也就是司法改革之后的员额内法官；（2）在同一中级人民法院辖区内，以法官住址所在地为中心，考虑

---

〔1〕　参见《平舆县人民检察院"检企共建"助推精神文明创建》，载 http://www.zmdnews.cn/2021/1029/669865.shtml，最后访问日期：2023 年 5 月 14 日。《南平市检察院开展检企共建活动》，载 https://www.163.com/dy/article/DKQU4H0T05149GEV.html，最后访问日期：2023 年 5 月 14 日。《内蒙古根河：开展"检企共建"交流会》，载 http://www.jcrb.com/photo/shijiejiancha/201410/t20141022_1442702.html，最后访问日期：2023 年 5 月 14 日。

〔2〕　参见《广西南宁某停车场投资 2 百万一夜回笼 72 亿现金并与法院合作惹争议》，载 https://www.163.com/dy/article/159PGVO405532FXK.html，最后访问日期：2023 年 5 月 21 日。广西新闻网 5 月 19 日发，广西南宁市某法院与该停车场公司签订《合作备忘录》，此事引发社会关注。该公司与南宁市某法院合作，某法院还承诺在立案、审判、执行等司法活动中大力支持该公司。

交通等因素，构建跨县域交流任职的制度；（3）一个法官在某一法院任职的时间为五年，五年期满后必须交流至其他法院任职。[1]与此相关的一些制度，体现在最高人民法院《关于对配偶父母子女从事律师职业的法院领导干部和审判执行人员实行任职回避的规定》[2]。

法院的内部管理环境，包括法院内部上下级之间、法官之间的工作环境，对公正司法具有直接影响。其中有两个问题值得重视：一是我国法院管理长期采取的非职业化管理方式，法院领导不是法律专业毕业的局面已有根本转变，但仍需长期坚持并形成制度；二是审判委员会职能的限制。

要实现十八届四中全会《中共中央关于全面推进依法治国若干重大问题的决定》关于"推进以审判为中心的诉讼制度改革""全面贯彻证据裁判规则""保证庭审在查明事实、认定证据、保护诉权、公正裁判中发挥决定性作用"的要求，就必须对法官独立行使审判权和审委会的权力作出明确规定。对此，最高人民法院《关于健全完善人民法院审判委员会工作机制的意见》[3]强调了两点：

第一是基本原则，强调了"遵循司法规律。优化审判委员会人员组成，科学定位审判委员会职能，健全审判委员会运行机制，全面落实司法责任制，推动建立权责清晰、权责统一、运行高效、监督有力的工作机制。"

第二是职能定位，一是将审委会主要职能限定为：（1）总结审判工作经验；（2）讨论决定重大、疑难、复杂案件的法律适用；（3）讨论决定本院已经发生法律效力的判决、裁定、调解书是否应当再审；（4）讨论决定其他有关审判工作的重大问题。二是列举了各级法院应当提交审委会讨论决定的案件：（1）涉及国家安全、外交、社会稳定等敏感案件和重大、疑难、复杂案件；（2）本院已经发生法律效力的判决、裁定、调解书等确有错误需要再审的案件；（3）同级人民检察院依照审判监督程序提出抗诉的刑事案件；（4）法律适用规则不明的新类型案件；（5）拟宣告被告人无罪的案件；（6）拟在法定刑以下判处刑罚或者免予刑事处罚的案件；高级法院、中级法院拟判处死

---

〔1〕参见吴立发：《构建法官定期交流任职制度的几点思考》，载 https://www.chinacourt.org/article/detail/2016/09/id/2077955.shtml，最后访问日期：2023 年 5 月 16 日。

〔2〕参见最高人民法院印发《关于对配偶父母子女从事律师职业的法院领导干部和审判执行人员实行任职回避的规定》的通知（法发〔2020〕13 号）。

〔3〕法发〔2019〕20 号。

刑的案件，应当提交本院审委会讨论决定。三是列举了各级可以提交审委会讨论决定的案件：（1）合议庭对法律适用问题意见分歧较大，经专业（主审）法官会议讨论难以作出决定的案件；（2）拟作出的裁判与本院或者上级法院的类案裁判可能发生冲突的案件；（3）同级检察院依照审判监督程序提出抗诉的重大、疑难、复杂民事案件及行政案件；（4）指令再审或者发回重审的案件；（5）其他需要提交审委会讨论决定的案件。

三、法律推理与法律文化

法律文化是指，"在一定社会物质生活条件起决定作用的基础上，国家政权所创制的法律规范、法律制度，以及人们关于法律现象的态度、价值、信念、心理、感情、习惯及理论学说的复合有机体。"[1]一个国家或民族的法律文化是对司法影响深刻的生态环境。弗里德曼把法律文化分为外部法律文化和内部法律文化。前者是指一般人的法律文化，后者是指从事专门法律任务的社会成员的法律文化。[2]

（一）外部法律文化对法律推理的影响

在一般人的外部法律文化方面。西方文化悠久的民主自由传统，使得在这种文化熏陶下长大的国民对维护自己的合法权利有较强的意识，人们习惯于将社会生活中发生的纠纷拿到法庭上去解决。对这种所谓好讼现象，耶林曾在文化心理方面分析了其产生的原因。他认为，"驱使受害者提起诉讼的，并不是赤裸裸的金钱打算，而是对无法忍受的非法行为产生的一种伦理上的义愤。……对他来说成为问题的不是没有真正价值的标的物，而是他的人格、他的名誉、他的权利感情和他的自爱心"。[3]弗里德曼也认为，诉讼并不只是利益之争，由于权利要求是深深扎根于西方法律的古老思想中，同利益相比，人们更不容易对价值观念或权利进行妥协。特别是美国的自然法传统以及法国和美国的革命，作为历史经验构成了美国人民对权利的一种特殊态度。因此，"美国人似乎有根深蒂固的习惯要把政治和经济争论搞到法庭上去。换言

〔1〕　张文显主编：《法理学》，高等教育出版社、北京大学出版社 2011 年版，第 325 页。

〔2〕　参见〔美〕弗里德曼：《法律制度》，李琼英、林欣译，中国政法大学出版社 1994 年版，第 261 页。有关内部法律文化的论述，参见该书第九章论内部法律文化，第 261–313 页。

〔3〕　〔德〕耶林：《为权利而斗争》，转引自〔日〕棚濑孝雄：《纠纷的解决与审判制度》，王亚新译，中国政法大学出版社 1994 年版，第 189 页。

之，美国人特别擅长把利益变成权利要求。"〔1〕

东方文化特别是儒学文化的中庸、和合、礼义等传统，养成了东方民族不喜欢争讼的观念。例如，中国的法律文化是尽量避免到官府去解决问题，而希望通过民间德高望重的第三者来调和纠纷，采用所谓私了的办法达到双方妥协、彼此让步。有时候甚至会出现这样的情况："如果当事者一方表现出让步的姿态而另一方却顽固地坚持认为是自己权利的主张，则舆论肯定会站到持妥协态度的一方来非难固执的一方。"〔2〕当然，造成中国人厌讼的，不只是文化上的原因，还有更加深刻的经济和政治原因。经过多年改革开放，中国民众法律意识明显增强，法院受理的案件数量逐年增多，1999 年，全国地方法院和专门法院受理的一审案件 569.2 万余件，比上年上升 5.2%；〔3〕2022 年全国地方法院和专门法院受理案件 3370.4 万件，〔4〕比 1999 年多了 6 倍。随着我国经济与社会的发展，中国人越来越爱打官司了，这一方面是由于社会关系越来越复杂，人们参与各种社会活动的机会也越来越多，因而容易引发社会纠纷；另一方面是由于在处理社会纠纷的问题上基层民间调解组织数量少且权威性相对较弱，法院便成为明断是非、解决矛盾的重要场所。

日本学者佐佐木吉男认为，日本人传统上也不喜欢通过审判来解决纠纷。他在 1961 年对大阪市 3000 名一般市民所作的一项问卷调查表明：①受不喜欢诉讼的法律文化影响，认为"到法院解决纠纷不好"或"尽可能不上法院"的人占被调查者的 42%；②由于审判制度本身有较多的缺陷而表现出回避审判的倾向，认为上法庭"太费时间""花钱太多""律师费用太高"等占45%；③从诉讼的人际关系后果考虑，认为"事后不好相处""会被别人看不起"或"纠纷总是双方都有对有错，拿法律来一刀两断并不妥当"等理由来回避审判的占 5%–25%。〔5〕

---

〔1〕　［美］弗里德曼：《法律制度》，李琼英、林欣译，中国政法大学出版社 1994 年版，第 273 页。

〔2〕　See Sybille van der Sprenkel, *Legal Institutions in Manchu China*, Athlone Press, 1962, p. 114.

〔3〕　参见最高人民法院院长肖扬 2000 年 3 月 10 日在第九届全国人民代表大会第三次会议上作的《最高人民法院工作报告》，载《人民日报》2000 年 3 月 20 日，第 2 版。

〔4〕　参见最高人民法院院长周强 2023 年 3 月 7 日在第十四届全国人民代表大会第一次会议上作的《最高人民法院工作报告》，载《人民日报》2023 年 3 月 18 日，第 4 版。

〔5〕　参见［日］佐佐木吉男：《民事调停的研究》，法律文化社 1967 年日文版，第 113–115 页。转引自［日］棚濑孝雄：《纠纷的解决与审判制度》，王亚新译，中国政法大学出版社 1994 年版，第187–188 页。

作为"中国司法文明指数"（China Justice Index）10 个一级指标之一，"司法文化"包括四个二级指标：[1] 10. 1 公众参与司法的意识及程度，包括旁听法庭审判、担任人民陪审员和人民监督员、出庭作证等方式。10. 2 公众诉诸司法的意识及程度。这体现了现代理性人对争端解决方式的理性选择。10. 3 公众接受司法裁判的意识及程度。10. 4 公众接受现代刑罚理念的意识及程度。公众对强调人权和人道主义的现代刑罚理念和方法的认识和接受，或者对于在公共场所举行公捕、公判大会等有辱犯罪嫌疑人、被告人或罪犯人格等做法的反对态度，反映了司法文化趋向文明的程度。根据《中国司法文明指数报告 2020-2021》，"司法文化"以 68. 0 得分位列第九，其中，二级指标"公众参与司法的意识及程度"得分最高（73. 4 分），其次是"公众诉诸司法的意识及程度"（69. 9 分）和"公众接受司法裁判的意识及程度"（66. 9 分），而"公众接受现代刑罚理念的意识及程度"（61. 9 分）得分最低。[2]

从 2015-2019 年中国司法文明指数变化轨迹分析，"司法文化"是五年呈下降趋势的两个一级指标之一。它从 2015 年 68. 5 分（峰值）下降到 2018 年 67. 4 分，2017 年得分最低（66. 8），这意味着民众对现代司法文明理念的接受还比较滞后。在四个二级指标中，"公众参与司法的意识及程度"2015 年得分最高（76. 3），并一直维持在 70 分以上；"公众诉诸司法的意识及程度"，五年得分平稳，2018 年到达峰值（69. 2），最低值为 2017 年（67. 2）；"公众接受司法裁判的意识及程度"2019 年得分最高（66. 6），2016 年得分最低（64. 4），2018 年得分（65. 2）较前一年略有下降；"公众接受现代刑罚理念的意识及程度"得分最低是 2019 年（62. 3），2015 年得分最高也仅为 63. 6 分。[3]

司法文明指数调查数据进一步显示，现代刑罚理念尚未深入人心。公众支持在公共场所举行公捕、公判大会的比例 2015 年为 17. 16%、2018 年降到

---

〔1〕　参见张保生等：《中国司法文明指数报告 2020-2021》，中国政法大学出版社 2022 年版，第 28-29 页。

〔2〕　参见张保生等：《中国司法文明指数报告 2020-2021》，中国政法大学出版社 2022 年版，第 122 页。

〔3〕　参见张保生、王殿玺：《中国司法文明发展的轨迹（2015-2019 年）——以中国司法文明指数为分析工具的研究》，载《浙江大学学报（人文社会科学版）》2020 年第 6 期。

15.27％，2019 年却升到 39.64％；与此相比，持不关心、无所谓态度的由 2015 年 10.68％、上升到 2018 年的 16.59％，2019 年又升到 24.62％；强烈反对的由 2015 年 26.48％，下降到 2018 年 23.66％。这说明，恢复性司法、司法人权保障等现代司法理念尚未被公众广泛接受。在公众接受司法裁判的意识及程度方面，当被问及"如果法院审判程序没有问题而判决结果对己不利，尊重裁判的可能性"时，2015-2019 逐年分别有 25.39％、25.81％、26.36％、26.87％、29.12％的受访者选择"很可能"尊重裁判，而逐年分别仅有 6.01％、7.56％、8.61％、8.55％、9.97％的受访者选择"非常可能"尊重裁判，这说明司法的权威性和公信力尚待提高。五年调查数据还表明，不愿意参加陪审团的受访人比例，逐年分别为 11.23％、15.56％、15.85％、14.95％、14.35％；参加意愿一般的比例，逐年分别为 25.87％、31.5％、49.14％、47.14％、30.2％。[1]

（二）内部法律文化对法律推理的影响

弗里德曼在论述法律文化时指出："每个社会都有法律文化，但只有法律专家的社会有内部法律文化。"[2]他从法律权利、法律论证、条文主义、法律拟制、类比推理和渐进主义、解释规则、语言和风格、法律和语言等方面，全面论述了内部法律文化的问题。在这些论述中，法律推理被视为一种内部法律文化现象，或者内部法律文化的一个组成部分，它产生了规则和规则解释的法律行为，法律理由的论证把法官判决与权威性、合法性联系起来。按照法律推理或论证的形式，弗里德曼把法律制度区分为以下四种类型：[3]

（1）神圣制度。这些法律制度有一套封闭的前提，不承认创新。例如，法律问题的一切答案都藏在《圣经》词语中，法官所从事的工作就是"翻，再翻，因为所有的东西都能在这里找到"。古典普通法也是不承认创新的，遵循判例的学说坚持认为，有关合法前提只存在于先前的案件之中。19 世纪末是普通法和大陆法系机械法学盛行的时期，这一时期"判断一切案例时，都要求助于明确不变的规则，其适用是完全可以预测的"。为了避免出现某些像

---

〔1〕 参见张保生、王殿玺：《中国司法文明发展的轨迹（2015-2019 年）——以中国司法文明指数为分析工具的研究》，载《浙江大学学报（人文社会科学版）》2020 年第 6 期。

〔2〕 ［美］弗里德曼：《法律制度》，李琼英、林欣译，中国政法大学出版社 1994 年版，第 261 页。

〔3〕 参见 ［美］弗里德曼：《法律制度》，李琼英、林欣译，中国政法大学出版社 1994 年版，第九章论内部法律文化，第 261-313 页。

是创新的情况，法官不得不采用条文主义、法律虚构和各种牵强附会的类推。

（2）法律科学制度。它主要是指欧洲大陆法系国家的审判制度，这种制度的前提标准也是封闭的，法典在理论上是唯一的法律来源，法官必须把每个判决与法典中的某个具体条文相联。但是，这种制度接受创新，法典不是神圣的，经常会有修正。

（3）习惯法制度。这种制度下的标准是公开的，但不真正接受创新。北罗得西亚（赞比亚旧称）的洛齐就实行这样一种法律制度，没有法典，没有固定的法律规则，法官没有受过专业训练，他们是贵族、顾问、智者、长者或有经验的人。他们没有创造新法律。法律已经在那里。法律是社会方式、习惯和观念。

（4）工具类制度。这种制度下的法律标准也是公开的，有些"法官"可以不受法律约束而作出判决，而是诉诸广泛的社会标准。这种制度分为革命合法性和福利合法性两种分类型。前者如古巴和苏联的革命法庭，法官是热情的业余人员，他们可能提出判决理由，但这些理由不是来自旧法典。这是一种不要或不需要律师的革命条文主义。后者以福利合法性作为法律推理的起点，它承认各种政策准则、科学真理、常识和道德准则，审判结果追求更符合公共政策、一般福利和社会利益，推理论证的方式是自由、坦率、合理的，而不是技术性或墨守成规的。美国一些法院特别是上诉法院似乎正缓慢地朝这个方向移动。

上述内部法律文化制度各有一些可资比较的鲜明特点：前两种封闭的制度需要专业的法律人员，而专业人员的经济和社会利益方面的需要，又促使制度进一步走向封闭。就像医生用病人看不懂的拉丁文去书写病历一样，法官和律师也用当事人听不太懂的法律术语讨论问题。在这种封闭制度下，条文主义受到推崇，法律推理拒斥社会逻辑的意义。对于后两种开放的制度而言，则不需要专业的法官和律师。

不同的内部法律文化还造就了司法审判不同的语言和风格。例如，法国上诉法院使用省略语，审判具有技术化和非人格的风格。判决报告的意见非常少，非常简要，几乎不很连贯，并且不陈述事实。它是对法律工作者谈法律，而不是针对外行或当事人。这是官僚式组织的司法机构或受过严格准科学气氛训练的法律工作者之间的特点。英国法院的风格则是意见讨论式的，法官们作为一个集团是有尊严、有学问的精英，他们有条理地、文明地讨论法律问题，语调明显是随便的，几乎是交谈式的。这里"是人，不是法院，在工作"。人们得到的印象是一群聪明、谨慎的绅士在一起讨论困难的问题。美国的司法风格介于英国和法国之间，高等法院发表多数人和少数人的意见。多数意见是签名的，代表法院的意见。当然，司法风格不是一成不变的，而是随着经济、社会生活和法律文化而发展的。

狭义的"司法文化"是指司法机关的法律文化，如"人民法院在长期审判实践和管理活动中逐步形成的共同的价值观念、行为方式、制度规范以及相关物质表现的总称，是中国特色社会主义先进文化的重要组成部分，是社会主义法治文化的重要内容"[1]。司法文化与司法制度、司法主体、司法运作一起构成了司法文明的主要领域。作为法律文化的一个重要组成部分，司法文化是在长期的司法活动中逐步形成的一种法律文化形态，主要包括价值观念、思维模式、行为准则、制度规范等表现形式。[2]司法文化既有稳定性又有变动性，并呈现出不断进步的趋势。陈光中先生对司法文明发展阶段的考察认为，随着社会发展和人类认识能力的提高，证据制度从"神判"走向"人判"，"但当时实行口供主义，以采用合法的刑讯手段取得的被告人口供作为定罪的主要根据，口供被称为'证据之王'。"[3]因此，在他看来，这个阶段不宜以法定证据主义这一形式特征来命名，而应以口供裁判来彰显其人治之本质特征。这种口供裁判，不仅在欧洲从中世纪一直流行到近代，也是中国古代奉行的司法制度。例如，《宋刑统》规定："凡审理案件，应先以情审察辞理，反复参验，如果事状疑似，而当事人又不肯实供者，则采取刑讯拷掠以取得口供。"[4]在这种专制制度下，即使像"包青天"那样廉正的司法官员，也时常祭起"大刑伺候"的法宝，因为刑讯逼供是人治或专制制度合法的审讯方式。清代以来，口供在审判定罪中的地位进一步得到强化，"断罪必取输服供词"，[5]罪从供定，甚至达到了无供不录案、无供不定罪的程度。因此，

---

〔1〕 最高人民法院：《关于进一步加强人民法院文化建设的意见》，法发〔2010〕31 号。

〔2〕 参见刘作翔：《作为对象化的法律文化——法律文化的释义之一》，载《法商研究（中南政法学院学报）》1998 年第 4 期。

〔3〕 陈光中：《刑事证据制度改革若干理论与实践问题之探讨——以两院三部〈两个证据规定〉之公布为视角》，载《中国法学》2010 年 6 期。

〔4〕 张晋藩：《中华法制文明的演进》，法律出版社 2010 年版，第 543 页。

〔5〕 赵尔巽等：《清史稿》（志·卷一百四十四）刑法三。

陈光中先生用口供裁判重新命名法定证据制度，具有重要的法治意义。[1]

（三）南澳法院文化见闻[2]

南澳地方法院的文化氛围给人留下深刻印象。法院的图书馆里书很多，米尔法官的办公室宽敞明亮，铺着洁净的地毯，大写字台有 3 米多长，四面是书柜、文件柜。几个低柜上摆着他和夫人及两个女儿的合影，还有 3 个外孙女的照片。非常显眼的是，大写字台旁边有一台跑步机，他说经常在办公室进行锻炼。外面套间是秘书办公室，有咖啡机，女秘书会随时听从吩咐为法官和客人端上一杯喷香的咖啡。这种氛围似乎在告诉人们，法官虽有尊严，但也是普通人，过着普通人的生活，而非不食人间烟火的神仙。确实，法官应该是一个生活正常的人，才能保持正常人的理性，懂得普通人的感情。一次审判结束后，我们穿行在图书馆回法官办公室的走廊里，我问米尔法官，这个被告人认罪了要减刑吧？他如释重负地说，这就好了，会减很多刑期的，她（一个洗钱案被告人）还有两个未成年的孩子呢。这让我想起富勒所称"19 世纪的观点"，法官被当作"自动售货机"，这显然是一种没有人性的法治，不符合人类美好社会的理想。

法官是法律的代言人，当然要有法律信仰。然而，正如博登海默所说，法律人不能只懂法律，满足于做个法律工匠，否则，就不能成为一流的法律工作者，甚至可能成为社会公敌或恶棍。法官应该拥有哲学素养，受过经济学训练，精通一般政治理论；他还必须熟悉本国的历史，了解世界历史和文明的文化贡献。米尔法官办公室里挂的两幅画像给我留下深刻印象，一幅是"太祖努尔哈赤"，一幅是"清七代皇帝嘉庆帝"。这使我禁不住想，如果一位中国法官在办公室挂两幅外国皇帝或总统的画像，不知会惹出什么情况。我猜米尔法官对这两位清代皇帝如此痴迷，一定对其执政理念和中国历史也了解不少。联想到在美国明尼苏达州最高法院审判庭里看到的摩西和孔子的巨幅雕像，我感到，法院作为人类理性的殿堂，不仅是用本国法律与邪恶犯罪斗争，正义的审判汲取的是人类文明的智慧成果。

法院文化还体现为人们对法官的尊重。不仅是法官每次走进法庭时，大

---

[1] 参见张保生：《陈光中司法文明三阶段新论的法治意义》，载《证据科学》2020 年第 3 期。

[2] 以下参见张保生：《南澳地方法院陪审团审判印象》，载《法制日报》2017 年 8 月 9 日、8 月 23 日、8 月 30 日法学院版连载。

家都要全体起立（不包括陪审团成员，他们是在法官入席后才进入法庭的）；而且，检察官和辩护律师每次都要起立，移步到发言席才能回答法官的问题，并对证人进行询问或提出异议（详见图 10.1 检察官和律师中间的发言席）；法庭中一切人等包括证人、检察官、律师和旁听者进入和离开法庭，都要向法官鞠躬；甚至每 20 分钟轮换一次的看守被告人的法警也是如此。在法官面前，控辩双方的地位是平等的。这不仅表现在，检察官和律师都居于法官之下，平起平坐（如图 10.1 所示）；而且，律师和检察官的法袍、假发都是一样的，但与法官不同（法官的法袍上有一条蓝色宽边，假发上有一个圆顶）。谈到以审判为中心，中国法官包括一些著名大法官都会自我解说："以审判为中心，不是以法院为中心，更不是以法官为中心"。这个表白其实似是而非。以审判为中心实际上就是以法院为中心，这是《世界人权宣言》第 10 条和《公民权利和政治权利国际公约》第 14 条第 1 款明确规定了的，我们从南澳地区法院所看到的情况就是这样。

值得注意的是，在陪审团审判中，米尔法官却经常向证人（包括被告人证人）发问，当然，大多数情况下，这种提问旨在厘清检察官或辩护律师的提问内容，或者是让证人确认其证言的确切含义。事后我和阿德莱德大学安德鲁教授提及此事，他说，法官在法庭上主动提问会给自己带来麻烦，可能会成为当事人上诉的理由。但我发现，由于米尔法官的发问并非居高临下，未使任何一方感到不适，反而增强了庭审的连续性及和谐气氛。

庭审过程的柔声细语留给我的印象也很深。无论检察官、律师还是法官，他们提问、辩论或发言的语气都很柔和。"讲事实，摆道理"，就像熟人聊天一样，没有丝毫火药味，或者咄咄逼人，即使提出反对意见也是如此。在审判中，女律师在检察官交叉询问时一共提了 3 次异议，但和我过去想象或者在一些电视剧里看到的高声"反对"不同，她只不过从座位上站起身来，轻声说一声"反对"（objection），并说明理由。法官对律师的反对，也不是高声宣布"支持"或"驳回"，而常常是用探询或商量的口气问清异议的原因，并提出自己的观点。律师有两次异议虽被法官驳回，但都得到了驳回的理由，所以她便静静地坐下接受了法官的裁定。

说到异议，顺便提一下法官席会议（bench conference）或"即席磋商"（sidebar）。在美国教科书中，这通常是律师和检察官走到法官席前，在陪审团听不到的情况下，就证据可采性异议或律师的动议进行讨论，并由法庭记录员记录在案。但旁听了阿德莱德法院的审判，我才发现，法官席会议实际上有多种灵活的形式，如每次开庭（包括休息后继续开庭）陪审团尚未入席时，法官入席后通常会先问律师和检察官有何动议，如果有，便可以站起来发言，并不需要走到法官席前来谈，因为他们所有的意见或磋商尽管需要避开陪审团，却不能避开被告人。这是被告人知情权的体现，我发现，一个铁律是：法官席会议不能避开被告人讨论任何问题，唯一的例外，是讨论被告人自己的认罪提议。显然，法院是一个供人们"讲理"的场所。既然是讲理，就要有一个心平气和的环境。不能凭借暴力，只能利用言辞和施展口才而展开辩论。这与"包公"时代审判官员居高临下、动辄"大刑伺候"的那种"不讲理"的审判方式有天壤之别。正是通过平等辩论或对论，才使案件事实真相越来越清楚、判决理由越来越充分。

总之，从法律文化角度看，法治国家的法庭审判在某种程度上是文明与野蛮、文明与愚昧的对决，但这种对决与正义对邪恶的战争不同，它所采取的依然是文雅或文明的形式！

四、法律推理与法律教育

博登海默在《法理学：法律哲学与法律方法》一书最后，专门论述了法律教育的问题。他认为，法律制度的主要目的在于确保和维护社会机体的健康，而个人之间或群体之间争议问题的长期存在就如同社会疾病，法官和律师能否通过共同努力而使争议得到公平合理的裁决，关系到是否会给社会机体留下创伤。因此，他特别提出了法律教育如何从法律工作者理论专业的非法律部分，去完成将法律工作者培养为合格"社会医生"的任务问题。他之所以强调非法律部分的教育，乃因法律是整个社会生活的一部分，不是存在于真空之中；法学也不是社会科学中一个可以封闭起来或与其他学科相脱离的自给自足的独立领域。所以，他强调，立志从事法律工作的人不能满足于做一个"只懂法律"的法律工匠，而应该成为具有文化修养和广博知识的人，使学生在历史学、政治学、经济学、哲学等方面得到全面发展。"为使自己成为一个真正有用的公仆，法律工作者就必须首先是一个具有文化修养和广博知识的人士。"除了理论学习之外，还要向实践学习，以便了解法院判决的政治与社会背景，培养对社会现实的敏锐的观察能力。博登海默还特别强调，立志从事法律职业的人，除了进行实在法规与法律程序方面的基础训练之外，还必须掌握法律论证与推理的复杂艺术。[1]

现代法律教育旨在使学生掌握法律文明的发展规律。在这方面，传统法律文化构成了我国司法文明的重要历史文化资源。在建设社会主义法治国家的进程中，我们的立法工作取得了重要成就，但司法不公的现象还仍然存在。要培养掌握法律知识、具有法治理念和法律思维素质的职业法律工作者，法律教育就要走出单纯传授法律知识的误区，注重法律思维的训练和人文素质的培养。法治虽然如常言所说是规则的统治，但规则的适用是通过人运用法律推理的手段来实现的。法律家如果只懂得尊重规则，不知道规则的适用还有正义、利益和人权等更高的目的标准制约，就不能从法律工匠成长为一流的法律工作者；法律家如果不能掌握各种法律推理方法并在事实与规范的结合中灵活地加以运用，就会陷入法律实务的各种误区；法律家如果不懂得法律推理的结论既需要接受合法性评价还需要接受正当性评价，就不能把追求真理和实现价值很好地结合起来。

总之，掌握法律推理的理论与方法，可以使我们的法律思维或法律推理成为符合认识规律的自觉的思维，从而能够更加科学地认识外部法律现象，公正处理法律案件，成功地指导法律实践。

---

〔1〕 参见［美］E·博登海默：《法理学：法律哲学与法律方法》，邓正来译，中国政法大学出版社 1998 年版，第 530-532 页。

REFERENCES

主要参考文献

1. 苗力田主编：《亚里士多德全集》（第一卷，第九卷，第八卷），中国人民大学出版社 1990 年版，1994 年版。

2. ［古希腊］赫拉克利特：《赫拉克利特著作残篇》，载北京大学哲学系外国哲学史教研室编译：《西方哲学原著选读》（上卷），商务印书馆 1981 年版。

3. ［英］爱德华滋：《汉穆拉比法典》，沈大銈译，中国政法大学出版社 2004 年版。

4. ［英］休谟：《人类理智研究》，载北京大学哲学系外国哲学史教研室编译：《西方哲学原著选读》（上卷），商务印书馆 1981 年版。

5. ［英］洛克：《人类理解论》（上册），关文运译，商务印书馆 2017 年版。

6. ［英］卡尔·波普尔：《猜想与反驳——科学知识的增长》，傅季重等译，上海译文出版社 1986 年版。

7. ［英］L. 乔纳森·科恩：《理性的对话——分析哲学的分析》，邱仁宗译，社会科学文献出版社 1998 年版。

8. ［英］哈特：《法律的概念》，张文显等译，中国大百科全书出版社 1995 年版。

9. ［英］尼尔·麦考密克：《法律推理与法律理论》，姜峰译，法律出版社 2005 年版。

10. ［英］威廉·特文宁：《反思证据：开拓性论著》，吴洪淇等译，中国人民大学出版社 2015 年版。

11. ［英］威廉·特文宁：《证据理论：边沁与威格摩尔》，吴洪淇、杜国栋译，中国人民大学出版社 2015 年版。

12. ［法］孟德斯鸠：《论法的精神》（上下册），张雁深译，商务印书馆 1961 年版。

13. ［法］列维-布留尔：《原始思维》，丁由译，商务印书馆 1981 年版

14. ［德］康德：《实践理性批判》，载北京大学哲学系外国哲学史教研室编译：《西方哲学原著选读》（下卷），商务印书馆 1982 年版。

15. ［德］黑格尔：《法哲学原理》，范扬、张企泰译，商务印书馆 1961 年版。

16. ［德］黑格尔：《小逻辑》，贺麟译，商务印书馆 1980 年版。

17. ［德］马克思：《关于费尔巴哈的提纲》，载《马克思恩格斯选集》（第1卷），人民出版社2012年版。

18. ［德］恩格斯：《自然辩证法》，载《马克思恩格斯选集》（第3卷），人民出版社1972年版。

19. ［德］拉德布鲁赫：《法学导论》，米健译，法律出版社2012年版。

20. ［德］亨利希·肖尔兹：《简明逻辑史》，张家龙译，商务印书馆1977年版。

21. ［意］贝卡里亚：《论犯罪与刑罚》，黄风译，中国大百科全书出版社1993年版。

22. ［俄］列宁：《哲学笔记》，中共中央马克思 恩格斯 列宁 大林编译局译，人民出版社1974年版。

23. ［奥］维特根斯坦：《逻辑哲学论》，郭英译，商务印书馆1962年版。

24. ［奥］凯尔森：《法与国家的一般理论》，沈宗灵译，中国大百科全书出版社1996年版。

25. ［美］罗·庞德：《通过法律的社会控制：法律的任务》，沈宗灵、董世忠译，商务印书馆1984年版。

26. ［美］约翰·罗尔斯：《正义论》，何怀宏等译，中国社会科学出版社1988年版。

27. ［美］波斯纳：《法理学问题》，苏力译，中国政法大学出版社1994年版。

28. ［美］罗纳德·德沃金：《认真对待权利》，信春鹰、吴玉章译，中国大百科全书出版社1998年版。

29. ［美］德沃金：《法律帝国》，李常青译，中国大百科全书出版社1996年版。

30. ［美］E·博登海默：《法理学：法律哲学与法律方法》，邓正来译，中国政法大学出版社1998年版。

31. ［美］迈克尔·D.贝勒斯：《法律的原则——一个规范问题的分析》，张文显等译，中国大百科全书出版社1996年版。

32. ［美］哈罗德·J.伯尔曼：《法律与革命——西方法律传统的形成》，贺卫方等译，中国大百科全书出版社1993年版。

33. ［美］弗里德曼：《法律制度》，李琼英、林欣译，中国政法大学出版社1994年版。

34. ［美］爱德华·H.列维：《法律推理引论》，庄重译，中国政法大学出版社2002年版。

35. ［美］史蒂文·J.伯顿：《法律和法律推理导论》，张志铭、解兴权译，中国政法大学出版社1998年版。

36. ［美］凯斯·R·孙斯坦：《法律推理与政治冲突》，金朝武等译，法律出版社2004年版。

37. ［美］昂格尔：《现代社会中的法律》，吴玉章、周汉华译，中国政法大学出版社1994年版。

38. ［美］诺内特、塞尔兹尼克：《转变中的法律与社会》，张志铭译，中国政法大学出版社 1994 年版。

39. ［美］迈克尔·桑德尔：《公正——该如何做是好?》，朱慧玲译，中信出版社 2012
年版。

40. ［美］布莱克：《法律的运作行为》，唐越、苏力译，中国政法大学出版社 1994 年版。

41. ［美］乔恩·R·华尔兹：《刑事证据大全》，何家弘等译，中国人民公安大学出版社
1993 年版。

42. ［美］罗纳德·J. 艾伦等：《证据法：文本、问题和案例》，张保生等译，高等教育出
版社 2006 年版。

43. ［美］特伦斯·安德森、戴维·舒姆、［英］威廉·特文宁：《证据分析》，张保生等
译，中国人民大学出版社 2012 年版。

44. ［美］詹姆士·Q. 惠特曼：《合理怀疑的起源：刑事审判的神学根基》，侣化强、李伟
译，中国政法大学出版社 2012 年版。

45. ［美］艾伦·德肖维茨；《最好的辩护》，唐交东译，法律出版社 1994 年版。

46. 《马萨诸塞州司法行为准则》，张保生等译，中国政法大学出版社 2016 年版。

47. ［美］彼得·G·伦斯特洛姆编：《美国法律辞典》，贺卫方等译，中国政法大学出版社
1998 年版。

48. ［美］托马斯·S. 库恩：《必要的张力：科学的传统和变革论文选》，纪树立、范岱
年、罗慧生等译，福建人民出版社 1981 年版。

49. ［美］托马斯·S. 库恩：《科学革命的结构》，金吾伦、胡新和译，北京大学出版社
2004 年版。

50. ［美］N. 维纳：《控制论》，郝季仁译，科学出版社 1963 年版。

51. ［美］R. N. 汉森：《发现的模式》，邢新力、周沛译，中国国际广播出版社 1988 年版。

52. ［美］欧文·拉兹洛：《系统、结构和经验》，李创同译，上海译文出版社 1987 年版。

53. ［美］菲力浦·劳顿、玛丽-路易丝·毕肖普：《生存的哲学》，胡建华等译，湖南人民
出版社 1988 年版。

54. ［日］谷口安平：《程序的正义与诉讼》，王亚新、刘荣军译，中国政法大学出版社
1996 年版。

55. ［日］棚濑孝雄：《纠纷的解决与审判制度》，王亚新译，中国政法大学出版社 1994
年版。

56. ［澳］约瑟夫·P. 福加斯：《社会交际心理学——人际行为研究》，张保生等译，中国
人民大学出版社 2012 年版。

57. ［新加坡］何福来（Ho Hock Lai）：《证据法哲学——在探究真相的过程中实现正义》，
樊传明等译，中国人民大学出版社 2021 年版。

58. 薛波主编：《元照英美法词典》，法律出版社 2003 年版。

59. 沈宗灵主编：《法理学研究》，上海人民出版社 1990 年版。

60. 沈宗灵：《现代西方法理学》，北京大学出版社 1992 年版。

61. 沈宗灵主编：《法理学》，高等教育出版社 1994 年版。

62. 张文显：《法学基本范畴研究》，中国政法大学出版社 1993 年版。

63. 张文显：《二十世纪西方法哲学思潮研究》，法律出版社 1996 年版。

64. 张文显主编：《法理学》，法律出版社 1997 年版。

65. 孙国华主编：《法理学教程》，中国人民大学出版社 1994 年版。

66. 吕世伦主编：《当代西方理论法学研究》，中国人民大学出版社 1997 年版。

67. 吕世伦主编：《西方法律思潮源流论》，中国人民公安大学出版社 1993 年版。

68. 朱景文主编：《对西方法律传统的挑战——美国批判法律研究运动》，中国检察出版社 1996 年版。

69. 刘星：《法律是什么?》，广东旅游出版社 1997 年版。

70. 刘星：《法律是什么：二十世纪英美法理学批判阅读》，中国法制出版社 2015 年版。

71. 贺卫方：《司法的理念与制度》，中国政法大学出版社 1998 年版。

72. 张乃根：《西方法哲学史纲》，中国政法大学出版社 1993 年版。

73. 解兴权：《论法律推理》，中国社会科学院大学 1998 年博士学位论文。

74. 杨春洗等主编：《刑事法学大辞书》，南京大学出版社 1990 年版。

75. 程荣斌主编：《中国律师制度原理》，中国人民大学出版社 1998 年版。

76. 陈兴良：《刑法哲学》，中国政法大学出版社 1992 年版。

77. 陈兴良主编：《刑法疑难案例评释》，中国人民公安大学出版社 1998 年版。

78. 陈光中、严端主编：《中华人民共和国刑事诉讼法修改建议稿与论证》，中国方正出版社 1995 年版。

79. 张卫平：《程序公正实现中的冲突与衡平——外国民事诉讼研究引论》，成都出版社 1993 年版。

80. 李心鉴：《刑事诉讼构造论》，中国政法大学出版社 1992 年版。

81. 李步云主编：《立法法研究》，湖南人民出版社 1998 年版。

82. 夏勇：《人权概念起源》，中国政法大学出版社 1992 年版。

83. 王利明：《侵权行为法归责原则研究》，中国政法大学出版社 1992 年版。

84. 王利明：《物权法论》，中国政法大学出版社 1998 年版。

85. 王利明、崔建远：《合同法新论·总则》，中国政法大学出版社 1996 年版。

86. 王利明、郭明瑞、方流芳编：《民法新论》上下册，中国政法大学出版社 1988 年版。

87. 梁慧星：《民法解释学》，中国政法大学出版社 1995 年版。

88. 徐国栋：《民法基本原则解释》，中国政法大学出版社 1992 年版。

89. 张晋藩：《中华法制文明的演进》，法律出版社 2010 年版。

90. 赵晓耕：《宋代法制研究》，中国政法大学出版社 1994 年版。

91. 舒炜光：《科学认识论的总体设计》，吉林人民出版社 1993 年版。

92. 夏甄陶：《认识论引论》，人民出版社 1986 年版。

93. 夏甄陶等主编：《思维世界导论——关于思维的认识论考察》，中国人民大学出版社 1992 年版。

94. 李秀林、王于、李淮春主编：《辩证唯物主义和历史唯物主义原理》，中国人民大学出版社 1990 年版。

95. 李德顺：《价值论》，中国人民大学出版社 1987 年版。

96. 肖明、张保生、陈新夏：《管理哲学纲要》，红旗出版社 1987 年版。

97. 朱智贤、林崇德：《思惟发展心理学》，北京师范大学出版社 1986 年版。

98. 崔清田主编：《今日逻辑科学》，天津教育出版社 1990 年版。

99. 陈新夏、郑维川、张保生：《思维学引论》，湖南人民出版社 1988 年版。

100. 陈新夏：《人的尺度——主体尺度研究》，湖南出版社 1995 年版。

101. 肖锋：《科学精神与人文精神》，中国人民大学出版社 1994 年版。

102. 林顿编：《世纪审判——令新大陆痴狂的辛普森杀妻案》，吉林人民出版社 1996 年版。

103. 张保生、童世骏主编：《事实与证据首届国际研讨会论文集：哲学与法学的对话》，中国政法出版社 2018 年版。

104. 张保生主编：《证据法学》，中国政法大学出版社 2018 年版。

105. 张保生：《证据法的理念》，法律出版社 2021 年版。

106. 张保生等：《证据科学论纲》，经济科学出版社 2019 年版。

107. 张保生等：《中国司法文明指数报告》（2014–2021），中国政法大学出版社 2015 年–2023 年版。

108. 王雨田主编：《控制论、信息论、系统科学与哲学》，中国人民大学出版社 1986 年版。

109. 张守刚、刘海波：《人工智能的认识论问题》，人民出版社 1984 年版。

110. 杨建广、骆梅芬编：《法治系统工程》，中山大学出版社 1996 年版。

111. 赵廷光等：《实用刑法专家系统用户手册》，北京新概念软件研究所 1993 年版。

学术论文

1. ［美］诺伯特·维纳：《人有人的用处》，载《维纳著作选》，钟韧译，上海译文出版社 1978 年版。

2. ［美］Ronald J. Allen：《刑事诉讼的法理和政治基础》，张保生等译，载《证据科学》2007 年第 1、2 期。

3. ［美］罗纳德·J. 艾伦：《证据与推论——兼论概率与似真性》，张月波译，载《证据科学》2011 年第 1 期。

4. ［美］戴尔·A. 南希：《裁判认识论中的真相、正当理由和知识》，阳平、张硕译，载张保生、童世骏主编：《事实与证据首届国际研讨会论文集：哲学与法学的对话》，中国政法出版社 2018 年版。

5. ［美］戴维·伯格兰：《证据法的价值分析》，张保生、郑林涛译，载《证据学论坛》2007 年第 2 期。

6. ［美］P. 麦考达克：《人工智能早期史（1956 年以前）》，载《科学与哲学》1981 年 6、7 辑。

7. 胡适：《清代学者的治学方法》，载季羡林主编：《胡适全集》（第 1 卷），安徽教育出版社 2003 年版。

8. 王泽鉴：《举重明轻、衡平原则与类推适用》，载《法令月刊》第四十七卷第 2 期。

9. 郭道晖：《对人权的法哲学沉思》，载《中国社会科学》1994 年第 4 期。

10. 沈宗灵：《人权是什么意义上的权利》，载《中国法学》1991 年第 5 期。

11. 郭道晖：《人权·社会权利与法定权利》，载郭道晖：《法的时代精神》，湖南出版社 1997 年版。

12. 郭道晖：《论国家立法权》，载《中外法学》1994 年第 4 期。

13. 张文显：《以权利和义务为基本范畴重构法学理论》，载《求是》1989 年第 10 期。

14. 刘作翔：《作为对象化的法律文化——法律文化的释义之一》，载《法商研究》1998 年第 4 期。

15. 陈光中：《应当如何完善人权刑事司法保障》，载《法制与社会发展》2014 年第 1 期。

16. 陈光中：《刑事证据制度改革若干理论与实践问题之探讨——以两院三部〈两个证据规定〉之公布为视角》，载《中国法学》2010 年第 6 期。

17. 陈忠林：《自由·人权·法治——人性的解读》，载《现代法学》2001 年第 3 期。

18. 陈瑞华：《法权的性质——以刑事司法为范例的分析》，载《法学研究》2000 年第 5 期。

19. 陈金钊：《法学的特点与研究的转向》，载《求是学刊》2003 年第 2 期。

20. 陈金钊：《"能动司法"及法治论者的焦虑》，载《清华法学》2011 年第 3 期。

21. 蔡定剑、刘星红：《论立法解释》，载《中国法学》1993 年第 6 期。

22. 贾克防：《笛卡尔论分析方法与"我思故我在"》，载《世界哲学》2014 年第 3 期。

23. 苏力：《从契约理论到社会契约理论——一种国家学说的知识考古学》，载《中国社会科学》1996 年第 3 期。

24. 苏力：《纠缠于事实与法律之中》，载《法律科学（西北政法大学学报）》2000 年第 3 期。

25. 苏力：《解释的难题：对几种法律文本解释方法的追问》，载《中国社会科学》1997 年第 4 期。

26. 苏力：《法官遴选制度考察》，载《法学》2004 年第 3 期。

27. 贺卫方：《中国古代司法判决的风格与精神——以宋代判决为基本依据兼与英国比较》，载《中国社会科学》1990 年第 6 期。

28. 季卫东：《当事人在法院内外的地位和作用》，载〔日〕棚濑孝雄《纠纷的解决与审判制度》代译序，王亚新译，中国政法大学出版社 1994 年版。

29. 梁庆寅：《试论辩证思维的推理》，载《哲学动态》1996 年第 8 期。

30. 梁庆寅、柯华庆：《论形式推理与实质推理在法治化过程中的定位——兼评张保生〈法律推理的理论与方法〉》，载《中山大学学报（社会科学版）》2001 年第 4 期。

31. 梁治平：《法律的正义》，载《南方周末》1998 年 8 月 14 日，第 5 版。

32. 樊崇义：《刑事诉讼与人权保障》，载陈光中、江伟主编：《诉讼法论丛》第 2 卷，法律出版社 1998 年版。

33. 郑成良：《无罪推定论》，载《吉林大学社会科学学报》1988 年第 4 期。

34. 陈瑞华：《程序正义论——从刑事审判角度的分析》，载《中外法学》1997 年第 2 期。

35. 孙笑侠：《司法权的本质是判断权——司法权与行政权的十大区别》，载《法学》1998 年第 8 期。

36. 龚明礼：《论犯罪的因果关系》，载《法学研究》1981 年第 5 期。

37. 满运龙：《自律维护独立——美国的司法监督与法官行为准则》，载《马萨诸塞州司法行为准则》，张保生等译，中国政法大学出版社 2016 年版。

38. 〔日〕谷口安平：《程序的正义与诉讼》，王亚新、刘荣军译，中国政法大学出版社 1996 年版，代译序。

39. 王琦：《国外法官遴选制度的考察与借鉴——以美、英、德、法、日五国法官遴选制度为中心》，载《法学论坛》2010 年第 5 期。

40. 江帆：《法官与法治》，载《南方周末》1998 年 12 月 11 日，第 5 版。

41. 吕世伦等：《现代自然科学方法对法学方法论的启迪与更新》，载《外国法学研究》1997 年第 3 期。

42. 郝建设：《论法律逻辑的定位》，载《法学》1998 年第 5 期。

43. 雷磊：《再访拉德布鲁赫公式》，载《法制与社会发展》2015 年第 1 期。

44. 钱学森：《钱学森同志论法治系统工程与方法》，载《科技管理研究》1981 年第 4 期。

45. 钱学森：《社会主义法治和法制与现代科学技术》，载《法制建设》1984 年第 3 期。

46. 钱学森：《现代科学技术与法学研究和法制建设》，载《政法论坛》1985 年第 3 期。

47. 童天湘：《人工智能与第 N 代计算机》，载《哲学研究》1985 年第 5 期。

48. 何勤华：《中国古代等级法观念的渊源及其流变——兼评西方法的等级观和平等观》，载《法学》1992 年第 9 期。

49. 朱瑞熙：《宋代官民的称谓》，载《上海师范大学学报（哲学社会科学版）》1990 年第

3 期。

50. 张生、李麟:《中国近代司法改革：从四级三审制到三级三审》, 载《政法论坛》2004 年第 5 期。

51. 李辉敏:《从现代大学的特征出发比较宋代书院与中世纪大学》, 载《职业技术教育》2008 年第 16 期。

52. 杨松才:《司法平等评价指标分析》, 载《学术界》2015 年第 7 期。

53. 张保生:《法律推理中的法律理由和正当理由》, 载《法学研究》2006 年第 6 期。

54. 张保生:《论法律推理的本质特征》, 载《吉林大学学报》1999 年第 3 期。

55. 张保生:《证据规则的价值基础和理论体系》, 载《法学研究》2008 年第 2 期。

56. 张保生:《事实、证据与事实认定》, 载《中国社会科学》2017 年第 8 期。

57. 张保生:《事实认定及其在法律推理中的作用》, 载《浙江社会科学》2019 年第 6 期。

58. 张保生:《证据法的基本权利保障取向》, 载《政法论坛》2021 年第 2 期。

59. 张保生:《陈光中司法文明三阶段新论的法治意义》, 载《证据科学》2020 年第 3 期。

60. 张保生、王殿玺:《中国司法文明发展的轨迹（2015－2019）——以中国司法文明指数为分析工具的研究》, 载《浙江大学学报（人文社会科学版）》2020 年第 6 期。

61. 张保生:《人工智能法律系统的法理学思考》, 载《法学评论》2001 年第 5 期。

62. 张保生:《人工智能法律系统：两个难题和一个悖论》, 载《上海师范大学学报（哲学社会科学版）》2018 年第 6 期。

63. 张保生:《南澳地方法院陪审团审判印象》, 载《法制日报》2017 年 7 月 12 日、7 月 19 日、7 月 26 日、8 月 2 日、8 月 9 日、8 月 23 日、8 月 30 日法学院版连载。

英文文献

1. Biyan A. Garner, *Black's Law Dictionary* (8th Edition), Thomson West, 2004.

2. William Read, *Legal Thinking: Its Limits and Tensions*, University of Pennsylvania Press, 1986.

3. Neil MacCormick, *Legal Reasoning and Legal Theory*, Oxford University Press, with corrections 1994.

4. P. Wahlgren, *Automation of Legal Reasoning: A Study on Artificial Intelligence and Law*, Kluwer Law and Taxation Publishers, 1992.

5. J. W. Harris, *Legal Philosophies*, London Butterworth & Co Ltd, 1980.

6. Ronald R. Yager, Latfi A. zadeh, et al., *An Introduction to Fuzzy Logic Applications In Intelligent Systems*, Kluwer Academic Publishers, 1992.

7. Ho Hock Lai, *A Philosophy of Evidence Law: Justice in the Search for Truth*, Oxford University Press, 2008.

8. Lotfi A. Zadeh, "Fuzzy Logic = Computing with words", *IEEE Transactions On Fuzzy Systems*,

Vol. 4, No. 2. , 1996.

9. Kent Sinclair, "Legal Reasoning: in Search of an Adequate Theory of Argument", *California Law Review*, Vol. 59, No. 3. 1971.

10. James Gordley, "Legal Reasoning: An Introduction", *California Law Review*, Vol. 72, No. 2. 1984.

11. Garry S. Grossman, Lewis D. Solomon, "Computers and Legal Reasoning", *American Bar Association Journal*, Vol. 69, No. 66. , 1983.

12. Norberto Bobbio, "Reason in Law", *Ratio Juris*, Vol. 1, No. 2. , 1988.

13. Edwina L. Rissland, "Artificial Intelligence and Law: Stepping Stones to a Model of Legal Reasoning", *The Yale Law Journal*, Vol. 99, No. 8. , 1990.

14. Richard E. Susskind, "Expert Systems in Law: A Jurispiudential Approach to Artificial Intelligence and Legal Reasoning", *The Modem lew Review*, Vol. 49. No. 2. , 1986.

15. Uta Kohl, "Legal Reasoning and Legal Change in the Age of the Internet – Why the Ground Rules are still Valid", *International Journal of Law and Information Technology*, Vol. 7, No. 2. , 1998.

16. Bumovski, Zvi Safra, "The Undesirability of Detailed Judicial Reasoning", *European Journal of Law and Economics*, Vol. 7, 1999.

17. Michael S Moore, "The Plain Truth about Legal Truth", *Harvard Journal of Law and Policy* Vol. 26, No. 1. , 2003.

18. Laurence H. Tribe, "Trial by Mathematics: Precision and Ritual in the Legal Process", *Havad Law Review*, Vol. 84, No. 6, 1971.

19. David Lyons: "Legal reasons and judicial responsibility", *California Law Review*, Vol. 72, No. 2. , 1984.

20. Bruce G. Buchanan, Thomas E. Headrick, "Some Speculation About Artificial Intelligence and Legal Reasoning", *Stanford Law Review*, Vol. 23, No. 1. , 1970.

21. L. Thorne McCarty, "Intelligent legal information systems: problems and prospects", *Rutgers Computer & Technology Law Journal*, Vol. 9, No. 2. , 1983.

22. Bryan Niblett, "Expert Systems for Lawyers", *Computers and Law*, No. 29. , 1981.

23. Jeffrey, A. Meldman, "A Structural Model for Computer – Aided Legal Analysis", *Ratgers Computers & Technology Law Journal* (periodical publication 1970–1980), Vol. 6, No. 27. , 1977.

24. John H. Wigmore, "The problem of proof", *Illinois Law Review*, Vol. 8, No. 2. , 1913.

后记（一）

　　这部书，是在我的博士论文《法律推理引论》基础上作了大量补充修改后完成的，也是我获得国家社会科学基金项目资助的研究成果，本书在付梓时又得到了国家社科基金资助出版。

　　经过博士生学习期间 3 年寒暑 1 千多个长夜的磨砺，我终于下决心将这部并不觉得满意的作品交给读者去批判了。尽管本书存在着诸多遗憾，然而凭我当时的学识、悟性、精力在短期内要使它的面貌有根本改变，无论从哪方面说我都感到有些力不从心了。

　　自从 1997 年张文显教授帮我选定法律推理作为博士论文选题，在很长一段时间里，我一直不理解这样一个国外热门研究课题为什么国内学者却很少触及。后来我才明白，就因为自己那时是个法律外行，才不知深浅地选择了这块难啃的骨头。但话说回来，外行也有外行的好处，头脑里没有太多的框框束缚，可以完全按照自己对法律推理的理解来搜集资料、设计体系、展开论述。

　　1995-1999 年间，我在中国人民大学法学院师从张文显教授、孙国华教授攻读法理学博士，这两位导师对我的学业长进花费了大量心血，这本小书能够达到目前水平，凝聚着两位导师的辛勤劳动，他们严谨的治学态度也给我树立了学习风范。在此，我要衷心感谢两位导师四年来对我的培养教诲，特别感谢张文显教授对我的论文在体系结构、思想观点乃至文字表述等方面细致入微的指导。

　　感谢中国人民大学法学院曾宪义教授、吕世伦教授、王利明教授从我入学开始，在课程学习、论文选题、开题报告、搜集资料和论文写作方面，给予了我许多指导和帮助。1997 年我在中国政法大学旁听了江平教授、杨振山教授主持的民商法博士生讨论课程，使我在法律知识和法律思维方式等方面受益匪浅。武汉大学李龙教授、南京师范大学公丕祥教授、山东大学徐显明教授、中国人民大学法学院吕世伦教授、郭予昭教授、陈卫东教授、北京大学周旺生教授、吉林大学马新福教授、中国社会科学院李林研究员，在百忙中审读了我的博士论文或参加了我的论文答辩，在给予充分肯定的同时提出了许多宝贵的修改意见。本书的完成也是他们谆谆教导和热情鼓励的成果。

1999 年 5 月答辩时，许多老师都鼓励我将论文进一步充实修改后成书。对此我不敢有丝毫懈怠，几乎从答辩的第二天便进入了阅读和写作状态，参考文献所列著作和文章有一半是在这个期间阅读的，它们为我的写作提供了丰富的营养。

本书在体系设计上，由原来论文的五章扩充为原版的十二章，字数翻了一番。其中，法律推理方法的比较、法律推理的过程、法律推理与人工智能这三章是新写的。需要一提的是，武汉大学李龙教授无论是在论文答辩时还是在其他一些见面的场合曾多次嘱咐我将来论文成书时要加写"法律推理与正当程序"一章，遗憾的是我没能完成这项工作。本书法律推理的标准一章包含着法律推理正当程序的大量论述，例如，目的标准中对程序正义的论述，操作标准中对程序法规则的论述，评价标准中对程序正当的论述；法律推理的真理与价值一章还强调了程序价值的意义。但考虑到抽出这些内容单辟一章会影响到全书的整体安排，在短时间内又无法形成自己满意的写作思路，只好暂时留下这个缺憾。正当程序问题不仅在司法领域十分重要，而且在政治和行政管理乃至各种评估评审活动中，都已经成为体现公正的关键问题。不愿意制定或遵守正当程序，说穿了是出于私心不愿意看到事情的发展有一个顺理成章的公正结果。因此，我愿意继续研究这个问题。

我的求学和研究工作得到了教育部社会科学司历任领导马樟根副司长、阚延河副司长、杨瑞森副司长、奚广庆司长和顾海良司长的大力支持，在此表示衷心的感谢。

本书得以出版，还得到了全国社会科学规划办公室蔡曙山博士、中国人民大学张小劲博士和司法部郗文辉先生的鼎力帮助，这里一并向他们表示感谢。

最后，我要感谢我的妻子李玉兰女士，她对我的写作给予了无私的支持。

作者

2000 年 3 月于北京方庄

后记(二)

　　本书自 2000 年出版后已印行 7000 余册，23 年后的这个修订版，吸收了我自 2004 年底到中国政法大学工作后，开设法律推理研究生课程以及从事证据法学研究的成果与教学心得，其主要特点如修订版前言所言，除放弃了广义法律推理概念之外，主要是打通了事实认定与法律适用或者法律推理与证据推理之间的屏障，这可能对于法学院学生从审判实践或证据裁判角度学习法学方法论提供了一个新的途径。

　　感谢林静副教授和我的博士研究生张嘉源、陈邦达、何晓丹、李明、陈富军、李建锋、卫凯博、宋乐超审读了本修订版的全部书稿，并提出了许多宝贵的修改意见。

　　今天恰逢慈父张玉洲诞辰 94 周年纪念日，谨以此书献给我敬爱的父亲。

2023 年 6 月 21 日于河北怀来

索　引

一、关键词索引

A

案件理论：185、268、269、335

案情：185、281、354、359、368、381、407、415

B

贝叶斯定理：222

本体论：5、183、212、245、322、325、326、327；（存在论：322）

逼真性：338

辩护：33、48、125、126、172、173、175、353

　　辩护角色：172

　　辩护权利：125

辩论学：40；（参见，新修辞学：40、64、77）

辨认：126、220、272、393；（参见，鉴真）

辩证逻辑：11、40、43、62、77、202、203、204、240、290、403、404

辩证推理：19、21、54、55、56、240、241、242

　　对立互补推理：242

　　整体结构推理：242

　　具体重构推理：242

不当行为：153

　　实际不当行为：153

　　表见不当行为：153

模拟

　　功能模拟：378、379、382、388、392、404、405

　　结构模拟：379、392

目的型法律推理说：48

N

内在观点：169、172、300

内隐个性观：156、157、238

P

排除合理怀疑（参见，确信无疑）：215、222、233、273、334、338、339

判决

　　判决理由：2、9、44、57、58、73、124、193、252、254、269、285、309、346、347、357、361、372、385、427、431

　　判例法（参见，普通法）判例法：2、32、36、47、79、113、120、170、171、285、286、291、298、299、301、303、332、369；普通法：2、12、20、23、32、36、47、58、63、80、115、120、160、178、202、203、228、231、236、259、261、285、298、329、346、347、354、410、411、426

　　陪审团：17、23、39、115、156、185、249、254、273

　　陪审团审判（参见，法官审）陪审团审判：23、115、134、430、440；法官审：25、153、160、238、328、329、373、411

　　批判法学：3、34、49、157、326、331、332、390

　　偏见（参见，成见）偏见：38、39、40、60、81、82、121、129、130、148、156、166、176、198、206、215、221、237、248、249、271、272、395、406；成见：121、185、215、248、254、395、396

　　平等：9、31、57、58、60、87、89、90、91、94、97、98、99、101、104、105、106、107、108、110、114、115、116、123、125、129、130、132、133、143、159、192、193、194、195、206、239、291、304、340、344、345、347、353、404、413、414、430、431、439、440

　　控辩平等：125、193、194、195

　　补偿平等：89、90、129

　　平等对论：9、192

　　评价：131、132、133、134、135、136、137、138、139、140、141、142、347、

S

Y

Z

专制社会：26、31、33

最少受惠者：89、90、97、101、357

罪刑法定：108、120、256、257

　　法无明文规定不为罪：139、256

　　法无明文规定不处罚：63、120、288

遵循先例：34、39、142、228、261、264、291、292

二、案例索引

三、人名索引

A